李向玉　刘泽生　主编

港澳研究

HONG KONG AND MACAO STUDIES

澳門理工學報叢書

《澳门理工学报》专栏文萃（2011~2013）

JOURNAL OF MACAO POLYTECHNIC INSTITUTE
COLUMN SELECTIONS
2011-2013

社会科学文献出版社
SOCIAL SCIENCES ACADEMIC PRESS (CHINA)

总　序

澳门理工学院院长　　李向玉

　　学报之于大学，其重要性是不言而喻的。当年蔡元培先生为《北京大学月刊》撰写发刊词时，就高瞻远瞩地提出要把办好学报看作是将北京大学办成高水平学府的一个必要条件，认为要"尽吾校同人力所能尽之责任"，"破学生专己守残之陋见"，"释校外学者之怀疑"。其海纳百川、兼容并蓄的理念，成了大学学报办刊宗旨与原则的经典阐述。澳门理工学院正是秉承这样的一种理念，二十年如一日，坚持不懈地努力办好《澳门理工学报》。

　　澳门理工学院（Macao Polytechnic Institute）位于澳门半岛之东望洋山下，面朝大海，毗邻金莲花广场，成立于1991年9月16日。澳门理工学院以"普专兼擅，中西融通"为校训，以"教学与科研并重"为方针，以"小而美、小而精、出精品"为方向，以"扎根澳门，背靠祖国，面向世界，争创一流"为理念，以"教学标准国际化、科研工作规范化、校园设施电子化、行政工作法治化"为治校标准。学院下设语言暨翻译高等学校、管理科学高等学校、公共行政高等学校、艺术高等学校、体育暨运动高等学校、高等卫生学校等六所高等学校，以及社会经济与公共政策研究所、中西文化研究所、"一国两制"研究中心、澳门语言文化研究中心、葡语教学暨研究中心、博彩教学暨研究中心、文化创意产业教学暨研究中心等研究机构。2014年，澳门理工学院成为亚洲地区第一所通过英国高等教育质量保证局（QAA）院校评鉴的高等院校。澳门理工学院还是亚洲太平洋大学协会和葡萄牙语大学协会会员、葡萄牙理工高等院校协调委员会特邀委员、香港理工大学发起的持续教育联盟成员，在国际和区域间开展卓有成效的学术交流与广泛合作。澳门目前共有10所高等学校，澳门理工学院是其中成立较早的一所公立、多学科、应用型的高等学府。建校二十多年来，尤其是回归以来，澳门理工学院取得了跨越式的发展，已经成为澳门地区一所富有活力和影响的综合性高校，为社会培育了大批栋梁之才。《澳门理工学报》（人文社会科学版）正是依托澳门这块具有独特历史文化盛名、中西文化汇聚的莲花宝地，由澳门理工学院主办的综合性人文社会科学学术理论期刊。

《澳门理工学报》还是一份很年轻的刊物，创刊于1998年，最初为年刊、半年刊，后改为季刊。本人参与了学报创刊的全过程，在当年极其简陋的条件下创业，筚路蓝缕，几许艰辛，令人感慨。直至2011年，由于特殊的机缘，《澳门理工学报》得以改版，历史进入了一个全新的发展时期。

办好一本高质量的学报，乃理工人所追求之夙愿，学院理事会对此寄予厚望。2010年底，学院特别敦聘刘泽生教授前来主持《澳门理工学报》的改版工作。经过半年多时间的紧张筹备，2011年10月，一份全新的《澳门理工学报》（人文社会科学版）终于面世。新版《澳门理工学报》设有名家专论、港澳研究、总编视角、中西文化、文学研究、语言翻译等特色专栏，其学术之厚实、品位之高雅、特色之鲜明、编辑之规范，给读者留下了深刻的印象，受到学术界、期刊界的广泛好评。本刊发表的文章，广为《新华文摘》、《中国社会科学文摘》、《高等学校文科学术文摘》、中国人民大学"复印报刊资料"等二次文献转载。以"复印报刊资料"中国高校学报全文转载排行榜为例，改版次年（2012），《澳门理工学报》转载率为9.28%，位居全国第56名；2013年转载率为23.26%，位列第13名；2014年转载率为33.71%，上升至第6名。其后排名一直稳定在全国前列，2015年转载率为31.33%，名列第6位；2016年其转载率更上升至

38.2%，名列第 4 位，其转载量则为 34 篇（排名第 5 位），综合指数达到 0.658152（排名第 5 位）。改版七年来，《澳门理工学报》坚持开门办刊、海纳百川的风格，取得了很大的成功，被誉为学术期刊界异军突起的一匹"黑马"，甚至被学界称为一种值得研究的"《澳门理工学报》现象"。这是令人值得欣慰的事。

在本刊近年的专栏文章中，比较集中受到学界关注的是名家专论、港澳研究、总编视角、中西文化、文学研究等栏目。由于目前发行、传播渠道等条件的限制，本刊的学术影响受到较大的局限。承蒙广大读者、作者的厚爱，为加强海内外同行的学术交流，弥补学术传播上的缺陷，促进学科建设的发展，经学院理事会研究决定，将陆续精选《澳门理工学报》的部分专栏、专题文章，按专栏或学科、作者等不同类别重新编辑，以及部分知名学者精选的学术著作、由学报编辑部主办或承办的部分学术研讨会论文集等，分期分批出版"澳门理工学报丛书"。正是由于有了《澳门理工学报》近 20 年的艰辛努力，尤其是 2011 年以来的成功改版，有了学术界、期刊界以及广大读者朋友的支持，有了一支来自五湖四海、学识渊博、经验丰富的专家团队的热心参与，有了刘泽生总编辑主持的这个编辑团队卓有成效的工作，才有了这套丛书的陆续问世。这也是编辑出版本套丛书的缘起。

在七年前的本刊改版号贺词中，笔者曾经真诚地表示，学术乃天下之公器。学报既是学院的窗口与桥梁，又是学术的旗帜与殿堂。学报与大学、社会是不可分割的整体。学报之路与大学之道，其理相通。《澳门理工学报》不仅仅属于理工学院，属于澳门，更属于国际人文社会科学界。我衷心祝愿《澳门理工学报》、"澳门理工学报丛书"越办越好！谨此向我们尊敬的作者、读者和编者，向关爱我们的社会各界人士，致以由衷的感谢和诚挚的敬意！

2018 年 1 月 9 日于澳门

目录
Contents

港澳研究

旅游博彩

前　言

刘泽生

如果说，"名家专论"、"港澳研究"、"总编视角"、"中西文化"、"文学研究"是《澳门理工学报》的品牌专栏的话，那么，"港澳研究"就可谓其中最富有地方特色的专栏了。

澳门理工学院拥有良好的学术资源。学院理事会对人文社会科学研究给予高度的重视，对学报的办刊方向与选题策划等方面给予高度的肯定，在办刊生态环境乃至人力、物力、财力上给予充分的保障，李向玉院长亲自主持了学报改版的全过程。"港澳研究"也是本院学术研究领域中的优长学科，相关的研究机构主要有"社会经济与公共政策研究所"、"中西文化研究所"、"一国两制研究中心"、"博彩教学暨研究中心"等。在2009年颁发的第二届澳门人文社会科学研究优秀成果奖著作类一等奖的全部五个奖项中，澳门理工学院一举获得了其中的四项，涵盖了哲学、历史学、经济学和文学艺术等学科。作为澳门地区的高校，加强对港澳问题的研究，更是题中之义。

《澳门理工学报》（人文社会科学版）是澳门理工学院主办的学术刊物。在学报改版之际，如何走出一条富有自身特色的转型之路、发展之路，力图从专业化、专题化发展的方向突出刊物的特色，如何加强策划，在刊物栏目的设置上既突出学科发展的需要，也兼具港澳学术研究的地方特色，同时使本院及澳门本地的优势学科能一定程度上在学报有所展示，这就成了当年改版策划的重点之一。颇具缘分的是，笔者的学术背景正好与港澳研究有密切的关系，由是，最终催生了"港澳研究"这一专栏。

在当年改版第一期（2011年第4期）上，笔者作为"港澳研究"专栏的主持人，在开栏的"主持人语"中就开宗明义地写下了这样一段话——"港澳研究"是一个涉及范围相当广泛的栏目。从时间跨度上来说，即涵盖了香港、澳门地区的过去、现在和将来；从地理区域上来说，不仅仅是以香港、澳门作为研究的对象，也包括粤港澳关系、港澳与内地，乃至港澳与世界的关系；从研究内涵上来说，则涉及经济学、政治学、社会学、历史学、法学、文学等诸多学科。港澳问题受到世人的广泛关注，由来已久。尤其是上世纪八九十年代以来，"香港学"与"澳门学"的相继提出和香港、澳门的先后回归，促成了港澳研究的热潮。港澳研究具有重要的学术价值与现实意义。本刊将一如既往地关注"港澳研究"的课题，并定期推荐海内外最新的研究成果，共同为"香港学"、"澳门学"的建构略尽绵力。

改版 7 年来（至 2017 年第 4 期），"港澳研究"专栏共推出了 24 期（尚未包括本刊的"旅游博彩"、"区域经济"、"文学研究"专栏中与港澳有关的选题），发表了 65 篇文章，约 110 万字，其研究领域涉及港澳的经济、政治、社会、历史等学科，除了部分属于基础理论方面的研究，更多的是与港澳现实民生有紧密关联的应用性研究，包括在港澳历史发展阶段中具有重要影响的相关课题。境内外从事港澳研究的知名学者，不少都在此奉献佳作，如陈庆云《对〈粤澳合作框架协议〉的理论思考》（2011 年第 4 期），蔡赤萌《澳门经济发展方式的路径选择》（2011 年第 4 期），孙代尧《澳门适度人口规模和结构研究》（2012 年第 4 期），陈恩《澳门城市土地人口承载力探析》（2012 年第 4 期），杨立强、华晓红《上海与香港国际航运中心优势比较及其启示》（2013 年第 1 期），冯邦彦《横琴开发与澳门企业的发展商机》（2014 年第 1 期），封小云《大珠三角区域经济合作水平评估与效应分析》（2014 年第 4 期），殷存毅《空间扩展与结构完善：澳门发展的前景探讨》（2015 年第 2 期），王五一《论博彩业的监管依赖》（2015 年第 3 期），陈广汉《全球经济治理的中国模式和港澳独特作用》（2016 年第 1 期），曾忠禄《拉斯维加斯的动态能力及澳门的借鉴》（2017 年第 1 期），齐鹏飞《香港回归 20 年"一国两制"实践的历史经验与现实启示》（2017 年第 2 期），杨道匡《澳门城市空间开拓与经济产业多元发展》（2017 年第 3 期），骆伟建《全国人大常委会释法与特区法治》（2017 年第 4 期）等。尤其值得一提的是，近年关于港澳历史的研究取得了丰硕的成果，在这个阶段的专栏文章中，共有历史研究文章 14 篇，约占文章总数的 22%，且文论厚实，佳作迭出。吴志良、汤开建、金国平、莫世祥、李长森、章文钦、张晓辉、董少新、江滢河、赵利峰、张中鹏等名家新秀，汇聚一堂，实属难得。《澳门理工学报》为"港澳研究"——"香港学"、"澳门学"的建设，搭建了一个极佳的平台，这是一件值得学界欣慰的事。

近年来，关于加强"港澳研究"——"香港学"、"澳门学"的呼声又一次进入学界的视野。以"澳门学"为例，由澳门基金会等机构联合主办的"澳门学国际学术研讨会"迄今已经连续举办了五届。在我国，目前作为一个以地域名称命名的区域性综合学科，成果比较丰硕、具有较大影响的有"敦煌学"（Tunhuangology）、"藏学"（Tibetology）、"徽学"（Huizhou Studies）等学科，并已成为国际性的显学。近年时有学者将"香港学"（Hongkong Studies）、"澳门学"（Macao Studies）与之相比较，并出版了相关的学术著作。笔者以为，目前所称之"香港学"、"澳门学"，似乎与"敦煌学"、"藏学"、"徽学"还缺乏很确切的可比性，从学术成果的广度、深度与影响力而言，也还是有一定差别。实际上，目前学界对于"香港学"、"澳门学"概念的理解也不尽一致。百度百科是如此解读的："澳门学是一门以文献档案、文化遗产为基础，以历史文化和社会生活为研究对象，探寻澳门模式与澳门精神的国际性、综合性学科。"这一定义也许还可以继续讨论。但近年来"澳门学"的研究已经有了长足的进步，这是不争的事实。另一方面，目前比较关注"香港学"、"澳门学"这一概念的群体，大致上相对集中于从事港澳历史研究的学者，如能有更多的从事港澳经济、社会、政治、宗教、法学、文学等学科研究的学界同行予以关注，从学理上、实践上给予梳理，从交叉学科的研究上予以突破，或许对于"香港学"、"澳门学"在整体上的学科构建，会有更佳的效果。假以时日，"香港学"、"澳门学"的研究前景当是可期的。"香港学"、"澳门学"也许更具广阔的研究内涵与现实特征，其产生的时代共鸣，也将远远超出纯粹地理学上"香港"、"澳门"的时空概念。一个新兴学科的构建总有其不同的历史条件与时代的烙印。"港澳研究"——"香港学"、"澳门学"需要一个更高、更广的研究视角，一个跨越多学科、可以足够包容的学术范式。

若干年前笔者曾经发表过一篇有关"澳门研究"的小文，对回归十多年来"澳门研究"的状况作了一番梳理与思考，对"澳门研究"的特点提出了若干看法，现在看来似乎还是有一定参考价值。其一，"澳门研究"有别于中国内地其他省区的地方研究而更具跨区域研究的意义。澳门是一个在国际关系史上具有重要影响的特殊地区，是"一国两制"的构想从理论到实践的先行试验区之一。"澳门研究"既要研究古代的澳门和1999年回归前葡萄牙管治下澳门社会、经济、文化等方面的演变,更要探索回归后在"一国两制"新的历史条件下澳门的发展变化及其在祖国统一大业中的示范作用。其二,"澳门研究"具有跨学科研究的内涵,是涉及经济学、政治学、法学、行政学、社会学、哲学、历史学、文学、宗教学、国际关系学等学科的综合性研究。要提倡跨学科的研究协作,要重视新兴学科、边缘学科、交叉学科的研究,要加强葡文、英文等外文档案资料和中国古籍资料的搜集、翻译、整理、出版工作。要在多学科、多层次、多视角、多语种的研究上争取有新的突破。其三,"澳门研究"成果具有鲜明的服务现实、服务社会、理论联系实际的时代特征。学术研究要关注社会变革的最新动态,要为现实变革与政策制定提供必要的理论支撑。只有扣紧时代的脉搏,才能使研究获得新的张力。对于"澳门研究"的这种认识,对"香港研究"也具有相应的意义,也许值得我们共同的关注。

现在学界对于"港澳研究"的关注,笔者以为其意义主要并不是在于探讨建立"香港学"、"澳门学"这一学科是否具备条件,而是在于该如何充实、完善、丰富"香港学"与"澳门学",让"港澳研究"在研究港澳、认识港澳、建设港澳的实践中发挥更大的效应,这才是我们所需要共同面对的。港澳的昨天、今天和明天,都具有凝重和深厚的历史内涵,值得学界高度重视。在构建"香港学"、"澳门学"的进程中我们还有很长的路要走。我们期待着更多有深度、有分量的学术著作——尤其是专题研究成果的面世,这还需要学界长期而艰苦的努力。

香港、澳门回归以来,两地社会、经济诸方面取得了世人瞩目的进步,关于港澳的研究,亦取得了丰硕的成果,这是令人欣喜的事。当前,"港澳研究"正处于一个重要的阶段。新的历史时期赋予学术研究新的使命与新的内涵。如何适应目前新形势的发展,提出新的研究选题,构建新的研究体系,尤其是探讨当前港澳经济、社会、历史、文化等领域研究的热点、重点与难点,站在更高的层面上思考未来的研究,值得高度重视。从学术理论研究的创新角度而言,提出一个问题往往比解决一个问题更重要(爱因斯坦)。在"港澳研究"中,哪些问题值得学界更多地关注,哪些领域具有更高的理论价值,哪些选题具有更重要的现实意义,哪些研究方法和研究手段需要丰富和创新,始能更准确地反映和把握客观实际(包括应用新资料、新工具、新视角、新框架、新理论)等等,这都是当前学术界和广大读者所关注的，也是敝刊开辟"港澳研究"专栏的初衷。

现在奉献给读者诸君的这个文集（共分为两卷出版），主体部分正是敝刊"港澳研究"专栏的文章。这里有两点需要说明：一是敝刊关于港澳问题的研究还涉及另外的多个专栏，即"旅游博彩"、"区域经济"与"文学研究"。在这些专栏中，曾经刊发过多篇有关澳门旅游博彩业、粤港澳经济关系以及港澳文学研究等方面的文章，2015 年后，相关版面已经做了调整（包括取消"旅游博彩"专栏）。限于篇幅，本文集仅在 2011～2014 年卷中增录了原有"旅游博彩"专栏中的部分文章。需要了解其他专题研究成果的读者，请直接进入敝刊网页或超星、CSSCI 等网站检索。二是为方便读者对各期专题研究内容及相关背景资料有一个全面了解，结集出版时保留了原有学报专栏中由本人撰写的"主持人语"，而本卷文章的编排则按学报原发表时间先后为序。为保持作品原貌，本文集出版时，除个别错讹文字、数据外，原则上对原作均不做修改。

目前"港澳研究"正进入一个难得的好时期。"港澳研究"是应该有所作为的，也是可以有所作为的。我们期待学界与社会各界一如既往的关爱，期待"港澳研究"再上新台阶。

2018 年 2 月 16 日

港澳研究

主持人语

刘泽生

"港澳研究"是一个涉及范围相当广泛的栏目。从时间跨度上来说，即涵盖了香港、澳门地区的过去、现在和将来；从地理区域上来说，不仅仅是以香港、澳门作为研究的对象，也包括粤港澳关系、港澳与内地的关系，乃至港澳与世界的关系；从研究内涵上来说，则涉及经济学、政治学、社会学、历史学、法学、文学等诸多学科。港澳问题受到世人的广泛关注，由来已久。尤其是 20 世纪八九十年代以来，"香港学"与"澳门学"的相继提出和香港、澳门的先后回归，促成了港澳研究的热潮。港澳研究具有重要的学术价值与现实意义。本刊将一如既往地关注"港澳研究"的课题，并定期推荐海内外最新的研究成果，共同为"香港学"、"澳门学"的建构略尽绵力。近期本刊将重点推出有关粤港澳合作方面的文章，以飨读者。

粤澳合作是粤港澳区域合作的重要组成部分，而后者又是国家区域战略中的重点之一，承载着打造世界级城市群、制度创新等重任。2011 年，粤澳合作在多个领域取得重大突破。一是继《珠江三角洲地区改革发展规划纲要（2008—2020 年）》及《横琴总体发展规划》拉开粤港澳区域合作大幕之后，粤澳两地政府于 2011 年 3 月 6 日签署了《粤澳合作框架协议》。这是粤澳合作一个新的里程碑。协议不仅进一步明确了新形势下粤澳合作的发展定位、基本原则、主要目标等宏观战略，更从合作开发横琴、产业协同发展、基础设施对接等重点合作领域和主要合作内容订定明确的安排和部署。二是有关粤港澳合作的各专项规划的原则与精神成功纳入国家"十二五"规划，从区域规划、专项规划上升到国家总体规划层面，为今后深化区域合作相关配套措施的推出及其有效落实奠定了坚实基础。"十二五"规划明确提出，要深化内地与港澳的经济合作，其重点之一是"深化粤港澳合作，落实粤港、粤澳合作框架协议，促进区域经济共同发展，打造更具综合竞争力的世界级城市群"。三是制度创新成为粤澳合作的重要亮点，框架协议涉及的五大合作领域，包括合作开发横琴、产业协同发展、基础设施对接、社会公共服务共享和统筹区域合作规划，无论从国家战略的层面还是从民间投资的角度，都是前所未有的制度创新与发展。其中合作开发横琴更是粤澳合作的最大亮点。未来横琴将在推进粤港澳合作中充当积极角色，而粤港澳合作的扎实推进，对推动广东、港澳乃至全国发展都将发挥重要作用。

为此，本栏目选刊了三篇来稿，从不同角度对粤澳合作的课题进行探讨。我们期待海内外专家学者共同参与相关理论与实践问题的研究，为粤港澳区域合作与发展提供理论与智力支撑。

陈庆云教授以粤澳框架协议为切入点，从理论层面对粤澳合作的利益共同体、落实框架协议相关内容所需关注的政策挑战以及澳门打造"世界旅游休闲中心"的核心要素进行思考与阐述，为政府推进与落实相关政策提供了有益启示。蔡赤萌研究员在总结后危机时代全球经济发展理念转变与发展方式调整的基础上，从均衡、可持续角度对澳门经济发展方式进行分析，对澳门如何借助国家"十二五"时期有利的政策环境，适度调整经济增长的路径依赖，构建澳门经济持续、健康、协调发展的模式，提出应注重四个层面关系的协调。冯邦彦教授的文章则以粤澳合作开发横琴为主题，在探讨横琴开发对澳门经济适度多元化发展的意义、澳门参与"合作开发横琴"的比较优势与产业选择、横琴管理模式与制度创新的基础上，对顺利推进"合作开发横琴"提出若干政策性思考。以上论文仅系作者个人的观点。我们希望本组文章的发表对读者诸君理解与思考粤澳合作的议题有所裨益。

对《粤澳合作框架协议》的
理论思考

陈庆云

[提　要] 本文针对《粤澳合作框架协议》中的三个理论性问题提出：作为利益共同体的粤澳合作，各自利益是基础，共同利益是纽带，互信互利是前提，沟通互动是途径，合作双赢是目的；《协议》的执行过程，会遇到政策资源的供给、利益博弈的继续、执行者的执行力、政策对象的参与、政策环境的变化等五个方面的挑战；世界旅游休闲中心是指为满足世界各地游客，通过旅游方式，实现以休闲为基本需求，具有世界中心位置的国际化城市或地区，其中，"核心休闲""形式旅游""立足世界""定位中心"是其应具备的四个基本特质。

[关键词] 粤澳合作　框架协议　利益共同体　世界旅游休闲中心

　　2011 年 3 月 6 日，在北京人民大会堂，作为合作主体的广东省人民政府与澳门特别行政区政府，在国家副主席习近平的见证下，共同签署了《粤澳合作框架协议》（以下简称《协议》）。《协议》既充分体现了中央政府长期以来对粤澳的关心与支持，也有力地说明了粤澳两地政府，集社会民众之智慧，坚持民主与科学决策，走"优势互补、合作双赢"之路是何等正确。《协议》开宗明义地提出了粤澳双方"共同打造世界级新经济区域"的发展愿景，并确定了粤澳合作的四大定位：建设世界著名旅游休闲目的地；打造粤澳产业升级发展新平台；探索粤港澳合作新模式示范区；拓展澳门经济适度多元发展新空间。

《协议》给社会与民众所带来的信息，使人们有这样的强烈感受：这是一个把中、长期发展战略规划结合得很好的协议；一个务实性极强的协议；一个集聚了若干事项亟待解决的协议；一个充分体现"一国两制"辉煌成果的协议。对于政府各部门与相关机构而言，他们将需要花大力气去宣传、落实。作为学者，我们也从中看到了不少理论"新蓓蕾"，有待深入研究，使之在未来粤澳合作的岁月中开花结果。《协议》中需要从理论上讨论的内容较多，本文仅就其中的三个问题发表看法，抛砖引玉，以促进理论性研究与实际问题解决的有效结合。

一 作为利益共同体的粤澳合作

《协议》首先表明，粤澳双方的合作，是在"一国两制"下的合作，是共存于利益共同体中的合作。按笔者的理解，所谓利益共同体，是指具有各自利益的双方或多方，通过沟通，建立联系，承诺合作，在尊重对方利益的基础上，互惠互利，既实现共同利益又保障自身利益的最大化，从而实现合作双赢之目的。利益共同体既可以是实体，也可以是虚体；既可以是专门领域的共同体，也可以是多领域的综合体；既可以是立足于现实的共同体，也可以是包括现实与未来利益的共同体。所以，各自利益是基础，共同利益是纽带，互信互利是前提，沟通互动是途径，合作双赢是目的。

1. 利益共同体的原则

不管在何类社会中，何种层次上，大凡社会中任何两个（或多个）实体，一旦双方确认要合作之时，都有共同的原则要遵循。作为实实在在的利益主体，必须旗帜鲜明地告知社会、告知对方，各自的利益需求是什么。需要指出，利益是个非常贴近人性的词语，曾有不少人或作品把利益作为贬义词，给以极端性理解，大加讨伐。所以笔者一直强调，利益是满足人们为了生存、发展、享受所需要的资源与条件。[①]合作双方都有各自的利益需求，这是合作的基础。任何一方无论是出于生存的需要，还是发展的需要，都期望获得相应的多类资源。在通常情况下，这些保障性资源的多寡，会直接或间接地影响其自身的生存与发展。从基本人性出发，人们总渴求这类资源愈多愈好。需要说明的是，并非社会中的一切资源必然构成人们所需的利益，只有那些与人类生存、发展与享受紧密相关，并组成主体需求的客观资源才会形成利益，切不可作简单化理解。

除具有自身利益外，必须存有双方认同的共同利益，这种利益或许在合作前形成，也可能在合作中逐步形成或发展，但无论何种情况，它都具有刚性与不可替代性。有了共同利益，才能组成一个"利益共同体"。有了这个共同体，除大家一致认同的共同利益外，双方或多方会形成共识的价值、共认的问题、共求的目标、共寻的途径。但所有这些都是充分条件，因为"利益共同体"中包含着反复被强调的相互依存的自身利益。

在这个共同体中，追求自身利益天经地义。但合作中的任何一方都要从不同的角度与不同层次上考虑对方的利益需求。既然是双方都有利益需求的合作，在这中间势必要考虑到让利与互利，一味地只想到自身利益的满足，不作适当的妥协，这在共同的合作中最终难求好结果。大量的事实证明，无论是处于强势还是高位，甚至所拥有的资源有其特殊性，因而就忽略合作方的存在或利益需求，即使这种合作是由于某种外力推动，不得不为之，但可以肯定，这种合作不可能持续发展。

合作成果的有效标志是双赢，即各自都从合作中获得所需求的利益，使得成本与收益比较，后者远远高于前者。当然，这种双赢的结果不一定体现于所有利益的均等分配上。例如，有些利益一方强些，另一方弱些；但在另一些利益上，一方弱些，另一方又强些；甚至会出现有些利益，在眼前一方强些，而从长远看，另一方会强些，所有这些利益分配都会与各自的投入有关。

为了保证合作的有序进行，实现合作初衷，双方要展开正常的良性互动，保证程序的科学化与制度化。因为在利益共同体的合作中，既要看到目标的一致性与利益的共同性，又要看到作为利益主体，双方在利益诉求上的差异性与矛盾性，要解决由此而引发的利益矛盾与利益冲突，必须保持双方的有效互动，彼此尊重，协商共议。

2. 粤澳合作的共同利益

粤澳合作的共同利益首先体现在国家利益上。推动粤澳的紧密合作，是国家在战略层面上的发展需要，是深入落实"一国两制"指导方针的需要，是保障国家可持续发展的需要，维护、发展国家利益是粤澳双方谋求共同利益的基础，离开了这一点而侈谈合作就失去了根本性前提。

然而，国家利益并不能代替粤澳双方所期望获得的共同利益。在《协议》中用到"共同"两字的地方多达 31 处，如"共同打造世界级新经济区域，促进区域经济一体化"；"共同培育发展新的基础产业，促进珠江口西岸地区产业升级发展，拓展澳门经济适度多元发展空间"；"共同举办环保技术和国际环保博览会，推动广东与欧盟、东盟与葡语国家在环保产业领域的交流合作"等。除"共同"完成的项目外，还有许多双方达成一致的"共建"内容，如"共建宜居宜业的优质生活圈"；"共建中医预防、医疗、保健、康复服务网络"等。

所有这些"共同"与"共建"内容，充分体现出要满足两地居民"共享"之目的，如《协议》列举出要共享"社会公共服务体系"与"服务资源"；共享旅游市场的"国际客源"与"监管信息"等。立足于合作的这份协议，通篇都体现了共同打造的基本精神。这再次说明，粤澳双方是利益共同体，它们之间是"利益共同体的合作"。

在《协议》中，粤澳共同利益的明显标志是"携手建设亚太地区最具活力和国际竞争力的城市群，共同打造世界级新经济区域，促进区域经济一体化发展"。在珠三角地区的城市中，香港、澳门、广州、深圳、珠海等城市各具特色，如何把他们各自的资源优势整合起来，形成"亚太地区最具活力和国际竞争力的城市群"，这是粤澳合作的共同利益所在。如果香港继续保持国际金融中心地位，澳门成为世界旅游休闲中心，广州成为"国家中心城市"、"综合性门户城市"和"国际大都市"，深圳成为与香港共同发展的"国际大都会"，珠海成为"生态文明新特区、科学发展示范市"，这一切会使珠三角地区成为名副其实的"世界级新经济区域"，并会"促进区域经济一体化发展"。

3. 粤澳双方的主体利益

作为合作的利益共同体，粤澳双方都有各自追求的目标，有其自身利益。比如，"推动广东科学发展和澳门经济适度多元发展"，既提出双方的各自目标，也包含着具有丰富内容的利益元素。在作为《协议》重点内容"合作开发横琴"一章中，珠海方面的基本利益以"发挥横琴开发主体作用"等文字被确定下来；澳门方面的基本利益以"采取多种措施，从资金、人才、产业等方面全面参与横琴开发，重点建设粤澳合作产业园区和旅游休闲等相关项目，并积极研究制定澳门居民跨境就业、生活的社会福利安排等配套政策"等文字表述出来。

《协议》写入了大量内容，反映粤澳双方所诉求的具体利益："在横琴推广使用多币种金融 IC 卡"；"整合广东中医药医疗、教育、科研、产业的优势"，在粤澳合作中医药科技产业园中发挥作用；"促进澳门旅游、酒店等人才进入横琴就业"等，所有这些都充分透视出粤澳双方各自的合法利益。

目前的问题是，在清楚地表述出双方利益之时，如何保证那些合法的利益能得以实现。比如，《协议》中提出："研究支持在澳门经营的内地企业，以内地资产作为抵押在澳门融资；研究支持在广东注册经营的澳资企业以企业或其法定代表人在澳门的资产作为抵押品，向广东省内银行机构申请抵押贷款。""一国两制"方针是粤澳合作的指南，只要两地法律规范不同，就会导致制度设计上的差别，肯定会遇到制度上的难题，从而为政策执行带来相应的障碍。因此，合作双方需要充分发挥各自的智慧与技巧，谋求共识。前面提到的两地企业如何获得银行等金融机构的贷款，这在实际的具体操作中会大有学问。在面对双方因利益产生矛盾的时候，既考虑自身利益，也考虑对方利益，互让、互利、互惠，才会在利益共同体中合作得更好。

粤澳合作是双方都在为促进经济、社会、文化、生活等方面融合发展的合作。多种事物之间产生融合，目的是使其比某一事物的价值更高、效能更大、适应性更强、创意性更好。要融合发展，首先应重在理念上的"融合"，努力形成范围更广、层次更高、程度更深、相得益彰的融合格局。然而，面对着各自所拥有的资源不同，资源优势的差异必然带来资源交换与互利中的矛盾与冲突。如果各自坚持的标准以及价值观再存在差异，势必会加重冲突，对这一点必须有足够的认识与思想准备。

4. 解决利益冲突的途径

在谈论合作时，有些人往往不注意利益上的矛盾，更不愿多谈利益冲突。其实，这一切都是很现实的问题，正视它们比回避为好，主动解决比被动应对为好，根本性解决比一般性解决为好。不要由于人情、面子等人为因素，而不能认真面对客观存在的利益矛盾。相反，要透过现象，分析其原因以及评估由此而产生的结果，然后通过各种途径，千方百计地解决之。

为实现粤澳合作的宗旨，作为协议的基本原则，双方提出要坚持"平等协商、互利共赢、优势互补"。前文已谈到"互利共赢"的内容，这里着重讨论"平等协商"与"优势互补"问题。"平等协商"是合作的重要保证，因为在"一国两制"下的粤澳合作，由于政治体制及相关制度上的差别，在合作中反映出的政治与意识形态上的矛盾不可能被抹杀，丝毫无需回避，深信这点在澳门与珠海的合作中会更突出：直接相关的利益，地理位置的毗邻，人员联系的紧密，工作性质的互补，使双方的关系更微妙。坚持平等协商要坚持以人为本，尊重对方，理解对方，支持对方，宽容对方；坚持平等协商要坚持通过对话、协商谋事，多沟通，坦真言，实现相互理解和合作，并在可能的条件下达成一致。

"优势互补"需要清楚地知晓，广东与澳门的各自优势是什么？除了那些技术上或具体资源上的优势外，《协议》中强调要"以澳门世界旅游休闲中心为龙头"，要"依托澳门国际商贸服务平台"，因为澳门的突出优势表现在它是一个开放的国际化城市。2011年澳门身份证明局的资料显示，同意给予澳门特别行政区护照免签证或落地签证待遇的国家和地区有91个，这会大大减轻国际交往中所带来的不必要麻烦，特别是在与葡语国家的联系中，澳门所发挥的作用是内地任何一个城市或地区都不可能替代的。这既可以有效促进广东产业转型升级和"走出去"战略，集聚国内外优质资源，也可以提升大珠江三角洲区域与欧盟、东盟及葡语国家等的合作水平。

《协议》特别强调，为"加强体制机制创新"，明确列入要"先行先试、重点突破、逐步推广"等内容。作为中国内地改革开放的排头兵，广东有得天独厚的优势。无论从三十多年中国改革开放的历史还是广东的社会实践，广东人用足政策、用活政策与用好政策，在全国家喻户晓。所以，粤澳如何在"一国两制"下深度合作，是一个创新性重大课题，其中不少事项内地从来没有做过，是探索性的实践，合作成功，会对其他地区带来重要的示范效应。因此，只能先试先行，边实践、边总结，在总结中再逐步推广。"先试先行"，仅四个字，其中包含了丰富内容，这意味着中央政府对粤澳两地政府寄予极大的信任与期望，希望粤澳在更大范围的合作中开辟出一片新天地。同时，中央政府也授予两地政府在相关法律的规范下有更大的自主权，特别涉及重大问题的改革。广东的这一优势，可能在与港澳的合作中表现得更加淋漓尽致。

为了解决利益矛盾，《协议》还强调要"统筹规划、合理对接、协同发展"。之所以要"统筹规划"，是因为粤澳合作是在维护国家根本利益这个大局下的合作。在不少利益矛盾出现时，若站在各自方面去理解与诉求，就很难得到解决。但换一个角度，站在国家的立场上去思考、分析，不少棘手问题会迎刃而解。诚然，这并不意味着要丧失重大原则，相反，粤澳合作要始终不渝地落实《基本法》精神。笔者认为，"合理对接"并不仅是技术性问题，最重要的是制度与文化上的对接问题。制度与文化差异是客观的，如何在遵从两种不同制度的规范下，为两地的经济发展带来新气象，为两地的民众带来新生活，这是一个耐人寻味的新课题。"协同发展"需要在"城市规划、基础设施、口岸通关、公共服务、产业布局、生态环境"等方面加强协调，编制好规划，才会大大减少摩擦，降低利益矛盾所引发的成本，从根本上保障粤澳合作的顺利持续进行。

二　善在规划　重在落实

《协议》既说明粤澳双方在进一步展开合作方面的谋划与决策阶段暂告结束，也表明了双方为落实《协议》中的各项条款的执行过程正式开始。谋划与决策固然重要，但合作协议的实施过程更为重要。《协议》公布之日，就是两地政府向社会与民众庄重承诺实施协议内容之时。用公共政策的语言解释，是把科学决定的政策内容付诸实现，前者是政策规划过程，后者是政策执行过程。作为两大过程的统一体，政策内容在实施中会遇到如下问题的挑战。

1. 政策资源的供给

政策执行是一项复杂的管理活动，政策内容一旦要落实，必然要消耗各类资源，如人力、财力、物力、信息等，这些资源是否具备？具备多少，能否满足实现目标的需求？各类资源的拥有者是否真正愿意提供这些资源？从理论上分析，所有这些资源要做到数量充足、质量优良、供给及时、使用有效。比如，《协议》中分别提到：要争取横琴、拱北口岸实现"24 小时通关"，这两项诉求一直反映了两地民众强烈的呼声，一旦实现固然做了件大好事。但"24 小时通关"要增加人手与设备，这些资源从哪里来？增加人手需要增加财政开支，中央财政与地方财政围绕事权的扩大各自应做什么？能做什么？这中间会不会与已有的政策规定相矛盾，或与相关机构现有的资源相冲突？这些都是要付出成本的实事。

2. 利益博弈的继续

政策内容的落实，将使决策过程中所产生的利益矛盾继续延伸，使得政策执行成了利益上讨价还价的交易过程。"执行可被理解为一个持续、动态、常常无序的程序结果"，在这一程序中，"许多力量都在努力左右管理行为，正如他们在立法、司法和行政决策中的斗争一样。事实上，执行是一个高度相互影响、相互依赖的程序"。[②]这不仅使利益的冲突会消耗资源，而且会使政策目标与方案发生异化，甚至南辕北辙。因为每一个利益主体都有各自追求的利益目标，而且这些目标是分层次的，包括底线目标。从交易初期所坚守的最大化目标到优化目标、次优化目标，直至有可能实现无奈的底线目标，整个过程都充满了激烈的博弈。这是正常的过程，但却可能是创新融合的过程。可以深信：好走极端者，易失资源，不一定如愿以偿；相反，那些在坚持原则与底线利益的情况下，灵活、忍让、能上能下、能左能右的人，往往会成为最后的赢家。

3. 执行者的执行力

政策执行者通常都有较大的自由裁量权，如果排除利益上的直接或间接相关性，对政策的价值偏好与对政策内容的理解，会极大地影响他们对政策的态度以及实际执行的结果。具体地说，执行过程中会有若干职责、权力、利益不同的部门参与管理，正是这种差异性会加重协调上的广度与难度。一旦缺失好的制度安排与权威管理，每个执行机构内部以及各机构之间的整合就会出现困难。另一方面，每一项执行活动都是通过各相关执行者的工作所体现，他们的知识素养、经验大小、能力高低、分析视角等因素，都会反映到政策执行中，造成工作上的分歧，利益上的矛盾，从而对有效执行造成障碍。

《协议》中的一个重要内容是加快横琴的开发，全面落实《横琴总体发展规划》。然而在合作开发横琴中，既牵涉"两制"下的执行人员，也包括了"一制"中不同执行部门及其各类执行人员。比如，共同建设的粤澳合作产业园区，面积约5平方公里，澳门特区政府要统筹澳门工商界参与建设，重点发展中医药、文化创意、教育、培训等产业。仅从澳门方面分析，隶属于不同行政部门的所属机构，在执行具体任务时，利益、价值、规划，甚至在技术上的矛盾是显而易见的，协调冲突，化解矛盾，整合资源，是有效执行的必要前提。

4. 政策对象的参与

政府以及政府之间的合作，最终目的还是为两地民众带来福祉，这是《协议》的基点，是一切政策的出发点，是有效合作的根本。然而，当政策内容进入实施后，大量的政策对象会从各自的利益诉求及其所处的环境去解读政策。一般地说，这些要求的特点是很实际、很直接、很爽快。他们通过以往和公共政策打交道时所得的经验，"来对待并内化政策设计方案中所包含的那些信息"，"以解读自己是如何为政府及社会所看待的"，"他们是否被政府和行政官僚视为'对之服务的顾客'或者是否只是被当作'需要对付的对象'"。③他们会问：政府政策允许做什么？政策内容究竟能带来什么好处？在《协议》中，有大量内容涉及政策对象。比如，在合作开发横琴的第二章中就提出要"积极研究制定澳门居民跨境就业、生活的社会福利安排等配套政策"，具体地说，"澳门居民到横琴工作、生活适用内地劳动就业制度及社会保险制度。澳门居民在横琴就业，可按照《中华人民共和国个人所得税法》规定，扣除附加减除费用"。

从文字上看，《协议》中政策的有关规定应该说十分具体，足以使不少人感到欣慰。但若在实际操作时，作为政策对象，澳门居民会提出许多疑虑。首先，文件中提到"澳门居民到横琴工作、生活适用内地劳动就业制度及社会保险制度"，这里所说的"适用内地的制度"，是全部适用还是部分适用呢？这会获得不同的结果。其次，内地的劳动就业与社会保险制度，各地呈现出较大的差别，即使在广东省内也存在差异，那么，适用澳门居民的这些制度将根据什么政策参照执行？再比如，《协议》写道：澳门特区政府要"推动澳门居民到园区就业"。澳门居民自然会问：进入重点园区有没有优惠政策？政策内容的好处具体体现在什么地方？等等。《协议》愈是执行到实处，具体问题会愈多，解决方案会愈细，资源使用的有效性会愈难，利益主体间的矛盾会愈大，这与规划《协议》时所出现的情况经常不可同日而语。

5. 政策环境的变化

任何政策都是在特定的环境下产生并付诸实施的，因为政策是环境的产物。所谓政策环境，是指影响政策产生与实施的一切因素的总称，其中包括政治环境、经济环境、社会文化环境等。社会环境如此，自然环境同样也会对政策产生很大影响。从系统论分析，政策及其组成的政策系统外的各种因素，都会对其发生作用，国际、国内发生的每一件大事都会影响粤澳之间的合作成效。所以，离开了环境状况讨论政策，犹如鱼水分离；离开了环境变化考察政策，犹如秋冬之际不知冷暖；离开了环境评估执行政策，犹如涉水不知深浅。环境既对政策具有制约性，也对政策具有推动力，前提是政策与环境要协调一致。当人们仔细研究《协议》时，会发现这其中实际上隐含着一个基本前提：至2020年，整个政策环境是持续稳定的，不会从根本上影响政策的执行过程，所以《协议》没有讨论双方在未来合作中有可能发生的重大潜在问题及其对策。然而，政策环境的变化是必然的，究其对政策执行的影响力而论，人们很难准确预料，但并不等于不可以在理论上作深入讨论。举例而言，粤澳联合打造横琴重点园区，涉及文化创意、科技研发与高新技术等内容。恰恰正是这些因素，将倍受相关环境的制约。因此，在执行相关政策之时，须认真研究其生存环境及其变化，"不打无准备之仗"，尤其要善于在环境的变化中，使政策付诸实处，发力于广处，见效于深处。

三 休闲是"世界旅游休闲中心"的核心要素

从《珠江三角洲地区改革发展规划纲要（2008—2020年）》公布以来，澳门未来的发展定位应该说非常清晰：成为"世界旅游休闲中心"。在这次公布的《协议》中，澳门的"世界旅游休闲中心"目标，又上升到珠江三角洲地区共同"建设世界著名旅游休闲目的地"的龙头地位。换句话说，澳门要成为"世界旅游休闲中心"，珠三角地区要成为"世界著名旅游休闲目的地"，前者是后者的基础。这样一个战略性定位，为澳门未来的总体发展提出了指导性方向。由此引发出一系列理论性问题：什么是"世界旅游休闲中心"？衡量"世界旅游休闲中心"的指标体系是什么？在这些体系中，最重要的指标由哪些元素组成？选择与构建这些元素的理念与标准是什么？所有指标、元素、标准是否可以量化？等等。

关于"世界旅游休闲中心"，可从不同层面解读。国家发展与改革委员会将"世界旅游休闲中心"定义为："具有世界知名度，符合世界现代化标准，形成良好的公共卫生、安全、环保体系，可为人们获得生活的健康、愉悦、消遣，以及提供商业和其他目的活动的地方。"④这是个很好的界定，因为它的内容实际上分为两部分：一是条件定位的满足，二是功能定位的实现。其中，满足条件具体化、功能定位多元化，使之一目了然，不会有歧义性的解读。

毫无疑问，列举出为保证目的所实现的条件去界定一个概念固然没错，但所列举出的实现条件（内容）总会因文字限制，不能保证在主要方面是否缜密。譬如，在上述定义中，其他条件，如交通与基础设施等内容要不要增入？这个定义提出的"世界旅游休闲中心"的功能包括三个部分：休闲、商业和其他目的。笔者认为，这样的表述值得进一步讨论，尽管定义也突出"为人们获得生活的健康、愉悦、消遣"等内容，但这三部分功能在一般性城市建设与发展中实际都存在，它易冲淡"世界旅游休闲中心"

的核心内容，使之一般化，失去建设的根本初衷。对澳门而言，其中的理论性问题尤其需要深入思考。

笔者拟从"世界旅游休闲中心"的逻辑关系上，分析其重点与核心，并由此构建我们的理念与设定的努力目标。"世界旅游休闲中心"，仅从字面上讨论，它包含了四层意思：休闲、旅游、世界与中心四个不同角度的理解。或许人们会问，为什么把"世界旅游休闲中心"中八个字拆成休闲、旅游、世界与中心之次序？笔者在2011年5月的一份研究报告中就提出，所谓世界旅游休闲中心，是指为满足世界各地游客，通过旅游形式，实现以休闲为基本需求，具有世界中心位置的国际化城市或地区。这个界定涵盖了"休闲城市""旅游城市""世界城市"三大元素。其中，"核心休闲""形式旅游""立足世界""定位中心"是应具备的四个基本特质，它们之间相辅相成。

1. 核心休闲

综合中外学者的理解，休闲是人们在非工作时间里，不承担特定责任的条件下，主要以"玩"的方式参与各类娱乐、教育与休息活动，使身心松弛与愉悦，并向更健康的方向发展。与为谋生而参与劳动和工作的状况不同，人们会更自由地享受业余生活所带来的清闲、轻松、愉悦，因而各种类型的娱乐性活动是构成休闲的基础，但不具有唯一性。正因为休闲不是人们的终极目标，所以为适应不同层次人群的休闲需求，休闲的内容应该多元化，除娱乐之外，还需要其他与此相配套的活动供人们选择。可以想像，若一个自诩为"休闲"的目的地，当他人身临其境后，带来的却是紧张、不悦、讨厌、惶恐，甚至愤怒，即使时间上高度自由，这样的结果能称为"休闲"吗？相反，休闲的节奏应该是慢的，人的感受必须是轻松的，身心的追求一定是自由的。作为休闲目的地，一切事务都要按照人的这些需求布置安排，否则人们就不会感到是享受所追求的休闲生活。

2. 形式旅游

休闲的实现并非一定通过旅游形式，其他方式，比如运动也可以达其目的。对休闲而言，旅游形式具有更明显的社会经济性特征。因为从被提供的休闲对象分析，大致有两种，一是以本地区的居民自娱自乐为主要形式的休闲；二是以吸引外来游客为主的休闲。旅游休闲中心的主要功能往往是后一种，不排除本地居民作为游客也参与休闲，但由此产生的经济效益所占的比例很小。许多有特色的旅游休闲中心，其旅游业往往都是本地的支柱产业，离开了旅游业的发展，本地区的经济会面临巨大困难。为什么世界各地游客会纷纷来此一游？他们不是为旅游而旅游，而是想通过旅游，实现休闲之目的。什么东西可以满足人的这一欲望，显然是该地区独具特色的休闲资源，尤其是那些誉满全球的休闲产业与休闲产品，包括特有的娱乐产品，澳门的博彩业就是这样一种独具特色的产品。因此，旅游是形式，休闲是目的，离开了人的旅游活动与旅游业的发展，再好的特色休闲产品也枉然；相反，有了高需求的游客，却提供不出可让人满足的休闲产品，这个地区或城市的旅游业也发展不起来，或得不到可持续的发展。

3. 立足世界

世界旅游休闲中心的"世界"，至少包含三层意思：一是游客的主体结构具有国际性，即来自世界各地。不少学者经常指出，某某旅游休闲地不能只赚国内人的钱，要大赚外国人的钱，即要吸引世界各地游客来旅游、消费、花钱，这才是真本事、大本事。二是服务的内容与质量是世界水平的。否则，为什么会有世界游客向往这里，寻求休闲。通俗地说，要具有世界一流水平，不能是二流、三流水平，也不能是国内水平、地区水平。三是文化的世界包容性，正因为旅游主体的多元性，必然引出了文化的多元性，而多元文化之间总会有碰撞与冲突，理解、包容是世界休闲中心必须具备的基本文化特质。笔者认为，在上述三点中，人们较为重视第一点与第二点，而忽略第三点。

4. 定位中心

大凡想发展旅游休闲产业的城市或地区，都想把自己的目标做得愈来愈大。一段时间里先争取本地区或区域的中心，出了名，有了自己的名牌产品后，再把眼光盯在国际上，使其发展成为世界的中心。所以，那些有影响力的旅游休闲城市，差不多都经过了这样的发展历程。或许它们的经历充满了传奇色彩，或许它们的发展有着千差万别的特色，但它们的发展方向与过程大致上都差不多，先做区域中心，再争创世界中心。这一过程既不会天上掉馅饼，也不是自吹自擂而成，而是通过艰苦卓越的辛勤劳动所获。正因为奋斗目标是旅游休闲中心，而不是什么金融中心、政治中心，为争取或保持中心位置，只能靠响当当的旅游休闲产品，这是毋庸置疑的基本要求。

有了"世界旅游休闲中心"的界定与相关特质的理论梳理，才能为创建"世界旅游休闲中心"的基本目标提出努力方向，才能处理好旅游与休闲的关系、休闲元素之间的关系、世界视角与立足本国（本地区）的关系、特色产品与普通产品的关系，等等。作为对"世界旅游休闲中心"的讨论，我们十分强调"休闲"的重要地位，主要鉴于理论上的一个特殊问题的考虑：从已经发表的对人性利益需求的研究成果看，学者更多谈到的是人们为了生存与发展的需要，要求提供相关的利益。但随着社会的进步，科技的发展，人们会从"享受"层面，越来越多地提出利益诉求。所以，笔者曾在定义"利益"时，除为了生存、发展的需要外，又增加了满足"享受"的需要。从对利益的客观性上分析，好的休闲产品对满足人的享受需求是何等重要！

现代人的生活与工作的节奏无形地加快，从而大大地影响人的生活质量。因为人要获得全面发展，为了谋生，固然必须从事职业性的劳动，但在一定意义上说，若劳动关系过于紧张，劳动强度过于重负，劳动报酬过于低微，劳动节奏过于快速，劳动环境过于恶劣，都会大大窒息人们的创造性与积极性，人们就有了要放松、清闲、乐和的强烈诉求，休闲对于解决温饱之后的人来说，可能其要求更突出。这就是各国越来越重视休闲经济与休闲产业发展的重要原因。然而，在推进休闲经济与休闲产业发展的过程中，发展旅游业是最好的方式之一。

按汉语词典的解释，休闲就是休息，过着清闲生活。这种生活是娱乐也好，是从事高尚的创作也好，那一定发生在为谋生的劳动之外，有着自由的时间，充分享受自由的人格，自由地做自己想做的事。国外有学者指出："许多伟大真知灼见的获得，往往正是处在闲暇之时。在我们的灵魂静静开放的此时此刻，就在这短暂的片刻之中，我们掌握到了理解'整个世界及其最深邃之本质'的契机。"⑤休闲之时可能有灵感、有创意，产生出如大师所言的"哲学、美术、艺术"作品，这时的休闲成为创新的动力。然而，不一定所有人都会在休闲之时有如此之举，结如此之果。对大多数普通民众来说，休闲就是"玩玩而已"，"俗"得很。作为人生的一种状态，休闲对不同的人或同一个人在不同时期而言，其结果并不一样，有时会相差十万八千里。

如果非要对"休闲"进行划分，笔者建议，可以把休闲活动大致分为"雅休闲"与"俗休闲"两类（敬请注意：这里"俗"者是大众的、普遍流行的"俗"，并非"庸俗"的"俗"），以满足多元人群的需要，力求雅俗共赏。那些提供休闲产品的主体，尽管可以考虑到对休闲的分类，但并不意味着满足人们不同需求的两类休闲产品的数量与质量要平分秋色。从理论甚至概念上厘清"世界旅游休闲中心"，特别是强调休闲的意义，对讨论澳门经济发展的实际有何启迪？笔者认为：

1. 针对世界各地旅游胜地的现状，对旅游与休闲的关系讨论较多，是休闲旅游还是旅游休闲，是休闲存于旅游之中还是旅游存于休闲之中，学者对此有着不同的认识。然而，其他地区暂且不论，仅就澳门的实际状况分析，尤其是国家把澳门未来发展定位为"世界旅游休闲中心"时，对旅游与休闲的不同认识，决定着本地区发展旅游经济的理念与政策，原因是注重旅游与注重休闲的结果并非一样。

2. 澳门在打造"世界旅游休闲中心"的过程中，强调旅游与休闲的差别，需要从理念上清楚：在两者之间的关系中，旅游是外在形式，而休闲才是内在的核心内容。内容通过形式得以体现，没有优美形式展现不出好内容，但形式为内容服务，休闲的目的在旅游中得不到表现，再好的旅游很可能会白费气力。比如，那些由不少人参与组团的旅游项目，不仅在空间上被安排得手忙脚乱，而且会被那些因利益链所影响的导游，把人们带到那些不应购物的地方而造成心中的不悦。你可以说，这是一次好的旅游，但是否体现出"休闲"，可能会大打折扣。因此，特区政府为实现澳门成为"世界旅游休闲中心"之目的，应该做与能够做的事是不言而喻的。

3. 既然笔者认为存在着"雅休闲"与"俗休闲"两种形式，那末作为打造"世界旅游休闲中心"的澳门，是否应该提供满足相应两类不同需求的休闲产品，这是值得认真研究的。对提供无论是"雅"产品还是"俗"产品而言，澳门现在是否还有努力与改进的空间？如果再提供新的"雅休闲"产品，澳门有没有相应的资源与条件？这与促进澳门的适度经济多元是什么关系？都有待认真研究。

4. 作为一业独大的澳门博彩业，在建立"世界旅游休闲中心"的过程中所处的地位与发挥的作用有目共睹，是其他行业无法代替的。但这并不等于说，其中就不存在需要解决的重大问题。当我们把"休闲"定位于"世界旅游休闲中心"的核心元素时，博彩业的发展是否应更清楚？旅游业办好，并非游客的休闲目的会自然实现，其中仍有若干发人深省并值得讨论的问题。

笔者一直认为，作为"世界旅游休闲中心"，要靠独特的休闲产品吸引人；要靠顶级的管理资源留住人；要靠包容的多元文化陶冶人；要靠真诚的服务信誉感染人；要靠久远的国际品牌征服人。

四 余论

《协议》是粤澳双方共同签订的执行文本，其中包括了大量待办的实事，这些事情的落实，尤其要办成、办好是件很艰巨的工作。然而，这并不意味着我们只应看到实际工作的存在，仅想到实际问题解决的一面，而不需要从理论上思考。我们既应看到《协议》执行中的具体项目、具体问题、具体操作、具体困难、具体结果，同时也应思考那些隐藏在具体事项背后的理论性难题。若就问题讨论问题，就问题研究问题，就问题解决问题，定会出现一叶障目、顾此失彼。

笔者认为，除上述三个理论问题在粤澳合作中表现突出外，《协议》涉及的其他理论问题也较多，诸如，要实现提出的四个"合作定位"，需要建立哪些创新制度（政策）？国家在支持粤澳合作上，还有哪些有待开发的政策创新空间？为落实协议，从政策执行层面会涉及哪些理论上的问题？"先行先试、重点突破"，究竟"先"在何处，"重"在何方？如何顺应区域合作基本规律，完善和创新粤澳合作机制？在横琴的开发中，如何处理好政府引导与市场机制的关系？如何理解政府与民间的多层次、多方位的合作关系？如何处理好收益与风险、眼前与长远、传统产业与新兴产业之间的关系？此外，世界著名旅游休闲目的地的基本内涵是什么？如何共同培育具有国际竞争力和自主知识产权的知名文化品牌企业？打造大珠江三角洲世界级城市群，需要哪些基本性的保障资源？"澳门经济适度多元"在合作中如何获得真正体现？等等，所有这些都值得人们高度关注。

总之，理论来源于实践，并反过来指导实践，促进实践更好地发展。因此，强化《协议》的理论研究势在必行。这既是从事理论研究者责无旁贷的使命，也是笔者写作本文的初衷。

---

① 陈庆云主编《公共政策分析》，北京：北京大学出版社，2010，第248页。

② 〔美〕詹姆斯·W. 费斯勒、唐纳德·F. 凯特尔：《行政过程中的政治——公共行政学新论》，陈振明等译校，北京：中国人民大学出版社，2002，第334页。

③ 〔美〕海伦·英格兰姆、斯蒂文·R. 史密斯：《新公共政策——民主制度下的公共政策》，钟振明、朱涛译，上海：上海交通大学出版社，2005，第62页。

④转引自周锦辉《全民打造世界旅游休闲中心》，澳门：《澳门日报》2011 年 6 月 20 日。

⑤〔德〕约瑟夫·皮柏：《闲暇文化的基础》，刘森尧译，北京：新星出版社，2005，第 1 页。

作者简介：陈庆云，澳门理工学院社会经济与公共政策研究所常务副所长、教授，北京大学中国公共政策研究中心主任、博士生导师。

〔责任编辑：刘泽生〕
（本文原刊 2011 年第 4 期）

澳门经济发展方式的路径选择

蔡赤萌

[提　要] 2008 年爆发的全球性金融危机，暴露出全球经济发展的严重失衡，引发各经济体对经济发展模式的反思与调整。澳门现行经济增长方式在可持续性及均衡性上也存在不同程度的失衡。要达致经济社会的健康、协调、可持续发展，澳门有必要及时把握国家"十二五"时期的发展机遇，调整经济增长路径依赖：要优化主导产业发展，转变博彩业过去粗放式的数量扩张模式，走向适度、有序和健康发展；要推动主导产业与其他产业协调发展，发挥好博彩业的带动及反哺作用，并利用区域合作适度拓宽经济基础；要重视整体经济体系建设及综合营商环境的提升；要兼顾社会整体进步，使经济增长与社会发展相协调。

[关键词] 经济失衡　澳门经济　发展方式　协调发展

经过近 12 年的探索与实践，澳门特别行政区在政治、经济、文化和社会等方面都发生了前所未有的深刻变化，同时也将迎来更多的新机遇，面临更大的挑战。"十二五"时期是国家改革开放、转变经济发展方式的攻坚时期，也是国际环境和社会矛盾的多发时期，国家经济发展模式、对外开放深度、社会改革难度都面临考验。后危机时代，发展问题备受关注，各主要经济体都在加紧反思与调整经济增长方式和发展模式，围绕新的发展制高点的竞争不断加剧。如何顺应国际及国家的发展趋势，认真反思与总结自身经济增长方式所面临的问题与挑战，是澳门经济有效调整增长方式、走向可持续协调发展的基础与前提。

一 后危机时代全球经济发展理念转变与发展模式调整

2008 年爆发的全球性金融危机，暴露出全球经济发展的严重失衡，引发各经济体对经济发展模式作出新的思考与调整。这次金融危机，直接由发达资本主义国家美国所引发，逐步蔓延至欧洲国家，从而引发全球性的金融动荡和经济衰退，其连锁影响至今仍在继续。后危机时代，全球经济的发展环境和发展理念出现如下主要变化：

（一）金融危机导致了国际竞争方式与竞争格局的变化，并改变了各国经济发展的理念

其一，影响经济增长及经济竞争力的要素发生变化。每次金融危机都会带来一场重大变革，各国致力寻找下一轮经济增长的动力，并开始深入关注新兴产业。金融危机后，全球经济体围绕新的发展制高点的竞争和调整也在不断加强，美国等发达国家纷纷提出再工业化的构想。包括生物医药、新材料、新能源在内的一批新兴产业，因具有产业链长、对创新要素要求高、能够获得较高利润等特征，成为全球经济增长的新引擎，也将是发达国家再工业化、抢占制高点的重点产业。此外，目前各国均强调要加强技术创新和推广，节约能源和保护生态环境。不符合需求结构变动、不能满足节能环保要求的产业或生产方式将被淘汰。

其二，区域经济合作趋势加快，成为对抗全球化趋势的新型竞争模式。2010 年祖国大陆与台湾两岸经济合作框架（ECFA）正式签署，中国－东盟自由贸易区（FTA）全面启动，中日韩自由贸易区进入官方研究磋商阶段，世界范围内的各种区域合作方案层出不穷。未来将会是区域与区域之间的合作和竞争，个别城市难以再单打独斗。

其三，国际竞争进一步加剧，全球贸易与金融保护主义风险日益上升。在世界总需求缩减、内外部再平衡困难的情况下，部分发达国家一方面实施多轮量化宽松政策，进一步刺激经济；另一方面积极运用汇率手段与贸易手段，推动本币贬值，迫使外币升值，采用世界贸易组织允许的反倾销、反补贴和保障措施等，有针对性地打击来自特定贸易伙伴的特定产品的进口，同时制订了增加出口的计划。[①]由于发达国家尤其是美国的货币政策具有极强的外部性，而且在美元本位制下缺乏对储备货币发行的约束，亚洲及新兴经济体将会承受由此带来的各种不利冲击。

其四，更加强调经济发展理念，即在经济增长过程中注重多层次关系的平衡与协调。胡锦涛在横滨举行的亚太经合组织领导人非正式会议上倡议五种类型的经济增长概念：一是推动平衡增长，为经济长远发展创造条件；二是倡导包容性增长，增强经济发展内生动力；三是促进可持续增长，努力实现经济长期发展；四是鼓励创新增长，为经济发展提供动力源泉；五是实现安全增长，维护经济发展成果。[②]胡锦涛认为，与会的各国领导人应该科学分析世界经济增长的现实问题和长远需要，把握增长规律，创新增长理念，转变增长方式，破解增长难题，提高增长质量和效益，着力解决经济社会发展中的矛盾，解决关系人民切身利益的突出问题，在更高水平、更高层次上实现亚太区经济又好又快发展。

（二）金融危机的爆发迫使各国通过被动或主动的方式调整全球经济的严重失衡，要求各国必须转变增长方式

后危机时代，如何通过结构性改革达致"再平衡"，以实现世界经济强劲、可持续和平衡发展，成为目前国际社会关注的焦点。"再平衡"实际包括内部再平衡和外部再平衡两个方面的内容。内部再平衡是指公共部门与私人部门间需求的平衡、实体经济与虚拟经济的平衡。外部再平衡是指国内与国外需求的平衡。许多发达国家（尤其是美国）经济增长严重依赖国内需求，而许多新兴经济体（尤其是中国）则严重依赖国外需求，净出口是拉动经济增长的重要引擎。因此，外部再平衡意味着发达国家应该加强净出口在经济增长中的作用，新兴经济体则应更加依赖内需推动经济增长。

鉴于上述失衡与各国的经济模式和发展方式关系密切，目前全球各主要经济体不得不调整其经济增长方式。具体调整方向是：西方国家要改变金融创新监管滞后、过度消费模式所带来的严重后果，而新兴国家则要改变过度依赖外需带动经济的模式。以美国为首的西方国家作为导致全球失衡的重要一方，要减少债务，减少过度消费，增加储蓄，扩大出口；包括中国在内的新兴国家则要改变过度依赖出口的增长方式，通过扩大国内消费等政策，降低过高的储蓄率，改变过剩的生产模式。

为此，金融危机后世界主要国家相继在产业层面进行"再工业化、再创新、再出口"结构调整。2009 年美国先后颁布了《美国创新战略：促进可持续增长和提供优良工作机会》和《重整美国制造业政策框架》，提出美国再工业化的重点领域及创新策略。2010 年 1 月，奥巴马提出未来 5 年美国出口翻番、创造 200 万新就业岗位的计划。与此同时，英国提出了低碳产业、生物产业、数字经济、先进制造等产业发展重点。日本也提出了环境和能源、健康等产业发展重点领域。西方国家一方面开始倡导储蓄、鼓励出口、支持实体经济发展，同时也试图在新能源、新材料、生物医药、信息技术等领域抢先占领产业发展的制高点。

从中期看，世界经济有可能进入一个持续多年的不稳定的低速时期。③金融危机后世界经济总体迈上复苏轨道，但势头不强，不均衡性、不稳定性仍然突出。国际金融市场起伏不定，主要货币汇率大幅波动，大宗商品价格高位震荡，保护主义明显增强。此外，新兴经济体与发达国家之间在复苏时间和幅度上的差异，使得国际经济政策的协调问题成为焦点，加剧了全球经济再平衡的难度。因此，在这一背景下，各国经济增长方式的调整，在某种程度上来说会是比较艰难和较为漫长的过程，但迫于环境又不得不进行调整，其过程将充满激烈竞争。

二 国家"十二五"规划将转变经济发展方式作为主线

2011年，中国进入"十二五"规划时期，这也将是中国调整经济增长方式的攻坚时期。经过30多年的成功发展，中国已成为世界第二大经济体、第一大出口国和第一大外汇储备国，2010年经济总量达到39.8万亿元人民币，人均GDP超过4000美元，进入由中等偏下收入国家向中等偏上收入国家迈进的重要阶段，同时也是社会转型矛盾增多的关键阶段，处理不好容易落入"中等收入陷阱"④。进入"中等收入陷阱"国家常见的具有共性的问题，在中国也不同程度地存在，如对外部世界的过度依赖，经济活动缺乏内在的稳定性；经济发展失衡导致资源配置恶化和供求失衡，其中包括收入分配失衡、地区发展失衡、投资和消费失衡等；技术创新能力不足，不能通过稳定地提高效率来保持经济增长；不能保持持续的制度创新，经济和社会发展缺乏持久的动力；等等。⑤

与此同时，本次国际金融危机凸显出中国经济发展中的不平衡、不协调、不可持续问题达到了前所未有的严重程度。在需求结构方面，内需和外需不平衡，投资和消费不协调，消费对经济增长的贡献率偏低；在供给结构方面，制造业和服务业发展不平衡，生产加工规模和技术创新能力不协调，科技创新和人力资本对经济增长的贡献率偏低；在空间结构方面，城乡发展不平衡，区域发展不协调，基本公共服务不均等；在要素结构方面，资源要素投入与生产率提高不平衡，经济发展与资源环境不协调，资源环境硬约束持续强化；等等。这些结构性矛盾如果得不到解决，就难以拓宽发展空间、培育竞争新优势，也难以形成经济持续较快发展的内生动力。⑥

面对伴随经济社会发展而衍生的各种问题与矛盾，中央一直在总结与探索经济增长的合理模式，不断丰富和调整经济增长的理念与内涵。2007年中共十七大提出"加快转变经济发展方式"⑦，将经济发展的着力点从"转变经济增长方式"进一步丰富发展为"转变经济发展方式"，其内涵也从"一个转变"扩展为"三个转变"，即促进经济增长由主要依靠投资、出口拉动向依靠消费、投资、出口协调拉动转变；由主要依靠第二产业带动向依靠第一、第二、第三产业协同带动转变；由主要依靠增加物质资源消耗向主要依靠科技进步、劳动者素质提高、管理创新转变。而转变经济增长方式是转变经济发展方式的基础。但是，由于原有增长模式的路径依赖，上述"三个转变"在"十一五"时期的成效仍不理想。国际金融危机爆发后，中国内地转变经济发展方式已刻不容缓，承载着多方面的迫切要求：一是适应全球需求结构重大变化、增强国家经济抵御国际市场风险能力；二是提高可持续发展能力；三是在后危机时代国际竞争中抢占制高点，争创新优势；四是实现国民收入分配合理化、促进社会和谐稳定；五是适应实现全面建设小康社会奋斗目标的新要求，满足人民群众过上更好生活的新期待。为此，加快经济发展方式的转变，成为"十二五"时期社会经济发展的重中之重，是关系到经济社会发展全局的一场深刻变革，也是贯穿经济社会发展全过程和各个领域的主线。

在"十二五"时期，发展仍然是解决所有问题的关键，同时将更加注重全面协调可持续发展。国家"十二五"规划将加快转变经济发展方式作为主线，把"调结构"作为主攻方向；把"创新"作为重要支撑；把"惠民生"作为根本出发点和落脚点；把建设"两型社会"（即资源节约型、环境友好型社会）作为重要着力点；把改革开放作为强大动力。具体而言，转变经济发展方式包含对内平衡和对外平衡两个方面的内容。就内部来说，一是要平衡出口、投资和消费的关系；二是要转变为创新导向的经济增长方式；三是要调整收入分配的格局；四是要在城乡综合一体化框架下推进城市化进程。就外部来说，一是要努力平衡国际收支；二是要积极参与国际经济秩序和货币秩序新规则的制定。

为此，"十二五"规划提出国家转变经济发展方式的战略重点，主要包括以下几个方面：一是坚持扩大内需战略、保持经济平稳较快发展。扩内需、稳外需，坚持利用好两个市场、两种资源，加快形成消费、投资、出口协调拉动经济的新格局。二是加快经济结构战略性调整，提高产业核心竞争力。统筹推进城乡、区域协调发展：着力推动产业结构优化升级和创新发展，培育发展战略性新兴产业，加快改造提升传统产业，大力发展服务业；加快建设资源节约型和环境友好型社会。三是推动经济社会协调发展，着力保障和改善民生。四是深化改革、扩大开放，增强发展活力和后劲。

三　澳门经济增长方式的分析与思考

根据全球经济发展模式调整的现实趋势，以及内地"十二五"时期以转变经济发展方式为主线的发展战略，澳门有必要从全新的发展理念来思考自身的增长模式，以便更好地把握发展的战略机遇期，实现社会经济的全面协调与可持续发展。

回归以来，澳门通过有限度开放博彩专营权引入国际博彩资本、借助逐步扩大开放内地居民赴澳"个人游"等措施，成功地解决了澳门经济的增长问题，博彩旅游业爆炸式增长，整体经济呈超高速增长态势。近12年来，澳门整体经济实力稳步提高，就业状况显著改善，财政盈余大幅上升，营商环境不断优化，国际经济地位明显提升。但在澳门博彩业迅猛发展以及整体经济快速增长的过程中，也逐步暴露出该增长方式引发的相关问题，经济社会出现不同程度的失衡。澳门经济增长方式存在适度调整的必要性。

（一）从可持续性角度衡量

首先，从增长动力来看，澳门作为微型经济体，其经济增长方式主要靠外部需求与投资两大因素拉动。而维持这一高增长的主要动力具有一定的不确定性，受制于外部环境的变化，澳门经济的抗风险能力存在局限。

其次，从主导产业本身来看，其一枝独秀、进一步快速发展的模式存在不少制约。这主要体现在以下三个方面：一是博彩业的增长模式尚属于粗放式增长，依靠博彩供应量的急速扩张来带动。与内地以第二产业为主的增长模式不同，澳门博彩业消耗的资源并非"两高一资"（高污染、高耗能、资源消耗性）类产业，而是本地有限的土地与人力资源，外资博彩企业更多的是将所在国当地的博彩项目及运营模式简单复制到澳门。博彩企业纷纷兴建赌场酒店，引发大量土地改变用途。目前澳门土地开发已近饱和，博彩业进一步扩张的空间受到制约。二是从需求方面看，博彩业的快速增长建基于外部人流的持续高速增长，与澳门现有空间承载能力的矛盾日益显现。1999 年至 2010 年，访澳游客从 774.4 万人次快速增长到 2496.5 万人次，11 年间增长了 222%，年均增幅高达 20%。2010 年澳门接待游客数量相当于澳门本地人口（55.2 万）的 45.3 倍。大量游客的到来，不仅使澳门失去了过往宁静、安逸的休闲氛围，而且引发了交通拥挤、房价上涨等方面的问题。三是博彩业基本是靠量的扩展来发展。自 2002 年博彩业开放后，博彩企业由 1 家增至 3 家，2006 年又扩至 6 家，博彩供应量呈现超高速增长。从 2003 年至 2010 年的 8 年间，娱乐场从 11 家增至 33 家；赌台数从 424 张急速增至 2007 年的 4375 张，2008 年 4 月推出调控政策后（2013 年博彩业赌台数量不超过 5500 张）才转为温和增长，2010 年赌台数为 4791 张。同期，幸运博彩毛收入从 286.7 亿澳门元增至 1883.4 亿澳门元。目前博彩业走规模扩张之路已接近极限，赌台数已接近调控上限，赌台平均利润率正逐年下降。

第三，鉴于博彩业的特殊性，澳门主导产业的挤出效应与社会成本相对较大。其表现如下：一是博彩业的高利润特性，导致其具有极强的资源吸附能力，其快速发展大量吸附人力资源，拉高劳工工资，并引发租金、房屋价格相应上涨，导致不少本地中小企业难以生存发展。二是博彩业的超高速增长难以靠市场自行调节，不仅引发诸多挤出效应，而且拉大了行业间的贫富差距，不少行业与市民并未充分享受到与经济快速发展相匹配的利益，反而因博彩业的高增长导致生存成本增加、发展空间丧失等问题。三是博彩业盈利模式比较简单，基本处于稳赚钱状态。博企还相继将澳门盈利概念上市，通过资本市场获取投资所需资金。而博彩业总收入及博彩税的大幅增加，不仅改善了政府的财政状况，也相应改善了社会福利，导致社会产生依赖效应，无形中影响整个社会的创新意识与创新能力。四是澳门博彩业监管与法规尚欠完善，导致博彩业对社会的负面影响逐渐显现，如青少年辍学、问题赌徒、非博彩行业就业出路狭窄等。

第四，从区域合作层面看，澳门博彩业一枝独秀的结构将压缩澳门在区域合作中的发展空间。一方面，澳门发展面临的空间制约日益显著，需要通过区域合作拓展空间；另一方面，如果仅以主导产业博彩业现行的发展模式进行合作，区域合作难以有效地良性发展。目前澳门博彩业发展主要依靠内地客源市场（内地游客占访澳总游客的比重已从 1999 年的 22% 急速上升至 2010 年的 53%），现行博彩客源内地化而博彩资本国际化的模式，致使大量内地资金单向流入澳门、流向外资博彩企业，而博彩业相关负面效应则主要由客源地承担。

最后，从国际竞争态势看，澳门博彩业尚属"政策支撑型"，需向"产业优势型"转型。澳门博彩业仅具有政策性优势。在"一国两制"框架下，香港"不赌"，内地也没有开放博彩业，上述两大客源市场禁赌，成为澳门博彩业最大的利好因素，2010年这两大客源市场共占访澳游客的82.9%。但随着周边国家或地区相继开赌，争夺客源市场的竞争将渐趋激烈。此外，澳门本地博彩业经过多年的快速扩张，博彩用地和赌桌数量已接近调控上限，若不能有效拓展博彩相关的业务，不断提升综合竞争力，日后要维持增长空间将受到局限。如何优化博彩业，提高综合竞争能力，将成为更重要的发展内涵。

（二）从均衡发展的角度考量

澳门博彩业的迅猛发展所造成的经济社会失衡，主要体现在以下五个方面：

在经济内部结构关系方面：一是经济增长的动力结构偏重外部服务需求，而其中又高度依赖外部游客的博彩需求。2010年博彩服务出口增长54.2%，占服务出口的83%；货物和服务净出口（主要是以博彩服务业为主的出口）占GDP的比重进一步扩大至56%。⑧二是经济增长方式偏重市场自发增长，轻各产业和谐发展，对非博彩产业保护和支持不足；在经济效益中偏重短期效益，对长远健康发展关注不够。三是重龙头产业博彩业的发展，不少本来应当用于其他产业发展或兴建公屋的地段多向博彩业倾斜，而龙头产业的发展未能有效地带动其他产业同步发展。四是经济增长的主要动力存在未来发展后劲不足的风险。

在经济增长与社会发展的关系方面：存在一定失衡，主要表现在社会事业发展相对不足，制度建设相对滞后，政府对经济引导能力、行政法规完善程度及执行力等方面的软实力与社会期望差距拉大。也就是说，由博彩业超高速发展带动的经济高速增长模式，与澳门经济持续发展、社会全面进步之间的协调状态仍存在距离。一是收入分化与分配失衡，贫富差距逐渐拉大，低收入阶层保障尚显不足。博彩业的飞速发展带来澳门人均GDP大幅增长，但行业间的收入差别悬殊。虽然博彩税收的增长令政府财政收入猛增，特区政府多年来采取现金分享政策实现全民共享发展成果，但以财政为杠杆的社会财富分配与扩散效应短时间内很难达到社会期望的水平。实际上，部分社会弱势群体未能同步分享博彩业发展的成果，反而可能因通胀等因素导致实际生活水平下降。如何在经济结构转变的情况下，通过公权的引导和平衡财富，使强大的经济能力惠及全社会，特别是弱势群体，是澳门经济社会发展中需要解决的一大现实问题。二是博彩业的超高速发展，引发澳门空间及资源紧缺、成本快速上涨等问题。随着澳门社会近年来的急速发展，尤其是旅游博彩业的迅猛发展，人力资源紧张、交通压力增大、房屋价格上涨、日用消费品涨价、土地资源紧缺等问题相继出现，对社会资源及发展空间造成的压力日益显著。三是特区政府管治能力与经济社会发展的紧密配合存在脱节。澳门回归后，特区政府积极推进行政和法务改革，政府的管治能力有较大改进和提高，推动了社会的安定与繁荣。但随着经济社会的迅速发展，一些新生的社会公共问题也随之涌现。譬如如何促进社会分配更加合理化，如何有效化解新生群体的诉求，如何应对社会结构的变迁，如何处理日趋复杂的住房、贫富悬殊、就业等社会民生问题，都需要政府管治能力的进一步提升与完善。⑨

在博彩业发展与经济均衡可持续发展的关系方面：博彩业在澳门经济社会发展中有着不可替代的地位和作用，但博彩业一枝独秀与经济均衡可持续的矛盾逐步凸显。如何在继续发挥博彩业比较优势和经济拉动作用的同时，逐步实现澳门经济的适度多元化和可持续发展，是澳门发展所面临的艰巨任务。

在短期增长效应与长远健康发展的关系方面：一是如何合理利用发展空间，解决好土地资源有限与城市发展规划的矛盾。二是博彩业急速扩张引发人力资源供求失衡，人力资源和高层次人才严重短缺，跟不上经济发展的步伐和需求，其结果是一方面难以支撑经济适度多元发展，另一方面又会导致成本急速上升，对中小企业造成压力。如何在吸引外来优秀人才与保护本地就业之间取得平衡，是保持澳门长远发展的重要环节。

在自身定位与区域经济中扮演角色的关系方面：澳门在区域合作中制高点不多，其优势主要集中在主导产业博彩业，在客源上主要依赖内地游客（占53%），国际旅客开拓不够（内地及港台以外的国际旅客不足12%）⑩，其他合作功能有待进一步开发与深化。澳门经济结构过于倚重博彩业，将限制澳门的区域合作能力，不利于澳门打造世界旅游休闲中心和商贸服务平台的功能。

上述失衡，有的属于结构性，有的则属于制度性，不仅会制约澳门经济的进一步发展，也可能会影响澳门日后社会经济的稳定与发展。2008年12月，时任行政长官何厚铧在总结澳门十年施政时坦承：特区发展仍然存在不少需改进及不足之处，特区政府的公共服务、行政效率，以至法律改革，与社会发展及公众期望尚存一定差距；社会深层次矛盾仍需进一步解决；推动经济多元发展尚未产生明显成效；人力资源供求平衡、就业、居住、交通、中小企发展及博彩业发展等社会问题，都存在改进空间。①

未来澳门所面临的施政挑战，是如何保持整体经济的协调发展，并有效保持可持续健康发展的基本动力与竞争力。也就是说，如何根据持续协调发展的理念，探索与调整澳门经济发展模式，通过推动经济适度多元发展，逐步推进经济协调发展及社会和谐进步。以下三个基本观点或有助于我们对澳门经济发展模式的思考：

其一，澳门属于小型经济体，选择博彩业作为主导产业，符合澳门比较优势。根据澳门的历史条件与现实情况，2002 年，时任行政长官何厚铧将澳门的产业定位为："以博彩业旅游业为龙头，服务业为主体，其他行业协调发展。"这一定位成为带动澳门经济腾飞的重要前提。博彩业是澳门最具比较优势的产业，再加上"一国两制"框架下中央的政策支持，使澳门博彩业得以迅速发展。博彩业开放以及博彩企业大规模兴建博彩设施，令澳门的博彩供给能力得到大幅扩张。与此同时，由 CEPA 及自由行政策带动的以内地客源为主的访澳人流的高速增长，有效支撑了澳门的博彩需求。未来，博彩业在澳门的支柱地位将长时间存在。博彩业作为澳门经济主导产业和最具竞争力产业的态势，将在相当长时间内维持不变。鉴于博彩业在产业中的相对优势地位以及在经济中的龙头作用，博彩业的健康发展对澳门经济长远发展至关重要。

其二，博彩业在澳门产业结构中比重并非越大越好。与其他小型经济体依靠单一主导产业带动的经济发展模式相比，澳门的主导产业博彩业具有自身的特殊性，其产业链条短、负面效应较大，因此对经济发展的作用呈现多重性。一是带动作用有局限，并且滞后。直接受惠于博彩业的行业主要集中在酒店、会展、高档零售业等领域，以及"为赌而游"的访澳客流经常消费的运输、游览等服务行业。由于博彩企业通常是先建赌场（部分综合性酒店设施本身包含了中高档品牌销售及会展场所），然后再用赌场盈利兴建合约规定的其他非博彩设施，因此博彩业对直接相关行业的带动效应通常会滞后。二是具有明显的挤出效应。如果政府监管与引导不到位的话，依靠市场自身调节，很难达到各产业的协调发展。澳门博彩业一业独大的趋势，既有优势产业资本追逐利润的自然竞争效果，也有特殊专营行业中政府监管调节角色不足的原因。为此，政府有必要从整体经济长远发展的角度出发，对博彩业进行必要的调控与规范，为其他行业的发展让出一定空间。

其三，博彩业"一业独大"的发展模式难以长期持续。澳门发展空间有限、内需不足，基本没有回旋余地，经济增长主要依靠外来游客及博彩消费的增长来拉动，抵御风险能力存在局限。在这种发展模式下，一旦周边因素发生变化，如爆发战争、流行疫病、内地出入境政策调整等，均会对其整体经济产生巨大冲击。此外，周边国家和地区相继开设赌业，对澳门博彩业的分流效应也不容忽视。

目前，澳门经济适度多元化已经十分迫切。为控制博彩业发展过快造成的"一业独大"局面和有效推进经济适度多元发展，2008年4月，特区政府推出一系列博彩业调控措施，加强博彩监察管理，严格调控博彩规模。例如不再增设博彩牌照，不再新批博彩土地，控制赌场、赌桌和角子机数量，适当控制博彩中介人佣金，以及研究并执行对赌场高层管理的资格审查和发牌制度等。⑫对于如何扭转目前经济结构失衡以及经济发展后劲不足的局面，寻找新的经济增长点并有效推动经济适度多元化进程，澳门社会虽已取得一定共识，但要具体落实与推进，仍面临不少困难与挑战，需要政府、商界及学界等社会各界的不懈努力与共同探索。

四 澳门调整经济增长方式、推进经济适度多元的新机遇

调整澳门经济增长模式，实质是要推动澳门经济适度多元，将较为单一的短期超高速增长驱动模式转换成为健康、协调、可持续发展模式。鉴于自身条件的制约，澳门经济适度多元化的推进，离不开走区域合作之路。在国家"十二五"规划中，包括粤澳合作在内的粤港澳区域合作被提到前所未有的高度，并以国家总体规划、专项规划的形式加以确定。澳门在国家经济发展中的战略定位与角色也得到进一步明确，国家将支持澳门巩固与提升现有竞争优势，支持澳门培育新兴产业。"十二五"规划为澳门调整经济发展模式、推进经济适度多元创造了新的机遇期。

（一）从国家层面看，"十二五"时期国家更加重视港澳在国家发展中的战略地位

"十二五"规划明确了港澳在国家发展中的战略定位，支持香港、澳门充分发挥优势，在国家整体发展中继续发挥重要作用。"十二五"规划关于

澳门未来发展的定位是："支持澳门建设世界旅游休闲中心，加快建设中国与葡语国家商贸合作服务平台。"这些都是含金量很高的表述，十分有利于澳门相关功能的建设与产业适度多元的推进。

"十二五"规划对澳门的具体支持措施，一是支持澳门巩固和提升现有的竞争优势，包括建设世界旅游休闲中心和中国与葡语国家商贸合作服务平台；二是支持澳门增强产业创新能力，加快培育新的经济增长点，推动经济适度多元化，推进经济社会协调发展；三是支持澳门培育新兴产业，如支持澳门加快发展休闲旅游、会展商务、中医药、教育服务、文化创意等产业；四是深化内地与港澳经济合作，其重点之一是"深化粤港澳合作，落实粤港、粤澳合作框架协议，促进区域经济共同发展，打造更具综合竞争力的世界级城市群"。

（二）多项涉及区域合作层面的发展规划与推进政策已相继出台并逐步展开

自2009年以来，粤澳合作在多个领域取得重大突破，可谓跨出历史性步伐。继《珠江三角洲地区改革发展规划纲要（2008—2020年）》后，又相继推出《横琴总体发展规划》和《粤澳合作框架协议》。各专项规划的原则与精神已纳入国家"十二五"规划，上升到国家总体规划层面，为今后深化区域合作各配套措施的推出及具体有效落实相关措施，奠定了坚实基础。

2011年3月6日签署的《粤澳合作框架协议》，是粤澳落实《珠江三角洲地区改革发展规划纲要（2008—2020年）》和《内地与澳门关于建立更紧密经贸关系的安排》、携手推进更紧密合作的重大举措。框架协议明确粤澳合作的发展定位、基本原则、主要目标等宏观战略，提出合作开发横琴、产业协同发展、基础设施与便利通关、社会公共服务、区域合作规划等重点合作领域和主要合作内容。粤澳双方提出"共同打造世界级新经济区域"的发展愿景，并适应全球格局变化和粤澳发展趋势，提出粤澳合作四大定位：建设世界著名旅游休闲目的地；打造粤澳产业升级发展新平台；探索粤港澳合作新模式示范区；拓展澳门经济适度多元发展新空间。框架协议针对澳门现有产业基础和发展方向，结合广东的产业特色和资源优势，以支持澳门发展具有一定基础和成长潜力的产业为目标，以旅游、会展、中医药、文化创意、金融等为重点，形成了两地产业协同发展的主要思路。

作为澳门拓展经济发展空间和推进适度多元的重要合作载体与抓手，《横琴总体发展规划》有关粤澳、珠澳的合作内容，也在框架协议中得到进一步细化与落实。框架协议积极探索粤澳合作新模式,提出"合作开发横琴"的策略部署:珠海发挥横琴开发主体作用,澳门从资金、人才、产业等方面全面参与,双方共同研究相关配套政策。同时,建立粤澳合作开发横琴协调机制,支持横琴新区与澳门有关政府部门直接沟通具体合作事宜。令人欣喜的是,框架协议确定了共建粤澳合作产业园区(总面积约 5 平方公里),明确了中医药科技园、休闲度假区、文化创意区、中心商务区等合作重点,成为粤澳合作具体的载体和平台,既为澳门经济适度多元发展拓展空间,也为珠江口西岸地区改革发展提供平台。其中,粤澳合作中医药科技产业园已于 2011 年 4 月奠基,作为"先行先试"合作园区,共同打造集中医医疗、养生保健、科技转化、会展物流于一体的国际中医药产业基地,以及绿色道地药材和名优健康精品的国际交流平台。此外,粤澳两地加快建立与横琴新区发展定位相匹配、与澳门自由港政策相适应的经济管理体制,照顾到澳门居民在横琴工作、生活的税收和社保衔接问题,鼓励更多的澳门居民到园区发展事业。

粤澳合作创新发展的理念,标志着粤澳两地从经贸合作向经济、社会、生活的全面融合拓展。根据粤澳合作框架协议提出的发展目标,到 2015 年澳门经济适度多元化发展要初见成效,相关配套措施也将相继推出与切实落实。

(三)澳门已经积累了经济适度多元的一定基础条件与有利因素

进入"十二五"时期,澳门社会在调整经济增长方式、推进经济适度多元方面已积累了一定的基础条件与有利因素。回归近 12 年来,澳门经济经过了"固本培元"的经济恢复期,并不断积蓄动力;之后龙头产业加速发展,带动整体经济较长时间的高速增长,积累了较好的财政基础。同时,在总结十年经验的基础上,特区政府和澳门社会开始调整施政理念。2010年澳门特区政府的施政报告以"协调发展,和谐共进"为理念,推动澳门社会持续进步,促进经济与社会、政府与民间、支柱产业与其他产业、人与自然的协调发展,拉开了澳门新一阶段发展的序幕。该份施政报告强调,要继承并推行经济适度多元化策略,集中精力促进经济协调发展,同时着力提高本地重要产业博彩业的竞争力,逐步将澳门发展成为亚洲地区有特色的、有吸引力的博彩旅游、国际会展及商贸服务中心。"十二五"时期,诸多政策的陆续出台,将进一步提升粤澳合作,为澳门将经济发展重点转至协调、可持续的健康发展轨道,创造了有利条件。未来横琴将在推进粤港澳合作中充当积极角色,通过建设商贸服务基地和区域创新平台,吸引更多的国际高端资源聚集，补充港澳土地资源和劳动力不足，逐步改变澳门目前较为单一的产业结构，促成粤港澳发挥各自的优势，形成珠江口西岸地区新的增长极。

（四）澳门产业适度多元出现一定起色

适度多元发展已成为澳门特区政府与社会的共识，经过各界努力，也有一定进展。只是在博彩业高速发展的态势下，非博彩行业的总体比例仍呈逐年缩小态势。其中，批发零售业、酒店业、会展业、饮食业等部分产业发展均获显著增长，其他产业也已见起色。从以娱乐业为支柱的单一经济形态向旅游、会展、文化、贸易等多元化发展，成为如今澳门经济的新定位。澳门对内地市场充满期待，今后将在会展业、服务业、文化创意产业、中医药等方面开展更多更广泛的互动。部分博彩企业非博彩业务也出现一些成效，带动澳门酒店、会展、零售、综合度假旅游的发展。博彩娱乐场内品牌店、购物天地等设施的相继建立，推动了澳门高档零售业的快速发展；威尼斯人的大型酒店及会展场馆的落成，有效改善了澳门会展业的基础条件；新濠天地的水舞间等大型娱乐表演，也开拓了澳门新市场。今年5月份新开业的澳门银河，则为度假旅游提供了高档、独特的新环境。部分中小企业则在艰难中尝试转型，一些依托并服务于主导产业的新型服务业和新兴制造业逐渐萌生，例如为娱乐场及酒店提供配套产品和相关服务（干洗服务、酒店日常消耗品），为游客生产具有澳门特色的纪念品、食品及其他消费品等。此外，中葡商贸服务平台功能也得到进一步拓展。2010年中葡论坛期间国家推出的相关支持政策，为澳门平台功能的进一步发展奠定了良好基础。

澳门的经济增长正在进入"十二五"规划的重要转折时期，如何在推进经济适度多元发展上实现突破，成为澳门社会各界关注的焦点。这就需要从澳门实际出发、兼顾澳门资源条件与现实经济优劣势，来考虑可持续发展的模式。澳门调整经济发展方式，重点就是要调整经济增长的路径依赖，以保持经济社会的持续、健康、协调发展。为此，需要注重以下四个层面的优化与协调：

其一，博彩业作为澳门经济的主导产业和最主要一元，要适度、有序和健康发展。澳门经济的可持续发展，离不开博彩业的健康发展。为此，必须规范博彩业发展。一是要转变博彩业过去粗放式的数量扩张模式，优化自身发展，适度控制规模，为其他行业让出一定发展空间；二是要发挥好龙头带动作用，反哺及带动其他行业；三是要尽快完善博彩相关法规，促进其健康有序发展，优化并提升博彩业的竞争力。为促进博彩业的健康和可持续发展，政府将继续按照"适度规模、规范管理、健康发展"的方向，着力提高博彩业发展的质量和档次，切实加强和规范对博彩业的监管，认真关注博彩业开放和发展中出现的各种社会问题，让澳门成为一个达到国际水平的区域性旅游、娱乐博彩及会议展览中心。

其二，有效拓展经济结构的适度多元，切实推动主导产业与其他产业协调发展。要改变经济增长过度依赖博彩业的局面，从单一的经济增长方式转型至较为全面的经济发展方式，推进澳门经济适度多元。根据澳门的现实基础和适度多元的优劣势条件，结合"世界旅游休闲中心"和区域商贸服务平台的战略定位与发展目标，适度多元化产业选择方向主要分为三大类：一是在优化博彩业发展模式的基础上重点推进博彩旅游业的多元化；二是构建并提升与世界级休闲旅游中心、商贸服务平台定位相配套的现代服务业，重点是在服务业细分市场中选择发展若干有自身特殊优势的产业和服务品牌，形成新的经济增长点；三是要发展具有较高附加值的特色制造业及新兴产业，保持制造业的适度比重，利用区域合作解决相关不足。而适度多元化产业选择的切入点，要突出澳门现实优势，选择有基础、有可能发展的产业。既可借助现有优势产业的延伸性，又可逐步发挥其平衡现有支柱产业的作用。能够通过产业政策和区域合作，逐步形成其核心竞争力，可将区域合作优势（珠三角地区相关优势）作为其间接优势。

其三，在推进适度多元发展过程中，要重视整体经济体系建设及综合营商环境的提升。例如，在共同打造世界旅游休闲中心的过程中，澳门要拓展多元化客源，并建立一系列与此相配套的服务业体系与服务水平；在强化商贸服务平台功能的过程中，尤其要提升相关服务业的配套优势，完善总部经济功能，使之能够有效提升中葡经贸合作平台，并逐步拓展帮助内地企业"走出去"的服务内涵；优化博彩旅游业，丰富旅游业的内涵与竞争力，并有效推动、依托博彩企业加快发展非博彩业务；利用横琴作为新兴产业培育及发展的新亮点，形成澳门境内与横琴之间的产业体系有效互动；利用内地"十二五"扩大内需的契机，打造"澳门制造"品牌，探索内销模式并有效拓展内地市场，为澳门特色制造业发展创出一条新路。

其四，要兼顾社会整体进步与协调发展。澳门经济与社会的协调发展，包含多层次关系的协调：博彩业发展兼顾社会效应，完善法律法规、推动负责任博企，兼顾各利益相关方；平衡短期发展与长远发展的关系，考虑城市承载力，优化升级，提升各行业竞争力；区域协调发展，融入区域、错位协调发展，互利互动；经济发展与环境友好，共建优质生活圈；经济与社会发展平衡，让民众更好地分享经济发展成果；市场经济活力与政府灵巧的手协调促进社会发展。

如何依托"十二五"时期国家的区域合作战略，适度拓宽经济基础，改变经济增长依赖路径，是澳门能否在今后五年内有效推进经济适度多元发展、成功调整现行发展模式的关键。澳门特区政府现已确定了以博彩旅游业为龙头、服务业为主体、各行各业协调发展的经济发展路径，逐步将澳门发展成为亚洲地区有特色的、有吸引力的博彩旅游、国际会展及商贸服务中心。在澳门调整经济增长模式，拓展经济适度多元发展的道路上，无论是"世界旅游休闲中心"还是"经贸服务平台"，其现实功能最终要靠市场竞争实力来体现。虽有国家在政策上予以支持和倾斜，但这些产业能否立得起来，最终还要靠澳门自身的努力及业界的跟进与拓展。

---

① ③ 王洛林、张宇燕主编《世界经济黄皮书：2011 年世界经济形势分析与预测》，北京：社会科学文献出版社，2011，第 290、16 页。

② 《亚太经合组织第十八次领导人非正式会晤在日本横滨举行》，北京：《人民日报》（海外版）2010 年 11 月 15 日。

④ "中等收入陷阱"是指一个国家由于在经济快速起飞阶段积存了诸多矛盾，待发展到一定阶段时便会处于停滞状态，标志之一是人均 GDP 长期徘徊在 3000～5000 美元。

⑤ 钟景闻：《蔡志洲谈破除"中等收入陷阱"魔咒》，香港：《经济导报》总 3220 期，2011 年 5 月 30 日，第 14 页。

⑥ 王一鸣：《加快经济结构战略性调整》，北京：《人民日报》2011 年 3 月 21 日。

⑦ 经济增长与经济发展两个概念既有联系又有区别。经济增长是指社会物质生产的发展，而经济发展既包括社会物质生产的发展，也包括人们物质福利的改善，还包括环境质量的提高等。经济发展比经济增长的含义更丰富，而经济增长则是经济发展的基础和前提。

⑧ 根据相关资料计算。参见澳门特区政府统计暨普查局《本地生产总值 2010》，2011 年 3 月，第 53、55 页。

⑨ 张海星、蔡赤萌：《浅论澳门"阳光政府、科学决策"施政理念的形成动因》，《"阳光政府与公民社会建设"学术研讨会论文集》，澳门：澳门理工学院一国两制研究中心，2010，第 85 页。

⑩澳门特区政府统计暨普查局：《旅游统计 2010》，2011 年 4 月，第 6 页。

⑪《港澳经济年鉴（2009）》，北京：港澳经济年鉴社，2009，第 56～57 页。

⑫参见蔡赤萌《澳门经济持续协调发展若干关系初探》，广州：《广东社会科学》2009 年第 4 期。

作者简介：蔡赤萌，国务院港澳事务办公室港澳研究所经济研究室主任、研究员。

[责任编辑：刘泽生]

（本文原刊 2011 年第 4 期）

粤澳"合作开发横琴"的几个问题

冯邦彦

[提　要] 从区域合作理论和"一国两制"的战略高度看,粤澳"合作开发横琴"涉及几个关键性的问题:首先,横琴开发的出发点,是要配合澳门实现经济适度多元化;其次,横琴开发的重点,要围绕着澳门打造"世界旅游休闲中心"和"中国与葡语国家商贸合作服务平台"这两个战略定位,深入研究横琴与澳门在产业发展方面如何实现有机对接和错位发展;第三,横琴开发的核心问题,是开发模式创新和制度安排创新。要成功实现"合作开发",必须进一步解放思想,扫除区域合作的思想障碍;扎实落实"分线管理"等一系列制度创新安排;科学规划和建设横琴"粤澳合作产业园区";积极探索"合作开发"的具体模式及"协调机制",实现粤澳之间利益的良性博弈和双赢。

[关键词] 横琴新区　合作开发　错位发展　开发模式　制度创新　利益博弈

一　澳门经济适度多元化与"合作开发横琴"

作为典型的微型经济体,澳门经济发展长期处于"随波逐流"的状态,经济的单一性早已凸显。1990 年,美国麦健士公司在其研究报告《澳门未来十年发展前景》中就明确指出:"澳门经济具有高度的极性。"[①]1999 年澳门回归以来,特别是 2002 年澳门博彩经营权开放,博彩业快速发展,"一业独大"态势进一步凸显,在澳门 GDP 中所占比重从 1999 年的 23.98% 上升至 2009 年的 32.3%,其中 2008 年达 37.2%,2004 年更高达 39.13%。相比之下,澳门传统的支柱产业除建筑业因受益于博彩业的迅速扩张而实现短期上升外,其他两大产业即制造业和金融保险业的比重均随博彩业的膨胀而下降,尤其是制造业萎缩严重。2009 年澳门的制造业比重仅剩 2.8%,第二产业的比重也仅为 14.7%,经济单一化的特性日趋明显。

根据国际上微型经济的发展经验,诸如澳门这种微型经济体,由于地域空间狭小,资源禀赋有限,比较优势单一,其产业一般具有单一性和专业性,难以达到规模经济效应,并充分发挥其比较优势。林聪标在分析 20世纪 70 年代香港产业和城市的集中性及专业化时曾指出:"在任何情况下,一个小型的开放经济在商品分类和市场分布上,都会有一定程度的出口集中,这正是唯一能充分享受专业优势的方法。"[②] 从经济学的基本理论出发,诸如香港、卢森堡、澳门这类小型或微型经济体系,其经济和产业相对集中或单一化,有其合理性。

但是,研究和实践证明,经济结构的单一性必然导致经济的高度集中,在外向型经济的前提下必然导致经济发展的不稳定性和波动性。这种波动性无疑将大大提升宏观经济和微观经济的风险。为了解决微型经济的两难问题,产业结构的适度多元化,一般被认为是既可保持产业的国际竞争优势,又能相对降低经济风险的有效办法。也正因为如此,中国香港、新加坡、卢森堡等小型或微型经济体一直致力于保持产业的适度多元化。当然,微型经济的适度多元化不是全面多元化,不是将社会有限的资源分散到所有行业,从而降低经济效益并大幅提高经济成本。

2002 年以来,澳门的经济虽然实现飞速增长,但增长率极为波动;而中国香港、新加坡以及作为微型经济体的卢森堡,其经济增长均较为平稳。研究显示,2002 ~ 2007 年,中国香港、新加坡和卢森堡的经济增长率方差分别为 8.73、4.39 和 3.57,而澳门经济增长率的方差则为 60.23,经济发展的风险迅速大增。[③] 在经济大幅波动的情况下,正常的经济及商业活动运作将受到干扰,亦对经济个体的规划及经济政策的制定造成压力。同时,博彩业的"一业独大"使得澳门资源禀赋进一步集聚,进而挤压了其他行业尤其是中小企业的生存空间,形成所谓的"马太效应"和"挤出效应",使澳门经济结构的单一性更加突出,对澳门经济的长远与可持续发展构成了威胁。[④] 正是在这种背景下,中央在"十一五"规划纲要中对澳门提出了

"经济适度多元化"的发展目标。

然而，过去几年澳门推动经济适度多元化的成效并不明显。众所周知，澳门作为典型的微型经济体，适度多元化发展所面临的最大制约在于土地、人力资源的短缺。而一水之隔的横琴岛是一块未开发的处女地，全部开发后面积将达106.46平方公里，是澳门现有面积的3倍。该岛地处南亚热带季风区，环岛岸线长76公里，沙滩绵延，礁石嶙峋，地形有低山、丘陵、台地，全岛最高山峰——脑背山海拔457米，植被茂盛，空气清新，环境优美，生态良好，是天然的旅游休闲度假胜地，具有丰富的旅游资源。

横琴岛毗邻澳门，具有优越的区位优势。澳门回归、莲花大桥和横琴大桥的相继建成以及横琴口岸的开通，使横琴岛的开发价值进一步凸显。2009年年初，国务院颁布的《珠江三角洲地区改革发展规划纲要（2008—2020年）》（以下简称《规划纲要》）指出："规划建设……珠海横琴新区、珠澳跨境合作区等改造区域，作为加强与港澳服务业、高新技术产业等方面合作的载体。"[⑤]同年6月24日，国务院常务会议原则通过《横琴总体发展规划》（以下简称《发展规划》），明确要将横琴建设成为带动珠三角、服务港澳、率先发展的粤港澳紧密合作示范区。6月27日，十一届全国人大常委会第九次会议决定，授权澳门特别行政区对设在横琴岛的澳门大学新校区实施管辖。8月14日，国务院正式批复《发展规划》。横琴新区是继上海浦东新区、天津滨海新区之后，第三个由国务院批准的国家级新区。至此，经过18年的努力，横琴开发终于正式展开。

横琴开发最重要的战略价值，是要弥补澳门特区在经济发展过程中面临的土地、人力资源短缺等问题，使澳门优势产业得到延伸、扩充，相关产业得到发展。澳门经济的适度多元化，可以而且必须在两个层面展开。首先，在澳门本土，致力于推动旅游休闲业产业链的延长，重点发展本身具竞争优势的产业，包括博彩业以及与博彩业相关联的旅游业、零售业、会展业、文化创意产业等；其次，透过区域合作，特别是通过横琴开发，实现横琴与澳门产业的对接和错位发展，形成区域内经济的适度多元化。

正如有研究指出，从"一国两制"的战略高度看，横琴开发的出发点，首先是要配合澳门成功实现经济适度多元化，[⑥]进而有效实现澳门与广东珠三角地区的经济合作与融合，维持澳门经济社会发展的繁荣、稳定，并且最大限度地发挥澳门在粤港澳大珠三角经济区域中的战略价值和经济功能。

二 "合作开发横琴": 比较优势互补与产业错位发展

区域经济分工合作的理论基础,最初由亚当·斯密(Adam Smith)的绝对优势理论和大卫·李嘉图(David Ricardo)的比较优势理论奠定。比较优势理论从两国劳动生产率的不同出发,认为通过各自生产具有比较优势的产品,然后双方能从交换中得到比通过自己生产更多的产品。在比较优势理论的基础上,由伊·菲·赫克歇尔(Eli F. Heckscher)和戈特哈德·贝蒂·俄林(Bertil Gotthard Ohlin)创立的要素禀赋理论,用生产要素禀赋的差异导致的价格差异代替李嘉图的生产成本的差异来展开分析,认为区域分工会导致两个地区相对价格的变化,各国和各地区将出口那些较多使用本国和本地区拥有丰富要素的产品,即资本富裕的国家和地区将出口那些在生产中使用大量资本的产品(资本密集型产品);而劳动力丰富的国家和地区将出口劳动密集型产品,从而以资源禀赋完成国家或区域的分工。

根据比较优势理论和要素禀赋理论,澳门参与区域分工合作的比较优势主要集中在两个方面:一是澳门博彩旅游业在区域乃至全球分工中的竞争优势;二是澳门的自由港优势、区位优势与国际网络优势的结合。根据澳门的比较优势,国家"十二五"规划纲要对澳门在区域和国际分工中的战略定位作了科学的概括,即"世界旅游休闲中心"和"中国与葡语国家商贸合作服务平台"。从这两个战略定位出发,"十二五"规划纲要进一步明确提出:"支持澳门推动经济适度多元化,加快发展休闲旅游、会展商务、中医药、文化创意等产业。"同时,要"深化粤港澳合作,落实粤港、粤澳合作框架协议,促进区域经济共同发展,打造更具综合竞争力的世界级城市群"。[⑦]

因此,从贯彻"一国两制"方针的战略高度和比较优势理论出发,横琴开发的重点是要实现澳门与横琴两地比较优势的互补,特别是围绕着澳门打造"世界旅游休闲中心"和"中国与葡语国家商贸合作服务平台"这两个战略定位,深入研究横琴开发在产业发展方面,包括在旅游休闲业、会议展览业、商贸服务业,甚至科技产业等领域如何与澳门实现对接和错位发展,防止同位恶性竞争,形成粤澳经济发展的互补和双赢。从比较优势理论和要素禀赋理论出发,横琴开发的重点产业领域应该是:

第一,大力发展与澳门博彩旅游业对接及错位发展的旅游休闲业、文化创意产业,共同打造"世界旅游休闲中心"。

《规划纲要》提出：要巩固澳门作为世界旅游休闲中心的地位。澳门素有"东方蒙地卡罗"之称，与美国的拉斯维加斯和摩纳哥的蒙地卡罗并称世界三大赌城，其独特形象深入人心。2002 年澳门特区政府开放博彩经营权以来，博彩业快速发展，规模超过拉斯维加斯。澳门还是中西文化、宗教交汇的城市，具有"博物馆"式的都市风貌和丰富的历史文化遗产。不过，澳门作为微型经济体，土地面积狭小，经济规模不大，仅靠本身的实力难以成为"世界旅游休闲中心"。

澳门旅游业最大的特点是以博彩业为主导的综合性旅游业，其他自然景观、人文景观及大型游乐设施因受到地域狭小的限制而缺乏，旅游功能和效益难以充分发挥。因此，合作开发横琴首先应该根据横琴海岛型生态景观的资源优势，重点发展休闲度假产业，发展高品质度假旅游项目，包括以自然景观和人文景观为主的大型娱乐、体育、休闲设施，发展绿色旅游、蓝色旅游、休闲度假旅游，水上运动和大型高尔夫球场，突出休闲特色。已经启动建设的长隆国际海洋度假区就是一个很好的开端。该项目占地面积达 5 平方公里，定位为"中国的奥兰多"，目标是要建成一个世界级的集会展、游乐、酒店度假于一体的综合性海洋公园，建成后预计每年将吸引游客 3000 万人次。率先动工的首期工程"长隆海洋世界"，以一个全新的情景式海洋主题乐园作主打，包括多个巨型的海博馆以及一家超五星级海洋酒店等，计划于 2012 年对外营业，年接待游客能力达 1000 万～1500 万人次。此外，横琴可致力于发展区域性的游艇中心。研究显示，在国际上，游艇经济正成为一个庞大、热门的产业，被誉为"漂浮在黄金水道上的商机"。

横琴发展与澳门博彩旅游业对接及错位发展的旅游休闲业，不但可弥补澳门之不足，有利于和澳门共同打造"世界旅游休闲中心"，而且有利于整合澳门与珠海两地各具特色的旅游资源，再与香港及广东的旅游资源相配合，形成一个具竞争力的、关联度高的旅游休闲产业链和产业集群，共同打造《粤澳合作框架协议》（下文简称《框架协议》）所指出的"世界著名旅游休闲目的地"，[8]达致双赢之局。

第二，大力发展商务服务、会议展览、物流仓储等现代服务业，共同打造"中国与葡语国家商贸合作服务平台"。

澳门背靠珠江三角洲西部，而她联系的国际层面，则以欧盟和葡语国家为重点。[9]2002 年，特区政府提出将澳门建设成为"三个服务平台"的目标，即作为内地，特别是广东西部地区的商贸服务平台；作为中国内地与葡语国家经贸联系与合作的服务平台，以及作为全球华商联络与合作的服务平台。"三个服务平台"中，核心是"中国与葡语国家商贸合作服务平台"。国家"十二五"规划纲要明确肯定了澳门的这一战略定位。

长期以来，澳门与欧洲国家和葡语国家有着紧密的商贸、文化等各方面的联系，又有一批精通葡语的专业人才，这是亚洲其他城市包括香港所不具备的优势。这种优势有利于澳门发挥区域性商贸合作服务平台的作用，为内地特别是珠三角地区企业走向国际、为中国与欧洲及葡语国家经贸合作牵线搭桥。2003 年，中央政府为支持澳门发展成为内地与葡语国家之间的合作平台，决定将由其主办的"中国 – 葡语国家经贸论坛"交由澳门承办。该论坛以经济合作发展为主题，旨在促进中国内地与葡语国家和地区的经贸交流与合作，为部长级论坛，暂定每三年举办一次，常设机构秘书处设在澳门。

然而，从近几年的发展实践看，澳门要真正成为"中国与葡语国家商贸合作服务平台"，还需广东珠海方面的配合，而横琴则提供了合作的平台。因此，《发展规划》在产业发展规划方面，将商务服务与旅游休闲、科教研发和高新技术一道列为横琴开发的四个重点产业。目前，正在建设中的"十字门中央商务区"项目，其发展重点就是商务会展业。该区位于珠海东部城区、西部城区和横琴新区的中心，占地面积约 5.77 平方公里，将发展成为一个国际化、滨水生态型现代服务业聚集平台。已经动工的首期项目位于珠海南湾的会展商务组团，主要建设珠海国际会议中心、展览中心、国际标准甲级写字楼、白金五星级酒店、国际标准五星级酒店及相关配套设施。"十字门中央商务区"项目的首期建设，将为珠海会展业带来重大的发展机遇。

但是，这里带出的问题是，珠海、横琴的商务会展业，应该如何与澳门的商务会展业协调发展、错位发展？从比较优势理论和区域合作战略出发，横琴的产业发展，必须与澳门的产业形成优势互补，尽量避免双方正面竞争，特别是恶性竞争。我们认为，从澳门的角度看，其优势在博彩业和与葡语国家的联系，澳门可以博彩业为"卖点"，精心打造两三个具比较优势的会展业知名品牌，特别是与葡语国家相关的会展品牌，从而真正发展成为中国与葡语国家经贸、文化交流的平台。珠海和横琴方面，则可发展澳门不具备比较优势的会展业，如航空展览、重工业展览、游艇展览、印刷机械展览等；或者展览在珠海、横琴举办，而将相关的会议安排在澳门。

通过两地的协调发展和错位发展，共同做大做强会展业的"蛋糕"，共同打造"中国与葡语国家商贸合作服务平台"。另外，横琴还可发展为配合澳门会议展览业的后勤基地和仓储中心，以有效降低澳门的办展成本。

为了配合"中国与葡语国家商贸合作服务平台"的建设，横琴可发展为葡语人才培训基地和葡语国家产品展示和展览中心，建立针对葡语国家的商务中心和商业市场，提供葡语国家的商业信息、翻译，一方面将葡语国家的产品，如巴西的资源性产品以及葡萄牙的红酒等，通过横琴的葡语国家产品展示和展览中心，推销到内地广阔市场；另一方面将葡语国家需要的中国产品，如健康产品等，推销到葡语国家乃至欧盟国家，使澳门与横琴共同成为中国和葡语国家贸易的枢纽和桥梁。①

第三，积极发展教育培训、科技创新等先导产业，探索构建澳珠科技创新合作机制和珠江西岸高素质人才基地。

横琴开发最大的"亮点"之一，是由全国人大常委会决定，以租赁方式，授权澳门特别行政区对横琴岛澳门大学新校区实施管辖，租赁期限自该校区启用之日起至 2049 年 12 月 19 日止，届时可根据实际情况续期。澳门大学新校区位于横琴岛东部沿海区域，与澳门隔水相望，占地 1.0926 平方公里。澳门与横琴校园之间将由 1 条 24 小时全天候运作的隧道连接，师生、职员、澳门居民和访客可通过隧道进出校园，无须办理边检手续。新的校区面积将比现有校园大约 20 倍，可容纳至少 1 万名学生。可以说，横琴新校区为澳门大学也为横琴新区的教育及科技创新产业提供了更广阔的发展空间。

从澳门的角度看，特区政府和澳门大学要充分把握澳大迁校这一历史性的发展机遇，以创新的思维和创新的机制，有效整合澳门现有的教育资源，在横琴新校区创办出国际先进、亚洲著名的高水平大学，为澳门经济发展培育高级专业人才、技术人才和管理人才。由于澳大横琴新校址属澳门特区政府管辖，所产生的本地生产总值（GDP）理所当然地属澳门经济所有。因此，澳门特区政府应该以澳门大学新校区为载体和发展平台，积极推动发展澳门的科教研发产业和文化创意产业，使科教研发和文化创意产业成为澳门经济适度多元化的一个重要组成部分，成为横琴科教研发产业和文化产业的重要组成板块，从而使澳门成为广东珠江口西岸地区乃至整个珠三角人才培育和科技创新的重要平台之一。

《发展规划》强调，要将横琴新区建设成为珠江口西岸的地区性科教研发平台，要依托港澳科技教育资源优势和内地人才资源，加强粤港澳三地的科技合作与交流，重点发展研发设计、教育培训、文化创意等产业，将横琴建设成为服务港澳、服务全国的区域创新平台。因此，在教育培训产业发展上，横琴应在澳门大学新校区创办、建设的同时，积极吸引香港、澳门的其他大学和培训机构在横琴办学，建立以高端专业人才、技术人才培训和普通高等教育为主的教育培训园区。横琴科教研发产业的发展，无疑将有利于满足粤港澳产业升级转型，特别是澳门经济适度多元化的人才需求。

从长远发展而言，粤澳还需要加强在科技创新方面的合作，以建立区域性科技创新体系。在横琴开发规划中，中央和广东方面对横琴开发都有科技产业发展板块的考虑。因此，澳门与广东方面可以借助横琴，探讨如何构建珠澳创新合作机制与平台。例如，澳门与广东可以在横琴"中医药产业合作园区"合作建立区域性中药检测中心，以推动澳门和广东中医药产业的发展。

第四，配合发展房地产、基础设施等城市发展的基础产业，以横琴开发为纽带共同打造珠江西岸核心"都市圈"。

根据中国城市规划设计院完成的《珠海东部城区主轴（情侣路）概念性总体城市设计》，未来珠海的主城区将由"香洲核心区+横琴新区+西部中心城区"（所谓"三区一城"）组成。其中，横琴新区处于三区"三足鼎立"的最南端，而十字门商务区刚好处于"三足鼎立"的中央位置，无论是从地理几何角度还是经济发展角度，都将成为未来城市的中心和重心。十字门地处粤港澳交汇地，毗邻湾仔、横琴和拱北三大口岸，其中南湾、横琴片区与澳门、氹仔构成了独特的"两江四岸"格局，是珠海环澳城市带核心。珠海的主要交通基础设施（港珠澳大桥、太澳高速、京澳高速、金海大道、广珠城轨和情侣路城市主轴等）在此汇聚，将形成珠江口西岸的交通枢纽。以十字门中央商务区规划建设为纽带，澳门、横琴和珠海以及中山、江门等将组成珠江西岸核心都市区，而横琴将成为珠江西岸最具活力的新城区。根据《发展规划》的人口发展目标，横琴总人口将在2015年达到12万人，到2020年达到28万人。从某种意义上讲，横琴的开发可以承担起缩小珠江东、西岸经济发展落差、构建珠江西岸"都市圈"的重要战略功能。

可以预测，随着横琴开发的深化，横琴的房地产发展，无论是旅游地产、商业地产甚至是住宅地产都具有广阔的发展空间，前景肯定是看好的。房地产、基础设施等城市发展的基础产业都将得到长足发展，并且将成为粤澳合作开发横琴的重要领域。

三　横琴的"合作开发"模式与制度创新

"合作开发横琴"，需要克服的矛盾是源于两种制度所带来的利益协调的困难。在《发展规划》颁布前，粤澳两地就横琴的开发模式经过多年探讨，大致提出了四种不同的模式，包括股份制、租赁制、划归澳门管辖及"9+2"共同开发。

模式一：股份制。在该模式中，珠海以横琴岛地权入股，澳门以城市品牌入股，设立"横琴国际开发区"，为期50年或更长时期。双方享有平等的参与权、决策权。区内设立对等的联合管理委员会作为行政机关，按照双方商定的管理委员会组织条例行使管理权，委员会实行双主席制，下设"横琴开发总公司"，作为具体开发实施的机构。《澳门与珠三角地区经济一体化策略研究》就认为，如果采取股份制模式联合开发横琴，应争取实行"境内关外"的特殊管理政策，实施以澳门为蓝本的自由港政策。岛内的行政管理体制尽量向国际惯例靠拢，并有所创新。⑪

模式二：租赁制。即"关闸"模式。广东（珠海）将横琴岛租借给澳门特别行政区使用，为期50年或更长时期，澳门每年向广东（珠海）缴纳一定数额的地租。澳门特区政府全权管理和开发横琴，实行澳门特别行政区的法律和自由港政策。澳门在开发横琴的过程中，充分照顾广东（珠海）的利益，并给予广东（珠海）在横琴的投资以特别的便利和优惠。⑫

模式三：划归澳门管辖。该模式认为，澳门特区在"赌权开放"以后，土地供应更加紧张，并且受周边海域环境的制约，不可能像香港那样大规模地填海造地。所以，将与澳门一水之隔的横琴岛划归澳门直接开发管理，无疑最有利于澳门的发展。当然，在划归过程中要取得广东、珠海方面的合作，并且要充分保证珠海方面的利益。

模式四："9+2"共同开发。在2004年11月30日的粤澳合作联席会议上，粤方提出了共同探讨设立泛珠三角横琴经济合作区的议题，构想从原来的粤澳联合开发扩大到"9+2"共同开发，从而为泛珠三角地区合作提供载体。

上述四种模式都有其合理性，但在实施过程中又各有政治上或经济上的难度,可行性并不高。不过,如果对这四种模式深入研究,不难发现它们关注的两个共同点:其一,横琴开发究竟由谁主导?在开发过程中,毗邻的澳门特区将扮演什么样的角色?双方在开发中的利益如何协调?其二,横琴开发的制度安排怎样?这个问题实际上由前一个问题引发,这也是澳门方面特别关注的问题。澳门经济学会就认为:"横琴岛地处'一国两制'前沿,无论实行哪种管理模式,都必须实行更特殊的配套政策,以真正体现其国际性、开放性及特殊性。如果将横琴划拨澳门管辖,或者按'关闸'模式将横琴租赁给澳门50年,横琴岛就成为澳门特别行政区的一个有机组成部分,实施澳门的法律制度和自由港政策。倘若按照股份制的模式联合开发横琴,则应争取实行'境内关外'的特殊管理政策,将横琴岛建成一个'似澳门而非澳门,比特区更特殊'的'国际旅游开发区'。"⑬从澳门的角度看,唯有实行这一开放性的管理模式,横琴开发才有可能取得成功。中国改革开放30年的实践也证明,唯有通过制度创新,解放生产力,才有可能取得经济的大发展。可以说,上述两个问题没能得到科学、合理的解决,实际上成为横琴开发迟迟未能迈开实质步伐的关键原因。

横琴开发终于在2010年以来取得重要的突破,究其原因,也主要是在上述两个问题上取得了重要进展:

第一,在横琴开发究竟由谁主导的问题上,《框架协议》提出在珠海发挥"主体作用"的同时,粤澳"合作开发横琴"的战略定位,进一步界定了澳门特区在横琴开发中的角色。

从历史回顾可以看出,横琴开发中一直困扰粤澳双方的一系列绕不开的问题是:横琴开发缘何而起?由谁主导?在开发过程中,毗邻的澳门特区将扮演什么样的角色?横琴开发如何才能配合澳门经济的适度多元化?这些问题甚至在《发展规划》颁布之后仍然没能得到很好的解决。当时,有关方面的回答是:澳门参与横琴开发的原则是——"同等港澳优先"。然而,由于澳门资本多为中小型企业,在与跨国公司的竞争中往往处于下风;而澳门社会若不能有效参与横琴的开发,中央和澳门社会所关注的澳门经济适度多元化将无从谈起。这也可以解释为什么2009年年初国家副主席习近平表示将考虑在横琴设立5平方公里粤澳合作产业园区而广受澳门社会各界欢迎的原因。

2011年3月6日粤澳两地政府在北京签署《粤澳合作框架协议》是一个重大转机。《框架协议》将"合作开发横琴"单列为"总则"之后的第二章,并且以 4 条 14 款详细列明"共同参与"的模式、合作的"重点园区"。《框架协议》对澳门在横琴开发中的角色作了明确规定：一方面由"珠海发挥横琴开发主体作用"，具体包括在横琴开发中"探索体制机制创新，推动规划实施和政策落实""联合澳门开展招商引资，不断拓展国际市场空间""加强与澳门在社会管理与公共服务等方面的对接，研究制定澳门居民跨境就业、生活的相关政策"等；另一方面明确提出粤澳"合作开发""探索粤澳合作新模式"。《框架协议》指出，"澳门特区政府研究采取多种措施，从资金、人才、产业等方面全面参与横琴开发，重点建设粤澳合作产业园区和旅游休闲等相关项目，并积极研究制定澳门居民跨境就业、生活的社会福利安排等配套政策"，并且要"建立粤澳合作开发横琴协调机制，对横琴开发重大问题提出政策建议，支持横琴新区就具体合作项目与澳门特区政府有关部门直接沟通"。

为了保障粤澳"合作开发横琴"能够落到实处，《框架协议》规定："在横琴文化创意、科技研发和高新技术等功能区，共同建设粤澳合作产业园区，面积约 5 平方公里。"《框架协议》还规定："共同建设粤澳合作中医药科技产业园，作为粤澳合作产业园区启动项目"，并且要"合作建设横琴文化创意区""提升横琴中心商务区功能，将澳门区域商贸服务平台功能延伸到横琴，拓展澳门商贸服务业发展腹地"。[14]这些规定为澳门特区有效参与横琴开发最终扫除了障碍，提供了有效载体和发展平台。

第二，在横琴开发的制度安排问题上，《发展规划》和《框架协议》作出一系列的制度创新安排，创造出类似"港澳自由港"的制度环境。

《发展规划》提出，要在《规划纲要》和 CEPA 的框架下，进一步扩大开放，进一步发挥香港、澳门的自由港优势，大力推进通关制度创新、管理体制创新和发展模式创新，实施比经济特区更特殊的对外开放政策，率先探索建立合作方式灵活、合作主体多元、合作渠道畅顺的新机制，促进三地人流、物流、资金流和信息流的高度聚合与高效流动。通过制度创新，在改革开放的重要领域和关键环节率先取得突破，为进一步推进粤港澳紧密合作提供示范和经验，并为广东珠三角"科学发展、先行先试"创造经验。《框架协议》则在《发展规划》的基础上进一步明确提出了一系列的制度创新安排，包括：

关于"分线管理"制度安排。提出"横琴与澳门之间的口岸实行'一线管理'""横琴与内地之间实行'二线管理'"的海关管理模式，并承诺

"双方共同努力，争取横琴口岸 24 小时通关"以及"双方共同努力，为人员、货物以及澳门居民到横琴工作、生活提供通关便利条件"。

建立与澳门自由港政策相适应的经济管理体制。包括《发展规划》所规定的将横琴纳入珠海经济特区范围，实行更开放的产业和信息化政策，支持进行土地管理制度和社会管理制度改革等。

将"金融创新"的政策内容具体化。《框架协议》规定："推进横琴金融创新，引导和鼓励两地金融机构在横琴设立金融后台服务机构。开展产业投资基金试点，鼓励两地符合条件的机构联合发起设立横琴产业投资基金。探索在横琴开展个人项下人民币与澳门元、港元在一定额度内的双向兑换试点。探索在横琴推广使用多币种金融 IC 卡。"

横琴在通关模式和经济制度的创新，不仅为粤澳双方合作开发横琴提供了可靠的制度保证，而且将成为广东省乃至全国新一轮改革开放的突破口，它的实践将对国家探寻发展新路径、探索新经验，具有深远的经济影响。

四 "合作开发横琴"的几点政策性思考

粤澳"合作开发横琴"经过长达 18 年的探索，终于迎来突破性的发展。然而，冷静思考，《发展规划》的颁布、《框架协议》的签署，仅仅是"万里长征的第一步"。粤澳双方要顺利推进"合作开发横琴"，当前仍需解决以下几个关键问题：

第一，解放思想，创新思维，扫除区域合作的思想障碍，顺应国际发展的大潮流。

长期以来，横琴开发一直议而不决，从表面上看是双方的立足点不同、视角不同、利益差异不能协调，深入分析却是双方对区域经济合作的重要性缺乏深刻的认识，彼此都站在自己的立场上斤斤计较，患得患失，并形成越来越难解的心结。因此，在"合作开发横琴"的新阶段，粤澳双方要顺利推进横琴开发，首要前提还是进一步解放思想，彻底扫除区域合作的思想障碍。粤澳两地无论是政府、商界还是社会舆论，都必须彻底摒除狭隘的本位主义和地方保护主义观念，求同存异，互让互谅，以创新的思维真诚、积极、主动地推动区域合作，实现互补双赢。

根据经济学的基本理论，区域经济合作的实质就是各地区以自身的比较优势为基础，根据各自的资源禀赋优势，实现区域内不同地区的分工和错位发展，实现资源的最优配置。环顾当今国际社会，经济全球化、区域经济一体化已成为世界经济发展的潮流。粤澳两地在"合作开发横琴"方面若不能实现协调发展，就有可能重蹈历史覆辙，延误横琴开发的良机，或者造成不必要的损失。

第二，切实落实"分线管理"等制度创新安排，使横琴真正成为中国改革开放的最前沿区域。

《框架协议》签署、实施，体现了中央政府推进改革开放的高瞻远瞩，体现了粤澳两地政府积极推动建立更紧密合作关系的诚意。不过，有了这些框架性的制度安排，并不等于就一定能够取得成功。当前的关键和重点，是要狠抓落实。在《框架协议》的基础上，粤澳"合作开发横琴"要取得突破，就必须进一步深入解决、细化或者说具体化《框架协议》所规定的一些关键性制度安排。例如，横琴新区如何有效实施"分线管理"和"通关便利化"？"一线"该放开到什么程度，"二线"收紧到什么程度？"分线管理"的海关监管模式最终能否过渡到"一线放开、二线收紧"的管理模式？等等。这些问题都涉及横琴能否成功开发。因为区域间生产要素，包括人流、物流的自由流动，是区域合作的重要一环。个人认为，在经过一段实践检验后，"分线管理"模式应尽快过渡到"一线放开、二线收紧"的"境内关外"管理模式，以吸引澳门及国际投资者参与横琴的开发和建设，吸引更多国际旅客经澳门进入横琴。

又如，《框架协议》规定横琴新区实施的"与横琴新区发展定位相匹配、与澳门自由港政策相适应的经济管理体制"，具体包括哪些内容？其中，所谓的"实行更开放的产业和信息化政策"，实行"比照海关特殊监管区域"的税收政策和外汇管理政策，"鼓励金融创新"，"支持进行土地管理制度和社会管理制度改革"等等，将如何细化落实？这些问题不解决，横琴开发就难以顺利推进。

第三，合理规划、开发5平方公里"粤澳合作产业园区"，有效配合澳门经济适度多元化发展。

根据《框架协议》的有关规定，除横琴澳大新校区外，粤澳共同建设的5平方公里"粤澳合作产业园区"，是澳门"合作开发"横琴的最有效平台。但有关条文仍然是粗线条的，实质内容有待细化。例如，"5平方公里"的产业园区，是整体的一块呢，还是分别散落在各产业功能区的多块？《框架协议》实际上并没有明确这一点。又如，"5平方公里"的粤澳合作产业园区的产业规划怎样，才可真正推动澳门经济的适度多元化？合作产业园区中除了发展中医药、文化创意产业外，应该如何合理规划其余用地，发展哪些项目，才可真正推动澳门经济的适度多元化？这些问题都值得深入思考。

从"合作开发"的战略高度看，理想的模式应是完整的一块，在这5平方公里"粤澳合作产业园区"中"先行先试"，率先探索粤澳"合作开发横琴"的具体模式以及"粤澳合作开发横琴协调机制"。

第四，探索"合作开发横琴"的具体模式以及"合作开发横琴协调机制"，实现粤澳之间利益的良性博弈和双赢。

根据国际经验，横琴新区作为特殊的开发区域，可采用两个层次的开发模式：第一个层次是横琴新区管理委员会，作为广东省政府的派出机构，代表广东省政府和珠海市政府对横琴行使行政管理权，并协调国家有关部门在横琴经济合作区所设机构的工作，负责审议横琴开发的各项报告及预案，修订横琴合作区的规章制度。第二个层次是开发公司，对横琴开发进行系统管理，负责土地的成片开发、基础设施建设和招商引资等具体事项。根据《框架协议》的规定，粤澳双方是"合作开发""共同参与"，现在要研究的是，在这两个层面上，澳门特区该如何参与？特区政府是仅仅发挥一般性的"咨询"作用呢，还是实质性参与横琴开发的所有重大决策？其中的制度安排该如何？又如，在即将建立的"粤澳合作开发横琴协调机制"中，澳门特区政府将扮演何种具体角色，发挥哪样具体功能？另外，在5平方公里的"粤澳合作产业园区"中，粤澳双方合作的具体模式又如何？这些模式的合理与否，都可能直接影响到开发的进程，影响到粤澳两地之间能否实现利益的良性博弈和双赢。

---

①麦健士公司：《澳门未来十年发展前景（摘要）》，周筠译，澳门：《澳门日报》1990年12月10日。

②林聪标：《香港的贸易结构与经济成长》，载邢慕寰、金耀基合编《香港之发展经验》，香港：香港中文大学出版社，1985，第118页。

③冯邦彦：《澳门经济适度多元化的路向与政策研究》，《港澳经济年鉴（2010）》第五编《澳门经济专题研究》，北京：港澳经济年鉴社，2010，第339页。

④冯邦彦、赵雪梅：《微型经济体产业适度多元化理论与实证研究：以澳门为例》，澳门：《澳门理工学报》2006年第3期，第39页。

⑤国家发展和改革委员会：《珠江三角洲地区改革发展规划纲要（2008—2020年）》，

北京，2008 年 12 月，第 52 页。

⑥澳门经济学会课题组：《珠澳合作开发横琴专题研究——澳门如何参与》，澳门：澳门经济学会，2010，第 45 页。

⑦参阅《中华人民共和国国民经济和社会发展第十二个五年规划纲要》第 57 章《保持香港澳门长期繁荣稳定》。

⑧《粤澳合作框架协议》第一章第一条"合作定位"指出，要合作建设"以澳门世界旅游休闲中心为龙头、珠海国际商务休闲旅游度假区为节点、广东旅游资源为依托"的"世界著名旅游休闲目的地"。

⑨冯邦彦：《澳门概论》，香港：三联书店（香港）有限公司，1999，第 477 页。

⑩澳门发展策略研究中心：《横琴开发与澳门新机遇——〈横琴总体发展规划〉解读》，澳门：《科学发展、先行先试、互补共赢——澳门与区域合作研究系列》，2010，第 32 页。

⑪⑬澳门经济学会课题组：《澳门与珠三角地区经济一体化策略研究》，澳门：澳门经济学会，2005，第 60 页。

⑫参阅《租用横琴扩澳土地值得研究》，澳门：《华侨报》2003 年 10 月 17 日。

⑭参阅《粤澳合作框架协议》第二章《合作开发横琴》第一条《共同参与》及第三条《重点园区》。

作者简介：冯邦彦，暨南大学经济学院教授、博士生导师。

[责任编辑：刘泽生]

（本文原刊 2011 年第 4 期）

主持人语

刘泽生

对于粤港澳区域的经济合作，世人寄予极大的期望。或许在不久的将来，经过各方的共同努力，这一地区将建设成为世界上最具活力的经济中心之一。由此，在"港澳研究"领域中，关于"粤港澳合作"的研究占有重要的地位。如何落实《珠江三角洲地区改革发展规划纲要（2008—2020年)》、《粤港合作框架协议》和《粤澳合作框架协议》，成为社会各界关注的重点。2012 年广东省政府工作报告特别强调，粤港澳合作将再上新台阶，其中广州南沙、深港前海、珠海横琴的合作建设将有一个大的推进，让人充满了期待。本期重点推荐的陈多《"十二五"时期香港在国家经济发展中的独特地位和作用》及陈广汉、谢宝剑《粤港澳合作制度变迁动力研究》，或对读者理解新时期的粤港澳合作关系有所帮助。

众所周知，香港作为一个相对独立的经济体，其经济结构有着鲜明的特点和独特的优势，与内地尤其是广东具有明显的互补性。陈多认为，当今世界区域合作已成为应对全球化竞争的主要方式，通过区域合作，打造功能不同、分工明确、相互配合的世界级城市群，成为我国区域经济发展的战略任务，其中包括港澳在内的珠三角区域承载着"探索科学发展模式实验区"和"深化改革先行区"等战略定位。同时，也只有加强粤港合作，才能巩固香港的优势地位，才能提升粤港澳区域的整体国际竞争力。"十二五"规划把粤港澳合作由区域规划、专项规划进一步上升至国家总体规划，就显示了国家对粤港澳区域合作战略的高度重视。在"十二五"规划期间，香港在推动国家调整经济结构、协助内地企业"走出去"、推进人民币国际化、配合建设国家创新体系及打造粤港澳区域世界级城市群等方面，仍将扮演新的独特角色。

陈广汉则从粤港澳合作制度变迁的动力匹配角度切入，认为制度变迁的终极动力在于追求个人或者社会利益最大化。我们需要研究在粤港澳区域合作中，政府和企业或者市场的动力不匹配的方式、原因，探讨在"一国两制"条件下，粤港澳区域一体化中政府和市场机制协调的策略。陈文分析了改革开放三十多年来粤港澳合作制度变迁的历程及其动力结构的特点，认为在区域经济合作和一体化的进程中，市场和政府是两种主要的动力。在这种动力结构组合中，如果市场和政府的动力相向而行，以经济动力为基础，政府能够配合市场动力引发的制度变迁需要，制定相应的政策，则区域合作可以顺利进行；如果政府主导的动力结构符合市场规律的要求，能够主动推动区域一体化，则区域合作可以取得突破性的进展；如果政府与市场的动力不相匹配，甚至逆市场而动，则区域合作难于突破合作壁垒而取得实质性的进展。

近期，关于澳门特别行政区政制发展问题引起了社会各阶层的广泛关注，娄胜华的《澳门特区选举制度的目标功能及其适度改革》，对这一热点问题提出了作者个人的观点。娄文对澳门特区的选举制度应具备的主要功能进行论证，并提出了进行适度改革的四项策略原则，包括增量改革与避免过度争议，循序渐进与阶段性发展，衔接现行法律与确立改革优先项，谨慎筹划与低成本改革。在本刊即将付印之际，全国人大常委会作出了《关于澳门特别行政区二〇一三年立法会产生办法和二〇一四年行政长官产生办法有关问题的决定》，规定了两个"维持不变"，即行政长官由一个有广泛代表性的选举委员会选举产生的规定要维持不变，立法会由直接选举的议员、间接选举的议员和委任的议员三部分组成的规定要维持不变。相信澳门将进一步凝聚社会共识，顺利完成两个产生办法的修改工作，发展适合澳门实际情况的民主政治。

"十二五"时期香港在国家经济
发展中的独特地位和作用

[提　要] 香港一直是中国对外经济交往的重要窗口与桥梁，在国家改革开放与经济发展中发挥着不可替代的独特作用。"十二五"时期，国家将进一步扩大改革开放，并加快转变经济发展方式，香港在推动国家调整经济结构、协助内地企业"走出去"、推进人民币国际化、配合建设国家创新体系以及打造粤港澳区域世界级城市群等方面将扮演新的独特角色。

[关键词] 香港定位　"十二五"规划　区域经济　经济结构调整　创新体系

香港在不同的发展阶段为国家做出了不同的贡献。中华人民共和国成立初期，在中央"长期打算，充分利用"大政方针的前提下，香港成为新中国与西方世界交往的重要桥梁；朝鲜战争爆发后，西方对中国实行全面封锁，香港成为国家对外往来、吸纳战略物资的重要窗口；社会主义建设时期，香港是我国外贸出口创汇的重要管道；改革开放初期，亚洲"四小龙"尤其是香港的发展经验，成为内地改革开放决策、借助香港促进内地经济发展的催化剂；30多年来，香港为国家的改革开放和经济发展发挥了不可替代的作用。今年是"十二五"规划承上启下的重要一年，国家站在了发展战略调整和经济结构转型的新起点上，而香港则面临着伴随国家快速发展带来的巨大机遇和传统优势削弱、急需培育新的经济增长点的严峻挑战。在这一过程中，如果香港能抓住新机遇、创造新优势，必将在国家未来发展中发挥更大的独特作用。

一 "十二五"规划中香港的经济角色和地位

"十二五"规划对香港有三个层面的重要意义。一是为香港未来经济发展指明了方向："十二五"规划提出巩固和发展国际金融、贸易和航运中心地位；增强产业创新能力，发展新兴产业；加快粤港澳区域合作，建设世界级城市群。实际上这三大方面也正是香港未来的发展重点，并将为香港带来新的发展机遇和巨大的经济利益。二是增强香港各界对国情的认识和了解：通过"十二五"规划的宣传和各界对"十二五"规划的研究，有助于增强香港公众对国家发展的认识和了解，同时也可引领社会尝试把香港的发展放到国家整体发展战略的角度去思考，这是一个很好的国民教育机会。三是对香港特区政府提高自身经济长远规划能力具有积极意义：为更好地抓住国家"十二五"规划给香港带来的机遇，落实国家有关支持政策，为香港长远发展奠定条件，特区政府有必要制定相关配套行动纲领。在相关过程中，特区政府需要对香港社会经济发展的中长期问题进行思考与综合研究，对提升其社会经济规划与统筹能力，培育前瞻性思维与意识，都有积极作用。

与"十一五"规划相比，"十二五"规划对香港的经济定位进一步提升，国家支持香港发展的重点领域更加具体和广泛，粤港澳区域合作的战略意义也进一步上升到国家战略层面。

其一，香港的定位得到巩固和提升。针对近年来香港部分传统产业竞争优势出现弱化，其国际金融、贸易、航运三大中心地位的竞争压力不断增大的现实，"十二五"规划明确强调要支持香港充分发挥综合优势，在国家整体经济发展中继续发挥重要作用，并提出支持香港巩固提升竞争优势的系列政策，例如支持香港发展人民币离岸业务和国际资产管理业务以巩固和提升香港的国际金融中心地位，增强香港国际金融中心的全球影响力；支持香港发展高增值货物存货管理及分销业务，巩固和提升贸易和航运中心地位等。

其二，国家支持香港发展的重点领域更加具体和广泛。为帮助香港拓宽产业基础、提升经济竞争能力，"十二五"规划提出支持香港增强产业创新能力，加快培育新的经济增长点；支持香港发展环保、医疗服务、教育服务、检测和认证、创新科技、文化创意等产业，拓展合作领域和服务范围。

其三，粤港澳区域合作的战略意义进一步提升。"十二五"规划把粤港合作由区域规划、专项规划进一步上升至国家总体规划，显示国家对粤港区域合作战略的高度重视。当今世界，区域合作已成为应对全球化竞争的主要方式。通过区域合作，打造功能不同、分工明确、相互配合的世界级城市群，成为我国区域经济发展的战略任务，其中包括港澳在内的珠三角区域承载着"探索科学发展模式实验区"和"深化改革先行区"等战略定位。另一方面只有加强粤港澳合作，才能巩固香港的优势地位，才能提升粤港澳区域的整体国际竞争力。为此"十二五"规划在近两年有关粤港澳合作区域规划、专项规划的基础上，提出"打造更具竞争力的世界级城市群"的目标，并进一步明确深化粤港澳区域经济合作的政策方向，重点包括：支持建设以香港金融体系为龙头、珠江三角洲城市金融资源和服务为支撑的金融合作区域，打造世界先进制造业和现代服务业基地，构建现代流通经济圈，支持广东在对港澳服务业开放中先行先试，并逐步将先行先试措施拓展到其他地区；加快共建粤港澳优质生活圈步伐；加强规划协调，完善珠江三角洲地区与港澳的交通运输体系；加强内地与港澳文化、教育等领域的交流与合作。

二 香港在国家"十二五"时期社会经济发展中的独特作用

利用香港特殊的优势为国家发展服务，既是"一国两制"优势的重要体现，也是保持香港持续繁荣稳定的重要基础。中华人民共和国成立以来，尤其是改革开放 30 多年中，香港以其独特的国际经济中心地位、发达的服务业、与西方接轨的制度优势、具国际竞争力的专业人才以及国际化网络、与市场经济相关联的经济管理经验等，在国家开放与发展过程中一直扮演着十分重要的战略角色。在"十二五"时期，面对国家新的发展目标与战略任务，香港仍可在国家经济社会发展中发挥其独特的作用。也有学者认为，香港将扮演"更为积极、更为重要"的角色。[①]

"十二五"时期，国家将加快转变经济增长方式作为主线，提出若干战略重点：一是扩内需、稳外需，坚持利用好两个市场、两种资源，加快形成消费、投资、出口协调拉动经济的新格局。二是加快经济结构调整，提高产业核心竞争力，其中提出要大力发展服务业、培育发展战略性新兴产业。三是推动经济社会协调发展，着力保障和改善民生。四是深化改革、扩大开放，增强发展活力与后劲。这既是后危机时代国家应对全球需求结构重大变化、增强经济抵御国际市场风险能力的迫切需要，也是国家克服自身经济失衡与结构性矛盾、增强经济可持续发展动力的内在需要，另外也是促进社会和谐稳定、满足人民群众过上更好生活新期待的发展目标。国家"十二五"时期的上述发展重点，同时也是香港借助自身优势，有效配合国家发展的切入点与共赢互利的合作空间。

香港在国家"十二五"期间可以发挥的独特作用，主要包括以下几个方面：

（一）国家扩大对外开放、进一步融入国际经济的重要经贸平台

作为联系国家与国家间的重要经贸交流平台，一直是香港最为主要的战略经济角色，这也是香港最具优势，并且长期以来得到较为充分发挥的一项综合功能。所不同的是，在"十二五"时期，随着内地扩大开放内涵以及经济发展战略重点的调整，香港经贸平台功能的具体侧重点也将有所变化，但相关空间依然非常巨大。

"十二五"时期，中国经济和世界经济的深度融合，贸易自由化和投资便利化的深入推进，全方位对外开放格局的不断完善，对香港国际窗口和平台功能的需求将进一步增大。未来5年，内地将大力发展服务贸易，扩大服务业对外开放；继续鼓励外商直接投资，优化利用外资结构；加快实施"走出去"战略，引导各类企业有序开展境外投资合作。与此相适应，香港在服务国家扩大对外开放战略也将具有新的内涵，香港作为国际金融、贸易、航运中心以及内地最大外资来源地，"内联外引"的重要作用将进一步凸显。例如香港可配合国家新时期对外开放的需要，帮助国家提升服务业发展以及优化贸易结构，从"贸易大国"走向"贸易强国"；强化自身国际金融中心新优势，配合国家金融业发展以及推进人民币国际化进程的战略需要；利用香港总部经济相关功能，协助内地企业加快"走出去"步伐，在更高层次上参与国际竞争。

（二）推动内地加快发展服务业的重要辅助力量

服务业尤其是现代服务业的发展水平是衡量现代社会经济发达程度的重要标志，已成为决定各国各地区国际竞争力的关键。目前中国内地的经济总量虽已居世界第二位，但服务业发展相对滞后，第二产业对GDP的贡献率仍达到50%以上，使得我国的资源、环境问题、就业问题、经济增长问题都面临巨大挑战。有鉴于此，"调结构"继续成为国家"十二五"时期

十分重要又相当艰巨的任务。而"调结构"的重要内容之一,是要大力发展服务业,将促进经济增长的动力从主要依靠第二产业向三次产业协同带动转变,其中尤其需要发挥香港服务业的辐射和带动作用。香港经济结构已高度服务型化,服务业尤其是现代服务业在国际上具有一定的比较优势,与内地之间形成较强的互补性。这一特点,使得香港能够在"十二五"期间国家经济结构调整中发挥非常重要的作用,同时也为香港业界提供了广阔舞台。

首先,香港可协助内地提升服务业水平、提高经济结构中服务业比重。香港可以利用自身服务业产业优势,例如服务业种类全,专业化、国际化水平高,具有较强的市场竞争力等,在国家加快服务业发展过程中发挥助推作用。内地生活性服务业发展空间巨大,香港可通过加强与内地服务业合作,例如引进香港的旅游、商贸服务、娱乐、美容等产业,促进内地生活性服务业的发展与升级。

其次,推动内地加快现代服务业发展。香港可依托 CEPA 及其补充协议中各项优惠措施,以及"十二五"末期基本实现内地和香港服务贸易自由化的有利条件,充分发挥生产性服务业的优势,为国家制造业转型升级服务。"十二五"期间,内地将大力发展服务业,积极改造提升制造业,培育壮大战略性新兴产业,推动文化产业繁荣发展,提高区域发展协调性,这将为香港金融、现代物流、商务服务等生产性服务业和节能环保、创新科技、文化创意等高增加值产业的发展,提供新的对接空间。

第三,推动内地转变贸易增长方式。虽然我国已经成为全球第二大贸易国,但是贸易增长方式相对粗放:货物贸易比重过大,出口商品附加值低,主要依靠价格竞争和数量扩张;服务贸易起步晚,并且偏重传统服务行业。我国贸易增长方式面临着十分严峻的挑战,急需转型。而服务贸易一直是香港的优势产业,服务贸易出口一直是香港经济发展的重要动力。香港可在推进内地贸易增长方式中扮演重要角色。"十二五"期间内地对香港服务业的市场准入条件将进一步放宽,香港可以充分发挥其在经营理念和管理模式方面的优势,通过深化与内地服务业的互补合作,推动内地服务业的发展水平,有效提升内地服务贸易的质与量。例如,香港可通过与内地在现代服务业领域的深度合作,重点发展金融业、会展业、物流业、信息服务业、科技服务业、商务服务业、外包服务业、文化创意产业、总部经济和旅游业,全面提升国家服务业发展水平;另外可通过加强 CEPA 项下内地与香港生产性服务业的合作,完善有关配套政策,消除各种障碍,推动 CEPA 项下香港生产性服务供应商的进入；可充分利用香港在总部经济、研发品牌以及生产性服务业等领域的优势，与内地合作推进加工贸易转型升级，鼓励加工贸易企业向上游的研发、设计、核心零部件生产和下游的物流、营销延伸；此外，由于香港在全球价值链中处于品牌创造、产品推广、市场拓展的相对高端环节，因此可利用其在品牌、销售管道以及"无形资产"的优势，全面提升内地制造业的价值链，提升内地出口产品的附加值及核心竞争力。

第四，提升内地金融业发展。"十二五"开始，国家的发展目标由经济大国向经济强国转变，为此加快提升金融业发展、建立与现代化经济强国相匹配的金融体系，是国家未来一段时间的重要任务。一是为经济快速发展提供配套的金融服务；二是要配合企业"走出去"需求，培养和提高国家全球化综合运作能力；三是抢占国际经济分工中的制高点，改变在国际竞争中的不利地位；四是通过主动推进国际金融合作，增强国家在战略物资上的定价权和国际金融事务上的话语权。金融业是国家重点支持的服务业之一，也是香港最具相对优势的高端服务行业，更是人民币逐步国际化的关键领域。香港可借助其金融优势，在推动国家深化金融业发展，完善金融产品、金融市场、金融体系、金融人才以及扩大金融开放等方面，起到难以替代的重要作用。

（三）国家"扩内需"的外部依靠力量

"十二五"期间国家"扩内需"战略，其实质就是要通过扩大内需战略，促进经济增长由主要依靠投资、出口拉动向依靠消费、投资、出口协调拉动转变，从而使内地经济增长的动力更为均衡。香港作为内地最重要的外商投资基地和对外经贸平台，加上拥有较为成熟规范的市场监管经验，可以通过改善港资对内地投资结构、推动港企扩大内销、扩大内地从港直接进口或经港进口、完善市场监管、提升消费者信心等，协助内地完成这一历史性转变，以拉动内地消费需求。[②]

一是改善港资对内地的投资结构，从加工出口为主逐渐向扩大内需转变。具体包括投资方向从"以出口为导向"向"以内销为导向"转变，从低附加值产品向高增值产品转变；投资方式从以独资为主向合资为主转变，尽快建立内地市场网络；投资区域从沿海地区向中西部地区转移，积极拓展和拉动内陆消费市场。

二是推动港企扩大内销，减少国家贸易顺差，改善内外部需求结构。香港在内地尤其是珠三角有6万家制造企业，包括超过4万家三资企业和逾1万家"三来一补"企业。有研究估算,未来只要有一半的港资企业拓展内销业务,并且内销比例平均达到50%,那么广东的外贸顺差就有机会减少一半,全国外贸顺差就可以减少1/3。③但是大多数港企在拓展内销市场的过程中也普遍遇到一些困难,如缺乏分销管道、不了解内地市场、品牌知名度不够等。

三是挖掘香港国际贸易中心的功能,扩大内地从港直接进口或经港进口。实际上,通过香港把商品销往内地的市场空间极大。首先,可把海外商品通过香港转口到内地,作为非加工贸易用途。其次,可适时建立品牌战略,把香港生产的产品直接销往内地,为内地消费者提供富有特色与质量的系列香港产品。第三可把来自世界各地的产品通过香港转口到内地,作为加工贸易之用,这部分数额较大,2010年达到了1888亿美元。

四是协助内地完善市场监管、提升消费者信心。目前内地扩大内需的一个重要障碍,就是消费者保护机制不完善、消费者信心不足。为此,香港可以利用其完善的生产技术、质量管制和检测认证服务,协助内地制定消费者安全标准,强化质量管制和检测认证,从而提升消费者信心。CEPA首次把内地强制性产品认证向香港开放,也为香港检测认证进入内地提供了便利。此外,香港还可利用其完善的消费者保护机制和法规,尤其是消费者保护立法,协助内地完善消费者保护机制、法规和操作程式,为扩大内需提供必要的制度保障。④

(四) 推进内地企业加快"走出去"的重要桥梁

随着中国内地经济发展模式的转变,国家新时期对外开放的内涵也在发生变化:从引进资金、引进管理,转为鼓励企业"走出去"。"走出去"战略重点已经从传统的商品出口到海外投资、海外上市,再到大规模的海外并购,进入到主动积极地进行全球战略布局、全方位开展国际合作的新阶段。到"十二五"时期,国家"走出去"战略,不仅承载着弥补经济持续发展中的技术缺口、需求缺口和资源缺口,同时也是实行经济内外再平衡的需要,在外汇储备金额庞大的背景下,用资本项目逆差缓和外贸顺差,减少涉外经济摩擦。在推进内地加快"走出去"的过程中,香港可以凭借其全球营运中心功能,发挥其特有的桥梁作用。

一是有针对性地提供各种专业服务。内地企业在"走出去"的过程中,迫切需要得到基于完善的制度规则、相对成熟及与国际接轨的各种专业服务的支持,包括便捷规范的融资服务、充分准备的投资信息、高增值的商业和专业服务以及具有国际经验的专业人才等。而这一领域,正是香港的独特优势，香港可以在金融服务、信息和人才服务、专业中介服务等方面提供帮助，协助中国企业走出去或在香港建立全球营运中心。

二是通过香港"借船出海"，共同开拓国际市场。中国企业特别是国有企业在海外并购的过程中政治敏感性较强，容易引发东道国的政治干扰，为此内地企业可与香港采取联合投资、联合招标、联合承揽项目等方式共同开拓国际市场；也可在香港企业成功收购海外企业后再参股合资；甚至可由香港企业作为海外并购的开路先锋，由内地大企业作为后盾，从而淡化内地国有企业海外并购时可能遇到的政治风险。⑤

（五）担当人民币国际化的重要试验场，协助人民币走向国际

"十二五"时期国家将稳步推进人民币国际化，这是国家对冲国际货币体系风险、提升在亚洲区域合作中的地位、进一步实施对外开放战略的必然选择。香港作为"国内境外"的特殊地区，可在人民币国际化过程中扮演十分独特的角色，一方面通过逐步建立人民币离岸中心的功能，扩大人民币在境外的流通范围，不断丰富人民币产品，在协助推动人民币国际化过程中增强香港国际金融中心地位；另一方面香港作为人民币国际化的重要试验场，帮助人民币发现其在国际市场的价格，包括利率与汇率水平；帮助人民币建立其在国际市场的计价、交易以及作为国际储备货币的功能；为国家判断人民币国际化所涉及的金融风险，制定相关发展战略提供实战依据。⑥香港可凭借自身在法律体系、监管体系、信用体系等方面的强大软实力，扮演好国家经济金融开放实验室的角色，协助内地了解金融改革开放过程中的机遇和风险，承担好风险隔离区的重任。

（六）珠三角区域经济发展的引领角色

"十二五"规划进一步明确粤港澳区域经济在国家区域发展战略中的地位，并明确香港在粤港澳金融合作区域中的龙头地位。要实现世界级城市群的目标，需要从以下几个方面入手：

首先，需要推动粤港澳区域成为国家"走出去"的战略平台，打造与国际接轨的国际化平台。而香港作为我国国际化程度最高的城市，可依托其国际金融中心等功能，在建设珠三角世界级城市群目标中，发挥其特有的引领功能。

其次，珠三角地区要打造成为国家未来新的经济增长区域。为此珠三角要依托香港在业已形成的外向型加工制造业基地的基础上，向高端化转型，向新兴战略产业和高端产业合作发展。在这一过程中，需要借助香港

发达的生产性服务业功能，共同打造并形成新的产业链关系。其中，通过先行先试及制度创新，深化粤港澳合作与一体化发展，成为有效提升粤港澳城市群的国际竞争力的重要路径。目前深圳前海、珠海横琴、广州南沙已成为"十二五"时期粤港澳合作新的平台，正在着力打造前海深港现代服务业合作区、横琴粤港澳合作新模式的示范区、南沙CEPA先行先试综合示范区。上述合作平台也将成为带动珠三角地区发展成为世界级城市群的三大新亮点。广东省省长朱小丹提出："粤港澳合作要与时俱进，向新的层次与高度迈进。"粤港澳合作的首要任务是按照CEPA以及国家赋予广东服务业对港澳开放先行先试的政策，探索并促进粤港澳在金融、现代物流、信息、科研、设计创意、高端商务会展、服务外包和中介服务等领域的合作。[⑦]

第三，打造国家现代化和城市化的试验区，共建粤港澳优质生活圈。其中，环境的治理、社会管理的进步和法治的完善，都是新型城市化道路的重要内涵。香港可以利用其国际化及城市化的经验和管理办法，为内地提供很好的借鉴。粤港澳共建优质生活圈将是新一轮粤港澳合作的重点之一。粤港澳三地政府将制定包括《粤港澳共建优质生活圈专项规划》《环珠江口宜居湾区建设重点行动计划》等，并在这些规划的指引之下，得以整体提高粤港澳生活圈的环保、生态和宜居水平。

（七）为推进国家城镇化建设与社会管理创新提供重要借鉴

香港是高密度城市，700万人生活在1100多平方公里的空间，人口和商业活动都非常集中。在城市发展与管理方面，香港积累了不少经验，可为内地城镇化建设与社会管理提供经验和帮助。例如，如何通过高密度城市的现代化经营和管理运作，有效减低基础设施的投放、便利商业交往、增加商业活动的效率等；如何通过科学合理的公共交通管理，在保持较低交通成本的情况下（香港交通成本只占GDP的5%），提升交通运行效率与便利程度；如何透过严谨的城市规划和法例，致力于保护境内的绿色地带和海岸资源等。此外香港也可通过投资和贸易，带动内地城镇发展。[⑧]

"十二五"期间，内地将不断加强社会建设，各项社会事业都将得到很大的发展空间，为扩大香港的教育、医疗等产业与内地交流合作创造有利条件。CEPA自签署以来，已经7次扩充合作范围，除了金融、运输、专业服务，还包括社会服务、公用事业服务等。香港可以配合内地城镇化建设与创新社会管理的需要，使香港城市管理、社会服务的经验与运作模式引入内地，进一步提升内地生活性服务业的发展基础，提升国民的生活水平。

而未来，内地城市密度及城市化程度，都有大幅提升的空间。

（八）建设创新型国家的重要配合力量

香港在教育、科技等方面拥有多方面的优势，例如良好的知识产权保护制度、拥有亚洲一流的大学和若干领域有特色的科研机构，可在协助内地建设创新型国家中发挥重要作用。

一是发展知识产权交易与服务中心。香港具有完善的知识产权保护机制，也有市场网络、融资机制、信息基础设施的优势，多年来香港在知识产权交易领域也一直扮演着重要的中介角色，香港可以利用这一优势建立知识产权交易平台。

二是在港设立研发和创意设计中心。内地某些行业，如生物科技、中医药、电子、物流、服装等企业可以在香港科技园建立海外研发和创新中心，增强其科研能力和全球影响力。目前已有一些企业在香港建立研发中心，如2006年同仁堂在香港科技园建立生产研发中心，2009年联想集团成立创新设计中心香港分中心。

三是两地通过共建国家实验室、联合申请重大科研项目、联合引进国际高端基础科研人才等方式，使香港的科研资源进一步纳入国家创新体系，从总体上增强国家的科研创新能力。

四是协助国家进一步强化人才队伍国际化建设。香港可以进一步增加内地学生的名额，目前香港已经成为内地学生留学的重要目的地之一；同时还可以成为内地引进海外人才的基地和桥梁，以其特殊的社会体制和文化环境，为海外人才或归国留学人员提供"中转站"。

五是港深紧密合作共建深港创新圈，提升我国在国际产业分工链条中的地位。港深两地根据经济全球化背景下区域经济融合的大趋势，通过两个城市经济优势互补与产业支持，来突破各自发展瓶颈，打造一个世界级的科技产业，为世界级大都会的建设奠定基础。[9]

（九）协助国家打造国家软实力与提升国际话语权

在建设中华民族共同家园、协助国家提高文化软实力及其影响力中，香港也可以发挥其独特优势，推动国家软实力走向海外。在经贸领域，香港可以在深化内地与港澳经贸合作、促进两岸经济关系发展中发挥重要的桥梁作用。在文化领域，香港可以配合国家加强文化建设、深化文化体制改革要求，在文化兴国、文化强国中扮演特殊的纽带作用。例如协助国家提升文化软实力，成为经济社会发展的重要支撑：将香港文化创意产业和中国文化相结合，协助中国文化产业走出去，扩大中国文化在世界上的影响力，拓展中国在国际社会中的话语权。

三 有效落实"十二五"规划的若干思考

如上所述，香港在国家"十二五"发展时期有其独特的战略功能和经济角色。与此同时，国家对香港的发展定位与政策支持方向，也为香港的发展奠定广阔的发展空间与基础。

（一）国家"十二五"规划关于香港发展定位及相关支持政策，是香港突破自身经济发展瓶颈、成功实行经济转型的良机

实际上，香港的发展和国家的发展密不可分，香港配合国家发展的过程也是自身发展的过程。香港通过配合国家的发展，有助于巩固和提升香港的国际金融、航运和贸易中心地位，有助于增强香港的教育枢纽地位，有助于增强香港的产业创新能力，有助于增强香港对珠三角地区的辐射和带动作用。从整体来讲，香港各界对"十二五"规划的认同程度明显好过"十一五"规划，"被规划"的声音并不占主流，这为"十二五"规划的实施奠定了社会基础。

（二）国家"十二五"规划只是提出国家支持香港发展的原则与方向，其具体功能与作用能否有效发挥，则取决于香港相关配套跟进措施与落实能力

为此，香港社会各界要转变观念，在"十二五"时期，以更加积极主动的姿态，深入研究落实规划的配套措施或行动纲领，从产业政策、交通基建、区域经济等方面全方位参与，争取在国家发展中发挥更为重要的角色，同时也为香港积聚新的竞争优势。

从香港特区政府层面，重点是要深入研究相关配套政策及落实措施。香港如何顺应国际经济格局及竞争态势的变化，审视自身在国家乃至全球经济格局中的角色与地位。研究经济环境变化对政府现行经济理念，以及财政、货币政策等经济制度的影响，因时而变，主动融入国家发展战略，取得新的突破，不断寻求香港利益与国家利益的衔接点；大力宣传"十二五"规划与香港的关系，不仅在政府和商界层面，更重要的是让香港市民清楚，香港配合国家发展有助于提升香港自身的竞争力，也是保持香港持续繁荣稳定的基础；做好跨部门的统筹协调，做好本届政府与下届政府就"十二五"落实情况的衔接工作；加强与相关部门的沟通与合作，落实李克强副总理访港时提出的中央支持香港发展的 36 条措施。[10]

(三) 在具体措施上，可以从以下几个方面入手

第一，配合国家经济结构调整、推进国家服务业发展方面。与内地政府共同努力，为在内地的港资企业在内销管道、品牌建设、企业收购兼并等方面提供帮助；推动 CEPA 在广东的先行先试，与内地进一步加强合作，开拓和服务内地市场；加强两地服务行业协会层面的合作，共同制定适合两地业者自律和共用的行业行为规范、服务标准、职业操守、资质认证、信誉评估等行业管理规则。

第二，配合内地企业"走出去"方面。香港要强化服务平台功能，巩固香港地区总部的功能，为内地企业"走出去"提供更加贴身的服务。一是充分发挥香港各大商会、投资促进局、贸易发展局等机构组织在推动外界对香港投资的作用，探索如何更快地推动内地企业"走出去"。二是完善内地企业"走出去"的服务保障体系，为内地企业"走出去"提供一个适应国际竞争规则的"试验场"，培养锻炼人才队伍；充分利用香港在国际事务中的丰富经验和影响力，通过各种管道把内地企业推上国际市场，参与相关国际组织、商协会的活动，参与国际市场产品价格形成机制和经贸规则的制定，开展国际化的经营；密切关注国际经贸形势变化，通过联系沟通、法律援助、调解仲裁等多种手段，向外国政府和有关国际组织反映我国企业的诉求，提出意见和建议，切实维护内地企业在国际舞台上的合法权益和工商界的整体形象。三是创造内地企业参与国际合作与竞争的更多机会；与内地合作打造全球和区域生产网络和供应链管理的基地，促进内地与香港、国际营商环境之间的体制对接；利用香港信息发达的优势，帮助内地企业进行创新及研制自主知识产权的产品，创建品牌，缩短其知识产权转化为商品的路径。

第三，完善人民币离岸中心、推进人民币国际化方面。一是继续推进香港的跨境贸易人民币结算，进一步扩大香港的人民币资金池。香港正在开发越来越多的人民币计价投资产品，包括固定利息产品、房地产投资信托产品、保险与再保险产品、ETF 基金产品以及股票相关产品。足够规模的人民币资金池，是保障投资产品的定价有效性和交易流通性的关键。二是积极鼓励跨国企业、国际金融机构、国外政府机构在香港筹集人民币资金。三是进一步完善金融服务与风险管理。香港应与内地监管部门和金融机构合作，设计出既符合内地监管要求和国情，又可以充分利用香港灵活的市场机制，并且能够有效控制风险的产品或交易结构，从而加快人民币境外

市场的建设。四是配合人民币离岸中心建设，加强和完善制度和硬件建设：其一是制度建设，香港需要前瞻性地做好相关准备，人民币离岸中心涉及两地或多地的制度、监管、政策、税务，相关制度应有效地衔接起来；其二是平台建设，香港作为人民币投资和清算平台，须获得国际认可；其三是防火墙建设，要处理好在岸和离岸的通道和监管。

第四，配合建设创新型国家方面。世界城市应该是全球技术创新的中心和知识经济的制高点，香港特区政府可研究制定"建设创新型城市"的战略，在资金投入、制度设计、文化行销上采取配套支持策略，支持香港基础科研和应用研究，使自主创新成为推动香港经济成功转型和知识经济的重要动力。一是要以建设区域教育枢纽为目标，适当提高大学学位数量和国际学生的比例；二是要强化香港在国家知识产权交易市场中的地位，争取把香港的"知识产权交易中心"纳入国家知识产权交易市场体系；三是创新两地科研体制，推动香港与内地之间研究经费的双向流动，促进两地进行跨境研究，目前国家科技部已经批准 12 家香港实验室成为内地国家重点实验室的伙伴实验室，两地需要从有助于产生两地科研协同效应的角度来推动两地科研体制的创新；四是鼓励香港科研人员配合国家发展，参与国家科技发展规划，吸引内地更多的科技企业在香港科技园建立亚洲研发中心；五是完善人才流动和管理体制，共同吸引国际高端和专业人才。

第五，配合及引领国家建设珠三角城市群方面。一是加强三地基础设施的衔接，构建大珠三角发达完善的基础设施体系与便利的通关条件，这是打造世界级城市群的重要网络基础；二是要重视民间与官方两个层面的交流及合作，粤港两地在经济领域、公司治理、社会民生、市场中介管理、环保及防疫等方面都有较大的合作空间，从而促进粤港经济社会的进一步融合。三是利用广东"先行先试"的政策优势，全面推进粤港澳现代服务业合作，形成错位发展、优势互补、协作配套的现代服务业体系。四是创新合作机制，加快推进前海、南沙和横琴三个重点合作区的合作开发；五是共建粤港澳优质生活圈，加强社会管理合作，在公共事务管理中积极引入香港专业化社会服务模式，完善突发性事件应急协调机制，实施环珠江口宜居湾区重点行动计划。

（四）从中央政府及内地相关部门层面，要做好统筹与协调工作，细化并具体落实涉港政策与支持措施

中央历来高度重视香港的发展，"十二五"规划更是凸显了中央对香港的关心与支持。2011 年 8 月，李克强副总理访港时从六大方面推出的支持香港发展的 36 条措施，这是自回归以来力度最大、范围最广的惠港措施，未来的重点是如何落实。第一，中央政府和有关部委在落实"十二五"规划中应注意利用和发挥港澳特区的独特功能，在制定具体政策时要考虑并兼顾国家有关港澳发展的总体战略。第二，有序推进"十二五"规划《纲要》中有关港澳内容的落实。国家发改委将按照国务院的统一部署，把《纲要》中涉及支持香港的目标任务分解落实到有关部门和地方，并在编制专项规划过程中进一步细化，强化支持措施。[①] 第三，可研究考虑由中央政府有关部门与两个特区政府联合组成"十二五"规划落实工作委员会，下设若干小组，具体负责不同领域中落实"十二五"规划的统筹、协调和跟进工作。第四，进一步强化两地金融管理部门之间的长期交流合作机制，建立长效的人员交流、信息共用、定期磋商等合作机制。第五，进一步明确上海和香港两个国际金融中心的定位与分工，"十二五"期间，香港重点发展离岸业务，以及其他内地短期内难以发育的金融市场类型，上海则致力于发展成为在岸国际金融中心，继续做大做强现有金融市场。第六，中央政府将从项目对接、投资拓展、信息交流、人才培训等方面，加大对内地企业与香港企业联合"走出去"的政策支持力度，积极引导内地和香港企业合作开拓国际市场，建立商品营销网络；鼓励内地和香港企业以联合投资、联合投标、联合承揽项目等方式，共同开拓国际投资和基础设施建设市场。[⑫]

---

① 贾康等：《香港在国家未来发展中的地位和作用》，北京：《战略与管理》2010 年 9 月 27 日。

②③④ 王春新：《香港如何协助内地扩大内需》，香港：《中银香港经济月刊》2011 年 7 月。

⑤ 谢国梁：《中国企业走出去及香港的角色探讨》，广州：《经济前沿》2007 年第 4 期。

⑥ 李小加：《关于人民币国际化的六个问题》，北京：财新网，2010 年 9 月 21 日。

⑦ 莫非等：《朱小丹：扩大对外开放广东最看重粤港澳合作》，北京：中国新闻网，2012 年 1 月 18 日。

⑧ 曾荫权：《香港在国家未来现代化的角色：从人民币国际化和国家城镇化谈起》（演讲），北京大学，2011 年 3 月 7 日。

⑨冯邦彦等:《"深港创新圈":理论基础、运行机制与合作优势》,深圳:《特区经济》2008年5月。

⑩⑫李克强:《协力求发展合作促繁荣》(在国家"十二五"规划与两地经贸金融合作发展论坛上的演讲),香港,2011年8月17日。

⑪张平:《全面深化合作共创美好明天》(在国家"十二五"规划与两地经贸金融合作发展论坛上的演讲),香港,2011年8月17日。

参考文献

[1]《中华人民共和国国民经济和社会发展第十二个五年规划纲要》(全文)。

[2] 梁海国:《"十二五"规划与香港未来发展》,香港:香港贸易发展局研究报告,2010年12月。

[3] 苏志欣:《香港特殊资金环境的基础、变数与启示》,香港:《中银香港经济月刊》2009年12月。

[4] 应坚:《香港在人民币国际化中的作用》,香港:《中银香港经济月刊》2010年8月。

[5] 谢国梁:《香港离岸人民币市场的特点、功能与发展前景》,香港:《中银香港经济月刊》2010年3月。

[6] 余永定等:《人民币国际化研究》,北京:中国社会科学院世界经济与政治研究所网站《研究报告》,2010年7月。

[7] 段杰等:《深港生产性服务业发展现状及比较研究》,哈尔滨:《经济研究导刊》2011年第4期。

[8] 香港贸易发展局研究部:《捕捉珠三角"十二五"节能环保商机》(研究报告),香港,2010年12月。

[9] 方方:《顺应人民币国际化趋势强化香港国际金融中心地位》,北京:《金融实务》2011年第4期。

[10] 国世平:《"十二五"给香港的新机会》,香港:《信报财经月刊》2010年12月号。

[11] 大珠三角商务委员会:《香港在国家经济发展中的角色与定位》(建议报告),香港,2010年9月。

[12] 廖美香:《人民币"一国两制"》,香港:《信报财经月刊》2010年10月号。

作者简介:陈多,国务院港澳事务办公室港澳研究所所长、研究员。

[责任编辑:刘泽生]

(本文原刊2012年第2期)

粤港澳合作制度变迁动力研究[*]

陈广汉　　谢宝剑

[提　要] 改革开放初期，广东凭借改革开放先行一步的制度创新优势和毗邻港澳的区域优势，承接港澳地区的投资和产业转移，形成了"前店后厂"的独特经济合作模式。粤港澳合作发展到今天，已经从经贸拓展到多个领域，合作的模式也在不断变迁，合作制度在不断完善。近10年来，来自港澳与内地政府层面推进合作的热情不断高涨，政府主导的合作框架协定不断出台，但来自企业和市场的合作动力明显不足。相反，在改革开放初期，内地单方面的市场开放，却导致了港澳企业大量在珠三角地区的投资和产业转移。因此，我们需要研究在粤港澳区域合作中，政府和企业或者市场的动力不匹配的方式、原因，探讨区域一体化中政府和市场机制协调的策略。

[关键词] 粤港澳合作　制度变迁　动力结构　动力机制

粤港澳山水相连，唇齿相依，改革开放三十多年来，香港、澳门与广东形成"前店后厂"的独特经济合作模式。粤港澳合作发展到今天，已经从经贸拓展到多个领域，合作的模式也在不断变迁，制度在不断完善。但是，我们发现近10年来，来自港澳与内地政府层面推进合作的热情不断高

* 本文系国家自然科学基金项目"区域治理主体网络及其博弈策略研究"（项目编号：71103204）、中国博士后基金项目"区域治理主体网络研究"（项目编号：20110490946）、广东省教育厅2010年重大攻关项目"港澳珠三角区域经济一体化研究"（批准号：10ZGXM9002）的阶段性成果。

涨，政府主导的合作框架协定不断出台，但是来自企业和市场的合作动力明显不足。相反，在改革开放初期，内地单方面的市场开放，却导致了港澳企业大量在珠三角地区的投资和产业转移。因此，我们需要研究在粤港澳区域合作中，政府和企业或者市场的动力不匹配的方式、原因，探讨一国两制条件下，粤港澳区域一体化中政府和市场机制协调的策略。

从一般意义上讲，制度变迁的终极动力在于追求个人或者社会利益最大化，如出现预期的净收益超过预期的成本，一项制度就会被创新。可以说，制度创新是制度主体根据成本效益分析进行权衡的结果。制度变迁只有在这样两种情况下发生：（1）制度变迁改变了潜在利益；（2）制度变迁成本的降低使制度的变迁变得合算。制度变迁的原动力在于：作为国家和社会主体的个人、社团和政府都企图在这一过程中减少生产成本和交易成本，从宏观上谋取经济、政治和社会的最大收益，从微观上对不同主体的行动空间及其权利、义务和具体责任进行界定，有效约束主体行为，缓解社会利益冲突。

一 粤港澳合作的制度变迁过程

制度变迁有两种类型，一是需求诱致性制度变迁，制度变迁的动力自于市场驱动和微观主体对潜在利润的追求，改革主体来自基层，程序为自下而上，具有边际和增量调整性质。其特征是在改革成本的分摊上向后推移，在改革的顺序上，先易后难、先试点后推广、先经济体制改革后政治体制改革相结合和从周边向核心突破相结合，改革的路径是渐进的。一是强制性制度变迁，即国家在追求租金最大化和产出最大化目标下，通过政策法令和制度安排来实施，政府是制度变迁的主体，程序是自上而下改变，具有激进和突变性质。其特征是：（1）从制度变迁的主体来看，可以分为两种，即中央政府为主体的制度变迁和地方政府为主体的制度变迁。（2）从对制度需求的回应来看，也可分为两种，即需求回应性的强制性制度变迁和没有需求的强制性制度变迁。（3）从制度变迁的程序来看，表现为自上而下的过程。我们将运用上述研究视角，具体分析粤港澳合作的制度变迁过程。

（一）诱致性变迁阶段

诱致性制度变迁指的是现行制度安排的变更或替代，或者是新制度安排的创新，它由个人或一群人，在回应获利机会时自发宣导、组织和实行。

制度变迁的诱致因素在于变迁主体期望获得最大的潜在利润。只要存在制度变迁的潜在收益大于成本，就会产生制度变迁的需求。①粤港澳合作制度的诱致性变迁阶段主要从中国内地实施改革开放战略到中央政府与香港签署 CEPA 协议前。1978 年年底，中共十一届三中全会确立实行改革开放的基本国策，中央赋予广东特殊政策和灵活措施打开了粤港澳合作的制度大门。改革开放政策给双方带来巨大的获利机会。一方面，广东珠江三角洲地区可以充分利用改革开放的制度创新优势、毗邻港澳的区位优势和廉价的劳动力和土地成本优势，吸引港资企业到珠三角投资建厂，发展加工贸易，承接香港制造业的转移，从"三来一补"项目到合资、合作和独资，港澳资企业如雨后春笋般在南粤大地上蓬勃兴起，带动了广东珠三角地区出口加工业的飞速发展。到 1997 年香港回归前，港澳地区的制造业百分之九十以上转移至广东，并成功转型为以服务业为主的国际商业中心，而广东则在多方面一跃成为中国的第一：经济总量第一，从 1978 年 GDP 占全国经济总量的 5%，至 1989 年跃居全国第一，继 1998 年和 2003 年相继超过新加坡和中国香港后，2007 年又超过台湾；外贸第一，改革开放的前二十年，广东外贸占据全国的半壁江山，近十年也仍三分天下；制造业第一，改革开放后广东率先承接港澳的出口加工业转移，建立起外向型制造业体系，形成了世界工厂地位的加工制造业基地。

另一方面，从 20 世纪 80 年代开始，随着制造业向中国内地主要是珠三角的转移，香港开始了向国际金融、贸易和商贸服务中心的转型，澳门成为以旅游博彩业为主导的经济体系。香港制造业向内地的转移成就了珠三角地区工业的飞速发展，而珠三角地区的快速工业化和对外贸易的迅猛发展，为香港的国际贸易、金融和航运等现代服务业发展提供了支撑，形成了对香港商贸服务的巨大需求。之后，香港逐渐形成以服务业为主导的经济体系。香港向国际性服务经济中心的转型和珠三角向世界性制造业基地发展的过程在时间上的契合，来自彼此间在发展中的内在联系。尽管广东方面政府比较积极，在中央的支持下制定了若干有关与香港经贸合作的政策措施，但是港澳政府在粤港澳合作方面却缺乏主动的制度设计和安排，粤港澳合作总体上主要是民间合作，追求经济发展的获利机会，没有健全的制度安排，是一种诱致性的变迁。

（二）强制性变迁阶段

粤港澳合作的强制性制度变迁阶段由中央政府与香港签署 CEPA 协议开

始。其间，既有中央政府主导的强制性制度变迁，也有地方政府主导的强制性制度变迁。中央政府主导的强制性制度变迁主要是签订《内地与香港关于建立更紧密经贸关系的安排》。2001 年，中国加入世界贸易组织（WTO），标志着中国内地市场进入了全面开放时期。而广东珠三角地区经过 20 多年的高速经济增长，基本实现了从传统农业经济向现代工业经济的转变。随着人民币升值、加工贸易政策调整、成本上升和资源与环境对经济约束增加，珠三角发展方式和增长模式面临转变。同时，1997 年年末，香港受到亚洲金融风暴的严重冲击，在中央政府支持下，1999 年第二季度开始，香港经济结束连续 5 个季度的负增长后走上了复苏之路。但在 2000 年强势反弹后，又因世界经济大气候不好陷入低谷；此外，2001 年中国入世后，香港担心失去其作为中国内地与国际市场的中介角色地位受到挑战，香港特区政府向中央政府提出类似自由贸易区的构想，《内地与香港关于建立更紧密经贸关系的安排》由此产生。CEPA 的基本目标旨在逐步取消货物贸易的关税和非关税壁垒，逐步实现服务贸易自由化，促进贸易投资便利化，提高内地与香港的经贸合作水平。另外，对广东而言，毗邻港澳，在 CEPA 框架下可获得"近水楼台"之利，CEPA 多项内容在广东先行先试，成为 CEPA 政策的内地最大受惠者。为了充分抢占 CEPA 的先机，粤港合作提高到政府层面，即由诱致性制度变迁向强制性制度变迁过渡。

粤港澳合作地方政府主导的制度变迁主要是粤港、粤澳之间的联席会议制度、《粤港合作框架协议》和《粤澳合作框架协议》。1998 年 3 月，香港特别行政区行政长官董建华在参加全国人民代表大会时，提议粤港地区成立一个联席会议制度，得到了广东省省长卢瑞华的积极回应。在经由中央政府同意的前提下，1998 年双方政府举行了首次粤港合作联席会议。粤港合作联席会议的成立是标志着粤港官方合作体系建立的重大事件，并在推进粤港区域合作中不断发挥着应有的作用。但直至 2002 年前五次联席会议的议题重复性较大，在一定程度上反映出官方合作实质进展不大，仍处于初期发展阶段。直至 2003 年非典的爆发，直接推动了粤港官方合作进入实质性阶段。2003 年，粤港合作联席会议确定了建立由双方行政首脑直接领导的粤港合作联席会议、增设"粤港发展策略协调小组"和建立民间合作研讨机制三项新机制；确定粤港双方合作新目标：在今后的 10～20 年，努力将包括广东、香港在内的"大珠三角"建设成为世界上最具活力的经济中心之一，广东要发展成为世界上最重要的制造业基地之一，香港要发展成为世界上最重要的以现代物流业和金融业为主的服务业中心之一；同时确定服务业、口岸、跨界大型基础设施建设、推介"大珠三角"、旅游等12个粤港双方合作重点项目和领域。至2011年，粤港双方已经联合召开了16次联席会议，每次会议均讨论了具体的合作内容并取得实质性进展。

2008年年初，广东省委书记汪洋、省长黄华华会见香港特别行政区行政长官曾荫权，双方开始就新时期深化粤港澳合作探讨新思路，第一次提出用世界眼光谋划和推进粤港合作。2008年年底，国务院批准实施《珠江三角洲地区改革发展规划纲要》，进一步明确提出"将与港澳紧密合作的相关内容纳入规划"，把粤港合作第一次明确提升为国家发展战略，粤港合作迈入了新时期。2009年8月，广东出台了《中共广东省委、广东省人民政府关于推进与港澳更紧密合作的决定》，成为广东推进与港澳合作的一个重要标志，从服务业、港澳资企业转型升级、自主创新、重大基础设施建设、大珠三角优质生活圈、社会管理合作、建设城市群、保障措施等八个方面提出具体措施。在此新形势下，粤港双方共同协商，历经一年时间，草拟并签署了《粤港合作框架协议》。框架协议共11章50条，提出未来十年粤港合作的宗旨、定位、原则和目标，明确了基础设施、产业发展、营商环境、优质生活、人才教育等五大领域合作要求，为全面合作提供了重要依据。根据《粤港合作框架协议》规定的重点合作领域的内容，粤港编制"共建优质生活圈"和"基础设施建设"两个专题区域合作规划。

2011年1月24日，《粤澳合作框架协议》签署，全面涵盖了粤澳经济、社会、民生、文化等各合作领域，明确了新形势下粤澳合作的定位、原则、目标，确立了合作开发横琴、产业协同发展、基础设施与便利通关、社会公共服务、区域合作规划等五个合作重点，提出了一系列具体、务实、可操作的合作举措，并明确了完善合作机制建设等保障机制安排。双方在协议中提出，将携手建设亚太地区最具活力和国际竞争力的城市群，共同打造世界级新经济区域，促进区域经济一体化发展。双方将合作建设世界著名旅游休闲目的地，打造粤澳产业升级发展新平台，探索粤港澳合作新模式示范区，并拓展澳门经济适度多元发展新空间。粤澳两地还将建立粤澳合作开发横琴协调机制，对横琴开发重大问题提出政策建议，支持横琴新区就具体合作项目与澳门特区政府有关部门直接沟通。

按照这一目标，到2015年，跨界基础设施网络初步建成，横琴开发取得重大进展，珠澳协同发展全面展开，共建优质生活圈和区域融合发展成效显著，珠江口西岸国际都会区基本建成，澳门经济适度多元发展初显成效。到 2020 年，区域一体化发展格局基本确立，世界著名旅游休闲目的地基本形成，区域产业升级发展成效显著，粤澳社会公共服务体系衔接共用，大珠江三角洲世界级城市群基本形成，奠定澳门经济适度多元发展基本格局。

二 粤港澳合作制度变迁的动力结构

制度变迁是多种因素综合作用的结果，但是作为变迁动力主要包括技术因素、政治（政府）因素、经济因素、社会因素和文化因素。一般来说，制度变迁通常是多种因素相互作用综合影响的结果，其中有些因素在制度变迁中占主导性地位，其他因素起到辅助作用，但是彼此之间相互作用推动着制度变迁，进而形成不同的制度变迁动力结构。从动力结构来看，粤港澳合作制度从诱致性到强制性变迁的过程中，经历了以市场因素主导型的变迁动力结构到政治（行政）主导型的动力结构变迁过程。

（一）市场主导型的动力结构

在诱致性变迁阶段，粤港澳各方是相应中国内地改革开放政策带来的新的获利机会而自发实施的，合作主要是把广东的土地、劳动力优势和港澳的资本优势相结合，对双方优势发挥所产生的利益追求而进行的民间合作，主要是以市场（企业）为主体，这种从过去封闭隔阂状态到开发合作状态的变迁具有自发性和渐进性的特点。当然，其中也有广东单方面政府主导的强制性制度变迁，而且，这种强制性制度变迁是有需求回应的强制性制度变迁，广东方面制定的有关引进港澳资本等经贸合作方面的政策得到港澳企业的积极回应，彼此之间能够形成优势互补，找到合作的契合点，在市场主导和利益驱动下实现资源的优化配置。具体而言，主要包括如下两个方面：

一方面，香港从制造业向服务业的转型亟须广东的支持。20 世纪 70 年代初，香港推行经济多元化的政策，金融、房地产、贸易、旅游业等产业迅速发展起来。但以出口型轻工业为主的香港制造业由于面临劳动力短缺、土地昂贵等高成本压力，同时也面临东南亚等地的市场竞争压力，发展受阻。至 20 世纪 70 年代末期，外部环境出现了有利于香港制造业继续发展的机会：1978 年后中国经济发展进入了不平凡的时期，内地的改革开放政策对香港的经济革命产生了直接而深刻的影响。由于边境重新开放，香港作为转口港和对外开放的桥梁、通道的作用得到了充分发挥。中央鼓励广东领先一步走上改革之路，随后又在中国南部建立了"经济特区"，其中深圳、珠海和汕头3个特区位于广东省，使得珠三角成为国家发展的最前沿。香港制造业开始不断外迁珠三角，香港本地各类服务业得到全面发展，延长了香港制造业的寿命，从而实现了从制造业向服务业的第二次经济转型。

另外一方面，改革开放初期，中央对广东主要是政策上的支持，要广东"自己去搞，要杀出一条血路来"。当时广东经济在全国居中下游水平，1978年（含）以前连续14年发展速度低于全国平均水平；1979年人均工农业总产值，全国636元，广东仅523元，比平均水平低17.8%。同时，电力紧张，交通不便，通讯不灵，物资缺乏，市场紧张。但是，广东除了政策（天时）优势，还有"地利、人和"优势，即毗邻港澳，香港是国际金融、贸易、交通运输、旅游的中心，轻工业也有一定基础，近水楼台先得月，当时香港粤籍同胞400余万人，争取香港的支持对广东经济发展是非常必要的。[②] 因此，广东省政府不但制定了不少优惠政策，还花大力气不断加强"硬件"和"软件"建设，为港澳等外商建立"一站式"的服务窗口，做好为华商服务的工作。珠三角地区大力开展招商引资，引进港澳资本进行铺路修桥等基础设施建设，承接港澳制造业的转移，大力发展"三来一补"企业。在这一阶段，这种需求回应型的强制性制度变迁与市场主导的诱致性制度变迁相匹配，使珠三角发生了翻天覆地的变化。深圳最初只不过是个渔村，现在是中国最繁荣的城市之一。作为邻近香港的经济特区，仅在第一个十年，全市工业产值从2900万元上升到近50亿元人民币。到了20世纪80年代后期，珠江三角洲经历了建设热潮，出现了东莞、顺德、南海、中山等经济发展的"四小龙"。数百公里的高速公路出现，城市化进程加速，传统的城乡界限慢慢消失。

20世纪80年代以来，香港、澳门与珠三角成为世界上最具活力的地方，珠三角与香港的生产总值的年平均增长率在1990年和2001年分别为16.8%和7.4%。经济强劲增长的珠三角不断缩小和香港的差距，珠三角与香港的区域一体化也在逐渐推进。由于地理位置、共同的粤方言、密切的家庭和文化关系，使得珠三角与香港之间不断形成互动，使珠三角与香港成为一个高度集成的经济区域，香港成为"大珠三角"地区的一个组成部分。香港经济的转型和制造业的转移过程，推动了珠三角快速实现工业化的过程，促进珠三角超常规发展。珠三角较低的地价、工资、成本等优势，使香港制造业迅速完成了在珠三角（尤其是珠江东岸）的产业布局。香港制造业利用粤港两地的经济落差，将生产工序转移到珠三角并扩大生产规模，而将设计、管理、行销等服务功能留在香港，形成了"前店后厂"的粤港合作模式。这一模式具有多层次、梯度式、交替型的区域产业分工与转移发展的特点，香港充当管理和控制中心的全球供应链，而几乎所有的生产工作实际发生在珠三角。到20世纪90年代中期，香港的制造业转移活动完成，并进一步扩大到更多领域。在快速实现工业化的过程中，珠三角迅速从农业化形态进入工业化形态，并在工业化基础上不断推进城市化进程，一方面成为世界重要的"制造基地"，另一方面也成为大中小城市分布密度密集的都会区。这一阶段的主要特征是粤港产业整合。香港成功实现经济转型，珠三角成功实现工业化。③

粤澳合作方面，主要是珠澳合作。王玉琦的研究表明，珠澳区域合作主要反映在如下两方面：一是澳门率先在珠海的投资，对珠海电子、纺织、食品、建材等工业产业和旅游产业的形成及发展起到了至关重要的引导和推动作用。为珠海探索外向型经济的发展、引进先进的技术和企业现代化管理经验做出了重要贡献。澳门一直在单个国家或地区对珠海投资统计中占较高的比例，成为珠海市最大的外资来源地之一。二是大批内地居民获准移居澳门，内地成为澳门劳动密集型产业劳动力的主要来源，并由此带动房地产、建筑业和商业的迅速发展，澳门经济获得了新的发展动力，取得了蓬勃发展。随着人口的不断增加，每日用水、用电量激增，为了解决澳门的困难，珠海担负起对澳门的供水、供电重任并把对澳门的供水、供电工程纳入珠海市供水、供电的总体规划之中。在其他大型基础交通设施和能源、通讯等方面的合作也取得了长足的进展，为澳门的兴旺和进一步发展提供了必要的保障。④同时，珠海在澳门的投资领域已涉及旅游酒店、进出口贸易、地产建筑、基础设施建设等多个方面。"经济一体化是走向优势互补的最高层次形式，有关机构把区域经济一体化分为政策导向型和投资导向型两种，政策导向型一体化是指在政策上促进区域成员一体化的计划，其机构一体化先于实际的生产一体化；投资导向型一体化经营的优势，包括生产协作和加工专业化，以及对一整套地理分散的经济行为实行共同管理带来的经济效益，带有明显的自发性。尽管粤澳两地的政策一体化正在探索，但珠澳在经济上已经形成拥有千丝万缕联系的区域性经济实体。"⑤

（二）政府主导型的动力结构

改革开放初期，粤港、粤澳彼此面临得更多的是机遇，特别是创造利益的市场机遇，而发展到今天，粤港、粤澳合作面临更多的挑战。各方政府审时度势，为面对共同的挑战而在粤港澳合作方面，主动建立和完善相关制度，期望通过强制性制度变迁加快突破粤港澳合作的障碍，解决共同面对的挑战和创造新的发展机遇。具体而言，粤港澳合作制度变迁从市场主导的诱致性制度变迁转向政府主导型的强制性变迁，缘起于两方面的影响：

一方面，香港受亚洲金融危机、SARS 的冲击，中国加入 WTO 也一定程度上影响香港的中介角色地位；澳门博彩旅游业的发展对内地和广东依赖性增加。另一方面，广东受到长三角地区崛起的竞争压力和自身发展模式的硬性约束，调整经济发展方式，保持经济活力，这种趋势促使粤港合作转向政府主导型的动力结构。2003 年 8 月，第六次粤港合作联席会议召开，双方达成共识，争取通过 10 年到 20 年的时间，把包括广东和香港在内的珠三角地区建设成为世界上最具活力的经济中心之一，终结了珠三角地区龙头与腹地之争，重新确定了粤港经济合作发展的总体思路，促进香港和广东各自发挥所长，实现双赢。至今，两地政府采取了系列得力的措施促进双方合作。粤港澳的强制性制度变迁内容主要包括：

《珠江三角洲地区改革和发展规划纲要》是以广东省的珠三角九市为主体，并将与港澳合作的相关内容纳入规划，确立共同的愿景：共同打造亚太地区最具活力和国际竞争力的城市群，推动区域经济一体化，包括区域市场一体化、基础设施一体化、金融信息及科技一体化；重大基础设施对接、加强产业合作、共建优质生活圈和创新合作方式四个方面提出了具体的措施；对规划建设广州南沙新区、深圳前后海地区等粤港区域合作平台提出了要求。

实施 CEPA 补充协议，深化粤港服务业合作。2008 年，中央批准了 25 项对港服务业开放政策在广东先行先试，2009 年又批准了 9 项，为粤港两地服务业合作发展注入了强大动力，拓展了新的发展空间。广东省政府高度重视贯彻落实 CEPA 及服务业先行先试政策措施工作。广东省还成立了先行先试工作联席会议制度，加强工作协调指导；及时推出了各项配套实施细则，建立绿色审批通道，为香港业界提供明确指引；确定了广州、深圳、珠海、佛山、东莞 5 市为落实 CEPA 重点市，大力推进金融、物流、医疗、旅游、信息科技、分销等领域合作；与香港特区政府建立了粤港联络协调机制、日常通报机制，搭建香港业界进入广东的平台。[6]

签署实施《粤港合作框架协议》。粤港双方于 2010 年在中央政府的见证下签署了《粤港合作框架协议》。协议在经济、社会、文化、民生方面对广东省和香港两地的角色分工作出清晰的定位，在环境、医疗、养老、教育培训、应用工业设计、旅游、软件设计承包服务等方面，协定提出多项构思，协议列出六个发展定位，首次明确粤港双方的分工和互补，既有助于提升香港国际金融中心地位，又有利于粤方融资和贸易、合作互利，携手打造具国际竞争力的城市群，形成世界级新经济区域。⑦

签署实施《粤澳合作框架协议》。该协议提出粤澳合作的目标和任务，主要内容包括四个方面：一是建设世界著名旅游休闲目的地。以澳门世界旅游休闲中心为龙头、珠海国际商务休闲旅游度假区为节点、广东旅游资源为依托，发挥两地丰富历史文化旅游资源优势，丰富澳门旅游业内涵。二是打造粤澳产业升级发展新平台。依托澳门国际商贸服务平台，对接广东产业转型升级和"走出去"战略，强化澳门经济适度多元发展动力，提升大珠江三角洲区域与欧盟、东盟与葡语国家等的合作水平。三是探索粤港澳合作新模式示范区。加快推进横琴开发，探索合作新模式，推动珠澳协同发展，对接跨境基础设施，推动区域要素便捷流动，加强社会公共服务体系衔接和服务资源分享，建设宜居、便利和管理服务水平先进的优质生活圈。四是拓展澳门经济适度多元发展新空间。通过深化粤澳更紧密合作和合作开发横琴，支持澳门壮大旅游等优势产业，推动产业协同发展、区域人才流动、公共服务衔接，为澳门经济适度多元发展创造基础条件。⑧可见，在粤港澳合作制度变迁由政治（行政）主导型阶段，主要是通过政府建立和完善相关制度来减少和消除合作壁垒，进而推进各个领域的合作。

（三）两种动力匹配与错位

在区域经济合作和一体化进程中，市场和政府是两种主要动力，将区域合作的进程视为制度变迁的过程，这种制度变迁包括政府和市场两种动力不同组合所形成的不同的动力结构，其中，以市场为基础的经济动力是基础，而政府为基础的行政动力既可能是区域合作中制度变迁的推动力量也可能是阻碍力量。在动力结构组合中，如果市场和政府的动力相向而行，以经济动力为基础，政府能够配合市场动力引发的制度变迁需要，制定相应的政策，则区域合作可以顺利进行；如果政府主导的动力结构符合市场规律的要求，能够主动推动区域一体化，则区域合作可以取得突破性的进展，创造新的获利机会而拓宽区域合作的广度和深化区域合作的深度；如果政府与市场的动力不相匹配，政府推动的强制性制度变迁没有准确判断市场规律发展的方向，甚至逆市场而动，则会造成强制性制度变迁后新的制度的无效率，区域合作难以突破合作壁垒而取得实质性的进展。

回顾粤港澳区域合作的进程，我们认为，市场和政府这两种动力始终没有形成很好的组合结构，两者在组合过程中并没有很好地匹配，甚至发生错位。其表现是港澳回归前和回归后的一段时期，粤港澳合作主要是市场力量主导的诱致性制度变迁，具有明显的自发性和渐进性特点，在政府的行政力量方面，整个过程港澳政府没有制定相关的政策积极引导和推动，主要是内地和广东方面制定了单方面的对港澳资本和企业开放的相关政策，政府力量主要来自内地的单向作用。当然，这种单向作用在一定程度上极大地促进了粤港澳的合作，特别是对粤港澳合作中为各方创造获利机会产生了重大的促进和推动作用，因而成功地推动了港澳产业的转型和珠三角制造业的发展。

在粤港澳合作的强制性制度变迁阶段，在制度变迁的动力结构中，政府与市场两种动力并没有形成很好的组合。首先，在政府动力方面，粤港澳彼此间的动力不一致，各自所关注的利益点不同，没有正确认识彼此的比较优势，香港方面高调唱得多，没有跳出通过中央政府来获取利益的传统思维；在政府与市场的组合上，政府占据了主导地位，表现出很大的积极性，但是市场和企业方面的反应不强。深圳前海、广州南沙和珠海横琴是粤港澳合作的主要新平台，国家和省的相关政策已经相继制定和实施，但是具体项目方面，并没有预期理想。粤港澳合作在新的历史时期，没有找到产业分工和经济合作的利益结合点。彼此间在研究合作机制上，对当前的经济社会形势、区域一体化发展的趋势和突破现有的自身利益格局方面都缺乏比较科学的判断。这也验证了政府在推进强制性制度变迁中会受到政治家的偏好、决策者的有限理性、利益集团的冲突和知识不足等诸多因素的制约。

综上所述，粤港澳合作动力的匹配错位有两种情况：第一种不匹配的情况是市场主导政府缺位，主要是粤港澳在改革开放后至回归前后的一段时间，三地的合作主要靠市场和利益驱动，政府层面的协调不足，其原因在于当时管治香港和澳门的政府不可能与中国内地中央政府开展制度性安排的区域合作。尽管如此，由于在这一时期港澳和广东特别是珠三角地区之间生产要素和产业等方面的互补性优势十分明显，形成了两地之间在制造业和服务业之间的垂直分工，为本区域的发展带来了巨大的商机，导致了三地经济的快速发展和产业转型。而 2003 年后，港澳与内地以及粤港澳合作制度变迁转向政府主导型的制度变迁，政府在三地合作方面做了大量的工作，呈现政府主导的局面，但是来自市场的动力明显不足，企业并没有对此作出应有的回应。这是因为进入 21 世纪以来，珠三角和港澳地区的产业结构、经济实力、发展目标以及面临的国内和国际环境都发生了深刻的变化。珠三角与港澳地区在一些新兴领域竞争态势日益明显，而传统领域的合作空间在不断缩小。因此，深化粤港澳合作，我们需要在新的发展阶段和比较优势基础上，形成新的优势互补的产业与分工体系和经贸合作机制。

三 推动粤港澳合作制度变迁的动力匹配机制

制度变迁动力机制由制度变迁动力主体、制度变迁动力因素及其相互作用机制构成，将制度变迁的各中因素有机结合相互作用，特别是要实现不同动力的有机匹配，推动制度不断变迁和完善。笔者认为，粤港澳合作制度变迁的动力机制主要包括主体互动机制、利益互惠机制和社会衔接机制。

（一）应准确分析制度环境基础上推进政府主导的制度变迁

当前的粤港澳合作从制度环境的角度看，面临着诸多挑战，特别是粤港合作方面，相对于改革开放初期的大量机遇，当前广东已经发展到一个新的阶段，珠三角产业在不断转型升级，港资企业面临着生存挑战；而在香港方面，同样面临着经济社会的双重问题，特别是受国际经济大环境的挑战甚大，香港产业的高端化面临着不少挑战。粤港双方在某种程度上存在着一定的竞争关系。在粤澳合作方面，横琴开发给澳门产业多元发展提供了空间，但是在具体利益博弈上患得患失，产业项目进展缓慢。因此，政府主导的制度变迁必须在准确判断制度环境的基础上凝聚共识，实现互惠互利，只有互惠互利的区域合作才有共同发展的生命力。博弈是处理利益关系的很好的一种工具。"政治学、经济学和心理学的研究已表明，当博弈重复进行的时候，互惠机制是存在并可以维持的。""互惠制度既强化了人们之间的分工与合作关系，同时也有延续性和跨际功能，我们的后代生存在一个互惠的制度环境里，他们就不需要像我们的祖先那样，在博弈中去建立互惠制度。"⑨

粤港澳合作的制度变迁过程充分说明彼此间建立基于共同利益的互惠

机制的重要性。如果彼此仅仅从自身的局部利益或者短期利益作为出发点，粤港合作就会难以取得实质性的进展。因此，粤港合作在原有基础上，应对已有的互惠合作行为进一步凝聚共识，立足于"打造具国际竞争力的城市群，形成世界级新经济区域"这一共同目标，从经济全球化和区域经济一体化趋势中把握粤港澳合作的方向；从全局利益和局部利益的平衡中不断提升粤港合作的水平；从长远利益和短期利益兼顾中推进粤港合作的进程；从政府行为和市场机制结合中构建粤港合作的机制，推进双方紧密合作。

（二）政府主导的动力结构应适合市场规律创造新的获利机会

在制度变迁过程中，获利机会是激起行动者推动制度变迁的根本逻辑起点，如果没有获利机会，就不会有行动者回应。因此政府主导的制度变迁动力结构应适合市场规律发展的要求，给经济行为体和社会行动者创造获利机会。如前所述，在新的条件下粤港澳合作首先要官方层面凝聚共识，在共识基础上突破合作的制度壁垒，给经济、社会、环保等多领域的行动者创造获利机会。在深圳前海、广州南沙和珠海横琴等粤港澳合作重点平台的建设中，突破 CEPA "大门开，小门不开"的困局，在《粤港合作框架协议》《粤澳合作框架协议》的重点领域和重点行业先行一步。比如在深圳前海下放服务业审批许可权，营造良好的营商环境，让香港服务也在内地市场独领风骚，这为香港社会长期繁荣稳定，巩固香港国际金融中心、贸易中心和航运中心，创造了更好的条件；让香港的经济总量、经济质量和国际地位进一步得到提升。同时也为珠三角的国际化搭建有利的金融平台。在重点区域和重点领域积累经验后实现粤港澳合作的全方位推进。

同时，由于港澳与广东在正规制度和非正规制度方面都存在较大差异，通过制度学习来创造新的获利机会非常重要。对于香港的制度要从两个方面看；有些制度是由香港的基本政治和经济体制决定的制度，我们在短期内是难以借鉴的，这些只能通过包容和并存来协调；但是对于香港一些符合市场经济规律和现代社会发展要求的经济与社会管理制度和规则，广东则可以借鉴和学习，不断改善广东经济发展的软环境，为粤港澳合作创造更好的制度条件，从而给港澳同胞在内地发展创造新的获利机会。社会领域的合作滞后于经贸合作，这种状态不改变，会对粤港澳的经贸合作产生负面影响。随着经贸关系的发展，香港、澳门在广东跨境居住、生活和工作的人口大量增加，随之产生了就学、就医和社会管理方面的问题。这些问题不解决就会影响港澳居民的核心利益。

（三） 政府与市场主导的动力结构组合应进行动态转换

制度变迁的动力结构组合不是一成不变的，而是要适时调整，实现动力结构组合的动态转换。当前，政府作为官方主体，已经建立起粤港澳合作的基本制度架构，现在关键的目标任务是如何实现这些制度的效率。这些制度架构建立起来后，迫切需要由市场和民间作为行动主体去挖掘获利机会。因此，建议政府加强促进粤港澳社会和民间组织合作的平台建设，鼓励各级各类各地的社会智库、体制内的研究机构等开展粤港合作的研究，并充分利用其研究成果，提供有效的途径，集合各界的智慧，共同参与推进粤港澳合作。事实上，行业协会在发达的市场经济体中，是市场机制中不可或缺的中介机构，也是服务市场的主要管理主体。任何区域合作的主体首先应当是市场主体，而非行政主体。过去粤港澳产业合作的成功，就在于"前店后厂"是厂商之间的合作，行政主体仅仅提供制度安排和平台。在进入服务业合作的新阶段，内地尤其是广东方面，政府应该运用各种手段促进民间组织的发展，使得市场主体有了组织依靠，从而确立和强化社会和民间组织作为推进粤港澳合作的重要力量。并在此基础上，放开服务市场的高度政府管制，把政府操控的行业资质、服务资格、技术标准等认定权还给行业协会，通过变政府直接管理为市场主体管理，把市场的权力还给市场。只有这样，才能与香港方面在一些重要服务领域形成合作关系。

在粤港澳合作中，特别是粤港已经进入服务业合作的新阶段，为适应形势的需要，达到港资进入广东服务业市场的便利，可以考虑在广东发展民间组织和行业协会等市场组织的基础上，把服务市场的直接管理回归各行业协会的前提下，建立粤港两地的服务行业协会对口联合机构，逐步消除两地差距。主要做法可以支持两地社会和民间组织建立合作对接机制，统筹引导社会和民间组织合作。支持双方行业协会、商会开展人才培训、资格互认、行业自律等工作。通过行业协会协调两地的资质认证和行业管理规范等，推动建立政府与企业及行业协会的互动模式。例如，香港的专业服务业包括医疗、法律、建筑、测量和会计，均由具公信力的行业协会或公会进行自我监督，以确保专业操守，而内地则由政府相关部门直接管理。从政府直接管理走向间接管理的关键在发展内地的服务协会，并由政府把相适应的部分管理权逐步下放给协会。为此，建议成立粤港服务行业协会对口组织，逐步使服务标准、资格认定达到统一，最终建立粤港统一的服务市场，既可提升标准，又可扩大规模。

①李波：《诱致性制度变迁理论探析》，兰州：《兰州商学院学报》2005 年第 3 期。

②梁灵光：《广东改革开放的实践与探索》，北京：《百年潮》2003 年第 9 期。

③陈广汉：《不断推进粤港澳区域经济一体化进程》，深圳：《特区经济》2009 年第 9 期。

④王玉琦：《珠澳合作的回顾与畅想》，珠海：《珠海市行政学院学报》2008 年第 6 期。

⑤陈章喜：《澳门回归后的经济发展与粤澳经济一体化简说》，广州：《经济前沿》1999 年第 12 期。

⑥《粤港合作模式：从"前店后厂"到"前总店，后分店"》，广州：《南方日报》2009 年 9 月 24 日。

⑦广东省人民政府、香港特别行政区政府：《粤港合作框架协议》，2010 年 4 月 8 日。

⑧广东省人民政府、澳门特别行政区政府：《粤澳合作框架协议》，2011 年 3 月 6 日。

⑨卢现祥、朱巧玲主编《新制度经济学》，北京：北京大学出版社，2007，第 141、145 页。

作者简介：陈广汉，中山大学港澳珠三角研究中心主任、教授、博士生导师；谢宝剑，中山大学港澳珠三角研究中心博士后研究人员。

[责任编辑：刘泽生]

（本文原刊 2012 年第 2 期）

澳门特区选举制度的目标功能
及其适度改革

娄胜华

[提　要] 按照澳门特区政府的施政安排，2012 年是政制发展年。其中，修订选举制度是政制发展的重要内容。而讨论选举制度，尤其是具体条文的修订，首先必须确定选举制度的目标功能与发展路向。从约束因素与实践条件分析，澳门特区的选举制度应具备五项主要功能，即巩固现行政制并促进其效能发挥的功能，维护政治稳定与社会和谐的功能，保障广泛代表性与均衡参与的功能，优化政治结构与选拔培养政治人才的功能，保障公民政治权利与促进政治认同之功能。为了更好地实现上述目标功能，澳门特区选举制度应进行适度改革，并在改革过程中，确定四项策略原则，即增量改革与避免过度争议，循序渐进与阶段性发展，衔接现行法律与确立改革优先项，谨慎筹划与低成本改革。

[关键词] 澳门特区　选举制度　目标功能　策略原则

澳门特区政府在《2012 年财政年度施政报告》中明确提出："将严格按照《澳门基本法》的规定，坚持从澳门实际情况出发，在继续广泛听取社会各界意见和以往工作的基础上，就 2013 年第五届立法会和 2014 年第四任行政长官的产生办法是否修改以及如何修改问题，提出处理方案，在此过程中，将根据实际需要进行咨询。同时，将进一步修改完善澳门特区《行政长官选举法》《立法会选举法》等选举法律，通过完善制度，倡导公平正义的选举文化，有序而又平稳地推进澳门特别行政区政治体制的发展。"①2012 年 2 月 29 日，全国人民代表大会常务委员会作出《关于澳门特别行政区二〇一三年立法会产生办法和二〇一四年行政长官产生办法有关问题的决定》，同意"可以在保持澳门特别行政区现行政治体制基本制度安排不变的前提下，对二〇一三年立法会产生办法和二〇一四年行政长官产生办法适当修改"。②此一决定意味着澳门特区在 2012 年启动以选举制度改革为重要内容的政制发展进程，而选举制度的功能目标与原则无疑是首先必须明确的，否则，具体的改革细节设计无从起始。

一

众所周知，发展民主与实现民主都不是无须任何条件的。同样，作为政治制度的重要组成部分，选举制度改革实际上也不是孤立的，它是与民主政制的发展紧密相连的。当今世界大多数国家（地区）所采用的代议制民主制度，若无相应的选举制度相配合，则失去其存在基础。选举制度具有不同的表现形式，而民主政制同样形态各异。现实社会中何以会出现多种形态的民主政制与选举制度呢？原因就在于民主政制总是与不同国家（地区）的具体环境与条件相联系的。澳门的民主政制发展与选举制度改革当然也不能脱离澳门的历史传统与具体现实条件而例外，更无必要直接抄袭或移植其他地区的民主政制及选举制度。

应该看到，尽管世界范围内兴起新一轮民主运动的浪潮，但是，对于现阶段的澳门来说，民主政制的发展不是盲目地追随世界新潮，而是需要避免"二战"后许多摆脱殖民统治的国家（地区）屡见不鲜的"民主发展悖论"，即未加思考地模仿或移植原宗主国的民主模式，其结果因"参与爆炸"而引致社会失序，持续性的社会动荡使这些原本走出殖民的国家（地区）付出了沉重的代价，经济停滞，失业加剧，产业凋零，贫富分化……其中，某些国家更走上威权或强人（军人）政治道路，陷入长久的物质匮乏与政治恐惧状态，以至于在西亚、北非等地竟然于近期再次出现以反对与推翻强人统治为目标的社会运动，严重的甚而爆发剧烈的社会冲突与国内战争。至于再次引入民主能否平息后强人政治时代的政局动荡，使国家重新走向稳定状态，目前仍然难以预料。

澳门回归以来，贯彻"一国两制"的方针，按照《澳门基本法》的要求，循序渐进地发展民主与推进有序政治参与，而非盲目引入西方式竞争性民主，经重新确立或修订的选举制度通过多次选举实践呈现出独特的政治效果：居民政治权利得以保障，特区政府取得管治合法性，行政主导的政制特征明显，政局稳定，社会和谐……不但成功避免了许多后殖民国家（地区）所常见的管治失序，而且成功实现了经济建设与社会稳定的制度绩效。

然而，经济高速增长与特区建设事业的发展，新社会群体崛起与社会结构的变化，高等教育大众化与公民权利意识的萌动，以及管治本身遭遇的问题，都从不同层面要求选举制度作出改进与配合，同时，推进民主政制发展与改革选举制度的社会诉求亦始终存在，而来自外部的压力（如香港"双普选"时间表确定后的影响）与日俱增。因此，需要适时地进一步推进选举制度的改革以回应时代发展与现实社会的诉求。

二

从既有的民主发展初步实践看，澳门民主政制改革必须立足于澳门社会特质与具体条件而进行探索，并在此前提下，首先设定未来选举制度发展的目标功能与基本方向。具体地说，可以从下述几个方面确定选举制度的主要功能。

（一）巩固现行政制并促进其效能发挥的功能

作为现行政治制度的重要组成部分，选举制度本身应具有巩固而非削弱现行政制的功能。按照《澳门基本法》的设计，澳门特区实行行政主导的政制模式，具体表述为行政主导、行政机关与立法机关既相互制衡又相互配合、司法独立。[③]显然，特区政制有其独特性。行政主导的政制模式，既有别于三权分立制，亦非议行合一制，而是强调行政权的主动性，行政机关与立法机关之间的相互制衡与配合，指的是在行政主导原则下的制衡和配合，而且重在配合。

作为公民对政治机关合法性的周期性认可方式（工具），选举制度的设计必须配合政制模式进行，如果选举制度不配合现行政制进行设计，则经由选举而产生的两个重要政治机关（政府与立法会），就有可能处于对立而非制衡与配合的状态。既然如此，在设计选举制度时，其功能定位的预设，即须彰显有利于体现与巩固行政主导的政制特征。

有鉴于此，有必要为行政长官与立法会产生分别订定不同制度，而不是以同一制度产生。订定专门性规范行政长官产生的选举制度，有利于凸显行政长官的独立性与行政主导。而行政长官经选举产生后，再获得中央政府的任命，有利于体现行政长官代表特区向中央政府负责的法律地位。反之，如若行政长官与立法会由同一选举制度产生，即先选举产生立法会，再由立法会议员选举行政长官（往往是议会多数派推举），则必然形成议会（立法）主导的政局。如此，基本法规定的行政主导政制很难真正确立起来。

可见，选举制度的订定与政制设计是密切相关的，选举制度的功能预设必须体现政制要求，事实上，实践过程中以选举制度"扭曲"（甚至完全"取消"）政制应有效能的现象并不鲜见。当然，有必要指出，仅仅分别订定行政长官与立法会的不同选举制度，并不能确保实现行政主导，以及政府获得稳定的政治支持，尚须其他条件的配合。而若无选举制度的配合，体现行政主导政制特征无异于缘木求鱼。

（二）维护政治稳定与社会和谐的功能

一般认为，民主制度理论要回答的主要问题是，"一个社会在什么条件下既有'足够的'参与以保持民主制度而又不致形成削弱内聚力的冲突根源"。④但是，在不同国家（地区）的政治实践中，因选举而导致的政治分裂与社会动荡可谓屡见不鲜，其中，有些是由不合理的选举制度所引发，也有一些纯粹是制度执行中出现的问题。就选举制度而言，尽管选举本身意味着竞争，但是，它更强调选举过程的公平竞争，而且竞争本身不是选举制度的目的，只是手段而已。选举制度的根本目的是通过竞争达成共识，即按照社会共同认可的游戏规则达成对社会治理权力主体的合法性授予。因此，功能设计指向的是凝聚不同阶层，维护族群团结，而非刻意制造政治力量之间的分裂与对峙，加剧社会意识形态的两极化，更不能成为政治对立与社会动荡的根源。

对于澳门特区来说，选举制度的改革同样需要考虑如何发挥选举制度应有的调节社会矛盾与管理社会冲突的工具性功能。一方面，在尊重选民权利与维持平等原则的基础上，尽量形成立法会内支持及监督政府施政的议员成为稳定的多数，降低因为议员结构因素而导致立法与行政之间的对立，并进而影响政治稳定与社会团结的潜在风险。另一方面，在内容上，回应社会需求，不断完善选举管理，减少选举活动与选举过程可能发生冲突的可能性，使选举制度本身成为管理社会冲突的工具。

（三）保障广泛代表性和均衡参与的功能

在代议制政治中，选举制度实际上就是某种代表制度。实践中，尽管评判选举制度之优劣的标准是多样化的，但是，通过选举而产生的代表（议员）是否具有广泛性，以及与社会阶层的对应程度乃是重要的观察点。也就是说，代表的广泛性、精确度与均衡度是衡量选举制度的重要指标。很难设想，对于选举制度而言，倘若其输出结果严重缺乏代表性，这样的选举制度还能称得上合理吗？

事实上，扩大代表性就是扩展政权的合法性基础，而强调精确代表与均衡参与，则意在防止政治失衡，维护政治稳定。因此，特区选举制度的改革有必要考虑如何进一步完善代表制功能。

第一，增强广泛代表性。一般说来，政治权力具有社会共享性，绝非少数人独享的。选举制度改革应有利于扩大政治管理权力的共享性，经由选举而产生的代表（议员）尽可能具广泛的社会分布，从而使社会各阶层利益通过其代表在政治体制内有所反映。而代表性基础的扩大实际上相应地强化了选举产生的代表（行政长官或议员）之社会认受性。

第二，促进均衡代表性。作为"制造"代表性的制度工具，均衡参与应与广泛参与一样成为选举制度追求的政治效果。选举制度的代表性输出，既要求不同社会阶层、文化及族群均有机会产生其代表，取得均衡代表性，同时，社会利益阶层的变化（如崛起的中产阶层）可以在代表性上得到反映，尤其是新分化的社会群体同样能够获得代表性。因此，相对于单一代表制，多元混合代表制（如直选、间选）的引入多少渗透着促进均衡参与的理念，尽管具体实践未必达到设想的效果，却也不能据此否认选举制度应具有创造均衡参与的功能价值。

第三，提高准确代表性。选举制度所提供的代表性功能，在广泛性与均衡性之外，还要注意准确性，即强调选举制度"制造"（通过选票）的代表（议员）与其所代表的社会阶层或群体存在高利益相关性，尽可能压缩非利益相关者成为利益阶层代表的可操作空间，密切"代表"与其选民（无论是社区选民还是界别选民）之间的联系。

（四）优化政治结构与选拔培养政治人才的功能

"以爱国者为主体"组成特区管治机关（包括立法会）管理特区自治范围内事务，是实行"一国两制"、"澳人治澳"、高度自治的基本界限。作为澳门特区管治人才产生与培育的重要通道，选举制度应具有优化与过滤功能，即通过选举而使爱国爱澳者脱颖而出，借以确保政治结构中爱国爱澳者的优势与主导地位，防止那些或假或非爱国爱澳者，尤其是外来政治势力的渗透。因此，选举制度的改革必须确保这个"底线"，即选举产生的行政长官与立法会议员，能够维护国家统一，接受中央政府领导，切不可通过选举而产生对抗中央政府的行政长官或立法会。

与政治择优功能同样重要的是，选举制度的改革应有利于鼓励更多具潜质的社会人士参加选举，从中培养与发掘政治人才，并借以提升当选者的素质与能力。由于立法会肩负着立法、监督政府等重要职责，对于当选议员来说，需要有较高的议政能力，非此，立法水平很难提高，监督政府的效能也难有保障，故而从实现立法会职能的角度看，选举制度应具有政治人才的择优功能。与此同时，通过鼓励有志于服务社会的青年政治人才通过参加选举接受考验，即使一时不能当选，也有利于增长其阅历与见识，从中得到锻炼与磨砺。

（五）保障公民政治权利与促进政治认同之功能

选举权与被选举权属于公民基本政治权利范畴，切实保障公民的选举权与被选举权是选举制度应有的基本功能。无论是从其他地区（国）选举制度发展趋势，还是从澳门既有的选举实践看，增强选举制度保障公民选举权利的功能，应主要围绕如何进一步扩大公民选举权利，以及如何促进公民选举权利的平等之议题展开。

选举权利的扩大意味着公民参与选举机会的增加，以及增强选民对候选人的可选择性，而促进公民选举权利平等化，则意味着消除选举活动中存在的特殊利益，实现公民投票权的等值化。以此为基础，增强选举制度提升公民政治参与效能与促进政治认同的功能，借以培养公民的政治责任感与政治归属感，公民可以从选举参与中，行使与表达个人选择的自由意愿，体会个人的尊严与价值，由此形成尊重多数的规则意识，接受并正确对待公共意志，关注公共事务，通过选举制度实现个人自由与责任基础上的社会正义，从而真正体现选举制度追求公共之善的价值关怀。

可见，改革选举制度不是为了改革而改革，而是通过改革与完善，弥补现行选举制度的功能缺陷，形成功能更加健全且更契合澳门现实需求的选举制度，并发挥制度功能应有的政治效果。

三

设定选举制度的目标功能，有利于确定未来选举制度的发展方向。然而，就选举制度改革而言，无论是改革目标的确定，还是改革过程的安排，都需要进一步明确改革的基本原则与策略。否则，很难保证改革目标的稳步落实与改革进程的平稳畅顺。

作为政治制度的组成部分，选举制度的改革不能超越或违背既定的宪制原则，也不能脱离制度实施的时空条件，更不是在白纸上作画，可以任意想像与"驰骋"。实际上，选举制度的改革必然受到诸多内、外在因素的约束，而约束本身就构成了选举制度改革需要考虑与遵从的某些基本原则。具体地说，在澳门特区选举制度的改革过程中，下述几个方面原则或可参考：

（一）增量改革与避免过度争议

作为利益配置规则的制度，其付诸实施后，必然形成某种既定利益格局，而改革则意味着一定程度上改变既有利益格局，往往引起利益减损者的抗拒与阻碍，因此，选举制度的改革可选择增量性改革的策略，即不直接减少既得利益者利益的同时增加应得利益者的利益，从而在取得应得利益者支持的同时减少来自既得利益者的反对。

具体地说，在澳门特区立法会选举制度改革时，可采取在不减少"间接选举议员"与"委任议员"所占名额的前提下，扩大直选议员的名额，借此达到调整立法会议员结构，推进民主发展的目的。同理，行政长官选举制度的改革也可采取通过扩大行政长官选举委员会成员名额的办法来取得扩张选举中的民主成分之效果。如此，相信可以减少因改革而利益受损群体的反对，避免因改革而引发过度纷争，甚至导致改革进程受阻。

（二）循序渐进与阶段性发展

《澳门基本法》规定，[5]回归后的立法会仍然沿用混合制结构，其中，直选议员的名额逐渐由 8 名增加至 12 名。与此同时，行政长官选举委员会成员也从 200 名增加到 300 名，体现了民主发展的循序渐进原则，获得了澳门社会的广泛认可，实践效果良好。进一步推进澳门选举制度的改革同样需要借鉴过往阶段性发展的策略，不追求一步到位地实行普选，而是通过循序渐进地发展民主，培养与提升选民的公民意识与政治素质，为未来迈向普选创造条件。

具体体现在改革过程上，可选择"发展—巩固—再发展—再巩固"的路径。按此路径来规则现阶段的选举制度改革，如果将 2008 年以"打击贿选与不规则选举行为，提高选举质素"为主题的系列选举法律修订看作巩固回归后民主渐进发展成果的话，那么，是次修订经过 2009 年"双选举"的检验，确实收到了净化选举环境与提升选举文化的效果，可以成为选举制度向前推进的基础。

（三）衔接现行法律与确立改革优先项

选举制度的改革并非建章立制或另起炉灶，而是在总结与检讨现行选举制度实践效果的基础上进行的，因此，就要求所进行的改革必须与现行选举法律相衔接，也就是说，改革是针对现行选举制度存在的不完善、不合理之处进行增补、调整与充实，而不是完全推倒重来。正因为如此，无论是选举模式、原则，还是议员结构等，都要体现与现有选举法律相衔接的原则，以减少因选举制度改革而对基本法规定的经济、社会制度等方面的影响，并增强选举制度的可执行性与可操作性。

与此同时，为使改革顺利进行，以改革的难易度与迫切性对拟进行改革的项目进行评估与衡量，从中确立改革的优先项。从立法会选举实践看，在混合结构中，直接选举的竞争度大，产生的议员社会认可度高，议员具有社会代表性，议政表现积极。与直接选举相比，间接选举产生议员的方式竞争度低，封闭不透明，与选举所要求的民主竞争存在较大距离，选举结果的社会认可度不高，社会代表性不足，间选议员的表现也不尽如人意。而委任议员则无须经过选举，直接由行政长官任命，重视的是功能性、专业性而非社会代表性，作用在于弥补直选与间选议员的功能性结构缺陷。由于委任议员的遴选与任命是由行政长官决定的，对于委任者与被委任者来说，在一定意义上具有某种责任关系。

从现行立法会议员的三类产生方式看，显然，间接选举与委任议员较之于直选议员来说，在竞争性、代表性、社会认可性等方面是不可等量齐观的。因此，从改革的迫切性看，可以选择间选与委任作为改革的优先对象。当然，改革优先项的选择并不仅仅表现在议员产生方式上，其他内容（包括直选本身）同样需要确立其改革的优先项。

（四）谨慎筹划与低成本改革

虽然作为新兴事物的"一国两制"经过十多年的实践已经积累了一定的经验，但是，毕竟人类历史上并没有提供现成的经验供澳门借鉴，尤其是作为在单一制国家结构下的特别行政区，究竟采取什么样的选举制度来产生主要政治机关，并且确保经选举产生的政治机关是以爱国者为主体组成的，且不会与中央政府相对抗。与此同时，还需要注意澳门、香港两个特区之间在选举制度改革方面可能产生的相互影响，甚至需要考虑与内地、台湾之间的影响。

因此，选举制度的改革必须谨慎筹划，做到深思熟虑。必要时，应该设立专责政制发展常设部门，深入研究基本法有关政制发展原则及其相关法律问题，负责改革方案的草拟与社会咨询，务使方案既具科学性与成熟度又能取得最广泛社会共识。

此外，制度改革本身会产生社会成本，包括新、旧制度之间转换的摩擦成本，以及新制度筹划与实施所支付的社会成本。选举制度的改革同样会出现社会成本，如何控制改革成本应成为改革考虑的议题之一，绝不能不计成本地推行改革，争取以较低改革成本获得较佳的社会效果。

总之，民主政制的发展与选举制度的改革注重的是民主实效而非民主形式，发展的是优质民主，而非劣质民主。改革的目标在于通过渐进性扩大民主从而确保选举制度能够适应社会环境的变化，并回应社会诉求。为此，具体改革方案的设计则需要遵循上述对未来选举制度的功能定位与策略原则，进行适度改革，从而确保澳门特区政制发展可以顺利地得以实现。

---

① 《中华人民共和国澳门特别行政区二〇一二年财政年度施政报告》，澳门：中华人民共和国澳门特别行政区政府，2011 年 11 月 15 日，第 27 页。

② 《结合实际发展民主》，澳门：《澳门日报》2012 年 3 月 1 日。

③ 萧蔚云：《论澳门基本法》，北京：北京大学出版社，2003；骆伟建：《澳门特别行政区基本法概论》，澳门：澳门基金会，2000。

④ 〔美〕李普塞特：《政治人——政治的社会基础》，张绍宗译，北京：商务印书馆，1993，第 18 页。

⑤ 参见《中华人民共和国澳门特别行政区基本法》附件二，澳门：法务局，第 37 页。

作者简介：娄胜华，澳门理工学院公共行政高等学校教授、博士。

〔责任编辑：刘泽生〕

（本文原刊 2012 年第 2 期）

主持人语

刘泽生

温家宝总理在今年的政府工作报告中谈到香港、澳门与祖国的关系时，用了"休戚相关、荣辱与共"八个字，可见其关系之重要。实际上，自"十二五"规划以来，中央对香港、澳门的经济定位进一步提升，国家支持港澳发展的力度逐步加强，粤港澳合作也从区域性规划与专项性规划上升到国家总体规划的层面，中央一系列惠及港澳的政策相继出台。总理在报告中强调，"支持香港巩固和提升国际金融、贸易、航运中心地位，建设离岸人民币业务中心。支持澳门建设世界旅游休闲中心，推进横琴新区建设，促进经济适度多元发展"。并寄予厚望，相信"有伟大祖国作为坚强后盾，香港、澳门同胞一定能够把自己的家园建设得更加美好"。本期重点推荐的封小云《服务贸易自由化与粤港合作——CEPA 下粤港先行先试的创新思维》、杨道匡《澳门经济适度多元发展探讨》及鄞益奋的《关于粤澳合作的政策思考》，对此作了较为深入的探讨，他们的研究对加深有关粤港澳合作、港澳区域经济发展定位的理解，将具有理论的价值与现实的意义。

封小云教授多年来一直从事有关粤港服务贸易方面课题的研究，尤其对 CEPA 实施以来所面对的制度性缺陷等问题，有比较深入的了解。封文认为，CEPA 作为地区性的自由贸易协定，服务贸易自由化必然要超越 WTO 的框架，提供给港澳服务商更为自由的市场准入。作者通过对比香港与中国内地服务贸易开放程度的具体差异，以及分析 CEPA 和国际其他服务贸易区域优惠协定（PTA）的特点及自由化程度，概述了 CEPA 的局限性以及广东利用"先行先试"推进粤港服务贸易自由化的政策方向。作者建议，粤港应先期启动 CEPA 投资贸易便利化，使服务合作向高层次发展。为此，必须建立双方服务行业协会协调机构，实现粤港服务市场一体化管理；确立粤港服务市场的统一政策和机制，建立共同服务标准；组建粤港政府的 CEPA 督导机构，监控 CEPA 措施的全面到位。本文视角比较独特，分析也颇为深入，对进一步完善 CEPA 效应与推进粤港服务贸易自由化或具相关的参考价值。

澳门回归 12 年来，年均经济增幅达到 12.5%，其主因系得益于博彩业开放和自由行实施以来，吸引外来的投资与消费拉动；而以 CEPA 实施和横琴开发为代表的一系列与内地更紧密的经贸合作，则为澳门拓展了更大的市场规模和发展空间。目前，澳门如何推动和实施"经济适度多元发展"，已经成为社会各界关注的"老问题"。杨文的可贵之处就在于，作者用一个新的表述框架——"一个基本点"与"三个发展方向"对此加以归纳分析。所谓一个基本点，即目前澳门的主导产业博彩业。三个发展方向则是：与"世界旅游休闲中心"发展定位相配合的综合旅游业；与构建商贸服务平台相称的商贸服务、会展和文创业；以参与横琴开发为重点的粤澳区域合作。通过区域合作突破澳门资源缺乏的局限，拓展生活与经济空间，并从中推动经济多元发展。

在深化粤澳合作中，澳门特区政府如何从制度性、政策性层面创造有利条件，成为有效推进粤澳合作的重要环节。鄞文选择这一热点问题，从如何发挥澳门自身核心优势、完善粤澳合作机制、在珠澳合作中引入深港合作经验、全面积极参与横琴开发四个方面进行相关论述。作者在文中还特别指出，作为实力较弱的合作一方，澳门不应该消极应对，也不应该妄自菲薄，而是要从自身的核心优势出发，积极谋求对粤澳合作的承担与贡献，通过优势互补达成共赢，在推动广东科学发展和构建世界级城市群的同时，实现澳门自身"经济适度多元发展"的经济转型。文章的选题与立意贴近实际，对粤澳合作现状与完善建议的分析思考，颇具独到之处。

服务贸易自由化与粤港合作

——CEPA 下粤港先行先试的创新思维

封小云

[提　要] 本文从服务贸易自由化的基本含义出发，通过对香港与内地服务市场开放度的计量分析，以及 CEPA 与全球 PTA 对服务市场开放方式、进展的比较研究，探讨了 CEPA 实施以来面对的制度性缺陷、成本以及形成原因，从而对 CEPA 下粤港两地率先实现服务贸易自由化的主要路径和思路，进行了初步的探讨。

[关键词] 服务贸易　自由化与市场准入　CEPA　先行先试

2011 年 3 月，国家公布了《中华人民共和国国民经济和社会发展第十二个五年规划纲要》，明确表示中央支持深化内地与香港的经济合作，推进 CEPA 的继续实施；在此基础上，2011 年 8 月，国务院副总理李克强在访港期间，进一步提出：争取在十二五末期，透过 CEPA，实现内地对香港服务贸易基本自由化。

中央政府首次就 CEPA 制定了实施目标和时间表，引发了内地、香港学术界、实业界的极大关注。尤其是具有 CEPA 先行先试地位的广东省，如何在 5 年时间内率先实现粤港服务贸易的基本自由化，形成大珠三角地区统一大市场，是粤港两地"十二五"时期所面临的重大使命。本文试图从这一角度出发，对透过 CEPA 实现粤港服务贸易的基本自由化，提出初步的看法。

一 全球多边贸易框架下香港与内地服务
市场自由化之落差

贸易自由化，一直是世界贸易组织（WTO）这个全球多边贸易组织的基本原则和主要宗旨。贸易自由化原则也称为市场准入原则，它意指取消不必要的障碍，最大限度地开放市场，促进货物和服务在国际间的自由流动。在服务贸易领域表现为扩大市场准入程度，不断增加开放的服务部门并扩大开放程度，实质性地减少对服务提供方式的限制。而 CEPA 作为地区性的自由贸易协定，服务贸易自由化必然要超越 WTO 的框架，提供给港澳服务商更为自由的市场准入。为此，有必要对内地和香港在 WTO《服务贸易总协定》（GATS）框架下的各自承诺作一对比和分析，找出香港、内地服务市场开放，尤其是市场准入程度的差别，有利于确定 CEPA 实现服务贸易自由化的方向。

1. 香港与中国内地服务贸易开放的广度覆盖率比较

香港作为 WTO 成员以及实施自由港政策的地区，其服务市场的自由化在 1994 年签署的《服务贸易总协定》就开始了。香港在 GATS 框架下作出的承诺包括现行承诺（1995 年），以及 2003 年和 2005 年提交的初步承诺及修改承诺建议。以现行承诺的出价到后面的修改承诺出价（增加了环境服务的大项以及约 20 个服务项目），反映了香港服务贸易逐步自由化的过程。

香港对服务贸易 12 个服务大类开放了 10 个。其中教育作为一个大类并没有作出开放承诺。在香港承诺书的说明中，以否定清单形式不作出承诺的部门和项目（包括专业服务中的法律、建筑设计、工程等；邮政服务、教育服务；社会服务；体育服务；航空服务）约为 18 种，占全部服务贸易总协定中 143 个服务项目的 12.6%，由此可以计算的开放覆盖率为 87.4%。这既远远超过发达经济国家成员承诺的最高覆盖率，也大大超过了中国内地 62% 的覆盖率。但是，如果从香港的具体水平承诺和部门承诺减让表看，则实际的覆盖率与上述的数字有较大差异。在水平承诺中，关于自然人流动的承诺仅仅涵盖商业服务（共计 7 个项目）、电讯服务、金融服务和海上运输服务。总共承诺项目大约为 44 个，承诺的覆盖率仅为 30.8%，不作承诺部门与项目约占七成比率。而中国内地对于自然人流动的承诺（包括水平承诺与部门承诺）则包括所有承诺的项目，其覆盖率为 60% 以上。由此可以得出结论，香港在自然人流动方面的承诺，低于中国内地对 WTO 作出的承诺。

而在部门承诺的减让表中，香港作出承诺的服务项目为服务贸易总协定中 143 个项目中的约 95 个，其覆盖率为 66.4%，并未达到发达国家成员的最高水平。其原因主要是承诺对某个服务部门的开放，并不意味着部门中全部产品均有开放的承诺。例如香港是 WTO 中 19 个明确作出影视市场开放的成员，但是，在这 19 个成员中，仅有美国和中非作出了全面开放的承诺。香港只对全部 6 种产品中的 3 种作出承诺，只能属于部分开放而非全面开放。由此可以说，对某个服务部门的开放承诺并非部门中所有产品实现了自由化，还要看承诺是否覆盖部门中的全部产品。其覆盖率的判断主要还在于具体产品的承诺减让，即具体的服务产品数量的计算。

以服务产品的具体数字计算，中国内地开放的服务部门也涵盖了服务贸易总协定中 12 个大类中的 10 个，其中健康与社会服务、娱乐与体育服务两项并没有作出承诺。其开放产品涉及总共 160 个小类中的 100 个，占服务部门总数的 62.5%（中国入世之初的承诺仅涉及 87 个部门，包括商务服务 24 个、通信服务 15 个、金融服务 14 个、旅游服务 2 个、运输服务 12 个、建筑及相关工程服务 6 个、分销服务 5 个、教育服务 5 个和环境服务 4 个，开放覆盖率 54.4%），远远高于发展中国家的水平，接近发达国家，有的甚至超过发达国家的水平。同时，香港提交的否定清单中不作承诺的服务部门，除邮政服务、体育服务和社会服务之外，法律、建筑设计、工程、教育服务和航空服务，中国内地均列入了承诺清单之中予以开放。由此可见，中国内地在服务贸易总协定框架下承诺的开放数量与覆盖率，并没有与香港形成极大差异。

上述的结论仅是对香港与中国内地在《服务贸易总协定》框架下，服务市场和服务贸易开放承诺的广度，也即开放面的估计而言的。但是，市场开放的广度（也即有多少数量的市场开放）并非判断市场开放的唯一尺度，甚至可以说不是主要尺度。衡量开放尺度的主要为开放的力度。如果市场承诺了开放，但是承诺是有诸多限制的保留承诺，即力度很小，则开放就会造成大门开了，但小门难开的结果。因此，市场开放或是开放的覆盖率主要取决于市场自由进入的程度，也称为市场开放的深度。这就需要观察各个成员对服务贸易承诺的主要方式。

2. 香港与中国内地服务贸易开放的深度（力度）覆盖率比较

各个 WTO 成员在对《服务贸易总协定》的市场开放承诺议定书中，其承诺方式包括"没有限制"、"不作承诺"和"有保留的承诺"3 种。"没有限制"是指对外来服务商进入服务市场不采取任何的市场准入和国民待遇限制，这意味着完全的自由化；"不作承诺"则说明成员保留充分的政策自主权，是没有限制的另外一个极端。介乎他们之间的是"有保留的承诺"，即详细列明对市场准入和国民待遇的限制内容和措施，其性质是不完全的自由化。

3 种承诺方式分别对服务贸易的 4 种模式列出，即跨境交付、境外消费、商业存在和自然人流动。这 4 种服务提供模式存在着服务业开放力度的一种递进关系。跨境支付本身不存在提供方和消费方的移动，仅通过国际结算进行支付；境外消费则是消费者的国际移动，即消费者向提供服务的国际移动，例如旅游、留学等；商业存在则是服务提供者以法人形式存在向消费者的国家移动，表现为 FDI（海外投资）；自然人流动则为以自然人形式存在的服务提供者向消费者转移，这种转移较多地集中于专业服务业。由于商业存在与自然人流动涉及要素的跨国移动，因此，WTO 的成员方在服务贸易领域的开放承诺多是在商业存在和自然人流动两种模式设置较多的限制。

香港对服务贸易的部门承诺减让表中，4 种服务提供形式的"没有限制"占极大比重，体现了香港作为自由港的市场开放深度和自由化的力度，以及香港本土法规的自由化和国际化，尤其体现在本土法规与国际服务贸易自由化的接轨。在针对服务贸易活动的特点方面，《服务贸易总协定》提供了市场准入的具体规定和对各成员国内法规的约束。由于服务贸易发生的特殊方式，各成员法规的影响是决定性的，所以约束各成员的法规就成为 WTO 管理规范服务贸易的重要环节。而香港作为一个自由港和服务贸易为主的经济体系，其本土法规所要约束和管理的部分占很小比例。

香港本地大量从事服务提供的服务商本身就来自海外，是海外主要服务要素的集结地区。因此，对于各成员限制较多的商业存在，其承诺中一是限制性的承诺所占比例极小（表1）。"没有限制"的比例为 90% 以上，高于目前发达经济体成员 81% 的覆盖率。二是限制约束的程度很低。其限制主要在电讯服务、金融服务方面，内容为对私人的对外卫星电路或私人虚拟网络服务连接公共交换电话网络的限制（电讯服务），以及对保险服务中，服务提供者必须为承保人公司或承保人组织的规定，和海外银行申请为香港本地银行的条件要求（金融服务）。上述的限制与要求主要为保护公共的交换电话网络，以及对金融法人的资格要求，并非对外来服务提供者而言，而是与香港本地服务提供者同等待遇的体现。

表1　中国香港具体承诺减让表中各类承诺方式的比例

单位：%

		跨境支付	境外消费	商业存在	自然人流动
市场准入	没有限制	66.3	94.7	90.5	0
	有限制	4.2①	0	9.4①	30.8
	不作承诺	33.7	5.2	6.3	69.2
国民待遇	没有限制	55.8	68.4	90.5	0
	有限制	0	0	3.2	30.8
	不作承诺	44.2	31.6	6.3	69.2

与香港的服务贸易具体承诺减让表的简单明了相对应，中国内地的承诺中（以最后承诺为计算文本）跨境支付和境外消费的开放水平较高，而商业存在则主要以限制性承诺为主。尤其是商业存在的市场准入低至23%的水平，限制性承诺占七成以上的水平，显示了中国内地承诺的市场开放深度与力度处于十分低的状态（表2）。其主要原因是中国内地的国内法规与国际规范具有相当大的差距，服务贸易的自由化在中国仍然是一个逐步开放的漫长过程。目前中国内地对开放服务贸易只能做出与现实经济发展水平和服务业发展状况相适应的承诺水平。

表2　中国具体承诺减让表中各类承诺方式的比例②

单位：%

	类别	跨境支付	境外消费	商业存在	自然人流动
市场准入	没有限制	51.9	96.2	23.1	0
	有限制	19.2	1.9	73.1	100
	不作承诺	28.9	1.9	3.8	0
国民待遇	没有限制	82.7	100	65.4	0
	有限制	1.9	0	13.5	100
	不作承诺	15.4	0	13.4	0

在中国内地承诺的市场准入保留限制措施中，首先法律实体形式的限制最为普遍，不仅在水平承诺书中专门列出合资企业与合作企业的具体要求，而且在部门具体承诺减让表中以建立合资企业或合作企业的要求为主

要限制形式。其次则为股权比例和投资总额限制，以及服务提供者数量限制和产出限制与雇佣限制。也就是说，GATS 列出的 6 种市场准入限制，中国在商业存在方面均普遍存在。

可见，虽然在市场开放的广度上，中国内地与香港的差别并非很大。但是，在市场开放的深度方面，中国内地与香港存在较大的差距，与其他发达经济体的差距也很大。而主要的差距表现在商业存在的市场准入方面，国民待遇的差距并非很大。

至于在自然人流动方面，香港的不作承诺占据接近七成的比例，其承诺低于中国内地所作出的承诺。其原因可能是香港是一个小型经济体，人员流动容纳的能力很小。同时，自然人流动的开放取决于输入经济体的行业劳动供给状况。香港的专业技术服务人才与劳动市场供应充足，是服务贸易中的优势。而中国内地属于大型经济体，市场容纳能力很大；加上目前中国内地的专业服务人才缺乏，市场处于短缺状况。因此，对于所需的人才流动，做出比香港更为广泛的、有限制的承诺（符合资格要求），是可以理解的。

二 CEPA 与世界其他 PTA 的比较

21 世纪以来，WTO 多哈回合遭遇挫折，直接影响到全球贸易自由化的进程；以 GATS 为基本框架的多边服务贸易自由化谈判，目前仍然没能发挥在货物贸易壁垒降低中的主导作用，进展有限且面临机制设计上的困难，迫使人们不断降低对它的预期，而将推进自由化的努力转向区域化，出现了以 PTA 替代 WTO 推进贸易自由化的浪潮。[③]

CEPA 属于 GATS 第 5 项下的服务贸易区域优惠协定（PTA）。目前全球参与 PTA 的国家和地区服务贸易出口比重超过 80%，而且与多边谈判协定相比，PTA 的自由化水平处于更高阶段。由此可知，PTA 已经成为超越 GATS 的世界服务贸易主要方式和主流。根据 WTO 秘书处的统计，截至 2008 年 2 月 10 日，在通知 WTO 的 199 项已经生效的区域贸易安排中，涉及这类安排的有 50 件。CEPA 与其他 PTA 比较，在推进服务市场自由化方面有什么成效与特点？其他成功的 PTA 又能为 CEPA 进一步的开放和自由化提供什么启示和示范？

1. PTA 框架下服务市场自由化的承诺方式与步骤

PTA 是比 GATS 服务市场自由化程度更高的地区性协议。其主要体现不仅在于承诺的覆盖率高，更在于自由化承诺方式（也即开放市场的清单方式）与 GATS 的差别。目前部分 PTA 仍然承袭 GATS 采取的"肯定清单"方式作出承诺，但是，采用"否定清单"方式的 PTA 已经占主流。WTO 的专家在 2006 年通过对世界多个 PTA 的大量事实分析和比较认为，在自由化的推进方面，"否定列表"比"肯定列表"具有优势。其原因在于："第一，'否定'清单中，除非在保留项目中加以剔除，国民待遇和市场准入原则上就适用于所有领域，这样就将谈判从部门为重心转向以消减限制措施为重心，加快自由化速度，也容易达到更高的层次。第二，政策的透明度也更高。不适用的部门和限制政策明确列出后，实行自由化的部门，它们的法律和管理体系就相对清晰。第三，自由化程度也更容易比较，约束了成员方采取更进一步限制措施的可能。第四，可以自动将新出现的服务部门包括在自由化的范围内，从而解决前述 GATS 肯定清单中部门分类困难所带来的承诺有限的问题。"④

由上可知，CEPA 承袭的是 GATS 肯定清单方式，在其透明度、自由化推进速度、对限制措施的约束上，与否定列表必然存在差距。同时，这也决定了 CEPA 自由化开放的渐进方式，这种逐年推进的方式，不仅透明度低，成效难以即时显示，也给 CEPA 实施带来极大的成本。我们只要观察 2004～2011 年 CEPA 的补充协议是一年一变，实施细则和措施已经是一个极其庞大的体系，就可以明白，为什么 2000 年以后大多数签订的 PTA 越来越倾向于否定列表。

此外，服务贸易的自由化一般经历三个层次和步骤：非歧视、相互承认、国际协调。GATS 的多边协定主要停留于非歧视层次，而 PTA 则已经进入到后两个层次。CEPA 目前大量内容仍然停留于 GATS 的非歧视阶段，但在服务专业资格上开始进入单边承认，即第二个层次的初级阶段，距离达到实施共同标准，建立维护竞争的统一政策和机制的阶段，仍然有很大差距。

2. PTA 推进的服务市场自由化程度

一般来说，PTA 即区域贸易自由化具有比多边协定更有效的机制设计，因而对服务市场自由化的改善胜于 GATS。WTO 专家（Martin Roy，Juan Marchetti，Hoe Lin）于 2006 年对多个参与 PTA 的经济体，在服务提供模式 1（跨境交付）和模式 3（商业存在）方面的自由化进展，分别以 GATS 框架和 PTA 框架进行了比较与计量。上述专家之所以以模式 1 和模式 3 为自由化的主要评估内容，是因为在目前的世界服务贸易中，这两个模式的交易已经占贸易总量的80%，因此其评估具有十分典型的代表性。⑤

（1）由比较分析结果可见，中国内地对 GATS 的自由化承诺，除韩国之外，均高于所列发展中国家及新兴经济体，包括新加坡（在模式3中，中国的 GATS 覆盖率接近70%，而新加坡在60%以下）。这些承诺本身超越了中国服务业发展水平。2006年中国的服务业增加值和就业占GDP与就业总数的比例，分别低于世界平均水平28个百分点和16个百分点，低于下中等收入国家平均4个百分点和21个百分点。⑥中国对本土服务市场开放采取积极进取态度，一方面反映了中国在入世时所面对的压力；另一方面也表明了中国加大服务市场开放、参与全球化的决心。事实充分表明，服务市场自由化具有极大的经济效益，这是中国全力推进自由化与全球化的根本原因。

（2）对所有列出经济体的比较表明，PTA 比 GATS 具有更高的自由化程度，会带来更多的附加值。但是，在 PTA 提升自由化的过程中，不同的承诺方式，其提升程度具有较大的差异。在 PTA 采用肯定列表的经济体，其市场自由化的改进程度远远低于采用否定列表的经济体。例如中国、印度、马来西亚和泰国。澳大利亚、美国是否定列表，日本、韩国、新加坡则是否定列表与肯定列表的混合，因此提升自由化程度比较高。欧盟虽然是肯定列表为主，但是作为一个本身开放程度很高的经济体，也即本身的自由化覆盖率（模式1中 GATS 水平接近70%，模式3则超过80%，大大高于美国的承诺）为各经济体中最高，其提升的空间也就十分有限。

（3）否定列表或兼具否定与肯定列表的经济体，其主要的自由化做法倾向于做出新承诺，即拓展市场的开放度。而肯定列表的经济体，则倾向于改进原有对 GATS 的承诺，而非自由化的拓展。这在模式3中更能体现。

（4）中国的 CEPA 与印度的 PTA 比较，其自由化的重点更偏向模式3，而非模式1。而 CEPA 对于模式3的自由化，主要为对原有承诺的改进，而非扩展市场的开放度。

（5）由此，CEPA 对中国内地服务市场自由化的提升，从模式1看，大约仅有5个百分点；而从模式3看，市场的扩展为6.48个百分点，改进承诺则为26个百分点。全部相加为31个百分点（表3）。⑦但是，从总覆盖率看，CEPA 并没有大幅度地提升市场的自由化。

表3 中国与新加坡在 PTA 框架下服务贸易自由化水平的提升结果

单位：%

国家	模式 1	模式 3	最新出价时间
中国	5.52	31.48	2005/5/19
新加坡	77.71	70.51	2005/5/19

（6）在亚洲国家的 PTA 实践中，新加坡的 PTA 对于市场自由化的提升和改进成效最大。从分析可见，新加坡对 GATS 的承诺水平、覆盖率均低于中国内地，但是，其 PTA 对服务市场自由化的提升十分惊人。在模式 1 和 3 方面，覆盖率均超过 90%，模式 3 接近 100%。新加坡的做法，提供了 CEPA 深化和改进的启示。

三　CEPA 的特点与局限性

由以上对比可以得出下述简短的结论：

1. CEPA 承诺的自由化特点与肯定清单模式（机制缺陷）

通过中国内地与香港对 GATS 承诺的内容与自由化特点，以及 CEPA 和其他 PTA 的比较，首先，我们可以看到，CEPA 深化的主要方向和重点应当是市场准入的自由化，尤其是商业存在即模式 3 的市场准入。CEPA 既然是 WTO 框架下和 GATS 框架下的区域自由贸易协定，服务贸易市场的开放必然以超越 WTO 和 GATS 承诺为准则。因此，观察内地与香港自由化的主要差距，并以消弭其差距，彻底解决港澳服务商的自由进入为目的，是 CEPA 的主要内容。根据两个承诺内容的主要差距可见，中国内地与香港的主要差距来自市场准入的自由化（深度），而非市场开放的广度。在香港的承诺中，无论市场准入和国民待遇，均以没有限制为主，而中国内地的承诺中，国民待遇自由化指标接近 0.80，市场准入则仅为 0.38（也即服务贸易限制指数）。有限制的市场准入是主要的承诺部分，对应香港大多数部门 100% 自由化的市场准入，差距极大。为此，要最终解决大门开了小门难开的问题，就必须拆除众多的市场准入限制（在准入限制方面，内地承诺涵盖了 GATS 的 6 种限制）。

其次，必须强调指出，提升 CEPA 自由化的主要关键不在于赋予港澳服务商的国民待遇。因为市场准入才是服务贸易自由化的内容。事实上，只有进入了市场，才可能实现国民待遇。中国承诺的国民待遇是准入后国民待遇。如果企业本身无法进入市场，何来国民待遇。

第三，通过 WTO 家对 PTA 的分析，可以看到，CEPA 提升自由化的重点在于改进 GATS 的承诺上，尤其是商业存在的承诺。从实际操作看，CEPA 实际深化的重点也在于此。但 CEPA 承袭的 GATS 肯定清单方式，以及渐进的自由化特点，造成其透明性低、提升步伐慢于否定列表的后果，这一点是不可否认的。在机制设计上，CEPA 的肯定列表反映了其本身提升自由化的缺陷。

2. CEPA 开放单向性的局限

在 CEPA 的谈判机制和主要内容中，内地与港澳之间服务行业的开放与准入承诺是不对等的。表现为内地对港澳的单边开放。CEPA 的单向开放特点是全球 PTA 中绝无仅有的。尤其是港澳自然人流动的进入和专业资格的互认，均是内地对香港、澳门的单边开放。CEPA 只有内地对香港的资格认可，而内地的进入是没有列入 CEPA 的。这个单边的协商机制反映了内地需要引进港澳服务商，弥补其服务业的短板；港澳地区则希望扩张其强势服务业的市场版图和总量的意愿。但是，从 CEPA 实施 9 年的结果看，单边开放的机制难以达到区域合作的效应。

其一，区域性自由贸易协定的效应主要取决于双边或多边市场开放后，要素和资源根据各地区比较优势流动和重新配置的结果。也即是各地区通过开放市场，集聚强势产业的资源而强化本地区优势产业，形成地区分工从而提升整体的区域经济竞争力。但是，由于 CEPA 的单边开放机制，导致服务资源仅仅从香港向内地的辐射、流动，而内地的资源则无法向香港流动与集聚，结果并没有推进地区间的专业化分工，强化港澳地区的强势产业。因此，CEPA 仅有前店后置，缺乏强化前店的机制。实质上无法导致内地与港澳地区的要素和资源，按照各地区优势产生流动和重组。因此，阻碍了区域一体化效应的充分发挥。

其二，对于 CEPA 开放的单向性，很多观点认为香港本身就是自由港，市场开放度很高，不存在向内地开放的必要；更有香港学者认为，仅有 600 万人口的香港向 13 亿人口的内地开放市场，会带来难以预期的后果。我们认为上述观点是缺乏说服力的。

香港虽然具有高度开放的自由市场，但是，香港本身对 GATS 的承诺并不是最高水平，香港的市场开放也需要改进。香港作为小型经济体，更需要开放市场集聚资源。这是过去百多年发展给香港留下的极其宝贵的经验财富，不进则退。事实上，过去 10 多年香港在中国市场的开放中，许多经济功能的减弱就是例证。一旦减弱变成积弱，就会产生与 CEPA 设计目标背道而驰的结果。

作为自由港的新加坡也是高度开放的小型经济体。但是，新加坡既与发达的大国（美国、日本），也与发展水平低的印度等国，签订了多个双边开放的 PTA。新加坡更是东盟成员国，2007 年东盟与中国签订了服务贸易自由化的协定。其实，所有研究区域自由贸易协定的文献，均肯定了小型经济体与大型经济体之间签订的双边开放协定，在经济收益上更有利于小型经济体。这就是为什么一些中小国家，如秘鲁、哥伦比亚、智利等，愿意与美国签订否定列表的 PTA。

3. CEPA 实施具有极高的制度摩擦成本

服务贸易和市场自由化要求 PTA 的参与方对彼此的管制政策实现内外协调。由于各参与方的不同发展水平和制度特征，对服务部门的管制方式会有极大不同。在服务贸易壁垒的主要形式为一国的法律与行政管制情况下，各参与方的规则差别越大，管制越不一致，则自由化的障碍越大，贸易壁垒越高，协调各参与方规则的制度摩擦成本就越高。

根据商务部、香港贸发局、对外经贸大学联合所做的研究报告，香港服务业进入内地的主要障碍以及两地之间的管制差异可以归纳为：（1）市场准入限制与门槛；（2）资质认定；（3）行业标准及管理；（4）与业务开放的配套政策及措施不到位；（5）行政审批障碍；（6）体制与经营环境；（7）香港公司对内地营商环境不熟悉。[⑧]

上述的差异和障碍中，除（1）与（2）为 CEPA 的主要内容外，其他的壁垒形成均与内地的管制、市场发育、行业制度、法律环境和商务逻辑相关，有的部分更涉及商业文明与文化，也就是涵盖了内地的基本经济管理体制。从这个角度看，CEPA 要达到清除（1）与（2）的主要壁垒还比较简单，这本身属于 PTA 的主要功能。但是要 CEPA 协调中国内地的基本经济管理体制与香港的市场管理制度，就将涉及政治、文化、社会和经济多个部门的谈判，更要介入其中各利益集团的博弈，尤其是占据行政垄断和行业垄断地位的利益集团（其中包括各级与各类政府部门），以及与地方市场利益紧密关联的地方政府。可以预见，CEPA 每前进一步，均涉及巨大的制度摩擦成本。

四　广东先行先试的政策体系与对策思路

从上述的分析与推论，我们可以逻辑性地引申出粤港服务贸易自由化，尤其是广东先行先试的政策体系及对策思路。

1. CEPA 首先在粤港地区试行否定清单，启动 CEPA 功效

目前 PTA 中的否定列表实际对 GATS 是一种机制性创新。否定列表把市场准入作为一般义务，除非在保留项目加以剔除外，且保留清单不能弱化服务贸易自由化的现状。因此，否定列表谈判的重心是消减限制，加快自由化进展。从近年的实践看，否定清单不仅具有自由化提升速度快，而且还具有锁定（Lock-in）自由化方向，约束成员方采取限制措施的作用。

粤港之间推动服务业合作，以 CEPA 现有机制去构建广东的先行先试政策体系，尚无法根本性地提升 CEPA 的效应，达致推进广东市场体制的建立和粤港服务业的合作。如果仍然采用目前的肯定列表，一个一个部门地每年出价，逐级地申报下放权利的渐进式方式，其结果必然是成本高昂，提升自由化速度缓慢。粤港之间在 CEPA 的突破和先行先试，重新启动 CEPA 的功效，在机制上的突破性思路是争取中央政府的支持，大胆地从目前的防守型肯定列表转变为更为开放的否定清单方式，即除保留清单外，把市场准入作为一般义务承诺。这样就可以从根本上保证各类限制措施的大幅消灭，锁定服务市场自由化的路径，加快自由化的进展。

一个比较可行的做法是借鉴日本与新加坡 PTA 混合列表的先例，日本和新加坡主要为肯定清单，但在商业存在上为否定列表。粤港之间可以首先和着重试行在商业存在（模式3）上采用否定清单。按照这个思路，中央或可考虑赋予广东根据服务业的敏感程度不同，分3个不同部分作出否定清单承诺的权利：第一部分为 GATS 中承诺较多的旅游、商业服务，可以做出最少的保留项目不作承诺；第二部分为 GATS 中广泛承诺的金融、电信、保险以及资本市场，采用适度保留不作承诺；第三部分为教育、环境、健康、海运运输等核心服务业，可以加大保留项目将自主保护部分剔除。在上述的所有保留项目之外，实施普遍的国民待遇与市场准入。在商业存在取得成效之后，可以向所有的服务模式扩展。这是粤港先行先试，在 CEPA 首先采用否定清单的一种最好选择。如果达不到上述的选择，则可以争取部分服务部门率先试行商业存在否定列表。待成效显示之后，再扩展到全部的服务行业和领域。

2. CEPA 率先在粤港之间实施双向开放，提升 CEPA 效益

CEPA 是全球 PTA 中唯一一个单边或单向开放的协议。CEPA 体现了中国中央政府维护香港国际地位和经济中心地位的战略意图。但是，CEPA 实施证明，单边开放的效果并不理想，变 CEPA 的单向开放为双向开放实际上更有利于香港地位的维持。事实上，单边开放容易消磨人们的竞争斗志，减退人们的开放心态。长此以往，造成单向的路径依赖，反使香港的全球地位逐步倒退。粤港改变 CEPA 单边开放为双边开放的思路可以设计如下：

由于 CEPA 的主要内容集中于服务贸易提供模式的 3 与 4，即商业存在与自然人流动，即主要为要素的流动。因此，粤港之间设计双向开放和流动的机制，也应当主要集中于此。

在商业存在方面，可以完全参照 CEPA 对香港进入内地的服务原产地即"香港服务提供者"（HKSS）的界定标准，制定进入香港的"广东服务提供者"（GDSS）的标准。根据 CEPA 框架提供广东企业规范的准入方式。2004年中国政府曾经通过了被称为"企业自由行"的措施。但是，这一措施仅仅把内地企业进入香港的审批权下放到各地政府，而没有根本改变企业投资行为管制的行政审批制度。这与区域自由贸易协定的规范进入方式，有很大区别。取得 GDSS 的服务商进入香港的投资行为，更具市场自由化的意义。此外，制定"GDSS"的标准，其意义并非指香港在商业存在方面不开放，而是通过此，一方面广东省政府对广东的服务商进入香港提供投资促进措施；另一方面，则有利于两地率先在人民币进行国际贸易结算的基础上，先行人民币在两地的投资结算，把人民币作为区域性的国际投资工具，试行其可行性。

在自然人流动方面，改变过去的香港进入单向资格认定为粤港之间的资格互认，为广东专业服务人员向香港流动，提供规范的标准。从目前香港和中国内地对 GATS 的自然人流动承诺，以及 CEPA 的资格认定看，内地与香港在自然人流动的承诺是不对等的，内地明显高于香港。但是，事实上，香港通过引进内地人才、专才等计划，已经使内地的人才向香港流动。然而这属于移民政策，并非真正含义的自然人流动。

事实上，只有双向的资格互认和人员流动，才能够真正拉近两地的专业服务市场的行业守则、管理规范和服务标准，实现制度的对接。仅是香港专业人员进入内地，在目前内地专业服务市场发育较低的情况下，香港专业人士降低服务标准和服务操守的可能性是极大的。也就是说，CEPA 单

向开放的性质，对于香港，本身具有很高的风险成本，对于内地也难以引进香港的高素质服务。

在境外消费（模式2）方面，应当尽快地把在CEPA V 中对深圳居民实行的无限制多次往返香港的政策，推向广东全省，至少是全部珠三角地区。在这方面，应该没有任何机制上的难度。

3. 广东先行服务市场自由化自主改革，降低CEPA协调成本

广义的服务贸易壁垒包括自然壁垒和人为壁垒。前者包括语言文化差异、技术等因素；后者则意指进出口方的政府政策、市场的反竞争因素等。服务贸易壁垒无论以何种形式存在，其结局必然是限制服务贸易的扩张和增加贸易成本。

CEPA实施进程中的主要障碍，也即服务贸易自由化的主要壁垒，是目前中国服务市场的行政管制、行业规则和法律制度，也即人为壁垒，主要表现为政府设立的原生性壁垒。同时，在原生性壁垒下，还衍生了市场偏离竞争的二次壁垒，例如政府对国有低效率的服务商的进入保护，产生出的行业垄断、行政垄断，对有效率的香港服务商进入形成壁垒。

世界各国的服务市场自由化的经验表明，一国或一地区的自由化，清除原生性壁垒，可以通过两种路径达到：一是以多边或双边协定谈判而由外部推进的自由化称为"谈判自由化"，在中国称为"以对外开放倒逼改革"的自由化，这种自由化力量来自外部，并且以贸易协定作为清除国内利益集团的阻力，清除壁垒，达到自由化结果；另一种路径则是通过内部自主改革、制度创新推进的自由化。世界银行和OECD等的实证研究显示，服务业自由化的推动，内部自主的制度改革和创新所创造的长期经济效益的提升，远远超过"谈判自由化"创造的商机。因此，他们的结论是，服务业的自由化，原本就应当是各国的单边、自发的行为，并且应与经贸谈判脱钩。[9]由此可见，依赖WTO、GATS和CEPA的经贸协议推进服务业的自由化，本身具有一定的局限性。由自己力量自主地改革、开放服务市场，才是正确的方向和路径。

由此可见，在维持现有的服务管制上推行先行先试，向中央政府争取下放行政管辖权利，并非根本之道。广东在服务市场开放改革的先行先试，其中心和政策体系应围绕从根本上推进市场化、完善市场制度展开。广东政府应当争取的是改革的权利。只有如此，才能实质性地清除障碍，提升CEPA效应，降低CEPA协调两地制度差异的成本，促进粤港服务业的合作发展。

（1）改革服务市场的准入制度，从政府审批走向自由的市场进入

内地服务业的"非市场化"，是形成贸易壁垒的主要原因之一。这首先表现为进入市场的政府审批制，而非市场经济的自由进入方式，即注册登记制。审批制是目前政府权力进入市场，阻碍市场配置资源基本功能的主要因素之一，更与政府权力"寻租"现象密切相关。

目前广东落实 CEPA 的先行先试如果重点放在下放审批权，包括大量的前置性审批上，这个做法实际并没有根本性地改变服务市场进入的"非市场化"。也就是说，即使把港商进入内地的审批许可权全部下放广东，两地的进入制度仍然有很大差异。中国内地严苛的企业注册、经营许可等开业权限制，也即"非市场进入"方式，已经造成了中国内地的创业活动很不活跃，中小企业数量逐年减少的现象。因此，根本性的改革应当从目前行政审批的下放，变为真正的市场进入方式，即在广东首先实行市场准入的注册登记制。

（2）削减过度的服务管制，打破服务市场的行政垄断、行业垄断

服务市场的政府过度管制，也是服务业"非市场化"的体现。目前中国内地垄断程度较高的市场，大部分为服务市场，如教育、金融、电信等。在这些市场上，政府高度的管制，不仅使港商难以进入，更阻挡了大量本土民营企业进入。从中国加入 WTO，以及实施 CEPA 以后的事实看，对外开放并没有根本地改变政府对服务业的高度管制，服务业的行政垄断和行业垄断仍然存在。这个事实说明，市场不仅要对外开放，更要对内开放。在允许外商进入的同时，更要允许本土企业的进入，由此，服务市场才能正常发育。

（3）借鉴香港经验，把服务行业协会变成直接的市场管理主体

放开服务市场的高度政府管制，实行与市场化相一致的服务行业规范管理，其主要做法在于变政府直接管理为市场主体管理。行业协会在发达的市场经济体中，是市场机制中不可或缺的中介机构，也是服务市场的主要管理主体。在香港，专业资质的认定、服务资格的认可、服务标准的判断以及服务行为的管理，直接的管理者为独立运行的行业协会与企业组成的机构（例如银行公会、各专业服务协会、联交所等），而非政府，政府仅是提供服务及间接管理。

目前广东的服务市场中，已经开始行业协会脱离政府主管部门的改革。改革的内容更应当把服务企业的资质等级、专业服务资格认定、行业技术标

准等制度和管理权力从操控在政府手里，向行业协会过渡。把政府操控的行业资质、服务资格、技术标准等认定权，还给行业协会，实质是变政府的直接管理为间接管理，把市场的权力还给市场。从根本上，行业协会的发展和进入直接管理，代表了市场中介机制的完善，以及市场制度的提升。

4. 粤港先期启动 CEPA 投资贸易便利化，使服务合作向高层次发展

实际上，服务市场的自由化在相当程度上，依靠投资贸易便利化落实，尤其是区域市场一体化的管理、统一政策与共同标准的建立，均属于便利化的内容。为此，粤港应当尽早启动投资贸易便利化，以推进服务合作向更高层次发展。

首先，建立双方服务行业协会协调机构，实现粤港服务市场一体化管理。粤港之间在服务资质认定、资格认可和行业管理体制上具有极大差距。香港通行国际性的做法和准则，而内地与国际通用的做法不同，这是造成港商进入内地的主要障碍。为达到港商进入服务业投资与贸易的便利，清除壁垒，可以考虑启动投资贸易便利化措施，在广东把服务市场的直接管理回归各行业协会的前提下，建立粤港两地的服务行业协会对口联合机构，以协调两地的服务资质认定、资格认可和行业管理规范。参照香港的规范为主，逐步消除两地的巨大差距，使广东的服务市场逐步走向自由化、国际化。两地行业协会的联合机构，应从相互承认的差异协调开始起步，第二步建立两地相互接近的规范，最终走向服务市场的一体化管理。

其次，确立粤港服务市场的统一政策和机制，建立共同服务标准。区域服务贸易的进展一般会沿着非歧视、相互承认和国际协调三个层次展开。非歧视主要指产品与市场主体的国民待遇，相互承认指双方认可各自的资格与标准，而国际协调则意味着采用共同的标准，即建立服务市场的统一政策和机制，这是最高程度的区域一体化。CEPA 的进展目前已经进入了第一、二层次。虽然相互承认目前仅是单边的资格认可，而未有双方标准的互认，即内地对香港资格的认可，但港商进入采用的是内地标准，而非香港标准。为推进 CEPA 在粤港进入更高层次，第一步可以通过双边开放，进入资格和标准的互认。在标准互认与协调的基础上，第二步则开始逐步建立维护竞争的统一政策和机制，例如可以借鉴欧盟做法，在质量、服务、技术等方面，采用统一的最低标准，最后逐步使市场标准向香港的国际化标准过渡，最终形成面向全球的国际化服务市场。

第三，组建粤港政府的 CEPA 督导机构，监控 CEPA 措施的全面到位。

建议在目前 CEPA 仍然没有专门组织机构的情况下，粤港政府率先组建双方参与的 CEPA 督导机构（目前的粤港联系会议机制并非区域自由贸易协定的常设机构），不仅监督 CEPA 措施的落实，反映进展中存在的问题和难点，提出解决方案，同时可以作为双方争议的仲裁机构，调解争议与冲突。此外，必要时可设立专门网站，及时提供各类信息，强化 CEPA 政策和措施的透明度。更进一步则是建立专门的研究队伍，专事 CEPA 和全球各类自由贸易协定研究，为推进 CEPA 提供理论依据，进行制度研究的理论创新。

---

①有限制的产品为某个服务项目中诸多产品中的一个部分，其他没有限制。资料来源：按照中国香港在世界贸易组织《服务贸易总协定》的框架下就服务贸易所作的承诺及承诺建议计算得出。

②资料来源：根据《中国入世议定书》附件 9 和中华人民共和国服务贸易具体承诺减让表最终承诺计算得出。

③④刘莉、黄建中：《服务贸易自由化发展的不平衡性分析》，福州：《亚太经济》2008 年第 5 期。

⑤*Services Liberalization in the New Generation of Preferential Trade Agreement（PTAs）: How Much Further than the GATS?* Sept. 2006.

⑥⑧《中国生产性服务业发展报告 2007》，北京：经济管理出版社，2008。

⑦周念利：《RTAS 框架下的服务贸易自由化分析与评估》，上海：《世界经济研究》2008 年第 6 期。

⑨李淳：《后多哈时代台湾服务业的发展方向》，台北：《台湾经济前瞻》2008 年总 120 期。

作者简介：封小云，香港理工大学客座教授，暨南大学经济学院教授。

[责任编辑：刘泽生]

（本文原刊 2012 年第 3 期）

澳门经济适度多元发展探讨

杨道匡

[提　要] 澳门经济适度多元可以由一个基本点和三个发展方向构成。所谓一个基本点即是博彩业，这个在过往缺乏资源的特定环境下形成的产业，在未来一段时期内将仍然是澳门具有特色的主导产业。三个发展方向分别是：与世界旅游休闲中心发展定位相配合的综合旅游业；与构建商贸服务平台相称的商贸服务、会展和文创业；以参与横琴开发为重点的粤澳区域合作。通过区域合作可以突破澳门资源缺乏的局限，拓展生活与经济空间，并可从中推动经济多元发展。

[关键词] 澳门经济　适度多元　旅游中心　商贸平台　会展文创　横琴开发

澳门特别行政区成立 12 年来，经济持续增长，每年平均增幅达 12.5%。2002 ~ 2003 年，博彩经营权开放和内地居民以自由行赴澳门旅游分别实施以后，推动澳门经济增长的作用更为明显。澳门政府统计显示，2002 ~ 2011 年的 10 年中，年均经济增幅上升至 13.8%。2011 年 GDP 总值为 2921 亿元（澳门元，下同），与特区成立初年的 489 亿元比较，增幅达 4.97 倍。澳门能够在过去十多年保持经济快速增长，成为国际知名的旅游城市，其主因还是得益于博彩业开放和自由行实施以后，吸引外来的投资与消费拉动；而以 CEPA 实施和横琴开发为代表的一系列与内地更紧密的经贸合作，则为澳门拓展了更大的市场规模和发展空间。然而，博彩业在产业结构和财政税收中日益增大比重的情况，亦备受各方关注，如何推动经济适度多元和持续发展，成为澳门各方需认真探讨及求解的问题。

一 从实际考虑澳门经济适度多元问题

澳门是一个以博彩业为主导产业的小型经济体。近年博彩业强劲推动经济发展的作用十分明显，以 2010 年为例，全年的经济实质增长达 26.2%，当年博彩收益大幅增加 57.5%；2011 年经济实质增长 20.7%，其中博彩收益升幅亦达 41.9%，[①] 成为推动经济高增长的直接因素。与此同时，博彩业占本地生产总值的比率亦从 2009 年的 32% 上升至 2010 年的 40.9%，显示产业单一化的倾向更趋明显。2006 年，国家"十一五"规划首次提出澳门经济应适度多元发展以来，如何根据澳门的实际情况推动经济"适度多元"的问题引起广泛的讨论。

2011 年 3 月，澳门特区与广东省双方政府签署了《粤澳合作框架协议》，在明确合作定位之后，提出分两个阶段达成主要目标：第一阶段，到 2015 年，跨界基础设施网络初步建成，横琴开发取得重大进展，珠澳协同发展全面展开，共建优质生活圈和区域融合发展成效显著，珠江口西岸国际都会区基本建成，澳门经济适度多元发展初显成效。第二阶段，到 2020 年，区域一体化发展格局基本确立，世界著名旅游休闲目的地基本形成，区域产业升级发展成效显著，粤澳社会公共服务体系衔接共享，大珠江三角洲世界级城市群基本形成，奠定澳门经济适度多元发展基本格局。

以上两阶段提出主要目标的最后落点都定位在澳门经济的适度多元之上。2012 年 3 月，温家宝总理在政府工作报告中再度提出："支持澳门建设世界旅游休闲中心，推进横琴新区建设，促进经济适度多元发展。"表明了中央政府对澳门特区长远发展问题的重视。由此可见，推动澳门经济适度多元发展已纳入国家发展规划，是一个明确的方向，澳门特区政府和企业都需要积极部署实施。但在执行落实之时，必须考虑澳门社会、经济、企业和人口素质等方面的实际情况。

笔者认为，澳门的经济适度多元可以由一个基本点和三个发展方向构成。所谓一个基本点就是博彩业，博彩业不仅是澳门经济的特点，目前在本地生产总值和财政税收中占有主要比重，相信这种历史形成的独特经济结构不容易改变。

2009 年 4 月，温家宝总理在泰国被记者问及澳门经济是否过于单一化时表示："澳门经济有其特殊性，以博彩业为主，因此，提出在继续发展博彩业的同时要推动澳门经济的'适度多元化'。"并说"这是从澳门的实际出发的"。②世界经济论坛发布的2007～2008年全球竞争报告显示，排位前8名的国家中，除了美、德、日三强国外，其余5名均为小型经济体，分别是欧洲的瑞士、丹麦、瑞典和芬兰，还有亚洲的新加坡。这些小型经济体的核心竞争力，集中表现为以特色产业为主导产业并建立上下游产业链，然后再加上专业化生产，例如瑞士的钟表和芬兰的移动电话都具有代表性。

澳门在相当一段时间内仍然要以博彩业为经济的基本点。而如何引导博彩业的收益投向非博彩的新产业，是目前需要认真考虑的新问题。除此之外，三个发展的方向则包括综合旅游业、商贸服务业和由区域合作带动而产生新的商机和投资。

二 旅游休闲中心与综合旅游业

澳门以往习惯将旅游博彩业合并统称作一个产业。其实，产业单一主要是指博彩业在产业结构和政府税收中占有主要比重。相对于博彩业而言，旅游业（或者更准确一点称为"综合旅游业"）可以成为澳门经济适度多元的另一主导产业。统计显示，来澳门的游客从2000年的916万人次上升至2011年的2800万人次，12年间增幅超过200%。2011年游客的非博彩消费人均为1619元，而全部游客则为当年的旅游业带来453亿元的进账收入。③因此，国家发展规划中将澳门的发展目标定为"世界旅游休闲中心"，是符合澳门经济实况的发展定位。通过构建世界旅游休闲中心促进澳门经济多元发展，已经成为澳门社会的共识。然而，对于如何推进并落实这个发展目标，则仍然有待进一步探讨。

1. 明确世界旅游休闲中心的定义及评价指标

要建设"世界旅游休闲中心"，首先需要明确世界旅游休闲中心的定义并建立一些客观的指标。例如"世界旅游休闲中心"应该满足"具有世界的知名度、具有特色的旅游元素、通达的交通和安全环境、高水准的接待和服务"以及"作为世界各地游客选择的旅游目的地"等指标要求，毕竟世界级的旅游城市需要具备一套公认的标准，这些标准至少应包括以下五个方面：一是具有享誉世界的知名度。既然是世界旅游城市就应具有享誉国际的知名度，澳门的博彩业近年迅速兴起，以博彩收益计，2006年起已超越美国拉斯维加斯成为世界博彩中心，可以说已具有世界级的知名度，如果借此推动综合旅游业的发展，将会是一项有利条件并提升旅游产业的世界知名度。二是具有特色的旅游元素。作为世界知名的旅游目的地，必定具备吸引游客的特色旅游元素，例如自然风景、文化艺术、历史古迹、民俗风情和新奇的互动项目，等等。澳门的世界文化遗产景区、中西混合的建筑和街区、大型华丽的度假村酒店以及博彩娱乐等可成为有特色的旅游元素。三是具有优良环境和高质服务，包括通达的交通网络，快捷方便的出入境设施和管理，安全而优美的城市环境，丰富的旅游景点和项目，舒适的酒店设施，有特色的餐饮、美食和购物，具吸引力的娱乐，以及良好的旅游服务和管理等。ECA International 的一项最新研究显示，香港在全世界宜居城市中排行第 11 位，而澳门则排行第 63 位，其中香港的"优质教学资源、顶级美食和无可挑剔的交通系统"构成排位靠前的重要指标。[④]以上述标准衡量，澳门目前离达标仍然有一定的距离。四是具有世界各地游客来源。根据政府统计暨普查局的数据，目前来澳的游客主要还是来自内地、香港和台湾。以 2010 年为例，来澳门的中国内地、香港和台湾游客分别占游客总量的 53%、30% 及 5.1%；而 2011 年，来澳门的内地、香港和台湾游客共 2495 万人次，占全年 2800 万游客总数的比例更高达 89%，国外游客尤其是亚洲地区以外的远程游客只占很少的比例，[⑤]这与"世界旅游休闲中心"应吸引各地游客的定位仍有较大的落差。五是旅游休闲。相对于消极休闲，例如静态地休息，旅游休闲是一种以出游度假而达到放松身心的积极休闲方式。与观光旅游"走马观花"式地到处转悠比较，休闲旅游的特点在于出行前要周详地选择目的地，而且会在一个目的地停留较长的时间。选择休闲旅游的游客通常消费能力较高，对旅游目的地的环境、交通、酒店、餐饮、服务以及文化娱乐的要求亦会较高。澳门地小人多，是人口密度极高的城市，在建设旅游休闲中心的过程中，如何为居民游客提供休闲空间、休闲环境、休闲设施，仍有很多需要改善的问题。

政府旅游主管部门可以参考世界经济论坛的旅游竞争力指数建立一套评价体系，定期对访澳的旅客进行调查，并进行调整。一方面是对澳门的旅游产业现状作比较全面的把握，另一方面是对"世界旅游休闲中心"的逐步建立进行客观的评估，并定期发布资料信息。这将有助于对整体旅游和服务水平的提高。旅游局可以通过上述的评价体系对到访的国外旅客进行调查，从而尽可能地了解更多资讯，例如对澳门旅游宣传的了解，对出入境和城市管理的满意度，以及对旅游设施和服务质素的评价等，为未来旅游拓展提供实际的参考依据。

2. 建设世界旅游休闲中心需跨部门互相配合

从政府管理的角度观察，要达至建立"世界旅游休闲中心"的目标，除旅游主管部门之外，还需要各方面的共同配合，尤其是有关公共设施和公共管理方面，包括先进的口岸设置、简便快捷的出入境管理、通畅的对外及城市交通网络、优美的城市环境、丰富有趣的旅游项目、高效的政府旅游管理、舒适的酒店设施、具有特色的餐饮美食、周到的旅游接待服务，直至居民对游客友善的态度。除了前面提及的"世界级知名度、世界级的旅游服务和世界各地游客来源"之外，所谓"旅游休闲目的地"，就是能够为游客提供一个可以放松身心舒适度假的目的地。相对而言，休闲度假目的地的品牌建立以后，游客会对此地产生更浓厚的兴趣和忠诚度，由此吸引固定的老游客和更多的新游客。

3. 博彩旅游模式需向综合旅游转型

澳门近年经济保持较快的发展，主要是得益于博彩旅游业的增长。然而，在先后经历了 2003 年"非典型性肺炎"和 2008 年"金融海啸"的冲击后，博彩业的投资、拓展和营收都受到明显影响。2008 年受"金融海啸"的冲击，当年的经济增幅从 2007 年的 14.7% 大幅回落至 2.8%，而 2009 年的经济增幅仅得 1.7%，就是一个明显的事实，说明博彩"单一化"的产业结构，难以有效应对外围因素变动的影响。而这样的产业结构亦不利于澳门经济的可持续发展。因此，现行以博彩为主的产业模式在未来应向更多元化的综合旅游业方向发展。

对澳门而言，要发展综合旅游业，其实就是在博彩元素之外，开发更多的其他旅游元素。相对于内地的城市，澳门的世界文化遗产景区、历史形成的葡式风格建筑、中西文化混合的街区、华丽的度假村式酒店和各式餐饮美食，以及已具有相当知名度的赛车和艺术节、音乐节等，都是有特色和有潜力进一步开发的旅游元素。就本地而言，通过活化世遗景区、扩展夜市和特色餐饮美食，开拓娱乐演艺、观光购物、会议展览、旅游纪念品和商务旅游等，可以形成系列新的旅游元素。从对外拓展思考，通过区域合作与广东省的旅游城市连线游等方式延伸产业链，可以进一步丰富澳门的旅游元素，吸引更高端的旅客来澳门旅游渡假。通过这样的方式，使旅客愿意花更多的时间停留及消费，由此推动澳门的产业适度多元发展。

4. 区域合作，构建"一程多站"联线旅游

粤澳、粤港合作协议签署之后，粤港澳之间的合作进入了一个新阶段。

澳门的旅游业亦应该在区域的范围内寻找更大的合作空间。例如《粤澳合作框架协议》提出的澳门—江门开平—韶关丹霞三个世遗景区"一程多站"式联线旅游就是很好的构想。从更大的区域旅游合作考虑，澳门可以和珠三角西部其他城市加强旅游合作，以澳门为起始点，整合区域的旅游资源，形成几条具有特色和吸引力的旅游路线。珠三角西部从珠海至湛江有一条延绵的海岸线，沿着这条海岸线有珠海横琴的长隆海洋乐园和平沙的海泉湾温泉、江门台山的上下川岛、开平碉楼、恩平温泉、阳江海陵岛的十里银滩和南海一号博物馆等丰富的旅游资源。尤其对欧洲游客来说，经历严寒而漫长的冬季之后，阳光、海滩和温泉就成为十分有吸引力的旅游目的地。

而澳门除了拥有知名的博彩资源外，同时亦有中西文化交汇的历史城区。显然通过与广东西部城市的合作，将能起到相辅相成的叠加效应。在珠江西岸，目前只有澳门有国际机场，可以利用澳门机场作为航空枢纽，与西部沿海高速连成陆空交通网络，以澳门为起点与珠海、江门、阳江、茂名、湛江等西岸城市的海岸连成一条"阳光海岸线"，借助澳门与葡语国家的商贸平台，联合打造具有欧洲风格特色的海岸旅游度假区。

在这条"阳光海岸线"上，还有很多的海岛，如珠海的万山群岛就由多个海岛组成。澳门受地理环境制约一直未能设立深水港，而珠海的外伶仃岛和桂山岛一带的水深条件很好，向来是国际大型货轮的停泊区。未来澳门如能够通过与珠海和广州南沙合作共同开发邮轮和游艇旅游，则不仅可以借助游艇旅游推动海岛开发，更可以通过拓展邮轮旅游的方式把旅游市场扩展至东亚、东南亚和更远程的欧美国家。这对澳门发展成为"世界旅游休闲中心"有重要的支持作用。因此，"世界旅游休闲中心"定位需配合区域内的资源和合作一并思考，这样能够使澳门更好地融入区域，解决澳门在先天上资源的各种限制，获得更大的发展空间。

三 商贸服务平台与会展文创产业

在谋划澳门发展定位中，政府在澳门特区成立早期就已提出构建经贸服务平台的计划。要推动计划落实，需要充实和提供包括贸易、金融、保险、会展、物流、会计、仲裁、咨询顾问、离岸业务、市场营销等系列多元的商贸业务。同时，需要通过区域合作联手开拓对外经贸活动，并引入合作伙伴和专业人才。

国家商务部于 2003 年 10 月与澳门特区政府签订协议，在澳门举办中葡经贸论坛，并在澳门设立论坛常设秘书处，澳门经贸服务平台的功能和作用可以借此展开。首先是内地和葡语系国家的中葡双语经贸人才培训可以通过澳门进行，借助现有高校的中葡双语教学和澳门葡裔人士聚居的语言环境，将会有助于中葡双语的教学和交流。其次是葡语系国家的产品，尤其是一些具有特色的产品如葡国红酒，可以在澳门设立样品展览和订货洽谈中心。未来澳门大学在横琴新校区建成之后，开展具规模的葡语教学和葡语系国家文化研究与学术交流，亦可以发挥澳门除商贸服务之外的文化交流平台的作用。

温家宝总理 2010 年 11 月来澳门出席中葡论坛第三届部长级会议开幕致辞时提出，要充分发挥澳门经贸平台的作用，通过澳门的平台扩大双边贸易；着力推动包括基建、电信、能源等双向投资；开拓旅游、物流和金融等新的合作领域。如果澳门真正发挥经贸服务平台的作用，在为其他城市和地区提供服务的过程中，亦可以此促进本地的经济多元发展。

1. 澳门会展发展需要新思维

会展业作为一个集聚性和辐射性很强的产业，发展的前景和所在城市的经济定位和产业结构有着明显的正相关关系。澳门未来发展定位是"世界旅游休闲中心"。而随着交通网络的日渐完善，加上横琴开发等因素，澳门和区域融合的速度一定会加快。这对澳门而言，是再次显示和发挥澳门平台作用的好机遇。澳门会展业可以多从以下两个方面进行思考，寻找新的机会。

首先，从内部因素来看，澳门近几年的会展业得到较快的发展，相当程度是由大型酒店硬件设施的增加和改善而推动的。随着近年各大型酒店陆续开业，澳门未来和会展相关的大型建设会有一段相对稳定期，表示澳门的展览场地和酒店客房的数目会逐渐稳定。在这样的情况下，会展行业要继续发展就不能只关注数量上的增长，而需要开始从形式和质量上进行改进，增加澳门会展的吸引力。澳门会展业协会于 2006 年所做的《澳门会展业发展研究报告》预测，会展业在 2016 年以后，将在经历快速成长之后进入稳定期，每年的平均增幅维持在 8 ~ 10%。

受限于澳门的产业结构，在基本因素不变的情况下，商品贸易展览未来能够增长的空间有限。这主要指创造的直接经济效益和达成交易订单的数目。然而，如果把交易的重点由"有形"商品转为"无形"商品，例如知识产权、艺术品和版权交易等，这就可以在一定程度上减低产业结构带来的限制。基本思路是借着澳门在旅游和博彩业的知名度，举办这些"无形资产"的展览，吸引国内和国外（例如葡语系国家）在澳门进行商贸配对交易。这样的好处是可以较为充分地利用澳门的平台优势。事实上，尽管特区政府一直以来都强调要发挥澳门的平台作用，但实际效果并不明显。而随着"十二五"规划的开展，国内的文化产业得到前所未有的重视，其中文化版权交易和融资未来会有很大的发展潜力。而文化创意产业亦一直被视为实现澳门产业多元的重要手段之一，会展行业可以多关注这方面的资讯，开拓更多的商业机会，不要只集中在传统的商品展览上。

其次，澳门会展业的特点之一是会议的组织能力和辐射范围普遍要比展览高。统计数字亦显示，会议举办的数目明显高于展览，说明澳门作为国际知名的旅游城市，酒店硬件设施和人文环境对于会议的组织者具有明显的吸引力。而参加各类会议的人士，往往是经济收入和教育程度较高的商务和专业旅客。澳门要成为"世界旅游休闲中心"，需要吸引更多这类高消费力的旅客。会议举办等于在为澳门的旅游度假进行宣传。例如中国内地的私人财富管理业务目前处于快速发展的阶段，而每年他们均会举行一些时间较长、带有度假性质的年会，邀请客户及其家庭成员参加，[6]用作维持增进与客户的关系（其中海南岛的三亚是一个热门的地点）。澳门的会展业可以主动去争取类似的机会。而类似的金融活动，还有企业的年会等，都是值得吸引的高端客户。澳门作为"一国两制"的特区之一，在资讯流通和对外联系方面，享有比国内城市更高的自由度，完全有条件成为各方交流的会议平台和讯息发布中心。

会展业作为一个和其他行业关联性较强的产业，未来的发展需要主动考虑和澳门其他产业的配合，例如文化创意产业。澳门的旅游特色和环境本身均具备吸引游客的资本，而举办会展本身就是一个吸引人流集聚的方式。因此，很多旅游胜地往往也是知名会展城市。未来，澳门会展需要的是像"广交会"、"博鳌论坛"和"达沃斯论坛"这样的品牌会展，使自己能够在区域的会展市场上赢取知名度和别人难以复制的模式。而要有效推进实施，需要更精准的市场定位和各方面的配合。

如果按照澳门会展业协会的估计，从2011年开始，澳门会展业已踏进快速成长阶段。可以说，目前澳门会展业发展到了十字路口，澳门应积极把握和利用《内地与澳门关于建立更紧密经贸关系安排》《珠江三角洲地区改革发展规划纲要》《横琴总体发展规划》以及最新签署的《粤澳合作框架协议》等系列政策带来的优惠措施和机遇，更主动地融入区域的会展市场寻找机会，通过协商分工，避免区域城市之间无谓的竞争。总括而言，澳门会展业的未来发展，机遇与风险并存。而澳门会展业进一步提升的"着力点"在哪里呢？从推动经济适度多元目标出发，配合世界旅游休闲中心定位，吸引高端商务游客，建立具知名度的品牌论坛、展览，培养专业的会展管理、经营人才，提高会展的实际商业效益，应是未来发展的路向选择。

2. 发展具有澳门特色的文化创意产业

文创产业是澳门特区政府在经济适度多元发展中着意推动的产业，并为此而于2010年成立了文化产业委员会。在澳门发展文创产业的选项必须与旅游中心城市定位紧密结合，毕竟每年超逾2500万人次的游客就是一个十分庞大的文创产品消费群体。但是，一个值得留意的结构性问题是，作为澳门具有优势的文化资源，即长达数百年的中西文化交汇，目前并未得到充分利用。特别是2005年申遗成功的澳门历史城区，目前的利用方式主要是吸引游客观光，而其中的文化内涵并未得到很好的推广和开发。一项依据对游客作出的问卷调查分析显示："目前对澳门文化遗产旅游资源的开发过于保守，导致景点的特色不够突出，在国际国内的知名度不高和影响不大。"按照问卷调查数据，游客之中认为世遗景点特色"较鲜明"的只有56.61%，而认为"很鲜明"的仅有9.92%。⑦由此可以推论，以"澳门历史城区"为代表景点，游客进行的主要是"观光旅游"，而非着重文化体验的"休闲旅游"。而这一概念上的区别，对于澳门进行产业多元甚为重要，需要再作进一步的说明。

如前所述，"休闲"和"旅游"是两个需要相同基础，但互有区别的概念。"休闲"是以时间维度以及人所处状态来衡量，意味着可以自由支配自己的时间，进行非工作的活动，主要目的是为了得到身心和精神上的放松休息。休闲可以是相对静态的，例如阅读，欣赏电影、音乐，与朋友聚会和品茗、品酒等，这在客观上要求有舒适、优雅和相对足够的空间环境。而"旅游"则是积极休闲的一种方式，指启动旅程赴外游历，从中感受动态休闲。因此两者加起来的"旅游休闲"即为"在本地以外的地方，自由支配自己的时间进行休闲活动，达到放松身心的目的"。

而因受制于金钱、时间和旅游品位的"走马观花"式旅游与"休闲旅游"的区别，在于这种"赶鸭式"的旅游方式往往内涵单一，"到此一游"

式的旅游消费模式决定了采取这种旅游方式的游客，较少主动消费和体验"文化"附加值高的旅游产品。有人将这种"赶鸭式"的旅游形象地概括为："集合报到、上车睡觉、到了景点赶紧拍照、最后一问却什么都不知道。"因此，如果一个城市的旅游消费是按这样的方式发展的话，不太可能会产生出高品位的文化创意产品。

相反，"旅游休闲"对旅游者时间的支配程度有更高的要求，而相对地他们对旅游产品的消费亦更为讲究，要求更具个性化的旅游服务和消费产品，因而游客一般是收入和文化层次较高的人士。这些游客往往对文化活动以及相关的服务有着更高的品位和要求，而且更愿意消费。例如和澳门一样并称世界三大赌城之一的摩纳哥公国，就是一个可供参考的产业多元化例子。作为一个面积仅1.98平方公里、人口3.3万人的小国，摩纳哥曾经以蒙地卡罗为代表的博彩业闻名于世。但摩纳哥早在20世纪中后期就开始产业多元化的转型，透过优美的环境和良好的管理制度，提升城市的品位吸引游客。目前其经济支柱为旅游、不动产、金融和博彩业，在文化和多元旅游方面，摩纳哥的邮票、国际杂技节、国际烟花节和一级方程式锦标赛不仅具有很高知名度，而且是吸引游客的品牌项目。

总括而言，目前在澳门的产业结构占有绝对比重的博彩旅游业存在三个结构性问题。第一，游客来源地比较单一，主要是中国内地、香港和台湾等澳门周边的地区，国际游客比重偏低；第二，游客平均购物消费和留宿时间增长有待提高，这说明旅游业对经济增长的作用主要是依赖"数量"而非"质量"来推动；第三，澳门独特的文化资源并未得到有效开发，目前仅限于保护和观光功能，制约了澳门文化旅游内涵的多元化发挥。因此，澳门产业多元发展的关键因素，就是能否有效地解决上述几个结构性问题，为经济的适度多元增加有效的元素。具体而言，就是能否通过文化创意产业方式，提高城市的品位和增加文化旅游元素，吸引高端游客来澳门消费和度假。开发更多的文化旅游产品，使旅游业往综合方向发展，改变目前游客平均购物消费偏低，而且主要集中在博彩消费的情况，带动文化创意产业、会展业和综合服务业等新兴产业的发展。

在发展澳门文创产业时，还需要特别重视强调澳门的特色。澳门中国银行和大西洋银行在2012年发行的"龙钞"货币，就是一个颇具典型意义的例证，发行当日就引起抢购热潮。撇除受争议的发行数量及方式之外，从另一角度观察，其实此次龙钞的印制和发行，在不经意之间却为文化创意产业带来了几点启示。其一，独具创意——在整个大中华地区只有澳门在龙年发行印有龙图的现钞；其二，掀动需求——需求范围超出澳门，在大中华地区尤其内地引发庞大需求；其三，高附加值——由于供不应求，造成市场价格一直超逾货币面值的数倍。由此推论，澳门的文化创意产品如要形成产业，至少要具备上述的几项元素，才能在与其他区域的文化产业比较中显示其差异性、有特点和有竞争力。

澳门经济建设协进会在一份研究报告中提出，与内地的众多城市比较，澳门的文化资源相对而言具有独特和难以复制的特色，包括早期远东的贸易港，传承并可以开发的文化产业元素，例如东望洋灯塔、海事博物馆、妈阁塘和荔枝碗造船厂、重建昔日码头、远洋帆船以及开办海上乘船观光旅游。包括今日游人必到的"大三巴牌坊"其实是当年圣保禄修院的前壁，圣保禄修院除宗教意义之外还负有传播欧洲科技文化之角色，当年利玛窦神父就曾在澳门停留了一段时间学习中文，其后才进入内地传教。

将上述的文化元素传承、整合、创新，完全可以培育和演绎系列具有澳门特色的文化产业，就如上海世博会中国馆的动感清明上河图一样，既再现了历史，又显示了艺术的传承和创新；既可以增加澳门的文化旅游项目为游客带来喜悦，又可以为具有澳门特色的文化产业带来实际的商业效益。

四　区域合作推动经济适度多元发展

从 20 世纪 80 年代开始，澳门经济发展一直受惠于与内地的区域合作带动。澳门特区成立以后，与内地的经贸合作越趋紧密。2003 年对澳门特区而言，在拓展区域合作方面具有特别重要的意义。首先是国家商务部在澳门设立"中葡经贸合作论坛"，目的是通过澳门设立服务平台拓展与葡语国家的经贸联系和合作；同年 10 月，国家商务部与澳门特区政府签署了《内地与澳门关于建立更紧密经贸关系的安排》（以下简称《安排》）。其中在服务贸易的旅游合作项目中，开放内地居民个人游，即以"自由行"形式赴澳门旅游。此项措施，对于以旅游业为主导产业的澳门来说，获得了前所未有的发展机遇，并由此产生强力的投资及消费促进作用。在这项政策的推动下，内地游客在 2003 年首次超越香港游客，成为澳门旅游市场的第一大客源。直至目前，内地游客的人均消费一直高居首位，由此为澳门旅游市场带来了数以百亿计的消费效益。

1. 粤澳合作框架协议定立发展目标

如果将 2003 年《安排》的签订视为澳门与内地紧密经贸合作启动的话，那么，2009 年澳门特区成立十周年以来，澳门与内地，尤其是粤港澳之间的区域合作则进入了一个明显的加速期。2009 年以来，随着《珠江三角洲改革发展规划纲要（2008—2020 年）》《横琴总体发展规划》实施，区域合作成为澳门城市建设和经济发展的重要推动力。而 2011 年 3 月签署的《粤澳合作框架协议》，则为粤澳两地合作设定了重点开发横琴、推进区域融合、达至建成具有世界影响力城市群的宏远目标。《粤澳合作框架协议》提出，双方合作路向将沿三条主线推进：一是加快区域融合发展。框架协议提出到 2020 年"区域一体化格局基本建立"的发展目标，着力推进生产要素在区域内快速流通，推动社会公共服务开放共享，促进社会文化生活的融合发展，推动区域资源整合优化配置，探索构建区域一体化新格局。二是合作开发横琴新区。珠海横琴开发热议多年，国务院在澳门特区成立十周年前夕的 2009 年 8 月批复由广东省上报的《横琴总体发展规划》，用意十分明显，就是通过与澳门近在咫尺的横琴新区开发，弥补澳门土地资源和劳动力不足的局限。既有利于澳门的长远发展，又可以此在横琴引入高端产业、现代服务业和新技术投资，推动粤澳、珠澳更紧密合作，并在珠三角西部形成新的增长点。三是推动澳门经济适度多元发展。通过横琴产业园区建设，为澳门的经济适度多元提供新的发展空间；通过联合推广一程多站连线游，让澳门的世遗历史城区提高知名度，延伸旅游业的产业链；通过会展、文化创意和包括中医药的医疗保健产业合作，改变澳门产业结构过于单一的现状。

沿着粤澳合作三条主线的路径探索，发现横琴可成为粤澳区域融合的测试点和切入点。澳门通过参与横琴开发，其实就是推动经济适度多元发展的一种有效方式，而建设澳门大学校区和粤澳合作产业园区，使澳门由此获得了新的承载空间。因此，横琴开发就成为粤澳合作的重点。2009 年 8 月 14 日，国务院正式批复实施《横琴总体发展规划》。按照部署，在推进横琴开发的过程中，将以横琴为载体，通过创新合作机制与管理模式，共同打造跨界合作创新区，以此弥补港澳土地资源不足和劳动力相对短缺的局限，为逐步改变澳门经济结构单一的问题提供新的空间，并由此推动澳门经济适度多元发展。

2. 横琴新区开发为澳门经济多元提供发展机遇

《横琴总体发展规划》明确提出："推进横琴开发，有利于促进澳门经济适度多元发展和维护港澳地区长期繁荣稳定。"并在"产业发展目标"中特别强调，要加快转变产业发展方式，优化产业结构，发展以高端服务业为主导的现代产业。深化落实 CEPA，为澳门居民在横琴投资、就业创造条件，促进澳门经济适度多元发展。

第一，横琴为澳门提供产业发展土地空间。横琴岛的全岛面积有 106 平方公里，按照《横琴总体发展规划》的设定，到 2020 年可供开发使用的土地为 28 平方公里，其中，在建设用地规模安排提出"为澳门适度多元发展提供必要的空间"。2011 年 3 月，广东省和澳门特区两地政府签署的《粤澳合作框架协议》列明：广东与澳门将在横琴共同建设粤澳合作产业园区，土地面积约 5 平方公里。目前，横琴岛的基础设施建设已经全面展开，由政府负责土地开发及市政基础设施和道路交通建设，为企业投资进驻提供完善的营商环境。

第二，人员货物进出横琴实行便利措施管理。横琴海关实行"分线管理"的细则虽然有待明确，但基本原则是"一线"放宽、"二线"管住。目前依据各方的资料解读，横琴与澳门之间的口岸实行"一线管理"，简单来说，就是从澳门莲花桥进出横琴口岸将会实行便利的人员、车辆和货物通关管理。而在横琴连接珠海市内的地方实行"二线管理"，在此实行货物的报关、报检与监管查验。上述的"分线管理"措施是横琴管理制度创新之一，带有部分的自由港性质。粤澳两地政府还提出，争取在横琴口岸实行 24 小时通关，人员通关按现有模式管理；同时，将对澳门居民进出横琴实行更加便利的通关措施，这将对人员货物流通和吸引企业投资产生积极的促进作用。

第三，政府支持重点园区开发、投资、建设。《粤澳合作框架协议》提出，由澳门特区政府统筹澳门工商界参与粤澳合作产业园区建设，研究采取多种措施，从资金、人才、产业等方面全面参与横琴开发。重点发展旅游休闲、中医药、文化创意、教育培训等产业和项目，加快建设横琴休闲度假区，合作发展高品质旅游休闲度假项目，将澳门商贸服务平台功能延伸到横琴，拓展澳门商贸服务业发展腹地，并积极研究制定澳门居民跨境就业、生活的社会福利安排配套政策，促进澳门产业和就业的多元发展。

第四，关于税收及其他优惠措施。国务院在 2011 年 7 月批复横琴新区特殊政策之后，各方评论认为横琴新区未来将实行比特区更特的各项优惠政策，包括：对从境外进入横琴与生产有关的货物实行备案管理，给予免税或保税；横琴企业之间货物交易免征增值税和消费税；工商税税率定为15%，对在横琴工作的港澳居民实行个人所得税差额补贴。除上述系列优惠措施外，对于澳门企业来说，在横琴投资，对人力资源需求和专业人员招聘方面将更为方便。目前，横琴新区管委会已成立投资促进中心，为有意投资横琴的企业提供服务。

包括横琴开发的新一轮的粤港澳紧密合作，将会带动一系列的发展商机。珠三角城市群规划建设，粤港澳共建优质生活圈，与珠三角交通网络对接，简化和便捷口岸通关，旅游、产业、科技、教育和文化的合作，社会公共服务互相衔接，以及广州南沙新区开发等区域合作，都将对澳门经济多元以至城市建设和社会发展产生重大影响。从澳门的角度看，参与紧密合作的范围和组成可以包括粤港澳、粤澳、港澳和珠澳等几个层面的网络联结，其中的"珠澳"应该包括由澳门、珠海、中山、江门等珠江三角洲西部城市组成的一小时经济生活圈和城市群。珠三角东部在地区的发展处于领先地位，但目前在土地与资源的利用方面已日渐呈现饱和，产业结构也面临升级换代问题。珠三角西部相对滞后，但具有后发潜力。因此，大珠江三角洲未来的发展重点，将会包括珠江三角洲的西部地区。与珠三角东部早期以出口为主导的密集加工制造业模式相较，珠三角西部未来的发展模式应该更注重绿色、低碳、节能和环保，而澳门构建世界旅游休闲中心的发展定位，正好符合这种可持续发展的模式。如果澳门和这组城市群紧密合作，将会加强西部沿海天然和人文旅游资源共享，以及中葡经贸论坛和粤西地区经贸服务平台的功能，对促进澳门经济多元发展具有积极的作用。

从更大的范围和发展前景考虑，珠三角西部的延伸连接泛珠三角的广西、云南乃至东盟地区，将会是国家拓展区域合作长远发展的重要组成部分。而粤港澳紧密合作的宏远目标，就是在提升区域实力的基础上，共同建设发达的经济圈和世界级的城市群，为居民享有优质生活、为国家繁荣强盛有所作为。

---

①澳门特别行政区政府统计暨普查局 2010 年、2011 年本地生产总值。

② 《中央对澳门经济政策或有微调?》,中国评论新闻网,2009 年 4 月 13 日。

③⑤澳门特别行政区政府统计暨普查局:《2011 年旅游统计》,2012 年 3 月 30 日。

④ 《亚洲宜居城市,澳续排第七》,澳门:《澳门日报》2012 年 4 月 19 日。

⑥参考 http://news. 163. com/10/1208/02/6NBN8ElB00014AED. html。

⑦梁文慧、马勇:《澳门文化遗产旅游与城市互动发展》,北京:科学出版社,2010,第 32 ~ 35 页。

作者简介:杨道匡,澳门特别行政区政府经济发展委员会委员、澳门基金会研究所副所长、澳门经济建设协进会理事长。

[责任编辑:刘泽生]

(本文原刊 2012 年第 3 期)

关于粤澳合作的政策思考

鄞益奋

[提　要]　未来粤澳合作的开展中，澳门特区政府需要特别重视"发挥澳门核心优势""完善粤澳合作机制""提升珠澳合作成效""参与合作开发横琴"等四个方面的政策。特区政府应该紧紧抓住澳门在粤澳合作中的制度优势、平台优势和文化优势等核心优势，检讨完善粤澳合作机制，在珠澳合作中引进深港合作的经验，全面积极参与横琴开发，才能在未来的粤澳合作中掌握主动性和占领制高点。

[关键词]　粤澳合作　合作机制　珠澳合作　横琴开发

澳门回归祖国以来，粤澳合作取得了很大的成绩，合作领域从经贸合作领域拓宽到民生领域，合作主体从民间层面提升为政府层面。然而，粤澳合作面临的各种关系错综复杂，近年来始终处于一种"摸着石头过河"的状态。比如，在展开粤澳合作的过程中，澳门特区政府就需要直接面临如何处理好与中央政府、广东省政府以及珠海市政府关系的深层次问题，而这些问题在实践中又经常充满变数，没有既定的制度文本加以规范和约束。更进一步讲，粤澳合作的进程既缺乏有明确权责的组织机构来推动，也没有系统化的合作机制确保粤澳双方的互利互惠，从而使得粤澳合作在过去的实践中出现制度文本框架、组织管理机构以及利益共享补偿机制等各种"制度硬件"的缺位。因此，尽管自澳门回归祖国以来，粤澳合作取得了一定程度的成就，但由于这是一项"前无古人"的充满不确定性和开拓性的跨境区域合作事业，在过去十几年中并未能形成较为完善的合作框架和制度，总体成效不高，对澳门经济适度多元的拉动作用也不明显。《粤澳合作框架协议》为粤澳合作的发展带来了前所未有的机遇，澳门应该着力于善用自身特有的制度优势、平台优势和文化优势，同时着眼于完善粤澳合作机制，理顺横琴开发中的合作关系，为建设和打造"亚太地区最具活力和国际竞争力的城市群、世界级新经济区域"的目标定位贡献澳门的元素和力量。

一　发挥澳门的核心优势

《粤澳合作框架协议》的签署，是粤澳两地最高行政首长在中央政府的见证下签订的跨境区域合作文件，为粤澳合作的展开提供了较为全面和扎实的制度保障。可以预期，协议中所确定的粤澳合作的合作定位、基本原则、主要目标、合作内容、合作机制等方面内容，将可以最大限度地减少粤澳合作中可能产生的摩擦和争执，为实现粤澳双方的互补共赢创造新的机会和空间。对澳门而言，要实现协议所期望带来的共进共荣，首先要着眼于从粤澳合作的自身特色出发，积极发挥自身特有的制度优势、平台优势和文化优势，以此在推动广东科学发展的同时推进澳门经济适度多元发展。

（一）粤澳合作的自身特色

粤澳合作没有先例可以借鉴。就目前来看，可以作为"粤澳合作"参照体系的只有"粤港合作"。从本质上讲，"粤澳合作"和"粤港合作"一样，都是一种跨境的合作、一种在一国之内实行社会主义制度和资本主义制度两种制度的两个行政区域之间的合作。然而，与粤港合作相比较，粤澳合作又存在自身很多独特的特点。

首先，产业结构的迥然不同和经济实力的过分悬殊，使得粤澳合作存在产业难以对接和地位不对等的内在尴尬。一方面，与香港以金融、航运以及贸易为支柱产业不同，澳门是以博彩业为绝对主导产业的特殊经济体，澳门的产业结构无法对广东省产生强有力的辐射作用。另一方面，澳门的经济规模属于典型的微型经济体，与广东省的经济实力相比，有着巨大的差距。三地政府的统计数字表明，2011 年广东地区生产总值为 53000 亿人民币，香港的 GDP 为 18909 亿港元，而澳门 GDP 为 2921 亿澳门元。

其次，长期以来，由于粤澳合作缺乏宪政性文件的规范和指引，导致合作进程无章可循，从而无法得到实质性进展。《粤澳合作框架协议》的签署，向粤澳两地居民展示了诸如产业协同发展、跨境基础设施统筹对接、社会资源分享、共建优质生活圈等粤澳合作一体化的前景，形成了粤澳合作的制度框架，为粤澳合作带来了千载难逢的新机遇。

（二）深化粤澳合作要注重发挥澳门核心优势

澳门首先要发挥一国两制的核心优势。"一国两制"可以说是澳门最为显著和重要的优势。在"一国两制"下，澳门实行低税、自由港的经济制度，实施立法行政配合制约的政治制度，并享有除了外交和防务之外的各种政策制定的高度自治权。这些制度既可以帮助广东省实现由于体制约束所完成不了的发展愿景，又可以为广东省进行社会管理体制的创新提供借鉴。

在《粤澳合作框架协议》中，澳门"一国两制"的制度优势集中地表现在"合作开发横琴"的内容板块上。虽然协议规定珠海承担横琴开发的主体作用，但澳门的角色和作用同样也不可忽视。根据协议的规定，我们不难发现，在横琴开发的问题上，除了"分线管理"的通关制度创新以及产业园区的规划之外，更为基本的问题就是在横琴建立与澳门自由港相适应的经济管理体制，同时加强横琴和澳门在社会管理和公共服务方面的对接。这就意味着，横琴在金融管理及社会管理体制方面的创新将逐步向澳门靠拢，彰显澳门"一国两制"制度优势对粤澳合作的重要意义。

其次，澳门要着重发挥国际交流的平台优势。由于特殊的殖民统治历史，澳门有着广东省所无法比拟的国际交流平台优势。一直以来，澳门与葡语国家、欧盟国家以及东盟国家都保持着良好的交往关系，有着包括葡语、欧盟、东盟国家等在内的广阔的国际市场。这种国际交流的平台优势从澳门回归祖国不久之后就被发现和关注。回归后不久，澳门被赋予"中国与葡语国家经贸合作平台"等三个平台的角色并发挥了重要的作用，受到了广泛的认同。新近出台的《粤澳合作框架协议》更是显示出对澳门作为中国与葡语国家交流平台角色的充分重视。诸如"联合申办国际知名展会和综合展会""扩大人民币境外结算区域""共同开拓国际市场"等产业协同发展的合作事项，可以说都是以澳门的国际交流平台优势为出发点而提出的谋划方略。

在国际交流的平台优势方面，澳门的优势不仅体现在国际市场优势，而且还表现在国际交流人才及其培训教育的优势。例如，澳门集中了大中华圈中最多的葡语人才，也拥有最为雄厚的葡语教育师资团队。对澳门人才及教育的这种优势,《粤澳合作框架协议》有着清醒的认识,比如在横琴开发方面,协议就提到"澳门特区政府研究采取多种措施,从资金、人才、产业等方面全面参与横琴开发";在加强职业教育培训合作方面,协议也提出"鼓励澳门教育培训机构与广东教育培训机构合作开展职业教育培训项目",以便通过粤澳合作实现优势互补、互利共赢。

最后,澳门要充分利用和发挥中西交融的文化优势。温家宝总理在2010年考察澳门的时候曾经言简意赅地谈道,"澳门是个有文化的地方"。这短短十个字,体现出总理对于澳门文化底蕴和文化潜力的高度认可。确实,中西文化交融是澳门独特的城市禀性。澳门虽为世界著名赌城,但也有着源远流长的历史传统和浓郁厚实的文化底蕴。迄今为止,澳门仍然保留着完好的西式教堂以及中国古代庙宇等建筑,并据此成功申请到了"世界文化遗产"。

基于澳门文化的独特优势,近几年,澳门特区政府高度重视文化创意产业的培育和发展,并把发展文化创意产业作为经济适度多元发展的一个重要突破口。就此,《粤澳合作框架协议》提出,要推动两地文化产业发展策略的联动互补,鼓励两地的文化投资,支持两地的文化服务产业合作,发展具有岭南特色、中西融合的文化品牌。这显示出该协议特别看好澳门文化的发展潜力,在一定程度上把广东省文化创意产业的发展和澳门文化创意产业的发展捆绑在一起,努力形成"1+1>2"的合作效应和整体效应。

二 完善粤澳合作机制

建构合理有效的合作机制和协调机制,在促进粤港澳合作进程中具有重要的现实意义。"提升和完善合作机制是粤港澳实现区域经济一体化、深化合作水平的重要保障。"[①]完善粤澳合作机制,首先可以考虑成立一个常设机构和专职机构协调粤澳合作事务。其次应该建立相关的利益分享、补偿机制和矛盾化解机制。最后需要推动粤澳合作从非制度化的协调机制走向制度化的协调机制,从而化解利益冲突,达成优势互补,互利互惠,共同发展。

(一) 成立粤澳合作的专责机构

粤澳的合作主体间是一种多中心的关系,是网络状治理结构,而不是自上而下的科层结构。尽管粤澳两地在经济实力方面有所差别,从原则上讲粤澳两地的合作始终是一种平等互动、相互依赖的关系。粤澳合作进程本质上是粤澳两地的利益协调过程。从理论上讲,"利益协调需要有一定的组织机构来组织和实施"。②从国际视野看,区域合作成功的地区往往是由一个专责机构来协调。例如,欧盟的区域政策之所以取得巨大的成功,其重要原因在于其拥有完备的组织机构,保证了其区域政策运作的规范性。在欧盟体制中,欧盟一级的协调机构就包括:欧洲委员会、部长委员会、常任代表委员会、欧洲议会、经济与社会委员会和区域委员会。

长期以来,中国在区域合作中只建立了如"联席会"等松散性的协调组织,由于其不具有约束力,因此无法对区际利益冲突进行协调,影响了区域政策的实施。在这种情况下,国内已经有学者提出:"我国目前应建立起超越地方政府的具有政治权威的区域管理机构,并以法律化的形式将其固定下来,明确其职权,并赋予其高度的监督及调控区域利益的权力,而不是一种无实权的'虚设'机构。"③

因此,为了提升粤澳合作的成效,从长期看应该成立一个专责管理粤澳合作事务的常设性机构。这就正如有学者所提出的粤澳港一体化的建议那样,"总体来看,粤港澳的合作应该从现在以地方为主的双边协商机制转变为中央主导下的三边协商机制;由联席会议机制向联席会议与常设机构相结合的机制转变"。④

(二) 建立利益分享、补偿机制和矛盾化解机制

欧盟和北美自由贸易区等区域合作区的成功经验表明,在成立常设性合作协调机构的基础上,还需要有法律和规范的制度框架,需要有一套较为完善的利益分享机制和利益补偿机制。有一套行之有效的化解矛盾机制,才能有效调整区域合作主体间的关系,增加和促进主体间的共同利益,减少或消除合作主体间的利益分歧。因此,在设置粤港澳合作的协作机制中,需要从建立制度文本规范、设立利益机制和化解矛盾机制等方面来考虑。

首先,需要有一定的制度文本来规范和约束合作主体的合作行动。一般来讲,规范区域合作的制度文本采取区域公约和合作主体间的协定,要求成员共同遵守、按一定程序办事的规程或行动准则。例如,欧盟就通过了一系列的区域公约、双方协定等协调方式,建立了有效的区域法律制度,运用了如拨款、优惠贷款、减免税收等多元化的区域政策和制度,实现区域经济协调发展的目标。它可以减少合作过程中的"讨价还价",提高合作效益。

其次,需要有完善的区域利益分享和利益补偿机制。在粤港澳合作的

进程中，随着珠三角各市利益独立意识的日益觉醒，形成一个各方都能接受的利益分享机制和利益补偿机制，显得尤为重要。如何增加共同利益并使各成员都能合理分享区域共同利益，使其在增加区域共同利益的同时增进自身的利益，一直是区域合作中的核心问题。欧盟的经验表明，"欧盟各种制度的作用本质上都是通过协调行动促进成员国之间的稳定与合作，不断增加共同利益，最终实现其共同目标"。[⑤]值得关注的是，在利益分享和利益补偿的机制设计中，政府和市场的作用各有不同。有学者指出，"从'利益分享机制'看，强调的是在市场经济关系的基础上形成地区间的竞争与合作关系。而在'利益补偿机制'运行中，中央政府处于核心地位。'利益分享机制'强调的是形成一种合理的地方经济关系，而在'利益补偿机制'中，不管是纵向的利益转移还是横向利益转移，中央政府都处于核心地位，地方政府则是转移或被转移的对象"。[⑥]这表明了，在粤澳合作的过程中，利益分享更多的是粤澳双方在市场竞争合作的过程中依靠市场自发配置资源的，而利益补偿则更多地需要发挥诸如中央政府等协调机构的作用和功能。

最后，需要有调节纠纷和化解矛盾的机制。在某种意义上讲，竞争和合作往往是共存的，区域合作过程中往往夹杂着竞争和冲突。区域内各成员之间的竞争关系和冲突关系都是客观存在的，不可能因为对合作关系的强调，竞争关系就会消失。也就是说，在区域合作的过程中，尽管主流的价值是提倡互利互惠的合作，但同时也可能存在零和博弈的合作结果。事实上，长期以来，中国内地各个地方区域的区域内部就广泛存在着"你有我无"的恶性竞争现象。"以行政区划为沟壑的城市间、地区间的恶性竞争、重复建设现象层出不穷，各级政府'各自为政'的理性选择结果，却表现出整体上的发展无序和不理性，城市和局部地区所获得的短期收益往往是以区域不可持续发展、长期利益损失为代价。"[⑦]由于区域合作是合作各方长期博弈的关系，它不是一次博弈的合作过程，而是多次博弈的合作过程，这就要求在区域合作的协调机制中配套化解矛盾的机制，充分发挥协调机构的作用，综合利用各种关系、政策和资源调节矛盾纠纷，平衡矛盾各方的利益关系。

（三）从非制度合作走向制度合作

区域经济学认为，"区域有三种类型，即经济区、行政区和合作区，每类区域都有不同的运行机制，以不同的方式和不同的力度作用于区域经济发展。合作区的运行机制是行政区运行机制和经济区运行机制的共融。由于行政区的运行机制是行政机制，经济区的运行机制是市场机制，因此，合作区的合作机制应该是行政机制与市场机制的结合"。⑧从这个角度看，由于粤澳合作本质上属于合作区，它的合作机制和协调机制归根结底应该是市场机制和行政机制的结合，应该由市场的、非制度的合作走向政府的、制度的合作。

粤澳的合作首先是一种跨行政区的合作，区内包括实行社会主义制度的广东省和实行资本主义制度的澳门地区。这是粤澳合作最大的特点，也正是在这个意义上，当前粤澳合作已经上升为国家战略的层面，在一定程度上承担着保持澳门长期繁荣稳定的重要使命。另一方面，由于粤澳实行不同的经济制度，粤澳的合作在此意义上无法界定为经济区的合作。因此，从上述区域经济学关于区域类型的划分中，粤澳合作应属于"合作区"的合作。这就说明了，在设置粤澳合作的协调机制中，关键的问题在于恰如其分地结合与运用行政机制和市场机制。

在一般合作区的区域合作中，政府间协调机制的建立，可以弥补市场协调不足和市场协调失灵的弊端。"如果缺乏政府间的协调机制，市场经济的利益最大化和资源配置规律决定双方区域经济合作的发展终局可能会是差异性发展和掠夺性竞争。"⑨在粤澳的合作中，政府间的协调被赋予了特殊的意义。基于"跨境合作"的特质，粤澳合作的意义已经超出区域经济合作的范畴，成为一场验证和深化"一国两制"政治事业的重要合作实践，具有深远的政治意义。在这种情况下，离开了政府的介入和协调，市场中的企业更容易会在激烈的竞争中无所适从。在粤澳合作中，澳门的企业规模和实力较小，如果失去了政府的相关支持，企业就更加难以在合作中很好地获益。因此，在促进粤澳合作中，澳门政府更需要发挥积极的作用，更为主动地加入粤澳合作当中。

三　在珠澳合作中引入深港合作的经验

毋庸置疑，珠澳合作是粤澳合作的核心内容。在未来的粤澳合作中，珠澳合作如何实现新的突破，很大程度上决定了粤澳合作的成效。笔者认为，珠澳合作需要认真学习深港合作的经验。近年来，深港合作不断探索和创新并取得了实际成效，在有序展开政府合作、统筹兼顾利益分配以及不断推进制度创新等方面都值得珠澳合作借鉴。

（一）政府合作的有序展开

2004年，深港双方签署了《深港两地政府合作备忘录》及相关协定，两地政府建立了固定的沟通交流机制，意味着深港合作从企业合作、民间合作走向政府合作。此后，深港两地政府间高层互访显著增多，合作领域不断拓宽，合作层次日趋升级，合作成效愈加明显。

总体来看，深港政府合作的特点和经验可以总结为三个方面。第一，深港政府间的沟通联系比较频繁，每年定期、不定期的互访交流次数较多，并且交流内容都较为具体而实在。第二，深港政府间的沟通不仅停留在高层的互访，而且还广泛涉及具体的政府部门之间的合作，比如2007年举办的"深港创新及科技合作督导会议"就有深港两地27个政府部门参加。第三，深港政府合作能够具体落实，对社会有实实在在的效果，为市场牵线搭桥，为企业提供各种服务，比如由"香港生产力促进局"和深圳市政府属下的"深圳中小企业服务中心"共同组建的"深港生产力基地"设有六个技术中心，为香港以及内地企业提供环保技术、电子及汽车技术、软件及漫画产业、科技转移等方面的服务。

比较之下，珠澳合作在政府合作方面显得滞后，目前珠澳政府间的合作机制主要还停留在实现珠澳高层互访制度化和常态化的讨论。借鉴深港合作的经验，珠澳合作应该从以下三个方面进行完善和努力。

首先，增强政府的沟通联系次数，加强珠澳高层领导的会晤和对话。沟通联系次数频繁无疑是合作成效的一个象征。就目前来看，珠澳两地的政府间交流太少，完善珠澳合作机制的首要环节就是要使珠澳合作在民间主导的合作基础上增强政府层面的合作。在这方面，可以考虑珠海市政府和澳门特区政府之间建立一个类似于广东省政府和澳门政府的高层联席会议制度，定期让两地的地区首长展开面对面的会谈，然后由专职小组去解决两地共同要解决和协调的问题。

其次，在增强政府间高官的互访活动的同时，加强具体职能部门之间的沟通和联系。一直以来，珠澳合作并不缺乏合作的蓝图和目标。然而，珠澳合作的很多计划都无法得到落实或者说落实较为缓慢。这其实是一个政府执行力的问题。而提高政府执行力的唯一办法和途径，只能是通过珠澳两地具体执行部门之间的沟通互动，把合作中执行政策的具体困难摊到台面上谈，然后彼此互相想出解决问题的办法，并向上级反映和汇报执行中的困难。因此，加强珠澳两地政府具体执行部门和职能部门的沟通互动，是珠澳合作进程有序推动必不可少的关键环节。这个环节在珠澳合作的实践存在较大的缺漏。

最后，切实提升珠澳合作的成效，确保珠澳合作成为"实实在在的合作"。从珠澳合作的实践看，珠澳合作的成效与深港合作有很大的差距。由于澳门产业结构的特殊性等方面的原因，珠澳合作很难产生像深港合作那样直接的合作效果，甚至有些合作活动只是为了合作而合作，并没有从根本上去研究合作能够为双方带来什么样的好处。珠澳合作成效不高，在一定程度上是澳门行政体制的僵化所造成的，有些合作项目往往由于澳门行政程序的复杂而无法深入开展。因此，在珠澳合作的过程中，需要加快澳门行政改革的步伐，简化澳门烦琐的行政程序，提升珠澳合作的效率和成效。

（二）利益分配的统筹兼顾

深港合作成果显著，除了政府合作的有序展开之外，更为本质的原因在于深港双方有一个比较好的利益契合点，双方在合作中实现了优势互补，互利互惠。相比之下，珠澳合作多年来进展不大，其根本原因在于两地的利益分配问题没有处理好。如果利益分配的均衡化能够得到解决，将能从根本上改变目前珠澳合作的困境，推进两地合作的实质发展。

在有些人看来，由于珠澳两地地位的不对等，珠澳合作中珠海的利益往往是被漠视和牺牲的。虽然珠澳合作一直在倡导互利互惠，但在珠澳合作的实践中，珠海和澳门在合作中的获益不对等、不对称，无法真正实现利益共享、平等互利的双赢格局。这导致了珠海从政府到民间对澳门都有些看法和怨言。而利益分配不均导致的这种对立化情绪，对珠澳合作的进展无疑产生了严重的阻碍作用。

为了化解可能存在和持续的矛盾与对立情绪，珠澳合作过程中一定要充分重视利益分配的均衡化问题，切实促使珠澳双方认识到"珠澳利益共同体"的本质。首先，要从感情上建立一种兄弟般的伙伴关系，构建互相信任和睦邻友好的社会资本，减少合作中的摩擦，让合作多一些相互支持的温情而少一些你争我夺的算计。

其次，要加强珠澳双方的相互了解，使双方真正认识到珠澳的发展唇齿相依，缺一不可，增强合作意识。具有讽刺意味的是，珠澳两地虽然地理位置相互毗邻却缺乏对彼此足够的关心和了解。然而，为了让珠澳双方更好地实现利益共享，需要双方不断去发现和利用对方的优势和潜力，以真正体会对方对实现自身利益的重要性和必要性。

最后，要使珠澳双方在合作过程中逐步掌握利益让渡和利益补偿的合作艺术，达到长远的合作双赢。珠澳合作过程绝不是一次博弈而是多次博弈，合作一方不可能只是一味的是索取者或者是获益者，因此珠澳双方一定要在"取"和"舍"中取得平衡。在这方面，可以考虑从国家层面上用财政转移支付的方式，对珠澳的合作项目中可能利益受损的一方给以相应的补偿。

（三） 制度创新的不断推进

珠澳合作和深港合作一样，本质上都是一个体制不同、经济存在差异、处在不同关税区的跨境合作。在"一国两制"下，珠澳合作和深港合作都是一种前无古人的合作事业，合作进程尤其依赖制度创新的力量。

在这方面，深港合作作出了比珠澳合作更为大胆的探索和尝试。一路走来，深港合作的制度创新不仅包括制度规范的创新，还有运作模式、管理办法等方面的创新。比如，深港两地在口岸和通关合作上就实现"一地两检"通关模式，深港口岸实现了 24 小时通关，逐步实现无缝化对接。又如，自 2009 年 4 月 1 日开始，深圳户籍居民可以办理一年多次往返香港的个人旅游签注。这些例子都是深港合作在制度创新方面的生动表现，值得珠澳合作认真学习和借鉴。

珠澳合作的制度创新略显不足，即便有诸如横琴开发等方面的创新举措，但其制度创新更多的是在粤澳合作的框架下讨论的。问题还在于，珠澳合作中珠澳自发提出的创设性制度创新非常罕见，而且就连学习深港合作的"学习型、效仿型"制度创新也迟迟难以获得批准，深圳与香港两个城市诸如"深圳居民一年多次赴港""24 小时通关"等一些创新性的制度政策，在珠澳两地看来似乎遥不可及。从这个角度看，珠澳合作不仅是珠海和澳门的合作，也不仅是广东和澳门的合作，它折射的是中央政府和澳门的内在关系。

作为内地与澳门合作的先锋，珠澳合作要考量的因素非常复杂，探讨制度创新的道路必定困难重重，在这方面澳门需要多些承担和贡献，在制度创新方面携领珠海开拓新的空间。这里需要强调的是，在学习借鉴深港合作的同时，珠澳合作不能照搬照抄深港合作的经验，而是需要根据自身特色进行学习型的创新。"粤澳合作不能照搬粤港模式，需要在粤澳合作现状和澳门的特殊情况上有所创新。"[⑩]

四　全面积极参与横琴开发

横琴开发肩负着深化粤港澳合作、推动广东经济社会转型发展、促进澳门经济适度多元发展和维护港澳地区长期繁荣稳定等重大的战略目标，横琴被赋予"粤港澳紧密合作的新载体"的角色定位。合作开发横琴新区不仅是一个制度文本规范的问题，更在于制度运作机制的问题，如何在运行层面落实《粤澳合作框架协议》的制度精神和原则，需要在实践中不断探讨和完善。

横琴开发的关键，在于横琴拥有特殊的政策优惠，横琴创新政策由此成为人们关注的重点。人们关心的是，横琴的政策创新何以承受各种战略任务之重。事实上，单独依靠内地政府针对横琴开发的政策创新，并不足以支撑促进澳门经济适度多元发展等战略任务。横琴创新政策的颁布，为澳门经济适度多元的发展无疑注入了强心针，与此同时，需要澳门特区政府积极出台鼓励横琴开发的政策，进一步理顺横琴开发中各合作主体的关系，以更好实现横琴开发对澳门经济适度多元发展的拉动作用。

（一）横琴开发需要双重政策创新

"比特区更特""特区中的特区"是粤澳携手宣讲横琴政策创新的核心要旨，表明横琴新区将享受比特区还特殊的政策。横琴新区将在"特区"加"保税区"的双重特殊制度下，建立与港澳自由港政策相适应的经济自由机制，促进粤港澳人流、物流、资金流和资讯流的聚合流动，为支持澳门经济适度多元发展创造条件。其中，特殊的通关制度和税收优惠，是横琴各项政策创新中最为亮眼的政策。

作为当前中国唯一的粤港澳紧密合作示范区，创新通关制度、口岸分线管理是横琴创新政策的突破口。未来横琴的通关制度，将按照"一线放宽、二线管住、人货分离、分类管理"的原则实施分线管理。具体而言，横琴与澳门之间设定为"一线管理"，承担出入境人员和交通运输工具的出入境边防检查、检疫功能；横琴与内地之间设定为"二线管理"，主要承担货物的进出境报关、报检等查验监管功能。同时，"分线管理"的通关模式中还对澳门居民进出横琴实行更加便利的通关措施。这种先行先试的"分线管理"通关模式，使横琴成为"自由贸易区"，有利于全球优秀企业及资金流向横琴，从而极大地推进粤港澳一体化的进程和步伐，进而为澳门非博彩行业的发展提供了广阔的空间和机遇。

降低税率、放宽免税适用范围的税收优惠是横琴创新政策的核心。在中国内地，横琴是东部地区享受企业所得税优惠政策的首个区域。在横琴，符合条件的企业按15%的税率征收企业所得税，这个政策的落实将为横琴新区旅游休闲、商务服务、金融服务、文化创意、中医保健、科教研发和高新技术等产业发展奠定良好的基础。同时，在横琴工作的港澳居民的个人所得税暂由广东省政府按内地与港澳个人所得税负差额对港澳居民给予补贴税。此外，在横琴，企业间货物交易将免征增值税和消费税。与国内现有保税区域相比，除生产加工、仓储物流等企业外，横琴发展的产业范围更多的是商务服务、休闲旅游、文化创意、金融服务和科教研发等企业，企业间货物交易免征增值税和消费税范围将大幅扩展，形成更加完善的营商环境，为澳门多元产业的发展提供基础和支撑。

横琴政策创新体现了国家对横琴开发的支持。然而，由于横琴开发承担着促进澳门经济适度多元的重任，横琴开发的成效不仅依赖于内地政府的政策创新，也要依赖于澳门特区政府的政策创新。也就是说，单独依靠内地政府的政策创新来引导横琴开发是不够的，为了加快澳门经济适度多元发展的进程，澳门特区政府应该加大政策激励和创新的力度，出台相关的政策激励中小企业积极参与横琴开发。

崔世安特首在《粤澳合作框架协议》暨横琴政策创新宣讲会中指出，特区政府将全力从法规完善、机制建设、资源投入等方面，积极推进框架协议和横琴创新政策的落实，有关支持本澳中小企业参与横琴发展的相关政策正在加快制定之中。这显示了，澳门特区政府已经意识到，要充分发动社会各方和中小企业的力量参与横琴开发，以加快借助横琴开发实现澳门经济适度多元的发展步伐。从当前的情况看，特区政府应该从中小企业需要解决的问题以及澳门重点培育的产业出发，出台相关的政策。

一方面，特区政府需要着眼于当前澳门中小企业面临的各种难题，激励中小企业参与横琴开发。相关的调查研究表明，当前困扰澳门中小企业发展最大的难题莫过于人力资源和资金的问题。其中，"请人难"更是中小企业面临的普遍难题。"本地工人不愿意做，而外地劳工的名额又很难申请"，是不少中小企业主共同的困惑。有鉴于此，特区政府可以考虑从人力资源政策创新和融资政策创新方面着手，对参与横琴开发的中小企业提供一定的政策倾斜。

另一方面，澳门特区还可以从产业政策入手，对当前澳门正在重点培育的文化创意产业、会展业、物流等新兴产业进入横琴发展提供政策优惠，延伸澳门文化创意产业等新兴非博彩行业的发展链条，同时致力于提供较好的商业配套服务，搭建发展平台，消除文化创意产业等行业进入横琴发展的疑虑，尽量为澳门企业参与横琴开发降低异地投资风险做好各方面的服务工作。事实上，在粤澳横琴政策创新宣讲会后，有文化创意产业行业人士就表示，横琴政策创新并没有对澳门文化创意产业的发展提供明确的政策支持，因而表现出对参与横琴开发的信心不足。在这方面的政策激励应该由澳门特区政府进行补充和强化，只有来自内地和澳门特区政府的政策创新和优惠政策双管齐下，才能有效激励澳门中小企业和非博彩行业积极参与横琴开发，从而最终推进澳门经济适度多元发展的进程。

（二）理顺横琴开发合作主体的关系

横琴开发的成效，不仅要取决于内地和澳门双方共同出台优惠政策，提供制度激励，确保澳门经济适度多元发展以及推动广东经济社会转型的实现，而且从深层次上要取决于横琴开发合作主体关系的协调和理顺。

应该讲，《粤澳合作框架协议》对横琴开发的立场是非常明确的，就是"合作开发横琴"。具体而言，"珠海发挥横琴开发主体作用"，"澳门特区政府研究采取多种措施，从资金、人才、产业等方面全面参与横琴开发"，"建立粤澳合作开发横琴协调机制，支持横琴新区就具体合作项目与澳门特区政府有关部门直接沟通"。从《粤澳合作框架协议》的以上规定来看，横琴开发的合作主体主要是珠海、澳门特区政府以及横琴新区。其中，珠海发挥主体作用，澳门的角色是全面参与，而横琴新区可以在具体合作项目上与澳门特区政府有关部门直接沟通。

可以预料，《粤澳合作框架协议》所规定的"主体作用"、"全面参与"以及"直接沟通"等原则，在未来合作开发横琴的实践中将会产生一定的困惑。首先，作为主体作用的珠海，在地位上与澳门是不对等的。这似乎意味着，未来横琴开发中的很多重大问题都需要通过广东省与澳门的协商和谈判来决定，届时珠海的主体作用如何体现，珠海在探索体制机制创新方面又将呈现什么样的主动性和能动性？其次，澳门的全面参与如何确保？横琴开发项目并不是单向度为澳门开放的，更多的是由市场的力量进行自由选择、优胜劣汰，而竞争的结果不一定就是澳门的企业进驻横琴。事实上，广东省政府于 2011 年 8 月 22 日在澳门举行完横琴政策创新宣讲会之后，23 日下午就马不停蹄地在香港举行了"横琴政策创新暨投资推介会"。

可见，除了澳门对横琴的"全面开发"之外，澳门以外的城市和地区也可能"全面开发横琴"。在市场自由竞争机制选择的情况下，澳门如何实现"全面参与"？澳门有无可能被边缘化？这些在目前来看都是悬而未决的问题。最后，横琴新区与澳门有关部门直接沟通，需要有具体的机制加以保障和启动。在目前来看，运行机制层面的制度建设并没有启动，这也为理顺执行层面上的合作主体间关系上增添了不确定性。因此，需要全方位地对横琴开发中合作主体的关系加以梳理和明确化。

总之，在《粤澳合作框架协议》签署之后，粤澳合作踏上了新的历史征程。作为实力较弱的合作一方，澳门不应该消极应对，也不应该妄自菲薄，而是要极力从自身的核心优势出发，积极谋求澳门对粤澳合作的承担和贡献，寻求粤澳合作机制的创新和完善，推进珠澳合作，全面积极参与横琴开发。只有这样，才能发挥澳门在粤澳合作中的重要作用和价值，才能符合区域合作"通过优势互补达成互利共赢"的规则定律，在推动广东科学发展和构建世界级城市群的同时，实现澳门"经济适度多元发展"的经济转型。

---

①④陈广汉：《推进粤港澳经济一体化研究》，广州：《珠江经济》2008 年第 6 期。

②王克修：《对泛珠三角区域利益协调机制建设的思考》，长沙：《湖南行政学院学报》2008 年第 5 期。

③杨玉梅：《欧盟区域政策述评》，昆明：《经济问题探索》2007 年第 1 期。

⑤吴志成、李客循：《欧盟治理与制度创新》，北京：《马克思主义与现实》2004 年第 6 期。

⑥参见江冰《区域协调发展要靠新型利益协调机制》，北京：《中国改革》2006 年第 2 期。

⑦李广斌等：《由冲突到合作：长三角区域协调路径思考》，合肥：《江淮论坛》2008 年第 4 期。

⑧程必定：《泛长三角区域合作机制及政府管理创新》，合肥：《安徽大学学报》（哲学社会科学版）2009 年第 5 期。

⑨Hermann, Pillath, Carsten, Kirchert, Daniel and Pan Jiancheng, "Disparities in Chinese Economic Development: Approaches on Different Levels of Aggregation," *Economic Systems*, 2002 (26), pp. 31 – 54. 转引自程永林《区域合作、利益协调与机制设计——基于泛珠三角与东盟跨边界次区域经济合作的研究》，广州：《东南亚研究》2009 年第 2 期。

⑩袁持平、周琼娜：《以制度创新粤澳合作的新局面》，珠海：《中共珠海市委党校、

珠海行政学院学报》2011 年第 2 期。

作者简介：鄞益奋，澳门理工学院社会经济与公共政策研究所副教授、博士。

[责任编辑：刘泽生]

（本文原刊 2012 年第 3 期）

主持人语

刘泽生

历史上，弹丸之地的澳门开创了诸多中国第一乃至世界第一，例如中国第一所西式大学（圣保禄学院）、中国第一所西式医院（白马行医院）；例如人流量世界第一的口岸（2011 年拱北口岸过往人流超过 9000 万人次）、世界第一的"赌城"（其博彩业收入自 2008 年起已超越美国的拉斯维加斯）。然而，更令世人关注的也许是澳门的另一个世界第一——作为微型经济体的澳门，在目前不足 30 平方公里的土地上，承载着 55 万人口的居民生活和近 3000 亿元 GDP 的生产活动，还有年近 3000 万人次的外来游客。澳门的人口密度达到了每平方公里 18580 人（约为世界平均人口密度的 360 多倍），其中部分居民区更达到了每平方公里 4 万～5 万人的程度。目前，澳门正处于一个新的历史发展时期。基于澳门迫切的现实需求与发展规划，基于世界旅游休闲中心的发展定位与经济适度多元发展的战略要求，学者对澳门的人口问题研究倾注了极大的热情。本期孙代尧、陈恩、柳智毅等学者，即从不同视角对此进行了深度解读。虽然这种解读仅仅是作者个人的观点。

孙代尧教授多年来一直关注澳门社会发展与人口战略方面的研究，对澳门适度人口规模的研究有独到的分析与深刻的见解。澳门适度的人口规模与结构，是关系到澳门社会经济发展的重大基础性问题，涉及澳门整体的发展方向，涉及城市承载力、人口规划与人口政策的制定等问题。孙文从静态人口承载力和动态人口承载力的不同角度，对澳门的适度人口规模进行了深入的剖析。作者从动态的视角出发，选择了住房、医疗、交通、能源、消费、环境六个方面的 26 个不同指标作为影响澳门人口承载力的关键性因素，重点考察其变动趋势及对人口的影响。澳门目前除了房屋增速、垃圾处理能力、公交发展和医院病床增速慢于人口增加速度外，其他条件均快于或等于人口的增速。作者从纯学术研究的角度审视，提出了以人口结构规划带动人口数量规划、以公共设施合理配置带动人口合理分布、以科学施政优化资源提高人口管理能力等具体建议，对澳门思考与优化相关的人口政策，具有较高的理论价值和实际参考意义。作者认为澳门各方面的条件如果发展得好的话，其人口承载力或可超过 80 万人，适度的人口规模则约为 73 万人。

同样的人口选题，长期从事特区经济与台港澳问题研究的陈恩教授则选择澳门的城市土地与人口综合承载力关系作为研究的切入点。陈文通过构建土地人口承载力指标体系和计量模型，实证分析澳门城市土地人口超载状况，认为澳门未来的经济增长动力强劲，人口持续大幅度增长的惯性大，土地空间窄小已经成为其经济发展和产业适度多元化最为突出的瓶颈制约。因此，缓解澳门土地人口承载困局的重要途径是改革土地制度，优化用地结构，提高土地承载效率。但解决土地空间窄小的根本途径还是要通过珠港澳区域合作的方式，进行土地租赁和用地置换。换句话说，未来澳门应以横琴开发为契机，以珠港粤澳合作为平台，以市场化土地租赁、用地置换和合资合作投资为主要手段，延伸澳门产业链，扩展澳门产业腹地，实现珠澳产业对接和同城发展。

柳智毅博士则从另一个角度解读了澳门经济增长与居民收入分配不均的社会问题。柳文透过研究大量的相关统计资料，分析了澳门经济增长与居民收入分配的关系，认为近年来随着本地 GDP 的高速增长及失业率的持续下降，居民收入差距越来越大，2011 年澳门劳动人口的基尼系数约达0.4，澳门的贫富问题及收入分配差距问题已经接近警戒线，如果情况继续发展，或将影响澳门整体经济的健康可持续发展，乃至社会政治的长期稳定。柳文的实证研究选题贴近生活，富有社会责任感，值得社会各界的关注。

澳门适度人口规模和结构研究

孙代尧　黄匡时

[提　要] 人口持续增加使得"弹丸之地"澳门的自然资源、公共资源和基础设施面临的挑战越来越大。然而，经济发展的迫切需要和世界旅游休闲中心的发展定位对澳门的人口规模和结构提出了新的要求，这客观上是否会加剧澳门人口与经济、资源及环境的矛盾？澳门人口究竟多少为宜？本文在回顾澳门开埠以来的人口发展历程和展望未来澳门中长期人口发展趋势的基础上，总结当前澳门人口面临的突出问题，剖析影响澳门人口承载力的主要因素，并从适度人口理念出发，基于多政策目标视野对澳门的适度人口规模和结构进行探讨和研究，对澳门未来人口规划和科学施政提出政策建议。

[关键词] 澳门　适度人口　人口规模　人口结构

一　引论

据文献记载，1555 年澳门仅有 400 人，到 1578 年达到约 1 万人。1867 年，澳门实施了第一次人口普查，结果显示已有 8 万人口。进入 20 世纪，澳门人口快速增加，1927 年人口达到 15 万人，1940 年超过 35 万人。至 1999 年澳门回归时，人口增至接近 43 万人。2006 年澳门人口达 51.34 万人。根据澳门统计暨普查局 2012 年 2 月公布的资料，截至 2011 年 12 月 31 日，澳门共有人口 557400 人（图 1）。

与人口规模迅速增加形成鲜明对比的是，澳门的土地面积增长有限。虽然单纯从陆地面积变化趋势来看，从 1910 年到 2010 年的 100 年，澳门陆

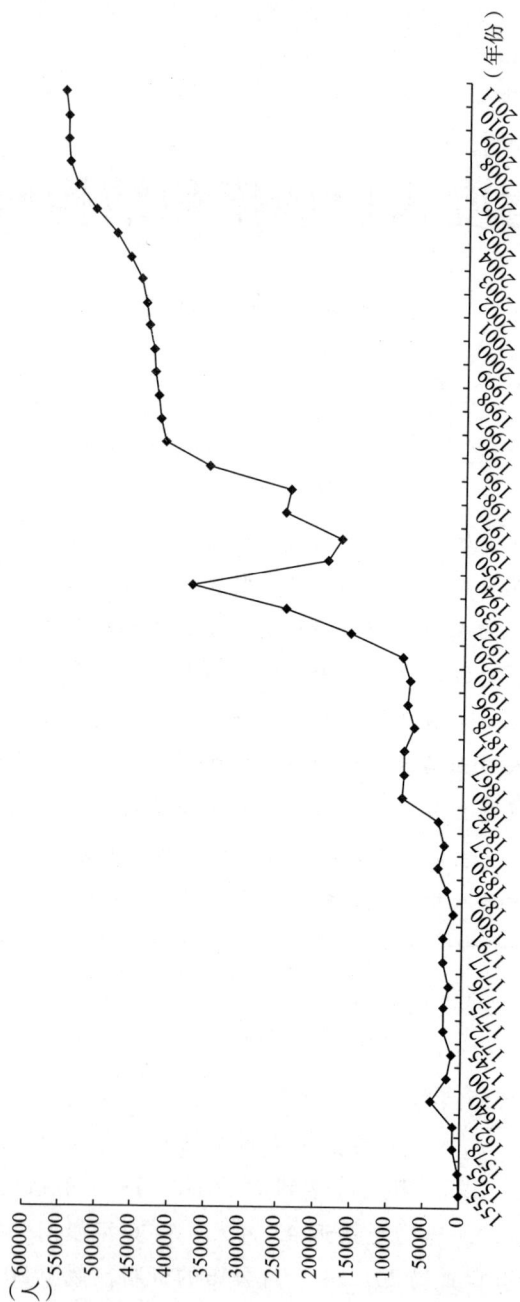

图 1　澳门人口规模演变（1555~2011）[①]

（人）

（年份）

地面积翻了一番多，但是与快速增加的人口规模相比，土地面积的增加显得杯水车薪，使得澳门成为世界上人口密度最高的地区之一。自 1950 年以来，整个澳门地区人口密度一直徘徊在每平方公里1万~2万人，部分繁华地区更是达到每平方公里4万~5万人。如此高密度的人口聚集对澳门的自然资源、能源和公共资源以及基础设施等都构成沉重的压力。更为重要的是，澳门经济发展的迫切需要和建设"世界旅游休闲中心"的发展定位对澳门的人口规模和结构提出新的要求，这客观上会加剧澳门人口与自然资源、能源和公共资源以及基础设施等因素的矛盾：一方面经济快速发展的需要客观上要求澳门人口规模适度增加，然而，由于澳门土地资源和公共基础设施以及公共资源的拓展能力相对缓慢，人口承载能力面临经济快速发展的挑战；另一方面，世界旅游休闲中心的城市功能定位又要求澳门保持适度的人口规模，以保证城市适宜居住。在这样的背景下，对澳门人口规模和结构问题进行科学、系统的思考，并在此基础上研究多目标决策视角下的澳门适度人口（含生态适度人口和经济适度人口），对当前澳门人口政策以及未来人口发展规划都具有重要意义。

二　澳门人口历史演变、发展趋势及面临的挑战

1. 澳门人口历史演变特征

第一，20世纪80年代进入老龄化社会。据国际标准，一个国家或地区60岁及以上老龄人口的比重占总人口的10%，或65岁及以上老龄人口的比重占总人口的7%，表明该国家或地区已进入老龄化社会。从图2可以看出，澳门在20世纪80年代开始进入老龄化社会。

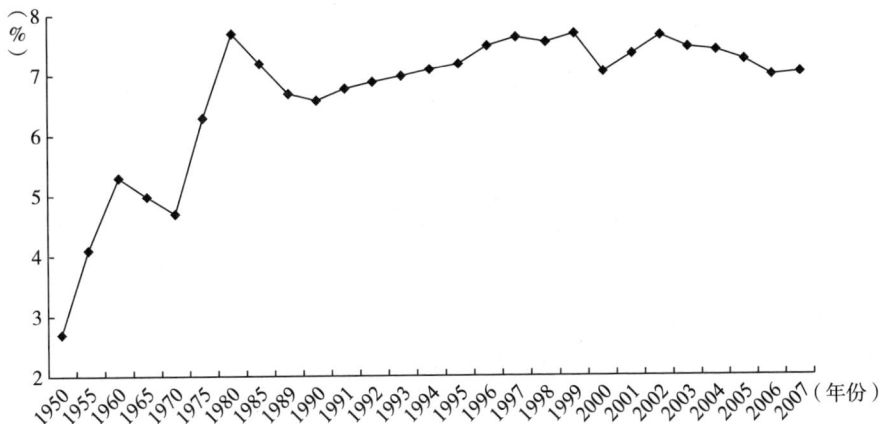

图2　澳门65岁以上老年人口占总人口的比重（1950~2007年）[②]

第二，20 世纪 80 年代进入人口红利期。人口红利是随着人口转变而出现的一种经济和社会发展机会。人口红利通常用人口整体依赖指数（或称总抚养比，即非劳动年龄人口/劳动年龄人口 × 100%）来测量，即一个城市的非劳动年龄人口与劳动年龄人口之比。国际上通常将 0 ~ 14 岁和 65 岁以上的人口视为非劳动年龄人口，而将 15 ~ 64 岁的人口视为劳动年龄人口。通常将人口整体依赖指数开始低于 50% 视为人口红利的开窗时间，而开始高于 50% 视为人口红利的闭窗时间。图 3 显示，澳门整体依赖指数从 1980 年开始低于 50%，开始进入人口红利期。按国际标准，一般将整体依赖指数（总抚养比）低于 44% 视为人口丰厚期。2000 年澳门整体依赖指数为 42.91%，开始进入人口红利的丰厚期，可见澳门正在充分享受人口红利带来的巨大效益。

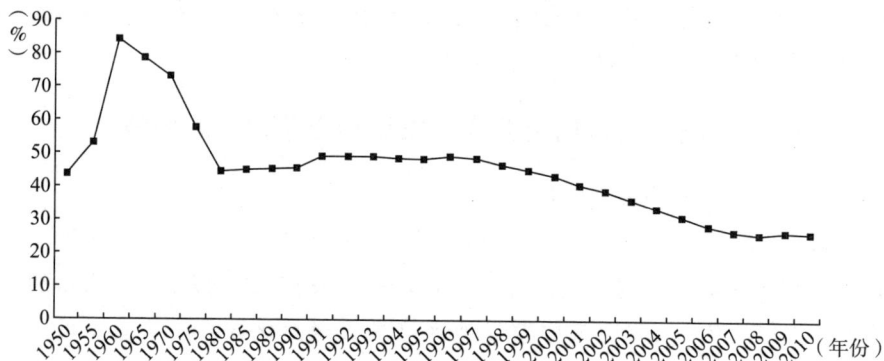

图 3　澳门整体依赖指数演变（1950 ~ 2010 年）③

第三，半岛人口呈现高度密集的格局。澳门地狭人多，人口持续增长，导致人口密度不断增大。1910 年澳门人口密度为 5098 人/平方公里；到 1950 年，每平方公里超过 1 万人；20 世纪 90 年代中期，每平方公里的人口已经达到 19617 人，接近 2 万人。而澳门半岛人口更是高度集中，1910 年人口密度已经达到 1 万多人，1950 年每平方公里则超过 3 万人，1991 年人口密度达 5 万多人（表 1）。如此高密度的人口聚集在全球范围内实属罕见。

第四，20 世纪 70 年代进入低生育水平。通常认为，总和生育率（Total Fertility Rate）在 2.1 ~ 2.2 为生育率的更替水平，表明人口数量会维持现状。如果长期低于更替水平，则表明人口数量将呈现下降趋势（不考虑人口迁移的情况下）。统计资料显示，1970 ~ 1971 年度澳门人口的总和生育率已经低于 2.1，进入更替水平时代。如果按照很低生育率（very low fertility,

TFR 低于 1.5)、极低生育率（lowest-low fertility，TFR 低于 1.3）和超低生育率（ultra-low fertility，TFR 低于 1.0）的划分，澳门于 1993～1994 年度进入很低的生育率阶段，而 1995～1996 年度则进入极低生育率阶段。澳门的 TFR 在 2000 年进入超低生育率水平，2000～2009 年的 TFR 都低于 1.0，直至 2010 年才重上 1.05，即平均每名育龄妇女只生育 1 个孩子（图 4）。

表 1　澳门人口密度演变（1910～1996 年）④

单位：人/平方公里

| 年份 | 总数 | 澳门半岛 | | | | | | 离岛 | |
		澳门小计	圣安多尼堂	望德堂	凤顺堂	大堂	花地玛堂	氹仔	路环
1910	5098	14740						2041	422
1920	5970	17659						1945	354
1927	7454	18716						1774	347
1950	11551	33393						1062	342
1960	10721	30242	67828	37502	50940	36147		1553	419
1970	14792	41942	93019	23437	47831	47413	20344	1529	271
1981	14599	41404	87312	30337	48881	26189	29235	1289	373
1991	19614	51203	107578	50972	50345	20443	46750	1748	437
1996	19167	49863	96582	50233	54000	14545	55009	3063	316

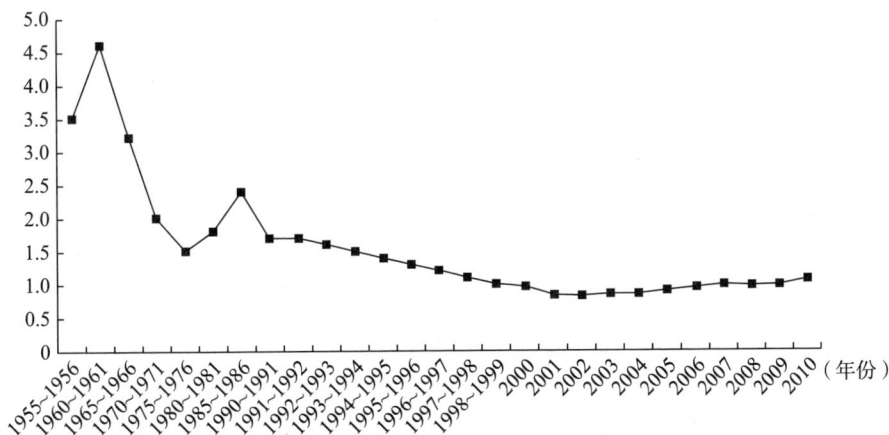

图 4　澳门生育水平演变（1955～2010）⑥

第五，20 世纪 80 年代末启动外劳（即外地劳工）引进，且规模越来越大。大约在 20 世纪 80 年代，澳葡政府实施引进外劳政策后，澳门外劳规模越来越大。1988 年外劳仅 4393 人，1989 年便超过 1 万人，随后规模不断增加。1991～1995 年的五年，外劳人数以每年 30% 的增长率增长，1995 年达到回归前的外劳峰值 35286 人。虽然 1995 年后外劳规模有所回落，但是总数依然在 3 万左右，一直占澳门总人口的 7% 左右。事实上，外劳已经成为澳门人口的重要组成部分（图 5）。2003～2008 年澳门外劳年增长率达到 27.26%，其中 2006 年的增速达 64.21%。2008 年年底澳门外劳人数达 9.22 万人，为历史新高。2006 年外劳人口占澳门总人口的比重首度超过 10%，达到 12.6%。2007 年和 2008 年外劳人口占澳门总人口的比重分别达 15.83% 和 16.78%。2009 年和 2010 年因国际金融海啸影响，外劳比例分别回落至 13.82% 和 13.73%。

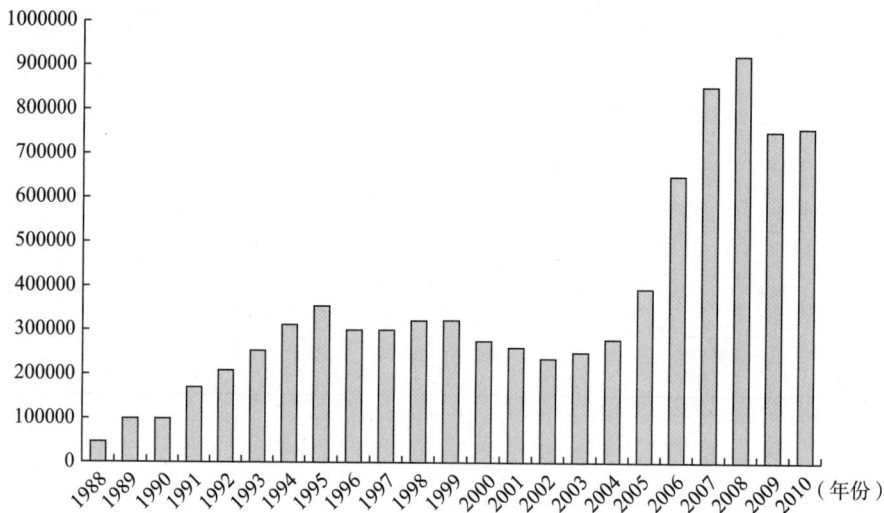

图 5　澳门引入外劳规模演变（1988～2010）[⑦]

2. 澳门人口发展趋势

根据澳门统计部门编制的人口预测结果，[⑤] 未来澳门人口将呈现如下发展趋势：

第一，人口规模持续增加。预计 2021 年澳门人口进入 70 万人，2031 年澳门人口 76.3 万人。预计人口增长在 2007～2011 首五年速度较快，年平均增幅达 4.0%；其后增幅逐渐收窄，至 2031 年的增长率为 0.6%。

第二，人口持续老化，而且将进入重度老龄化社会。预计未来澳门老年人口（65 岁及以上）的比例将上升至 2031 年年底的 20%，人口年龄结构类型将从轻度老龄化转变成重度老龄化。

第三，人口红利存在隐忧。根据预测，未来澳门人口红利在 2031 年前仍算丰厚，但趋势上已日渐走弱，预计在 2026 年之后进入人口红利的淡利期。预计在 2031 年以后澳门人口将进入人口红利负债期。

第四，外劳持续增加。由于澳门劳动力缺乏将会是一个较长期的趋势，因此，引进外劳是必然的选择之一。2010 年，外劳占澳门人口的比重为 13.7%，占整体劳动人口的 28.7%，随着澳门未来的各项大型基建项目如轻轨工程的动工、新城填海工程的开展、澳门与氹仔第四条跨海通道上马、横琴的开发及与珠三角经济圈的进一步融合等，预计澳门未来外劳规模将会持续增加，且增加的幅度将有可能扩大。

第五，人口密度将持续增加。如果澳门现有土地面积（已经包括中央新批准的 361 公顷填海土地）在未来不再增加，澳门整体人口密度只会持续增加。

3. 澳门人口面临的主要问题和挑战

第一，区域人口承载能力面临经济快速发展的挑战。澳门经济快速发展急需大量外劳和人口迁入，这客观上要求澳门人口规模适度增加。不过，由于澳门土地资源和公共基础设施有限，以及公共资源的拓展能力相对缓慢，人口承载能力面临比较大的挑战。

第二，外劳需求强劲，社会各方心态复杂。澳门人口的增加主要来自移民人数的增加等机械增长，而不是自然增长的结果。由于澳门经济快速发展需要较大量的外劳，因此伴随着经济的迅速发展，外劳需求将会日益强劲。目前，在澳不少大型企业的职位空缺，总数约达 3 万~4 万人，但本地劳动力供应却已非常紧张，无法满足其需求。不过，对于外劳，澳门社会普遍存在着矛盾的心态：一方面需要外劳弥补本地部分行业或工种的劳动力不足，以推动澳门经济发展和产业升级；另一方面又担心外劳冲击本地劳工的饭碗，主张澳门就业政策应体现"两个优先"：一是本地劳工就业优先，二是外地劳工退出优先。也就是说，如果有就业，一定要优先给本地劳工；如果有裁员，一定要优先裁掉外地劳工。在这种复杂的心态下，如何科学制定外劳政策，平衡外劳引进和居民就业，无论是今天抑或未来一段长时间内，都将是特区政府需要面对的一大考验。

第三，人口老化趋势明显，养老压力持续增大。目前，澳门已经进入老龄化社会。预计未来澳门老龄人口将持续增加，且呈现高龄化趋势。这意味着老龄人口越来越多，社会的老人抚养比加大，政府要投入更多的资源去抚养更多的老人；而且老人的寿命会提高，抚养老人的时间更长。可以预计，养老保障和养老福利压力将会持续增大。目前，澳门的老人院舍不能满足实际需求，而且养老保障体系尚未健全。在这样的情况下，养老问题将是未来澳门社会的突出问题之一。

第四，人口受教育程度不高，产业升级和城市竞争力受到制约。统计数据显示，受社会发展程度及教育制度等因素影响，澳门人口受教育程度相对较低，尽管在回归后特区政府加大了教育方面的资源投入，并实施15年免费教育，对澳门人口教育程度有所提高，但是，澳门就业人口受教育程度仍以中小学为多。2010年澳门就业人口中，高等教育程度的人口比例只占23%，中学、小学及以下教育程度的人口占77%。人口受教育程度偏低，将是制约澳门产业升级和城市竞争力提升的一个重要因素。

第五，生育水平持续低迷，未来发展存在隐忧。澳门TFR低于更替水平长达20年之久，最近几年更是处于超低水平（TFR小于1），这将对澳门长期发展产生根本性影响。首先，澳门土生土长的人口将越来越少，外来劳工和人才越来越多，澳门作为移民城市的特征将越来越明显，可能会弱化澳门本地居民的声音。其次，生育率的下降将严重影响家庭结构，未来家庭结构将有可能缩减到2~3人，家庭结构的变化势必对住房政策和养老保障等产生重大影响。

第六，统筹机制尚未建立，人口问题解决欠系统化。目前澳门缺乏一个人口政策统筹和协调管理的机制，导致人口问题的应对和解决欠系统化。首先，缺乏一个总体人口发展的思维，政府各部门尚未形成解决澳门人口问题的合力。其次，缺乏人口管理和协调机制，既缺乏对人口规模、素质、外劳、老龄化等方面的全面监控和预警机制，导致人口调控工作难以有效地开展，也缺乏对澳门人口服务和管理的政策协调统筹机制。此外，澳门人口政策法律法规未臻完善，人口的系统研究也相对缺乏，社会上对人口问题的认识也存在一些误区。上述问题如不及时有效解决，未来澳门人口政策的制定、调整和推行，将面对较大的困难。

三 影响澳门人口承载力的主要因素分析

人口承载力的影响因素有被动性的制约因素和积极性的能动因素。澳门的先天性制约因素主要有水土资源和生态建设的压力，尤其是土地资源的瓶颈日益明显。后天性能动因素主要有经济发展和产业结构升级、城市管理和科学规划以及以医疗、教育、社会保障和文化以及交通为主的公共服务设施。这三大因素是影响人口承载力的关键因素。由于这些因素政府是可以通过合理规划和积极创造条件来改善的，因此这些因素具有弹性空间。从某种意义上而言，人口承载力更多的是一种弹性的承载力，是基于某种发展阶段和水平的承载力。

1. 经济发展的客观需求和多样化产业结构发展呼唤更多的劳动力

人口承载力主要是经济人口承载力。通常经济越发展，就业岗位就越多，需要的劳动力越多，人口规模就会增加。相反，如果经济发展速度减慢，就业岗位减少，劳动力需求减弱，人口数量就会相应减少。因此经济发展状况是决定人口规模的决定性因素。当然，除了经济发展状况外，经济发展的结构决定人口结构，即产业结构决定就业结构，从而决定人口素质结构。通常，博彩业、酒店服务业等休闲娱乐产业的发展尽管能吸纳更多劳动力，但是对劳动力的教育程度要求不高；而文化创意产业、金融保险服务业、商贸服务业、教育服务业等对劳动力的教育程度要求较高。因此，产业结构决定就业结构和人才结构。从澳门未来发展的趋势来看，经济快速发展客观上要求更多的劳动力人口，而多样化的产业结构发展方向必然要求人才结构的高端化。

2. 城市管理和科学规划成为影响人口承载力的关键要素

从全球主要大城市的经验来看，城市管理和规划是决定人口承载力的关键因素。20 世纪 50 年代东京、巴黎的人口密度曾分别是 13970 人/平方公里、20650 人/平方公里，但它们却交通井然有序，环境优美。美国洛杉矶都市区的人口密度是美国全国的 31.7 倍，占全美 0.14% 的土地吸收了 4.39% 的人口。类似的有日本东京地区和美国波士顿、华盛顿地区。而中国的特大城市面临的"城市病"，主要是城市管理不科学造成的。[8]具体而言，主要是在公共政策、法律规则、交通文化等软件建设方面相对滞后。这是导致人口拥挤的关键因素。从这个意义上，澳门人口承载力的突破关键在于城市管理水平的提高和科学规划城市区域布局。

3. 公共资源和基础设施是影响人口承载力的重要因素

城市基础设施和社会公共资源更可能成为城市人口发展的制约性因素。[9]就公共住房来讲，澳门近年房价飙升，无论是政府或私人发展商均来不及回应澳门居民的需求，导致澳门社会要求扩建公屋的呼声高涨。目前澳门公营房屋的兴建量、分配对象与分配方式的讨论已成为重要的议题，并将对澳门的房地产与社会带来重要的影响。在公共卫生方面，不仅澳门的专科医疗水平相对较低，重大疾病治疗不太可靠，而且澳门医疗服务资源紧张，医生及护士数目增长缓慢，赶不上人口增长的客观需要。在公共交通和道路设施上，澳门目前主要陆路交通以私人交通为主，公共交通居次。如单纯按照车辆总数来算，相当于每2.9人拥有一辆车。这样的高拥车量接近欧美的水平，比起亚洲的其他大都会如香港和新加坡都高很多。而大部分车辆集中在澳氹只有320多公里的道路上，拥挤的情况可想而知。而且因公共停车场缺乏，大部分的车辆只得停放在街道及空地上，对于土地资源匮乏的澳门来说，这可算是稀缺资源的奢侈浪费。

4. 水土资源和电力能源日益成为人口承载力的短板

澳门既没有河流，又不具备兴建大型水库的自然条件，淡水资源短缺，澳门淡水供应主要依靠珠海。但是，随着澳门经济发展和人口继续增长，需水量也不断增加。按照2000～2007年的发展趋势预测，未来十五年澳门的用水量将继续飙升。2015年的年需水量将达到9476万立方米，日需水量将达到26万立方米；2025年的年需水量将会达到12346万立方米，而日耗水量将突破33万立方米。^⑩如此巨大的需求量将严重考验澳门人口的承载能力。在土地资源上，澳门一直以来土地资源缺乏。澳门总面积从1910年的11.0平方公里扩大到2011年的29.9平方公里，填海增加的土地比填海之前的半岛面积还要大。在城市用地紧张的情况下，海拔二三十米的丘陵和台地也全都开辟了街道，修建了房屋，丘陵的山麓也建有民居。氹仔和路环的民居相对较少，尤其是路环。随着人口规模的增加和经济的快速发展，澳门城市用地资源不足更显突出。

随着社会和经济的急速发展，澳门的能源需求将持续上升。澳门统计暨普查局的相关数据显示，2007年澳门的能源消耗总量达到2.1万太焦耳，较前一年增加超过14%。以行业区分，交通运输仍然是耗能最多的领域，占总量的1/4，其次是酒店餐饮、家庭用户、建筑业等。与其他地方比较，澳门的能源强度是处于发达和发展中国家地区之间。从电力消耗来看，澳门每年电力消耗在不断攀高。2003年年耗电仅有1771.5百万千瓦小时，每日耗电4.9百万千瓦小时。2007年便高达2984.3百万千瓦小时，每日耗电达8.2百万千瓦小时。按照人均水平来算，2004年每年每人耗电3.966千瓦小时，2007年每年每人耗电达5546千瓦小时。2005～2009年，耗电量由2159百万千瓦时增至3463百万千瓦时，增幅为60.4%。^⑪澳门平均每年每人所消耗的电力约为世界平均值的两倍。

5. 生态环境对人口增加的束缚性特征日益凸显

澳门作为旅游城市，其生态环境的重要性显而易见。不过，从数据来看，澳门的生态环境也不容乐观，尤其是随着经济的发展，城市的扩展和人口的增加，人均绿化面积难以满足市民的需要和休闲城市的定位，城市噪音、垃圾排放和二氧化碳排放等将成为澳门整体生态环境恶化的重要因素。此外，"自由行"政策推行以来，澳门的旅游承受力经历了考验。2011年入境澳门游客达2800.2万人次，平均每日游客为7.7万人次，澳门的游客日承受量已趋饱和。游客猛增必然增加澳门的拥挤，居民会感到生活质量受到影响。澳门旅游学院2008年9月发布的研究结果显示，澳门居民及旅客对澳门环境都有拥挤感。澳门的社区心理承载量为日均6.9万至7.9万旅客入境人次，当每日平均入境旅客达到7.5万人次或以上时，澳门居民及旅客对环境和服务设施的满意度下降。[12]

四　多目标决策视角下的澳门适度人口分析

适度人口的概念最早由18世纪学者坎狄伦（Richard Cantillon）提出，指当一个国家或地区的劳动力恰好能够最充分地利用本国可获得的资源时的人口，或当某国在一定条件下达到最高生活水平时的人口。[13]适度人口概念与人口承载力有关，它展示了人口与经济、资源、环境的关系。适度人口思想包括三个方面的内涵：一是适度人口是人类追求的人口与经济、资源和环境关系的理想状态，其标志是人口充分就业、平均生活水平高、均衡的人口构成和丰富的资源（潜力）等，是人口与经济、资源和环境的高度平衡关系；二是适度人口是一个弹性的概念，强调人口与经济、资源和环境关系的可变性，即不同的技术水平下有不同的适度人口。三是适度人口是一个相对概念，它是相对于经济、资源和环境而言的。因此，适度人口是一个多政策目标下的综合概念，至少包括经济适度人口、资源适度人口和环境适度人口三个维度。以下我们基于经济、资源和环境等多政策目标视野，从静态人口承载力和动态人口承载力两个方面来探讨澳门的适度人口。

1. 静态人口承载力和适度人口

静态承载力就是假设澳门现在的土地开发空间、技术条件和制度创新等都已经达到极限或者接近极限，澳门的人口承载力将是多少。按照现时科学技术的条件和管理能力，在不考虑未来产业发展、技术进步、制度创新和管理创新的情况下，再根据澳门的定位和经济可持续发展的需要，推算出合适的静态人口规模。本文在经济可持续发展和澳门休闲城市定位的条件下优先考虑两个政策目标：一是足够的劳动力，即经济适度人口；二是适当的休闲氛围，即环境适度人口。

从劳动力来看，在澳门生育率低迷的情况下，引进外来劳动力成为必由之路。那么澳门究竟能承受多大的外劳数量呢？以 2009 年的人口结构和规模为基础，假设澳门就业岗位保持 1992～2009 年的平均增长速度，再假设劳动适龄人口的劳动参与率为 64%（发达国家的平均水平），且失业率控制在 4%，我们计算出澳门的人口承载力应该介于 73 万～75 万人，此时外劳介于 8.3 万～8.7 万人，不含外劳的抚养比为 45.60%～62.36%，含外劳的抚养比为 37.74%～50.38%。这个抚养比正好处于人口红利和人口负债的中间期。也就是说，日后制定人口政策的其中一项工作，便是调整人口规模和结构，以保障人口红利的持续。

从适当的休闲氛围看，便得考虑人口密度。按照人口增长的趋势，未来的人口密度将很有可能达到甚至超过 2.1 万人每平方公里，相对于澳门现时的承载条件，这个数字应该已是较饱和的人口密度。当然，在这一密度下，要想更加休闲，政府必须要调控好人口的分布。

总体而言，从静态人口承载力角度，再整合经济和休闲因素，假设未来在技术条件和制度创新上没有新的突破的话，80 万人口（含外劳及需承担的游客人口）将是澳门既要经济发展又要适度休闲的关键数字，可以说是满足上述条件下的人口承载力极限。

从表 2 可见，现有条件下要承担 80 万以上人口存在相当大的难度。单就住房面积来看，80 万人口的情况下，如果澳门的总住房面积保持在 2009 年的水平，那么人均住房面积将低于 18 平方米，也就是不到中低收入国家的水平。此外，公共交通和医疗卫生的问题也会更加明显。因此，在 2009 年的基础设施情况下，澳门的人口承载力更合适在 80 万以下。如果超过 80 万，各项城市设施指标将面临很大压力，居民生活质量也会有较大下降，因此 73 万是澳门现有条件下的适度人口规模。

表 2　澳门现有条件下的人口承载力[14]

指标	2009 年度		600000	700000	800000	900000	1000000
	总量	人均量					
住房总面积（平方尺）	121995000	221	203.33	174.28	152.49	135.55	122.00

续表

指标	2009 年度		600000	700000	800000	900000	1000000
	总量	人均量					
绿化和休闲面积（平方米）	7703995	12.22	12.84	11.01	9.63	8.56	7.70
每年耗水（千立方米）	68117	0.12	0.11	0.10	0.09	0.08	0.07
每年耗电（百万千瓦小时）	3416.9	0.01	0.006	0.005	0.004	0.004	0.003
每年生活垃圾（公吨）	159723	0.32	0.27	0.23	0.20	0.18	0.16
行车道路总路长（公里）	413.1	0.001	0.0007	0.0006	0.0005	0.0005	0.0004
行使车辆总量（辆）	189350	3.20*	3.17	3.70	4.22	4.75	5.28
私家车总量（辆）	73263	7.92*	8.19	9.55	10.92	12.28	13.65
电单车总量（辆）	102566	6.10*	5.85	6.82	7.80	8.77	9.75
公共汽车总量（辆）	598	880.52*	1003.34	1170.57	1337.79	1505.02	1672.24
医生总量（人）	1301.28	2.21#	2.17	1.86	1.63	1.45	1.30
护士总量（人）	1518.16	2.43#	2.53	2.17	1.90	1.69	1.52
病床总量（个）	1084.4	1.97#	1.81	1.55	1.36	1.20	1.08
住院病人（人）	43961	0.08	0.07	0.06	0.05	0.05	0.04
门诊求诊病人（人次）	1154500	2.08	1.92	1.65	1.44	1.28	1.15

2. 动态人口承载力和适度人口

从动态视角来看澳门的合适人口，主要是考虑未来澳门的技术、制度创新和管理创新以及一些市场调节因素变化带来的影响。我们先从过去若干年的数据来判断澳门在技术、制度创新和管理创新上的发展趋势。本文选择了住房、医疗、交通、能源、消费、环境六个方面的 26 个指标作为影响澳门人口承载力的关键性因素，重点考察这些因素的变动趋势及其对人口的影响，由此来考察澳门的人口实际承载力。

这 26 个指标为：（1）人均住房面积（平方尺）和住房总面积。未来澳门住房的发展速度以最近 3 年的住房总面积的发展速度为依据。（2）人均绿化和休闲面积（平方米）和绿化总面积。2002～2009 年的人均绿化和休闲面积增加速度，将作为未来澳门在这方面可能发展的速度。当然，在预测过程中，需要考虑澳门总面积的限制。（3）每年耗水（千立方米）、每年耗电（百万千瓦小时）、每年供水总量（千立方米）和每年供电总量（百万千瓦小时）。这四个指标的前两个反映人口数量增加带来的水电消耗，后两个则反映澳门政府在水电供应上的可能性。假设澳门在水电供应上并非达到极限，而是按照 1998～2009 年的技术发展来预测未来澳门在水电上的可能作为，然后对比澳门在水电上的最大承载人口。（4）每年生活垃圾（公吨）。生活垃圾与人口数量直接相关。采用此指标主要是假设现有以及过去处理垃圾技术正好能处理居民的垃圾产量，因此根据 1998～2009 年的垃圾增加速度来反映技术的进步速度。假设未来人口按照 2005～2009 年的人均产垃圾数量预测不同规模下的垃圾总量，最后以 1998～2009 年的垃圾技术进步速度为基础对比发展处理这些垃圾技术所需要的时间。如果垃圾技术进步时间比人口发展时间晚，则说明垃圾过多，技术还没有达到。值得注意的是，由于垃圾处理技术日新月异，是众多指标中唯一一个在技术上可能获得飞速突破的指标，因此，这个指标仅供参考。（5）行车道路总路长（公里）、拥有行使车辆率（行使车辆总数/总人口）、拥有私家车率（私家车总数/总人口）、拥有电单车率（电单车总数/总人口）、公共汽车拥有率（公共汽车总数/总人口）、行使车辆总数（辆）、私家车总数（辆）、电单车总数（辆）和公共汽车总数（辆）九个指标反映的是公共交通技术进步对人口的影响。在九个指标中，行车道路总路长（公里）可能发展最为缓慢，而其他八个指标则受到技术和经济的影响较大，而且发展相对较快。（6）每千人口对应的医生、每千人对应的护士、每千人对应的病床、医生数量（人）、护士数量（人）、病床数量（人）、住院病人（人）和门诊求诊病人（人次）八个医疗服务指标反映澳门在未来医疗服务上的可能。前三个用 1991～2009 年的数据，后两个指标用 1999～2009 年的数据。

表 3　不同人口规模方案下相关指标的总量[15]

指标	人均量	60 万	70 万	80 万	90 万	100 万
住房总面积（平方尺）	221	132600000	154700000	176800000	198900000	221000000
绿化和休闲面积（平方米）	12.22	7332979	8555142	9777305	10999468	12221632
每年耗水（千立方米）	0.12	71545	83469	95393	107317	119242
每年耗电（百万千瓦小时）	0.01	3003	3504	4005	4505	5006
每年生活垃圾（公吨）	0.32	194110	226462	258813	291165	323517
行车道路总路长（公里）	0.001	455	531	606	682	758
行使车辆总量（辆）	3.20*	187270	218482	249693	280905	312117
私家车总量（辆）	7.92*	75775	88404	101033	113662	126291
电单车总量（辆）	6.10*	98339	114729	131119	147508	163898

续表

指标	人均量	60 万	70 万	80 万	90 万	100 万
公共汽车总量（辆）	880.52*	681	795	909	1022	1136
医生总量（人）	2.21#	1329	1550	1771	1993	2214
护士总量（人）	2.43#	1457	1700	1943	2186	2429
病床总量（个）	1.97#	1183	1380	1577	1774	1971
住院病人（人）	0.08	47943	55934	63924	71915	79905
门诊求诊（人次）	2.08	1247465	1455376	1663287	1871198	2079108

本文以近几年的数据分析其人均数量，再乘以总人口，获得该指标在相应人口规模下的总量，然后计算最近若干年来的各个总量发展指标的发展速度，即增加速度。在得知增加速度后以 2009 年的资料为基础预测达到相应人口规模下的时间，最后对比技术条件达到时间和人口规模达到时间。如果人口规模达到时间快于技术达到时间，那么说明该技术将成为澳门人口规模发展的门槛。

表 4　不同人口规模方案下的实现相应指标总量所需的时间[18]

指标	2009 年总量	60 万	70 万	80 万	90 万	100 万
住房总面积（平方尺）	121995000	2014	2021	2027	2032	2037
绿化和休闲面积（平方米）	7703995	2009	2012	2015	2017	2019
每年耗水（千立方米）	68117	2011	2016	2019	2023	2026
每年耗电（百万千瓦小时）	3416.9	2008	2010	2012	2013	2015
每年生活垃圾（公吨）	159723	2029	2044	2056	2068	2078
行车道路总路长（公里）	413.1	2013	2018	2023	2027	2030
行使车辆总量（辆）	189350	2010	2013	2015	2018	2020
私家车总量（辆）	73263	2011	2014	2017	2020	2022
电单车总量（辆）	102566	2009	2012	2014	2016	2018
公共汽车总量（辆）	598	2018	2027	2036	2043	2049
医生总量（人）	1301	2010	2013	2016	2018	2020
护士总量（人）	1518	2009	2013	2016	2018	2021
病床总量（个）	1084	2039	2091	2137	2176	2212
住院病人（人）	43961	2012	2015	2018	2020	2022
门诊求诊病人（人次）	1154500	2010	2011	2012	2012	2013

对比人口增长速度和科学技术以及制度、管理创新发展速度，我们可以发现：如果从发展的角度来看澳门的人口承载力，假设今后技术发展、制度创新和管理创新保持过去的速度，除了房屋增加速度、垃圾处理能力、公交发展速度和医院病床发展速度慢于人口增加速度外，其他条件比如绿化和休闲面积、供电和供水能力的发展速度（如果没有达到增长极限的话）均能快于或等于人口增速。

从发展的角度来看，房屋、垃圾处理能力、公交和医院病床四个方面都存在可拓展的空间，因此人口承载力也是发展和动态的。如果发展得好，澳门的人口承载力或可超过 80 万，甚至更多。不过，如果这四个方面都达到极限，73 万依然是澳门的适度人口规模。只是不同时期各项指标的质量略有不同而已。

五　政策建议

1. 科学规划人口，以人口结构规划带动人口数量规划

根据需要制定澳门人口中长期发展纲要，对澳门人口实施阶段性规划和总量规划以及结构规划，根据不同发展阶段制定人才引进和外劳引进政策以及生育刺激政策。建议当前可以按照 73 万人口容量来规划未来 10 ~ 20 年澳门发展政策。以人口结构规划带动人口数量规划，以结构优化为主，数量优化为辅，科学规划未来澳门人口政策。

在人口结构上，首先要注重引进高端人才，提高人口素质，包括建立柔性人才引进机制，通过多种开放型的方式来实施引智项目，逐步提高高端人才占迁入人口的比重；重点考虑以澳门大学、澳门理工学院等高等院校为试点，发展文化创意、娱乐休闲产业相关的重点学科，并以之为平台，凝聚国际名家来澳门从事教学科研或旅游休闲；鼓励澳门高等院校通过调动、聘请、兼职、咨询、讲学、项目合作、技术入股、投资兴办企业等多种方式引进人才和智力，提升澳门高等教育质量，培育本地人才；优化专业移民政策，根据澳门产业发展需要，以优惠政策，吸纳更多外地专才来澳定居。其次要优化人口年龄结构，提高生育率水平，包括针对性地鼓励高教育水平育龄妇女生育外，还可透过针对性的吸纳年青的高知识型、技术型移民的优惠政策，引进更多年青的高端人才，并以政策鼓励其生育下一代，如为其子女提供从出生到大学毕业期间教育的一条龙服务，包括托儿服务、学前至大学各个阶段的教育津贴和学额等。这既可优化本地人口

的年龄结构，亦可作为提高澳门生育率水平的措施之一。其三，外劳政策已被实践证明是有利于澳门经济发展的有效人口政策之一，应加以完善而不能轻易收紧或废除。澳门之所以能取得与其资源不相称的骄人成就，原因之一就在于有效利用外部资源，包括外部的人力资源。从数量比例上看，澳门的外劳主要是中低端劳动力，从事的多是本地人不愿从事或较少从事的工种，并不存在"抢饭碗"的问题。在本地明显存在劳动力缺口的情况下，澳门仍有需要适度增加外劳规模，引进紧缺型和职业技能型劳动力，以填补本地劳动力的不足。由于引进的外劳一般偏重于青中年人士，还将有利于纾缓澳门的人口老龄化问题。当然，澳门的外劳政策也有待进一步完善，重点是建立以政府、企业、工会和劳工四方协商和多方监督机制；增加外劳引进和退出的讯息透明度，适时对外公布外劳指标及其分配和使用情况。加强对外劳的管理和协助，减少其在澳生活可能面临的困难，避免外劳与本地居民产生矛盾。

2. 优化人口分布，以公共设施合理配置带动人口合理分布，提升人口承载力

重点强化和合理布局以住房、交通、医疗、能源、水土资源和生态资源为主的基础设施和公共资源，提高人口高密度聚集能力，提升人口容量。首先，考虑以新填海土地作为试点，发展集休闲、娱乐、办公、购物、居住等功能于一体的城市综合体，从功能上实现土地的集约化利用。同时，透过建设配套完善的生活社区，提高局部地区的居住密度，但注意补充闲息空间，如在即将落成或兴建中的公屋地段，包括氹仔 TN27、路环石排湾等居住单位较多的社区内，兴建配套的公共服务设施、购物中心、休憩和绿化区等，并完善社区的对外交通网络，提高生活及出行的便捷度，吸引居民入住，提高土地使用率。其次，根据不同区域发展的功能定位，逐步探索实行有差别的基础设施、公共服务设施价格政策，如降低离岛区的生活成本和完善其生活配套设施；加大和增强半岛至离岛的基础交通网络建设，以增强离岛区人口转移的吸引力，鼓励半岛地区人口向离岛流动。同时，建议在全澳继续实施公交优惠政策，加快完善公交网站布局、合理配置班次的步伐，鼓励居民更多使用公交出行。此外，在完善整体规划的前提下，推进离岛的基础设施建设、社会服务产业的发展等，用市场手段实现区域内人口的合理再分布，形成产业按照政策发展，人口随着产业转移的良性发展模式。

3. 优化资源，科学施政，提高人口管理能力

首先，要建立科学的人口监测指标体系，定期检测人口发展状况及城市承载能力。研究和建立澳门各堂区的人口密度标准，合理分布各堂区的居住人口，以政策引导人口向适当的堂区转移，降低各区的人口压力。其次，持续跟进和评估人口规划和政策落实执行状况，适时预警及修正，提高人口管理能力。建议或可由特区政府政策研究室等机构统筹人口相关工作，并建立针对人口规模、素质、外劳、老龄化等方面的监控和预警机制，加强人口问题研究和规划，建议人口管理法律法规的制定等，以协助特区政府提高人口管理的能力。第三，要加强政府与社会相向沟通，推动人口政策科学制定，有效落实。加强政策制定的透明度，广纳民间意见，并结合专业力量。同时，基于人口问题的复杂性和广泛影响性，特区政府有必要向社会普及人口知识，提高居民对澳门面临的人口敏感问题的认知，尤其是人口增长的必要性、人口增长的社会成本、城市承载力等，让居民理性和科学地面对问题，凝聚政府和民间的人口管理合力，提高人口管理能力。重点加强对政府官员和社会团体或组织的人口知识培训，提高其人口业务知识和能力，增强其人口管理能力。

---

① 1555～1996 年资料来自澳门统计暨普查司：《澳门及其人口演变五百年（1500～2000 年）：人口、社会及经济探讨》，澳门：澳门政府印刷署，1998，第 101 页。1996～2011 年资料来自相应年份的澳门统计年鉴。

② 1950～1996 年资料来自澳门统计暨普查司：《澳门及其人口演变五百年（1500～2000 年）：人口、社会及经济探讨》，第 252 页。1996～2007 年资料来自相应年份的澳门统计年鉴。

③ 1950～1996 年资料来自澳门统计暨普查司：《澳门及其人口演变五百年（1500－2000 年）：人口、社会及经济探讨》，第 252～253 页。1996～2010 年资料来自相应年份的澳门统计年鉴。

④ 1910～1927 年资料来自《澳门指南（1910～1920～1927 年）》，第 349 页；1970 至 1981 年资料来自《第十三次人口普查及第三次住屋普查的人口及住屋特征》，澳门：澳门统计暨普查司，1994，第 108 页；其他资料是经澳门统计暨普查司区文尔修正的资料。

⑤ 澳门统计暨普查局：《澳门居住人口预测 2007～2031》，澳门，2008。

⑥ 资料来源：1950～1996 年资料来自澳门统计暨普查司：《澳门及其人口演变五百年（1500～2000 年）：人口、社会及经济探讨》，第 153 页。1996～2005 年是根据相关

资料处理后的结果，2006~2010 年为政府公布资料。

⑦资料来源：澳门统计暨普查局网站，时间序列数据库数据，http：//www. dsec. gov. mo/TimeSeries Database. aspx。

⑧黄润龙：《"特大城市人口规模调控"之浅见》，北京：《人口研究》2011 年第 1 期。

⑨童玉芬、齐明珠：《制约北京市人口承载力的主要因素、问题与对策分析》，北京：《北京社会科学》2009 年第 6 期。

⑩澳门环境保护局：《澳门环境状况报告 2006》，澳门，2007。

⑪澳门环境保护局：《澳门环境状况报告 2008~2009》，2011。

⑫澳门旅游学院：《2007 年澳门旅游接待能力研究》，澳门，2008。

⑬佟新：《人口社会学》，北京：北京大学出版社，2000，第 370 页。

⑭⑮＊标注的表示平均 3.2 人有一辆车（或者 3.2 人共用一辆车，余类推）；＃标注的表示每千人口对应的医生、护士和病床数量。除了第一列数据为总量之外，其他为相应规模人口下的人均数量。

⑯这里的时间已经换算成年份。

作者简介：孙代尧，北京大学社会发展研究所所长、教授、博士生导师，北京大学港澳研究中心副主任；黄匡时，北京大学社会学系博士研究生。

［责任编辑：刘泽生］

（本文原刊 2012 年第 4 期）

澳门城市土地人口承载力探析

陈　恩

[提　要] 澳门经济快速发展，但土地空间窄小，人口高度密集，城市土地人口处于日趋凸显的超载状态，是澳门经济、社会发展亟须面对和处理的问题。本文从理论上剖析了澳门土地人口供需矛盾凸显的状况，评估、预测了未来十年澳门经济发展、人口增长与土地供需矛盾加剧的前景，构建了土地人口承载力指标体系和计量模型，实证分析澳门城市土地人口的超载状况，并依此提出相关结论与建议。

[关键词] 澳门　城市土地人口　供需矛盾　承载力

澳门作为国际博彩旅游中心和亚太地区著名的微型经济体，在回归后至今的十多年里经济实现跨越式发展的同时，也出现人口的迅猛增长，土地供需矛盾凸显。澳门土地面积仅 29.7 平方公里，空间狭小，却承载着 56.01 万人的庞大居民人口和高达 2262.63 亿澳门元（2010 年数据）经济总量的生产、生活活动，不但现有土地、人口承载压力大，而且由于澳门未来的经济增长动力强劲，人口持续大幅度增长的惯性大，未来澳门土地人口、经济发展与城市空间狭小的矛盾将日趋尖锐。因此，深入剖析澳门土地人口资源承载状况，客观评估和预测澳门未来十年土地、人口与产业发展的供需矛盾，并在此基础上，通过构建土地、人口和经济承载力指标体系，实证分析澳门城市土地人口资源承载状况，并以此提出优化澳门用地结构，通过区域合作扩大用地规模，提高澳门土地人口承载效率的路径和策略，对于维护澳门经济的长期繁荣发展，有效推进澳门经济适度多元化，都具有重要的理论价值和现实意义。

一　澳门城市土地人口资源承载状况的理论分析

1. 澳门地域面积狭小，土地供需矛盾突出

澳门原来土地面积极其狭小，经过近 100 年的填海造地，逐渐扩展至 2010 年的 29.7 平方公里，约为现时香港陆地面积的 1/37 和深圳面积的 1/67，是亚太地区著名的微型经济体，可承载的人口和经济资源空间极其有限。且澳门土地板块上的很大一部分呈台地和丘陵地质分布，在一定程度上制约了土地的规划和利用。而澳门多年来所实行的多元化土地制度制约了土地资源的市场化，导致土地不能有效地进行生产和生活配置，进一步降低了土地对经济和社会的承载力。在土地的使用效能和承载压力方面，与深圳相比较，澳门的 GDP 总量是深圳的 1/6，而每平方公里土地所承载的 GDP 生产活动是深圳的 12 倍，所承载的人口总量是深圳的 42 倍，澳门在窄小空间上的土地、人口和经济活动的容量承载压力太大。

2. 填海造地是拓展土地资源的主要方式，但发展空间已非常有限

1840 年，澳门土地资源还是原生态形式，实际土地面积仅 4.76 平方公里，其中半岛土地面积仅 2.78 平方公里，氹仔和路环总面积也仅 1.98 平方公里，为丘陵小岛，土地面积非常狭小。为了拓展生产和生活居住用地，澳门近百年来进行了多次大规模的填海造地，东南部海岸线向外延伸了近 1 公里，东北部的黑沙环和北部的关闸马路东西两侧的新旧海岸线也向外延伸了五六百米；氹仔的东北部、西北部和中南部都是人工填筑的新海岸；路环岛的西北部石排湾和东北部的深水港湾也有两处较大的填海区。至 2010 年，澳门土地面积达 29.7 平方公里，其中澳门半岛 9.3 平方公里，氹仔 6.8 平方公里，路环 7.6 平方公里，路氹填海区 6.0 平方公里，约有相当于原初面积 5 倍的土地是通过填海造地开发出来的，填海造地成为迄今澳门拓展土地资源最主要的方式。

填海造地为澳门带来了许多平坦且优良的城市用地，极大地弥补了土地资源的短缺，为经济和社会发展创造了可承载的空间。但我们也应该看到，填海造地给澳门的生态环境带来了破坏，许多水文、地质、生态和地貌状况有所改变。澳门的原生态天然海岸线大都不复存在，地质结构也发生了一定的变化，不仅减弱了土地资源对自然环境特别是海洋环境变化的自我保护能力，而且逐渐增强了澳门的热岛效应，不利于澳门的长期持续发展。特别是经历持续百年的大规模填海造地，大部分海岸线已延伸至深海区，不但填海造地的成本高巨，而且实际可填造的海域空间也极为有限。因此，未来澳门再用传统的填海造地方式实现大规模土地增长的空间非常有限，而这也将对澳门土地资源的扩展和经济持续稳定发展带来极大的挑战。

3. 人口增长迅猛，澳门成为世界上人口密度最大的地区

澳门土地面积窄小，但人口总额较大，人口密度极高，每平方公里的土地面积承载了 1.84 万人。深圳是中国内地人口增长最快、人口密度最大的移民城市，但即使是与深圳相比，澳门每平方公里承载的 GDP 是 57.4 亿澳门元，是深圳（约合 4.81 亿澳门元）的 12 倍，每平方公里承载的人口是深圳（0.045 万人）的 42 倍，更是号称人口大国的中国内地人口密度的 130 倍和世界平均人口密度的近 361 倍，澳门在世界人口密度排行榜上可谓高居榜首。此外，澳门人口增长迅猛，从 1998 年的 42.5 万人到 2010 年的 56.01 万人，年均增长率达 2.13%，是中国内地 0.64% 的 3 倍多。照此趋势发展，未来澳门将在已经严重的土地负荷上承载越来越大的压力。

表 1　澳门和中国内地人口密度对比[①]

年份	澳门特别行政区			中国内地		
	人口密度（千人/平方公里）	年底人口总数（千人）	增长率（%）	人口密度（千人/平方公里）	年底人口总数（万人）	增长率（%）
1998	18.01695	425.2	0.7583	0.129959	124761	0.9181
1999	18.05042	429.6	1.0348	0.131027	125786	0.8216
2000	16.98819	431.5	0.4423	0.132024	126743	0.7608
2001	16.92636	436.7	1.2051	0.132945	127627	0.6975
2002	16.47761	441.6	1.1221	0.133805	128453	0.6472
2003	16.36264	446.7	1.1549	0.134611	129227	0.6026
2004	16.82182	462.6	3.5594	0.135404	129988	0.5889
2005	17.17376	484.3	4.6909	0.136204	130756	0.5908
2006	17.95105	513.4	6.0087	0.136925	131448	0.529
2007	18.42808	538.1	4.8111	0.137634	132129	0.5181
2008	18.80822	549.2	2.0628	0.138335	132802	0.5094
2009	18.37966	542.2	−1.275	0.139035	133474	0.5060
2010	18.32010	560.10	3.301	0.139035	133474	0.5060
平均值	17.53206	475.0917	2.1313	0.134826	129432.8	0.6408

4. 土地使用结构失衡，生产和生活用地窘迫

澳门土地使用结构失衡。从澳门土地使用情况看，澳门半岛是澳门开发最早的地域，虽然面积仅占全澳的33%，却承载着澳门主要的政府行政、交通系统、经济活动和文化生活活动，澳门近90%的居民、社会组织和企业部门集中于此。而氹仔和路环两个离岛由于交通以及其他基础设施的相对滞后，开发程度偏低，这表明澳门土地使用格局严重失衡。从总体的土地利用结构上看，如表2所示，澳门商业用地仅为0.2平方公里，占总面积的0.67%。

以澳门服务业为主导的产业结构衡量，商业土地配置偏低；而澳门工业用地为0.9平方公里，主要分布在澳门半岛西部和东北部，且与住宅区、商业区混合杂处；商住及住宅用地2.7平方公里，分为高级住宅区和平民住宅区，其中，平民住宅区地窄人稠，且基础设施和环境条件差。至2009年，澳门生产和生活用地总量为3.8平方公里，仅为土地总面积的12.75%，生产和生活用地窘迫。

表2 澳门土地利用结构②

土地利用类别	大约面积（km²）			
	2008	2009	2010	2011（第一季）
商住及住宅用地	2.7	2.7	2.7	2.7
商业用地	0.2	0.2	0.2	0.2
工业用地	0.9	0.9	0.9	0.9
其他用地	21.4	21.6	21.8	21.9
道路	4.0	4.1	4.1	4.1
面积	29.2	29.5	29.7	29.8

5. 服务业成为澳门土地承载的主体，土地使用与产业发展的矛盾突出

澳门几乎没有农业，产业结构由第二和第三产业组成。其中，按澳门的产业分类包括水电煤气和制造业、营建业在内的第二产业占GDP比重约10%，第三产业（服务业）占GDP比重近90%。如2010年澳门服务业占GDP比重为89.14%，其在澳门经济结构中占据着绝对的主导地位，第三产业也因此成为澳门土地承载的主体。特别是由于澳门的服务业因其并非是在第一和第二产业充分发展的基础上发展起来的，更倚重于产业链条短且产业带动效应弱的博彩业，产业基础薄弱。博彩业税收占澳门财政收入比

重高达80%，成为服务业的龙头产业，更是澳门土地承载的主要产业。基于澳门博彩业的特殊性以及微型经济体的发展需要，未来澳门产业发展势必需要推进产业适度多元化。

表3　澳门产业结构

单位：%[③]

年份	第二产业比重	第三产业比重	总计
2004	12.78	87.22	100
2005	12.05	87.95	100
2006	15.17	84.83	100
2007	19.75	80.25	100
2008	19.13	80.87	100
2009	17.21	82.79	100
2010	10.86	89.14	100

二　未来10年澳门土地、人口与产业发展的评价及预测

1. 澳门土地的存量与增量拓展空间有限，土地空间窄小成为经济发展和产业适度多元化最突出的瓶颈制约

图1模拟了过去澳门土地面积变化以及土地增长率变化的趋势。其中，圆柱图形代表土地面积的变化情况，从1992年开始，澳门土地面积呈递增态势，总量不断增加。至2010年，土地面积增至29.7平方公里，翻了近一倍。然而，仔细观察图形不难发现，1999年后柱形坡度渐缓，土地增长速度逐渐下降，更有逐渐趋平的可能。从土地增长率（用线段表示）来看，呈波浪式上升，其中1992～1994年、1994～1997年和1997～1999年这三个时期的增长波幅最大，说明这三个时期都分别进行了规模较大的填海造地。而1999年后5个波浪幅度越来越小，也说明在1999年后，随着填海造地进入深水区和填海造地成本的大幅增长，澳门填海造地的规模和增长速度在明显下降。如果按照这样的趋势发展，澳门未来填海造地的空间将越来越小，直至终止。这明显不能满足澳门未来经济发展和产业适度多元化对土地资源的需求，也从另一个角度表明澳门土地供需矛盾将越来越严峻。

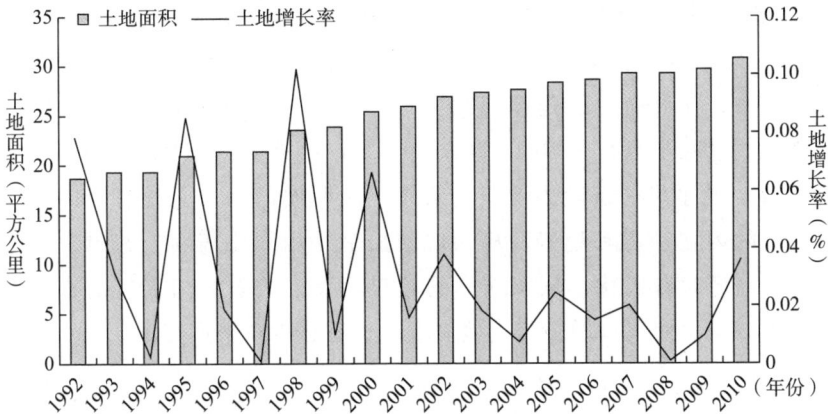

图1　1992～2010年澳门土地面积存量及土地增长情况

2. 澳门经济发展动力强劲，对未来土地空间需求殷切

与未来的土地存量与增量拓展空间受限、土地供需矛盾尖锐相反，由于中央政府的大力支持和澳门特区政府的强势施政，澳门不但在回归后的十多年里实现了经济的跨越式发展，而且在未来的相当一段时期内，因受赌权开放和内地居民自由行的强力拉动，澳门经济发展的动力强劲，对未来土地空间需求殷切。图2描述了澳门1999～2010年的变化趋势，样本数据为以基本价格按生产法计算的本地生产总值。从图中可以看出，1999年以后，澳门经济总量呈现持续快速增长态势，从263.09亿澳门元逐步上升至2010年的2262.63亿澳门元，翻了约9倍。就变化趋势来看，澳门经济总量并非呈均衡上升态势，而是陡坡和盘整交替变化上升。据有关专家的分析和测算，这样的上升趋势不但短期内不会轻易下滑，而且往往具有极强的后劲。与此相应，澳门经济的持续增长和未来经济适度多元化的发展，又往往需要新的土地资源作为物质载体，土地需求殷切。

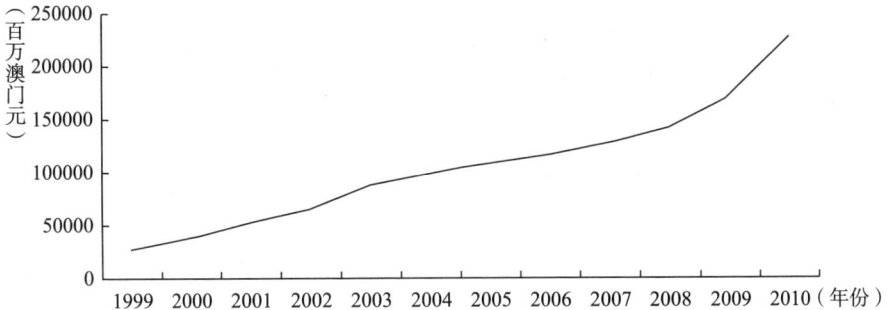

图2　1999～2010年澳门GDP增长情况

3. 澳门人口规模将持续扩大，人口增长与土地需求的矛盾日趋突显

图 3 显示了澳门 1992～2010 年人口总量的增加以及人口增长率的变化趋势，其中，柱形描述的是澳门的人口总量情况。从柱形排列可以看出，澳门人口总量稳步上升，1992～2010 年从 36.38 万人增至 56.01 万人，增长了近 52%，几乎呈一条较为倾斜的直线，表明澳门人口总量有着向斜上方不断伸延的内在动力和趋势。从人口增长率（用线段表示）来看，呈不规则变化，高低时有起伏，依照这样的趋势发展，未来澳门人口仍有很大的增长潜力，从而使人口增长与土地需求的矛盾必将愈来愈突出。

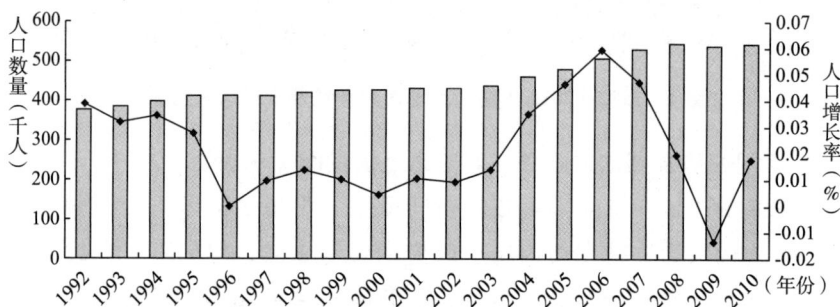

图 3　1992～2010 年澳门人口数量及人口增长情况

4. 经济人口持续增长条件下未来澳门土地供需发展的评价与预测

假设未来澳门经济和人口维持持续增长的态势，在这样的前提下，我们可以通过对历史数据进行测算与类比，从而预测未来澳门土地与人口、经济发展的情况，以便更好地审视和评价澳门土地的供给与需求。以 1991～2010 年的历史数据作为样本，对澳门进行人口、产业以及经济总量与土地关系的回归分析，可以得到下列的模拟，其中 S 为土地规模，X_1 为本地生产总值，X_2 为第三产业生产总值，X_3 为人口总量。

$$\log(S) = -9.64 - 1.31 \ \log(X_1(-1)) + 0.77 \ \log(X_2(-1)) + 3.10 \ \log(X_3(-1))$$

$$se = (0.77) \quad (0.25) \qquad\qquad (0.264) \qquad\qquad (0.247) \qquad R^2 = 97\%$$

$$t = (-12.56) \quad (-5.14) \qquad\qquad (2.901) \qquad\qquad (12.56) \qquad\qquad (1)$$

表 4　log（X_1）、log（X_2）、log（X_3）与 T（时间）的回归结果

Variable	Coefficient		
	log（X_1）	log（X_2）	log（X_3）
C	10.201	10.039	5.889
T	0.066	0.066	0.021

由于澳门经济、产业总值与人口对土地的影响实际上存在一定的滞后性，因此，本文采用一阶滞后形式。经测算表明，所有系数均在1%的置信水平下拒绝系数为0的假设，且 R^2 达97%，模拟程度良好。

表4是澳门GDP、第三产业产值和人口规模与时间的回归结果，各系数均在0.05%的置信水平下拒绝系数为0的假设，模拟结果良好。其中，T = 1，2，…，19。

如上所述，在澳门未来经济持续增长的假设前提下，以式（1）和表4的方程作为模拟式，代入原始数据进行计算，得出从2010年起未来10年澳门土地、人口、本地生产总值和第三产业产值的模拟数值，如表5所示。由此可知，到2020年，澳门人口数量将达到67.29万人，本地生产总值为4345.56亿澳门元，第三产业产值为3898.01亿澳门元，对土地总量的需求为43.38平方公里，是2010年的1.46倍。也就是说，要满足经济发展需求和经济适度多元化的需要，到2020年澳门土地总量需增加54%，年均增长率需保持在5.1%左右。

表5　澳门未来土地、人口、总产值与第三产业生产总值的预测

年份	土地面积 （平方公里）	人口数量 （万人）	本地生产总值 （亿澳门元）	第三产业生产总值 （亿澳门元）
2010	29.70	56.01	2262.63	2013.75
2011	30.15	56.85	2378.53	2116.89
2012	31.51	57.26	2565.64	2281.65
2013	32.63	58.22	2783.54	2477.35
2014	33.78	59.64	2978.83	2654.14
2015	35.96	61.33	3142.43	2806.19
2016	37.01	62.28	3353.56	3003.65
2017	39.25	63.61	3536.43	3168.65
2018	40.82	65.18	3845.63	3449.53
2019	42.05	66.38	4054.53	3636.92
2020	43.38	67.29	4345.56	3898.01

三　澳门土地资源综合承载力的实证分析

（一）土地人口资源承载力指标体系构建

城市土地人口承载力是指一定的时间内，在一定的经济、生态以及社会

条件限制下，一定空间范围内的土地人口资源对该地区人类经济活动的规模以及强度的阀值。澳门是一个微型经济体，以自身的土地资源、生态状况形成了高强度的土地人口承载格局、人口密度和经济规模。因此，本文参考余丹林等学者的研究方法，构建了如表6所示的澳门土地资源承载力指标体系。

（二）澳门土地人口资源承载力的研究方法和计量模型

1. 选取 n 个能较好地描述澳门土地人口综合承载体系的指标项，并计算出其现值，记为 RCS_i（ $i = 1, 2, \cdots\cdots, n$ ）。

2. 根据可持续发展原则以及充分考虑澳门土地利用状况，选取这 n 个指标的理想值 RCC_i，因受限于统计口径以及数据搜寻管道，本文将以在土地、人口和经济发展方面均有较大可比性的深圳市作为测算澳门土地人口承载力的理想值和参照系。因此，本文理想值的指标均取自深圳。

表6　澳门土地人口资源承载力指标体系[④]

目标层 A	准则层 B	准则层 C	指标层 D	计量单位
澳门土地综合承载力	压力类指标	社会经济发展压力	人均 GDP	万澳门元/人
			人均第三产业生产总值	万澳门元/人
			人均社会资本形成总额	万澳门元/人
			人均本地居民总收入	万澳门元/人
		人口压力	人口密度	千人/平方公里
		资源消耗	人均耗水量	吨/人
			人均电力消耗量	千瓦小时/人
			人均能源消耗量	百万焦耳/人
		环境压力	单位土地生活垃圾清运量	吨/平方公里
			单位土地污水排放量	吨/平方公里
	承压类指标	城市规划	城市绿地率	%
			城市道路用地率	%
			城市建设用地率	%
		环境处理	固体废料处理率	%
			污水处理率	%
		教育水平	高等教育学生毕业生占总人数比重	%
	交流类指标		对外贸易依存度	%
			外商直接投资占 GDP 的比重	%

3. 结合具体区域的情况，对 n 个指标进行重要性排序，并计算出各指标的权重，记为 w_i（$i = 1, 2, \cdots\cdots, n$）。本文确定权重方法时，综合采用均方差决策赋权法，具体操作步骤如下文所示，所得指标权重如表 7 所示。

4. 由所选定的这 n 个指标项构造一个 n 维的状态空间。以上的理想值 RCC_i 和 n 为状态空间两个向量，即表示在这一 n 维状态空间中分别代表区域在现有经济和人口资源条件下的土地承载力状态点，它们在状态空间中的位置关系反映了澳门的土地人口承载状况。为了使承载状况的分析程序更加简化，本文采取了以下的步骤：

构造向量（RCS_i^*），因为对于限制类指标而言：

$$RCS_i^* = RCS_i / RCC_i \tag{2}$$

而对于发展类指标而言，

$$RCS_i^* = RCC_i / RCS_i \tag{3}$$

其作用在于使 RCS_i^* 的值在取 >1、$=1$、<1 之中的某种情况时，向量（RCS_i^*）的每一个元素可以表示为相对于可持续时段的理想土地承载力，亦即本文的参考值，该指标项代表了土地人口资源承载某一方面所处的状态。其次，计算 n 维状态空间点（RCS_i^*）到坐标原点的加权距离 M，即澳门现实的土地人口承载能力：

$$M = \sqrt{\sum_{i=1}^{n} (w_i \cdot RCS^*)^2} \tag{4}$$

在经过程序转换后，澳门土地人口综合承载力状态向量 RCC_i^* 实际上已经变化成一个单位向量，通过加权处理后，该单位向量的实证计量模型为：

$$RCC = \sqrt{\sum_{i=1}^{n} (w_i \cdot RCC_i^*)^2} = \sqrt{\sum_{i=1}^{n} w_i^2} \tag{5}$$

根据 M 与 RCC 值的比较，我们可以对澳门土地的实际承载状况作出初步的价值判断：

$$M > RCC \text{ 超载}$$
$$M = RCC \text{ 满载}$$
$$M < RCC \text{ 可载} \tag{6}$$

（三）澳门土地人口资源综合承载力的实证分析

1. 数据来源

本文所选取的数据均来自澳门统计暨普查局、澳门地图绘制暨地籍局网页,《深圳市统计年鉴 2010》,《中国城市统计年鉴 2010》等。本文的价值型指标均以 2009 年为基期,所有指标值都按如上文步骤所示方法进行标准化处理。

2. 均方差决策赋权

本文主要采用均方差进行指标赋权。由此可以得到澳门土地资源承载力的无量纲化后的决策矩阵,记为 $Z = (Z_{ij})_{n \times m}$,具体操作步骤如下:

根据公式 $E(G_j) = \dfrac{1}{n} \sum\limits_{i=1}^{n} Z_{ij}$,计算出随机变量的平均值 $E(G_j)$;

通过公式 $\sigma(G_j) = \sqrt{\sum\limits_{i=1}^{n} [Z_{ij} - E(G_j)]^2}$,计算出指标集 G 的均方差;

3. 澳门城市土地人口承载力现实评价

结合上述结果,求出指标集 G 的权重系数 W_j:$W_j = \sigma(G_j) \Big/ \sum\limits_{i=1}^{m} \sigma(G_j)$,计算结果如表 7 所示。

表 7 是按照上文实证步骤计算出来的各指标的权重以及 2009 年澳门的 RCS_i^*,代入公式 (4) 和 (5),可得:

$$M = \sqrt{\sum_{i=1}^{n} (w_i \cdot RCS_i^*)^2} = 0.814 \tag{7}$$

$$RCC = \sqrt{\sum_{i=1}^{n} (w_i \cdot RCC_i^*)^2} = \sqrt{\sum_{i=1}^{n} w_i^2} = 0.23 \tag{8}$$

根据计算结果,M > RCC,且 M 大于 RCC 两倍多,即澳门以深圳市为参照系并以约为深圳 14.8% 的土地面积,承载了相当于深圳三倍多的人口和经济总量、环境生态等压力,这表明澳门目前的土地承载处于明显的超载状态。

表 7　澳门土地人口承载力各指标的权重和 2009 年的 RCS_i^*

（承载力状态向量）

指标层	RCS_i^*	权重	指标层	RCS_i^*	权重
人均 GDP	2.828	0.0579	单位土地污水排放量	3.897	0.0489

续表

指标层	RCS$_i^*$	权重	指标层	RCS$_i^*$	权重
人均第三产业生产总值	4.724	0.0549	城市绿地率	1.878	0.0532
人均社会资本形成总额	0.025	0.0565	城市道路用地率	0.322	0.0608
人均本地居民总收入	7.202	0.0532	城市建设用地率	1.494	0.055
人口密度	4.107	0.0579	固体废料处理率	1.565	0.0516
人均耗水量	1.601	0.0603	污水处理率	0.93	0.0524
人均电力消耗量	0.983	0.0605	高等教育学生毕业生占总人数比重	0.202	0.0509
人均能源消耗量	0.263	0.0565	对外贸易依存度	8.55	0.0548
单位土地生活垃圾清运量	2.265	0.0511	外商直接投资占 GDP 的比重	3.769	0.0635

4. 澳门土地人口资源综合承载力发展的趋势分析

为了寻求一定时间序列上相关数据的可比性，澳门土地综合承载状况的标准值均选取 2009 年深圳的各相关指标，由此按照上文步骤，可以得出 2003～2009 年澳门土地综合承载力发展的变化态势，如表 8 所示。

表 8　2004～2009 年澳门土地人口承载力演进态势

年份	2003	2004	2005	2006	2007	2008	2009
澳门土地综合承载力（Mi）	0.5026	0.5588	0.6037	0.6405	0.7385	0.7387	0.8143

根据表 8 的数据，可以类比出澳门土地人口承载力的演进态势。近年来，澳门土地人口承载力呈近直线斜向上上升趋势，表明澳门人口土地承载压力越来越大，对拓展澳门土地需求空间、提高澳门城市土地人口承载效率和能力的要求也越来越高。

四　结论与建议

1. 澳门回归 10 多年来，经济发展迅猛，但受土地面积窄小、人口高度密集的制约，土地人口承载压力扩大。在中央政府的大力支持、特区政府强势施政与澳门社会各界的共同努力下，澳门经济实现跨越式发展。1999～2011 年澳门年均经济增长率近 13.5%，2011 年人均 GDP 超过日本、中国香港、新加坡和中国台湾，近 5 万美元，成为亚太地区人均 GDP 最高的地区之一。但澳门既是亚太地区经济增长速度最快、经济发展水平最高的地区之一，同时也是土地面积窄小、人口高度密集的超微型经济体。土地面积仅 29.7 平方公里的澳门，却集中承载着 56 万庞大人口居住生活和高达 2262.63 亿澳门元的巨额经济总量。如果将澳门与中国内地经济发展最快、人口增长幅度最大的深圳市相比，澳门的面积仅是深圳的 1/67，人口是深圳的 1/20，但每平方公里土地所承载的 GDP 经济存量却是深圳的 12 倍，每平方公里土地所承载的人口数是深圳的 42 倍。澳门土地面积窄小，土地供需矛盾突出，土地人口承载压力过大已成为新时期制约经济适度多元发展的关键因素。

2. 澳门在未来 10 年的经济发展和人口增长动力强劲，但经济发展、人口增长与土地供需的尖锐矛盾将日趋凸显。长期以来，填海造地是澳门拓展土地资源的主要途径。但随着澳门填海造地逐渐进入深水区，不但填海造地的成本高巨，而且可填造的土地资源空间也极为有限。特别是根据现有相关数据的分析和测算，随着以博彩业为龙头的澳门经济在未来 10 年仍将强劲增长，现有人口规模按经济发展的惯性仍将持续增长，与经济发展、人口增长相适应的增量土地需求将达到年均 5.2%。到 2020 年，澳门人口规模将达到 67 万左右，本地生产总值至少将达约 4000 亿澳门元，而土地总量需求也将达到 43 平方公里，这与目前仅 29.7 平方公里的有限土地存量和未来澳门土地增量扩展途径的匮乏形成了巨大的反差和尖锐矛盾。

3. 实证分析和测算表明，澳门城市土地、人口承载已处于严重超载状态，而且超载状态会随着时间的推移日趋严重。通过构建澳门土地、人口承载力的指标体系，运用计量模型和实证分析方法，评估与测算澳门土地、人口承载状况，并以深圳为主要参照系的计算结果表明：M > RCC，且 M 大于 RCC 的两倍多，即澳门以约为深圳 14.8% 的土地面积，在每平方公里的土地上承载了相当于深圳 3 倍多的经济活动和人口容量，澳门目前的土地、人口承载已处于明显而突出的超载状态。而且，根据类比的测算结果表明，随着时间的推移，澳门土地人口承载压力会越来越大，土地供需矛盾将日趋尖锐和凸显。

4. 缓解澳门土地人口承载困局的重要途径是改革土地制度，优化用地结构，提高土地承载效率。新加坡与澳门同为人多地少、经济高度发达的微型经济体。但新加坡的土地规划和管理科学、生产和生活用地布局有序、经济发展的集约度高，未来经济发展与人口增长的土地增量储备充裕。而澳门的土地制度落后，土地规划不尽如人意，生产和生活用地过于分散、赌场和居民地杂处的用地结构失衡，更加剧了本已非常突出的土地供需矛盾。针对这种情况，澳门应借鉴新加坡经验，深化土地制度改革，认真做好中长期土地人口发展规划，通过优化澳门的产业空间布局和城市空间用地结构，来提高土地人口承载效率和承载能力。因为新加坡的成功经验表明，小规模城市通过精致有序的土地规划，可以在很大程度上提高土地承载效率，从而使城市能够容纳更多的经济和社会活动总量。

5. 解决澳门土地空间窄小的根本途径是通过珠港澳区域合作的方式，进行土地租赁和用地置换。在澳门填海造地空间不断缩减，而经济发展、人口增长与土地供需矛盾日趋尖锐的条件下，为了满足经济发展和人口惯性增长的需要，通过珠港澳区域合作，并采用市场经济的方式进行土地租赁和用地置换是今后从根本上有效解决澳门土地供需矛盾的重要途径。由国务院批准并颁布的珠海《横琴总体规划纲要》明确指出，横琴开发要为澳门经济适度多元化发展提供必要的空间，而澳门大学横琴新校区的建立也为澳门通过珠港澳区域合作来化解澳门土地供需困局创造了现实路径。因此，未来澳门应以横琴开发为契机，以珠港澳合作为平台，以市场化土地租赁、用地置换和合资合作投资为主要手段，延伸澳门产业链，扩展澳门产业腹地，实现珠澳产业对接和同城化发展。

①数据来源：澳门特别行政区政府统计暨普查局和中国统计年鉴。
②数据来源：摘自澳门地图绘制暨地籍局。
③数据来源：澳门特别行政区政府统计暨普查局。
④数据来源：参考余丹林、毛汉英、高群《状态空间衡量区域承载状况初探——以环渤海地区为例》（北京：《地理研究》2003 年第 2 期）关于区域成灾指标体系的研究方法，制作澳门土地人口资源承载力指标体系。

参考文献

[1] 陈广汉：《澳门经济适度多元化发展面对的困境与政策选择》，《港澳经济年鉴》（2010），北京：港澳经济年鉴社，2010，第 345 ~ 352 页。
[2] 陈章喜等：《澳门土地开发与城市空间发展的实证研究》，澳门：《澳门研究》2010 年第 3 期。
[3] 郭恒亮、赵东平：《澳门 21 世纪可持续发展探讨》，陕西汉中：《陕西工学院学报》2001 年第 3 期。
[4] 黄汉强、吴志良：《澳门总览》，北京：中国友谊出版公司，1999。

[5] 蓝丁丁、章素琼、陈志强：《城市土地资源承载力初步研究——以福州市为例》，沈阳：《沈阳师范大学学报》（自然科学版）2007 年第 2 期。

[6] 谈纵波、董珂：《澳门土地利用与规划体制研究》，北京：《城市规划》1999 年第 12 期。

[7] 汤开建：《今日澳门》，北京：高等教育出版社，1999，第 15～16 页。

[8] 王明涛：《多指标综合评价中权效确定的离差、均方差决策方法》，北京：《中国软科学》1998 年第 8 期。

[9] 徐建华：《现代地理学中的数学方法》，北京：高等教育出版社，1994。

[10] 杨俊：《澳门环境地质变化对旅游环境影响研究》，西安：长安大学硕士学位论文，2009。

[11] 杨越：《澳门土地资源稀缺与房地产开发》，北京：《中国市场》1998 年第 5 期。

[12] 郑天祥、黄就顺：《澳门的城市形态与城市规划》，长沙：《经济地理》2006 年第 4 期。

[13] 郝雨凡、吴志良主编《澳门经济社会发展报告》，北京：社会科学文献出版社，2012。

作者简介：陈恩，暨南大学特区港澳经济研究所所长、教授、博士生导师。

［责任编辑：刘泽生］

（本文原刊 2012 年第 4 期）

澳门经济增长与居民收入分配现状分析

柳智毅

[**提　要**] 澳门回归祖国后，在本地 GDP 高速增长及失业率下降的同时，居民收入分配不均问题逐渐浮现，并成为社会关注的焦点。本文透过相关统计数据，重点分析和研究澳门回归祖国后经济腾飞和居民收入分配之间的关系。同时，根据 2011 年人口普查中劳动人口的收入数据推算，澳门劳动人口收入差距倍数及基尼系数均有所上升，反映了澳门的贫富问题及收入分配差距正在逼近警戒线，有必要引起各界的重视。

[**关键词**] 澳门经济　收入分配　基尼系数　五等分差距

近年来，澳门在主流行业的强劲带动下，整体经济保持了较快发展。随着 GDP 的高速增长，行业及居民收入差距越来越悬殊，不仅影响到经济能否健康发展，也关系到澳门社会的稳定。本文将重点对澳门经济增长与居民收入分配现状进行分析和研究。

一　澳门经济的发展现状

（一）经济持续高速增长

澳门回归祖国后，在赌权开放和中央政府推行内地居民港澳"自由行"政策的刺激下，澳门旅游博彩收入大幅增加，并于 2004 年第一间外资赌场

179

正式开业后，经济正式进入超速增长阶段。不仅成功走出回归前的经济低谷，并实现了数年的高速增长，其增长势头至今还在继续。

澳门属微型的开放经济体，虽然一直面对复杂多变的外部环境，但近几年在主流行业的强劲带动下，整体经济保持了较快发展，GDP 规模从 1999 年的 470 多亿澳门元（人均 1.38 万美元），已猛增至 2011 年的 2921 亿澳门元（人均 6.63 万美元），经济总量升幅接近 6 倍，人均 GDP 亦在经济高增长之下涨了近 4 倍（图 1 及图 2）。尽管 2008 年美国次贷问题引发全球金融海啸，澳门在 2008 年下半年亦无可避免地随着外围形势动荡和内部政策调控，经济增长加速放缓，但在 2009 年年中以后强劲反弹。2010 年澳门以当年价格按支出法计算的本地生产总值首次超过 2000 亿澳门元，2001 ~ 2010 年十年年平均增幅为 17.4%。

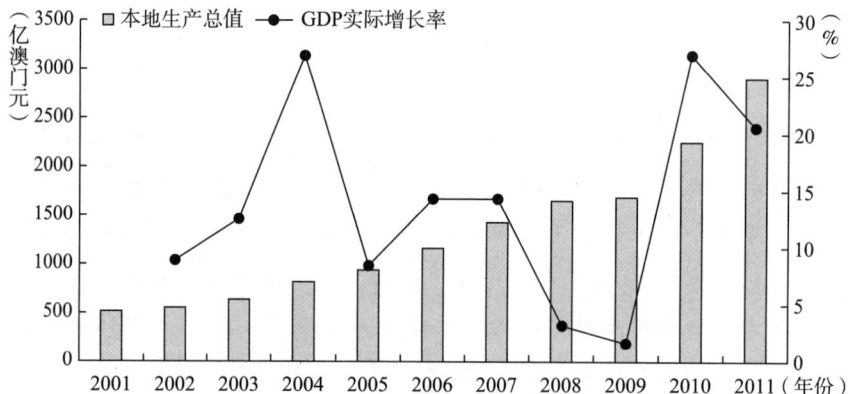

图 1　2001 ~ 2011 年澳门地区本地生产总值及实际增长率变化图[①]

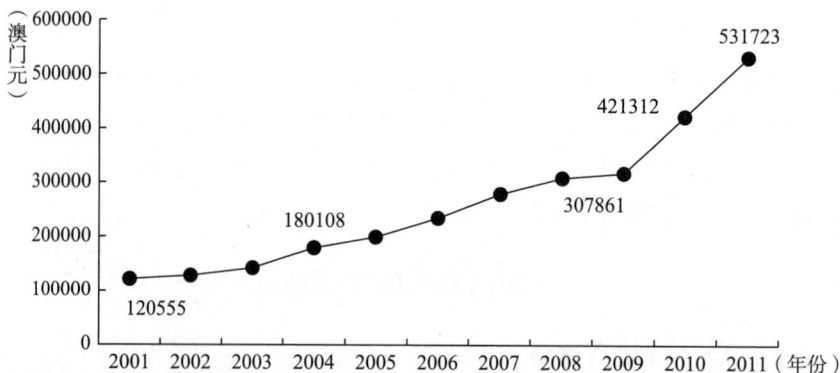

图 2　2001 ~ 2011 年澳门地区人均本地生产总值变化图[②]
（以当年价格按支出法计算）

2011 年，澳门经济表现理想，经济增长主要由服务出口、私人消费支出及投资带动，其中博彩毛收入（不计赏钱）大幅上升及旅客总消费（不包括博彩消费）增加，推动服务出口录得理想升幅；而货物出口则持续疲弱。内需方面，投资保持增长，私人消费亦受惠于就业及工作收入增加而持续上升。博彩收入则延续高速增长态势，不断刷新历史纪录，全年博彩收入达 2690.6 亿元，增长幅度达 42%。旅游方面，全年游客数量比上年增长 12.2%，达 2800 万人次。游客的持续增加给酒店和零售业带来了巨大商机，酒店入住率按年上升 4.3 个百分点至 84.1%，零售总额达 433.4 亿元，按年大幅增长 42%。

尽管美国双底衰退机会增加，欧洲主权债务危机愈演愈烈，2012 年全球经济发展仍存在较大的不确定性，但从澳门自身来看，前景依然良好。根据澳门统计暨普查局数字，2012 年上半年的 GDP 实质增长率为 12.6%。总体而言，本地经济在 2012 年仍将保持良好基调，实现稳定增长。考虑到外部经济的影响因素，以及 GDP 基数已相对更大的情况下，较高的两位数增长可能无法继续，并且极易受到内地政策和内地消费者的影响而改变，笔者预计 2012 年全年 GDP 增长将有可能放缓至 10% 左右。

（二）就业者收入普遍好转

澳门经济的迅速发展和转型，带动社会的职业结构发生了巨大变化。澳门本地就业人员的收入也随之水涨船高。在过去十年里，澳门中位数工资已翻了一番。澳门统计暨普查局就业调查资料显示，2012 年第 1 季度澳门劳动者每月工作收入中位数为 11000 澳门元，比 2000 年同期的 4822 澳门元增长 128.1%。当中收入较高的行业主要有：电力、气体及水的生产及分配；公共行政、防卫及强制性社会保障；彩票及其他博彩活动等行业。收入较低的行业主要有：家庭佣工、制造业、住宿、餐厅、酒楼及同类场所、不动产业务、租赁及向企业提供的服务等行业（表1）。

表 1　澳门地区按行业统计之每月工作收入中位数（单位：澳门元）[3]

行业	2000 年 第 4 季	2004 年 第 4 季	2008 年 第 4 季	2011 年 第 4 季	2012 年 第 1 季
制造业	2960	2961	4500	7100	7000
水电及气体生产供应业	11631	11906	13000	20000	21000
建筑业	4351	5595	10000	11000	12000
批发及零售业	4533	4717	7000	8300	9000

续表

行业	2000 年第 4 季	2004 年第 4 季	2008 年第 4 季	2011 年第 4 季	2012 年第 1 季
酒店及饮食业	4099	4497	6500	7600	8000
运输通讯及仓储业	5649	6563	8900	10000	10300
金融业	7726	8320	11000	13300	15000
不动产及工商服务棠	3957	3665	6000	7200	8000
公共行政及社保事务	13742	16009	20000	25000	22000
教育	9095	8655	12000	15000	16000
医疗街生及社会福利	9137	9230	10000	15000	14000
文娱博彩及其他服务业	6156	7678	12000	13000	14000
家庭佣工	2816	2755	2800	3000	3000
合计	4822	5603	8500	10000	11000

虽然随着经济腾飞，各行业的收入均有所增加，但增幅和收入差距仍比较悬殊，例如，12 年来家庭佣工的收入增幅仅为 6.5%，而建筑业的增幅达 2.75 倍。

由于博彩业的迅速发展，澳门就业人口薪酬也同时在几年间迅速上升。何厚铧先生于 2009 年卸任行政长官时回顾了澳门回归 10 年来的经济建设称，"澳门过往经济发展并不畅旺，相当数量的基层家庭处于比较贫困的处境。旅游博彩业和相关行业的较快速发展，令一大批中青年得以进入薪酬相对优厚的行业工作，从而大幅改善了所属家庭的整体收入，明显缩减了贫富差距、改善了跨代贫穷"。只要家庭有成员从事博彩业，可带动整个家庭脱贫。

回归之前，"月入过万"已算是高薪厚职。而目前月入过万的职位相当普遍。特区政府统计暨普查局的数据显示，每月收入少于 2000 澳门元的人口从 1999 年的 17300 人（占总就业人口的 8.80%）降至 2011 年的 4300 人（占总就业人口的 1.28%）；而薪金在 2 万元或以上就业人口就增至 52700 人（占总就业人口的 16.1%），较 1999 年增 42900 人，增幅达 5.4 倍。1999 年，澳门就业人口每月收入在 2 万元或以上就业人口仅有 9800 人，占总就业人口的 5%。

二 澳门居民的收入分配

在经济急速增长的同时，澳门居民收入分配不均问题也逐渐浮现，其主要表征为：

（一）五等分差距倍数扩大

五等分差距倍数是较常见的反映居民收入分配情况的方法。[④]按照澳门统计暨普查局《住户收支调查 2007/2008》中住户每月收入五分位统计，最高五分位（最高 20%）住户的每月收入金额为 18.1 亿元，占总收入的 42.9%；住户每月平均收入为 54221 元，较五年前实质上升 38.3%。另一方面，最低五分位（最低 20%）住户的每月收入金额为 2.2 亿元，占总收入的 5.3%；住户每月平均收入为 6633 元，实质增加 89.9%。2007～2008 年度澳门最高 20% 的住户收入为最低 20% 住户的 8.2 倍，低于 2002～2003 年度的 11.2 倍，显示高收入住户与低收入住户的收入差距逐渐收窄（表 2）。

表 2　2007～2008 年度与 2002～2003 年度澳门按每月收入
五分位统计的住户收入分配[⑤]

住户每月平均收入 （千澳门元）	总数	最低 五分位	第二 五分位	第三 五分位	第四 五分位	最高 五分位
2002～2003 年度 （当年价）	13279	2942	6416	9480	14535	33023
2002～2003 年度 （2007～2008 年度价格）	15764	3493	7616	11254	17256	39203
2007～2008 年度	25250	6633	14158	21126	30113	54221
变动率（%）	90.15	125.46	120.67	122.85	107.18	64.19
实际变动率（%）	60.18	89.89	85.90	87.72	74.51	38.31

由于《住户收支调查》与 10 年一次的普查统计数据不一，我们根据最新的 2011 年人口普查中劳动人口的收入数据推算，澳门劳动人口的最高 20% 的住户平均收入为 33532 澳门元，最低 20% 住户平均收入为 3606 澳门元，最高 20% 的住户收入为最低 20% 住户的 9.3 倍。

表 3　2011 年澳门人口普查劳动人口收入数据[⑥]

收入（澳门元）	收入组中值（澳门元）	人数（人）
< 3000	1500	19843
3000～3999	3500	16147
4000～5999	5000	33329
6000～7999	7000	45985
8000～9999	9000	35494

收入（澳门元）	收入组中值（澳门元）	人数（人）
10000～11999	11000	39345
12000～13999	13000	26805
14000～19999	17000	53659
20000～39999	30000	52371
≥40000	50000	13036
合计		336014

对比十年前，根据 2001 年人口普查中劳动人口的收入数据推算，澳门劳动人口的最高 20% 的住户平均收入为 7925 澳门元，最低 20% 住户平均收入为 1733 澳门元，最高 20% 的住户收入仅为最低 20% 住户的 4.6 倍。

（二）基尼系数接近警戒线

基尼系数（Gini coefficient）是国际较常用作量度收入分配以及反映贫富悬殊的指标之一，是衡量一国贫富差距的标准。一般来说，0.4 是收入分配差距的警戒线，一旦超过警戒线，就较容易引起社会不稳定。

澳门统计暨普查局《住户收支调查 2007/2008》结果显示，衡量住户收入不均程度的基尼系数为 0.38，比 2002～2003 年度同期录得的 0.45 低，即住户收入渐趋平均。这次调查抽样选出澳门 5720 个居住单位内的住户，调查总体结果于 2009 年公布。此外，应用扣除政府福利转移的住户收入计算的基尼系数为 0.40，从中反映公共福利转移对纾缓住户收入分配差距的成效。

以基尼系数来看，按照国际通常标准，澳门基尼系数在 0.3 以下为最佳的平均状态，在 0.3～0.4 为正常状态，超过 0.4 为警戒状态，达到 0.6 则属于危险状态。2007～2008 年度澳门的基尼系数已达到国际上通用的贫富差距警戒线 0.40。

表 4　2001 年澳门人口普查劳动人口收入数据[⑦]

收入（澳门元）	收入组中值（澳门元）	人数（人）
＜2000	1000	17177
2000～2999	2500	21090
3000～3999	3500	37017
4000～5999	5000	48645

续表

收入（澳门元）	收入组中值（澳门元）	人数（人）
6000～7999	7000	28486
8000～9999	9000	15533
合计		167948

由于最近一次住户收支调查已是五年前（2007～2008年度），因此现时基尼系数可能与当时有较大差距。适逢澳门曾于去年进行十年一次的人口普查，[⑧]笔者利用普查数据中劳动人口的收入数据推算澳门劳动人口的基尼系数，该数据虽然无法与《住户收支调查2007/2008》结果中的基尼系数作直接比较（因为住户收支调查基尼系数是以家庭户作为单位，笔者的推算则是以劳动人口为单位），但可望通过该数据了解澳门居民收入差距的最新情况。

根据2011年人口普查中劳动人口的收入数据推算，澳门劳动人口的基尼系数约为0.40，而十年前（2001年）的同类数据却只有0.27，2007～2008年度是0.38，可见这十年间澳门劳动人口的收入差距的确被明显拉开。

（三）职业收入差距增加

在过去12年间，澳门已从一个制造业主导的经济体系，迈向服务业王导的经济体系。经济结构转型导致就业模式从为低教育程度在职人士提供较多就业和较高收入机会的制造行业，转为聘用较大比例高教育程度在职人士的商业及服务业。在制造业领域，教育程度较低但拥有丰富经验和技能的在职人士收入还是有所提升，但收入提升幅度远远不及立法议员、政府官员、社团领导人、企业经理及专业人员。2011年，立法议员、政府官员、社团领导人、企业经理及专业人员的每月职业收入中位数最高，为26000元，是处于工作技能职系较低一端的非技术工人职业收入中位数5000元的5倍（表5）。

表5 按职业及2011年7月工作收入统计的就业人口[⑨]

职业	总数（人）	收入中位数（澳门元）
立法议员、政府官员、社团领导人及企业经理	25246	26000
专业人员	15349	25000
技术员及辅助专业人员	36356	16000

续表

职业	总数（人）	收入中位数（澳门元）
文员	93686	13000
直接与博彩投注服务有关	40624	15000
服务、销售及同类工作人员	72089	7800
渔农业熟练工作者	1508	6750
工业工匠及手工艺工人	25937	10000
机台、机器操作员、司机及装配员	15457	9250
非技术工人	52088	5000
其他	53062	10000

（四）教育程度收入差距增加

在知识经济时代，教育程度高者往往可以获取较高地位及高薪；相对来看，以劳力付出谋生者的财富累积速度远逊于前者，差距日渐扩大。教育程度较高的在职人士的收入普遍高于教育程度较低者。根据2011年澳门人口普查数据推算，未受教育或只受小学教育的就业人口的每月主要职业收入中位数是6858元及9744元，而高等教育就业人口中位数最高可达17958元（表6）。可见，教育程度较高的就业人口收入普遍较高。因此，教育因素被视为职业上向上流动最有效的手段；不过，由于政府在教育上力保机会均等，因此长期来看，收入会因受教育年数的普遍增加而使差距缩短。

表6　按教育程度及 2011 年 7 月工作收入统计的就业人口[10]

教育程度		中位数所在范围（澳门元）	推算中位数（澳门元）
小学教育	未完成	6000～7999	6858
	完成	8000～9999	9744
中学教育	初中教育	10000～11999	11931
	高中教育	10000～11999	11417
高等教育	非学位学程	14000～19999	17958
	学位课程	14000～19999	15656

（五）性别收入差距增加

根据2011年澳门人口普查结果，当年7月男性就业人口收入中位数为 11250 澳门元，女性就业人口收入中位数为 9000 澳门元，男性收入中位数高出女性 2250 澳门元，已占女性收入中位数的 25% 。导致在职女性及男性收入分布差别的主要原因包括：在职女性与男性有不同的行业及职业分布，不同的教育程度、工作经验和工作性质，等等。例如，男性担任经理、行政人员和专业人员的比例较女性为高，而这些职位的月收入也相对较高。此外，在职女性中包括很多在澳门工作的外籍家庭佣工，她们的职业收入一般较低。

（六）年龄收入差距增加

个人的职业收入与年龄有密切关系，不论男性或女性，他/她们的每月收入中位数从 16~19 岁及 20~24 岁的年轻年龄组别逐步上升，至中青年的 25~49 岁达到顶峰，并在 50 岁及以上年长年龄组别下降（表7）。

表7　按岁组及 2011 年 7 月工作收入统计的就业人口[①]

岁组（岁）	中位数所在范围（澳门元）	推算中位数（澳门元）
16 ~ 19	3000 ~ 3999	3276
20 ~ 24	8000 ~ 9999	8723
25 ~ 29	12000 ~ 13999	12896
30 ~ 34	12000 ~ 13999	12208
35 ~ 39	12000 ~ 13999	12505
40 ~ 44	12000 ~ 13999	13715
45 ~ 49	10000 ~ 11999	11255
50 ~ 54	8000 ~ 9999	8365
55 ~ 59	9000 ~ 9999	9596
60 ~ 64	6000 ~ 7999	6395
≥65	4000 ~ 5999	4042

三　小结

澳门统计暨普查局最新数据显示，2011 年澳门 GDP 为 2921 亿元（澳门元，下同），实质增长率为 20.7%；而人均 GDP 为 531723 元（约 6.63 万美元），继续位居亚洲前列。与此同时，失业率为 2.1%，再创新低。不过，从 1999 年至 2011 年，澳门的经济总量升幅接近 6 倍，人均 GDP 亦在经济高增长之下涨了近 4 倍。然而，相比之下，居民的收入中位数增幅却只有 2 倍多。虽然 2011 年的人口普查并没有计算反映贫富差距的基尼系数，但根据普查中劳动人口的收入数据推算，澳门劳动人口的最高 20% 的住户平均收入为 33532 澳门元，最低 20% 住户平均收入为 3606 澳门元，最高 20% 的住户收入为最低 20% 住户的 9.3 倍，较 2007～2008 年度的 8.17 倍上升 1.1 倍；而劳动人口的基尼系数亦推算出结果为 0.40，较 2007～2008 年度的 0.38 轻微上升 0.02，并且反映了澳门的贫富问题及收入分配差距问题正式逼近警戒线。如问题继续恶化下去，一旦超越警戒线，就易于引起社会的不稳定。

由以上分析可见，行业收入差距悬殊，是导致澳门社会收入分配差距拉大的最主要原因之一。近几年澳门居民收入中位数徘徊不前，显示出博彩业薪酬的快速增长与中低层收入的增长滞慢形成鲜明对比。因此，仅靠加薪的初次分配，必然催谷上下两头差距进一步扩大，不利于社会收入的整体提升，行业性不公亦妨碍居民相对平等分享经济发展成果，容易造成利益阶层不断割裂，社会矛盾增多且加深。

①②资料来源：澳门特区政府统计暨普查局统计数据。

③资料来源：澳门特区政府统计暨普查局调查数据。

④将住户每月收入由高至低依次分为五等分，常称为五等分差距倍数（The ratio of household income, top 20% to lowest 20%）是将全体家庭所得由小到大排列后，所得最高 20% 者，与所得最低 20% 者的收入倍数比值，数字愈大表示所得分配愈不平均。

⑤资料来源：澳门特区政府统计暨普查局数据。

⑥资料来源：澳门特区政府统计暨普查局 2011 年澳门人口普查结果。

⑦资料来源：澳门特区政府统计暨普查局 2001 年澳门人口普查结果。

⑧2011 年澳门人口普查由 2011 年 8 月 12 日至 26 日止。

⑨⑩⑪资料来源：由澳门特区政府统计暨普查局资料推算所得。

参考文献

[1] 吕汉光：《收入分配与经济发展》，北京：商务印书馆，1997，第 9 页。

[2] 陈铭津、刘毅等：《广东居民收入分配研究》，北京：经济科学出版社，2010。

[3] 周文兴：《中国收入分配不平等与经济增长》，北京：北京大学出版社，2005。

[4] 王振中：《当前的收入分配差距问题不容忽视》，郑州：《经济经纬》2005 年第 6 期。

[5] 林宏、陈广汉：《居民收入差距测度的方法与指标》，北京：《市场与人口分析》2004 年第 4 期。

[6] 崔丹、孙佳怡：《收入分配理论的研究综述》，北京：《金融时报》2011 年 7 月 11 日。

作者简介：柳智毅，澳门经济学会理事长、博士。

[责任编辑：刘泽生]

（本文原刊 2012 年第 4 期）

主持人语

刘泽生

　　理所当然，《港澳研究》系本学报的特色栏目与重点栏目之一。港澳研究具有重要的学术理论价值与现实意义，她期待着海内外的专家学者共同参与相关理论与实践问题的研究，为港澳地区的社会经济发展、为粤港澳的区域合作提供理论与智力支撑。

　　一年多来，本栏目共发表了来自北京、广东、香港、澳门等地专家学者的学术理论文章 15 篇，从开栏之始关于《粤澳合作框架协定》的理论思考，到近期发表的澳门适度人口规模研究，其中不乏颇获好评之佳作。陈庆云关于构建澳门"世界旅游休闲中心"核心要素的阐述；蔡赤萌关于适度调整澳门经济增长的路径依赖、构建经济持续健康协调发展模式的理论分析；冯邦彦关于粤澳合作开发横琴的思考；陈多关于"十二五"时期香港在国家经济发展中如何发挥其独特作用的论述；陈广汉关于粤港澳合作制度变迁的动力机制研究；封小云关于 CEPA 下粤港先行先试创新思维的探讨；杨道匡关于澳门经济适度多元化一个基本点三个发展方向的论证；鄞益奋关于完善粤澳合作机制、全面积极参与横琴开发的考察；孙代尧关于澳门未来人口规划和科学施政的政策建议等，都可圈可点。2012 年 11 月 1日，澳门政府公布了《澳门特别行政区人口政策框架》，目前正在进行为期三个月的公众咨询。也许只是一种时间上的巧合，本刊 2012 年 10 月 15 日出版的最新一期（第四期）所发表的孙代尧《澳门适度人口规模和结构研究》及陈恩的《澳门城市土地人口承载力探析》，其研究的理论、路径、依据、建议，或可为特区政府制定未来 25 年澳门人口政策的决策咨询提供有益的参考。希望专家学者的研究成果能为社会实践提供理论与智力的支撑，这也是本栏关注港澳社会经济发展的初衷。

本期杨立强、华晓红《上海与香港国际航运中心优势比较及其启示》一文，也是一篇逻辑严谨、资料翔实、论证比较充分的佳作。文章在分析沪港国际航运中心整体定位与发展阶段的基础上，构建了沪港国际航运中心竞争优势的比较指标体系，从港口条件、集疏运能力、航运人才、造船能力、政策支持、港口管理、航运服务、腹地经济等八个方面的 24 项指标，分析和比较了上海与香港的竞争优势，并在此基础上探讨如何保持和提升香港国际航运中心地位的政策措施，既有理论分析，又有实证比较，具有较强的可操作性，或可供有关方面参考。

高端服务业作为现代服务产业的一个重要领域，日益受到重视。陈章喜的《澳门经济转型与高端服务业发展》，在分析服务业发展与经济结构转换关系的基础上，分析了高端服务业在澳门经济转型中的功能，描述了澳门高端服务业的发展现状，并以会展业为例，对澳门高端服务业的发展效能进行了计量实证分析，指出了澳门高端服务业发展存在的问题及未来发展的政策取向。

养老保障体系的建设与养老保障政策的制定，关系到社会的稳定与和谐发展。香港、澳门两地的养老保障政策，已有不少学者作过深入研究，且成果颇丰，但就两地政策的比较研究则相对较少。赖伟良的《港澳养老保障政策比较研究》，正是在对港澳两地养老保障研究的基础上，对两地在回归后的政策改革取向、养老保障体系的基本结构及养老保障的效能进行了比较，从而得出本文的结论，具有较高的可信度。

本专栏开办迄今已一年多，大致集中于刊发有关港澳两地社会经济方面的论文。为全面反映当前"港澳研究"的相关学科发展，本栏目拟从下一期开始，用 2~3 期的篇幅，重点发表澳门历史研究方面的专题论文，诚邀海内外专家学者赐稿。敬请垂注。

上海与香港国际航运中心优势
比较及其启示

杨立强　华晓红

[提　要] 上海与香港开埠历史悠久，同为世界知名港口城市。香港以其得天独厚的地理位置、高效专业的管理与服务、独有的自由港地位，在东亚/东南亚尤其是内地经济高速发展推动下率先建成世界知名的国际航运中心。而近年来上海也在内地经济尤其是出口加工业快速发展的带动下迅速向国际航运中心迈进。本文构建了沪港国际航运中心竞争优势指标体系，从港口条件、集疏运能力、航运人才、造船能力、政策支持、港口管理、航运服务、腹地经济等八个方面分析和比较了上海与香港的竞争优势，并在此基础上探讨如何保持和提升香港国际航运中心地位的政策措施。

[关键词] 国际航运中心　香港航运业　竞争优势指标体系

一　引言

随着东亚/东南亚地区经济的蓬勃发展尤其是在内地经济高速增长的推动下，亚太地区国际航运业务需求迅速扩大。香港以其得天独厚的地缘优势、完整配套的航运产业链、高效专业的管理与服务，以及独有的自由港地位，始终扮演着该地区国际航运中心的重要角色。但是，随着周边地区的崛起，香港国际航运中心地位面临着日益激烈的竞争，其中上海国际航运中心的发展尤为引人瞩目。

　　近年来，上海货运规模增长迅速，已经跃居世界货运和集装箱吞吐第一大港。2000～2010 年上海港货物吞吐量的变化显示，除了 2009 年受美国金融危机影响略有下降外，最近十年上海货运规模保持了快速增长势头（见图 1）。2010 年上海港货物吞吐量达到 5.63 亿吨，是 2000 年吞吐量 2.04 亿吨的 2.75 倍，上海自 2005 年以来一直保持了世界货物吞吐量第一大港的地位。

　　以世界集装箱吞吐量计算，2010 年上海首次超过新加坡成为世界集装箱吞吐第一大港，当年集装箱吞吐量达到 2906.9 万标箱（TEU）；2011 年上海集装箱吞吐量突破 3000 万标箱（TEU），继续保持了世界集装箱吞吐第一大港地位（表 1）。

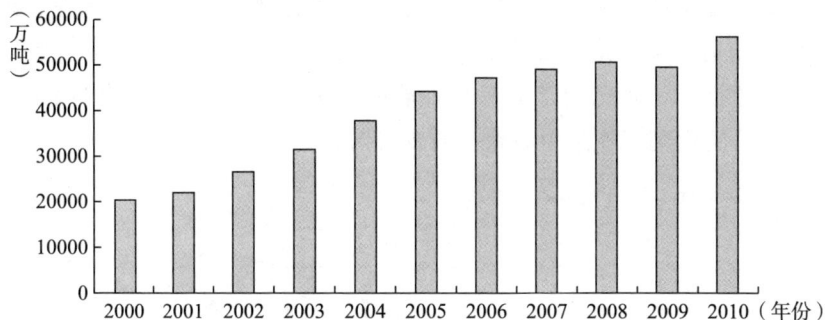

图 1　2000～2010 年上海港货物吞吐量（单位：万吨）

　　与上海相比，香港货运规模基本保持稳定，相对地位有所下降。如表 1 和图 2 所示，2005 年以前香港集装箱吞吐量一直保持世界第一，吞吐量也保持了小幅增长。2005 年后，香港集装箱吞吐量仍然保持稳定并有小幅增长，但与世界其他主要港口相比，其相对地位下降迅速。2005 年和 2006 年香港被新加坡赶超，降为世界第二位，2007 年以后又被上海赶超，下滑至世界第三位。

表 1　世界集装箱港口吞吐量排名

单位：1000TEU

排名	1999 年	2000 年	2001 年	2002 年	2003 年	2004 年	2005 年	2006 年	2007 年	2008 年	2009 年	2010 年
1	香港	香港	香港	香港	香港	香港	新加坡	新加坡	新加坡	新加坡	新加坡	上海
	16211	18098	17826	19144	20449	21984	23192	24792	27936	29918	25867	29069
2	新加坡	新加坡	新加坡	新加坡	新加坡	新加坡	香港	香港	上海	上海	上海	新加坡
	15945	17087	15571	16941	18411	21329	22602	23539	26150	28006	25002	28431

排名	1999 年	2000 年	2001 年	2002 年	2003 年	2004 年	2005 年	2006 年	2007 年	2008 年	2009 年	2010 年
3	高雄	高雄	釜山	釜山	上海	上海	上海	上海	香港	香港	香港	香港
	6985	7426	8073	9453	11282	14554	18080	21720	23998	24494	21040	23699
4	釜山	釜山	高雄	上海	深圳	深圳	深圳	深圳	深圳	深圳	深圳	深圳
	6440	6383	7541	8610	10650	13660	16200	18470	21100	21416	18250	22510
5	鹿特丹	鹿特丹	上海	高雄	釜山	釜山	釜山	釜山	釜山	釜山	釜山	釜山
	6400	6290	6340	8493	10408	11492	11843	12039	13261	13453	11980	14194

资料来源：香港海事处。

本文构建了沪港国际航运中心竞争优势指标体系，从港口条件、集疏运能力、航运人才、造船能力、政策支持、港口管理、航运服务、腹地经济等八个方面分析和比较了上海与香港的竞争优势，以此为基础探讨如何保持和提升香港国际航运中心地位的政策措施。

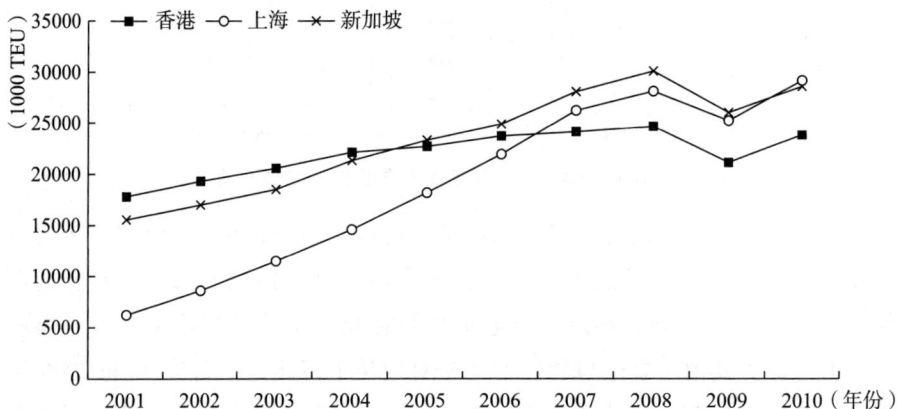

图 2 香港、上海、新加坡集装箱吞吐量比较（2001～2010）

资料来源：香港海事处。

二 沪港国际航运中心整体定位与发展阶段比较

（一）上海正在向国际航运中心快速迈进，努力打造货运服务型国际航运中心

传统货运服务型国际航运中心主要有以下几个特点：第一，以港口为中心的货物运输占重要位置。上海港口货运规模近十几年来持续增长，已经发展成货运和集装箱运输的世界第一大港。第二，传统货运服务型国际航运中

心主要得益于"世界工厂"强劲的航运需求和区位优势。上海地处中国最具经济活力的长三角地区，是长三角乃至整个长江流域的主要贸易集散地。强劲的航运需求和得天独厚的地理位置造就了上海的国内首要航运中心地位。第三，航运服务水平相对较弱，缺乏对国际航运市场的影响力和控制力。上海的传统货运规模和能力首屈一指，然而相对于世界其他主要国际航运中心，上海在航运服务方面尚显不足，尤其是近年来新兴的航运服务项目大多处于起步阶段。除此之外，上海国际航运中心尚缺乏对国际航运市场的影响力和控制力。

目前上海已经成为重要的地区航运中心，正在向国际航运中心快速迈进，努力打造货运服务型国际航运中心。2009年4月国务院发布了《关于推进上海加快发展现代服务业和先进制造业建设国际金融中心和国际航运中心的意见》，为上海"双中心"建设提供了强有力的政策支持。根据该意见，到2020年，上海将基本建成航运资源高度集聚、航运服务功能健全、航运市场环境优良、现代物流服务高效，具有全球航运资源配置能力的国际航运中心。

（二）香港处于从"货运服务型"向"高端服务型"国际航运中心的转型阶段

与传统货运服务型国际航运中心不同，高端服务型国际航运中心具有以下几个特点：第一，具有全球资源配置中心地位。全球资源配置中心地位强调的是对国际航运市场的影响力和控制力。具体来说，香港要想成为高端服务型国际航运中心，需要在金融、贸易、信息、企业等方面成为资源汇聚和配置中心。换言之，需要成为国际金融中心、国际贸易中心、航运信息咨询中心、跨国公司总部汇聚中心等。香港目前已经成为公认的国际金融中心、国际贸易中心、航运信息咨询地区中心、跨国公司总部汇聚地，具备了配置全球资源的基本条件。第二，要能提供航运服务创新。该特点强调的是高端服务型国际航运中心服务层次的高端化和独特性。具体包括：航运金融服务创新（如海运期货交易、海运商品对冲、航运投融资创新等）、航运管理服务创新（港口管理创新、船舶管理创新等）、航运技术服务创新（航运技术的实用与推广）等。第三，成为国际航运人才集聚和流动中心。该特点强调的是航运相关高端服务业的发展后劲，包括吸引全球优秀的航运服务相关人才，打造国际航运人才集聚和交流中心等。

目前，香港已经成为世界知名国际航运中心之一，正处于从"货运服务型"国际航运中心向"高端服务型"国际航运中心的转型阶段。一方面，香港国际航运中心的货运功能逐渐弱化，但与此同时，高端航运服务的开发与创新方兴未艾；另一方面，香港国际航运中心拥有以"开放、效率、品质"著称的制度优势，这对于香港从"货运服务型"向"高端服务型"国际航运中心的转型相当关键，也是香港相对上海较为独特的优势。

三 沪港国际航运中心竞争优势评价指标体系与分析

（一）评价指标体系的构建

如表2所示，本文构建了包括8个一级指标和24个二级指标的沪港国际航运中心竞争优势评价指标体系，并采用层次分析法结合沪港实地调研和专家意见设定了各级指标的权重。8个一级指标基本涵盖了国际航运中心的主要构成要素。

（二）分项指标评价

1. 港口条件评价

香港的地理位置得天独厚，紧靠远东至欧洲航线以及太平洋航线，相对上海和新加坡具有明显的优势。而从桥吊数、码头数、泊位数等指标来看，上海港发展潜力较大，尤其是随着洋山港三期工程的完成以及洋山港四期工程开建，上海港基础设施条件和吞吐能力将有一个更大的跨越。

整体来看，两地港口基础条件基本相当，香港地理位置好于上海，航道水深、集装箱泊位数、桥吊数等基本相当，但上海港口发展势头迅猛，基础设施发展潜力巨大。

2. 集疏运能力

（1）航班密度。目前，香港港每周约有400班货轮发往全世界超过500个港口，其中每月提供超过2720班集装箱船，国际远洋班轮航线约80多条。目前上海港集装箱班轮航班数达到每月2630班，其中远洋645班，近洋567班。[①]

（2）机场货运能力。近几年上海航空网络通达性不断提高，航线网络遍布185个城市，网络覆盖基本达到国际大型枢纽机场水平。浦东、虹桥两机场已经形成了5条跑道、4座航站楼、5个货运区的规模，上海航空枢纽运输保障能力进一步提升。2011年，上海空港旅客吞吐量达7455.88万人次，货邮吞吐量达到356.22万吨，起降飞机达到57.40万架次。[②]与上海相比，香港机场货运能力略有优势。据统计，香港机场总面积达到1255公顷，2010年货物输送量达到412.8万公吨，飞机起降30.7万架次。

（3）其他运输能力。上海近年来建成通车了一批重要道路设施，如长江隧桥，完成南浦货场搬迁和闵行货场建设工作等。与江浙联系的高速公路增加到 8 条、48 车道，疏港货运通道路网结构进一步优化。长江口深水航道三期工程 12.5 米水深航道全线贯通，高等级内河航道项目有序推进。京沪、沪宁、沪杭城际高铁开通，铁路货运能力得到加强。

表 2 沪港国际航运中心竞争优势评价指标体系及权重设定

一级指标及权重	二级指标		
	指标名称	权重	组合权重
港口条件 （0.1371）	港口基础条件	0.4054	0.0556
	集装箱吞吐能力	0.4806	0.0659
	港口设施发展前景	0.1140	0.0156
集疏运能力 （0.1749）	航班密度	0.2986	0.0522
	机场货运能力	0.4857	0.0850
	其他运输能力	0.0821	0.0144
	国际转运比重	0.1335	0.0234
航运人才 （0.0452）	海事相关高校与专业	0.7500	0.0339
	航运人才吸引力	0.2500	0.0113
造船能力 （0.0202）	现有造船能力	0.7500	0.0152
	造船行业发展前景	0.2500	0.0051
政策支持 （0.1087）	财政支持力度	0.6667	0.0725
	政策支持优势	0.3333	0.0362
港口管理 （0.1805）	通关便利程度	0.1562	0.0282
	港口管理效率	0.1852	0.0334
	自由港地位	0.6586	0.1189
航运服务 （0.2139）	船东与航运企业集聚	0.0929	0.0199
	船舶注册服务	0.1215	0.0260
	航运保险服务	0.3917	0.0838
	航运金融服务	0.1116	0.0239
	航运法律服务	0.1609	0.0344
	航运经纪与信息服务	0.1215	0.0260
腹地经济 （0.1195）	港口所在城市经济发展	0.6667	0.0797
	幅射区域经济发展	0.3333	0.0398

（4）国际转运比重。近年来，上海的水水转运已有很大进步，现已占70%以上，但国际水水转运只占5%，比重偏低。[3]而香港国际转运比重相对较高。据香港特区政府统计，2010年海运抵港载货集装箱7059千标箱，其中抵港转运达到4484千标箱，占63.5%；离港载货集装箱7527千标箱，其中抵港转运达到5059千标箱，占66.8%。

综上所述，在航班密度方面上海与香港基本相当，而在机场货运能力、国际转运比重方面，香港略优于上海，而上海则在其他运输能力方面优于香港。

3. 航运人才

（1）海事相关高校与专业。中国高等航海教育发轫于上海。上海海事大学已向全国港航企事业单位及政府部门输送了5万余名毕业生，被誉为"高级航运人才的摇篮"。与上海相比，香港航运人才储备与培养并不乐观。一方面，香港本地年轻人普遍不愿意出海工作；另一方面，香港本地的航运课程不多。供有志于投身航运业的学生选择的高等院校航运专业屈指可数，毕业人数也很少（表3）。

表3 香港修读与航运有关课程的毕业生人数（2006）

学院	学位与文凭	毕业人数
香港理工大学 物流学系	国际航运及物流管理理学硕士学位和深造文凭	34
	物流学哲学硕士学位/博士学位	不适用
	国际航运及物流管理荣誉学士学位/荣誉工商管理学士学位	29
	国际物流管理高级文凭	69
海事训练学院	海事科技文凭	25
香港专业教育学院 青衣分校工程学系	机械工程学高级文凭（修读运输科技分流的学生）	37

资料来源：《港澳经济年鉴2009》，北京：港澳经济年鉴社，2009，第254页。

（2）航运人才吸引力。从对航运人才吸引力方面看，上海与香港基本相当。上海不但拥有相当完善的航运人才培养基地，同时以打造国际航运中心为目标的航运业全面快速发展，为全国乃至全世界的航运人才提供了发展机遇。香港对于航运人才的吸引力主要体现为良好的国际化营商环境、航运企业高水平集聚、较高的薪酬待遇等。

整体来看，上海与香港在航运人才吸引力方面旗鼓相当，而在航运人才培养方面上海占优。中低端航运人才上海占优；高端人才香港略优于上海，但沪港均有不足。

4. 造船能力

（1）上海是中国现代造船行业的诞生地，目前拥有江南造船、沪东造船等大型造船企业。2009 年上海船舶建造交付 81 艘，交付量达到 857 万吨。上海的船舶制造业已经能够制造各种类型的现代化船舶和海上工程项目，可以说在国际航运界已经具有举足轻重的影响。

（2）造船行业发展前景。根据中国船舶工业市场研究中心结合国内外各机构的跟踪数据，2011 年 1～11 月，全球造船完工量为 1.47 亿载重吨，承接新船订单量为 7500 万载重吨。其中，中国造船完工量为 6177 万载重吨，占全球份额的 42%；承接新船订单量为 3369 万载重吨，占全球份额的 44.9%。[④]从总的趋势看，中国造船行业在产量规模上世界第一的地位将更加稳固。

整体来看，无论是现有造船能力还是造船行业发展前景，上海均占有较大优势。香港仅余少量修船企业，且技术人才短缺，发展空间有限。

5. 政策支持

（1）财政支持力度。上海针对航运业的财政支持力度较大。"十一五"期末，上海浦东出台了《浦东新区促进航运发展财政扶持意见》，将重点扶持对象主要列为重点航运服务企业、高端航运服务企业、大型航运先进制造与维修企业、高成长性航运企业以及国内外知名功能性航运机构等。

（2）政策支持优势。上海的政策优势也很明显。2009 年 4 月国务院发布了《关于推进上海加快发展现代服务业和先进制造业建设国际金融中心和国际航运中心的意见》，允许上海在"两个国际中心"建设过程中在航运市场建设、航运金融、外汇管理、启运港退税、邮轮业务等方面加大政策支持力度。为此，上海探索建立航运发展综合试验区，建立了"三港三区"联动发展机制，推动航运支持政策先行先试。

在政策支持方面上海相对香港具有优势。不过香港因为自由港及自身经济运行特点，政府基本不干预航运业的发展，而上海的政策突破基本都相对于内地其他地区而言，与香港的自由港地位相比，上海的政策限制仍然较多。

6. 港口管理

（1）通关便利程度。香港拥有自由港地位，行政高效，通关便利程度较高，如海运出口货物可在开船后 14 天才报告，货物交收可在船离港 3 小时以前填写。另外，香港国际机场提供货物紧急快递服务，如货物需要紧急快递，可立刻由货运码头送往香港国际机场空运。上海则在努力提高通关便利程度。目前，上海已率先试点建立口岸通关服务协调新机制，加快推进洋山港区、浦东机场、北外滩和外高桥地区的"一门式"口岸通关服务中心建设。

（2）港口管理效率。作为世界大港，香港和上海的港口管理效率均居世界前列。香港葵涌码头的堆放密度远超过纽约港、鹿特丹和高雄港。上海港务集团则将专业信息应用系统覆盖公共码头作业、仓储场站、物流运输等业务领域，其码头运营效率和管理水平已处于国际一流水平。上海在岸边起重机利用率、岸线利用率方面优于香港，而香港则在土地利用率方面优于上海（表4）。

表4 沪港及其他主要港口操作效率国际比较

	岸边起重机利用率 （标箱/台）	岸线利用率 （标箱/米）	土地利用率 （标箱/公顷）
香港葵涌港区	158711	1857	51942
上海外高桥一期	247240	2747.11	49448
上海外高桥二期	256105	3109	29315
新加坡港	198205	2248	67609
鹿特丹港 ECT	145000	12083	17540
汉堡港 CTA	120000	1286	1637
盐田一二三期	186829	2042.67	36823
中山港	465.5	—	—
宁波	1428	—	—

资料来源：武良成等：《中国集装箱港口竞争力研究》，北京：中国经济出版社，2009，第72页。

（3）自由港地位。香港拥有自由港地位，而上海提出到 2020 年建成自由港。相对于香港，上海在不少政策领域离自由港仍有较大差距。

从整体上看，香港在港口管理方面，尤其是自由港地位与通关便利程度，领先上海。

7. 航运服务

（1）船东与航运企业集聚。香港船东和航运企业集聚程度相当高。根据联合国贸发会议的海运报告统计，2010 年香港船东控制的船舶数量为680 艘，船舶载重量达到 3400 万吨，占全球船舶载重量的 3%，居全球第8 位，但如果考虑到不少香港船东采取经营租赁方式控制船舶，则截至2009 年年底，香港船东会拥有、经营及/或营运的载重吨位占世界船舶的9.4%。上海在集装箱吞吐量和货物吞吐量保持优势的同时，也开始集聚各类船舶建造和海上运输企业。上海市目前登记注册的从事船舶建造和海上运输的企业有 750 多家，世界排名前 20 位的集装箱班轮公司已全部入驻上海。

（2）船舶注册服务。香港船舶注册服务发展迅速，以船舶载重量计算，香港船舶注册量已居全球第 3 位，近两年注册船舶载重量年均增长 20%。上海也在积极推动船舶注册服务。截至 2009 年 12 月底，在上海登记的国际航行船舶为 311 艘次，合计总吨近 708 万，占全国总量的 37%。为进一步扩大船舶注册规模，上海于 2010 年 12 月挂牌成立了上海海事局船舶登记中心，实施中资国际航运船舶特案免税登记政策，增加了五星旗国际航线船舶登记艘次、船舶吨位和运力。

（3）航运金融服务。香港航运金融服务基础雄厚，发展潜力巨大。截至 2011 年 3 月底，香港股票市场的市值约合 27510 亿美元，居亚洲第 3 位，世界第 7 位。香港同时也是全球银行业集聚地，全球最大的 100 家银行，有68 家已在香港设立办事处，尤其是其中主要的航运金融银行也已在香港设有办事处。上海在"双中心"战略的推动下积极促进航运金融服务的发展。2010 年，上海证券交易所总市值居全球第六，股票交易额位居全球第三；银行间市场债券托管余额位居全球第五；上海期货交易成交合约数量位居全球第二，成为全球三大有色金属定价中心之一。不过，上海航运金融服务仍处于初期发展阶段。2008 年世界航运市场所需融资规模约 4900 亿美元，其中，中国所提供的资金和服务仅占不到 1%，上海不到 0.5%。[⑤]

（4）航运保险服务。目前香港约有 170 家保险公司运营，已经成为亚洲主要的保险中心。2010 年上海地区船舶险和货运险总量已达到 21.94 亿元，占全国相关业务量的 17%，相当于国内其他五大主要港口业务量的总和。不过，上海航运保险服务占全球份额仍很小。2009 年中国的水险保费量占世界比重不到 10%，上海航运公司的保费总和占全球海上保险市场份额不足 1%。

（5）航运法律服务。香港在航运法律服务方面拥有非常重要的地位，目前已经成为亚洲首要的航运仲裁中心。2010 年香港国际仲裁中心处理的争议案件达到 624 件，其中 52 件是海事仲裁。上海航运法律服务发展迅速。中国内地约有 10 个主要海事法院及 20 多个分支法院，每年处理的案件超过 15000 件。随着上海国际航运中心建设进程的不断推进和对国际航运中心形成规律的认识不断深入，航运法律服务作为软实力的重要支撑和软环境的重要构成，其关键作用越来越得到社会各界的认同和关注。

表 5　2006～2010 年香港与上海经济发展主要指标比较

城市	指标	2006 年	2007 年	2008 年	2009 年	2010 年
香港	GDP（亿美元）	1899.3	2070.8	2153.6	2092.8	2244.6
	常住人口（万人）	668.12	672.7	677.53	681.89	688.27
	进出口总额（亿美元）	6521.69	7159.18	7537.94	6651.35	8242.09
上海	GDP（亿美元）	1326.2	1643.08	2025.87	2202.67	2535.78
	常住人口（万人）	1815.08	1858.08	1888.46	2210.28	2302.66
	进出口总额（亿美元）	2274.89	2829.73	3221.38	2777.31	3688.69

注：香港进出口数据所用汇率为 1 美元合 7.76 港元，包含转口贸易额

（6）航运经纪与信息服务。2009 年香港拥有 30 多家船舶经纪公司，以其丰富的经验、专业知识和语言优势服务航运企业。上海也在积极推动航运经纪、航运交易体系及信息服务，已经建立航运经纪人俱乐部，依托上海航运交易所的船舶交易和运价信息发布功能，加快建设全国性船舶交易信息平台，在上海形成具有示范作用的船舶交易市场。

整体来看，香港在航运服务各方面普遍优于上海，尤其是船东与航运企业集聚、船舶注册、航运法律服务等。

8. 腹地经济

（1）港口所在城市经济发展。表 5 给出了香港与上海经济发展的主要指标。从 GDP 规模、进出口总额来看，香港与上海的经济实力基本相当。

（2）辐射区域经济发展。上海与香港分别是长三角和珠三角的主要大港，其经济腹地相对比较广阔。上海港的直接经济腹地包括上海市和江苏、浙江两省，同时延伸至长江中上游的安徽、江西、湖北、湖南、四川及重庆等省市。而香港的经济腹地主要集中在珠三角地区。

综上所述，香港与上海在港口所在城市经济发展潜力方面基本相当，而香港在腹地经济方面略优于上海。

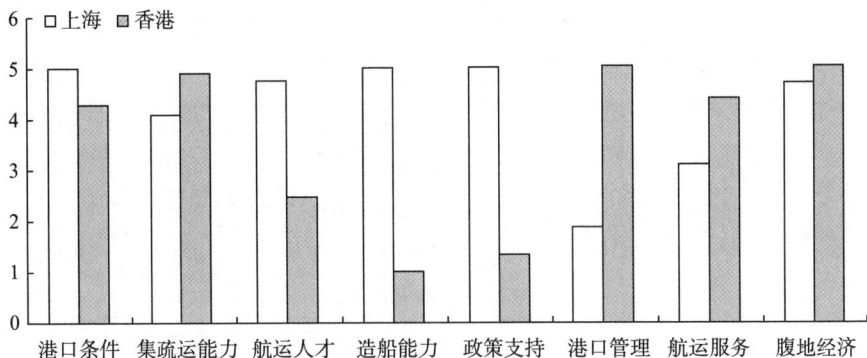

图3 沪港国际航运中心竞争优势比较

根据对各二级指标的专家评价及相关权重，我们得到了沪港竞争优势各级指标比较结果（表6）。

表6 沪港国际航运中心竞争优势指标评价结果

一级指标得分			二级指标得分		
名称	上海	香港	名称	上海	香港
港口条件	5.0000	4.2914	港口基础条件	0.2780	0.2780
			集装箱吞吐能力	0.3296	0.2637
			港口设施发展前景	0.0782	0.0469
集疏运能力	4.1136	4.9179	航班密度	0.2612	0.2612
			机场货运能力	0.3398	0.4248
			其他运输能力	0.0718	0.0574
			国际转运比重	0.0467	0.1168
航运人才	4.7500	2.5000	海事相关高校与专业	0.1694	0.0677
			航运人才吸引力	0.0452	0.0452
造船能力	5.0000	1.0000	现有造船能力	0.0758	0.0152
			造船行业发展前景	0.0253	0.0051
政策支持	5.0000	1.3333	财政支持力度	0.3623	0.0725
			政策支持优势	0.1811	0.0725
港口管理	1.8679	5.0000	通关便利程度	0.0846	0.1409
			港口管理效率	0.1337	0.1671
			自由港地位	0.1189	0.5944

一级指标得分			二级指标得分		
名称	上海	香港	名称	上海	香港
航运服务	3.1116	4.3752	船东与航运企业集众	0.0596	0.0993
			船舶注册服务	0.0779	0.1299
			航运保险服务	0.2514	0.3351
			航运金融服务	0.0954	0.0954
			航运法律服务	0.1032	0.1721
			航运经纪与信息服务	0.0779	0.1039
腹地经济	4.6667	5.0000	港口所在城市经济发展	0.3985	0.3985
			辐射区域经济发展	0.1594	0.1992

（三）沪港国际航运中心竞争优势分析

从沪港国际航运中心竞争优势评价得分结果来看（图3），上海在航运人才、造船能力、政策支持等方面具有明显优势，其中造船能力和政策支持优势尤其突出；香港则在港口管理、航运服务方面具有明显优势；上海与香港在港口条件、集疏运能力、腹地经济等方面互有长短，但优势不明显。

从沪港国际航运中心竞争优势雷达图来看，上海与香港除了在港口条件、腹地经济、集疏运能力方面相差不大外，在其他各方面均存在一定的优势互补空间（图4）。

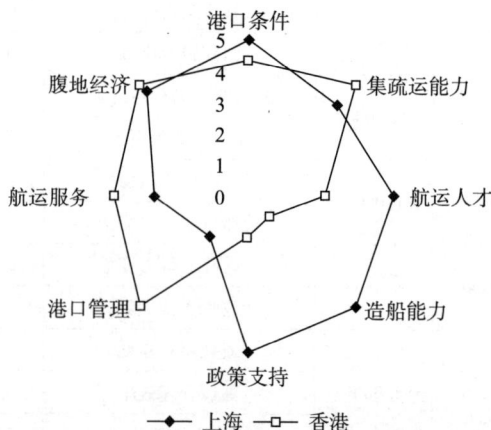

图4　沪港国际航运中心竞争优势雷达图

　　从沪港国际航运中心竞争优势评价二级指标得分排序结果不难看出：上海国际航运中心最具优势的二级指标包括港口所在城市的经济发展、财政支持力度、机场货运能力、集装箱吞吐能力、港口基础条件等；而香港国际航运中心最具优势的二级指标包括自由港地位、机场货运能力、港口所在城市经济发展、航运保险服务、港口基础条件等（表7）。

表7　沪港国际航运中心竞争优势二级指标排序结果

上海		香港	
指标	得分	指标	得分
港口所在城市经济发展	0.3985	自由港地位	0.5944
财政支持力度	0.3623	机场货运能力	0.4248
机场货运能力	0.3398	港口所在城市经济发展	0.3985
集装箱吞吐能力	0.3296	航运保险服务	0.3351
港口基础条件	0.2780	港口基础条件	0.2780
航班密度	0.2612	集装箱吞吐能力	0.2637
航运保险服务	0.2514	航班密度	0.2612
政策支持优势	0.1811	辐射区域经济发展	0.1992
海事相关高校与专业	0.1694	航运法律服务	0.1721
辐射区域经济发展	0.1594	港口管理效率	0.1671
港口管理效率	0.1337	通关便利程度	0.1409
自由港地位	0.1189	船舶注册服务	0.1299
航运法律服务	0.1032	国际转运比重	0.1168
航运金融服务	0.0954	航运经纪与信息服务	0.1039
通关便利程度	0.0846	船东与航运企业集聚	0.0993
港口设施发展前景	0.0782	航运金融服务	0.0954
船舶注册服务	0.0779	财政支持力度	0.0725
航运经纪与信息服务	0.0779	政策支持优势	0.0725
现有造船能力	0.0758	海事相关高校与专业	0.0677
其他运输能力	0.0718	其他运输能力	0.0574
船东与航运企业集众	0.0596	港口设施发展前景	0.0469
国际转运比重	0.0467	航运人才吸引力	0.0452
航运人才吸引力	0.0452	现有造船能力	0.0152
造船行业发展前景	0.0253	造船行业发展前景	0.0051

四 沪港国际航运中心竞争优势比较对香港的启示

（一）发挥香港竞争优势，稳步推进航运业"转型升级"

（1）香港应充分发挥自身地理位置、港口管理、集疏运等方面的明显优势，保持香港货运规模稳中有升，并以此作为香港航运业"转型升级"的基础和有力保障。（2）充分发掘香港现有的航运业资源，大力推进由"货运服务型"国际航运中心向"高端服务型"国际航运中心的转型升级，积极拓展高端航运服务市场，向着亚洲"伦敦"型国际航运中心迈进。（3）香港十几年来累积的航运业资源，尤其是规模可观的船东资源、丰富的港口管理经验、航运相关专门人才、自由港地位等是香港航运业"转型升级"的基础和有力依托，需要香港产官学各界善加利用。

（二）实施航运业"引进来"战略，弥补香港航运业资源缺口

虽然香港十几年来积累了一大批航运业资源，但与亚洲"伦敦"型国际航运中心目标相比，利用航运业资源还存在不少缺口。为此本文建议香港研究实施航运业"引进来"战略，弥补香港航运业资源缺口。具体建议包括：（1）人才"引进来"。香港航运人才尤其是高端人才极为缺乏，高端航运服务业不是发展乏力，就是受制于伦敦。建议香港特区政府研究实施航运人才"引进来"战略，面向全球吸引航运人才来港工作，夯实航运服务业发展的人才基础。（2）船东"引进来"。近年来香港船东资源有萎缩趋势，而内地航运企业和船东方兴未艾。建议采取措施吸引全球船东尤其是内地船东和航运企业驻留香港，如进一步便利船舶注册，提升针对船东的服务水平。（3）船厂"引进来"。鉴于香港已无造船能力，建议积极吸引内地船厂赴港开展业务，为船厂提供经纪、融资、信息、法律等服务。（4）跨国公司"引进来"。吸引与航运、物流、采购相关的跨国公司投资香港，把香港建成跨国采购中心、物流调度中心、区域总部等。（5）服务机构"引进来"。积极促成世界知名的航运服务提供商、金融机构赴港设立分支机构并拓展业务。

（三）实施航运业"走进去"战略，联合内地航运业"产官学"，资源分享、互利互赢

这里的"走进去"战略指的是香港航运业以服务内地市场为目标，联合内地航运业"产官学"各界，做到资源分享、互利互赢。具体建议包括：（1）市场"走进去"。建议香港航运业密切关注内地经济发展态势，把握无

限商机，如加强与内地西部各省市的合作，抢占先机；充分利用香港机场的货运优势，吸引珠三角地区的货源。（2）服务"走进去"。积极促进香港航运服务业进入内地市场，服务内地航运企业。（3）规则"走进去"。联合内地航运业"产官学"各界，利用自身国际化运营经验，提高香港与内地在世界航运业中的话语权和影响力。

（四）推进航运业"走出去"战略，拓展全球航运业市场，寻觅更多商机

香港航运业在实施"引进来""走进去"战略的同时，还需要推进航运业的"走出去"战略，拓展全球航运业市场，寻觅更多商机。具体建议包括：（1）人才交流"走出去"。定期派遣航运专门人才赴伦敦等地学习深造。（2）服务"走出去"。发挥香港航运业在航运服务方面的竞争优势，积极开拓全球航运服务市场，尤其是东南亚、南亚以及西太平洋地区的航运服务。（3）港口管理"走出去"。发挥香港港口高效管理的优势，输出港口管理服务。（4）新兴航运市场"走出去"。联合内地企业和金融机构拓展新兴航运市场，如非洲、南美、北冰洋等地区的航运及相关服务业务。

---

① 《上海国际航运中心建设加快步伐》，上海航运交易所，2012 年 1 月 6 日。

② 《上海机场年旅客吞吐量破 7400 万人次》，中新网，http://www.chinanews.com/ci/2012/01-01/3576791.shtml。

③ 《上海港标箱破纪录的联想》，东方网，http://pinglun.eastday.com/p/20120108/ula6299422.html。

④ 《2011 年 1～11 月中国造船完工量为 6177 万载重吨》，中商情报网，http://www.askci.com/news/201112/23/112911_28.shtml。

⑤ 《上海市：完善"软环境"加快国际航运中心建设》，中国经济网，http://district.ce.cn/zg/201105/24/t20110524_22437319.shtml。

作者简介：杨立强，对外经济贸易大学国际经济研究院中国对外经济贸易研究室主任、副研究员、博士；华晓红，对外经济贸易大学台港澳经济研究中心主任、研究员、博士生导师。

［责任编辑：刘泽生］

（本文原刊 2013 年第 1 期）

澳门经济转型与高端服务业发展

陈章喜

[提　要] 服务业发展与经济结构转型存在紧密关联。高端服务业作为现代服务产业的重要领域，伴随全球产业结构调整及经济结构高级化而发展。在澳门城市竞争力提升和经济转型升级的动态过程中，澳门高端服务业发展具有重要的战略地位。文章在分析服务业发展与经济结构转换关系的基础上，探讨了澳门高端服务业发展现状及依据，并以澳门会展服务业为例，对澳门高端服务业的发展效能进行了计量实证分析，提出了澳门高端服务业发展的政策路径。

[关键词] 澳门　经济转型　高端服务业　效应评价

高端服务业是指起源于工业经济向服务经济转变时期，主要依托信息技术和现代管理理念发展起来的，以提供技术性、知识性和公共性服务为主，处于服务业高端部分的服务业。[①]作为现代服务业的核心产业，高端服务业的代表性行业主要包括金融服务业、专业服务业、信息服务业、现代物流业、文化产业、旅游服务业、会展服务业等。高端服务业发展与全球产业结构调整升级以及经济结构高度化相伴随，形成产业驱动效应，无疑是经济转型升级和区域经济竞争力提升的必然结果。对转型国家和地区而言，发展高端服务业的意义，在于通过对服务业中最具创新性、价值性行业或强带动性服务环节的重点支持和培育发展，形成创新、技术、标准、规模、品牌、管理等优势，实现对经济发展动力结构、发展目标与方式等的更新转变，发挥对经济发展转型的导向性作用。②高端服务业作为现代服务业的一个重要领域，对澳门经济转型与产业结构调整将具有不可替代的作用。本文根据高端服务业的理论内涵及澳门经济结构的实际情况，以澳门的旅游服务业、金融服务业、会展服务业、现代物流业、文化产业作为研究对象和研究依据，探讨高端服务业在澳门经济运行中所呈现的功能特征及澳门发展高端服务业的理论和政策依据，试图为澳门高端服务业的发展提供理论与政策支持。

一 高端服务业在澳门经济转型中的功能

（一）高端服务业推动澳门经济转型的理论支持

20 世纪中期，世界上的发达国家已完成工业化，经济发展进入了一个新的阶段。美国社会学家丹尼尔·贝尔提出了"后工业社会"概念。他认为后工业社会有四个特点：第一，知识、科学和技术在社会生活中占据主要地位；第二，后工业社会是服务社会；第三，专业人员和技术人员具有突出的重要性；第四，价值体系和社会控制方式的变化。20 世纪 70 年代以后，随着科学技术的进步及全球经济持续增长，服务业的发展呈现出高技术化的特征。高科技领域和新兴产业群体蓬勃兴起，推进了服务业的高技术化；服务业与高新技术产业相融合使服务业进入高端服务业时代。③由于高科技产业的蓬勃兴起，不仅涌现出了具有高科技含量的新兴服务业，而且传统行业（如零售业、住宿餐饮业等）的科技水平也得到大幅度提升。以研发设计、信息服务业、金融业、物流业、文化产业、商务服务业、旅游业等为代表的高端服务业，具有极高的科技内涵。高端服务业主要瞄准高端市场，主要提供高端服务，主要依托高端人才，具有高科技含量、高附加值、高带动性等特征。高端服务业已成为经济战略转型的新引擎。

（二）高端服务业与澳门战略转型

高端服务业的发展有利于澳门经济适度多元化发展。澳门经济适度多元化的发展路径包括：主导产业的垂直多元化、经济横向多元化和区域经济适度多元化。主导产业的垂直多元化主要指推动博彩旅游业向旅游服务休闲业发展；经济横向多元化是指建立"1/6"的产业体系，即围绕"中葡商贸服务平台"的建设，大力发展总部经济、商务服务、会展服务业、现代物流业、金融保险业和文化创意产业；④而区域经济适度多元化是指透过推动珠海横琴岛开发，实现横琴与澳门产业的对接和错位发展，形成区域内经济的适度多元化，即澳门在发展自身具有国际竞争力的博彩业及其相关旅游休闲业的同时，通过横琴旅游休闲产业、商务服务业的错位发展，共同做大做强区域旅游休闲产业，打造"世界旅游休闲中心"。无论是主导产业的垂直多元化、经济横向多元化还是区域经济适度多元化，都要求澳门大力发展高端服务业，高端服务业对澳门经济转型起着不可忽视的作用。

（三）高端服务业与澳门产业转型

高端服务业发展有利于澳门现代产业结构的形成。产业结构演变的基本动因来源于各产业产品需求弹性的差异。随着收入水平的提高，第一产业的需求收入弹性处于不断下降的过程中，而第二、第三产业产品的需求收入弹性则不断上升。需求收入弹性的变化，直接导致消费结构和市场需求两大因素变化，资本、劳动力和资源都向需求收入弹性高的产业转移，最终导致产业结构演变。产业结构演进的配第－克拉克定律和库兹涅茨理论指出，产业结构演进的一般规律是按"第一产业—第二产业—第三产业"依次推进，即经历了"农业社会—工业社会—以服务经济为主体的后工业社会"的发展。澳门的产业结构演进，从发展趋势看，具有"常规性"，即澳门的产业结构经历了由第一产业向第二产业转移，第二产业向第三产业演变的过程。从发展程度看，澳门的产业结构演进具有自身的特殊性，即在第一、第二产业没有得到充分发展的情况下，以低端服务业为主的第三产业"过早成熟"，跃升为经济结构的主体。目前，由于澳门产业结构并非合理有序，也不是技术进步的结果，其产业结构存在着诸多问题。即使第三产业所占的比重很高，但这并没有表明澳门经济已进入服务经济为主体的后工业化社会。基于产业结构的"常规性"和"特殊性"，澳门经济要取得进一步发展，必须实现产业结构的升级演进。高端服务业具有高创新、高科技含量、高人力资本投入、高附加值、高产业带动力、高开放度、低能耗、低污染等特征，足以弥补澳门产业结构的"先天不足""后天不良"的缺陷，推动澳门产业升级。因此，大力发展高端服务业，有助于澳门传统产业结构的调整、升级，有助于启动和释放澳门创新驱动发展的潜能，有助于澳门构建富有竞争力的现代产业结构。

（四）高端服务业与澳门消费转型

高端服务业发展有利于澳门消费领域的转型升级。从经济增长角度来看，当今世界，服务业正呈现出快速增长的态势，并已成为世界经济发展的新动力：在发达国家，服务业已经成为国民经济中的最大产业；在许多发展中国家，服务业的规模和地位也在迅速上升，其增长速度已快于其他产业。据世界银行统计，不同经济发展水平国家服务业的比重不同，从就业水准来看，低收入国家平均为31%，中等收入国家平均为50%，而发达国家达到60%，目前美国的服务业已占国内生产总值的75%左右，日本及欧洲国家也占55%，服务业发展对消费转型形成驱动。回归以来，澳门经济发展迅速，居民生活水平得到明显提高，已进入了消费转型升级的历史过程。居民的恩格尔系数大幅度下降，意味着人们的消费结构已经发生根本性变化。这在客观上要求服务业进行相应的转型升级，大力发展教育培训、文化传媒、网络信息、法律咨询、现代房产和医疗等高端服务业，为人们提供各种高端服务产品，以满足人们对日益增长的高端服务产品的需求。

（五）高端服务业与澳门城市转型

高端服务业发展有利于澳门国际性城市地位的加强。澳门作为一个中西文化融合的国际性城市，具有以下三大外部优势：一是背靠珠江三角洲地区西部的经济腹地以及整个中国大陆的依托；二是受到历史传统联系而逐渐加深与之一体化的香港经济的有力带动；三是通过葡萄牙同欧盟、葡语系国家以及东南亚国家等经济体接轨。长期以来，澳门利用以上优势与欧盟、葡语系国家以及东南亚国家和地区一直保持着良好的经济、文化等方面的联系，澳门这个"中介"角色是独特的、不可忽视的优势。但是，由于种种主客观方面的原因，这些优势在很大程度上尚未得到充分的发挥和利用，因此，澳门的国际化水准还不够高。高端服务业是现代化、国际化城市的重要产业基础，是体现城市功能的重要载体，它的发达程度逐步成为衡量一个城市综合竞争力和现代化水平的重要标志之一。高端服务业占据服务业金字塔的顶层位置，在第一、第二产业和商业中起到了黏合剂的作用，与其他产业相互融合、共同发展。此外，高端服务业具有极强的集聚辐射力、较高的开放度和国际化程度，能够在全球范围内集聚资源和辐射能量，提升城市的国际影响力。发展高端服务业，是澳门国际性城市地位得到加强的客观要求。

二 澳门高端服务业发展的现状描述

（一）旅游服务业蓬勃发展

旅游服务业能够依托博彩业带来的人流、资金流、信息流，带动相关服务业发展，从而拉长产业链条，促进产业结构适度多元化和高度化，最大限度地满足不同层次游客的需求，特别是高端消费者的需求，是澳门主导产业"垂直多元化"的主要发展方向。近年来，在经济多元化发展政策的推动下，澳门旅游服务业蓬勃发展。澳门特区政府积极发展观光文化旅游、度假休闲旅游和购物旅游等旅游休闲产业，大力推动酒店业、餐饮业和娱乐业的升级转型。2005年，澳门历史城区成功列入世界文化遗产，促进和丰富了澳门旅游产品的内涵，推动了澳门旅游业向高端化发展。同时，为配合澳门经济发展和企业自身发展的需要，相关娱乐休闲产业的发展为澳门旅游服务业注入了新的元素。2006年，澳门永利酒店开业；2007年，澳门威尼斯人、美高梅等多间大型度假酒店相继落成启用；2009年，澳门新濠天地项目投入运营；2011年，由银河娱乐集团有限公司建设的澳门"银河综合度假城"为澳门旅游景点增加了新的内容。随着酒店住客持续增长，2011年澳门酒店业收益按年大幅上升32.0%。

（二）会展服务业规模扩大

澳门会展业虽起步较晚，但发展迅速，目前已形成一定规模。澳门特区政府把会展服务业作为重点扶持的现代服务行业，利用内地与港澳更紧密经贸关系（CEPA）在广东先行先试的制度安排，把澳门会展服务业作为澳门与广东在现代服务业合作方面的重点突破行业，为相关产业的发展提供更大的拓展空间。经过近年来的发展，澳门会展业已成为多元经济结构中既能提升传统产业，又能拓展澳门服务业的新兴产业之一，是澳门经济转型的一个突破方向。随着威尼斯人度假村的投入使用，包括澳门综艺馆、澳门旅游塔会展娱乐中心、澳门东亚运动体育馆、澳门渔人码头等在内的可用作展览场地的面积达15万平方米左右。近年来，澳门举办了多个享誉国际的大型盛事和文化活动，提升了澳门国际地位，如一年一度的澳门国际贸易投资展览会、澳门国际环保合作发展论坛及展览等，已发展成为澳门大型国际性展览活动。相关数据表明，2000年澳门举办的会展项目仅248项，2010年这个数字已达1399项。2011年，澳门全年共举办1045项会议及展览，虽然按年减少354项，但与会及入场观众总数达1278054人次，较2010年大幅增加59%。澳门会展业的发展已成为继博彩业之后比较重要的经济发展领域。

（三）金融服务业发展加快

金融服务业是澳门的四大传统产业之一，由银行、保险和非银行金融机构组成。随着澳门经济的快速发展，澳门金融业近年来稳步增长，金融体系相当稳健，货币市场、资本市场和保险市场发展速度、效率和结构更加协调，金融业抗风险能力和综合实力有所增强。近年来，澳门信贷占GDP 的比重均维持在 44% 左右，而 2008～2010 年这三年，澳门信贷占 GDP 的比重达 50%。可见，澳门金融业正进入一个新的发展阶段，推动了澳门高端服务业的成长。

（四）现代物流业有所拓展

澳门地位独特，比内地更接近国际市场，经济全球化视野开阔，而且具有高度自治、成本低、快速处理货物能力等优势，决定了澳门物流业在中国内地与全球化融合过程中，发挥着重要的中转作用。目前，澳门物流运输业逐步向汇集了科技、资讯和管理等技术的以航空转运为主的现代物流业发展，形成以航空转运为主，以陆路和海路货柜转运为辅的现代物流体系，现代物流业发展为澳门经济增长注入了新的源泉。

（五）文化服务业发展迅速

文化服务业是澳门高端服务业发展的重要产业之一。2010 年，澳门特区政府正式启动了文化创意产业的推进工作，成立了文化产业委员会，推出了澳门文化创意产业的目标与发展蓝图。⑤目前，澳门的广告设计、平面设计、画廊展览、表演艺术、会展策划等行业已形成一个比较成熟的内需市场，一些实力雄厚的公司甚至走出澳门，以港澳地区赋予境外公司的特殊身份优势发展自己的品牌，提升了澳门的城市形象和竞争力、吸引力。澳门公开表演项目数由 2000 年的 10638 个增加到 2010 年的 15377 个，澳门文化产业带动相关产业发展的层次得到提升。

三 澳门高端服务业发展的效能评价：以会展服务业为例

（一）理论基础

本文对澳门高端服务业效能进行评价的理论基础是产业关联理论。所谓产业关联，其直接的意义就是经济活动过程中各产业之间的技术经济联系，这种技术经济联系和联系方式可以是实物形态的联系和方式，也可以是价值形态的联系和方式。产业关联理论的思想和方法，应用范围十分广阔，在分析产业之间相关性和数量、比例关系方面尤有意义。依据各产业间不同的维系关系，可将产业间的关联方式大体分为前向关联关系、后向关联关系、侧向关联关系。同时，在各个产业之间，某产业在运作过程中的任意变化，都将通过产业间的关联关系而对其他产业发生波及作用。而产业波及的理论内涵，是指国民（区域）经济产业体中，产业部门的变化按照不同的产业关联方式，引起与其直接相关部门的变化，然后导致与后者直接和间接相关的其他产业部门的变化，并依次传递。

会展产业作为一个独立的产业，处在整个产业体系中，同样具有产业的共同特征。一次会展活动的举办能够吸引大量的参展商和观众，从而刺激了商品和劳务的消费需求，推动了商业、服务业的发展，带动投资提升；每次大型的会展活动的展开，决定了必须要为参展商提供产品展示、交流研讨、新闻通讯、餐饮、住宿等一系列服务，这样就必然会增加举办地区的旅游业、酒店业、保险业、物流业等产业的需求，刺激了这些行业的发展，推动就业的增加；大型会展活动的成功开展还需要举办地的交通、运输、电讯等基础产业的配套支持，所以也相应地促进了举办地区整体综合经济的提升，拉动了经济增长。可见，会展业与很多产业都具有需求和供给联系，具有较强的关联性。

（二）评价指标

根据宏观经济的相关理论、指标体系及其与会展业发展的关联性，选取 2001～2011 年澳门本地生产总值、就业人数及固定资产形成总额三个指标来研究澳门会展业对投资、就业以及经济增长的推动作用，数据的时间跨度为 2001～2011 年。其中，澳门会展业发展使用每年举办的会展及奖励旅游活动项目个数与会展活动参与人数（表1）。

表1　澳门会展业与投资、就业、生产总值原始数据

年份	会展项目（个）	会展活动参与人数（人次）	固定投资形成总额（百万澳门元）	就业人数（人）	本地生产总值（百万澳门元）
2001	252	22400	5056.90	205	52332.40
2002	266	28386	5669.50	204.9	56298.50
2003	239	23167	8796.80	205.4	63578.00
2004	278	33510	13212.60	219.1	82294.00
2005	305	43531	24345.00	237.5	94457.30
2006	360	57089	39108.70	264.2	116563.40
2007	1177	301979	53513.70	293	145141.30
2008	1240	364320	50285.40	317.1	166235.20
2009	1215	572684	31899.20	311.9	170161.40
2010	1399	806135	28357.40	314.8	226218.80
2011	1045	1278054	36069.80	327.6	292090.50

资料来源：澳门特别行政区政府统计暨普查局、澳门特别行政区政府旅游局。

（三） 评价模型

根据产业关联理论，本文采用的计量分析方法为灰色关联分析法。其特征是：避免了采用数理统计方法作系统分析时对数据质量的高要求以及计算繁杂等弊端，使得该方法在经济、管理、生态、农业等系统中得到广泛的应用。在理论思想上，根据序列曲线几何形状的相似程度来判断其联系是否紧密，曲线越接近，相应序列之间关联度就越大，反之就越小。[⑥]其计算步骤可分解如下：

第一步，求各数列的均值像，对澳门 2001～2011 年的会展业及其相关数据进行无量纲化，令 $X_i' = \dfrac{x_i(k)}{\overline{X_i}} = (x_i'(1), \cdots, x_i'(n))$，其中 $\overline{X_i} = \dfrac{1}{n} \sum\limits_{k=1}^{n} x_i(k)$。

第二步，求会展业序列与其他相关序列之差，并取绝对值，求出最大差值与最小差值，即令 $\Delta_i(k) = |x_0'(k) - x_i'(k)|$，其中 $\Delta_i = (\Delta_i(1), \cdots, \Delta_i(n))$，从而得出 $M = \max\limits_{i} \max\limits_{k} \Delta_i(k), m = \min\limits_{i} \min\limits_{k} \Delta_i(k)$。

第三步，求出澳门会展业与各相关指标的关联系数，令 $\gamma 0i(k) = \dfrac{m + \xi M}{\Delta_i(k) + \xi M}$，其中 $\xi \in (0,1)$ 为辨别系数，本文取其为 0.5，根据公式就可计算会展业与其他指标的关联系数。

第四步，计算关联度，利用公式 $\gamma 0i = \dfrac{1}{n} \sum\limits_{k=1}^{n} \gamma 0i(k)$，即可得出澳门会展业与其他相关指标的关联度。

（四） 评价结果

通过对 2001～2011 年澳门会展业活动项目个数以及参会人数与澳门就业、投资以及经济增长的关联度矩阵（令 X_0 为会展业活动项目个数、X_1 为会展活动参与人数，Y_1、Y_2、Y_3 分别为就业、投资、经济增长），测算关联度可得如下的关联度矩阵：

$$\begin{bmatrix} X_0 \\ X_1 \end{bmatrix} \begin{bmatrix} Y_1 & Y_2 & Y_3 \end{bmatrix} = \begin{bmatrix} 0.660609 & 0.51443 & 0.647591 \\ 0.702239 & 0.694886 & 0.77242 \end{bmatrix}$$

通过上面的关联矩阵，我们可以得出关于澳门会展业与就业、投资、经济增长关系的逻辑联系。（1）在整体关联度上，会展参会人数的关联度大于会展活动项目个数的关联度。会展参会人数与就业、投资、经济增长的关联度在 0.7 左右，而会展活动项目个数与就业、投资的关联度都不到 0.7。（2）澳门会展业与就业、投资、经济增长具有相当高的关联度。也就是说，会展业能极大地带动就业、投资，促进经济增长。实证结果显示：无论是澳门会展活动项目个数还是会展参会人数，都与就业、投资、经济增长有着较高的关联度，除会展活动项目个数与投资的关联度只有 0.51443 外，其余的关联度均在 0.6 以上，其中最高的是会展参会人数与经济增长的关联度，其关联度达 0.77242。

（五）实证检验

1. 澳门会展产业的投资拉动效应。澳门会展活动的举办，产生了投资需求，形成了投资乘数。举办会展活动，需要一定的活动场所，要求对场馆及相关硬件设施进行投资建设。场馆及其配套设施的建设与翻新需要大量人力和物力投入，对建筑物料以及劳动力有大量的需求，进而能够促进所需的生产要素的生产。如澳门威尼斯人度假村占地 105 万平方米，3000间套房，12 万平方米的会议展览场地，8.5 万平方米的购物区，1.5 万个座位的表演场馆就带来了 18 亿美元的投资。[⑦]

2. 澳门会展产业的就业带动效应。澳门会展活动的举办，增加了对人力资源的需求，形成了就业乘数。会展业作为一个独立的产业，是吸纳人流、物流、信息流的有效手段，与国民经济中的一些重要部门，如旅游、交通、运输、广告、保险等服务业有着密切的经济关联，通过带动这些关联产业的发展，创造新的就业机会，促进国民经济成长。[⑧]在就业方面，澳门 2006 年的就业由 237.5 千人次增加到 264.2 千人次，可见会展业起到了相当重要的作用。

3. 澳门会展产业的经济增长效应。澳门会展活动的举办，推动了经济增长。会展经济的乘数效应主要表现在，人们对交通、通讯、住宿、餐饮、旅游等行业进行消费，形成对相关行业的强劲消费需求，从而带动经济的有序快速发展。会展业的高增长伴随着本地生产总值的高增长，如在会展活动项目增长率最高点的 2007 年，澳门本地生产总值增长达到 24.6%。

四 澳门高端服务业发展存在的问题及原因

（一）澳门高端服务业发展存在的主要问题

1. 澳门高端服务业依托博彩业发展

回归以来，博彩业一直是澳门经济发展的主导产业，尤其是在 2002 年赌权开放后取得了迅速的发展。博彩业具有高利润的特征，其过度发展引发了生产要素向博彩业过度集聚，导致了其他产业资金、人才短缺，成本上涨，产生了挤出效应，致使其他产业难以成长发展。此外，博彩业过度发展还会导致马太效应，即博彩业的高速增长，会进一步加大政府对博彩业的依赖，使得政策和生产要素更加集中于博彩业。可见，博彩业的发展对高端服务产业产生一定的制约。以旅游服务业的发展为例，澳门的旅游服务业一直过度依赖于博彩业，导致产业链过短，澳门独特的历史、文化等方面的旅游资源并没有完全显现出来，使得澳门旅游服务业的发展受到制约。

2. 澳门高端服务业的高端水平不高

澳门的高端服务产业发展虽然有一定的基础，但普遍存在"高端不高"现象，即多处于高端服务业链的中低端现象较为突出，例如现有旅游产品仍以普通商务旅游及会议活动为主，没有脱离普通大众消费模式，不能从内涵上体现并反映高端服务产业的本质。而且，部分高端服务产品不够精细，缺乏创新性，竞争力不足。如威尼斯人和美高梅等大型度假酒店直接沿用在美国拉斯维加斯的设计和软硬件设施，不能形成具有国际竞争力的特色高端服务业品牌。

3. 澳门高端服务业受周边地区、国家的影响

澳门作为典型的开放型微观经济体，其本地市场狭小，对外依存度很高，这导致了其经济发展极易受周边地区、国家的影响，其高端服务业的发展自然也容易受到周边的影响。以现代物流业为例，澳门的产业结构、外贸结构和细小的本地市场的特征决定了澳门的现代物流业以航空转运为主。近年来，由于受本地出口形势改变及两岸直航的影响，再加上珠三角其他机场积极优化货运设施，吸引货物到当地中转，澳门货运优势越来越少，特别是航空转运受到较大的威胁。2000 年至今，澳门的空运货物转口流量情况呈倒"U"形发展趋势，货物转口流量由 2006 年的 107345 公吨，下降到 2010 年的 6208 公吨。

4. 澳门高端服务业存在人才约束

高端服务业有着三大基本特征：主要瞄准高端市场，主要提供高端服务，主要依托高端人才。澳门高端服务业的发展必然对专业人才和服务人员等高端人才产生强烈的需求。目前，澳门产业结构单一，技术含量低，劳动密集型的特征，决定其就业人口的构成也以低技术、高劳动型为主。即使在博彩业迅速发展的背景下，澳门的就业人口低技能、低教育程度的状况并没有太大的改善。2011 年，完成中学教育的人口占人口总数的 48.9%，完成小

学教育程度的占 18.4%，具有高等教育学历的占 16.7%，澳门的中小学毕业人数在毕业人数中占一大半以上，而未完成小学教育的占到了 10%。可见，澳门人口的教育程度不高，这种较低教育素质，使得澳门难以应付迅速发展的市场需要，制约了澳门产业结构向技术型、信息化发展，一定程度上也会影响高端服务业的发展，影响澳门作为世界旅游休闲中心和中葡商贸服务平台的建立。

（二）澳门高端服务业发展存在问题的原因

1. 澳门博彩业一业独大的影响。澳门一直是围绕博彩业发展服务业（包括高端服务业）。回归以后，第三产业的比重一直保持在 85% 左右，个别年份接近 90%。服务业的发展是由博彩业带动起来的。博彩业吸引了大批游客，1998 年旅游业的营业额、佣金及其他收益为 10.45 亿澳门元，2008 年高达 35.8 亿澳门元，是 1998 年的 3.4 倍。2011 年，旅行社总营业额为 55.4 亿澳门元，较 2010 年增长 17%。博彩旅游刺激了酒店服务业的繁荣和相关基础设施的建设。从产业结构变动看，仅 1998~2008 年，澳门建筑业产值比重从 3.8% 上升到 12.6%，批发及零售、酒店、饮食业由 10.7% 上升到 12.1%。2009 年以来，博彩业和住宿、餐饮、酒楼等服务行业吸纳的就业人口占澳门全部就业人口的 1/3。澳门经济发展的博彩业带动模式影响着高端服务业的发展方向。

2. 澳门外向型发展模式的影响。外地需求和游客是推动澳门经济发展的主力军。澳门以博彩旅游服务业为支柱的发展模式离不开外地需求的支撑。在整体需求结构中，1999 年澳门外地需求占整体需求的 53.75%，2009 年上升到 64.14%。在博彩旅游业的吸引下，访澳旅客成了推动澳门经济发展的主力军。2009 年访澳旅客人次是 1999 年的近 3 倍，而且访澳旅客的人均消费也有明显提高。2007~2009 年访澳旅客人均消费 1661 澳门元，比 1999 年的 1373 澳门元增长了 21%。酒店入住率在 1999 年只有 54%，2007~2009 年都保持在 70% 以上。2003 年中国内地开放赴澳门自由行以及 2004 年实施"内地与澳门关于建立更紧密经贸关系的安排"以后，中国大陆游客成为访澳旅客的主要来源。2007~2009 年，大陆游客比例都在 50% 以上，中国大陆、台湾、香港的游客一共占据了 85% 以上的份额。2011 年，访澳旅客达到高点，其中来自中国大陆、香港和台湾的游客合计占总访澳旅客人次的 89.1%，仅中国大陆就贡献了其中 57.7% 的份额。澳门外向型发展模式影响着澳门高端服务业的发展进程。

五　澳门高端服务业发展的政策取向

（一）澳门高端服务业发展的政策设计

1. 推行澳门高端服务业与博彩业的协调发展。相较而言，澳门高端服务业的发展滞后于博彩业发展，高端服务业依托博彩业已经形成的产业基础、资金优势和消费市场，有助于各高端服务业发展的延伸，进一步向服务产业高端化迈进。但是博彩业具有脆弱性、低抗风险性的特征，如果各高端服务业过度依赖博彩业，必定会影响其长远发展。因此，高端服务业在发展的过程中应与博彩业保持适度的独立性，实现澳门高端服务产业与博彩业的协调发展。推行澳门高端服务业的协调发展，特区政府有必要从制度体系、行业规范、市场培育、人才高地、政府服务、组织管理、资金支持和财税优惠等层面构建促进澳门高端服务业发展的政策环境。应完善扶持政策，打破垄断，强化行业竞争格局，着力增强高端服务业整体竞争力。鼓励海内外资本加快进入澳门高端服务行业。对一些高端服务企业和项目，在财税政策等方面加大扶持力度。加快完善高端服务业法律法规体系，加快制定和完善促进高端服务业发展的规划。

2. 加强对澳门高端服务业发展的规划引导。以城市规划和现代服务业相关规划为指引，充分发挥已经形成的城市形态、产业基础和区位优势，积极引导澳门高端服务业集聚发展。要合理定位各高端服务产业在澳门高端服务业体系中的地位，根据各高端服务业的发展特征，大力发展旅游休闲业、金融服务业和会展服务业，稳步发展现代物流业，强化发展文化创意产业等高端服务业，并制定产业发展政策。只有加强规划引导，才能在高端服务业发展基础上，真正推动澳门经济转型，带动经济社会的可持续发展，为建成世界旅游休闲中心和中葡商贸服务平台提供保障。为加强澳门高端服务业的规划引导，应健全高端服务业统计制度。扩大服务行业统计覆盖面，建立高端服务业统计指标体系。研究建立符合国际惯例，反映高端服务业发展特点和水平的统计指标体系，现代服务业集聚区统计体系，创意、会展、休闲、时尚等新兴服务业统计体系。要进一步提高统计数据的时效性、准确性和权威性，加快形成服务业统计信息定期发布制度。

3. 加强澳门高端服务业与周边地区的区域合作。众所周知，土地已成为澳门目前最稀缺的生产要素，土地稀缺成为制约澳门经济发展特别是高端服务业发展的瓶颈。随着经济的发展和人口的增多，澳门对土地的需求却是与日俱增，可供开发的土地短缺，土地供需严重失衡。加强澳门与周边地区特别是珠海的经济合作，将澳门城市拓展向周边尤其是横琴延伸，对于解决澳门城市面积狭小的困境，拓展高端服务业发展空间，具有重要的功能作用。要进一步完善粤港澳高端服务业合作机制，建立和健全粤港澳合作制度，积极承接香港高端服务业转移，加快引入香港法律服务、市场调研、管理咨询、软件外包等高端服务机构，促进香港高端软件企业与澳门的优势企业结成联盟，联合开展重大科技项目研究，联手开拓高端服务业的国际市场。在区域合作进程中，应加强服务业市场的规范。要加大知识产权保护力度，规范服务业市场秩序。研究制定行业行为规范和自律规则，建立健全高端服务业务流程、服务内容、市场价格和质量评估等标准体系，推进高端服务标准与国际接轨。完善高端服务行业信用体系。建立和完善高端服务业企业和从业人员信用信息数据库，纳入全社会征信服务系统，促进高端服务企业加强自身信用建设。

4. 加快澳门高端服务业人才的培育。加大高端服务业紧缺人才引进和培养力度，全面推进海内外高端服务人才交流合作，招揽高端服务行业领军人物，建立高端服务人力资源储备库。充分依托高校、培训机构等各类教育资源，加快培育急需的高端服务人才。完善以知识资本化为核心的激励机制，推进技术入股、管理人员持股、股票期权激励等新型分配方式，建立人才柔性流动机制。对高端服务人才放宽准入限制，加大税收等政策支持力度，着力营造高端人才安居乐业的环境。

（二）澳门高端服务业的发展路径依赖

1. 澳门高端服务业发展的催生路径。催生高端服务业就是利用现代技术和实施一些特殊政策措施，催生出一批高端服务产业。通过知识创新、技能创新和管理创新，培育扶持知识密集型高端服务业。促进技术与产业融合，通过发展科学技术和不断创新商业模式，加快技术与产业的融合，不断推出新兴产业业态，如电脑服务、专业技术服务、网络通讯服务等。鼓励企业集团向高端服务转型，推动有条件的企业集团加快剥离生产性服务业，或整体实现向高端服务业的战略转型。通过产业延伸，依托高新技术和先进制造业优势，以延伸重点领域产业链为切入点，加快完善生产前期研发、设计，中期管理、融资和后期物流配送等服务环节，不断完善服务功能，培育壮大高端服务业。

2. 澳门高端服务业发展的引入路径。引入高端服务业，借助他人成果和经验带动澳门高端服务业发展。主动承接高端服务业转移，吸引国内外知名大企业集团设立总部、地区总部、研发中心、采购中心、行销中心。积极引进国际高端服务业的先进技术和管理理念、经营方式、组织形式，促进高端服务业的全面提升。

3. 澳门高端服务业发展的升级路径。通过升级低端服务来发展澳门高端服务业。要在国家突出澳门战略地位的大力推动和市场需求的强劲拉动下，实现高新技术与传统服务业的融合，逐步形成新的服务形态，如电子商务、电子政务、远程教育、电子银行等。在传统服务领域不断创新高端服务产品。

4. 澳门高端服务业发展的集群与辐射路径。世界著名的核心产业集群区域大都经历了"从分散到集聚，再从集聚到扩散"的过程。服务业集群是打造澳门高端服务业品牌的有效途径。对已形成的服务业集群进行进一步的产业升级和产业结构调整，利用产业集群内部的技术优势、合作优势、创新优势打造现代服务业的核心——高端服务业。再通过人才扩散、资本扩散、信息扩散、产品扩散等多种方式，加强高端服务业的引导和辐射作用，带动更多产业的发展，形成澳门经济多元化与经济转型的长远格局。

---

① 杜人淮：《发展高端服务业的必要性及举措》，南京：《现代经济探讨》2007 年第 11 期。

② 秦诗立：《优先发展高端服务业》，杭州：《浙江经济》2010 年第 4 期。

③ 王小平：《高端服务业引领经济发展方式转变》，上海：《海派经济学》2010 年第 4 期。

④ 陈章喜：《澳门博彩旅游业客源"内地化"趋势的研究》，广州：《产经评论》2010 年第 4 期。

⑤ 林如鹏、符嗣翩：《澳门文化创意产业的发展前景与规划》，北京：《新闻与传播研究》2011 年第 5 期。

⑥ 刘思峰等：《灰色系统理论及其应用》，北京：科学出版社，2005。

⑦⑧ 陈章喜：《澳门会展业的经济带动能力与粤澳会展业的合作》，广州：《产经评论》2012 年第 2 期。

参考文献

［1］ 陈章喜：《澳门经济中的香港因素与澳港经济合作》，广州：《国际经贸探索》
     2010 年第 4 期。

［2］ 陈章喜：《赌权开放对澳门博彩旅游业经济效率影响的动态分析》，北京：《旅
     游学刊》2009 年第 10 期。

［3］ 陈章喜：《澳门博彩业与会展业：效应比较及产业走向》，广州：《暨南学报》
     （哲学社会科学版），2012 年第 6 期。

［4］ 肖林：《以加快发展高端服务业引领上海经济转型》，无锡：《江南论坛》2009
     年第 10 期。

［5］ 黄刚伟、陈晓君：《珠海市发展高端服务业存在的问题及对策》，长春：《经济
     纵横》2009 年第 2 期。

［6］ 杜栋、庞庆华、吴炎：《现代综合评价方法与案例精选》，北京：清华大学出版
     社，2008。

［7］ 陈广汉、谢宝剑：《粤港澳合作制度变迁动力研究》，澳门：《澳门理工学报》
     （人文社会科学报），2012 年第 2 期。

作者简介：陈章喜，暨南大学特区港澳经济研究所研究员。

［责任编辑：刘泽生］

（本文原刊 2013 年第 1 期）

港澳养老保障政策比较研究

赖伟良

[提　要] 本文旨在比较香港及澳门的养老保障政策。在回归后，两地政府均扩充其养老保障体系，香港政府采用"市场化"策略及"选择性提供"的取向，而澳门政府采用"全民性提供"的取向及"个人化"策略。澳门体系的基本设计较香港的完善，较接近国际组织所建议的设计方案，主要原因是它设有"全民覆盖"的社会保障基金，香港则没有类似的全民养老金计划。在"养老保障效能"方面，香港体系的保障水平较高，澳门体系的覆盖面较广，两者各有所长。

[关键词] 养老保障　香港社会政策　澳门社会政策　社会保障基金　强制性公积金

　　1997 年，香港脱离英国的管治，成为中华人民共和国的特别行政区。两年后，澳门亦脱离葡萄牙的管治，成为中华人民共和国的特别行政区。到了今天，从经济发展水平而言，香港和澳门已经是富裕城市。在保障民生方面，两地政府推行各式各样的福利政策及计划，以满足民众的各方面基本需要。虽然港澳两地邻近，且同样是华人社会（中国人占居民总数九成以上)，但它们的福利制度在某程度上有明显的差异。以社会保障政策为例，澳门政府在回归前已设立拟社会保险的供款式计划，作为当地养老保障体系的支柱；而香港则没有类似的计划，其养老保障体系的支柱是私营公积金。

有关香港养老保障政策的研究，周永新和周基利根据世界银行所建议的"三层式退休保障体系"方案，讨论香港特区养老保障体系之基本结构，第一层为政府的两个社会保障计划，第二层为强制性公积金及其他的职业性退休金，第三层为个人储蓄及家庭的经济支援。[①]余伟锦指出，香港政府运用了两种取向，改革其养老保障体系。它们是"剩余性提供策略"的取向（residual strategy-centered reform approach）及"协作性策略"的取向（collaborative strategy-centered reform approach）。[②]此外，有些学者尝试比较香港与其他地方之养老保障政策，例如 Ng Kok-hoe 分析香港和新加坡的养老保障体系所面对之挑战；[③]邓广良探讨香港及中国内地的养老保障改革之背后成因；[④]杜选则比较香港与广东的养老保障体系，以及分析它们不足之处。[⑤]另一方面，陈慧丹的研究阐述澳门养老保障体系的组成部分及其改革的内容，同时亦分析改革前该体系不足之处，包括供款水平偏低，养老保障效用不足，家庭主妇未能得到保障及体系的财政稳定性不足。[⑥]鄞益奋剖析澳门养老保障体系的两个"困境"及两个"偏离"：政府高负担及民众低福利；对社会再分配原则之偏离及对责任分担原则的偏离。[⑦]此外，严强和吴婧探讨澳门民众对养老保险政策之满意程度，结果是整体上澳门居民对养老保险体系及其政策的满意程度不高；而对"双层式社会保障制度"中的养老保障政策之不满意度最高。[⑧]

在已有的学术文献中，其实较少集中比较港澳两地养老保障政策的研究。有见及此，本文的主旨是比较港澳两地的养老保障政策；而主要比较的范围包括在回归后两地养老保障政策的转变，两地体系的基本结构以及它们所发挥的"养老保障效能"。

一 香港养老保障体系

香港的养老保障体系，主要由三项计划所组成：综合社会保障援助、公共福利金的高龄津贴及强制性公积金。

1. 综合社会保障援助

香港政府在 1971 年开始实施公共援助计划，它是综合社会保障援助（以下简称"综援"）计划的前身，向极为贫困的人士及家庭提供现金援助。到了 1993 年，香港政府改革当时的公共援助计划，把它转变成现时的综援计划；而其中一项主要的改革是提升"年老"受助者的援助金，但同时取消她/他们领取高龄津贴的资格。换言之，香港政府合并"年老"受助者的公共援助及高龄津贴。

综援计划属于社会救助，由社会福利署（以下简称"社署"）负责提供。综援之目的是"为那些在经济上无法自给的人士提供安全网，使他们的入息达到一定水平，以应付生活上的基本需要"。严格来说，综援并不是养老保障计划，但由于香港政府过去没有设立完善的养老保障制度，所以当"年老"人士面对经济困难时，便与其他类别的贫困人士一样，依靠社署的综援过活。因为贫困长者的人数众多，且不断增加，所以一直以来她/他们都是综援的最大受助组群。在过去几年，"年老"个案平均占了整体综援个案的53.2%。[⑨]

综援的受助者必须通过严格的经济能力审查。就算没有收入的长者，其资产亦必须低于社署所订定的限额。在2012年2月，单身长者之资产总值限额是38000港元，两名长者的家庭为57000港元。综援的援助金共分三类：标准金额、补助金及特别津贴。不同类别的长者所得到的标准金额是有所差异的。在同时期，"健全/伤残程度达50%"之单身长者的每月金额为2820港元；"伤残程度达100%"之长者为3415港元；"需要经常护理"之长者为4810港元。

2. 公共福利金

香港社署在1973年开始发放公共福利金，最初只为长者提供一类的津贴，到了1988年才增设多一种较高额的津贴。公共福利金计划属于社会津贴（social allowance），其目标是"为严重残疾或年龄在65岁或以上的香港居民，每月提供现金津贴，以应付因严重残疾或年老而引致的特别需要"。公共福利金计划设有两种提供予长者的津贴：普通高龄津贴及高额高龄津贴（除了长者外，残障人士亦是公共福利金计划的援助对象）。普通高龄津贴发放予65岁至69岁之长者，但申领者必须符合资产限额及每月入息限额。以单身长者为例，在2012年2月的资产限额是186000港元，每月入息限额是6660港元，这两项限额均较综援为高。高额高龄津贴则是全民性发放予70岁或以上之长者，即领取的长者无须接受经济状况调查。在2009年以前，高额高龄津贴的金额是高于普通高龄津贴的；但在当年的1月，社署划一这两种津贴，同时大幅提升它们的金额，高额高龄津贴的金额由705港元增加至1000港元，普通高龄津贴则由625港元增加至1000港元。在2012年2月，两种高龄津贴的每月金额均为1090港元。

3. 强制性公积金

强制性公积金（以下简称"强积金"）计划在 2000 年 12 月开始推行，它的实施乃香港在回归后养老保障政策发展的里程碑。强积金属于供款性的职业退休金计划，透过强制性储蓄的方式，为就业人口提供退休保障。根据相关法例的规定，所有年龄界于 18 岁至 65 岁的雇员或自雇人士必须参加强积金计划，但有些类别则获豁免，例如家务雇员、自雇小贩、已受法定退休金计划或公积金计划保障的人士、获强积金豁免的职业退休金计划成员等。

参加强积金的雇员及其雇主均须定期向计划供款，两者的供款率均为雇员的每月相关入息之 5%。换言之，雇员及其雇主每月的供款额等如雇员的相关入息之 10%。供款的最高入息水平为 25000 港元，最低入息水平为 6500 港元。自雇人士的供款定为有关入息的 5%，她/他们供款的最高及最低入息水平分别为每月 25000 港元（或每年 300000 港元）及 6500 港元（或每年 78000 港元），并可选择按月或按年供款。

一般而言，参加强积金的人士必须在年满 65 岁才可提取其强积金的累算权益；但在某些特殊情况下，则可在 65 岁前提早提取其累算权益，例如年届 60 岁并提早退休、永久离开香港、完全丧失工作能力或死亡等。

雇员及其雇主（含自雇人士）的供款由政府核准的强积金受托人负责管理（包括投资），当中需要收取管理费用，它们全是银行或保险集团，例如美国友邦（信托）有限公司、中国人寿信托有限公司、汇丰机构信托服务（亚洲）有限公司等。在强积金计划中之供款是可以转移的。雇员及其雇主的供款会累积在强积金帐户内的"供款帐户"，当雇员转职时，她/他们有三种方法处理帐户内的累积款项。第一，把款项存放在自己所选择强积金计划的"保留帐户"内，继续投资；第二，把款项存放在原有雇主所参加的强积金计划之"保留帐户"内，继续投资；第三，把款项转移到新雇主所参加的强积金计划之"供款帐户"内。

香港政府成立强制性公积金计划管理局（以下简称"积金局"），它的主要责任是"建立效益效率兼备的制度，以审慎的方式规管及监督私人托管的公积金计划"。虽然如此，政府在强积金计划中只承担有限的财政责任，包括让雇主及雇员之供款扣税，在初期拨出 6 亿港元成立赔偿基金，以及在 2008～2009 年度一次过注入 6000 港元于特定收入以下人士之强积金帐户。

总结而言，综援及高龄津贴分别发挥不同的养老保障功能。综援主要为最贫困的长者提供最低程度的生活保障。高龄津贴则为一般长者提供入息补助；由于它的津贴金额偏低，所能发挥的保障功效极为有限。强积金名义上是香港主要的退休保障计划，但由于它只实施了十年多，现时有很多的长者未能受惠于强积金，所以它的覆盖程度可说是相当不足。

除了上述的三项计划外，香港特区政府在 2012 年 7 月宣布，将增设"长者生活津贴"，对象是通过入息及资产审查的 65 岁或以上居民，津贴金额为每月 2200 港元，约等于两倍的高龄津贴。但在本文执笔时，香港政府仍未落实推行这项计划。"长者生活津贴"的性质与综援相似，是属于社会救助计划，因为受助者必须通过经济状况审查，只是它的申请资格比综援较为宽松。这项计划的定位是填补综援及高龄津贴之"空隙"，为那群经济条件欠佳，但又不至于处于极贫困状况的长者，提供较高额之生活补助。

二 澳门养老保障体系

目前，澳门的养老保障体系主要包括四项计划：社会保障基金的养老金、中央储蓄制度、社会工作局的敬老金及经济援助。

1. 社会保障基金

社会保障基金（以下简称"社保"）在 1990 年开始运作，其运作方式类似社会保险，属于供款式的计划。社保之财政来源包括三方面：雇员及其雇主（包括自雇人士）的供款、该基金投资所得的收益及政府的拨款。而政府的拨款主要包括"特区政府预算拨款"及"博彩税拨款"两项。在2012 年，雇员之每月供款额为 15 澳门元，雇主为 30 澳门元。由于供款额低，政府的拨款才是社保的主要财政来源，近年均占社保的总收入九成或以上。例如在同年社保的收入中，政府的拨款（包括"特区政府预算"及"博彩拨款"）占了 92.1%，而供款收入只占 5.4%。

社保之成立宗旨是"为澳门特别行政区居民提供基本的社会保障，尤其是养老保障，以改善居民的生活素质"。它设有一系列的现金津贴，为参与供款的人士提供不同种类的保障，包括养老金、残疾金、失业津贴、疾病津贴等。顾名思义，养老金乃专为长者（60 岁或以上者）提供经济保障，在 2012 年其金额为每月 2000 澳门元；而在每年一月份，领取养老金的长者可额外获发"特别支付"，数额相当于一个月的养老金。在 2009 年，养老金的领取人数为 32334 人，占当时长者人口（60 岁或以上人口）之 51.3%。过去，社保只为就业人口提供保障，但澳门政府在 2011 年进行改革，容许那些尚未加入社保的人士，以"任意性"（自愿性）供款的方式加入社保，从而获得入息保障。所以在 2011 年，养老金的领取人数急升至 56185 人，占当时长者人口（60 岁或以上人口）之 83.2%。

2. 中央储蓄制度

在 2010 年，澳门政府设立中央储蓄制度，该制度之目的是"为使澳门特别行政区居民退休后的生活得到更好的保障，以及为建立包含雇主及雇员供款的非强制中央公积金制度构建基础"。换言之，政府计划在日后把该制度转化为非强制性中央公积金。在该制度中，政府为所有年满 22 岁之永久性居民开设个人帐户，并向所有帐户注资一笔款项。2010 年注入 10000 澳门元，2011 年注入 6000 澳门元，2012 年注入 6000 澳门元。根据政府的规定，中央储蓄制度的参与人必须年满 65 岁或在其他的特别情况下，才可提取个人帐户内之累积款项。但在本文执笔时，政府仍未决定日后中央公积金的具体运作内容，例如供款和管理细则等。

3. 敬老金

社会工作局（以下简称"社工局"）由 2005 年开始发放敬老金，发放之目的是"为体现对澳门特别行政区长者的关怀，并弘扬敬老美德"。它属于社会津贴，全民性地发给所有年满 65 岁或以上之澳门永久性居民。在开始发放时，敬老金的数额是每年 1200 澳门元；到了 2012 年，其金额已增至每年 6000 澳门元。

4. 经济援助

澳门政府早于 20 世纪 30 年代已开始为贫穷人士提供现金救助。现时由社工局所提供的经济援助，其性质属于社会援助，受助者必须通过严格的经济能力审查。经济援助之目的是"透过向因社会、健康及其他需要特别援助的因素而处于或陷入经济贫乏状况的个人及家团提供社会援助，确保其生活上的基本需要能得到满足"。经济援助设有三种援助金：一般援助金、偶发性援助金和特别援助金。一般援助金的受助者（包括长者）必须被界定为经济贫乏人士，申请援助的长者就算没有收入，其资产也必须低于政府所订定的标准。在 2012 年 7 月，独居长者的资产限额是 40320 澳门元。一般援助金的水平等同于政府所订定的"最低维生指数"，单人的数额为每月 3360 澳门元。

总结而言，从提供经济保障及受益人口的规模来看，社保养老金乃澳门养老保障体系的最主要"支柱"，为八成多的长者人口提供低程度的保障。中央储蓄制度及敬老金同是一笔过且全民覆盖的生活补助。由于它们的数额偏低（2012 年两者合共平均每月只有 1000 澳门元），所以为长者提供的保障有限。经济援助则发挥"最后安全网"的功能，为贫困长者提供最起码的生活保障。有一点必须提出，上述的四项津贴/援助金是可以同时领取的。如果有一位长者已领取养老金，只要她/他被证明仍处于贫穷状况，并符合经济援助的申领资格，亦可获社工局发放经济援助，补助其生活开支；而获发经济援助后也没有影响她/他领取敬老金及中央储蓄制度拨款的资格。

三 两地养老保障政策之比较

1. 回归后的政策改革取向

在回归前，香港政府已设有综援及高龄津贴；而在回归后最主要的政策改革是于 2000 年推行的强积金计划。从政策取向的角度看，香港政府选用"市场化"策略及"选择性提供"之取向，改革当地的养老保障政策。"市场化"策略（marketization）利用市场机制以应付社会的养老保障需求。首先，强积金的保障对象是参与劳动市场的人士（包括雇员及自雇者）。第二，强积金成员过去的工作年期及薪金水平，直接影响她/他们日后从强积金所获得之保障；换句话说，养老保障水平与市场地位的关系十分密切。第三，强积金成员所累积到的款项，在很大程度上受到其投资回报所影响，故金融市场的起伏，最终也决定强积金所提供之养老保障水平。正如陈泽群的分析，强积金本身是一种以市场为导向的介入方式（market-oriented intervention），强化某些市场经济的价值观念，例如工作伦理、个人责任。[10]

另一方面，香港政府除了使用"市场化"策略外，也继续采用"选择性提供"的取向（selective mode of welfare provision），为一部分长者提供生活保障，甚至扩阔公共养老保障体系之覆盖面。众所周知，综援属于高度选择性的社会救助计划，受助的长者必须通过严格的经济条件审查，所以只有小部分的长者人口能得到"保障"。而且，强积金不能为没有参与劳动市场的人士及已退休的长者提供保障，因此综援仍然是她/他们在养老保障方面的"最后安全网"。再者，在很大程度上，"长者生活津贴"也属于社会救助计划，因为受助的长者也需要通过经济条件审查。所以，"长者生活津贴"的实施，意味着香港政府继续运用"选择性提供"的取向，扩充原有的社会救助网，为那些经济环境欠佳但不致处于极贫困状态的长者，提供生活补助。

在回归前的澳门，社保是最主要的养老保障计划，而经济援助只发挥"最后安全网"之功能。在回归后，澳门政府对养老保障体系进行了大规模的改革，首先在 2005 年增设养老金，在 2010 年实施中央储蓄制度，在 2011 年改革社保，增设"任意性"供款方式。这些改革措施，无疑扩大了澳门养老保障体系之覆盖面及所提供之保障水平。

澳门政府同时采用两种政策取向改革其养老保障政策："全民性提供"的取向（universal mode of welfare provision）及"个人化"策略（individualization）。首先，敬老金及中央储蓄制度背后之指导原则是全民主义（universalism），即所有长者一同受惠，得到同样数额的津贴及拨款。而且，在社保中增设"任意性"供款方式，把它的受保障对象扩展至所有澳门居民，这也属于"全民性"的提供方式。在很大程度上，现时的敬老金、中央储蓄制度及社保养老金，已是"全民覆盖"的养老保障计划。无论在财政支援及行政方面，澳门政府之参与角色是不断加大。

第二，"个人化"策略是把养老保障与受保障者过往的经济功绩、市场位置、参与劳动市场情况等个人因素"挂钩"。日后实施的中央公积金，其实属于"个人化"的养老保障政策，它明显有别于澳门现行"集体主义"（collectivist）的保障计划（社保、敬老金及中央储蓄制度）。中央公积金主要有两方面的"个人化"元素。一是中央公积金会员日后所获得的保障，直接与她/他的多项个人因素"相关"，包括工资水平、（受薪）工作年期等。工资越高、（受薪）工作的时间越长的雇员，在退休后所得到公积金的数额就越多；相反，工资越低、（受薪）工作的时间越短的雇员，在退休后所得到公积金的数额就越少。二是中央公积金的会员需要承担财务方面的风险。她/他们必须把其帐户内的款项作投资，以达资产增值的目标。由于投资项目是由会员自行选择，所以最终的投资结果也由她/他们个人承担。

如果我们比较回归后港澳两地养老保障政策之改革，可以得出如下四点结论：其一，随着长者人口持续增加及来自民间的政治压力，两地政府在回归后均改革它们的养老保障体系，增设养老保障计划，增加民众的养老保障来源。其二，两地政府所采用的政策取向或策略有所不同，香港政府采用"市场化"策略及"选择性提供"的取向；澳门政府的政策改革则先建基于"全民性提供"的原则，以及采用"个人化"的策略。其三，澳门政府比香港政府愿意作更大规模之介入，投放更多的财政资源，承担更主要之行政责任。敬老金及中央储蓄制度的开支全由公帑支付，在社保的收入当中，政府的拨款占九成以上，而且这三项计划全是由政府管理。相反，香港政府实施强积金计划，它主要扮演监督者的角色以及承担有限的财政责任。其四，由于香港政府采用"市场化"策略，所以香港的私营养老金之规模远比澳门的庞大。换言之，在香港私营养老金所扮演的养老保障角色较在澳门的重要。在香港，强积金本身是一项私营养老金计划，再加上其他的职业退休金计划，它们已覆盖大部分的劳动人口，例如在 2005～2011 年之平均覆盖率为 86.1%。相反，澳门的私营养老金之规模仍然较小，它们在 2005～2010 年的平均覆盖率只有 25.5%，这个数字远比香港的为低。[11]

2. 养老保障体系的基本结构

从 20 世纪 90 年代起，国际组织开始讨论和研究理想养老保障体系的设计方案，"多柱式"的取向（multi-pillar approach）已是相关专家之共识，而讨论的焦点只在于不同模式的保障计划之角色及相对规模。[12]Holzmann 指出，"多柱式"的取向乃最能提升福利水平的策略。它能够有效地分散各种养老保障体系所面对的风险，当中包括宏观经济风险、政治风险及人口结构变化的风险。相比起"单柱式"的体系，"多柱式"的体系更能在"减低风险"与"提高回报"两者之间取得平衡。此外，在"多柱式"的体系中，不同"支柱"可以分别达成减低贫穷及保障入息的目标，这避免单一保障计划需要兼顾这两项目标而影响最终的效能。[13]

国际劳工办事处（International Labor Office）建议的方案由四个计划所组成。第一层是由政府公共开支所支付，但需要资产审查的社会救助计划；第二层是以社会保险方式运作的供款性退休保障计划，其入息补偿率约为"终身工作平均入息"（lifetime average earnings）的 40%～50%；第三层是由私营公司管理的强制性公积金计划；第四层是由私营公司管理的自愿性公积金或储蓄计划。[14]另一方面，世界银行建议"五支柱模式"（five-pillar model）的方案，其内容包括：（1）"零支柱"——非供款性质之社会津贴或社会救助计划，其基本目标是纾解贫穷，为所有长者提供最低程度之保障。（2）"第一支柱"——供款式之"随收随支"计划，其基本目标是维持一部分退休前的入息，以作养老之用。（3）"第二支柱"——强制性公积金计划，性质属于"以供款界定"之入息保障计划（defined contribution plan）。（4）"第三支柱"——自愿性质之个人储蓄计划，可以采用不同形式推行。（5）"第四支柱"——其他"非入息保障"的支援,例如家庭支援、保健服务、公共房屋、协助置业的措施等。⑮

其实,在世界银行的方案中,"零支柱"、"第一支柱"、"第二支柱"及"第三支柱",差不多是国际劳工办事处方案的内容。综合上述两个国际组织的建议,"理想"的养老保障体系应设有至少三层的养老保障计划,其基本结构包括非供款式之社会津贴或社会救助计划、供款式之社会保险计划及供款式之公积金计划。⑯笔者把这个"理想"方案作为标准,比较港澳的养老保障体系之基本结构。

在提供第一层的保障方面,两地政府均设立社会津贴和社会救助。香港设有综援及高龄津贴,前者为经济条件较为欠佳的长者提供生活保障,后者属于"全民性提供"的低额生活补助。澳门的经济援助同样集中援助贫困长者,敬老金属于"全民性提供"的低额生活补助。两地唯一的差异是,香港的综援及高龄津贴不能同时领取,但澳门的经济援助及敬老金则容许一同领取。

澳门的社保养老金属于供款式社会保险,且已"全民覆盖"。相反,香港则没有设立供款式的社会保险。香港政府已实施强积金计划十多年,这代表在香港已设立了第三层的供款式公积金。反观澳门,虽然政府已设立中央储蓄制度,并在日后转化为中央公积金,但民众仍未开始供款,个人帐户内只有政府的注入款项,因此严格来说它仍没有发挥养老保障的基本功能。

从基本结构来看,澳门的养老保障体系较香港完善,因为前者同时设有上述"理想"方案中的三层保障计划。虽然如此,澳门体系不足之处是,第三层的中央公积金尚未"实质地"推行,仍没有收养老保障之效用。另一方面,在香港的养老保障体系中,第一层(现行的综援和高龄津贴)及第三层保障计划(强积金)已运作多时,但它的最大不足之处是欠缺第二层计划,令大部分的长者缺乏最起码的入息保障。⑰如果"长者生活津贴"能落实推行,虽然它会把更多的长者纳入社会救助网之内,但该措施仍不能彻底解决覆盖面不足的问题。

3. 养老保障效能

比较港澳两地养老保障政策之"养老保障效能",该项效能乃养老保障制度的最重要功能,它由两项指标量度——养老金的入息替代率(replacement rate)及覆盖率(coverage)构成。养老保障的含义是为长者人口提供最基本之生活保障；保障水平则应该是社会普遍认同之最起码生活标准，而受保障对象应该是全体长者人口。因此，养老金的入息替代率显示（公共及私营）养老金的保障水平之高低，覆盖率则显示受保障长者之多少。

由于港澳两地养老保障计划之内容及角色不同，再加上文献中的统计资料不足，所以较难运用一组特定的数据作比较。在养老金的入息替代率方面，笔者计算出香港的两个相关数据：第一个是综援（公共养老金）的入息替代率，以过去十年综援单身长者的援助金占当地工作收入中位数的比例之平均数，其结果是33.2%。第二个是把所有公共和私营养老金占退休前入息之比例，其结果是36.1%。其实，这两个入息替代率的差距不大。在澳门方面，养老金的入息替代率只计算公共养老金（包括社保养老金、敬老金及中央储蓄制度拨款的总和）占工作收入中位数之比例，结果过去十年的平均数是24.6%；而在2011年的入息替代率则为29.2%。无论比较哪一个数字，香港养老金之入息替代率明显高于澳门，这显示香港的养老保障水平较澳门高（见表1）。

相对于发达国家的养老保障水平，香港及澳门的养老保障水平明显偏低，例如经济合作与发展组织成员国（OECD 34）的（公共和私营）养老金之入息替代率为60.6%，[18]这比香港的水平（36.1%）高24.5%，比澳门的水平（29.2%）高31.4%。此外，如果我们把相对贫穷门槛订定为工作收入中位数之50%，那么无论香港及澳门的养老金，平均而言都未能协助长者脱离相对贫穷的状况。换言之，两地的大部分长者仍然生活在相对贫穷的境况中。

澳门养老保障体系的覆盖率远比香港为高。社保过去十年的平均覆盖率达41.5%。在它改革后（2011年），由于增设"任意性"供款方式，在政策取向上已是"全民覆盖"，所以其覆盖率已达到85.8%。无论是改革前或后，社保的覆盖率远高于香港的16.5%，主要原因是香港的数字只计算综援的受助长者，而只有极贫困的长者才可领取综援（见表1）。虽然笔者没有强积金计划的覆盖率，但由于该计划在2000年才实施，估计只有小部分长者才能获得强积金的保障。

港澳两地养老保障体系在覆盖率及入息替代率两项指标中的表现各有长短，香港体系所提供的保障水平较高，而澳门体系则覆盖面较广泛，其实已接近"全民覆盖"。因此，暂时还不能下结论哪一地体系之"养老保障效能"较高，较能为当地长者提供足够的养老保障。虽然如此，但在本文撰写时，澳门政府宣布在 2013 年将大幅提升社保养老金的水平，由每月2000 澳门元增至 3000 澳门元，该措施将大幅提升澳门的入息替代率，届时澳门养老保障政策的"养老保障效能"，可能会接近甚至高于香港。

表 1　港澳养老保障政策的保障效能

	香港	澳门
养老金的入息替代率（%）	综援之平均数（2000～2010）：33.2 合计公共及私营养老金：36.1	公共养老金之平均数（2002～2011）：24.6 公共养老金（2011）：29.2
养老金的覆盖率（%）	综援之平均数（2000～2009）：16.5 强积金：没有数字	社保之平均数（2002～2011）：41.5 社保（2011）：85.8

资料来源：Dicky Lai and Ernest Chui，"A Tale of Two Cities：A Comparative Study on the Welfare Regimes of Hong Kong and Macao"（Article under review）；OECD，*Pensions at a Glance Asia/Pacific Edition.* Paris：OECD，2010，p. 29；OECD，*Pensions at a Glance Asia/Pacific 2011.* Paris：OECD，2012，p. 31.

以上从回归后的政策发展、基本结构内容及"养老保障效能"三方面比较港澳两地的养老保障政策可见，在回归后的十多年里，两地政府均扩展它们的养老保障体系，增设养老保障计划。香港政府采用"市场化"策略及"选择性提供"的取向，而澳门政府则采用"全民性提供"的取向及"个人化"策略。比较而言，澳门政府在财政支援及行政方面的介入规模较香港政府庞大；相反，私营养老金在香港的规模则大于澳门。从基本结构看，澳门的养老保障体系较香港完善，前者的设计较接近一些国际组织的建议方案，主要原因是它设有以社会保险方式运作的社会保障基金，现时已能为差不多所有长者人口提供保障。在"养老保障效能"方面，香港体系的保障水平较高，澳门体系的覆盖面较广，两者各有所长，难分高下。如果要优化两地的养老保障体系，两地政府有必要提升其养老保障计划的保障水平，让所有长者都能获得基本之生活水准。此外，香港政府必须进一步改革其养老保障体系，增设多一层的全民养老金计划，把所有长者纳入公共养老保障网之内。澳门政府则需要尽早推行强制性的中央公积金计划，加强劳动人口之养老保障。

---

①Nelson Chow and Kee-Lee Chou，"Sustainable Pensions and Retirement Schemes in Hong Kong," *Pensions：An International Journal*，2005，10（2），pp. 138 – 140.

②Sam Wai-Kam Yu，"Pension Reforms in Hong Kong：Using Residual and Collaborative

Strategies to Deal with the Government's Financial Responsibility in Providing Retirement Protection," *Journal of Ageing and Social Policy*, 2008, 20 (4), pp. 504 – 505.

③Kok-hoe Ng, "Prospects for Old-Age Income Security in Hong Kong and Singapore," *Journal of Population Ageing*, 2011, 4 (4), pp. 271 – 293.

④Kwong-Leung Tang, "Asset Building and Its Determinants: Lessons from Social Security Reform in China and Hong Kong," *Social Development Issues*, 2006, 28 (2), pp. 40 – 56.

⑤杜选:《建立合作的多元化发展的养老保障体系——粤澳养老保障比较研究》, 兰州:《西北人口》2007 年第 5 期。

⑥陈慧丹:《澳门养老保障制度改革》, 广州:《当代港澳研究》2010 年第 1 期。

⑦鄞益奋:《论澳门特区政府在社会保障制度中的角色转型》, 北京:《社会保障研究》2008 年第 1 期。

⑧严强、吴婧:《澳门特区养老保险政策及公众满意度研究》, 南京:《江苏行政学院学报》2012 年第 5 期。

⑨资料来源:香港政府统计处:《香港统计年刊二零一一年》, 香港:2010, 第340 页。

⑩Chak Kwan Chan, "Protecting the Ageing Poor or Strengthening the Market Economy: the Case of the Hong Kong Mandatory Provident Fund," *International Journal of Social Welfare*, 2003 (12), pp. 126 – 129。

⑪Dicky Lai and Ernest Chui, "A Tale of Two Cities: *A Comparative Study on the Welfare Regimes of Hong Kong and Macao*" (Article under review).

⑫Stanford G. Ross, "Doctrine and Practice in Social Security Pension Reforms," *International Social Security Review*, 2000, 53 (2), pp. 5 – 6.

⑬Robert Holzmann, "The World Bank Approach to Pension Reform," *International Social Security Review*, 2000, 53 (1), pp. 20 – 22.

⑭Colin Gillion, "The Development and Reform of Social Security Pensions: The Approach of the International Labor Office," *International Social Security Review*, 2000, 53 (1), p. 62.

⑮Robert Holzmann, Richard Paul Hinz and Mark Dorfman, *Pension Systems and Reform Conceptual Framework* (*SP Discussion Paper No.0824*). Washington, DC: The World Bank, 2008, pp. 5 – 6.

⑯虽然在世界银行及国际劳工办事处的方案中均设有"自愿性之个人储蓄计划", 但由于该措施不会由政府强制性推行, 不属于制度化的计划, 所以不纳入笔者所建议的"理想"方案之内。

⑰在现时的香港, 最贫穷一群的长者可以依靠综援过活, 中、上阶层长者则可依靠其丰厚的公积金或强积金过活。但是, 这两群以外的长者, 则只能依赖低额的高龄津贴和/或有限数额的强积金过活。

⑱以收入为工资中位数的男劳动者作为计算单位。资料来源：OECD，*Pensions at a Glance 2011：Retirement-income Systems in OECD and G20 Countries.* Paris：OECD，2011，p. 119.

作者简介：赖伟良，澳门理工学院公共行政高等学校副教授、博士。

［责任编辑：刘泽生］

（本文原刊 2013 年第 1 期）

主持人语

刘泽生

　　400 多年来，澳门的特殊历史地位一直吸引着中外学者的广泛关注——既是中国最早的对外开放口岸城市，也是我国实行"一国两制"的特别行政区之一。毫无疑问，澳门研究具有重要的学术价值与现实意义，从研究内涵上来说，涉及经济学、政治学、社会学、历史学、哲学、法学、文学等诸多学科。"港澳研究"一直是敝刊最具特色的学术专栏之一。在过往所发表的文章中，我们较多的是倾注于与现实关系更为密切的港澳社会经济方面的研究，包括粤港澳关系方面的研究，这是可以理解的。为全面反映当前"港澳研究"相关学科的发展，从本期开始，敝刊将用两三期的篇幅，集中展示关于澳门历史研究方面的专题论文。

　　众所周知，澳门历史研究是目前"澳门研究"——或者暂且称为"澳门学"中开展学术研究时间最早、研究成果最为丰硕的学科领域之一。这种状况与澳门在中外历史上的地位与影响直接相关。澳门地方虽然很小，但其实际影响力已经远远超过其本身的地理范畴。澳门史当然是中国史，同时澳门史也是世界史的一个组成部分。澳门史研究吸引了中国、葡萄牙、西班牙、荷兰、法国、英国、德国、日本、意大利等国家的学者的关注和参与。仅以学界广为引用的清乾隆十六年（1751）由印光任、张汝霖编纂的文献资料性著作《澳门记略》为例，或者 1828 年葡萄牙人弗雷塔斯（Guimarães Freitas）出版的《名城澳门史实记录》、1832 年瑞典人龙思泰（Anders Ljungstedt）的《早期澳门史》，迄今都已有数百年历史。其后关于澳门历史方面的研究成果，可谓汗牛充栋，难以胜数，尤其近 30 年来，澳门历史研究的进步更是令人瞩目，以澳门基金会等机构2005年以来主办的三届"澳门人文社会科学研究优秀成果奖"为例，参评的作品即达到1324件，其中近三分之一为历史类的学术成果，且不乏有原创性之佳作。近年出版的《澳门史新编》（四卷本，2008年）、《澳门编年史》（六卷本，2009年）、《葡萄牙外交部藏葡国驻广州总领事馆档案》（清代部分，中文，十六册，2009年）等，都是具有较高学术价值的澳门史研究著作或文献档案汇编。

无疑，澳门研究的丰硕成果为澳门学术界带来了一系列具有标志性意义的变化。这种变化涵盖了澳门研究队伍的变化、研究主体的变化、研究方法的变化，乃至澳门历史研究话语权的回归。本人非常赞同吴志良博士的观点，澳门历史研究最值得称颂、最值得骄傲、最具深远意义的成就，是澳门历史话语权的回归，是澳门学术自主性的初步确立。本期刊发吴志良、汤开建、金国平、莫世祥的这组文章，即是传递了作者对澳门历史研究经历了如此嬗变之后的思考，也许对于探索澳门历史研究未来的发展路径与方法有所启示。

澳门回归迄今已经走过十三年的历程，澳门历史研究也已进入了一个新的阶段。新的历史时期赋予学术研究新的使命与新的内涵。尽管澳门史研究已经取得了令人瞩目的成就，但毋庸讳言，澳门史研究仍然大有深入提高和拓展的空间。有学者就极力呼吁，澳门的学术研究不能再停留在仅仅移植、搬用或套用西方理论和知识框架，而是应该在比较和创新中推出适合本土知识的理论范式和研究方式；也有学者提出，澳门应该有责任有义务加大投入，重点立项，组建一个澳门历史档案文献翻译中心，以走出目前澳门历史研究中文献整理严重滞后的局面，等等。这一切都需要我们的政府机构、社会团体、专家学者乃至社会各方热心人士的共同参与。澳门历史研究的前景是可期的，敝刊愿为此而略尽绵力。

澳门历史话语权的回归

吴志良

[提　要] 澳门本土历史知识的取得，从过去由境外学者逐渐转变为由澳门本土学者主导，研究的主体也转向澳门内部社会的演进，这不但标志着话语权的回归，而且为澳门的学术自主和澳门学的学科建设得以顺利开展，以及实现共同话语的正面反馈创造了条件。展望将来，澳门学的学科建设应集中在确定学术规范的具体内容和技术操作以及探索澳门模式的宏观特征和微观内容两个方面。

[关键词] 澳门　历史　话语权　澳门学

澳门历史研究近30年来的进步有目共睹，在国内外学界也备受关注和赞赏。澳门公共机构和社会团体联合外地研究力量，不仅收集、整理、出版了大量的档案、文献史料，为广大研究者提供了极大的方便，为未来更深入、全面、系统的研究提供了必要条件，研究成果量的增加和质的提升以及研究队伍的不断壮大，也令澳门历史研究取得了前所未有的飞跃，特别在研究深度和广度的拓展以及在诸多向来极具争议问题上学术观点的交集、接近方面，进展令人欣喜。[①]

不过，在我看来，澳门历史研究最值得称颂、最值得骄傲、最具深远意义的成就，是澳门历史话语权的回归，是澳门学术自主性的初步确立。

一

所谓"话语"，从本质上探讨是人类在获得知识的最终成果过程中，谁主导获得知识的地位，即构成话语权的取得，当中涉及表达和参与两个方面。从澳门史学史的发展历程观察，历史知识的取得从过去由澳门境外学者主导，逐渐转变为由澳门本土学者主导，研究的主体也转向澳门内部社会的演进，实现了历史话语权回归本地，换言之，澳门本土研究力量的日益壮大，其表达和参与的频率增高、深度和广度加大以及对澳门本身关注度的日益加强，导致了量变产生质变的最终结果。

众所周知，澳门历史研究最早是围绕中葡主权治权之纷争而展开的，因此，澳门历史研究从一开始就染上了极其浓厚的民族主义色彩。中葡两国政治家、史学家对澳门历史的叙事与解释长期存在巨大的分歧，在许多重大问题上甚至南辕北辙。澳门历史研究的核心内容也长期受限于政治史、中葡外交史、中外交通史的主线而无法转向本地社会内部演进的研究，无法确立"以澳门本身为主体的研究路径"，[2]澳门本土知识体系及其解释体系一直无法形成。[3]澳门历史的话语权也犹如其外向型经济那样随波逐流，一直为外部因素所主导。

话语权之回归，首先是研究人员主体的本地化。20世纪70年代，澳门的政治法律地位得以明确。澳门社会各界，特别是逐渐成型的知识界，不断努力寻求确立澳门自身个性的必要手段和途径。同时，随着居民教育水平的日渐提升，特别是高等教育的普及和攻读硕士、博士学位人数的不断增加，以及政府在高等教育和学术研究上的投资大幅增加，愿意潜心从事历史研究的本地学者和人士也日渐增多，三四十年后终于成长为澳门历史研究的中流砥柱。而本地学者的研究重心，自然地指向本土社会。

其次是研究课题和研究成果的本地化。在过去30年间，澳门基金会和其他机构均不遗余力地投入在推动、资助和组织史料以及研究成果的挖掘、整理和出版的工作中，并且在确定研究课题时，更多地考虑本土视角，逐渐将焦点转向对澳门内部社会演变的考察。随着挖掘整理档案史料不断深入，一些过去被学术界忽视的材料，例如口述历史、实物史料和图像史料，亦引起澳门历史学者的兴趣和关注，相关的尝试和成果已初见端倪，诸如《十部文艺志书集成·澳门卷》、澳门记忆工程等更大规模的研究已经展开。口述历史、实物史料和图像史料不但弥补文献史料的空白和不足，也是论证文献史料真伪的有力途径。而这些元素最丰富的地方，就在能取得第一手历史体验、历史参与人数最多和最集中的澳门，从而更加强化了澳门历史研究的本土性。

再次，聚焦澳门内部社会变迁研究，史观分歧逐渐拉近。这不但是本土历史话语体系建立的前提，也是确立本土历史话语体系的必要进程。最近30年来，澳门的公、私机构对中国和葡萄牙以及其他国家有关澳门的档案史料整理和翻译做了大量的工作，并出版了不少成果。澳门历史档案资料的最大特点在于数量大、语种多、收藏地分散。虽然碍于时间和空间的种种局限，即使对其他语种以及散佚于世界其他国家和地区的相关档案还未能全面、系统地收集和整理，但随着大量档案史料的出版和翻译，研究人员有了更多可以共同使用的材料，不同史观逐步靠拢接近，许多长期争议的重大问题有望达成共识。而更多从本土视角审视内部社会演变的研究成果的产生，本土历史知识及其解释体系的轮廓也逐步明确，为日后撰写澳门通史创造了必要的条件，奠定了良好的基础。以本土学者主导撰写澳门通史，将是本土历史话语体系的最高表现，也将标志着澳门历史研究自主性的真正确立。

第四，扩宽了澳门历史研究的视野，突出了澳门历史的意义。长期以来，本地掌故式的乡土研究和宏观的中葡交往史研究各走极端，缺乏交集，更很少将澳门历史置于中国史、亚洲史和全球史的广阔视野中来审视。澳门港城的开埠，澳门的生存发展，与国势国运的兴衰丝丝相扣，紧密相连。澳门历史的意义，当应放在中国史与世界史的高度方能凸显。澳门历史城区被联合国教科文组织列入世界文化遗产，充分肯定了不同民族、不同文化在澳门共生共存的典范意义和共同价值。澳门历史研究，当应高度重视其在人类文明发展过程中所发挥的特殊作用并为当今不同国家、不同民族、不同宗教、不同文化的和谐进步做出更大的贡献，突出小城市大历史的功能和传统。

最后，跨学科研究使研究方法不断进步，研究领域不断拓宽，研究成果不断创新。澳门历史研究近30年的一大特色就是从掌故式研究走向学院式研究，研究方法从比较单一的政治学走向多学科和跨学科，研究主题也由中葡关系史扩散至澳门内部社会的诸多领域。随着研究方法的改进，研究成果越来越专业，专门史论著作与日俱增且不断有新发现、新观点，研究质量也不断提高，澳门历史研究不断向纵深方向发展，研究人员和大众对澳门本土知识的认知要求日益提高。除非在外地从事澳门历史研究的人员曾经在澳门居住过相当长的时间，而且期间又与本地居民有广泛的接触，否则他们将难以亲临其境地体会，也难以客观地解答澳门历史进程中的种种悬疑和问题。

二

澳门历史研究话语权的回归，还产生了两种积极的效果，首先是澳门学术自主与澳门学的学科建设有条件得以顺利开展，其次是在回归澳门后对共同话语的正面反馈，而这种反馈又需要通过建设澳门学学科才得以实现。

经过多年的努力，澳门学从无到有，如今已转型成作为本土知识体系而构建起来的学科。④由于澳门学建基于本土知识，对本土知识的发掘和论证因而需要科学的学术规范作为支撑，不但要使本土知识能成为真正的知识，也使澳门学本身能在严密的学术程序上建立起来，使其学科研究所提炼出来的成果具有普世意义且产生辐射作用。

从澳门历史研究的普世意义看，我们始终认为，在西学东渐、东学西传中扮演过不可替代角色的澳门的过去和现在是一个恒久弥新的话题。这不仅因为史料的不断发现和研究的不断创新给我们带来喜悦，更加重要的是，在纷杂的当今世界，澳门历史的经验依然可以为人类文明的发展提供一条可行的路径。

事实上，澳门在历史上担当近现代中西文化交流的桥梁角色，华洋居民数个世纪以来在这块弹丸之地共处分治，并未出现太多或者严重的冲突。这些事实相信没有太多人会表示异议，而且得到越来越多人的认同。这种文化间对话的方式，或者说"澳门模式"的个中成功之处，一直是学术界加以探究的基础课题之一，也是澳门学的核心内容。

澳门之所以成功扮演中西文化交流的平台角色，主要是由于澳门提供了中西文化相遇和对话的"公共空间"，同时澳门当时具备的独特政治地位，使其兼备多重的社会身份认同，从而增进中国与西方世界之间的对话和理解。⑤这是我们提出"澳门模式"的一个重要出发点，而探索"澳门模式"的宏观特征和微观内容，也正是"澳门学"学科建设的中心任务所在。

因此，我们认为，澳门学的学科建设和讨论今后应该集中在两个方面。一是确定学术规范的具体内容和技术操作，这涉及学术本体与认识论的确定问题；二是探索"澳门模式"的宏观特征和微观内容，这是研究课题的取舍问题。

简而言之，澳门史学研究已逐渐淡化民族主义色彩，摆脱政治争拗的束缚，聚焦于内部社会的自然演变，同时为构建科学的"澳门学"学科奠定必要的基础。由于历史上的澳门地域狭小，同时又周旋于大国之间求生存，虽然在展开历史研究的进程中，内部社会演变不可避免地也深受外部因素的影响，但叙事的视角不可逆转地指向了内部社会。这种转变，是革命性的，是历史性的。无心插柳，10年后，蓦然回首，我们发现，澳门历史的话语权也悄然回归了。

这不仅是一件颇值得史学界高兴的事情，也是一件值得社会高度关注的大事。之所以这么说，是因为澳门回归祖国乃举世瞩目的历史事件，特别行政区更是史无前例的新生事物，"一国两制""澳人治澳"的伟大事业成功与否，在于一个全新的政治共同体的建立，而新政治共同体的建立和稳定有序发展，又在于政治主张与历史叙述的有效表达和核心价值的形塑和解说。

在此一过程中，历史叙事及其话语权是其中一个至关重要的基础因素，也是任何一个从殖民状态走出来的国家或地区的必争之物。符合历史发展规律、客观的历史叙事，是建立新国家、新城市主流价值，增强国民、市民自信自尊的根本，直接影响家国观念的形成及其价值取向，并直接影响政治、社会发展的走向。从这13年澳门特区相对平稳和谐的发展历程看，我们走对了方向。大方向对了，原则性的纷争自然就少了。为此，作为历史学者，我们应该感到欣慰，高兴地看到历史学界以自己的专业为特区建设尽了一份绵力。

当然，实现"一国两制"伟大事业是一项长期的工作，前路还充满了挑战，我们任重道远，但义不容辞，有信心也有更好的条件继续贡献我们的力量。

---

① 详见金国平、吴志良《挖掘原始档案文献，重现澳门历史原貌》，载《镜海飘渺》，澳门：澳门成人教育学会，2001，第1~13页；金国平、吴志良《澳门历史研究述评》，原载《史学理论研究》，北京：中国社会科学院世界历史研究所、近代史研究所、历史研究所，2002，第43~54页，后收入金国平、吴志良《东西望洋》，澳门：澳门成人教育学会，2002，第1~21页。近年的成果包括：吴志良、金国平、汤开建主编《澳门史新编》（四卷本），澳门：澳门基金会，2008；吴志良、汤开建、金国平主编《澳门编年史》（六卷本），广州：广东人民出版社，2009；澳门基金会、葡萄牙外交部档案馆、广东省立中山图书馆、澳门大学图书馆编《葡萄牙外交部藏葡国驻广州总领事

馆档案》（清代部分·中文）（共十六册），广州：广东教育出版社，2009；Rui Martins（Dir.），DITEMA-Dicionário Temático de Macau（《澳门专题史词典》，四卷本），UNIVERSIDADE DE MACAU，2010；广西师范大学出版社编《美国驻中国澳门领事馆报告（1849～1869）》，桂林：广西师范大学出版社，2012；以及一批较高水平的个人专著。

②邓正来：《序言》，见吴志良《澳门政治制度史》，广州：广东人民出版社，2010，第10～17页。

③吴志良：《作为本上知识体系而构建的澳门学》，载《澳门学引论——首届澳门学国际学术研讨会论文集》，北京：社会科学文献出版社，2011，第7～9页。

④有关澳门学的讨论，可参阅郝雨凡《澳门学的范式和意义》，载《澳门学引论——首届澳门学国际学术研讨会论文集》，第11～14页；汤开建《澳门学的起源及分期》，载《澳门学引论——首届澳门学国际学术研讨会论文集》，第29～37页；郝雨凡、汤开建、朱寿桐、林广志《全球文明史互动发展的澳门范式——论澳门学的学术可能性》，广州：《学术研究》2011年第12期。

⑤吴志良《澳门在中国走向世界中的作用》一文（"第五届世界中国学论坛"论文，上海，2013年3月23～24日）集中讨论了此一问题。

作者简介：吴志良，澳门基金会行政委员会主席，博士。

［责任编辑：刘泽生］

（本文原刊2013年第2期）

走出瓶颈：澳门历史研究现状与前瞻

汤开建

[提　要] 本文就澳门历史研究现状中存在的碎片化与系统化的矛盾、史学理论的取舍与应用、路径选择与空间拓展等问题进行了论述，而且提出未来澳门历史研究存在的最大问题即葡文文献的整理与翻译。文章认为，目前的葡文文献整理与翻译，滞后于澳门历史研究的发展，并已成为澳门历史研究发展的严重障碍。因此，作为国际澳门史研究主阵地的中国学界，作为澳门历史研究主体对象的澳门地区，有责任有义务去组建一个澳门历史档案文献翻译中心，重点立项，加大投入，中国专家与葡萄牙专家结合，澳门史专家与葡语专家结合，系统地翻译 16 ~ 20 世纪中西关系中的葡文档案文献及澳门问题文献。集全球澳门文献于澳门，供源头活水予国际澳门学界。

[关键词] 澳门历史研究　葡文档案文献　整理与翻译

一

澳门历史研究应始于葡萄牙人弗雷塔斯（Guimarães Freitas）炮兵上校于1828 年出版的《名城澳门史实记录》。①虽然该书不如稍后出版的瑞典人龙思泰（Anders Ljungstedt）的《早期澳门史》影响大，但它却是西方学者第一部真正意义上研究澳门历史的学术著作。在此之后，龙思泰《早期澳门史》

（1832），圣塔伦子爵（Visconde de Santarém）《关于澳门居留地备忘录》（1845），马雅（Maya）《澳门开港回忆录》（1849），桑帕约（Manuel de Castro Sampaio）《澳门的华人》（1867），庇利喇（Marques Pereira）《澳门大事记》《澳门的中国海关》（1870），费尔南德斯（J. Gabriel B. Femandes）《澳门历史剳记》（1883），弗兰萨（Bento França）《澳门历史补遗》（1888），徐萨斯（Montalto Jesus）《历史上的澳门》（1902），波乃耶（J. Dyer Ball）《澳门·圣城·东方宝石》（1905），矢野仁一《明代澳门的贸易及其兴衰》（1918），科龙班（Eudore de Colomban）《澳门历史概要》（1927），伯希和（Paul Pelliot）《澳门的起源》（1935），张天泽《明代中葡贸易考》（1935，英文博士论文），藤田丰八《葡萄牙人占据澳门考》（1936）等一系列澳门历史研究著作先后出版。到 20 世纪 40 年代以后，更掀起了以博克塞（C. R. Boxer）、白乐嘉（J. M. Braga）、文德泉（Manuel Teixeira）、潘日明（Benjamin Videira Pires）等人为代表的澳门历史研究的高潮，整理出版了大量的文献、档案及一批高质量的澳门历史研究学术著作。这一时期的澳门历史研究，可以说完全是属于西方的，期间虽有少部分中国学者的参与，但不论从数量与质量上，中国学者的研究尚属起步阶段，多偏重于一般性的介绍或叙述。因此，基本可以说这一时期中国学者在国际澳门历史研究的领域中，没有多少话语权。

20 世纪 70 年代以后，海外中国学者以全汉昇《明代澳门的海外贸易》（1970）、郭永亮《明季澳门与日本之交通》（1971）、霍启昌《澳门模式：16 世纪中叶至鸦片战争时期中国政府对西方人管理办法研究》（1978，英文博士论文）为代表，国内则以张维华《明史欧洲四国传注释》（1980）和戴裔煊《明史佛郎机传笺证》（1981）为发轫，直至 20 世纪 90 年代中后期，进入了中国学者全面介入澳门史研究的时期。这一时期，中国学者澳门历史研究成果的量远远超过了西方学者，但是，从对原始资料的挖掘及研究的深度来看，中国学者与西方学者相比，还有相当大的距离。特别是受澳门回归的政治影响，中国学者庞大繁杂的研究成果，良莠不齐，其中利用中文资料、发挥中文资料优势的成果，明显具有创新性，特别是中文资料的搜集与整理，使中国学者在国际澳门历史研究中占据了一席之地。但是，大量的应景之作、草率之作、非原创性之作十分突出，存在着严重的学术泡沫与学术失范。余以为，如果从严格的国际学术规范要求的澳门历史研究的深度、广度而言，这一时期中国学者从整体上尚未进入国际学术研究的前沿。

1999 年澳门回归以来至今，这是中国学者澳门历史研究前所未有的最好时期。虽然这一时期的研究成果数量比上一时期明显减少，但就成果的质量而言却有很大的提高。研究视野不仅仅停留在 16~17 世纪澳门早期历史，而且逐渐下移至 18 世纪后的澳门历史，即针对澳门近现代史展开了下力气的研究。除去回归政治效应的骚动后，中国学者不论在文献整理还是专题研究，都出现了较高水平的专业论文与著作。针对葡人东来及澳门开埠前后一系列学界长期争论但又悬而未决的重大问题，中国学者展开了深入细致的讨论，如 Tomão、茜草湾、双屿港等历史地理问题；又如葡人驱盗入澳、中葡早期和约、妈阁庙的起源、广州交易会、葡西征服中国计划等问题，这些论著不仅能竭泽而渔地网罗中文史料，而且亦在大规模挖掘、整理葡文资料的基础上，展开了新视角的澳门历史研究。澳门史研究进入最为精彩的历史阶段，出现了越来越深入、越来越细化、越来越详尽、越来越精到的研究局面，很多学术成果已经赶上甚至超过了西方学者的研究水平。特别是澳门基金会组织及资助在广东人民出版社出版的澳门丛书及已经完成的两部规模宏大的学术专著：《澳门史新编》和《澳门编年史》，更是代表性地体现了这一整体水平。尤其是后者，无论是从中西档案的征引上，还是在专题个案的考证上，都超过了以往的澳门历史研究著作。即使在西文资料的使用上，也超越了以往的西方学者，被著名汉学家普塔克（Roderich Ptak）教授誉为"一部现代版的澳门实录"，当之无愧为近期史学研究的里程碑，[②] 成为这一时期中国学者澳门历史研究最为重要的代表性成果。至此，可以说，中国学者在国际澳门历史研究领域中获得了自己的话语权。

二

然而，回望百年澳门历史研究的演进过程，可以看出，澳门史研究呈现出从学术失范到学术守范，从宏大叙事到史实考辨，从通史性作品到专题性研究，澳门历史研究完成了由粗糙到精细、由浅层到深层、由一般描述到史论结合的主观阐发过程。应该说，获得的成绩是可喜的。但百余年来的澳门历史研究发展到今天，并非尽善尽美。余以为，以澳门历史研究的现状而言，存在的问题及弊端还很多，既有学科基础理论建设的不足，也有研究方向、方法上亟待检讨的地方。

首先，澳门历史研究碎片化与系统化的矛盾。

对于一门学科而言，研究者是否把握学术思想史中问题意识的序列，或者自己研究背后的问题意识是否具有逻辑上的连续性，③本质上是决定学科进展和学术推展的基础，是决定能否提出有价值问题的关键。澳门历史研究也不例外，尤其是逐渐摆脱包括政治在内的外部因素干扰，进入澳门区域社会自身演进的学术探讨，近年来愈发凸显区域社会研究的人文主义趋向。与此同时，虽然澳门历史研究摒弃了前期宏大叙事的粗浅形式，进入精细化的新阶段，但我们学术研究随之面临碎片化的困境。大量的琐细考证文章占据了澳门历史研究的主体篇幅，而成熟的、系统化的专题学术研究成果较为少见。当然，"碎片化"是当前历史研究的普遍现象，中国社会科学杂志社和《历史研究》编辑部连续多次召集学者探讨这一问题，呼吁学界努力摆脱碎片化的不利影响。基于此，我们先后完成《澳门史新编》《澳门在16~19世纪西学东渐中的地位和作用》《澳门近现代城市发展史》《澳门近现代工业史》《明清时期澳门华人社会研究》等专题性学术工程，以期在回顾前史、探索新路上有所斩获。如何处理碎片化与系统化两者的矛盾，关键是要提出有价值的问题及这些问题意识背后逻辑上的连续性。针对澳门历史研究的特殊性，就澳门一地、一名、一词的详细考证，是澳门历史研究前期必须完成的最先步骤，但我们不能始终停留在这一地、一名、一词的琐细考证上，在众多的琐细考证上如何展开系统化的专题研究，即是中国学者面临的一大难题。我们既反对铺天盖地的碎片化研究，但是我们更反对缺乏扎实基础研究的所谓系统化的空泛之谈。碎片化考据与系统化研究的结合，应该是一个有层次有步骤的有机过程，这是当今澳门历史研究亟待解决的一个问题，但目前尚未尽如人意。

其次，澳门历史研究中史学理论的取舍与运用问题。

有论者指出，在短短的20年间，中国史学家面对国际史学界在一个世纪理论探索中经历的巨大变化，不同阶段的东西混杂在一起涌入脑际。实证主义、总体史观、后现代主义等史学思潮蜂拥而至，新制度史、新文化史、概念史等史学新方向席卷而来，④如何在已有成果基础上有选择地推进澳门历史研究，摆在众多学人尤其新一代研究者面前。在当前条件下，要求研究者具有更为清醒的自觉意识，以免堕入繁杂纷纭史学观念的"陷阱"之中。有所选择，务必考镜源流，理清脉络，不仅知其然，而且知其所以然。新理论的不断涌入，让我们发现在政治经济研究之外众多"盲点"，比如关于殖民意识、都市文化、城市景观、公共空间、市民精神、族群关系、性别分工、身体政治、地域认同等。然而如何厘清这些理论适用的边界与尺度，如何连结传统与现代的研究理念和方法，是我们当前研究者务必警觉的。新理论提供不少新思路，提出不少针对传统史学的质疑，然而并没有也无法根本上否定传统史学，而且也没有能够完满回答自己的问题。研究者能否做到知其源流，取之有道，既是评判研究者学术操守的标准，也是检验研究者学术功力的试剂。接受新理论带给我们的新理念新思路，再结合老祖宗给我们留下来的优秀史学传统，可以想象，未来的澳门史研究将呈现出新旧杂糅、一体多元的新景象。

第三，澳门历史研究中的路径选择与空间拓展。

以往学者已经注意到澳门历史研究应走出中葡关系的旧有框架，走向澳门区域环境及内在机理的"总体史"研究。在澳门历史研究向澳门学嬗递过程中，这些近乎"口号式"的提法，已远远满足不了学术发展的步伐及期望，要求我们从更深层次思考澳门历史研究的内在理路及研究空间。（一）澳门近现代史研究还有不少可拓空间。澳门史研究应向近现代史领域拓展，而且澳门近代史的主体文献尚存于澳门及世界各地档案馆之中，学术研究的空白领域还大量存在，前景广阔，大有可为。与此同时，从某种意义上而言，一部澳门近代史，主要记录的就是澳门华人史。因为从 16～19 世纪澳门葡萄牙人在中西经济文化交流中创造的辉煌历史到鸦片战争以后几乎已经消退，鸦片战争后虽然葡萄牙人仍然在澳门政治上占有主导地位，但在最起决定影响作用的社会经济生活中，澳门华人逐渐由客体变为主体，成为澳门社会最受人关注的一部分。因此，一部澳门近代史，记录的更重要的是这一时期华人的兴起和衰败、荣耀和耻辱。截至目前，娄胜华之于澳门早期社团，赵利峰、胡根之于近代博彩业，林广志之于近代华商与华人社会，李长森之于近代外报业，均致力于澳门近代档案文献的开拓、搜寻及辨析，多能发前人所未发。但截至目前为止，澳门近现代史的研究与早期澳门史的研究相比，不论是质与量，仍存在着比例上的严重失衡。（二）专题式研究还有不少可拓空间。除以往提出重视澳门中期史、澳门近现代研究外，我们应更深层思考诸多历史结构的不同层面。除现在已经推进的政治史、法制史、军事史、宗教史、教育史、经济史、博彩史、人口史、城市史、建筑史、医疗史、文化史、文学史、体育史、戏曲史、绘画史、邮票史之外，需要深入开掘的尚有工业史、商业史、金融史、典当史、货币史、家庭史、警察史、思想史、观念史、风俗史、交通史、旅游史、街道史、娼妓史等。已推进的专门史成熟完善者不多，尚未展开者则需专门深入探索。（三）进一步从新的层面拓展澳门历史与社会内在机制的研究，可从宗族、族群、宗教、市场、社团等文化机制探讨澳门社会的整合，从人口迁移、经济变迁、族群互动等更高层面析究澳门现象的成因。这似乎是从人类学或社会学角度考察澳门社会的横切面转向纵向面，然而此并非简单的从横切面过渡到历史的维度。以华南地区宗族研究为例，从弗里德曼（Maurice Freedman）递进到科大卫（David Faure）⑤的文化过程考察，也是历经几代学人的探索。这种研究方法是否适宜于澳门，似乎尚未有人尝试。（四）口述历史及民间文献搜集。澳门的口述历史十分发达，既有以"澳门掌故"为形式的旧式口述历史，也有以田野调查、上门采访为手段的新型口述历史。口述历史在澳门的传统悠久且数量庞大，是澳门历史研究中不可忽略的一大门类。但现存的口述历史很难说其撰写方法、调查采访手段是科学的，故在大量的澳门掌故及口述历史中存在着真假杂糅、虚实相间的情况，很多史实与历史文献、档案的记录差距甚远。直至新近由澳门基金会与香港三联书店出版的一套类似于"新口述史"的"澳门知识丛书"，仍然存在着上述问题。因此，如何规范掌故与口述史类著作的撰写，如何使掌故与口述史进一步科学化，亦是澳门历史研究中应予重视的问题。

三

澳门历史研究发展至今日，最大的问题与隐忧还不在上述几项。总结以往澳门历史研究的经验，如果还是那样不痛不痒地写几篇文章，"海纳百川"地拼几本大杂烩式的著作和论文，已经非常不利于澳门历史研究的发展。以余所知，已经公布的中西文献档案，绝大部分已被人们阐释解读，凸现的重要问题在已浮现的资料面上大多清晰。如再不启动大规模的西语文献翻译工作，还是零零星星地翻几则档案，译几段史实，我们将只能停留在历史的碎化和真相的表层。没有 16～20 世纪西语文献档案中澳门资料的彻底清理，一切谈"澳门历史"的研究者只能是片面的、肤浅的，甚至可以说是危险的。非如此，澳门历史研究无法继续深入往下走。鉴于此，余以为，西语文献档案翻译资料的短缺，实际上已经成为澳门历史研究进退维谷的"瓶颈"。我不想危言耸听，但我希望我的话能引起不管是理论派还是史料派的重视。

解决"瓶颈"的关键，即是中西文档案文献的搜集、整理及翻译。澳门历史研究中出现的困顿与异化，其根源在于材料的单一与断裂。大面积、长时段的历史时期，并无第一手资料的支撑，故形成众多澳门历史时期的断层。即使是研究"香火"十分鼎盛的早期澳门史，期间的空白和缺略仍然不少，甚至留下了许多永远无法解开的"历史之谜"。

过去，我们在中文档案文献的搜集整理工作中已经做出很大的成绩，出版了大量的中文文献档案资料，如《澳门专档》（四册，1992），《近代拱北海关报告汇编（1887～1946）》（1998），《中葡澳门交涉史料》（1998），《明清时期澳门问题档案文献汇编》（六大册，1999），《广东澳门中文档案史料选编》（1999），《葡萄牙东波塔档案馆藏清代澳门中文档案汇编》（两册，1999），《鸦片战争后澳门社会生活记录：近代报刊澳门资料选粹》（2001），《澳门宪报中文资料辑录（1850～1911）》（2002），《清中前期西洋天主教在华活动档案史料》（2003），《〈香山旬报〉资料选编》（2003），《葡萄牙外交部藏葡国驻广州总领事馆档案（清代部分·中文）》（2009）。可以说，在一定程度上完成了使命。当然，澳门中文资料还有可发掘的余地，近来不断有反映澳门早期历史的新中文资料被发现，如明代韶州同知刘承范之《利玛传》，[⑥]还有《申报》《华字日报》《华侨报》《市民日报》《世界日报》《西南日报》等近代报刊中的澳门资料正在整理中。

西方文献档案中澳门史料的翻译以往已经做了一些，但却差距甚远。已刊出的翻译材料主要有：吴义雄等人译《早期澳门史》，黄鸿钊译《历史上的澳门》，区宗华译《东印度公司对华贸易编年史》，何高济译《16世纪南部中国纪行》，金国平译《远游记》及《葡萄牙在华外交政策：1841～1854》，苏勤译《殊途同归：澳门的文化交融》，程绍刚译《荷兰人在福尔摩沙》，何吉贤译《葡萄牙帝国在亚洲》，陈用仪译《澳门寻根》；萧濬华译《16世纪天王教在华传教志》。另有两本最为重要的澳门史料译文集：一是罗理路主编、由澳门文化局组织多位专家翻译的《16～18世纪伊比利亚文学视野中的中国景观》，其中搜集了28种极为珍贵的16～17世纪葡国文献中的澳门资料；二是金国平选编翻译的《西方澳门史料选萃：15～16世纪》，几乎搜罗了15～16世纪葡语文献档案中与澳门相关的全部资料并进行了准确的翻译，对于澳门史研究具有极高的价值。以上所列文献翻译材料，无疑已成为今天的中国学者研究澳门史的重要参考，特别是对于16～17世纪的澳门史研究而言，几乎是不可或缺的。相对早期历史而言，澳门中期史和近代史的研究明显要薄弱许多。现行的澳门史著作一涉及 17 世纪中叶以后的澳门史，除了中葡关系，往往不见澳门本身的内容。究其原因，在于中文原始资料的贫乏以及葡语文献档案的整理翻译与历史实际差距太大。过去西方的澳门史研究者并没有将澳门史置于中国史的范畴之内进行探讨，而视为世界史、欧洲殖民扩张史的一部分，以至于中国学者在澳门史研究中几无发言权，其根本原因就是语言的阻隔。澳门自古就是中国的领土，即使在葡治时期，中国政府对于澳门的主权也是不可否认的，况且本地区的生活主体一直是华人，澳门史当然是中国史。而澳门历史研究具有其特殊性，因澳门在 16～18 世纪一直充当着东西方经济文化交流的桥梁，西方人在澳门的汇聚，保存了包括中、葡、西、荷、法、英、日、意、德、拉丁、越南、泰等多种文字的文献、档案及史料。世界上没有一位学者能同时精通或使用上述各种文字，即使是语言功底较强的欧美学者也不例外，尤其是对于比较专业的中国文献和史料，经常出现千奇百怪的解读和注解。对于中西方学者而言，澳门历史研究皆要借助翻译，这是一个谁也无法避离的不争事实。

发展全球学术视野下的澳门历史研究，必须将西语档案文献整理与翻译落实到操作层面，而不能仅为口号和概念。然而，澳门历史研究中西语文献档案整理翻译工作相较澳门历史研究的发展而言，其速度是滞后的。翻译资料更新速率滞后，同学界日益增长的关注度和投入度形成尖锐矛盾。新材料之发掘、整理与翻译，处于澳门历史研究的上游，承担着为学者们提供原料的重任，但却存在着专业人才、专项资金及组织机构缺乏的问题。直至"澳门学"发展繁荣的今天，澳门政府、澳门基金会、澳门大学以致中国的"澳门学"研究的各学术团体，均未曾组建过一正式的翻译机构，甚至仍将建立这种翻译机构视为可有可无。因此，几乎所有澳门历史的下游研究者，均将陷入一种"无米之炊"的景况之中。鉴于澳门历史研究上游一直存在的断水危机，在翻译问题上，如果我们还是保持原有的方式和速度，从已面世的档案文献中摘取材料，加以断章取义式功利性的零散翻译，若不启动大规模有组织性对 16～20 世纪葡、西、荷、法、英、意及拉丁等语种中关于澳门及中西关系的档案挖掘整理，若不组织相当的人力下大力气对这些西语文献档案展开系统翻译，澳门历史研究可以休矣。说得残酷一点，对中国学界的澳门史研究者而言，不使用新的葡语翻译资料，可以说，其后之研究是难以突破的。

据统计，现存于澳门历史档案馆的葡文档案就有5万余卷，其资料总长度可达3公里，图像档案达6万余幅，其中包括原存于葡萄牙阿儒达图书馆的《耶稣会士在亚洲（*Jusuítas na Àsia*）》全套62册的手抄本；澳门议事会自1630年以来的3万余页档案；澳门仁慈堂从15世纪末至19世纪的358套档案资料（卷宗和抄本）；其他还有民政厅、财政厅、教育厅、官印局、婚姻和死亡登记局、法院中保存的18~20世纪的葡文档案数万卷。这些档案记录了16~20世纪澳门历史上发生的各种大小事件及法令法规，是研究澳门历史极为重要的第一手资料。除此以外，自1822年《中国之蜂》葡文报刊诞生以后，至20世纪上半叶，在澳门创办的各种葡文报刊数以百计，特别是1838年创办至今的《澳门政府宪报》，更是研究澳门近代历史的史料渊薮。而这里面所保存的葡文史料基本上未为中国学者所利用。面对如此浩瀚的葡语史料，如果没有葡语的翻译，如果我们不能准确地对这些葡文档案、报刊加以利用，我们的澳门历史研究可以让人相信吗？我们的澳门历史研究能称得上科学与客观吗？答案显然是否定的。

2010年10月澳门利氏学社组织大量的人力、物力，将沉睡于罗马耶稣会档案馆300余年的《北京大事记》[⑦]手稿完成转录及注释翻译工作，并准备出版。《北京大事记》是耶稣会纪理安（Kilian Stumpf）神父在北京担任庶务和文书之职时，收集铎罗（Maillard de Tournon）使团来华及离华以后有关耶稣会的文件、书信及报告，自1705年12月起，至1712年5月止。该文献不仅提供了大量系统的礼仪之争及罗马教宗和康熙皇帝之间复杂关系的珍贵记录，还让世人了解到清朝宫廷政治及不太为外人所知的宫廷生活，更使学界获取到进入清宫的西欧传教士在宫内的生活及活动材料。这些史实均是现存汉籍文献档案所不能提供的。利氏学社之壮举，当为学界发掘、翻译和整理文献之绝佳表率。可以说，《北京大事记》的整理翻译出版，将对清代天主教史、清代中西文化交流史及清史研究提供极为珍贵的资料，亦可给上述研究带来新的突破和发展。

再以余新近完成的《澳门工业发展史稿》[⑧]为例，欲仅仅凭借中文资料来撰写澳门工业史的话，几乎为无米之炊。以往的学者在谈到工业史时，只是三言两语，不断重复，其根源即在于缺少西文尤其是葡文资料的支撑。而此次撰写过程中，余组织了大量的人力、物力、财力对《澳门年鉴》（*Anuário de Macau*）、《澳门指南》（*Directório de Macau*）、《澳门宪报》（*Boletim Oficial de Macau*）及澳门民政厅档案中相关内容进行了翻译，方使著述继续，不致冯河暴虎。可以说，没有大量葡语资料的翻译，就不可能有《澳门工业发展史稿》的完成。虽然，余近年来一直在呼吁和组织习葡、西、法等语言的专家及学生在这一方面进行了不懈的努力，也投入了不少人力及资金。但是，凭一个人的力量，而无实力雄厚的组织机构大规模介入，澳门史研究西语翻译的"断水"危机是无法从根本上予以扭转的。

　　国内澳门历史研究学界若要走出当前面临之"瓶颈"，使得澳门历史研究继续深入下去并走向繁荣，必须组建专业的档案文献翻译机构，必须投入相当量的人力、物力和财力，必须有步骤、有计划地将全球澳门史料的搜集、整理及翻译工作落到实处。海外的澳门历史研究者早已认识到档案文献翻译及整理工作的深远意义，并已身体力行地投入进来。作为国际澳门史研究主阵地的中国学界，作为澳门历史研究的主体对象——澳门地区，有责任有义务去组建一个真材实料的"澳门历史档案文献整理翻译研究中心"，重点立项，大力投入，中国专家与葡萄牙专家结合，澳门史专家与葡语专家结合，着重系统翻译 16～20 世纪中西关系中的西文档案文献。今后，那种葡文文献档案零敲碎打式的翻译工作不能再继续，一定要在政府、基金会、大学等单位领导下，组织澳门、广州、北京、上海与海外葡语专业人士及澳门史相关专家通力合作，按系统、分步骤、有组织、有计划地进行。至此，方可集全球澳门文献于澳门，供源头活水予国际澳门学界。若计划果能如此，澳门历史研究方能走出现今的"瓶颈"，方可获得大有可观的前景。

---

　　①以往均将龙思泰《早期澳门史》视为西方人研究澳门历史的第一部著作，这种说法并不准确。从时间上讲，1828 年葡萄牙科英布拉大学出版的《名城澳门史实记录》比龙思泰书早 4 年。因此，我们应该订正旧说，将第一部研究澳门历史的学术著作的荣誉归之于弗雷塔斯。参见（葡）苏一扬（Ivo Carneiro de Sousa）《前工业化澳门的居民及其人口体系（16～19 世纪)》，载吴志良、金国平、汤开建主编《澳门史新编》第 3 册，澳门：澳门基金会，2008，第 1021～1022 页；（葡）塔维拉（Tomás Taveira）《澳门港从开埠至 20 世纪 70 年代社会经济和城建方面的发展》，澳门：《文化杂志》第 36、37 期合刊，1998 年。

　　②吴志良、汤开建、金国平主编《澳门编年史》第 1 卷《明中后期》，广州：广东人民出版社，2009，"序二"，第 4 页。

　　③④赵世瑜：《传说·历史·历史记忆——从 20 世纪的新史学到后现代史学》，北

京：《中国社学科学》2003 年第 2 期。

⑤莫里斯·弗里德曼是汉学人类学家最杰出的代表之一，曾先后出任伦敦大学、耶鲁大学、康奈尔大学、伦敦政治经济学院及牛津大学教授，他最有名的著作都是研究华南宗族的：《中国东南的宗族组织》（1958 年），《中国宗族与社会：福建和广东》（1966 年），创新性地使用汉学人类学的经验来反思人类学的一般理论。科大卫现任香港中文大学历史系讲座教授，代表作为《皇帝和祖宗：华南的国家与宗族》（2007 年），重点关注当代华南宗族社会研究。

⑥新近由肇庆市质量监督局刘明强先生公布的湖北监利存泽堂《刘氏族谱》（民国三年刊本）序之卷 2《艺文》中保存的明刘承范《利玛传》，该书保存了中国早期天主教史及澳门史的极为重要的第一手资料，填补了澳门开埠早期史研究的许多空白，甚至解决了一些早期澳门史悬而未决的问题，意义十分重大。

⑦《北京人事记》（*Acta Pekinensia*）是一份长达一千四百多页的手写报告，组织了包括澳门利氏学社在内的多个专业机构的国际团队，分三个层次：原始拉丁文献的转录；文献注解；文献的网上转录。澳门利氏学社主要负责文献的英译工作，预算约为 100000 美元，为期三年。

⑧2011 年澳门文化局奖学金基金项目，研究课题为"澳门近代工业研究"。

作者简介：汤开建，澳门大学历史系教授、博士生导师。

[责任编辑：刘泽生]

（本文原刊于 2013 年第 2 期）

谢清高笔下的葡语世界之浅析

金国平

[提　要] 谢清高遍历世界各地，耳闻目睹了许多风土人情。为将其游历海外所见所闻传信后世，嘉庆二十五年（1820）经他口述，由同乡举人杨炳南笔录，而完成《海录》一书。其内容分三类：（1）印度洋各国及岛屿；（2）南洋群岛；（3）非、美、欧诸地。在此，我们着重分析有关葡语世界——"地问"、"小西洋"、"鬈毛乌鬼国"、"亚哩隔国"和"大西洋国"的信息。

[关键词] 海录 "地问" "小西洋" "鬈毛乌鬼国" "亚哩隔国" "大西洋国"

谢清高（1765～1821），广东嘉应州程乡（今梅州市梅县）金盘堡人。"少敏异。从贾人走海南，遇风覆其舟，拯于番舶，遂随贩焉。"[①]其间，他遍历世界各地，耳闻目睹了许多风土人情。为将其游历海外所见所闻传信后世，嘉庆二十五年（1820）经他口述，由同乡举人杨炳南笔录，而完成《海录》一书。[②]其内容分三类：（1）亚洲沿海各国及岛国；（2）南洋群岛；（3）非、美、欧诸地。

在19世纪的中国，此书产生过重大影响，成为当时闭关锁国下的中国知识分子睁眼看世界和中国官方获取西洋信息的主要来源。《瀛环志略》及《海国图志》均多采其说。林则徐向道光帝推荐《海录》说："所载外国事颇为精审。"[③]南洋史地专家许云樵先生高度推崇《海录》说："南洋虽是一个中国名词，中国学者有关南洋的著述，完全抱'海客谈瀛'的态度，兴之所至，随手笔录，一鳞半爪，不成体系，自然谈不上研究。早期著作，以 1820 年杨炳南笔受的谢清高《海录》为断，《海录》之前的著作，都列入文献，不入研究范围内。"④

西方文字的研究当数 1840 年⑤的"hae luh, or Notices of the Seas, by Yang Pingnan of Kaeying in the province of Kuangtung"⑥为开山作，距《海录》初版仅 20 年，而且刊于澳门。目前尚无完整的英语译本，仅有节译。⑦

《海录》为后人留下了 19 世纪世界各地地理、物产、建筑、服饰、礼仪、宗教、语言、风俗习惯等方面的丰富资料。谢清高被后人誉为中国的马可波罗。葡萄牙学者称他为中国的费尔南·门德斯·平托。⑧

注释及研究《海录》的学者，对此书的可靠性评论不一。

冯承钧言："所附番舶，疑为英吉利舶，或葡萄牙舶。往来海上十余年，自不免娴悉各地语言。新当国条记有马来语数十字。大西洋国条记有葡萄牙语数十字，可以证之。然译音颇有舛讹，似多凭诸耳食。"⑨

吕调阳重刻海录序则坚称："中国人著书谈海事，远及大卤洋外大西洋，自谢清高始。清高常从贾舶，亲至欧罗巴洲，布路亚、英吉利诸国皆所身历。且意存传信，故所述绝无夸诞。"⑩

冯承钧认为："清高所历，似于南海诸地认识较详，印度沿岸诸国次之，欧洲诸国又次之，余多得诸耳闻。清高一贾人耳，必不识文字。特往来海上十有四年，耳闻目见者广，故其所言虽可据，亦不尽可据。书中译名多从嘉应音读，自未可以正音绳之。原名或本各地方语名，然亦多采葡萄牙语名。如土耳其之作役古，瑞典之作绥亦咕，足以证之。是欲译名还原，未可用寻常规律，职是之故，本书地名，未能完全考订，宁缺所不知也。"⑪

吕调阳无从核实"海事"，何言"故所述绝无夸诞"。冯承钧的看法不失偏颇。冯本侧重地名的考证，但局限于当时的学术水平，待考之处当不在少，但他坚持"宁缺所不知也"的学风。安京新本，较之冯本，对地理、事务名目考释大有增加，亦有未考之处。他在"绪论"结尾说："《海录》所涉及的知识领域颇广，有个别地名、事物名目未能注释，只能暂缺，以待他人。子曰：'知之为知之，不知为不知，是知也。'应为千古不易之训。"⑫此种学术精神值得称道。本文即以安京总汇了《海录》各种版本，博采百家之长，进行精校、评注，并对所涉及的一些问题进行考证和研究的新本为底本。

《海录》所涉及的地理广泛、历史事件多样，而且译音不甚规范。另外，成稿后，谢清高已作古，一些疑问已无法核实解决。这些因素加大了《海录》注释的难度。

亏得庋藏于里斯本国家档案馆的几份有关谢清高生平的中、葡资料，几个疑点得到了解决。汉语档 5 件（档案号为 499、500、501、502 和 508）。葡萄牙语档 3 件，其中两件[⑬]是汉语档的译文，一件[⑭]是澳门理事官对 499 号档案《澳门同知王衷为哆呢欠谢清高货银以铺租扣兑纷争事行理事官劄》的辩状。[⑮]根据汉档，安京对之前的一些流行的错误看法，作了较有力的考辨和澄清。

从以上档案记录我们可以得到如下信息：

1. 谢清高定居澳门的时间是 1787 年而不是 1795 年或以后。

502 号档案表明，至 1807 年谢清高已租赁葡人晏多呢哥沙铺面房整 20 年。508 号档案则言租期 20 余年，时间概念是准确的。1807 年前推 20 是 1787 年，即乾隆五十二年。如果谢清高生于 1765 年不错，那么此时谢清高年方 22 岁，而非杨炳南、李兆洛记述的 30 多岁。这是主要证据。另外，谢清高多次诉说葡人向其借银是在 1793 年（乾隆五十年），这一日期也在 1795 年以前。再有，我们想不出一个理由，谢清高为什么要在官府上篡改自己居澳的时间。何况根据档案，当时诉讼还要通过通事（翻译）、地保等人，因此谢清高的居澳时间是不可能更改的。

2. 谢清高在海外游历的时间是 4 年而不是 14 年。

如果谢清高 18 岁开始航海不错，22 岁定居澳门，那么他在海上的时间只能是 4 年。会不会他其后又陆陆续续出海了呢，我们不能排除这种可能性。但谢清高自己说他 20 年来一直正常交纳桔子围铺房租，这说明谢清高 22 岁后主要是在澳门生活。当然，"4 年"与"14 年"之间必定存在某种关系，一个合理的解释就是记录者的误记或夸大。

3. 谢清高双目失明是在 1793 年之后。

正如 508 号档案明确记载的，谢清高双失目明是在葡人借银之后不久，即 1793 年（乾隆五十八年）或稍后。

4. 谢清高在澳以经商自活，而非做翻译。李兆洛所言极是，而杨炳南所言则非。谢清高与葡人交涉，需要另外请通事（翻译），也为侧面的证据。

5. 谢清高自 1787 年定居澳门，至 1821 年去世，在澳居住的时间
是 34 年，而非 26 年。[16]

我们原则上接受上述考证，在此仅对一些问题略作补充。如果杨炳南
与吴兰修互相抄袭的可能很小，14 年说应该得自谢清高本人。谢清高在状
纸上写明的居澳时间应该是确实的。14 年说无非是想提高其见闻的可信性。
谢清高不可能"误记"自己主要经历的年代，显然是有意夸大。从书中推
理出的日期短于其自说，恰恰说明了这一点。诉状需要准确地说明时间、
地点、人物，据此，4 年说应当属实。幸存的原档暴露了谢清高的自夸。

杨炳南序曰："十四年而后返粤，自古浮海者所未有也。后盲于目，不
能复治生产，流寓澳门，为通译以自给。""为通译以自给"造句给人的感
觉是，他仅靠翻译为生。从谢清高随葡船航行的经历来看，他有能力担任
口译。谢清高可能只会说，不懂读写，所以与葡人打官司，仍需要借助翻
译。我们认为，请翻译不能成为他不会葡萄牙语的侧证，问题是哪类葡萄牙
语。据我们从葡萄牙语语音学对《海录》中出现的地名的考察分析，大部分
很容易还原出葡萄牙语原名。这说明谢清高有听说葡萄牙语的能力。可以判
断，《海录》的许多内容是他在漫长、枯燥的船上生活里听说，记录下来的。

在澳门，除了"为通译以自给"外，他还"租赁土名桔仔围铺一间居
住，摆卖杂货为生"。[17]诉状戳穿了"专业通译"的夸大。正是因为他有葡萄
牙语的交际能力，才同葡人唛哆呢有借贷关系，导致了后来的债务纠纷。

安京推断说："谢清高原本有一个日记或笔记类的底本，底本的名称即
《海录》。谢清高口授的内容是对这个底本的补充、说明。否则我们很难想
像，谢清高能仅凭脑子就记住近百个国名、地名（这仅限于总目中的，不
包括每一国中的区划名或地名）、方位、航程、风俗、物产，甚至外国译
名。"[18]谢清高可能借助了外语，最有可能是葡萄牙语的世界地图。当时的地
图上常常有关于物产的简单边注或框注。这可能是其信息来源之一。4 年
中，他不可能到过《海录》中列举的所有地方。有些地方不在从澳门前往
欧洲的航线上。他不是旅游者，在外国船上当海员谋生而已，如何可能去
航线以外的地方旅游？

至于谢清高实际的航线，冯承钧分析说："既为随贩商贾，海事似亦生
疏，故于所记诸国方位，类多不明，欧罗巴诸国尤甚。疑其足迹仅止伦敦，
余国皆得之传闻。昔人记往来东西之行程者多矣，而于其中求一商人行记，

不可得也。此书所记虽不无模糊影响之言，要为清高亲历口述之语。"⑲我们赞同冯氏的见解。根据 18 世纪末 19 世纪初从澳门至葡萄牙的帆船航行路线，大致可以回溯出谢清高的旅途轮廓：从澳门出发，经印支，到马六甲，入印度洋，沿印度海岸至果阿，然后横渡至东非海岸，继西行至南非的"峡山"，经"散参哩"，横渡大西洋至巴西⑳的"沿你路"，再北航至"埋衣"，然后向东北方斜穿大西洋至"大西洋国"葡萄牙。在里斯本逗留后，再沿葡萄牙海岸航行至葡萄牙北方的西班牙加利西亚（Galicia）的维哥（Vigo）㉑，经"荷兰国"，转入比斯开湾，过"佛朗机国"，进英吉利海峡，至"英吉利国"。这是一条传统的航线。位于它之外的西非海岸，中、北美洲及地中海沿海的国家和地区，谢清高可能从未涉足。

李兆洛言："十八岁随番舶出洋，朝夕舶上者十有四年。三十一岁而瞽。"而《海录》中的某些事件明显发生在谢清高失明后。巴西学者雷维（André Levy）便提出了这样的疑问：如果谢清高失明于 1796 年，无法理解为何涉及了之后的事件，如葡萄牙王室于 1808 年迁往巴西，除非他后来又获得了其他人的资料。㉒关于美国"火船"的记载亦非其亲眼所见。而这却恰恰说明，他懂得葡萄牙语并失明后还了解到了这些情况。

迄今为止，多数研究围绕谢清高的生平及《海录》的版本、性质、历史价值及与葡人的债务纠纷案等问题而展开，对一些尚存疑的难点涉及不多。㉓本文拟就《海录》中所涉及的葡萄牙语世界情况，在前人考证的基础上，对某些至今失考的疑难地名、事务作些探索。

一　亚洲

地问

地问在唵门东南海中，别起一大岛，周围数千里。岛之西南为地问，归西洋管辖。岛之东北为故邦，归荷㖄管辖。山中别分六国，不知其名。天气炎热，男女俱裸体，围水幔，而风俗淳厚。不种稻粱，多吃包粟。闽粤人亦有于此贸易者。土产檀香、蜡、蜂蜜。货物亦运往噶喇叭售卖。㉔

地问即今帝汶（Timor）岛。其今正式国名为东帝汶民主共和国（东帝汶，德顿语作：Timor Lorosa'e，葡萄牙语作：Timor-Leste）。唵门指今印度

尼西亚马鲁古群岛安汶（Amboina）岛周围水面。关于故邦（Kupang）的位
置，东北应为西南。今作"古邦"，为印尼东努沙登加拉省（Nusa Tenggara
Timur）的首府。噶喇叭又作噶喇吧。《海岛逸志》卷六载："椰名曰噶喇
吧，吧国地多椰，华人因称曰噶喇吧"。㉕应即马来语椰子（Kalapa，Kĕlapa）
的音译，指今印度尼西亚雅加达（Jakarta）。

小西洋

小西洋在吗喇他东南沿海边界。由打拉者向北少西行，经吗喇他
境，约六、七日到此，为大西洋所辖地。疆域约数百里。土番名盈丢，
奉蛇为神，所画蛇有人面九首者。婚嫁与明呀哩同。死则葬于土。每
年五月，男女俱下河洗浴，延番僧坐河边，女人将起，必以两手掬水
洗僧足。僧则念咒，取水霉女面，然后穿衣起。又有苏都噜番、察里多
番、咕噜米番三种，多孟婆啰国人，西洋人取以为兵。其风俗与盈丢
略同。西洋番居此者有二万人。土产檀香、鱼翅、珊瑚、犀角、象牙、
鲍鱼。谢清高云：昔随西洋番舶到此时，船中有太医院者。闻其妻死，
特造土番斋礼，回大西洋祖家，请于国王，以半俸给其家，养儿女。
是知此地亦有陆路可通大西洋也。㉖

"小西洋"即果阿（Goa）。此地在《郑和航海图》中作"缠打兀儿"。㉗
《澳门记略》中作"小西洋，我呀"。1505～1961 年，为葡属印度（Índia
Portuguesa 或 Estado Português da Índia）的首府。"吗喇他"为古代印度半岛
西部沿岸部落"Maratha"的译音，主要在今果阿（Goa）以北沿岸一带。
"打拉者"即今印度西岸的特利切里（Tellicherry）。"盈丢"即印度。"奉蛇
为神"所涉及的是印度人崇蛇的习俗。"蛇在印度人的心目中并不是丑恶凶
狠的象征。相反，印度各主要宗教都认为蛇象征长寿和生殖。"㉘"每年五
月，男女俱下河洗浴"所涉及的是印度人敬奉恒河的"圣浴"习俗。"印度
教把恒河当做'圣河'，佛教也将恒河水视为'福水'。恒河两岸出现了无
数的寺庙和宗教圣地。印度人认为，一生中能在恒河中沐浴一次是自己的
神圣义务和极大幸福。所以，每年都有许多人从全国各地赶到恒河进行
'圣浴'，并用铜壶和瓦罐等器具将'圣水'运回自己的家乡，放在屋中珍
藏起来，喝水吃饭时才滴入一点。在印度教徒的心目中，在恒河中洗浴一
次可以免掉几千万次的罪恶。"㉙"明呀哩"即孟加拉（Bengala）。印度种姓

的名字或来源于职业、部族或教派的名称或来源于地名城名。"苏都噜"疑为"Sutar"或"Suthar"的对音,意即木工,㉚已成为一个印度姓氏,今作"苏塔尔族"。㉛"察里多":安京认为:"不详。疑即今印度西南部的特拉范科尔(Travancore)人。"㉜"固咕噜米"疑为"Kuruba"的对音,意即牧人。㉝已成为一个印度姓氏,今作"库鲁巴族"或"库鲁巴部落"。㉞"孟婆啰国"指今印度西岸果阿北面的维贾尔拉(Vengurla)。"孟婆啰,在小西洋北山中,由小西洋顺风约日余可到,王都在山中,以竹为城,风俗与小西洋同。土产檀香、犀角。"㉟"太医院"可能是"仁慈堂"的另一种称谓。因为"仁慈堂"有葡萄牙王室的背景与支持,所以借用了中国古代"太医院"的名称与概念。"俗有仁会,恤孤寡茕独。商船至,或有死而无主者,收其行李,访其戚属,还之。国王随处遣官为孤子治家,长则还所有。且加益焉。"㊱"大西洋祖家"一语系指葡萄牙。《海国闻见录》:"……葡萄牙者,澳门之祖家也。东北二面地邻是班牙,西临大洋,南俯中海。是班牙,吕宋之祖家也。"㊲

二 非洲

鬈毛乌鬼国

鬈毛乌鬼国在妙哩士正西,由妙哩士西行约一月可至。疆域不知所极,大小百有余国。民人惷愚,色黑如漆,发皆鬈生。其麻沙密纪国、生哪国、咖补、吗辇国皆为西洋所夺。又尝掠其民,贩卖各国为奴婢。其土产五谷、象牙、犀角、海马牙、橙、西瓜。㊳

"鬈毛乌鬼国"泛指沿海黑非洲。"妙哩士"即今毛里求斯。"麻沙密纪"为葡萄牙语"Moçambique"的对音,旧译莫三鼻给,今作"莫桑比克"。"生哪国"或即葡萄牙语"Zanzibar"的对音,今作"桑吉巴"。"咖补"为葡萄牙语"Cabo"的对音,意即峡角。此处以大写,特指南非好望角。"吗辇"为葡萄牙语"Guiné"的对音,指西非的几内亚比绍(Guiné Bissau)。

三 美洲

亚咩哩隔国

亚咩哩隔国在峡山正西。由峡山西行,约一月可到。土番为顺毛乌鬼，性情淳良。疆域极大，分国数十，各有土王，不相统属，总名亚咩哩隔。天气炎热，与南洋诸国同。中有一山，名沿你路，周围较西洋国为大。近年西洋王移都于此，旧都命太子监守。由沿你路西行十余日，地名埋衣耶，亦为西洋所辖。又西行十余日至彼咕、哒哩，则为嘆咭利所辖。其余各国亦多为荷兰、吕宋、佛朗机所侵占。至此者，脚多生虫，其形如虱，须长洗浴挑剔始已。土产五谷、钻石、金、铜、蔗、白糖。又有一木可为粉，土番多食之。由此东此行亦通花旗各国。㊴

"亚咩哩隔"为葡萄牙语"América"的对音。此处的"América"是"Améfica do Sul（南美洲）"的简称，以对"咩哩干国"，即"América do Norte（北美洲）"的简称。葡萄牙语中某些以"a"起始的单词，可以省略"a"，而不影响其意义，如澳门的古体写法"Amacao"或"Macao"。在葡萄牙语语音学上，此种现象称"Aférese"（词首字母省略）。"América"不属于此种情形，但由于词首的 a 为非重读音节，发音迅速时，"a"变得极弱，几乎是"mérica"的音值。这便是谢清高将"América"分别译为"亚咩哩隔"和"咩哩干"的原因所在。"顺毛乌鬼"指头发顺直的印地安人，以别于称为"鬈毛乌鬼"的非洲黑人。从"分国数十，各有土王，不相统属，总名亚咩哩隔"可知，非如冯承钧所言："本条特指南美洲东岸之巴西（Brazil）"，而是泛指南美洲诸国，重点是巴西。"沿你路"为葡萄牙语"Janeiro"的对音。㊵其全名是"Rio de Janeiro"，意译"正月河"或"腊月河"，今音译作里约热内卢，简称"里约"。"西洋国"即大西洋国，葡萄牙。"近年西洋王移都于此"一语指 1807 年，葡萄牙国王若昂六世，因拿破仑军队侵入葡萄牙而迁都巴西。1807 年 12 月，若昂六世作出这一决定。1808 年 1 月 23 日抵达"埋衣耶"。3 月 7 日，进入里约热内卢，居留至1821 年 4 月 26 日。"旧都命太子监守"此说有误。旧都里斯本未留下任何"太子监守"，恰恰是"新都"留下"太子"唐佩德罗"监守"。"埋衣耶"为葡萄牙语"Bahia"的对音。原意为海湾，今作"巴伊亚"，为巴西一州，其州首府称"萨尔瓦多"，是"巴伊亚的圣萨尔瓦多（São Salvador da Bahia）"的简称。1549 年由葡萄牙人成立，1624～1625 年为荷兰占领，至1763 年为巴西的首都。"又西行十余日至彼咕、哒哩，则为英吉利所辖"一语，冯承钧的断句是"彼咕哒哩"，但失考。安京分作二地，且作了补考："疑为布宜诺斯艾利斯（Buenos Aires），旧时又译作布宜诺塞利、捕诺爱勒、善爱勒城等。岳麓版《海国图志》注以为'彼古'为多巴哥（Tobago），'达里'为特立尼达（Trinidad），不知何据。"安京对将"彼古"解释为多巴哥和"达里"为特立尼达的对音的质疑是对的，但布宜诺斯艾利斯也对不上"彼咕哒哩"。谢清高所记航向"由沿你路西行十余日，地名埋衣耶，亦为西洋所辖。又西行十余日至彼咕、哒哩，则为英吉利所辖。"有误。实际上，"埋衣耶"在里约热内卢的北方。安京的猜测可能受了"由沿你路西行十余日"一语的误导。冯承钧的断句较为合理。陈观胜认为："可能是巴西圣埃斯皮里图州的首府维多利亚。"[41]他可能未注意到"则为英吉利所辖"一语。我们认为，"彼咕哒哩"是葡萄牙语"o Caribe"的对音。"彼咕哒哩"应该为"哒咕哩彼"。"哒"是"o"的谐音，"咕哩彼"对"Caribe"。"至此者，脚多生虫，其形如虱"中的"虫"确有，葡萄牙语称"bichos-de-pé"（直译为"脚虫"），是一种蚤，其学名为"Tunga penetrans（穿皮潜蚤）"。雌雄蚤均可寄生于人皮肤内，但只有雌蚤才能掘穴潜入皮下寄生。皮损为豌豆大小瘙痒性硬结，好发于踝部、足、足趾。本病多见于拉美国家，中国至今尚未发现。因此，在当时引起了谢清高的特别注意，加以记录。至今，巴西民间的疗法仍使用火烧热的针来挑剔。"又有一木可为粉"中的"一木"称"mandioca（木薯）"，其学名为"Manihot esculenta Crantz"。其外形棕黄，长如山药或长番薯。一般是切块油炸或磨成粗粉再加工后佐餐。

四　欧洲

大西洋国

大西洋国又名布路叽士，气候严寒甚于闽粤。由散爹哩正北行，约二旬可到国境。其海口南向有二炮台，谓之交牙炮台，储大铜炮四、五百架，有兵二千守之。凡有海艘回国及各国船到本国，必先遣人查看有无出痘疮者，若有则不许入口，须待痘疮平愈，方得进港。内有市镇七处，如中国七府。由交牙炮台进港，行数十里，到预济窝亚，此一大市镇也。国王建都于此，有炮台无城郭。又由此进则为金吧喇，亦一市镇。凡入中华为钦天监，及至澳门作大和尚者，多此土人。又进为窝哒。又进为维丢。其余为耒噜，为阿喇咖，为渣彼，皆大市镇也。人烟稠密，舟车辐辏，各有重兵镇守。

土番色白好洁。居必楼屋，器用俱极精巧，色尚白，凡墙屋皆以灰涂饰，稍旧则复涂之，女人亦以色白者为贵。称王曰哩；王太子曰黎番爹；王子曰林西彼；王女曰林梭使；相国为干爹；将军为吗喇叽乍。文官有五等：一、善施哩；二、明你是路；三、信伊于第；四、东噶哩爹；五、秦吗哩噶哆。武官有九等：一、果啰你呢；二、爹领第果啰你呢；三、萨喇生第摹喇；四、蛮哟；呷哝丹；六、爹领第；七、阿哩梭衰；八、噶爹；九、波哒蛮哩。水师官亦有五等：一、色晦衰；二、呷哝丹吗喇惹喇；三、呷哝丹爹领第哒主；四、呷哝丹爹领第；五、爹领第吗喇。其镇守所属外洋埠头各官，即取移居彼处之富户为之。亦分四等：一、威伊哆，掌理民间杂事；一、油衣使，掌理斗争；一、爹佐哩路，掌理粮税；一、油衣使亚哩乃，掌理出入船艘。本国每岁别差一文一武，到彼管辖疆域，大者或差三、四人。每有大事则六人合议。若所差官未携眷属，则必俟威伊多等四人熟议，与彼处民情土风相宜，然后施行。差官不得自专。若均有室家，则听差官主谋，土官多不与争，谓其患难相共也。[42]

男子上衣短衣，下穿裤，皆极窄，仅可束身。有事则加一衣，前短后长，若蝉翅然。官长两肩别镶一物，如葫芦形。金者为贵，银次之。帽圆，旁直而上平，周围有边。女人上衣亦短窄，下不穿裤，以裙围之，多至八、九重。贫者以布，富者以丝，俱以轻薄为上。年轻则露胸，老者掩之。出必以宽幅长巾挂其首，垂至两膝。富者更以黑纱掩其面，纱极细致，远望之如云烟，其价有值二十金者。手中多弄串珠，富者则以珍珠或钻石为之。男女俱穿皮鞋。

自国王至于庶民无二妻者，妻死然后可再娶，夫死亦可再嫁。生女欲择婿，男家必先计其妆奁，满其所欲而后许之。父母但以女不得嫁为耻，虽竭家资不惜也。而男之有妇与否则不复计。婚礼不禁同姓，唯亲兄弟不得为婚。寡妇再醮者，虽叔侄亦相匹。凡至亲为婚者，必诣教主求婚，教主许，然后婚。教主者，庙中大和尚也。俗奉天主教，所在多立庙宇。每七日，妇女俱到庙礼拜。凡娶妻，男女俱至庙听大和尚说法，然后同归。入赘者，则归女家。男女将议婚，父母媒妁必先告教主。教主则出示通谕，俾众共知。男女先有私约，许以情告。若有告者，即令从其私约，虽父母莫能争也。妇女有犯奸淫及他罪而欲改过者，则进庙请僧忏悔。僧坐于小龛中，旁开一窗，妇女跪于窗下，向僧耳语，诉其情实。僧为说法，谓之解罪。僧若以其事告人众知之，则以僧为非，其罪绞。凡男女有犯法，恐家主罪之者，至庙中求僧，僧若许为解释，以书告其家主，家主虽怒不敢复罪也。

人死俱葬于庙中。有后来者，则择其先葬者，取其骸，弃诸庙隅，而今后至者葬其处。生死皆告于庙，僧为记其世系，然其家三代以后亦不复知其祖矣。

国王立不改元。以奉天主教纪其年。每年以冬至后七日为岁始。合计一岁而分十二月，不论月之合朔与否，故月有三十一者。以月借日而光，为不足法也。

冬至后五十余日，国中男女俱不肉食，谓之食斋，至四十九日而后止。将止三日，妇女遍拜各庙，谓之寻祖先。三日后，则庙僧将所藏木雕教主像置之庙堂，或置路隅。先见者则遍告，以为寻获。次日番僧及军民等送置别庙藏之。大和尚出迎，穿大衣长至地，衣四角使四僧牵之。为布幕，其长丈许，宽五、六尺，用四竿擎其四角。择富户四人，人执一竿。大和尚在幕下，手执圆镜，中有十字形，仪仗军士拥之而行。见者咸跪道旁，俟和尚过而后起。其女人亦有出家为尼者，别为一庙居之，而扃闭其门户。衣服饮食俱自窦进，终其身不复出。有女为尼，则其家俱食禄于王。父母有罪，尼为书请乞，轻重咸赦除之。

凡军民见王及官长，门外去帽，入门趋而进，手抚其足而嗅之，然后垂手屈身拖腿，向后退步，立而言，不跪。子见父，久别者亦门外去其帽，趋进抱父腰。父以两手拍其背，嘴相亲数四，子乃屈身拖腿，退数步，立而言。未冠则不抱腰，但趋进，执父子嗅之，余仪同。见母，则母抱子腰，亦亲嘴数四，子乃垂手向后，屈身拖腿如前。时见但垂手向后，屈身拖腿如前。子幼早晚见父母，俱执手嗅之，余如前。见祖父如见父，见祖母如见母。兄弟及亲戚相好者，久别相见则相抱，然后垂手屈身。见长辈如见父仪，而不相亲嘴。长辈而年相若者亦相抱，唯卑者微嗅其足。女见父母及祖父母，幼则如男，长则趋进，执其手嗅之。退后，两手摄其裙，稍屈足数四。见舅姑亦如之。亲戚男女相见，男则垂手屈身拖腿，女则两手摄其裙，屈足数四然后坐。女相见则相向立，各摄其裙，屈足，左右团转，然后坐。有亲戚访问者，女人必陪坐语。女人出外游观，则丈夫或家长、亲戚携手同行。亦有一男携二女而同行者，此其大略也。

俗贵富而贱贫，其家富豪，贫者虽兄弟叔侄皆不敢入其室，不敢与同食云。

土产金、银、铜、铁、白铁、珊瑚、硇砂、鼻烟、柴、鱼、蒲桃酒、番碱、哆啰绒、羽纱、哔叽、钟表。民多种麦，无稻，耕犁俱用马。⑬

对葡萄牙的地理、风俗、物产、礼仪、制度的记述详细入微。关于"大西洋国又名布路叽士"一语中的"布路叽士"，魏源释曰："《皇清四裔考》：博尔都噶国（即布路亚国，一作葡萄亚，即住澳之大西洋国也。博都噶即布路亚三字转音）。"⑭"博都噶"的对音是"Portugal"，而"布路叽士"的对音是"Português"，意即"葡萄牙的"和"葡萄牙人"。"散爹哩"即"Santa Helena"岛。"海口"指特茹河口（estuário do Tejo）。"其海口南向有二炮台"的记载有误。在航道南面只有一个炮台，即"Torre do Bugio（猿岛塔）"或称"Fortaleza de São Lourenço da Cabeça Seca（干头圣劳伦索炮台）"，位于一名叫猿岛（Bugio）的小岛上。"交牙炮台"，葡萄牙语作"O Forte de N. Sr.ª da Guia"，位于海口北岸。"交牙"是"Guia"的对音。与澳门的东望洋炮台名同，供奉的是同一圣母——N. Sr.ª da Guia。"储大铜炮四五百架，有兵二千守之"为夸大之词。"预济窝亚"为"Lisboa"的对音，今作"里斯本"。"有炮台无城郭"这一描写属实。"金吧喇"为"Coimbra"的对音，今作"科英布拉"。"窝哒"为"Guarda"的对音，今作"瓜达"。"维丢"为"Viseu"的对音，今作"维塞乌"。"耒噜"为"Vila（Real）"的对音，今作"雷亚尔城"。⑮"阿喇咖"为"Braga"的对音，今作"布拉加"。"渣彼"为"Chaves"的对音，今作"查韦斯"。谢清高所描述的这七座城市，只有里斯本位于海口以东的里斯本港内，其余均在葡萄牙内地，不在特茹河流域。由此可见，谢清高并不清楚里斯本以外的市镇的实际位置。"凡墙屋皆以灰涂饰"是阿拉伯文化的残存。"哩"为葡萄牙语"Rei（国王）"的对音。"黎番爹"为葡萄牙语"Infante（王子）"的对音。"林西彼"为葡萄牙语"Príncipe（王太子）"的对音。"林梭使"为葡萄牙语"Princesa（公主）"的对音。"干爹"为葡萄牙语"Conde（伯爵）"的对音。"吗喇叽乍"为葡萄牙语"Marechal（元帅）"的对音。"善施哩"为葡萄牙语"Chanceler（掌印官）"的对音，亦称"chanceler-mor（大掌印官）"，为王室高级官员，相当于总理。"明你是路"为葡萄牙语"Ministro（部长）"的对音。"信伊于第"疑为葡萄牙语"Sindicante"的对音。⑩"东噶哩爹"疑为葡萄牙语"Director（领导）"的对音。"秦吗哩噶哆"疑为葡萄牙语"Desembargador（高等法院法官）"的对音。谢清高将文官职务与法律职务混在一起描写，说明他对葡萄牙的制度缺乏深入的了解。"果啰你呢"为葡萄牙语"Coronel（上校）"的对音。"爹领第果啰你呢"为葡萄牙语"Tenente-coronel（中校）"的对音。"萨喇生第摹喇"为葡萄牙语"Sargento-mor（军士长）"的对音，此军衔应排在"Cadete（士官生）"之下。"蛮哟"为葡萄牙语"Major（少校）"的对音。"呷呠丹"为葡萄牙语"Capitão（上尉）"的对音。"爹领第"为葡萄牙语"Tenente（中尉）"的对音。"阿哩梭衰"为葡萄牙语"Alferes（少尉）"的对音。"噶爹"为葡萄牙语"Cadete"的对音。"波哒蛮哩"疑为葡萄牙语"Porta-Bandeira（旗手）"的对音。"色晦衰"为葡萄牙语"Chefe（官长，指 Almirante 海军上将）"的对音。"呷呠丹吗喇惹喇"为葡萄牙语"Capitão-de-mar-e-guerra（海军上校）"的对音。"呷呠丹爹领第哒主"为葡萄牙语"Capitão（tenente）-de-fragata（海军中校）"的对音。"呷呠丹爹领第"为葡萄牙语"Capitão-tenente"（海军上尉）的对音。"爹领第吗喇"为葡萄牙语"Tenente do Mar（海军上尉）"的对音，此职 18 世纪引入葡萄牙海军，1782 年起改称"Primeiro-tenente（海军上尉）"。"威伊哆"为葡萄牙语"Vereador（市政会议委员）"的对音，这便是澳门的"喽囄哆"。"油衣使"为葡萄牙语"Juiz（法官）"的对音。"爹佐哩路"为葡萄牙语"Tesoureiro（司库）"的对音。"油衣使亚哩乃"为葡萄牙语"Juiz da Alfândega（海关关长）"的对音。"有事则加一衣，前短后长，若蝉翅然"为燕尾服。"官长两肩别镶一物，如葫芦形"葡萄牙语作"galão（带穗硬肩章）"。"帽圆，旁直而上平，周围有边"，此种帽子在葡萄牙语中称"cartola（高帽子）"。"富者更以黑纱掩其面，纱极细致，远望之如云烟，其价有值二十金者"，此种黑面纱葡萄牙语称作"véu（面纱）"，澳门土语作"dó（面纱）"。"教主"即主教。"教主则出示通谕，俾众共知"是指结婚公示制度，"若有告者，即令从其私约，虽父母莫能争也"。"僧若以其事告人众知之，则以僧为非，其罪绞"是说神甫必须严格保守忏悔的秘密，否则将得到处分，最高是革除教门，但不治死罪。"然其家三代以后亦不复知其祖矣"，有家谱及族谱者不在此例。"冬至后五十余日，国中男女俱不肉食，谓之食斋"一语指斋戒，葡萄牙语作"jejum（斋戒)"。"手执圆镜,中有十字形"指主教权杖。"其女人亦有出家为尼者,别为一庙居之"指女修道院。澳门称"尼寺"。"有女为尼,则其家俱食禄于王。父母有罪,尼为书请乞,轻重咸赦除之",此类特权大概是来自《澳门记略》的有关描写,但实际并不存在。对男女不同身份、年岁、辈分之间吻足、拥抱、吻手的礼仪描写皆极其详尽。"手抚其足而嗖之",葡萄牙语作"beijar os pés(吻足)",只对教皇和圣物使用这一礼仪。"女相见则相向立,各摄其裙,屈足"所描写的提裙礼,古代欧洲常见社交礼仪之一,即女士一手牵提长裙,一手下垂弯腰,凝神低眉,用小碎步慢慢后退,表示对长辈或尊者的敬意。此礼源于中世纪欧洲的上层社会,是贵族妇女的主要致敬礼节,现在在极隆重的正式场合还使用。"俗贵富而贱贫,其家富豪,贫者虽兄弟叔侄皆不敢入其室,不敢与同食云"的现象有存在,但不是普遍的。

---

①从《海录》中大量的葡萄牙语译音词汇及后来谢清高在澳门充当通译的情况来判断,他应该能说葡萄牙语,因此他工作的番舶应该是葡萄牙船。《海录》"小西洋条"记曰:"谢清高云:昔随西洋番舶到此时,船中有太医院者。闻其妻死,特道土番斋礼,回大西洋祖家,请于国王,以半俸给其家,养儿女。是知此地亦有陆路可通大西洋也。"(谢清高口述、杨炳南笔录,安京校释《海录校释》,北京:商务印书馆,2002,第87页)此处"西洋番舶"当为"西洋国番舶"之简称。研究澳门史地者均知,"西洋"、"大西洋"、"西洋国"或"大西洋国"悉指葡萄牙。还有一个可以援引的事实是:他选择了使用葡语的澳门作为定居地。参见《海录校释》,第329页。

②各种版本的考证,可见《海录校释》,第10~18页。安本总汇了《海录》各种版本,博采众家之长,是目前较佳的校释版。

③⑩⑪⑫《海录校释》,第7~8、331、336、27页。

④许云樵:《五十年来的南洋研究》,载刘问渠主编《这半个世纪(1910~1960):光华日报金禧纪念增刊》,马来西亚槟榔屿:《光华日报》,1960年。

⑤安京在介绍《海录》的最早版本时说:"杨炳南编著本为最早的刊本。刊行时间大约在1820年或稍晚……林则徐奏稿稿明言'《海录》一书,系嘉庆二十五年(1820年)在粤刊刻'。"(《海录校释》,第17页)*Chinese Repository* 为我们提供了"稍晚"的年限不迟于1840年。

⑥*Chinese Repository*, IX, 1840, Macau, pp. 22–25.

⑦Kenneth K. S. Chen, "Hai-lu: Forerunner of Chinese Travel Accounts of Western Countries," Sankt Augustin: *Monumenta Serica*, no. 7, 1942, pp. 218–226; *Hsieh Ch'ing kao-*

Selections from The Hai-lu (1783 – 1797), *The Great Chinese Travelers*. Jeanetter Mirskyl, ed., Allen & Unwin, 1964, pp. 266 – 271, repr. in Mark A. Kishlansky ed., *Sources of World History*, Volume II, New York: Harper Collins College Publishers, 1995, pp. 126 – 128; Xie Qinggao, *Selections from Jottings of Sea Voyages* (translated by Mark Calthonhill), in Eva Hung, ed., Renditions, A Chinese-English Translation Magazine, Nos. 53/54 (Spring & Autumn 2000), Chinese Impressions of the West, pp. 159 – 163.

⑧潘日明:《殊途同归——澳门的文化交融》,苏勤译,澳门:澳门文化司署,1992,第 132 页。

⑨《海录》中不少的英语词汇可能是别人补入的,并不能证明谢清高"所附番舶"可能"为英吉利舶"。《海录校释》,第 335 页。

⑬第 206 号文件是 499 号档案的葡语翻译,第 222 号文件是 500 号档案的葡语翻译,参见金国平、吴志良主编、校注《粤澳公牍录存》第 3 卷,澳门:澳门基金会,2000,第 387 ~ 390、421 页。

⑭第 210 号文件,参见全国平、吴志良主编、校注《粤澳公牍录存》第 3 卷,第 397 ~ 399 页。

⑮此状的内容与谢清高状纸的内容完全相反。笔者将另外辟文探讨这一纠纷的内幕。

⑯⑱安京:《关于〈海录〉及其作者的新发现与新认识》,福建泉州:《海交史研究》2002 年第 1 期。

⑰⑲刘芳辑、章文钦校《清代澳门中文档案汇编》上册,澳门:澳门基金会,1999,第 272、335 页。

⑳关于巴西的发现,可见格德斯(Max Justo Guedes)《巴西的发现》,里约热内卢,1998;雅依梅·科尔特桑:《葡萄牙的发现》第 4 卷,纪念葡萄牙发现事业澳门地区委员会,1998,第 988 ~ 1122 页。

㉑"大吕宋国,又名意细班惹呢,在西洋北少西,由大西洋西北行约八九日可到。海口向西,疆域较西洋稍宽。"(《海录校释》,第 214 页)冯承钧认为:"海口向西之大港,疑为 Cadix。"(《海录校释》,第 215 页)"Cadix",西班牙语作"Cádiz",今译"加的斯港"。它在地中海内,而且向南,与"海口向西"不符。从"由大西洋西北行约八九日可到"来判断,这个向西的海口,应该是加利西亚的维哥。此处描写的航向也不对,西班牙实际上是在大西洋北面。加利西亚是"在西洋此少东"。《海录》中,此类航向和方向的错误比比皆是。不知是谢清高口误,还是杨炳南笔录的错误。我们倾向于前者。这种情况正如冯承钧所言:"既为随贩商贾,海事似亦生疏,故于所记诸国方位,类多不明,欧罗巴诸国尤甚。"这说明他航行的年数并不太多。

㉒André Levy, *Novas cartas edificantes e curiosas do Extremo Ocidente por viajantes chineses na Belle Époque*. São Paulo, Companhia das Letras, 1988, p. 42.

㉓关于此案的汉语史料最早由方豪于20世纪50年代初获见并予以介绍。刘迎胜《谢清高与居澳葡人——有关〈海录〉述者谢清高几则档案资料研究》（澳门：《文化杂志》中文版，1999年夏季，第39期）的考证最为详尽。此案的葡方人物有"罢德肋唵哆呢"。此名的还原有两种：Pedro António（《谢清高与居澳葡人——有关〈海录〉述者谢清高几则档案资料研究》，第118页，注释12）和 Padre António（刘芳辑，章文钦校《清代澳门中文档案汇编》上册，第271页）。根据葡语原档是 P^e António 的对音，其全名为 Padre Antonio Jozé da Costa（《粤澳公牍录存》，第3卷，第387页）。"罢德肋"不是人名，而是单词"神甫"的译音。"嗳哆呢嘚吵"被还原为 António Rosa（《谢清高与居澳葡人——有关〈海录〉述者谢清高几则档案资料研究》，第118页，注释14；《清代澳门中文档案汇编》下册，第877页）。实际上，"嗳哆呢嘚吵"是 António Costa 的对音，因此，"罢德肋唵哆呢"与"嗳哆呢嘚吵"为一人。"嗳哆呢咘嗝嗼"被还原为 António Fonseca（《谢清高与居澳葡人——有关〈海录〉述者谢清高几则档案资料研究》，第118页，注释15；《清代澳门中文档案汇编》下册，第877页）是对的。其名 Antonio Fonceca（《粤澳公牍录存》第3卷，第389页），全名 Antonio Caetano da Fonceca（《粤澳公牍录存》第3卷，第397页）。此处 Fonceca 等于 Fonseca。

㉔㉖㉜㉟㉟㊸《海录校释》，第175、87、89、273、270、200～203页。

㉕（清）王大海：《海岛逸志》，姚楠、吴琅璇校注，香港：学津书店，1992，第154页。

㉗中国航海史研究会：《郑和下西洋》，北京：人民交通出版社，1985，第100页。

㉘㉙张殿英主编《东方风俗文化辞典》，合肥：黄山书社，1991，第51、53页。

㉚四川大学南亚研究所编《赵卫邦文存》上册，成都：四川大学出版社，1989，第359页；尚会鹏：《种姓与印度教社会》，北京：北京大学出版社，2001，第230页。

㉛尚会鹏：《种姓与印度教社会》，第31页。

㉝四川大学南亚研究所编《赵卫邦文存》，上册，第357页。

㉞〔法〕克洛德·列维－斯特劳斯：《野性的思维》，李幼蒸译，北京：中国人民大学出版社，2005，第120页。

㉟（清）徐继畬：《瀛寰志略》，上海：上海书店出版社，2001，第80页。

㊱㊹（清）魏源：《海国图志》，长沙：岳麓书社，1998，第1127页。

㊲陈伦炯：《海国闻见录》，李长傅校注，郑州：中州古籍出版社，1985，第67页。

㊴㊶陈观胜认为是 Andes（安第斯）的对音。参见 Kennetb K. S. Chen, "Hai-lu: Fore-runner of Chinese Travel Accounts of Western Countries," Sankt Augustin: Monumenta Serica, no. 7, 1942, p. 225.

㊷这些对葡萄牙海外属地政府的描述可能是根据他所熟悉的澳门政府的情况而作。

㊺应译为"王镇"。

㊻陈观胜认为是 Senador 的对音。参见 *Hai-lu*：*Forerunner of Chinese Travel Accounts of Western Countries*，p. 216。

作者简介：金国平，北京外国语大学中国海外汉学研究中心客座教授。

[责任编辑：刘泽生]

（本文原刊 2013 年第 2 期）

抗战期间葡日合流内幕窥探

——依据台北"国史馆"蒋中正档案部分史料的透视

莫世祥

[提 要] 中国抗日战争初期，澳葡政府曾与英、法两国在华南的势力商洽中立自保的军事同盟，显示葡方试图在中日战争中采取不偏不倚的立场。然而，就在这一期间，随着日军占领华南大片地区以及澳门周边的岛屿，澳葡政府联合英、法在华南的势力组成军事自保联盟的决心逐渐动摇。与此相应，在日军软硬兼施的"有效压迫"下，澳葡政府对日态度迅速软化，随之形成妥协附日以求自保的策略，压制澳门抗日活动，乘战乱侵占觊觎已久的澳门外围中国岛屿。其附日"中立"，对于维护乃至扩张自身利益来说，固然属于最佳策略的选择；但是，对于正在艰苦抗战的中国而言，却是为虎作伥般的伤害。

[关键词] 澳门 葡日关系 蒋中正

抗日战争期间，葡萄牙政府及其管辖的澳门当局虽然标榜"中立"，却在日军威逼和私利驱动下，对日妥协甚至与之合流。葡澳政府的亲日动态，随即记录于中国国民政府的情报和外交档案之中。当代澳门学人陈锡豪最先利用这些历史档案，揭示葡澳政府与侵华日军的关系演进。[①]近年，随着台湾开放曾经长期担任中国国民政府元首的蒋中正的档案文物，昔日通过秘密情报网搜集汇总到蒋中正及其侍从室案桌上的众多信息与处理公文，终于可以成为历史研究者用来观察历史内幕的珍贵史料。最近，笔者有机会短暂造访台北"国史馆"。兹依据在该馆浏览的部分蒋中正档案（该馆称为"蒋中正总统文物"），对 1937～1941 年葡日合流的内幕，再作一番力求深入的窥探。

一　从中立自保到妥协附日

1931 年日本发动"九一八事变"，开展侵华战争。次年 3 月 5 日，葡萄牙政府发表声明，宣称"葡萄牙是中日世代的朋友"，葡国在中日冲突中秉持中立。

1937 年 7 月 7 日中国全面抗战爆发之后，侵华日军加紧向中国各地发起猛烈进攻。同年 9 月，毗邻广东的澳门开始感受到侵华日军的战火威胁。9 月 19 日，国民政府军事委员会委员长侍从室负责人毛庆祥向蒋中正委员长呈报截获的日本各类电文，其中有一份电文是 9 月 17 日由东京发往上海，传达日方与葡萄牙驻日使节晤谈澳门安全的情形。该电文称：

> 葡国政府关于中日事变，初始就对我方并无何种的恶气。十五日，因别种要务往访时，其次官谓：侨华葡国人为数极少，且其中多有余中国人为混血儿者，故对侨居之葡国人之安全，本不甚担忧。惟最近日本海军进出澳门附近，不无威胁该地之安全，所以相当的忧虑。此节虽已转达贵国，但澳门之安全究竟是否可靠云。本人答：华南之海军活动，其目的不外遮断中国船舶之出入中国诸港口也，与澳门完全无关。十六日，葡萄牙代理公使向次官作另电同样之要求，经与海军方面接洽后，十七日我方面已答辩如下：日本无意采取葡国方面所忧虑之行动云。②

这一电文表明，葡萄牙政府对于日本扩大侵华行动，"并无何种的恶气"——这是导致葡方采取中立政策的情感因素；葡方关注的只是"日本海军进出澳门附近"，威胁澳门安全——这是葡方实行自保政策的动机所在。因此，葡方一再向日方提出质询。日方则予以抚慰，说明其海军在华南水域活动，目的是封锁中国的港口及船舶，"无意采取葡国方面所忧虑之行动"，即表示无意占领澳门。

当时，在华南地区，与葡萄牙将澳门视作其殖民地一样，英国、法国也分别将香港和广州湾（今湛江地区）视作各自的殖民地。面对侵华日军大举进攻华南地区的战火威胁，英、法两国为了维护其在香港和广州湾的既定侵华权益，决定结成中立自保的攻守同盟，同时邀请澳葡当局加入。10月22日，署理港督史美（N. L. Smith）专程乘英舰访问澳门，与澳督巴波沙会晤，表示香港的防务计划会考虑将澳门纳入，英国军事代表团将访问里斯本，与葡方商讨澳门的防务。③

1938年5月27日，负责华南防务的国军将领余汉谋致电蒋中正称："据澳门特务组报告，谓英、法驻远东军已订攻守同盟，如敌加害，必予抵抗。法海军司令李碧葛曾允实力助澳，邀澳加入。二十四日在澳府开军事会议，并电葡京请示。"④由此看来，当时英、法、葡三国在华南的中立自保式的军事同盟渐次成形，并且在澳门总督府秘密召开三方军事会议，磋商联防问题。当然，澳门当局的军事联盟行动需要经过葡萄牙政府的批准，里斯本的态度最终主导澳门当局的动向。

此后，葡澳政府在日军步步紧逼下转取对日妥协政策。不过，情报显示，至少到1940年初夏，澳门当局仍然延续与港英政府密切联络的军事联盟防卫部署。这年4月8日，从香港发往重庆的情报称：日军"图占据澳门附近万山岛，葡不堪压迫，有允许势。惟已引起港英官方注视，6日派员前往视察，又息。葡政府鉴于敌对澳门一再迫胁，近增到黑籍兵千五百名以谋自卫，并与香港总督府密取联络"。⑤这则情报表明，在日军围困港澳地区的情况下，澳葡当局的中立自保政策出现动摇，随即引起毗邻港英当局的关注。然而，葡萄牙政府仍然增兵澳门，尽管增援兵力只是杯水车薪，却显示其仍旧怀有与港英当局实施联盟防卫之意。

当英、法两国不时邀请葡萄牙在华南结成中立自保的军事联盟之际，日本也以软硬兼施的手段，拉拢和胁迫澳葡政府倒向妥协附日的阵营。1938年8月9日，日军飞机有意低飞掠过澳门上空，以示威胁。澳门总督随即要求葡国驻香港领事向日本驻港领事提出交涉。重庆方面截获的日本驻港领事发往日本外务省的一份电报，叙及此事的经过："十一日当地葡萄牙领事来文称，奉澳门总督训令，九日日机三架，在四百米之高度，自北方飞经葡领岛。又，自东北方飞来三机，其中一机在百米之高度，飞经中央飞行场之兵舍、格纳库及着水中之水上机场，应请贵国政府充分注意友邦之主权及权益，并训令陆海军再三留意等因。此次事件希望出于误会，并乞电达贵国政府为盼等语"。⑥

日军不仅出动飞机恫吓澳葡政府，还邀请澳葡政府官员来访，商谈日葡合作。1938 年 12 月 29 日，澳门警察厅长葛古诺（Carlos de Sousa Gorgul-ho）乘坐炮艇"澳门号"，应邀访问已被日军占领的广州，与日军司令安藤利吉会晤。1939 年 2 月中旬，他奉澳门总督巴波沙之命，远赴日本，访问两个星期，备受礼遇。日本外相和海军大臣对他表示"感谢中日冲突时澳门给予的合作，（日本）政府对此感铭在心"。[7]这是抗战期间澳葡政府的高官首次访日，日本报刊乘机渲染日葡合作的话题，甚至宣称葡萄牙政府可能正式承认日本在东北扶植的满洲国、日葡将签订外贸协定等。

5 月 10 日，为了平息中国国民政府对此产生的不满，葡萄牙驻华公使特地照会中国外交部，声称："关于葡萄牙政府与日本政府有任何条约或谈判的消息实属不确。"可是，中国外交部却在次日照会葡萄牙驻华公使，指出葛古诺确与日方谈判澳日合作事宜，涉及问题如下：（1）对面山及前山并入澳门，关闭拱北中国海关；（2）过路环辟为日军行动基地；（3）日本在澳门设立领事馆，拟派和田为领事馆顾问；（4）澳门政府将允许日本人利用澳门为通讯基地，令日本人有能力杯葛香港；（5）澳葡政府的某些成员赞成葛古诺倡导的亲日政策。[8]

6 月 1 日，重庆方面截获日本外相当日在东京发给日本驻里斯本公使馆的电文，再次证实葛古诺应邀到东京确有洽谈日葡合作的内情："（一）当我军在华南进展之际，务须使澳门政厅对我取有利之行动（即设置陆军特务机关，使用无线电及默认军用飞机之降落等）。当地我方官宪有见及此，故积极令葡国之宪兵司令官 Captain G?? Gulho 赴日，与我当局交换意见，以促进日葡之友好关系。其结果，该司令官已于某月赴日。（二）当时驻澳门之我方官宪向政府提出意见，愿利用各种机会，以澳门为中心，缔结日葡政治协定，进一步使葡国参加防共协定。当东亚司长与该司令官晤面时，该司令官提出数条如下：（甲）澳门附近之三个岛屿，希望让与葡国，愿获得日本的全面支持，以解决中葡间之悬案；（乙）封锁珠江时扣留于广州之葡国船三艘，望令放行；（丙）台湾、广州间之航空路线，欢迎其延长至澳门。我方暂听取其条件，但尚未表示意见"。[9]上述电文显示，日方要求葡方接受的合作条件是：允许日方在澳门"设置陆军特务机关，使用无线电及默认军用飞机之降落"等具体事项，此外还要求葡方"缔结日葡政治协定，进一步使葡国参加防共协定"。代表葡方在东京参加会谈的，就是澳门警察厅长葛古诺。他向日方提出三项要求，即希望日方支持葡方扩占澳门附近的三个岛屿、释放被扣押的三艘葡国船只、将台湾至广州的航空路线延长到澳门。对此，日本外相在通报会谈内容的电文中表示："我方暂听取其条件，但尚未表示意见。"可见，此次日葡会晤只是双方各自亮出合作的条件，尚未达到如同重庆方面截获此电文后归纳的标题——"缔结日葡协定"的程度。

值得注意的还有：中国国民政府元首蒋中正如何看待揭露日葡趋向合流的这一情报？在这份情报的"处理"栏中，写有"拟抄外交部注意"的字样，这应该是他的高级亲信幕僚提出的处理意见。在"批示"栏中，则是蒋的亲笔批示："改变文句，只言确报有证，而不可明言为敌电。蒋中正。"蒋在同意将此情报转交外交部处理之余，还指示"改变文句"，"不可明言为敌电"，即不可向葡方透露此情报源自重庆截获的日方密电，这就折射出他对正在谋求对日妥协以图自保的葡国的不信任感。他下令隐瞒情报来源，显然是想继续保持重庆方面不断破获日电的对敌优势。

根据蒋中正指示，中国外交部于6月17日再次照会葡萄牙驻华公使，称："中国政府获得如下报告：日本人正在使用澳门一个特别电台，并使用澳门小型机场供其飞机起飞、降落。日本人运用各种方法，影响澳葡与其合作。葛古诺上校访问东京期间，就如下问题达成了协议：（1）在日本的支持下，澳门政府将完全占领澳门附近三岛并解决悬而未决的问题。（2）将释放被日本人扣留的三艘葡船。（3）台湾与广州间的航线可延至澳门。日本人可利用澳门作为巩固葡日合作的中心，并说服葡萄牙加入反第三国际条约。"⑩

无论如何，葛古诺访日，标志标榜"中立"的澳葡政府在与同处华南的英、法两国势力密商自保军事联盟的同时，还悄然走出妥协附日的第一步。不过，葛古诺访日之行还没有达到日方所希望的要求葡方完全屈从的目的，于是日方进而策划诱逼澳葡政府就范的举措。

12月21日，重庆方面截获日本外相野村从东京发往伦敦、罗马的密电，内中叙及日本外务省经过与政府"各省"即各部门会商之后，提出以软硬兼施的手段诱迫澳葡政府妥协的通盘计划："（一）在我方之立场上，为打开该条件计，似有利用澳门之必要。关于对澳门所能采取之积极的（压迫）及消极的（予以便利甚至于援助）手段，经与有关各省协议之结果，已达到'倘对方仍不表示妥协时，唯有对澳门加以有效压迫'之结论。而压迫澳门之方法，约有下列数种：（1）遮断其由广州之陆上交通，并拿获渔船；（2）占领澳门对岸；（3）禁止澳门与广州之航运等。再，援助澳门之方法，约有下列数种：（1）使其发达澳门、广州间之航运；（2）促进澳门、的摩尔（Timor）间之航运等（以上仅请贵使知照）。（二）其次，以后当谈判之际，须坚持我方主张外，同时并应以在东亚之葡萄牙地位及日葡共同关系为基础之大局论，努力说服对方，使其同意。苟对方仍不反省时，则可婉曲暗示我方上述压迫之决心。惟在可能范围内，仍拟不使用此种压迫，以达此目的也。又，为使对方彻底明了该谈判之结果，将影响于澳门之命运一节计，如必要时，并拟派遣与现在之澳门总督有交谊之柳泽前代理公使前往澳门，从事侧面工作。（三）该件之背后，尚有英国之策动一节，视经过之如何，似亦有与英国谈判之必要，尚希台知为荷。"

该电文显示，日方计划通过采取"积极的（压迫）及消极的（予以便利甚至于援助）手段"，迫使澳葡政府就范。其堂皇的诱迫说辞，是"以在东亚之葡萄牙地位及日葡共同关系为基础之大局论"。后来的事实表明，日军同时兼用计划中列举的积极及消极的方法，即酌情封锁或开放澳门对外交通，滋扰澳门的渔船及其他船只，占领或退出澳门对岸地区，胁迫澳葡当局屈服顺从，将其玩弄于股掌之中。然而，如此"有效压迫"澳门，只是项庄舞剑，志在沛公，目的是迫使葡萄牙政府同意电文所称的"打开该条件"。

"该条件"是什么？12 月 24 日，张治中、陈布雷将归纳上述密电的情报提要呈报蒋中正，在"推断"栏中写道："前据毛庆祥截获日文电，敌驻葡公使正与葡国交涉获得葡国矿产及煤油问题。此处所谓'该件'者，当系指此项问题而言。谨注"。[11]

1940 年 2 月底 3 月初，日军陆续占领直接与澳门接壤的中山县城乡。从此，澳门处在日军陆、海军的直接围困与监控之中。在这种危险的情况下，澳葡政府进而直接与华南日军谈判求和，甚至不惜开门揖盗，以谋自保。当时，广东的国军将领李汉魂根据来自香港的情报，向军事委员会委员长蒋中正报告称："港讯：敌占中山后，与澳门当局进行谈判，所拟条件如次：（1）葡许敌军者：（一）武装自由入澳；（二）禁止我方公务人员在澳活动；（三）军票在澳行使；（四）跑狗场准敌机起降；（五）准敌在澳公开特务部；（六）禁止物质供港；（七）惩办罗德礼；（八）警厅任敌一至三人为顾问。敌许葡者：（一）湾仔准葡兵驻；（二）关闸至前山准葡军扩占；（三）保障澳政府独立；（四）倘港不给物质运澳，敌包运接济。"3月 6 日，国民政府情报机关军统澳门站致电重庆，报告澳葡政府竟然允许日军小股武装进入澳门，以及禁止澳门华人学校进行抗日教育的消息："敌武装兵廿余名得澳政府之允许，廿六日晨由中山来澳，在各街市游览。澳当局已接受敌方要求，禁止各华文学校教授抗日教科书。"⑫

在日军胁迫下，到1940年下半年，原先试图与英、法两国在华南势力结成自保军事同盟的澳葡当局，已将其应变时局的策略重心倒向妥协附日以求自保这一边。这年8月21日，重庆方面截获同日东京致里斯本公使的电文，从中可知日本东亚局长曾在前一天召见葡萄牙驻日公使，称："（一）对于禁绝输出军火物资，已与英、法之间缔结协定。鉴于澳门此等物资较少，故期待葡方自动善处。但据最近情报，有由澳门输入多量之汽油等之模样，特期待葡国政府自动地对于武器、弹药、飞机及部分汽油、卡车、铁路材料等之物资，采取勿由澳门之陆路或海路输出之措置为荷。（二）查香港政厅曾禁止新闻纸等对新政府引用诽谤的言辞，亦望澳门将如斯之措置作为参考，予以善处。（三）我国本有接收中国海关之计划，故对于拱北海关，因其本部在澳门之关系，希望葡方利用其压力，以协助我方之要求。葡国公使对上项答称：关于（一）之点，葡方向来努力，惟取缔走私，系极困难之问题，今后更当努力，用副厚望。对于（二）及（三），俟调查实情后，当妥为处置"。⑬

这一电文表明，日本政府鉴于"中立"的澳门仍然像香港一样，默许以"走私"的形式，将海外支援中国抗战的各种战略物资，取道港澳，输往中国内地，因而正式要求澳葡政府加以禁制。同时，还要求澳葡政府像同时奉行"中立"政策的港英政府一样，实行新闻管制，禁止当地报刊"诽谤"日本及其扶植的汪伪政权与伪"满洲国"；并要求澳葡政府协助日本接管属于中国的拱北海关。当时，葡国公使以迂回周旋的言辞作答，但态度已经颇为顺服，不再像先前会见日方官员那样提出反要求。

针对日方的三项要求，葡国政府后来根据澳门总督的密电，决定如下处理意见："A）可以声称，可用以援助日本敌人的物资，如武器、弹药、飞机及其配件、卡车及火车物资未经过葡萄牙领水。至于汽油，已颁布的2901号训令已实施。这一问题已完全解决。如同殖民部部长一再嘱咐的那样，这并不影响我们保持中立的立场。B）决定对当地刊物进行最严格的新闻检查。无不愉快事件发生。至于要求澳门当局对拱北海关施加压力，令其接受一名日本关长一事，日本驻港领事在澳也提出了同样的要求，但总督先生通过145号密电说已回答不接受这一要求后，又通过147号密电说，根据殖民部部长81号密电的建议，在适当的时候将告诉日本人，他会尽量满足他们的愿望。"据此看来，葡方在服从日方要求禁运援华战略物资方面，虽然有所辩解，但葡方确有训令禁运援华汽油以示"中立"的实情。在禁止澳门抗日宣传方面，澳葡政府"决定对当地刊物进行最严格的新闻检查"，不仅华文报纸的抗日言论受禁，连葡文报纸《澳门之声》也因刊登日本天皇的敏感新闻而遭到审查，甚至被勒令停刊 4 个月。[14]至于协助日本接管拱北海关，澳门总督虽然曾加以拒绝，但"根据殖民部部长 81 号密电的建议"，"他会尽量满足他们的愿望"。

此后，澳葡政府继续按照华南日军的要求，采取进一步妥协附日的措施。9 月 27 日，军统香港站向重庆报告澳葡当局与敌合流的情报，称："敌南支军部与澳政府商定互惠条件，其内容为：（一）引渡'盗匪'，双方须践行迅速有效方法；（二）澳政府对敌驻澳政工人员，应予合法之效力；（三）中央驻澳特工人员或抗日分子，澳政府不得隐庇容纳；（四）日方得派外交团在澳执行任务。"[15]这里所谓的"盗匪"，除指当时颇为活跃的海盗之外，应该还包括被日、伪军队视为"匪"的抗日分子。日葡双方决定要迅速引渡他们，含有联手镇压抗日活动之意。为此，澳门政府允许日方政工人员（即情报特务人员）在澳门合法活动，甚至许可日方"得派外交团在澳执行任务"，并不得包庇中国国民政府派驻澳门的特工及抗日分子。这些所谓的"互惠条件"，其实都不过是澳葡当局妥协附日、助纣为虐的单方面承诺而已。

在军统香港站侦知澳葡政府允许日本"得派外交团在澳执行任务"之前的 9 月 7 日，葡萄牙殖民部曾向该国外交部发出机密函，通知说："根据日本驻香港领事馆的消息，日本政府拟于下月在澳门设立领事馆。"10 月 1日，日本驻澳门总领事馆果然如期在澳门开张。[16]当时，日本早已在香港设有总领事馆。日本要求在毗邻香港的澳门增设又一个总领事馆，当然不是出于方便管理为数极少的驻澳日本人的外交需要，而是为了就地监控已经妥协屈服却依然标帜"中立"的澳葡政府的政治需要。澳葡政府从允许日军小股武装入境，到允许日本特务机关合法活动和设立总领事馆，其开门揖盗的实际举措，已经足以暴露其标帜"中立"于中日战争之外的立场，到头来究竟站到哪一边！

二　从压制抗日到乘机扩张

1937 年 7 月抗战全面爆发后，澳门政府一度默许澳门华人社会开展抗日爱国活动，接济逃到澳门的难民。可是，随着日军占领华南大片地区，并且加强对澳门的"有效压迫"，澳葡政府逐渐放弃与英、法两国在华南势力结成军事自保联盟的政策，转而采取妥协附日以求自保的方针，其对华态度也随之出现逆转。

1939 年 9 月 16 日，澳门警察厅遵照华南日军要求，派员搜查中国国民政府广东侨务处处长、国民党澳门支部常务委员周雍能在澳门妈阁街 15 号中德中学里的寓所。21 日，澳门华民政务司施多尼根据澳督巴波沙指示，分别召见主持澳门抗日捐款活动的澳门商会主席徐伟卿，以及中国国民会议澳门区选代表、澳门商人卢煊仲和澳门中华教育会主席、国民党澳门支部常委梁彦明，告诫他们不要再参与抗日活动，立即撤销设在澳门西岸拱北岛的湾仔广慈医院内的抗日电台，否则"恐有罚令出境之累"。次日，周、梁两人会晤施多尼，施"接待殷勤"，声称奉澳督意旨，"一谓澳门以环境关系，恪守中立，在澳不能坐令国民党有抗日举动。并申言澳政府之对蒋介石、对汪精卫以及对日本人均一体对待。二谓湾仔与澳门相隔一衣带水，湾仔如受空袭，足以影响澳门安全。闻湾仔设有广播电台，秉承重庆意旨，发布抗日言论，日本方面声言将施以轰炸。如此则偶一失池，即有弹落澳门之危险，其妨害澳门繁荣诚非浅鲜，应请将该电台刻日撤销"。周、梁二人当即拒绝澳葡政府的要求。⑰

此后，澳葡政府继续压制澳门抗日活动，换取日军不封锁澳门。同年 10 月 20 日，陈布雷、张治中将同月中旬发自香港的情报汇总报告蒋中正。该情报称："澳门总督已与敌成立默契，取缔澳门我爱国分子活动，敌允不封锁澳门。敌此次撤退石岐，系履行诺言云。"陈、张两人还在情报处理栏中签署处理意见："拟交外交部、军令部参考。"⑱

1940 年 3 月下旬，华南日军进而向澳葡政府提出全面取缔澳门抗日活动的要求："为防止华人之妄动起见，所有反日教材，均自学校取出，并令教师以对葡国之友邦国民当视为友人之词，对生徒妥为训育，俾无遗憾。""不良分子对于亲日中国人之不良行动，必须予以取缔。""中国机关发现有假借红十字会之名义者，经判明其内容系反日，乞阻止之。""军火之对华输出，虽已严予取缔，但手枪并未列入既定条约之内。曾自二月起，予以禁者，数日前并扣押往中国之手枪四十枝。各项取缔事宜，务期能彻底为之。如遇有需要联络之处，当协力。"澳葡政府一一接受这些要求，仅表示"无线电联络、国际协定之改订"，因须请示葡国政府，"俟接得训令，再予答覆"。⑲

同年9月4日，日军参谋西野奉命抵达澳门，"晤见澳督"，又提出三项要求：（1）澳门私货悉数提交日方；（2）抗敌分子名单，由日方交给澳督执行拘捕，再将各犯移交日方；（3）取缔抗日机关。"二、三两项，澳督已予应允；对私货一节，则坚决拒绝。"日方"因此复将澳门封锁，以相威胁"。⑳在日军威逼下，澳督竟然答应根据日方提供的名单，逮捕在澳门进行抗日活动的中方人员，并将他们移交日军处置，同时取缔澳门抗日机构，禁止公开活动。至于关系澳门本地经济命脉的查禁走私问题，澳督则拒绝日方要求，不肯将查获的走私物品全部移交给日方。看来，在与日军特使的谈判博弈中，澳督想必认为，澳门查获的走私货要比在澳抗日分子的性命更珍贵。

澳葡政府基于附日自保的立场，不仅屈从日军压力，压制澳门抗日活动，而且还乘日军攻占澳门周边岛屿、国民党军队失守溃败之机，趁火打劫地派警察轻易进占其早就觊觎的澳门外围岛屿。

早在1937年12月初，葡萄牙驻香港领事曾与日本驻港总领事就所谓中葡边界有争议地区的问题举行密谈，以便提醒日军在进攻华南时有所应对。澳门警察厅长葛古诺也携带澳门地图，参加密谈。葡国驻港领事向日本驻港总领事声称：葡国"对对面山、小横琴及大横琴持所有权"，因此"澳门边界的经纬度至少应为东经113°31′，南部边界至横琴岛，即南纬22°6′8″"。如果中国及其他国家占领上述三地，葡国就有权占领三地的东部。日本驻港总领事随即以备忘录报告东京，并将备忘录副本送交葡萄牙驻港领事馆。㉑葡方宣称拥有向来属于中国领土并依序位于澳门西、南面的对面山（当时又称拱北岛，或据葡人所称Lappa，音译为拉伯岛、喇叭岛）和大、小横琴岛，并表示日军如进占三地，葡方也将有权分享，这就表露出葡方乘战乱扩张疆界之意。此后，澳葡政府根据此次日葡香港领事密谈备忘录，跟随日军进占三地的动向，作出相应的部署，并向日方提出相关的交涉。

1938年1月，日军进占横琴岛，澳葡政府随即也派军警进驻该岛，与岛上日军成对峙之势。

1940年2月20日上午，日军向澳门以西的中山县属拱北岛发起扫荡，击溃先前驻守在那里的国民党军队，摧毁原设于湾仔的宣传抗战的中方电台。因澳葡政府已向日方声称拥有该地区的所有权，日军在当天下午4时便撤出该地区。次日，澳葡政府派军警越境，进占该地。3月9日，重庆方面截获当日广州日军发往上海、北平、东京的电文，叙及此事的经过："廿日午前十时左右，中山县扫荡中之我方部队，自中葡纷争地域（葡方主张之领域内），向澳门对岸方面进驻。扫荡残敌后，于午后四时向葡方主张之国境线外撤退。葡方亦要求称：前山地域为昭和十二年十二月在香港日、葡领事商定之葡方领土，应撤退等语。嗣后，葡方派警察及黑奴兵赴湾仔，悬挂国旗。迨来时，令斥候前往国境附近（东经一百十三度三十一分）。军方对此之意见，以为我方现退于中葡国境纷争地域以外，利用本事件，不能承认葡方造成之既成事实。我军之进驻，系基于作战之必要；兵之撤退，亦为主动的，并非由于葡方之要求。又：葡方要求之在香港日、葡领事商定，与事实相反，兹为使上述明了起见：（一）我方对于昭和十二年十二月葡方向香港总领事申请之事，不能承认。（二）关于未解决地域内之进驻，一如早崎致总督之申请所述者，系在作战之必要而实行者，其撤退亦为自动的，希望将此意由中央或驻外官宪向葡方提出。"

这一电文提及的"昭和十二年十二月在香港日、葡领事商定之葡方领土"，指的就是 1937 年 12 月日、葡驻港领事会晤时葡方声称的澳葡边界。电文显示，日本军方拒绝承认葡方在该次会晤中提出的疆土要求，要求日本政府向葡方说明：日军主动撤退，只是出于作战的需要。

此次澳葡政府乘机派军警进占拱北岛以扩大澳门疆域的后续经过，在同年 3 月 6 日军统澳门站发往重庆的情报中，有相关的报告："澳门警察署于（上月）廿一日先后派警百廿名占领湾仔后，即在该处筹设船务局、邮政局等机关，并拟在下沙岗山顶建筑炮台七座，及企图扩展南屏山、南连、屏银、坟花地等乡。""敌澳对中山湾仔乡已成立协定，由澳警交付港币二百万元，作为敌方让出湾仔交换条件，二十一日已交付一百万元，余款定于日内交付。前山区敌方亦同意暂由澳方维持，俟伪省府成立后接管。"[②]

蒋中正获悉澳葡政府尾随日军，进占原由国军驻守并设有抗日电台的中山县湾仔乡，当即指示外交部向葡国提出交涉。4 月 4 日，外交部长王宠惠向蒋中正报告交涉经过及结果，称："本部电令驻广东特派员刁作谦就近调查，同时电令驻葡京李公使先向葡政府质询"。"至敌澳协定，由澳出港币二百万作为敌方让出湾仔等地之交换条件一节，最近澳门葡商哲勃葛向海外部驻香港办事处表示，认为全非事实。此次我方对葡交涉，未提出立即撤警要求，用意亦恐该处葡警撤退后，复为敌伪所据。""据驻葡公使李锦伦电称，葡外部称，日军占领拱北时，澳门当局为防御起见，派遣军队占据湾仔，但郑重声明葡国愿维持中澳疆土现状，葡国对中日军纠纷态度迄今未变。"蒋中正的高级幕僚在此报告的"拟办"栏中批注："前据报，关于中山县属之湾仔、沙尾、南屏等地划归澳门接管事，业由敌、汪双方同意，并由敌方向澳当局接洽，以二百万元为出让条件等情，经奉批发外交部核办具报去后，兹据覆如上。""曾任澳督私人秘书、现尚与澳当局有密切关系之白雷耶某"，曾向刁特派员建议："由中葡双方秘订协定，规定在中日战争期内，湾仔暂由澳当局接管，边界划分争执，候战后再行解决云。"㉓如此看来，军统先前关于葡方以港币200万元换取日军出让湾仔的情报不确。日军与汪伪政府合谋，将"湾仔、沙尾、南屏等地划归澳门接管"之事，待考。国民政府在无力抵御日军进攻的困境中，被迫听任澳葡政府扩展边界，侵占毗邻的中山县各乡。澳葡政府则以占了便宜又卖乖的手法，向有苦说不得的中国国民政府表示："在中日战争期内，湾仔暂由澳当局接管，边界划分争执，候战后再行解决云。"

然而，猖獗的日军绝不让跟在身后捡便宜的澳葡政府偷着自得其乐。一个月后，日军及其统领的伪军就向拱北岛的澳葡新占领区接连发起进攻。1940年5月4日，重庆方面截获东京发给日本驻里斯本公使的电文，就叙及有关的经过："（一）据葡领来牒，以受澳门总督之要请，向军司令官传达下列要旨之事实，并希望对此有伤日葡关系之本问题予以即刻解决等由：（1）三月二十日，日军侵入华葡系争地区，但经葡方要求，闻部队长即令部下撤退。（2）彼时与日交涉之际，葡方曾坚持警察队进驻该地区及历来对该地措置之主张。（3）四月十一日，揭日本国旗进入该地之中国军企图向葡警攻击，经葡方与现地部队交涉结果，将国旗取下，而此中国军竟将澳门之粮道遮断，澳门遂突然陷于粮食难之状态矣。（4）又：二十六日，葡警受中国军之袭击，葡方反击时，该部立即揭起日本国旗，故葡方立即中止还击，欲与现地部队长取得联络。而日方则声称该部系由广州处理，拒绝会见。（5）葡方为避免纠纷，虽曾使警察撤退，然并非葡方放弃历来应有之权利。（6）为不使澳门及住民之穷困更形深刻计，澳门政府要求仍按过去不在此驻屯军队。（7）葡方警察三名曾于事变时被害，然此尸骸及武器尚未收容。"电文说的"中国军"，就是日军豢养的伪军。澳葡警察在日、伪军的轮番进攻下，付出了乘机扩张的血的代价。

上述电文继续写道："（二）秘密：十一日向军参谋长询及事件真相。据称，三月廿日，我军开入葡华系争地区后，立即撤退。我方为不伤日葡关系，故未曾进一兵一卒至拉伯岛。但该地驻有华方自卫团，曾向我方联络，议定彼以不抵抗为条件，我则不加讨伐。然我方对该团兵力、纪律毫无所悉，对之亦尚并无命令指导等联系，何况该团之领我国国旗乎？当地军方对澳门方面此种自卫团之存在，颇感不便与麻烦，因欲派联络员一二名前往劝告，但因不明该团体内容关系，事实危险，且难达成目的，惟有抱急亟将必要之部队开入该地，代行自卫团职务，或将该团改编之见解云。"㉔电文所说的"拉伯岛"，即葡人所称 Lappa，是为拱北岛的音译。日军否认进攻该地，辩称只是当地"华方自卫团"（即伪军）打着日本国旗所为。其实，如果没有日方指令，当地伪军怎敢打着日本国旗攻击澳葡军警？

此次葡、日双方为争夺拱北岛控制权而进行的交涉至少持续半年之久。同年 8 月 21 日，重庆方面截获当日东京致日本驻里斯本公使的电文，称：日本"驻葡公使十四日应约往访（葡国）殖民部次长。据称澳门总督曾电呈殖民部长谓：葡国属地喇叭岛最近为日军抢占，贵方解释纯系中国民团及民众之行为，殊令人难以谅解。葡国政府业已经由驻日公使，要求日本政府予以解释"。㉕由此看来，澳葡政府对日方独占毗邻澳门的"喇叭岛"（即拱北岛的音译）耿耿于怀，日方则推诿为伪军武装所为。尽管这场官司从华南的日、葡当局，一直打到东京的葡国驻日公使与日本外务省交涉的更高层面，可是，葡方既然在与华南日、伪军交战中被迫吐出拱北岛的控制权，它还能指望在东京的外交斡旋中分到一点残羹吗？

抗战期间，澳葡政府乘战乱扩展疆界的行动，并不局限于一度进占对面山（拱北岛）和大、小横琴岛三地。抗战胜利两年之后，国民政府发现澳葡政府竟然还派警察长期驻守距离澳门约 24 公里的中山县三灶岛。该岛在抗战期间曾被日军开辟为军用飞机场。1945 年 10 月 27 日，国军将领张发奎在向蒋中正报告接收广东沿海岛屿时，称："澳门西南约廿四公里之三灶岛，据报无日军，仅驻伪海防军甘致远部。"张发奎表示，他已派一营军队前往该岛接收，并遣散甘部。两年后，南京国民政府获悉澳葡政府仍派警察驻守三灶岛，遂要求张发奎查明此事。1947 年 8 月 12 日，张发奎覆电报告说："奉电谨饬，据中山县府午引（七月卅一日）电覆称，查三灶岛尾河村庙宇，确有华籍葡警两名驻守。据该地保长谢管旺称，该地驻扎葡警，自抗战开始，以迄现在。初则搭盖大棚，派葡警数十名川驻。胜利后，每日仅派葡警二名值守，我亦未加理会等情。谨电核示"。㉖澳葡政府派警长期驻守日军设有飞机场的三灶岛，在当时似未引起国人的关注，中国官方

"亦未加理会"。无论个中缘由如何，都暴露出澳葡政府乘战乱扩张疆域的野心。

三　结语

纵观抗战期间澳葡政府处理日、中关系的举措，可知其标榜的"中立"政策，不过是旨在自保的手段。而手段是会随着时势的变化而转换的。澳葡政府的"中立"政策，也随着时势的变化而呈现不同的重心偏向。

1937年下半年至1940年上半年间，澳葡政府曾经与英、法两国在华南的势力商洽中立自保的军事同盟，显示葡方最初试图在中日战争中采取不偏不倚的立场。然而，就在这一期间，随着日军占领华南大片地区以及澳门周边的岛屿，澳葡政府联合英、法在华南的势力组成军事自保联盟的决心逐渐动摇。与此相应，在日军软硬兼施的"有效压迫"下，澳葡政府对日态度迅速软化，随之形成妥协附日以求自保的策略。1939年下半年起，澳葡政府依照日方要求，陆续加强对澳门境内抗日活动的各种压制。到次年，干脆开门揖盗，允许日军小股武装进入澳门，日机可以在澳门境内起降，特务机关可以合法活动，澳葡政府亦承诺协助日军缉捕和引渡抗日分子。更有甚者，澳葡政府还尾随日军之后，乘战乱派军警侵占觊觎已久的澳门外围的中国岛屿。这一切，都表明宣称"中立"的澳葡政府已经落到与侵华日军合流以图自保的地步。在这种情况下，其附日"中立"，对于维护乃至扩张自身利益来说，固然属于最佳策略的选择；但是，对于正在艰苦抗战的中国而言，却是为虎作伥般的伤害。"中立"之下存偏颇。在炽烈的抗日战火烘烤下，宣称世代以中、日为朋友的葡萄牙政府与澳门当局最终暴露出为求自保而对日、中亲疏有别的真面目。

诚然，到抗战后期，随着美军在太平洋战场展开反攻，日军在中国战场渐现困窘之势，澳葡政府为求自保而实施的"中立"政策的重心也随之发生微妙的变化：即从抗战中期的妥协附日，逐渐转为兼向中方示好，甚至秘密允许活跃在中山县的中共游击队以澳门作为医疗和募捐的后勤基地。[20]这是彰显中葡友好关系时理当称道的。但是，基于史学研究务求客观真实、善恶必书的原则，昔日澳葡政府对日妥协合流的内幕亦应公诸后人。

---

①详见陈锡豪《抗日战争时期的澳门》，广州：华南师范大学，硕士学位论文，

1998 年。

②《毛庆祥呈蒋中正上海各国司令重求黄浦江日舰撤退日拟阻止广九铁路输运车火葡日会谈关于澳门安全问题及英国对日要求赔偿大东公司损失等日电译文情报日报表》，台北"国史馆"档案系列："蒋中正总统文物"，典藏号：002 - 080200 - 00489 - 019。以下引文，凡出自"蒋中正总统文物"档案系列者，均只注明典藏号。

③陈锡豪：《抗日战争时期的澳门》，第 19 页。

④《余汉谋电蒋中正英法远东驻军已订攻守同盟并于二十四日在澳府召开军事会议邀请澳门加入》，典藏号：002 - 080200 - 00282 - 058。

⑤《毛庆祥、王芃生等电蒋中正日军拟于珠江完全开放后开放汕头及澳门近增黑籍兵一千五百名并已与香港总督联系以防日罩进袭等情报》，典藏号：002 - 080200 - 00531 - 022。黑籍兵，即来自非洲葡属殖民地的士兵。

⑥《毛庆祥呈蒋中正日机飞行葡领葡方促日注意友邦主权及权益及驻青岛英水兵侮辱日旗之经过等情报日报表》，典藏号：002 - 080200 - 00508 - 069。

⑦《葛古诺上尉访日报告》，转引自吴志良《生存之道——论澳门政治制度与政治发展》，澳门：澳门成人教育学会，1998，第 239 页。

⑧⑩⑭㉑葡萄牙外交部历史外交档案，转引自全国平、吴志良《抗战时期澳门未沦陷之谜》，澳门：《公共行政杂志》第 51 期，2001 年 3 月。

⑨《毛庆祥电蒋中正倭葡交涉利用澳门为中心缔结日葡协定并提出三项条件等情报提要》，典藏号：002 - 080200 - 00518 - 020。"Captain G?? Gulho"，原文如此，可据史实订正为"Captain Gorgulho"，即葛古诺上尉。

⑪《毛庆祥呈敌为获得葡萄牙矿产及煤油拟对澳门施用压力》，典藏号：002 - 080200 - 00522 - 137。的摩尔（Timor），又译帝汶。"与现在之澳门总督有交谊之柳泽前代理公使"，似指曾经担任日本驻墨西哥临时代理公使的柳泽。

⑫《王芃生等电蒋中正日人严重之对美外交与处理事变及澳门当局先后占领我湾仔南屏等地等情报提要》，典藏号：002 - 080200 - 00528 - 020。

⑬㉕《温毓庆电敌要求葡萄牙禁止由澳门以车用物资输华争清报提要》，典藏号：002 - 080200 - 00522.146。

⑮《贺耀组、戴笠等电蒋中正日军南支军部与澳门政府达成互惠条件及日领馆有私人接到外务省要员通讯称日方有意派员赴港澳从事中日和平路线等情报提要》，典藏号：002 - 080200 - 00531 - 074。

⑯葡萄牙外交部历史外交档案，转引自金国平、吴志良：《抗战时期澳门未沦陷之谜》。日本驻澳门总领事馆的成立时间，另有 1941 年之说。房建昌：《从日本驻澳门总领事馆档案看太平洋战争爆发后日寇在澳门的活动》，广州：《广东社会科学》1999 年第 3 期；房建昌：《有关太平洋战争爆发后日本外交与特工人员在澳门活动的几点补正》，南京：《民国档案》1999 年第 4 期。

⑰澳门支部呈港澳总支部原文，转引自黄鸿钊《中葡澳门交涉史料》第 2 辑，澳门：澳门基金会，1998，第 321～323 页。

⑱《陈布雷、张治中呈蒋中正日与澳门成立默契取缔我爱国分子及日有宣布废弃反共协定说法等情报提要》，典藏号：002－080200－00523－084。

⑲㉔《温毓庆电关于澳门附近拉伯岛之日葡纠纷情报提要，毛庆祥呈敌向澳门当局提出之要求及葡方之态度等情报提要》，典藏号：002－080200－00522－141。

⑳《杨宣诚、代理等电蒋中正日本米荒严重自暹罗等地购取外米仅可救急且本年度产米亦将歉收及日军西野参谋赴澳晤见澳督并以封锁澳门相胁等情报提要》，典藏号：002－080200－00531－069。

㉒《王芃生等电蒋中正日人严重之对美外交与处理事变及澳门当局先后占领我湾仔南屏等地等情报提要》，典藏号：002－080200－00528－020。

㉓《王宠惠电蒋中正办理澳门葡警进占湾仔案经过等情报提要》，典藏号：002－080200－00528－025。

㉖《张发奎电蒋中正徐永昌报告广东沿海岛屿接收情形》，典藏号：002－090105－00013－395；《张发奎等电拟取缔澳门在我辖境派驻葡警及侦获奸伪在上海之反动刊物等情报提要》，典藏号：002－080200－00536－101。

㉗欧初：《孙中山故乡抗日斗争二三事》，北京：《炎黄春秋》1995 年第 11 期。

作者简介：莫世祥，香港树仁大学历史系教授，博士。

［责任编辑：刘泽生］

（本文原刊 2013 年第 2 期）

主持人语

刘泽生

葡萄牙人自明嘉靖三十三年（1554）进入澳门，迄今已有四个半世纪。澳门的历史逐渐进入学界的视野，比较系统研究澳门历史的著述如清乾隆十六年（1751）印光任、张汝霖编纂的《澳门记略》，也已有 260 多年。澳门史的研究不可谓短暂了。当然，成就澳门研究之为显学，则还是近三十年的事。"九九"澳门问题引起了全球的关注。澳门热的持续升温促成了澳门研究的升华。澳门热—澳门研究—澳门学，这似乎是一条顺理成章的学术生态链条——澳门的回归催生了一个新兴学科——"澳门学"，这在学术史上是一件很有意义的事。

"澳门学"的提出近年颇受学术界的关注。一个新兴学科的诞生是需要具备一定的主客观条件的。"澳门学"的形成与发展需要有一个更高更广的研究视野，需要一个跨越多学科、可以足够包容的学术范式。笔者以为，目前探讨建立"澳门学"的时机业已成熟，"澳门学"的基本框架已经形成。其理由有三：一是"澳门研究"具有的丰富内涵及其在中国史乃至世界史上的独特历史地位，已为学术界所基本认同。澳门既有丰富和深厚的历史文化底蕴，也有现实的影响与时代的特征，可谓之为东西方文明交流融合之典范。"澳门研究"的特点与影响实际上已经远远超出了她本身的地理范畴。"澳门学"具有作为一个独立学科进行研究的内涵与价值。二是澳门研究已经有了一个比较成熟的基础，取得了一批颇具学术水平与学术影响的研究成果。仅近十多年来整理出版的中外文澳门历史文献档案资料就达 4000 万字之巨，其他涉及澳门历史、文化、教育、经济、政治、法律、宗教、中外关系等领域研究的成果，也颇为丰硕，有些学科的成果已经达到较高的学术水平，现代化的研究手段与设施也初具规模。三是在澳门本地、内地乃至海外，拥有一个关注澳门、热心澳门研究的学者群体。目前在澳门本地也已逐步形成一支具有一定实力的研究队伍，如果有可能建立一个具足够影响力的机构或研究会、协会之类的学术组织，联络乃至协调相关的研究力量，或可在若干重大研究课题上取得更具突破性的成果。

当然，所谓"澳门学"的研究目前仍有不少可供拓展的空间，也有一些"题外话"值得关注。一是关于澳门历史研究本身。本人曾撰文指出，当前澳门史的研究仍有待进一步的深入、提高，其中比较突出的现象是宏观概述的多，专题研究的少；过程叙说的多，理论升华的少；个人研究的多，协作攻关的少；一般议论的多，学术争鸣的少；单学科研究的多，跨学科协作的少；应用中文文献的多，使用外文档案的少；古近代史研究的多，现当代史研究的少。这种状况迄今尚未有太大的改观，似值得学界的反思。二是澳门研究中相关学科各领域的协调发展问题。"澳门学"不能简单地等同于澳门史研究。以笔者的观察，"澳门学"中历史研究的"一枝独秀"，似乎掩盖了其他学科如经济、社会等领域的研究；而"香港学"的研究则是经济、社会等领域的成果超过了历史学科的研究。这里似无对错之分，但各学科间的取长补短与协调发展，是需要学界予以关注与权衡的。三是研究队伍老龄化的问题。目前仍在第一线从事澳门历史研究的学者，有相当比例是自上世纪八十年代初即涉足此领域，现在平均年龄已近六十。如何培养、扶持新人，为"澳门学"的可持续发展未雨绸缪，是一个学科发展的战略性问题，有必要引起各界的重视。

相信随着"澳门学"探索、研究的逐步深入，随着澳门历史话语权的回归与澳门学术自主性的确立并走向成熟，关于"澳门学"这一学科的基本概念与内涵，将会日臻完善，"澳门学"的研究成果将更加丰硕，"澳门学"的影响也将更加深远。

澳门唉嚓哆《报效始末疏》通官考

李长森

[提　要] 明末韩霖自序《守圉全书》中《制器篇》记录了署名唉嚓哆的《报效始末疏》一文。该文被认为是至今发现最早的一份居澳葡人向明廷呈进的中文奏章，亦是首份向明朝中央政府汇报澳门开埠及澳门葡人与明廷早期关系最为详细的中文文献。因该份文件十分重要，海峡两岸诸多学者对其进行了研究，甚至为全文做了笺正。但笔者发现文中仍有未解之处。本文旨在通过对《报效始末疏》中通官身份的考证及研究，分析明末通事（翻译员）在中葡关系中的作用及 17 世纪澳门的翻译员制度。

[关键词] 澳门　唉嚓哆　通官　翻译

一　问题缘起

明万历年间，女真人崛起于东北，建国后金，屡犯明朝疆界。万历四十六年（1618），后金攻抚顺，次年 3 月取辽阳。天启元年（1621）陷沈阳，并在此立都，准备入关进取中原，推翻大明王朝。明廷为抗击后金铁骑，决定采用当时世界上最为先进的火炮火铳，以保江山。恰好澳门当时为世界各式火炮产地之一，在远东颇有影响。澳葡设于西湾的博加禄铸炮厂生产的炮铳更是远近驰名，装备东南亚各地要塞。尤其是 1622 年澳葡当局以利炮抗击荷兰入侵，以少胜多，传为佳话。于是明廷多次派员来澳，以重金采购火炮火铳，并招募葡籍铳师传授技艺。澳门议事会唉嚓哆及耶稣会，均对此大力支持。

明廷从万历四十八年起从澳门引进西洋火炮，并用于实战。后金天命十一年（1626）正月，努尔哈赤举宁远之战，攻而未克，皇太极亲临战场，目睹"宁远城守，大铳奏功"[①]，八旗军在西洋火炮前惨遭失败的一幕。同年8月21日，努尔哈赤病死，皇太极承汗位。1627年，皇太极亲率大军发起宁锦之战，以洗宁远之耻，但在拥有火炮的明军面前再次败北。于是决定绕过宁锦防线在大明国北方开辟第二战线，战事愈加吃紧。

西洋火炮在宁远及宁锦之战中发挥了巨大威力，"其得力多借西炮"[②]，令后金闻风丧胆，明政府更加深刻认识到西洋火器装备对边防的重要作用。崇祯元年，曾力主引进澳门西洋火炮的士大夫徐光启再次被起用，联手在京耶稣会传教士，又一次向明廷建议购募澳门西铳西兵，并得到朝中大多数官员支持。韩云认为："蒙徐业师特与兵部商榷，业经具题差官往取，十月内差官孙都司同西洋陪臣陆教士解到西铳三十余门。"[③]

澳门向明廷进送火炮共四次：第一次是万历四十八年，即泰昌元年（1620）运炮4门，虽然有铳师随行，但抵广州后受阻而未能继续北上，故谓进铳未进人；第二次是天启二年（1622）因明廷募铳手24人进京传授火炮技术，并无澳门火炮进京，故谓进人未进炮[④]；第三次是崇祯元年（1628），澳门向明廷贡大炮10门，火铳30支，并炮手铳师等32人，故此次进炮又进人；第四次是崇祯三年（1630），澳门"业挑选精锐义勇者四百八十人，军器等项，十倍于前"[⑤]，驰援明廷，规模颇大。此次不仅是进炮进人的问题了，而是整支炮兵部队，一路耀武扬威，浩浩荡荡，士气颇高。可惜人马行至江西南昌，"皇帝所派之捷足即来阻止前进，并令折回澳门。惟因澳门有新献明帝之军火一批，故陆若汉及其他若干人仍得继续前程，北上入都"。[⑥]此次几乎倾澳门所有兵力的远征夭折，令澳葡当局十分沮丧，就此失去一次大显身手、效忠明廷的绝好机会。但陆若汉等人由于明廷需要火炮技术人员，故仍带部分火器继续北上，并亲身参与了惨烈血腥的登州守城之战，包括公沙（Gonçalo Teixeira Correia）[⑦]上尉在内的十多名澳葡铳师阵亡。

明末韩霖自序《守圉全书》中《制器篇》记录的喷嚟哆《报效始末疏》（以下简称《报疏》）一文，是第三次进铳到京后，以喷嚟哆名义呈送朝廷的奏疏，主要内容叙述历次进铳经过，以表澳葡报效大明之心。《报疏》一文被认为是至今发现最早的一份居澳葡人向明廷呈进的中文奏章，亦是首份向明朝中央政府汇报澳门开埠及澳门葡人与明廷早期关系的最为详细的中文文献。因该份文件十分重要，海峡两岸诸多学者对其进行了研究，汤开建教授甚至为全文做了笺正。⑧但笔者发现文中仍有未解之处，其中"通官"就是一例。

二 关于《报效始末疏》中的通官

澳葡送西洋火炮进京，尤如进口外国军火，有数十名洋人铳手陆路跋涉数千里护炮及传授火炮技术，随行译员十分重要，故《报疏》在历述澳门几次赴京进炮过程时，多处提到担任翻译的通官及通事。第一次是万历四十八年进炮事：

> 适万历四十八年东奴猖獗，今礼部左侍郎徐光启奉旨练兵畿辅，从先年进贡陪臣龙华民等商榷，宜用大铳克敌制胜，给文差游击张焘、都司孙学诗前来购募，哆等即献大铳四位及点放铳师、通事、傔伴共十名，到广候发。⑨

第二次提到通事的文字是天启二年进炮事："哆等以先经两奉明旨严催，不敢推辞，遂遴选深知火器铳师、通事、傔伴共二十四名，督令前来报效，以伸初志。"⑩

第三次是崇祯元年，皇帝得知澳门从荷兰船上缴获 10 门火炮，便命李逢节购置这批火炮，并命再次从澳门招募 20 名铳师。据葡文文献载，李逢节向澳门宣示了这份圣旨：澳门唉嚓哆议后，一致同意"因澳门是皇帝的领地，故在此情急之下应该效力，以谢皇恩"。满足中国皇帝要求。于是命令掌教陆若汉（代理主教）及精于火炮技术与操作的澳门驻军公沙上尉带领通官、通事以及铳师炮手数十人组成远征队，于 1628 年 11 月 10 日从澳门押炮出发进京。⑪《报疏》在描述此次进炮时，不仅再次提及通事，而且增加了通官：

> 兹崇祯元年七月内，蒙两广军门李逢节奉旨牌行该夷，取铳取人，举舉感念天恩，欢欣图报，不违内顾。谨选大铜铳三门，大铁铳七门，并鹰嘴护铳三十门；统领一员公沙·的西劳，铳师四名伯多禄·金荅等，副铳师二名结利窝里等，先曾报效到京通官一名西满·故未略，通事一名屋腊所·罗列弟，匠师四名若盎·的西略等，驾铳手十五名

门会鼗等，傔伴三名几利梭黄等。及掌教陆若汉一员，系蠡潜修之士，颇通汉法，诸凡宣谕，悉与有功。遵依院道面谕，哆等敦请管束训迪前项员役，一并到广，验实起送。[12]

虽然《报疏》中通官、通事有名有姓，分别是西满·故未略和通事屋腊所·罗列弟，在提及通官时还说"先曾报效到京"，但再无进一步资料。

由于陆若汉"颇通汉法，诸凡宣谕，悉与有功"[13]，故在发现并公布《报疏》之前，许多人认为《报疏》中提到的掌教陆若汉就是进铳使团中的通官，甚至认为天启二年进京传授火炮技术远征队中的"一名通事"也是陆若汉。其中就包括《中华耶稣会史》的作者巴笃里。余以为这是想当然的推理结果，缺乏史料依据。《报疏》中已经说得很清楚，指明远征队伍中既有"掌教陆若汉一员"，亦有"通官一名西满·故未略，通事一名屋腊所·罗列弟"。

汤开建教授在考证陆若汉身份后，在《哆嗦哆〈报效始末疏〉笺正》（以下简称《笺正》）一书中纠正了巴笃里《中华耶稣会史》中的错误：

> "掌教"即葡文 Vigario（代牧）的翻译，代牧在未任命正式主教的地区，其职掌即相当于主教。而巴笃里《中华耶稣会史》则称陆若汉是领队公沙·的西劳的"译员"；费赖之亦称："澳门参（议）事会命陆若汉神甫为译人。"两人皆误，这次远征的翻译不是陆若汉，《报疏》讲得十分清楚，"通官一名西满·故未略（即瞿西满），通事一名屋腊所·罗列弟"。故西满·故未略及屋腊所·罗列弟是这支远征队的专职翻译，而不是陆若汉。而文德泉《十七世纪的澳门》也记录了这支远征队的两名翻译为：瞿西满（Simão Coelho）和屋腊所·罗列弟（Horacio Norete）[14]

哆嗦哆《报效始末疏》的发现，已证实此次进铳远征队伍的译员是西满·故未略和屋腊所·罗列弟，而非长期以来人们认为的陆若汉。然而，西满·故未略和屋腊所·罗列弟究竟是谁的问题并未解决。

汤开建教授在《笺正》一书中说："这位'先曾报效到京'的通事官（翻译）就是天启三年四月辛未进京的 24 位葡人中的一位'通事一人'，亦即方豪误认为是陆若汉的那一名通事，其实应该是瞿西满。"[15]如果真是瞿西满，《报疏》中的通官就应是许多学者熟悉的那位葡萄牙传教士，似无考证之必要。但果真是瞿西满吗？为何《笺正》认为《报疏》中的通官是瞿西满，甚至认为天启三年四月进京的那位通事也是瞿西满？看来是由于《笺正》引用了文德泉的著述：

> 查文德泉《十七世纪的澳门》，其葡文名为 Simão Coelho，文德泉书载其为翻译。其中文名为瞿西满或瞿洗满，字弗溢。葡萄牙耶稣会士，1589 年生。费赖之称他 1624 年到澳门，传教澳门城中，荣振华书称他 1624 年到达杭州。⑯《报疏》则称他"先曾报效到京"。余以为，这位"先曾报效到京"的通事官（翻译）就是天启三年四月辛未进京的 24 位葡人中的一位"通事一人"，亦即方豪误认为是陆若汉的那一名通事，其实应该是瞿西满。1624 年这 24 人从北京回到澳门时曾经过杭州，李之藻又接待了他们，让他们在杭州住了一段时间。故荣振华称其"1624 年在杭州"。如是则知瞿西满到澳门时间应在 1622 年 11 月之前。瞿西满任中国教区司库达 10 年，后还担任中国教区耶稣会会长，为中国传教史上的著名人物。⑰

从引文可以看出，曾经"任中国教区司库达 10 年，后还担任中国教区耶稣会会长"的瞿西满绝非一般人物。陆若汉亦曾担任澳门教区司库，而且任澳门掌教（代理主教）。两人均位高权重，可见瞿西满的地位及影响绝非低于陆若汉。那么"颇通汉法，诸凡宣谕，悉与有功"的陆若汉没有充当通官，反而职位颇高但汉文又不如陆若汉的瞿西满担任通官似乎不合情理。那末通官的中文译名"瞿西满"三字是从哪里来的呢？

文德泉神父在《十七世纪的澳门》中是这样记述的：

> （1628 年）11 月 10 日，一支葡萄牙远征队由澳门出发前往北京，其中炮手及指挥员名单为：贡萨尔维斯⑱·特谢拉·科雷亚（Gonçalo Teixeira Correia，即公沙·的西劳），他是指挥官。四个炮手：佩德罗·德·金特拉（Pedro de Quintal，即伯多禄·金荅）、佩德罗·平托（Pedro Pinto）、弗郎西斯科·阿拉曼亚（Francisco Aranha，即拂郎·亚兰达）和弗郎西斯科·科雷亚（Francisco Correia）；翻译西蒙·科埃略（Simão Coelho，即西满·故未略）和奥拉·内雷特（Horacio Norete，即屋腊所·罗列弟）；这支队伍还有一位神父若奥·罗德里格斯（João Ro-

drigues，即陆若汉），一位耶稣会巡视员安德雷·帕尔眉拉（André Palmeiro，即班安德）。⑲

由此可知，文德泉文汉译文本将通官姓名译为"西蒙·科埃略"。这是现代译法，与《报疏》中的旧译"西满·故未略"发音相近，意义相同。可见汉文"瞿西满"三字并非源于文德泉《十七世纪的澳门》。那末为何许多人认为西满·故未略（Simão Coelho，文德泉文译为西蒙·科埃略）就是瞿西满呢？为了弄清这个问题，首先要弄清瞿西满是什么人。

一般认为瞿西满 1589 年生于葡萄牙科因布拉，1629 年来华。多数时间在福建传教。"1629 年，瞿西满（Simão da Cunha，1589～1660）即在建宁府建一圣堂，艾儒略他们彼此之间也联系。"⑳董少新和黄一农根据西人资料认为"瞿西满于 1624 年始到达澳门"㉑。一致看法是瞿西满长期在中国内地福建传教，与先期入华的意大利传教士艾儒略过从甚密。晚年在澳门生活，并于 1660 年殁于澳门。

刘光义在《明清之际在华耶稣会教士著述举要》（中）内称："瞿西满，葡萄牙人，明崇祯二年（1629）到中国，清顺治十七年（1660），卒于澳门，著有《经要直指》"㉒。如果此说准确，瞿西满根本不可能参加 1628 年的远征，更不可能充当通官。

有趣的是，在所有谈及瞿西满的文献中，其葡文姓名均被写成 Simão da Cunha，而非文德泉文中的 Simão Coelho。在葡文中，Simão 是人名，而 Cunha 和 Coelho 分别为姓氏，故两人同名不同姓，加上两人姓氏第一个字母均为大写 C，且姓氏长度相近。虽然末尾分别为字母 ha 和 ho，但猛一看很相似，对于不谙葡文者来说很容易混淆。看来问题就出在这里。为了入乡随俗，Simão da Cunha 入华传教时取汉名瞿西满，由于研究天主教传教史的人很熟悉瞿西满，故看到葡人姓名 Simão Coelho 就很容易联想到是瞿西满，即误以为 Simão Coelho 就是 Simão da Cunha。

一字之差，谬之千里，并且以讹传讹，使 1629 年身在福建专心传教的葡萄牙耶稣会士瞿西满，成了 1628 年进京贡炮，于 1630 年才同陆若汉离京返澳搬兵援明，并通晓汉语的通官。抛开翻译能力等问题不谈，仅就时间上看，瞿西满也不可能参加澳葡北上进炮的远征。

西满·故未略是次担任通官赴京出使历时一年半有余，历经艰辛。由于责任重大，任务艰巨，战事频繁，危机四伏，故须臾不可离开远征炮队。

据陆若汉言:"崇祯元年九月上广,承认献铳修车,从崇祯二年二月广省河下进发,一路勤劳,艰辛万状,不敢备陈。直至十月初二日,始至济宁州。"可见西满·故未略随炮队于 1628 年 11 月 10 日出发,至 1629 年深秋历时一年多才到达山东济宁。"十二月初一日,众至琉璃河,警报良乡已破,退回涿州。回车急拽,轮幅损坏,大铳几至不保。"意思是,至 1629 年严冬,眼看远征队离京城不远,又由于后金攻破京郊良乡而退回涿州,虽然部分炮车损坏,但有惊无险。"于今年正月初三日,同旧辅冯铨护送到京。"㉓说明掌教陆若汉、统领公沙及通官故未略等抵达北京已是 1630 年的早春了。

关于通官故未略返澳时间,应为 1630 年春。陆若汉、公沙等人抵京后,即通过徐光启向崇祯皇帝建议"从澳门调葡兵以协助将入侵之鞑靼人驱逐出帝国境内。公沙·的西劳将军自告奋勇,以最快的速度前往澳门搬兵。"崇祯很快做了批覆,同意从澳门募兵:"据尔等所奏,朕已知远人之忠诚及其武功在摧毁鞑靼人方面之价值。诏谕广东军门、地方官员,依照此奏疏,即刻招集人马,提供一切必须物资,伴送远人来京。"㉔

几经周折,终于决定公沙等铳师留京,掌教陆若汉和通官故未略返澳招募葡兵北上援明。这时已是崇祯三年(1630)农历四月了。从 1628 年农历九月至 1630 年农历四月,通官伴随远征炮队马不停蹄,历时 19 个月,身在福建传教的瞿西满何以充当远征队通官!

这种以讹传讹后果十分严重。在错误的基础上推理演绎,尤如缘木求鱼,故导致《笺正》"瞿西满到澳门时间应在 1622 年 11 月之前"的推理。也就是说,瞿西满应在天启二年远征炮队出发进京之前抵澳,才能赶上队伍。即便如此,刚刚从欧洲抵澳的葡人瞿西满能够担当进京献炮汉语通事的重任吗?更何况至今发现记载瞿西满来华最早的时间是 1624 年。

幸而有人发现了这一问题。董少新和黄一农于 2009 年合撰《崇祯年间招募葡兵新考》㉕(以下简称《新考》),对此做了重要修正:

> 队伍中主要负责翻译工作的是通官西满·故未略。唭嚟哆《报效始末疏》称故未略"先曾报效到京",知其或尝于天启三年四月随独命峨等铳师抵京。此前有学者谓故未略就是葡籍耶稣会士瞿西满(Simão da Cunha,1589 - 1660),瞿西满于 1624 年始到达澳门,㉖此已在独命峨等人抵京之后!且瞿西满于 1624 年到达杭州,1629 年到福建传教。㉗故未略在《大事记》中自称此次赴京之前,已曾至京,并曾获得皇帝颁

发的"通官证书",其职衔比一般通事略高。㉘

其实,在决定派人返澳搬兵的汉文史料中已经出现"通官徐西满"而非瞿西满的记录:"礼部左侍郎姜云龙同掌教陆若汉、通官徐西满等抵领勘合,前往广东省香山澳置办火器,及取善炮西洋人赴京应用。"㉙《新考》一文亦据此修正了这一问题:"查《崇祯长编》在三年四月二十六日条下,记徐光启奏遣中书姜云龙同掌教陆若汉、通官徐西满等前往澳门'置办火器及取善炮西洋人赴京应用',由此推测西满·故未略之汉名应作徐西满。在天启、崇祯两朝多次雇募澳门铳师来华的过程中,徐西满以通事或通官的身份几乎全程参与,具体协助双方进行沟通,对西炮入华应有一定贡献。另外,此队伍中的通事屋腊所·罗列弟,则是在澳门成家的泉州人,也是一名天主教徒。"㉚

在此,董少新和黄一农提供了两点极其重要的修订和补充,一是《报疏》中的通官是徐西满(Simão Coelho),而非瞿西满(Simão da Cunha);二是《报疏》中的通事屋腊所·罗列弟(Horacio Nerete)并非葡人,而是福建泉州人。并说明"本文征引的葡文文献主要包括:来华通官故未略(徐西满,Simão Coelho)所撰《统领公沙·的西劳率队入京大事记》㉛叙述铳师队伍从澳门出发抵达广州的经过"。言之凿凿。

三 《报效始末疏》中通官的国籍

由于通官是徐西满而非瞿西满,则通官的国籍问题仍然语焉不详,一团迷雾。《报疏》并未就此做出说明。由于《笺正》已经认定通官是教士瞿西满,自然会推理"瞿西满或瞿洗满,字弗溢。葡萄牙耶稣会士",不会认为有进一步考证的必要,尽管在注释中特别说明"文德泉称 Simão Coelho 为华人"㉜。《新考》引用《崇祯长编》徐光启"奏遣中书姜云龙同掌教陆若汉、通官徐西满等前往澳门置办火器及取善炮西洋人赴京应用",并由此推测西满·故未略之汉名应作徐西满而非瞿西满,但亦未就其国籍做进一步分析及考证。更未见任何关于徐西满的其他汉文资料。虽然登莱巡抚孙元化之孙孙致弥《欧罗巴剑子歌》中记载"公沙·的西劳、若盎、末略,俱小西洋人"㉝,但小西洋泛指葡属印度领地,其外延可扩至印度以东地方,并不明确具体国籍。更何况其中的"末略"未必指通官西满·故未略(徐西满)。虽然"末略"可能是"故未略"(Simão Coelho)之笔误,但更可能是铳师"鲁末略"（Rui Melo）之误。孙文中所指均应是登州之役战死捐躯之葡人，而陆若汉等人却得以逃生，并返回澳门。

为解决这一问题，笔者尝试从葡文史料入手，在里斯本阿儒达档案馆找到有关资料。在《耶稣会在亚洲》存档案卷中，发现一份十分珍贵的文件，即澳门议事会 1627 年制定的《本城通官、通事及番书规例》（*Regimento do Lingua da Cidade，e dos Jurubaças menores e Escrivaens*，以下简称《规例》）。《规例》主要包含以下内容：（1）对从事翻译工作的澳门通官、通事及番书的规定；（2）准备随时奉召接受翻译任务的通事名单；（3）澳门向通事支付薪酬的方式及为通事服务的番书（文案）规例；（4）根据《规例》设立的条款，任命两名或三名有身份者负责协同跟进通事及番书处理有关华人事务，以便向本城通报知悉。

由于该文件年代比《报疏》完成时间（崇祯元年，即 1628 年）仅早一年，十分有助于解决《报疏》中的疑点。尤其该文件用很大篇幅介绍了《报疏》中通官西满·故末略（Simão Coelho，即徐西满）的情况。最重要的是，文件一开始就确定徐西满是加入天主教的华人：

> 本城通事官负责所有与中国官员及本城华人有关之各项事务，此人便是徐西满（Simão Coelho），华人，基督徒，住本城，已婚。由于其经验丰富，服务勤勉，尽职敬业，忠于本城而被任用。[34]

《规例》开门见山地说明这位通官是华人，而且对其十分信任，将澳门全城的华人事务交由他处理。关于崇祯元年进京贡炮担任通官一事，由于《规例》制定早于 1628 年，故未能谈及徐西满此次担任远征队通官一事，但却间接谈及天启二年（1622）进京之情况：

> （徐西满）曾根据本城命令同铳师组成远征队进入北京为京城服务，由于忠心耿耿而获朝廷大员满意，获兵部大军官勋章。[35]

毫无疑问，此指天启二年（1622）北上进京送炮事，因为 1627 年制定《规例》之前只有天启二年有派 24 人赴京传授炮铳技术之行。此在《报疏》中亦有描述，说天启二年"伊时半载，盗寇两侵，阖嚣正在戒严。哆等以先经两奉明旨严催，不敢推辞，遂遴选深知火器铳师，通事、傔伴共二十

四名，督令前来报效，以伸初志"。㊱

《明熹宗实录》亦载，天启三年四月辛未，"两广总督胡应台遣游击张
焘解送夷目七名、通事一名、傔伴十六名赴京听用。兵部尚书董汉儒言：
澳夷不辞八千里之程远赴神京，臣心窃喜其忠顺。又一一阅其火器刀剑等
械俱精利，其大铳尤称猛烈神器。"㊲

据汉文《报疏》及《明熹宗实录》与葡文《规例》相互印证，可知天
启二年"遂遴选深知火器铳师、通事、傔伴共二十四名，督令前来报效，
以伸初志"中的通事为华人徐西满，即西满。故未略无疑。

《新考》文说："故未略在《大事记》中自称此次赴京之前，已曾至京，
并曾获得皇帝颁发的'通官证书'㊳，其职衔比一般通事略高。"㊴未知此处
"获得皇帝颁发的'通官证书'"与《规例》中所说"获朝廷大员满意，获
兵部大军官勋章"是否是同一件事，但可以肯定的是，徐西满天启二年北
京之行十分成功，其精湛的翻译技艺及传授火炮技术的解释能力获得明廷
认可，不仅由此获得朝廷信任，而且为澳葡当局带来极大荣誉。至此，明
廷多少改变了对澳夷的看法，让澳门有了稍许安全感，导致澳葡当局对徐
西满更加重用。然而，《规例》中另一段文字似乎同《新考》论证有关：
"其名徐西满（Simão Coelho），为本城任命之首席通事，拥有处理华人事务
之极高权威，故朝廷会同馆根据其资格授予其本地通事官之名衔。"㊵这其中
的"根据其资格授予其本地通事官之名衔"，应就是董、黄二人文中的"通
官证书"。

四　选择通官的标准

葡人明武宗正德年间来华，一直试图在沿海寻找贸易点，以发展对远
东地区贸易。经 40 年努力，通过协助明廷驱海盗、进龙涎香及贿赂中国官
员，终于在嘉靖三十六年获广东地方政府允肯，得以入住澳门。澳门开埠
后，葡人通过对日菲及东南亚诸国贸易，获取巨大商业利益。然而，葡人
居澳并无法理依据，名不正则言不顺，中国从地方至中央的政府随时会将
其驱离澳门。

教会方面，同北京关系亦不稳定，时紧时松。万历四十四年（1616）
南京教案，使明廷与教会关系更加紧张。国际方面，17 世纪初的亚洲形势
对澳门十分不利。日本迫害及驱逐天主教，使澳葡赖以生存的贸易生命线
中断；崛起的荷兰不仅封锁马六甲，阻断澳门同南洋各地及葡属印度的联

系，而且多次入侵澳门；西班牙吞并葡萄牙使澳门与菲律宾关系紧张；珠江口一带海盗的猖獗活动使澳门人心惶惶。澳门处在风雨飘摇之中，急需得到明朝政府的支持与保护。

为缓和同明政府的关系，澳葡当局渴望通过实际行动向明廷表示忠心，以达长期在澳定居之政治目的。中国北方战事，为澳门带来机遇。在教会及朝中以徐光启为代表的士大夫极力鼓动下，明廷决定从澳门引进先进火炮，以抵御后金频繁入侵。虽然表面上看是军火购买，甚至是简单的商业活动，但对澳门来说却有极大的政治好处，所以才会在《报疏》中说："伏乞皇上俯念远人两次进铳进人微功，并前次多番功绩，恳求皇恩收录忠勤，一视如内地赤子，感戴绥柔，莫大德泽。倘蒙不鄙末技，或有任委，敢不承顺，谨令统领公沙·的西劳代控愚衷，仰祈圣明鉴察，臣不胜激切待命之至。"[41]因此，澳门当局对进炮事十分重视。不仅议事会反复开会研究，更对北上进炮人选认真斟酌。

火铳入京并非一般交易。西洋火炮在当时是先进火器，无论制造还是操作均有很高技术含量。如何通过语言沟通使汉人学会复杂火炮操作、保养及使用十分重要。另外，操作火炮具有很大危险性，稍有不慎即炮毁人亡，无论演示还是实弹射击，均需反应灵敏的译员在场，以应不测。因此，选派合格通事成为关键。更为重要的是，译员的政治态度应认真考量。

错误选用通事不仅会导致国家间沟通失败，更能引来杀身之祸。东来葡人对此有过深刻教训。正德十三年（1518）葡人皮莱资受国王指示出使中国的失败，便与不称职的通事不无关系。据《明史》载："佛郎机，近满刺加。正德中，据满刺加地，逐其王。十三年遣使臣加必丹末等贡方物，请封，始知其名。诏给方物之直遣还。其人久留不去，剽劫行旅，至掠小儿为食。已而夤缘镇守中贵，许入京。武宗南巡，其使火者亚三因江彬侍帝左右，帝时学其语以为戏。……亚三侍帝骄甚，从驾入都，居会同馆。见提督主事梁焯，不屈膝。……明年，武宗崩，亚三下吏，……乃伏法。"[42]

文中提到的"火者亚三"，则是葡国派往中国首位使者皮莱资（Tomé Pires）[43]的通事，据说通晓汉葡双语，连武宗皇帝都"学其语以为戏"[44]。然而，此次出使却为皮莱资等人带来灾难性后果。皮莱资身陷囹圄，惨死狱中。而通事亚三则被处决。更为重要的是，使葡萄牙与中国建立关系推迟了差不多40年。这次出使失败，除亚三"性颇黠慧"[45]及"侍帝骄甚"[46]外，亦与译员在双方沟通中是语言操控者有关。然而，成也萧何，败也萧何。

与其说亚三是通事，不如说他是利用语言获取个人利益及从双方捞取政治好处的挑事者，最终皮莱资由于亚三等通事哗众取宠的拙劣表现而落得客死他乡的可悲下场。

那么《明史》中所说的"火者亚三"是什么人呢？为何能在葡人尚未落脚中国之前就能充当中葡双方之间沟通的翻译人员呢？既然葡人尚未在中国落脚，他是在哪里学的葡语呢？

在当时情况下，葡人尚未进入中国内地，更无在华定居，境内华人并无接触葡人的机会，因而不具备向葡人学习葡语而成为翻译的条件。另外，学习葡语非一日之功，能熟练担任中葡之间语言沟通的翻译并非短时间内能够成就。汉文史料载"有火者亚三，本华人也，从役彼国久"，[47]说明随皮莱资来华之前，已经跟随葡人多年。皮莱资率使团从马六甲出发远渡重洋去中国，而且身负打通中国关系的重要使命。明廷本来由于"佛郎机强，举兵侵夺其地，王苏端妈末出奔，遣使告难。时世宗嗣位，敕责佛郎机，令还其故土"[48]而对葡人不满，后来屯门之役更加使明廷对葡人十分警惕，此次出使冒有极大风险，故不能不在各方面做好充分准备，而其中最为重要的就是选择双方之间合适的沟通者，做好翻译方面的准备，在当地招募通晓葡语者加入使团。

马六甲扼印度洋及太平洋交通要冲，在香料贸易兴盛的 16 世纪是东西商贾聚集的重要商埠，通晓各国语言者自然众多。同时，马六甲自古以来就与中国商贸关系密切，"其自贩于中国者，则直达广东香山澳，接迹不绝云"。由于山川阻隔，地处遥远，向有华人充当传译的传统。《明史》中就曾记载，"其通事亚刘，本江西万安人萧明举，负罪逃入其国，赇大通事王永"[49]。据说葡人首次抵达日本种子岛时所带的"翻译"也是一位华籍通事。

其实，许多葡国学者在分析有关文献后都认为，葡人在澳门定居初期充当与华方沟通交涉的译员大多数是来自马来半岛及南洋一带的华人，因为这些地区早已是东南沿海居民赴海外谋生的首选。早于葡人东来前郑和率船队七下西洋时，就受到该地区华人的热情接待。而当阿布克尔克于 1511 年攻陷马六甲时，亦曾得到当地华商暗中支持。由于无法进入中国内地传教而抱憾去世的耶稣会传教士沙勿略，在上川岛弥留之际陪伴在身旁的就是一位名叫安东尼奥（Antonio China）的华籍通事。虽然他早年在印葡果阿学葡语，但从其在沙勿略逝世后流连马六甲数年看来，其与马六甲亦有渊源关系。

　　澳门开埠之初，葡人称从事传译工作的人为"jurubaça"。该词源于葡人定居的马来半岛，属马来语，其意义为"舌头"，原指能言善辩者，后指从事口头传译的人。这些"舌头"多由于商业需要通过与葡人接触而熟悉其语言，因此一般都是口语译者，绝大多数没有接受过正规口译训练，更不用说笔译了。更何况史料记载从事"舌头"职业者多为社会地位低下及潦倒者，甚至是身负官司的逃亡者，于才于德，均不合格。而亚三就是这样的人。显而易见，"jurubaça"与今天"翻译员"的意义有很大不同。葡人在澳门定居后，"jurubaça"一词继续使用了数百年。

　　由于这些人没有受过正规语言翻译训练，语言习得很大程度上仅依赖于同葡人的日常交流；由于是华裔，与伊比利亚半岛民族的语言及文化相去甚远，不仅在语义转达方面会出现失误，而且会由于经济利益或政治压力及态度而使翻译节外生枝。因此，在同中国政府打交道时，使用这些人冒有很大风险。皮莱资出使明廷的失败，与火者亚三等人自作主张的骄横态度不无关系。他们诈称马六甲使臣，只知讨好皇帝，引起梁焯等中国官宦不满，最终招来杀身之祸。皮莱资出使中国不仅没有增进了解，反而产生许多误会。

　　葡国学者奥利维拉曾说："虽然在很多情况下都需要这些马来人或华马混血人作为语言沟通中介者，但这种做法不仅不实际，而且在处理一些微妙棘手事情时冒有很大风险。因为每一个中间传话人（指翻译）都有可能成为阴谋讨好或者泄漏天机的祸根。"[50]说明葡人对马来半岛华裔充当传译并非信任，担心他们在中葡两国沟通中会成为双重效忠的获益者。然而，在当时情况下，想要进入中国并站住脚，只能如此，别无他法。

　　澳门开埠初期，葡人为在该半岛长期居留，用的还是这种办法。中葡双方之间的沟通者，依然是这些极其缺乏专业知识和技能的异类"舌头"。葡人若想知己知彼，同中华帝国建立有利于自己的关系，就一定要"自己人"来充当翻译。然而，葡人定居澳门初期，由于忙于开辟日本、菲律宾、巽他群岛等贸易航线，被授权管理澳门者是长期漂泊在外率领对日贸易船队的海上"兵头"[51]，澳门半岛鱼龙混杂，管治架构极不健全，甚至议事会亦未成立，一切事务须等"兵头"返澳才能处理，因而不可能有健全的翻译体制，更无法设立培训"自己人"当翻译的机构。

　　如果说开埠之初尚无条件选择合适翻译的话，那末在葡人已经定居70年，澳门已经建立较为完善政治制度的情况下，就不能不吸取前朝教训，认真选派能够胜任翻译工作，并对澳门葡人忠诚的翻译人员。因此，澳门议事会在选派赴京通事时，必须从两方面考虑，一是翻译能力，二是政治态度。而且首先要考虑其是否忠诚，是否可靠。除了必须是天主教徒，还须对家庭背景有所认识。《规例》对徐西满的家庭背景做了这样的描述：

> 徐西满之父米格尔·蒙特罗（Miguel Monteiro）令人尊重，因为其亦为本城番书。由于尽忠职守，中国官员将其与兄弟逮捕，投入监狱，最终由于该二人效力本城而在广州被处绞刑身亡。由此可知徐西满为何为本城服务，亦为何本城善待其人，并为此而制订本规例。[52]

从上文可以看出，有两点是选派徐西满担任此次北上贡炮通官的重要依据。一是徐西满出身翻译世家，其父亲及叔父就曾任澳门番书，为澳门政府效力并献身，可谓鞠躬尽瘁，死而后已。番书虽不是翻译，但由于长期为翻译作文字润色，属翻译工作的一部分，应该对葡文有一定认识。徐西满出身于这样的家庭，自然会受到两种语言的影响。另外一点，就是徐西满的父亲和叔父是因为效力澳葡政府而被广东政府处死的，因此徐西满会更加忠诚地为澳门政府服务。

仅此还不够，通官任命还须经过宣誓："首先，其须将手放在圣经之上宣誓，并作为基督徒忠于本城，尽忠职守地履行本城赋予的一切责任。"[53]

疑人不用，用人不疑。《规例》赋予通官很大权力，但在权力的运用上还是附加了一些条件："其职责为代表本城参与处理一切华人事务，包括联络及接待所有层级中国官员，处理官方信札、口信、命令等等，并根据本城指示作出回应。同时做到没有本城允许不得擅自回复。另外，就如何处理双方关系之任何事务向本城提出合适之建议。对于代表本城收到的中国官员所有信札及口信，首先通报理事官，并与理事官共同研究处理办法，随后向本城提出建议。对于复函内容须首先向本城汇报。应番书之需，根据本城指示起草撰写所有请求书、信函、报告，以及任何其他汉语文书，在本城未知悉情况下亦不得擅自回复"。[54]

为了协助并支持通官工作，《规例》在人事上作了规定："通官之下须设一至两名通事，以承担传递口信等外勤工作及赴广州和香山处理事务。"[55]"考虑到外出公干工作辛苦，费用不菲，并有遭遇打劫失窃之风险，故赴广州贸易集市活动之通事，在薪酬之外另付银25两，旅差补助25两，共计

50 两。"⑤

吸取前朝教训，对华各种公文必须严格依照明代格式及文风，且须为文言，故《规例》要求设立番书为通官服务，对译文进行润色。"本城设番书两名，须忠诚可靠，如为基督徒更佳。其中一位是主管番书，以处理译馆事务。目前是梁氏，书生，杭州人，月薪印度银 10 巴尔道⑤，即全年 120 巴尔道，二等番书年俸 30 巴尔道，平均每月 2.5 巴尔道，每四个月支付一次。每次付款时间均须登记入册。每位番书均须为本城尽责。除薪酬外，应提供所需纸墨文具及住房"。⑧

主管番书非通官，是协助通官进行翻译的文案，地位在通官之下。番者，洋人也，书者，师爷也。但番书并非洋人师爷，而是为洋人服务的师爷。看来澳门议事会唻嚟哆亦十分了解中国国情，知道明清之际中国各级衙门喜用"绍兴师爷"捉笔充当幕佐的风气，故专门挑选浙江籍人担任番书，并且给予相当于通官的极高待遇，其薪酬是普通番书及通事的四倍，甚至提供住房。

《规例》亦谈到《报疏》中的通事屋腊所·罗列弟。《规例》列出澳门三位通事姓名：Horacio Ventura Nerete；Pederoda Ignacio Coelho 和 Cardozo Antonio Lobo。⑤其中排在第一位的，就是《报疏》中的屋腊所·罗列弟（Horacio Ventura Nerete）。《规例》结尾处再次提到其人："本城通事薪酬可参照与番书相同。现今通事为罗列弟，已婚并登记，忠诚可靠，识文断字，并经常做关部及前山寨同知府中国官员陪同工作。"⑩

五 结语

其实，对《报疏》中通官身份考证本身并不重要。只要能讨得明廷满意欢心，又能维护澳门利益，顺利完成唻嚟哆交给的进京押炮任务，谁是通官并无所谓。重要的是，在考证通官过程中，可了解澳葡当局在平衡上述两点之间的艰难选择及为此而采取的严谨措施，以及通官在错综复杂矛盾夹缝中发挥的重要作用，并由此探析明末澳门通官制度。

长期以来，人们对居澳葡人早期的翻译架构及运作情况不甚了解，尤其对澳门开埠之初葡方如何面对强势粤方政府进行沟通知之甚少。明清史籍的记载虽然十分重要，但过于表面化，并未深入架构内部。澳葡当局于 1627 年制定的《本城通官、通事及番书规例》，使人们能够清楚了解澳门开埠以后翻译的发展演变过程。《规例》出现在葡人定居澳门 70 年之后。葡人在同中国交往的过程中逐渐意识到，想在澳门半岛永久居留下去，就不能不考虑强大的中华帝国存在及拥有数千年文化积淀的众多华人包围的环境。在非洲等殖民地采取的有效管治办法不可能在中国灵验。尽管葡人管理的只是半岛中南部的葡人社区，但不能不与华人沟通。随着行政管理体制的逐渐完善及与广东官方来往的日渐频繁，居澳葡人意识到翻译的重要性，必须建立完善可靠的翻译机制。

进入 17 世纪，时机已经成熟，主要体现在三个方面。首先，从 1583 年设立议事会（Câmara Municipal）后，城市管理有了权威机构，社会生活日渐有序，改变了葡人社区管理混乱的局面；第二，1587 年设立了专门处理对华官府及华人事务的理事官公署（Procuratura），经过数十年同粤官方打交道的实践，该机构体会到必须规范处理华人事务的传译人员：第三，澳门管理体制发生了重大变化，由重点处理海上通商贸易事务的兵头（Capitão Geral）担任首长改为由里斯本或果阿正式任命的总督（Governador）负责，使其能够全身心投入对澳门半岛事务的管理，更加注重粤澳关系的发展，以保持葡人能够长期在澳门居留。因此，规范翻译体制成为燃眉之急。

虽然 1627 年的《规例》很不完善，但澳葡政府毕竟有了建立翻译机制的规范。根据该份文件，澳葡政府官方翻译一般由五人组成，其中一人为通官，两人为通事，另设两名“番书”。[61]毫无疑问，通官在翻译中发挥主要作用，平日坐镇澳门，并参与喽嚟哆华务决策；通事处理日常译务，并多有外勤。而番书则一般为皈依天主教的华人，甚至必须是浙江“绍兴师爷”。正如《澳门记略》所载：“蕃书二名，皆唐人。”这是因为蕃书须熟悉中国语言文化，精通汉文书写，负责撰文及润色，以便在葡译汉过程中做到“理事官用呈禀上之郡邑，字遵汉文”，[62]避免惹怒中国官员。

虽然看起来《规例》规定的翻译队伍规模不大，但确实在粤澳双方沟通中发挥了重要作用。据《香山县志》载：“凡文武官下澳，率坐议事亭上，彝目列坐进茶毕有欲言则通事番（翻）译传语。通事率闽粤人，或偶不在侧，则上德无由宣，下情无由达。彝人违禁约，多由通事导之。”[63]说明在澳粤沟通交涉中，通事已担当重要角色，如果他们不在场，则“上德无由宣，下情无由达”，谈判交涉无法进行。在中葡关系中，以可靠华人为主体的通事已成为不可或缺之人物。《报疏》中的通官徐西满和原籍泉州的通事屋腊所·罗列弟就是一例。从此，不少华人渴望从事这一待遇优厚、令人羡慕的职业，更多华人则通过学习葡语融入葡人主流社会变为“土生”。

《清朝野史大观》说"香山人类能番语，有贪其利者往往入赘焉"⑥₄。说明香山不少华人学习葡语，以便通过"进教"或者"入赘"融入葡人社会，获取较好的社会地位和生活条件。

---

①⑨⑩⑫㉟㊶韩霖：《守圉全书》，卷三之一唩嚟哆《报效始末疏》，第86～91页。

②（明）孙铨：《孙文正公年谱》，卷三，天启六年丙寅条，乾坤正气集本。

③⑤韩霖：《守圉全书》，卷三之一韩云《战守惟西洋火器第一议》，第83、106页。

④许多史料记载此次明廷募兵进京，澳门派出之24人远征队携炮24门。但火炮并非来自澳门，而是广东沿海虏获荷英沉船上的火炮。汤开建在《唩嚟哆〈报效始末疏〉笺正》一书中有详细考证及分析，此不再赘述。

⑥Daniello Bartoli, *Dell'historia della Compagnia di Giesu. La Cina.* Roma, Nella Stamperia del Varese, pp. 967 – 970.

⑦⑬许多文章将公沙之葡文名写成 Gonçalves 或 Gonsalves。疑为最初误引葡文史料所致。葡文献均为 Gonçalo。其实，在葡文中 Gonçalo 为人名，Gonçalves 为家族姓氏。《报效始末疏》中公沙为人名而非姓的音译，故葡文应是 Gonçalo。另外，Gonçalo 译音更接近公沙。

⑧汤开建：《唩嚟哆〈报效始末疏〉笺正》，广州：广东人民出版社，2004年。

⑪㉝Coelho, Couzas principaes, Biblioteca de Ajuda, *Jesuítas na Asia*, 49 – V – 8, fls. 404v – 406. 转引自董少新、黄一农《崇祯年间招募葡兵新考》，北京：《历史研究》2009年第5期。

⑭⑮⑰汤开建：《唩嚟哆〈报效始末疏〉笺正》，第175、175、177页。

⑯㉑㉖Louis Pfister, *Notices biographiques et bibliographiques sur les Jésuites de l'ancienne mission de Chine*, 1552 – 1773. Chang-Hai：Imprimerie de la mission catholique, 1932, Tome I, pp. 198 – 200. 转引自董少新、黄一农：《崇祯年间招募葡兵新考》。

⑱鉴于葡文为 Gonçalo，故此处应译为贡萨洛，而非贡萨尔维斯。

⑲Manuel Teixeira, *Macau no século XVII*, Direcção dos Serviços de Educação e Cultura de Macau, 1982, p. 48.

⑳潘凤娟：《西来孔子——明末耶稣会士艾儒略（1582 – 1649）在华事迹考》，载辅仁大学历史学系编《七十年来中西交通史研究的回顾与展望——以辅仁大学为中心：学术研讨会论文集》，台北新庄：辅仁大学出版社，2000。

㉒刘光义：《明清之际在华耶稣会教士著述举要》（中），http：www. cdd. org. tw/Costantinian/508/50842. htm。

㉓《熙朝崇正集》卷二，陆若汉《遵旨贡铳效忠疏》，第15页。

㉔Biblioteca de Ajuda, *Jesuítas na Asia*, 49 – V – 9, fls. 73b – 74b. 《礼部左侍郎徐保

禄为葡人入京效力与澳交涉第三次上奏及皇帝上谕》，董少新译，转引自汤开建《喽嚟哆〈报效始末疏〉笺正》，第 187 页。

㉕㉘㉚㊴董少新、黄一农：《崇祯年间招募葡兵新考》，北京：《历史研究》2009 年第 5 期。

㉗Joseph Dehergne, *Répertoire des jésuites de Chine de 1552 à 1800*. Roma: Institutum Historicum S. I., 1973, p. 69。转引自董少新、黄一农《崇祯年间招募葡兵新考》。

㉙《崇祯长编》卷三十三，崇祯三年四月乙亥条。

㉛Simão Coelho, *Couzas principaes que no discurso desta jornada acontecerão entre a genre que nella vay, e o Capitão Gonsalo Texeira Correa*, Biblioteca da Ajuda (BA), Jesuítas na Asia (JA), 49 – V – 8, fls. 402v – 407v；另一钞本见 BA, JA, 49 – V – 6, fls. 518 – 523.

㉜汤开建：《喽嚟哆〈报效始末疏〉笺正》，第 177 页注①。

㉝（清）孙致弥：《杕左堂集》卷一，《欧罗巴剑子歌》，第 17 ~ 19 页，四库存目丛书本。

㉞(52)Biblioteca da Ajuda – Colecção *Jesuítas na Ásia*, Cód. 49 – 8 – 9. fl. 245.

㉟Biblioteca da Ajuda – Colecção *Jesuítas na Ásia*, Cód. 49 – V – 6. fl. 245.

㊲《明熹宗实录》卷三十三，天启三年四月辛未条。

㊵(53)(54)Biblioteca da Ajuda – Colecção *Jesuítas na Ásia*, Cód. 49 – V – 8, fl. 245v.

㊷㊹㊻见《明史》卷三二三，《佛郎机传》。

㊸皮莱资（Tomé Pires），葡萄牙药学家。1511 年被派往东方研究各种动植物性药物。1516 年在印度斯坦将其研究成果寄书曼努埃尔一世国王，引起国王浓厚兴趣。遂命其率团出使中国，以便了解更多关于中国的情况并与其建立关系，从而成为葡萄牙派往中国的第一个使团。

㊺㊼严从简：《殊域周咨录》，北京：中华书局，1993，第 320 页。

㊽㊾见《明史》卷三二五，《列传》第二一三，外国六，北京：中华书局，1974，第 8419 页。

㊿Celina Veiga de Oliveira, A Escola de Língua Sínica no Contexto das Relações Luso-Chinesas. Macau: *Revista Cultura*, No. 18, ICM, 1994.

(51)葡文为 Capitão-Mor das Viagens Comerciais ao Japão，指对日贸易船队首领。

(55)(58)Biblioteca da Ajuda – Colecção *Jesuítas na Ásia*, Cód. 49 – V – 8, fl. 246v.

(56)Biblioteca da Ajuda – Colecção *Jesuítas na Ásia*, Cód. 49 – V – 8, fl. 248v.

(57)Pardao，或 pardau，葡属印度货币单位，分金银两种材质铸造，当时在澳门通用。

(59)Biblioteca da Ajuda. Colecção *Jesuítas na Ásia*, Cód. 49 – V – 8. fl. 248.

(60)Biblioteca da Ajuda – Colecção *Jesuítas na Ásia*, Cód. 49 – V – 6. fl. 251v.

(61)番书即后来的文案。设“文案”是澳门历史上的翻译特色之一。担任翻译者多能口头传译沟通，但不精通书面汉语，需由精通汉文之“文案”辅助。该种制度一直延续至今。虽然现代翻译多经正规笔译训练并能自主进行翻译，但在澳门特区政府文案职称及职程并未取消。

㉒印光任、张汝霖：《澳门记略》，赵春晨校点，广州：广东高等教育出版社，1988，第65页。

㉓（清）申良翰：《香山县志》卷十《外志·澳蕃》。

㉔（清）佚名：《清朝野史大观》卷三，《广东诸番》。

作者简介：李长森，澳门理工学院教授，中国翻译协会第六届理事，博士。

[责任编辑：刘泽生]

（本文原刊 2013 年第 3 期）

清代澳门诗关于土生葡人的描述

章文钦

[**提　要**] 澳门土生葡人是中西文化交流的产儿，是东西方文化和东西方血统长期交融的结果。本文以诗词为基本资料，与相关文献互相印证，从生计、服饰、饮食、风俗、宗教、音乐、绘画诸方面，探讨清代士大夫对澳门土生葡人的描述。为保持今天澳门社会的繁荣稳定和中西交融的文化特色，提供一面可供借鉴的镜子。

[**关键词**] 清代　澳门诗词　土生葡人

一　引言

　　土生葡人西文称为 Macanese，是指自明末以来世代居住澳门，在澳门土生土长的一个社会群体。有人以为"土生"一词含有贬义，其实它沿自中国唐宋以来对居住蕃坊的阿拉伯人"土生蕃客"或"三世蕃客""五世蕃客"的称呼，并没有丝毫的贬义。自明末以来，除兵头（总督）、判事官（首席法官）等高级官员从果阿或里斯本派来之外，居澳葡人大多为土生土长，他们对澳门的归属感甚至超过葡萄牙。

　　笔者在澳门的朋友中，就有一位土生葡人沙巴治（António Sapage）先生。我们初次见面的时候，他用流利的粤语说："我虽然生得鬼头鬼脸，但是我喜欢中国菜，更喜欢中国文化。"他是一位中国文物鉴藏家，1992 年澳门市政厅举办他的部分私人藏品展，主题为"中国外销瓷：中西荟萃"。1994 年更从他丰富的私人藏品中挑出二百件，代表澳门参加在里斯本举行的欧共体文化年的展览。笔者至今保存着他用葡文题签赠送的这两部精美的藏品集。

用"中西荟萃"一词来形容土生葡人，实在是再好不过的了。土生葡人就是中西文化交流的产儿，是东西方文化和东西方血统长期交融的结果。直到今天，澳门的土生葡人还保持着葡萄牙固有的信奉天主教的传统，又受到中国文化习俗的影响。他们说着与现代葡语有明显差别的澳门葡语，又能说流利的粤语，却很少懂得汉语的书面语言。他们的生活习惯既保留了葡萄牙的传统，又深受中国传统的影响。他们既含有葡萄牙的血统，又含有中国和其他东方民族的血统。无论从历史学、人类学、社会学，还是东西方文化交流的角度，土生葡人都是一个重要而有趣的学术研究课题。本文试图以诗词为基本资料，探讨清代士大夫对土生葡人的描述。

中国诗人对居澳葡人的描述，最早可追溯到明代大剧作家汤显祖。汤显祖于万历十九年（1591）任南京礼部祠祭司主事时，上疏议论朝政，弹劾权贵，触怒万历皇帝，被贬为广东徐闻县典史，在赴徐闻途中曾游历澳门。他的《香嶴逢贾胡》诗云："不住田园不树桑，珴珂衣锦下云樯。明珠海上传星气，白玉河边看月光。"① 当时葡人入据澳门已近四十年，这位贩运珍异珠宝的"贾胡"即葡萄牙商人，在汤显祖走马看花式的观感中，与唐宋诗人笔下的蕃商并无多大差别，更令人难以确定这位"贾胡"是否为澳门土生。

沿至清初，在岭南名诗人屈大均的笔下，居澳葡人的形象就不同了。屈大均多次到澳门，与一位被他尊称为"西洋郭丈"的居澳葡人成为好友。西洋郭丈曾赠送珊瑚笔架，屈大均赋诗答谢。西洋郭丈生日，屈大均又以诗为寿。其《寿西洋郭丈》诗云："书床花发贝多罗，鹦鹉堂前解唱歌。明月新生珠子树，白云初熟玉山禾。千年命缕丝能续，七日仙棋箸更多。最是端阳榴火好，为君流照玉颜酡。丈新生子。丈生日为端阳之七日。"② 这位西洋郭丈园宅高雅，插书满架，应为一位颇有中国文化修养的葡萄牙人。颔联明月二句，化用唐刘禹锡《苏州白舍人寄新诗有"叹早白无儿"之句因以赠之》："雪裹高山头白早，海中仙果子生迟"诗意，祝贺郭丈晚年得子。腹联"千年命缕丝能续"之句，据旧时民俗，于端午节以彩丝系臂，谓之续命丝，云可避灾延寿。屈氏诗意，既贺其生子，生命得以延续；又贺其诞辰，祝其延年益寿。这位久住澳门的西洋郭丈是否为土生葡人，尚难考定，而他初生的儿子则为地地道道的"土生仔"。

二　清代诗人对澳门土生葡人的描述

清代诗人对澳门土生葡人有许多描述。光绪间潘飞声的《澳门杂诗》之四云："白饭晨餐豉与虾，乌龙犹胜架非茶。发睛黑似吾华种，已改葡萄属汉家。"③与潘飞声唱和的丘逢甲同题诗之五则云："冶叶倡条遍苗芽，双瞳翦水髻堆鸦。春风吹化华夷界，真见葡萄属汉家。驻澳葡人皆非卷发碧眼之旧，或谓为水土所化云。澳中尤多洋妓。"④据潘诗所咏，西洋人的早餐通常为面包牛奶，澳门土生葡人却喜欢享用和中国人一样的饭菜。西洋人的饮料通常为咖啡，土生葡人却更喜欢喝茶。西洋人种通常为赤发绿睛，土生葡人却像中国人一样黑发黑睛。而据丘诗所咏，澳门的土生洋妓由于前代中西血统的通婚混血，已改卷发碧睛为黑发黑睛，还梳着中国妇女的发髻，打扮得花枝招展，招摇于风月场中，向华洋客人卖笑。他们鉴于唐代诗人李欣有"空见葡萄入汉家"之叹，因见到土生葡人从饮食习惯、衣服装饰到人种特征的变化，遂反用其意，谓土生葡人已经汉化。

实际上，土生葡人还有保持着葡国固有的宗教文化传统、风俗习惯和人种特征的一面。如果仅靠诗中的描写便真的以为"已改葡萄属汉家"，未免失之偏颇。例如同是写洋妓，乾隆间香山人李遐龄的笔下便与丘逢甲不同："滑腻鸡头软胜绵，春葱擎劝亚姑莲。洋酒名。微酡并倚南窗下，亲奉巴菇二寸烟。"⑤下文将从生活习俗到宗教文化各方面，考察清代诗人对澳门土生葡人的描述。

生计方面。明末汤显祖的诗已描述了居澳葡人不耕不桑，以海为田，贸易为生的生活方式。康熙间吴渔山的《澳中杂咏》之二所咏略同："海鸦独拙催农事，抛却濠田隔浪斜。……居人不谙春耕，海上为商。"又之八云："少妇凝妆锦覆披，那知虚髻画长眉。夫因重利常为客，每见潮生动别离。宅不树桑，妇不知蚕事。"⑥当时澳门葡船常到帝汶、第乌、果阿等地贸易，经年始归。葡商家庭中夫妇别离是常有的事。夫因二句，盖从白居易《琵琶行》"商人重利轻别离，前月浮梁买茶去。去来江口守空船，绕船月明江水寒"等句化出，描写葡商家庭的少妇独守空闺的落寞愁绪。属于同一类的还有乾隆间王轸的《澳门竹枝词》："心病恹恹体倦扶，明朝又是独名姑。独名姑，华言礼拜日也。修斋欲祷龙松庙，夫趁哥斯得返无？"⑦独名姑为葡文 Domingo 的音译，意为礼拜日。龙松庙为澳门奥斯定会会院，始建于16世纪。哥斯为葡文 Costa 的对音，意为海岸，指印度西海岸果阿、第乌一带。中国文学的闺怨诗有商妇怨一体，专门描写商人家庭的妇女对外出经商丈夫的思念，及埋怨丈夫重利薄情的情绪。吴渔山和王轸两诗可称为中西合璧的商妇怨。这种商妇怨起源于葡人以海为田，贸易为生的生活方式。

服饰方面。清代诗人所咏多为澳葡女子服饰。如前引吴渔山《嶴中杂咏》之八："少妇凝妆锦覆披，那知虚髻画长眉。……全身红紫花锦，尖顶覆拖，微露眉目半面，有凶服者皂色。"虚髻，谓结起高高的发髻；画长眉，把眉毛画得细长。高髻、长眉俱为古代中国妇女的装束，为衣锦覆披的葡人少妇所不知，故谓"那知"。古代中国人的凶服着白色，葡人的凶服用皂色（黑色），亦迥然有别。至于葡人少妇的服饰衣锦覆披之制，屈大均《澳门》诗之四句云："花襦红鬼子，宝鬘白蛮娘。"⑧花襦，又作华襦。屈大均《广东新语·地语·澳门》谓："（澳葡男人）锦毹裹身，无襟袖缝绽之制。……（妇人）美者宝鬘华襦，五色相错。"又同书《舟语·洋舶》谓："其人无事皆细毵大笠，著红绸长襦。"⑨龚翔麟《珠江奉使记》则谓："其女子则华襦宝靥，出以锦被蒙其首。"⑩字书无襦字，祸当作毹。《诗·王风·大车》："毳衣如毹。"许慎《说文解字》："毳绸谓之毹。"毳指粗糙的毛绒物，绸指毛毡。可见毹即西洋呢绒，锦襦、花襦或华襦皆指印有花色图案、形制华美的呢绒衣服，为澳葡男女冬季常着之服。

至于澳葡妇女夏季的服式，道光间金采香《澳门夷妇拜庙诗》之五下联云："爱他衫子袈裟薄，持较龙绡分外凉。夷妇……所服名袈裟，布质轻而文薄如纸，白如雪，机杼玲珑可爱。"⑪袈裟本指僧衣，此应为葡文 casaco 的不正确音译，意为外衣，指西洋妇女夏季所穿质轻文薄的衣裳，凉爽舒适有如龙绡（又称鲛绡）。同诗之四下联又云："青纱盖却春风面，步障何须仿谢家？夷妇往来行路，俱以青纱一方覆身首，有古老施步障遗意。"步障为遮蔽风尘或障蔽内外的屏幕。《晋书·王凝之妻谢氏传》："凝之弟献之，尝与宾客谈议，词理将屈。（谢）道韫遣婢白献之曰：'欲为小郎解围。'乃施青绫步障自蔽，申献之前议，客不能屈。"谢家为六朝时的望族，此指王凝之妻谢道韫。道咸间寄居澳门的英国画家钱纳利（George Chinnery）的铅笔素描，有不少葡妇出行的场面。画面中葡妇以纱巾一方披覆身首在前，一黑奴持伞盖随后。⑫吴渔山诗的"锦覆披"，屈大均诗的"宝鬘"，金采香诗的"青纱"，应皆指葡妇出行时披覆身首的纱巾，金采香认为这种装束有古代妇女施步障的遗意，由此联想到古代著名的才女谢道韫。

饮食方面。前引潘飞声诗揭示土生葡人饮食习惯受到中国传统的影响，更多的清代诗篇则咏及其饮食习惯保持葡国传统并影响及于华人的一面。嘉庆间钟启韶《澳门杂诗》之四云："刀叉芒不顿，酗乳食差便。待醒芦卑酒，巴菰卷叶烟。……食以刀叉代箸，以酥酪和酗煨啖之，不设谷食。终宴彻席，特置芦卑酒，酒味颇涩，云以解酲。卷烟叶燃火吸之，曰巴菰。"[13]所咏较为概括。所咏较为扼要者，则有咸丰间吴亮珽的《澳门》颔联："椰菜絮羹名士味，巴菰香草美人魂。"[14]意思说以椰菜花烹调的菜羹鲜美可口，适合名士的口味；澹巴菰带有香味，吸后令人陶醉上瘾，仿佛是美人的魂魄所化。

此外，光绪间杨增晖《澳门吟》结联咏西式饼饵云："酥酪有人夸饼饵，晶盘擎出渗糖霜。"[15]这种西式饼饵的传入远在明末。万历间广东市舶太监李凤宴请刑部官员王临亨于广州城南海珠寺，"（葡商）闻税使宴客寺中，呼其酋十余人，盛两盘饼饵，一瓶酒以献。其饼饵以方尺帨覆之，以为敬。税使悉以馈余。饼饵有十余种，各一其味，而皆甘香芳洁，形亦精巧。吾乡巨室毕闺秀之技以从事，恐不能称优孟也。"[16]酥酪谓乳制之酪，中国古已有之。西式饼饵制作精美，品种繁多，盛以托盘，覆以方帨，较之中国尤胜一筹，令文人墨客赞赏不已。较杨增晖稍后的梁乔汉《镜湖杂咏·风土杂咏》之十一："面包干饼店东西，食味矜奇近市齐。饮馔较多蕃菜品，唐人争说芥喱鸡。"之二十四："水从化学炼加盐，涤暑招凉力倍兼。嚼雪几人同荔啖，卖喧忘却候趋炎。"[17]此咏当时在内地尚属少见的面包、饼干、芥喱鸡和冰淇淋。据诗人所咏，当时澳门的面包店、饼干店和蕃菜馆为数颇多，夏天人们购买冰淇淋的场面热闹非凡，可见这些西式食品已成为澳门中国人饮食的一个重要组成部分。

居室方面。澳门葡人居住的洋楼，是中国最早的西洋建筑之一。乾隆初年任澳门同知的印光任和张汝霖，因办理公务多次至澳，寓居澳门的洋楼，在其诗文中对洋楼多有描述。印光任《雕楼春晓》诗云："何处春偏好，雕楼晓最宜。窗晴海日上，树暖岛云披。有户皆金碧，无花自陆离。坡仙应未见，海市道神奇。"雕楼谓装饰有花纹的楼房。全诗大意说雕楼春晓的景色最为宜人。窗外天气晴朗，海日初上，暖树生烟，岛上的云气还未散去，仿佛给树木披上一层薄纱。从窗外眺望，一座座洋楼金碧辉煌，斑斓绚丽。可惜苏东坡未曾见过这种洋楼，不然的话他一定会在描写海市的诗篇中道出它的神奇。张汝霖有《澳门寓楼即事》十四首，对洋楼及其附近景物极尽描写之致。如之一句云："到门频拾级，窥牖曲通楼。几月能圆缺，帘风自拍浮。"之二句云："晓帆明槛雨，暝树纳窗烟。屣侣随廊响，蜗能状覆圆。"由印光任和张汝霖合著的《澳门纪略》中有这样一段文字，可为印诗和张诗注脚："屋多楼居。楼三层，依山高下，方者、圆者、三角者，六角、八角者，肖诸花果状者，其覆俱为螺旋形，以巧丽相尚。垣以砖，或筑土为之，其厚四五尺，多凿牖于周，垣饰以垩。牖大如户，内阖双扉，外结琐窗，障以云母。楼门皆旁启，历阶数十级而后入，窈窕诘屈，己居其上，而居黑奴其下。"⑱

中国古代有仙人楼居的说法，故诗人们每以仙居喻洋楼。如乾隆末年李遐龄的《洋楼》诗云："楝树高高透绮疏，洋楼插汉拟仙居。花腔答腊调新曲，金柄留犁戳炙鱼。六月却嫌重纑薄，全家犹剩半厢虚。倚栏多少人天上，十里扬州恐未如。"⑲结联二句说洋楼中有多少人凭栏眺望，有如从天上俯视人间，恐怕繁华的十里扬州也未必胜过这仙境般的澳门。葡萄牙直到现代还规定，房屋必须每年用白色粉刷一次，故清代澳门洋楼也以粉白洁净著称。嘉庆间张琳《澳门竹枝词》之一下联云："试向青洲林外望，层层楼阁白如霜。"⑳

风俗方面。中国古代的风俗是重男轻女，相形之下，澳门葡人却是重女轻男，这是最为特出的"夷俗"。钟启韶《澳门杂诗》之七对此发问云："占星亦有术，重女却奚为？"㉑所谓"重女"，是指女子能够承父资，主家计，通贸易。如屈大均《澳门》诗之二所谓："香火归天主，钱刀在女流。"㉒又陈官《望濠镜澳》句云："货通胡妇珠为市，夷俗贵女贱男。凡居货与唐人交关者皆用妇女。白满莲茎屋作花。"㉓张琳《澳门竹枝词》之五云："阛阓居奇皆异宝，日中交易女商人。"㉔与这种"夷俗"相适应，葡人的夫妻关系则为女尊男卑，李遐龄《澳门杂咏》之五云："交印全凭妇坐衙，客来陪接婿擎茶。偶然天主房中宿，便有亲知道上夸。"㉕葡人女子的婚姻享有自主权，不像中国女子那样注重父母之命，媒妁之言。梁乔汉《镜湖杂咏·夷俗杂咏》之七云："婚娶何劳遣妁联，两人各自目成先。及瓜闺幼知怜婿，随地留心看少年。"㉖

葡人的婚俗，亦与这种重女轻男的风俗和信奉天主教的传统有密切关系。李遐龄诗中的"交印"，指天主教圣事中的婚配仪式，在教堂内举行，由神甫主礼，按照教会规定的仪式结为夫妻。康熙间尤侗《佛郎机竹枝词》下联即云："何事佛前交印去？定婚来乞比丘尼。"㉗嘉庆间十三行商潘有度的《西洋杂咏》之三则这样描述葡人的婚俗和夫妻生活："缱绻闺闱只一妻，夷人娶妻不纳妾，违者以犯法论。犹知举案与眉齐。夷人夫妇之情甚笃，老少皆然。婚姻自择无媒妁，男女自主择配，父母皆不与闻。同忻天堂佛国西。合卺之日，夫妇同携手登天主堂立誓。"㉘明末来华耶稣会士艾儒略（Julès Aleni）谈到西人婚配时称："男女婚配，大率二十岁外，气力既壮始行。然多在临时定聘，非彼此同愿，不敢强之。遵诫一夫一妇，万无偏室。又夫妇偕老，不相休离。即至国王，亦只有一正宫，并无妃嫔，欲先自守教法，以为一国之表也。"㉙可为潘诗注脚。

从明末开始，中西血统的交融便成为土生葡人婚配的一个特色。康熙初年屈大均称："（澳蕃）得一唐人为婿，举澳相贺。婿欲归唐，则其妇阴以药釐黑其面，发卷而黄，遂为真蕃人矣。澳人多富，……诸舶输珍异而至，……每舶载白金巨万。"㉚其后中国诗人咏及唐人少年入赘葡女为婿多本屈氏之说。张琳《澳门竹枝词》之六："女婚男嫁事偏奇，巾帼持家受父赀。莫怪澳中人尽贺，良辰交印得唐儿。夷俗贵女贱男，以男嫁女，谓之交印。得唐人为婿，则举澳相贺。"㉛陈官《澳门竹枝词》之三："生男莫喜女莫悲，女子持家二八时。昨暮刚传洋舶到，今朝门户满唐儿。西洋人贵女贱男，凡事女子主之。"㉜都认为唐儿求为赘婿，是看重葡人富有，女子得主家政。

宗教方面。天主教是葡萄牙最重要的宗教，居澳葡人长期保持本国的宗教传统。清代澳门诗中有很多关于天主教的描述，笔者曾撰有《清代澳门诗中关于天主教的描述》一文，收入《澳门历史文化》一书，这里不再赘述，仅举其与葡人航海贸易有密切关系的祈风信即祈求航海顺利的活动一例。祈风信本为中国古代东南沿海的一种习俗，在海舶出航的季节祈风送舶，祈求航海顺利；在海舶返航的季节祈风迎舶，祈求海舶平安归来。故中国人将葡人祈求航海顺利的活动亦称为祈风信。印光任、张汝霖《澳门纪略》称："其俗以行贾为业。富者男女坐食，贫者为兵，为梢公，为人掌舶。……凡一舶货值巨万，家饶于财，辄自置舶。问其富，数舶以对。资微者附之，或数十主同一舶。每岁一出，出则数十百家之命系焉。出以冬月，冬月多北风。其来以四五月，四五月多南风。计当返，则妇孺绕舍呼号以祈南风。"㉝清代诗人咏及葡人祈风活动的有潘有度《西洋杂咏》之十六："祈风日日钟声急，夷俗日日撞钟求风，以盼船行。千里梯航瞬息回。"㉞这里既有祈风送舶，又有祈求海舶平安归来。关于后者，廖赤麟《澳门竹枝词》之八："郎趁哥斯万里问，计程应近此时还。望人庙外占风信，肠断遥天一发山。澳有望人庙（风信庙），夷人有出贩他国者，其妇每于此望之。"㉟风信庙又名风顺堂，所祀圣老楞佐（S. Lourenço）为葡人保护航海的圣人。诗中这位葡妇在望人庙外观察风候，见到风信不利航行，悲痛地望着天边的一发青山，为丈夫的命运担忧，也为全家今后的命运担忧。

艺术方面。西方音乐之传入中国，最早通过天主教堂。音乐对教堂来说是必不可少的，凡瞻礼日都要用到。天主教的寺院音乐和西洋风琴便一起传入中国。从明末以来，中国的士大夫便开始注意澳门耶稣会会院三巴堂内为配合诵经讲道而设的西洋风琴。康熙间吴兴祚的《三巴堂》诗句云："坐久忘归去，闻琴思伯牙。"㉟释迹删的《寓普济禅院寄东林诸子》有"六时钟韵杂风琴"之句，㊱皆指这架风琴。道光间金采香的《澳门夷妇拜庙诗》之三更描述了三巴堂内诵经讲道时演奏风琴的场面："一声棒喝碧天寥，静抚风琴古韵遥。仿佛鱼山闻梵呗，群芳屏息谢尘嚣。庙门内有经阁，和尚诵经其上。每诵毕，奏夷乐一回，其风琴有太古遗音。"㊲

到了嘉道年间，西洋风琴已进入居澳葡人的家庭。汤贻汾的《七十感旧》、蔡显原的《听西洋夷女操洋琴》和魏源的《澳门花园听夷女洋琴歌》，皆咏在居澳葡人的园宅听蕃女奏西洋音乐。汤贻汾为江苏武进人。嘉庆二十一年（1816）奉江西巡抚阮元之命，至岭南缉捕逸犯朱毛里，遂至澳门。道光间作《七十感旧》一〇八首，第七十八首追述澳门之行有云："琴声非丝桐，如怨亦如慕。不惜十指纤，奚愁五音悮。……琴制藏金丝于木楗，饰牙牌十余于楗面，按牌成声，排仍随指而起。予以访缉朱逆，得遍历诸夷之家，夷女为予鼓琴一曲。"㊳蔡显原广东香山人。道光七年（1827）为纂修《香山县志·海防》一门，至澳考察并搜集资料。其《听西洋夷女操洋琴》诗序称："初，译者导游夷人居，登其楼。夷妇款客，童男女五六人，貌秀美，能华语。最后命长女出为礼，且操洋琴。纤妍婉约，微步安闲。缟衣素裳，薄如蝉翼。立而成操，数作数阕。累累珠贯，客去而后止焉。"㊴蔡氏在诗中一方面盛赞西洋风琴制作精巧无匹，琴声优美绝伦；一面却斥为奇技淫巧，视为溺人心志的郑卫之声，与明堂清庙一类的雅乐水火不相容。可视为鸦片战争前后中国士大夫对西方文化的一种态度。魏源为近代著名思想家、学者和诗人。他于道光二十八年至二十九年（1848～1849）游岭南，为搜集增订《海国图志》的资料赴澳门。据其《澳门花园听夷女洋琴歌》原序所载，为诗人鼓琴的是花园的女主人，澳葡理事官委理多（唉嚟哆）的妻子。诗中描述风琴的音乐效果云："初如细雨吹云间，写出天风海浪寒。故将儿女幽窗态，似诉去国万里关山难。倏然风利帆归岛，鸟啼花放槠声浩。触碎珊瑚拉瑟声，龙王乱撒珍珠宝。有时变节非丝竹，忽又无声任剥啄。

雨雨风风海上来，萧萧落落镫前簇。突并千声归一声，关山一雁寥天独。"⑪
到咸丰二年（1852）一百卷本的《海国图志》刊行时，卷四九《西洋器艺杂述》中增入《西洋风琴》一条，可与其诗互相印证。

西洋绘画传入中国，同样经历了从天主教堂到世俗社会的转变过程。明末追随利玛窦（Matteo Ricci）的澳门人游文辉、倪雅谷、石宏基三修士，皆以善画见称。三巴堂内的两幅著名壁画《圣母升天象》和《一万一千童贞》即出自倪雅谷之手。沿至清代，印光任、张汝霖《澳门记略》称："其余技则有西洋画。三巴寺有《海洋全图》。有纸画，有皮画、皮扇面画、玻璃诸器画。其楼台、宫室、人物，从十步外视之，重门洞开，层级可数，潭潭如第宅，人更眉目宛然。又有法瑯人物山水画、织成各种故事画、绣花画。"⑫从中可见这些种类繁多的西洋画，已大多服务于世俗社会，其内容亦多属世俗题材。

清代诗人对西洋画的认识，也经历了从不十分理解到逐渐接受的过程。康熙问陈恭尹的《题西洋画》诗二首云："西蕃画法异常伦，如雾如烟总未真。酷似少翁娱汉武，隔帷相望李夫人。""丝丝交织自成文，不画中间画四邻。亦是晋唐摹字帖，偏于无墨处传神。"⑬陈恭尹一方面觉得西洋画如雾如烟，难以捉摸；一方面又以对中国字画传统的鉴赏观念"无墨传神"来加以鉴赏，可谓贬褒参半。到嘉庆年间，李遐龄的《观黄总戎所藏西洋镜画》诗云："将军十幅西洋画，镜里依稀记昔游。橘子围边多白屋，莲花茎外是青洲。华鬐细草开春宴，落日微风晚放舟。树影水光都曲肖，廿年如梦爪留痕。"⑭黄总戎即清军水师名将总兵黄标，据李诗所咏，镜画内容皆以澳门风景和葡人的世俗生活为题材。从陈诗的"如雾如烟总未真"，到李诗的"树影水光都曲肖"，反映了清代诗人对西洋画的认识从不十分理解到终于接受的转变过程。

三 结语

自明末以来，澳门长期呈现民蕃杂处的局面。清代前期的中国人与居澳葡人的关系，可以说是各安其居，各适其适。他们对待居澳葡人的态度，既有体现民族感情的一面，又有体现民族胸怀的一面。关于前者，康熙末年汪后来的《澳门即事同蔡景厚》之五云："金巨雄鸡斗碧阴，华夷分队立森森。输赢亦是寻常事，老大难忘左袒心。"⑮斗鸡娱乐，本来没有什么政治色彩，但蕃汉之间却壁垒森严，连年老的中国人也怀着袒护汉族之心，前来助威呐喊。反映了澳门中国百姓强烈的民族感情。关于后者，嘉庆间何健的《前山八景·山城偃月》之三、之四云："我士我女，我商我贾。以育以生，乃祖乃父。""祖父之宅，天子之仁。扦此牧圉，匪曰敌，而曰宾。"⑯意思说葡人从其祖父辈开始，便生长于斯土。允许葡人的父祖居留澳门，是由于天朝皇帝的仁德。朝廷筑前山寨城以捍卫边境，但对居留澳门的葡人，不是当成敌人，而是看作客人。既体现了博大的民族胸怀和泱泱大国之风，又表达了中国百姓与葡人和睦相处的愿望。

随着澳门的回归祖国，土生葡人已经成为祖国大家庭的一员。这一社会群体作为几百年来中西文化交流的产儿，在今天保持澳门社会的繁荣稳定和中西交融的文化特色中发挥重要的作用。清代诗人关于澳门土生葡人的描述，为我们留下了一面可供借鉴的镜子。

---

①徐朔方笺校《汤显祖诗文集》上册，上海：上海古籍出版社，1982；《玉茗堂诗集》卷六，第428页。香墺即香山澳，澳门的古称。

②⑧屈大均：《翁山诗外》卷一一，清初刊本，第43页；卷九，第46页。

③潘飞声：《说剑堂集》卷一，1934年刊，第18页。

④丘逢甲：《岭云海日楼诗钞》，合肥：安徽人民出版社，1984，第161页。

⑤《澳门杂咏》之二，录自李遐龄《勺园诗钞》卷一，嘉庆十九年刊，第8页。亚姑连，疑为葡文 aguardente 的音译，意为烧酒。此为西洋酒的一种。道光《香山县志·舆地·物产》："澳门中洋酒来自西洋、红毛、佛郎西诸国者甚伙。……利哥酒、巴悉酒、西打酒、亚姑连酒、三边酒、哓酒俱淡黄。"巴荙，淡巴荙，为葡文 tobaco 的音译，即烟草。

⑥吴渔山：《墨井诗钞》别卷《三巴集》，康熙五十八年刊，第2页。

⑦⑱㉝㊷印光任、张汝霖：《澳门纪略》卷下《澳蕃篇》，嘉庆五年刊，第24页；第21页；第29页；第50～51页。

⑨屈大均：《广东新语》，北京：中华书局，1985，上册，第37～38页；下册，第482页。

⑩王士禛：《池北偶谈》卷二一《香山墺》，文渊阁四库全书影印本，第28页。

⑪方恒泰：《橡坪诗话》卷九，道光十三年刊，第21、20页。

⑫《乔治·钱纳利：澳门》，澳门：澳门市政厅、贾梅士博物院，1985。《日本》图9，《葡国》图101、图105等。

⑬钟启韶：《听钟楼诗钞》卷三，道光十年刊，第20页。芦卑酒，芦卑当为葡文 rubeo 的音译，意为鲜红的。印光任、张汝霖《澳门记略·澳蕃篇》："酒以白葡萄为上，红葡萄次之，……又有葡萄红露酒、葡萄黄露酒。"芦卑酒盖指红葡萄酒或葡萄红露酒。

⑭黄绍昌、刘熽芬编《香山诗略》卷一二，1937年刊，第376页。椰菜，又称椰珠菜、椰菜花。道光《香山县志·舆地·物产》引李遐龄《香山物产略》："椰珠菜，一名蕃芥兰。叶蓝色类芥蓝而大，一科重至数觔。茎端嫩叶团似椰子，内珠味甘脆。其种来自蕃舶，邑人多植之。"

⑮杨增晖：《丛桂山房初集》，光宣间刊本，第21页。糖霜，即白糖。

⑯王临亨：《粤剑篇》卷三《志物产》，北京：中华书局，1987，第91页。当时葡人每年两次至广州贸易。

⑰㉖梁乔汉：《港澳旅游草》，光绪二十六年刊，第8~11页。

⑲㉕㊹李遐龄：《勺园诗钞》卷一，第10页；卷一，第9页；卷二，第29页。

⑳㉛张琳：《玉峰诗钞》卷一五，清刊本，第6~7页。

㉑钟启韶：《听钟楼诗钞》卷三，第20页。

㉒屈大均：《翁山诗外》卷九，第45页。屈大均《广东新语·地语·澳门》则称："彼中最重女子。女子持家计，承父资业。男子则出嫁女子，谓之交印。"

㉓黄绍昌、刘熽芬编《香山诗略》卷六，第157页。

㉔张琳：《玉峰诗钞》卷一五，第6页。元周达观《真腊风土记·贸易》："国人交易皆妇人能之，所以唐人到彼，必先纳一妇人者，兼亦利其能买卖故也。"此用其意。

㉗尤侗：《西堂全集》第十一册《外国竹枝词》，康熙间刊本，第12页。佛郎机，明代对葡萄牙人和西班牙人的称呼。

㉘㉞潘仪增、潘飞声：《番禺潘氏诗略》第二册《义松堂遗稿》，光绪二十年刊，第2页；第4页。

㉙艾儒略：《西方问答》卷上，崇祯十五年刊，第22页。

㉚屈大均：《广东新语》上册，第38页。

㉜陈兰芝：《岭南风雅》卷一，第158页。白居易《长恨歌》："可怜天下父母心，不重生男重生女。"生男二句化用其意。

㉟廖赤麟：《湛华堂佚稿》卷一，同治九年刊，第15页。民国初年汪兆镛咏风信堂云："蕃妇祈风信，亦如祠浮屠。鲸钟响鼟鼟，流声播海隅。"汪慵叟：《澳门杂诗》，1918，第7~8页。

㊱吴兴祚：《留村诗钞》，康熙年间刊本，第37页。

㊲释迹删：《咸陟堂集》，《诗集》卷一四，道光二十五年重刊，第7页。康熙间复有梁迪的长诗《西洋风琴》，则咏其友副将郎亦傅巡边至澳，闻三巴寺风琴，归来仿制一架，拟欲献诸朝廷。梁迪《茂山堂诗草》第二集，康熙年间刊本，第42页。

㊳章文钦笺注《澳门诗词笺注：明清卷》，澳门：澳门特别行政区政府文化局，2002，第325页。

㊴汤贻汾：《琴隐园诗集》卷三二，光绪元年刊，第22页。

㊵蔡显原：《铭心书屋诗钞》卷二，同治二年刊，第15~16页。

㊶《魏源集》下册，北京：中华书局，1976，第 739~740 页。

㊸陈恭尹：《独漉堂集》，广州：中山大学出版社，1988，第 260 页。

㊺汪后来：《鹿冈诗集》卷四，清刊本，第 34 页。

㊻何天衢：《榄溪何氏诗征》卷六，道光十一年刊，第 27 页。

作者简介：章文钦，中山大学历史系教授，广州大学广州十三行研究中心研究员。

［责任编辑：刘泽生］

（本文原刊 2013 年第 3 期）

近代澳门的华商海内外联号

张晓辉

[提　要] 在中外经济史上，企业家进行联号经营是一个普遍的现象，而近代中国资本主义发展过程中，曾产生了别具一格的企业形式——澳门的华商海内外联号，这是跨越不同性质区域的企业横向联合体，其发展反映了海内外华人资本血脉与共、休戚相关的紧密联系，是近代中国民族资本的一种特殊形态，也是中国近代企业史不可或缺的重要组成部分。

[关键词] 近代　澳门　华商　联号

近代澳门的华商海内外联号（以下简称联号）缘起于清末，民国前期全面兴盛，抗战时期盛衰骤变，战后暂兴，旋即终结。中外经济交往的增长和澳门在华南贸易转运中发挥作用，是联号产生及发展的主因。粤港及内地华商的多次迁移，则起了较大的推动作用，而澳门华商也需要加强与外地市场的联络，这些便是在中国近代占有特殊地位的澳门华商海内外联号出现的主要背景。联号发展呈内外互动关系，覆盖范围广阔，成为沟通海外侨胞与祖国经济交往的桥梁，同时也推动了区域社会经济的现代化。

一　联号创建的动因及其发展历程

（一）联号创立的动因

首先，近代澳门在葡萄牙的殖民统治下，成为华南对外贸易的一个重要港口和转运站，不少粤商为谋进一步的发展，赴澳门设立联号，利用澳门的商贸条件，作为开拓国际市场的一个重要基点。

澳葡政府趁列强侵华造成中国社会巨大变动之机，从 19 世纪 40 年代中后期开始推行自由港政策，促使澳门在其长期依存的广州体制瓦解之后，在新形成的东西方国际贸易网络中找到适宜自身发展的空间，一度成为粤西海岸及西江地区进出口贸易的商业中心和首要中转港。1887 年拱北关设立，始有华洋贸易的统计。当时粤海关的征税制度，促使澳门成为粤西海岸贸易的汇集地。①

民国初年，澳门与内地的贸易约占拱北关贸易总值的 2/3。广东的茶叶、烟叶、禽畜、米谷、棉布、蛋类、葵扇、草席等输往澳门，除少量供当地居民消费外，其余大多数都转运香港再输出海外。澳门输往广东的货物如鸦片、棉纱、煤油、面粉、杂货、海鱼制品等经由粤海关各口销至各地。如 1912～1921 年，从澳门出口的鱼类年均超过 300 万元，主要运往西江下游各埠。②

20 世纪 20～30 年代，澳门实业取得较大发展，产品畅销海内外。其中北上运入广州各地，可通过陆路，但更多是经由水路内河运出。火柴、炮竹、卷烟、针织、水泥、神香、蜡烛等是澳门重要的行业，所用原料多由广东运来。如卷烟厂的原料烟叶多来于鹤山、新宁，火柴厂的火柴枝及制盒木片有些来自广州，炮竹的原料有些来自佛山，椰油的原料椰子由广东各地输入，制造神香的香料来自广州等地，制造蚊香的原料部分来自阳江，水泥厂的原料石灰及石膏均由广东运入，织造业的原料棉线有些也由广东供应。还有不少原料来自中山等县，如蚊香业的除虫草、酿酒业的米曲等。

其次，清末民国时期，内地政局不稳，也使得部分企业家为避乱而迁澳门发展。如 1887 年 5 月粤督张之洞奏称："粤民侨寓澳门，人数众多，良莠互异。南、番、香、顺等县商民往来省港者何止数万，往往两地置产，两地行商，无从限断。"③又如 19 世纪 80 年代，由于南海县一带的丝业资本家无法在当地立足，纷纷将缫丝厂迁至澳门，仅 1882 年即有 3 家工厂迁到澳门。④

尤其是抗战时期，澳葡政府奉守"中立"政策，一度提升了澳门在中外贸易中的地位。据拱北海关报告：自广州沦陷后，广东各口与香港的交通断绝，大批货物经澳门中转进出，故 1939 年该关贸易额"较往年反见优胜"。当汕头、江门、中山等地沦陷后，澳门甚至成为"沦陷区与后方交换物资之最大中心区"。⑤不少华商为躲避战乱而迁澳门，使内地与澳门的联号数量迅速增多。如王老吉是广州著名的药业老字号，在港澳均设有分店，日军侵占广州后，其凉茶货栈全被焚毁，经营者逃至澳门，在大兴街开设分店继续营业，直至战后才回广州复业。⑥

（二）联号的发展历程

由于外贸的关系，澳门与粤港的华商很早就建立了联号。如清道光末年，粤省新会县人朱延宾于广州创办朱广兰号，以经营熟烟（加工烤焙的烟丝）出口为主要业务。该号成立不久，先后在江门、香港、澳门、檀香山、新加坡等地设立分支店或厂场，达一二十处。在晚清数十年间，业务发达，资金雄厚，盛极一时。⑦

19世纪中叶以后，香港买办自立行号已成为较常见的现象。他们除独资经营外，还向内地官、商企业投资，实行多种经营、横向发展，经济实力大为膨胀。如何东为香港置业保险船务及出入口各行商业之领袖，何氏兄弟除投资航运、保险、金融、房地产外，还兼营糖业、花纱、煤炭等，其字号遍及内地各口及澳门、菲律宾、爪哇等地。⑧

澳门与穗港茶商的联系十分密切。如1877年时，广州有两家大的茶行设在澳门，时人认为，"就这个地区（按即粤港澳）的茶叶贸易而言，这两个地方（按即穗澳）实际上是合而为一的。"⑨著名的英记茶庄历史甚为悠久，成立于1882年，初以广州为总店，后改为香港，设有广州、澳门两个分店。由靠近澳门的香山县籍人士陈杰卿、陈日南、陈星海等创办，系家族独资经营。⑩

民国前期，澳门与外地华商联号覆盖的地域较清代更为扩大。这主要得益于民族资本的较大发展，第一次世界大战及其后的一段时期，华商资本持续扩充，特别是在不断高涨的国货运动中，粤港澳企业之联系愈加紧密，所建立的联号遍及各行各业。如第一次世界大战期间，港澳厂家回粤大办火柴厂，计达19家，使广东火柴工业兴旺一时。⑪

抗战初期的局势，有利于华商联号的进一步发展。在纷乱的战争中，人们视中立的澳门为"世外桃源"，人口突增，商贾云集，经济社会呈现蓬勃生机，以粤港为主的华商纷纷前往寻求发展，如广州土洋染料业的兆新隆号为该行业首赴澳门开分店，生意兴隆，获利甚丰。⑫张祝珊、郭庚夫妻及其子张玉阶于抗战前在广州开设张锦记山货店，1938年10月广州沦陷，郭庚、张玉阶母子等逃难至香港，开设洋杂店，沿用广州张锦记的名称为招牌。1942年，张玉阶又创办澳门、广州张锦记，奠定了其日后家族发达之基础。⑬郭得胜为广东中山人，其宗族多在家乡经营土洋杂货及针织品。战时见物资短缺，便利用毗邻港澳交通便利之条件，从事货物转销生意，经营旺盛。继而与粤、澳（门）商人合伙开办鸿兴公司，在港澳、广州湾（今湛江）及广州等地设分公司，在上海设办事处以资联系，而以设于广州的鸿兴公司总其成。⑭陈星海原在广州拥有聚亨银号及英记茶庄，现又到澳门开设生豪、宏泰、建成银号及多间茶庄。⑮一批内地药号亦赴澳门创建分支机构，如普济药行战前由陈少泉独资创办于广州，广州沦陷后退守港澳（以香港为总行）；⑯广州潘人和药号、欧家全药行和上海雷天一制药厂亦设澳门分行；⑰广州陈李济药行澳门分行于 1941 年 6 月 20 日开业；⑱内地唐拾义父子大药厂、上海宏兴药房于同年 11 月分别增设澳门分局及办事处。⑲

人口骤增，商贾云集，市场繁荣，带动了金融业的活跃。内地不少银业店号迁澳门经营，"大银号，小找换，遍布了繁盛街道和热闹市廛里，生意亦异常发达。"各银号、钱柜的生意以门市获利较多，因战时货币种类既多，价亦常变，常需找换，出入之间，获利不少。各种手续费之收取，亦颇可观。⑳如何贤为澳门传奇式人物，金融巨子，著名的爱国社会活动家。何本为番禺人，20 世纪 30 年代涉足广州金融市场，与何善衡、马子登等合股创办汇隆银号，信誉日隆，初露锋芒。广州沦陷前夕，到香港继续从事金融买卖活动，后又转到澳门立足，于 1940 年成立大丰银行，经营货币找换和电信驳汇，成为当地银业之翘首。㉑"金铺也是星罗棋布"，因难民有的带有金饰，在手头拮据时即换为白银，以维持生活，致使大小金铺生意也甚为可观。周大福金店即为一显例，它始创于战前的澳门，创办人为周至元，在其婿郑裕彤的致力经营下，业务不断扩展，1945 年到香港开设分行，终成为香港的四大金铺之一。㉒还有办理汇兑、存款业务，或进行投机事业者，加上澳门的中立地位，为省、港、广州湾货物的接驳站，货物运输频繁，可经营的事业益多，金融业遂呈蓬勃现象。甚至有人称此段时期为澳门金融业的"黄金时代"。

战后初期，澳门的华商海内外联号得以重建，但随即因国内局势骤变而陷入困境。50 年代初，联号大部分或结束或中断联系，从总体上逐渐终结。

二 联号的各种类型及门类

（一）联号的类型

在近现代中外经济史上，企业家进行联号经营是一个普遍的现象，但所谓"联号"，以往我国商界和学术界缺乏明确的定义，其概念较泛。[23]笔者认为中国近代华商联号有分支、并列和复合三种类型，[24]由于澳门对于华商建立海内外商业网络具有特殊的重要性，从形式上来考查，这些类型皆备，但最多的还是分支联号。

1. 并列型联号。联号现象一般在同行业或相近行业特别是商贸业中居多，亦以商贸业的联号经营形态最为典型。并列联号间的关系比较简单，相互没有资金、人事联系，双方只是通过经济合同、协议等形成比较固定的协作关系。并列联号间各自保持独立，只发生业务特殊密切联系，关系较为松散。如香港汇隆银号与澳门、广州及美国的大昌贸易行，大陆钟表行与广州、香港、澳门相关企业有并列联号关系。[25]广西许多城镇圩市都有港澳商号或联号，如19世纪垄断北海和港澳之间海运业的大型头锰船队，就是澳门航商组织经营的。[26]

2. 分支型联号。华商实行分号经营，由来已久。约自明清时期起，由于商品经济的迅速发展，已经出现了一些营销范围相当广泛的商号。以中国疆域之阔和各地差异之大，这些商人资本需要依靠其建立于各地的分支机构，才能更为有效地进行经营和管理。此种联号类似西方的母子企业，总号下属的分支机构，与总号在资金、人事、业务方面有密切联系。应注意的是，许多联号的下属分支是广泛分布的，笔者曾对94家以粤港澳为主的联号药行进行过粗略的统计，情况是总分行店铺合计为2间者有53户，合计为3间者有20户，合计为4间者有15户，合计为5间者有2户，合计为6间者有4户。

3. 复合型联号。此类联号多为大型企业集团，兼有分支、并列联号的特点。一般来说，复合联号跨越不同性质的区域乃至国别，如朱广兰号在国内外广设联号，资产净值至少达数百万银元，是华南地区规模、资金较大的企业。在晚清数十年间，朱广兰业务发达，盛极一时。该号还附设作坊，生产生油、烧酒及包装品，同时在南洋地区投资开办锡矿、橡胶园等，业务范围极广，机构庞大，成为当时华商的综合性企业。该号的总管理处原设于广州，后因港澳及国外分支机构增加，重心转移，遂迁至香港。[27]

（二）联号的门类

1. 餐饮及旅业。中国饮食文化源远流长，特别是粤菜闻名遐迩，自古就有"食在广州"之美誉。粤、港、澳三地饮食文化同源，故几个大酒家不仅同名，且相互联系紧密。如广州四大酒家（即文园、南园、西园、大三元）与澳门同业共组宏伟的五洲大酒店，于 1925 年 4 月 11 日在澳门开张。[28]1927 年 5 月 17 日，广州四大酒家又举行"空前大运动"，与香港南园、大三元酒家及澳门大三元、文园酒家共同推出美食，[29]造成极大的轰动效应。至抗战初期，香港酒楼中除了文园、西园、广州酒家等属粤港联号外，大三元和南园分别已有两家分店。[30]广州东亚大酒店则由马应彪等创办于 1914 年，在上海、香港、澳门设有分店，资本额 40 万元。[31]

2. 金融业。广州市立银行是民国时期广州市的金融枢纽，由该市政府于 1927 年 10 月创立，初有资本 30 万元毫银，除本市外，在香港、澳门、江门、中山石岐等埠设立分行。[32]

3. 制造业。制造业的联号主要创建于民国初年至抗战以前，多为香港企业的分厂。如香港福安鞋厂创于 1915 年，经理姚富为南粤番禺人，生产主要为手工操作，原料来自内地，支店分布于上海、广州及澳门等地。[33]广万隆炮竹厂 1910 年始创于东莞，由叶兰泉、陈兰芳独资经营。20 世纪 30 年代初，总厂设于香港，分厂设于东莞、澳门、广州、佛山。[34]香港黄棠记机器锯木厂由黄卓卿独资创办于 20 世纪 30 年代初，在澳门、广州设分厂。[35]香港全新线衫厂由陈绍文、陈祖芝创办于 1930 年，在广州、澳门及新加坡设有分支。[36]

此外，广西公栈桂皮厂创办于 1921 年，广州民元电机织布厂创于 1927 年，曾设澳门分支机构。澳门多宝蚊香公司创办于 20 世纪 30 年代初，在香港设分公司。[37]

4. 百货业。1900 年年初，由香山籍旅澳华侨马应彪、蔡兴等创办的先施百货公司是香港和内地首家大型华资百货店，其创办时的广告词云："中国之变彼此不同，华人商贾各争其上，惟本公司之设，先正己心，然求远近客来，故有货真价实童叟无欺之义，于是向外国集资设港，专办各国洋货匹头丝巾丝绸等物发售，且代沽上等花旗衣车"。[38]先施公司业务迅展，先后设广州、上海、澳门、新加坡等分公司，并实行多角经营，先后投资于保险、化妆品、银行、旅游等行业。先施公司对于中国近代百货商业有着重要的影响，在其成立 25 周年纪念时，颜惠庆为其纪念册作序赞云："吾国之经营实业十余年矣，华侨归国振兴实业之成立者日多，顾其初提倡最早而见微知著积厚流光则惟粤侨之先施公司称巨擘。"范源廉题字为："先施公司中华百货商店之鼻祖"。[39]

抗战初期，由沪、港华商联合发起组织香港中国国货公司，于 1938 年 10 月 20 日开幕，次年 9 月和 1940 年 3 月相继增设九龙、澳门分店，1941

年又添香港旺角和澳门绸布商店。这是由各工厂正式组合的公司，到港澳及国外设立联合门市部以推销国货，是华商出口行中前所未有的创举，有利于出口商品的扩大和新产品的推销，故销售额年年上升。[40]

5. 制药业。该业联号众多，如冯了性药酒行、陈李济药行、马伯良药房、潘人和药酒行、王老吉凉茶铺、仁和堂、保心安药厂、陈修宗药局、利群轩、欧家全药行、普济药行、潘高寿、永安堂、永泰正十字油公司、大众行制药厂、上海施德之药厂、上海茂华大药厂、上海雷天一制药厂等。潘高寿的前身乃"长春洞药铺"，始创于清光绪年间，由潘百世（潘高寿）、潘应世兄弟在广州创办，制售各式腊丸。1929 年潘百世之子潘郁生创办潘高寿药行，专营特创之川贝枇杷露。抗战时广州沦陷后，该药铺歇业，店主潘郁生父子分别到香港、韶关等地，继续经营。[41]战后由潘郁生以潘高寿取代长春洞，专营川贝枇杷露，在广州设新店铺。除在香港设厂外，还在台湾、澳门设点经营，进入兴旺发达时期。[42]

永安堂创于清末，创办人是南洋华侨胡子钦，最初设于缅甸仰光，专售国药。胡氏殁后，由胡文虎、胡文豹兄弟继承父业。永安堂沪行创办于1927 年，为上海西药行中实力最雄厚者。1932 年胡氏昆仲将总行迁至香港，次年又添设汕头分厂（产品专销国内市场），永安堂的分行或制药厂广泛分布于内地及澳门、台湾、南洋各地。[43]

大众行制药厂为香港有数的几家西药厂家之一，抗战时期在广州、澳门乃至广州湾（今湛江）都设有支行，生产注射剂、丸剂和配剂等，以应付港澳及华南之需求，弥补舶来药品的断市。[44]

6. 其他行业。主要有陈太吉老酒庄、李占记钟表店、林源丰钟表行、人和悦老酒庄、张锦记洋杂货店、周生生金饰珠宝行、鸿兴公司、光光眼镜公司等。如李占记是驰名省港澳的老字型大小钟表店，以专修名贵钟表的高超手艺和重视质量而闻名于世。该店创始人李兰馨自 1915 年起，相继在广州、澳门开设分行，均保持其特色，以修为主，兼营零售，生意越做越大。[45]香港谦利行（贸易）由陈伟生创办于 1903 年，分行设厦门和澳门。[46]广州染料业的兆新隆和广丰行都创办于抗战初期，均在香港和澳门设有分庄。[47]

三 联号的历史地位与作用

（一）联号的特点

具有悠久历史的联号在发展过程中，形成了自身非常鲜明的特点。

其一，双向互动，联系面较为广泛，澳门联号多为粤港企业的附属商号。笔者统计了在澳门的 43 家分支型和复合型联号，其中起源于香港的有 17 家，广州有 13 家，佛山有 5 家，上海有 4 家，东莞、新宁（今台山）、梧州、澳门各 1 家。

其二，联号具有多种类型。联号的经营活动呈互动关系，按企业的地域路向，有内地及香港至澳门、澳门至内地及香港联号，但以前者为主。从企业的统属范围看，有双边和多边联号。在漫长的发展过程中，不少企业成长为横跨海内外的多边联号，如马伯良药房成为港澳、佛山、汕头、上海、台湾、南洋联号，陈修宗药局成为广州、港澳、佛山、三藩市、马来亚庇能联号，朱广兰号成为广州、江门、澳门及南洋、美洲联号。

其三，联号资本具有浓厚的地缘性。澳门联号主要范围还是限于珠江三角洲地带，多由粤籍商人经营。

其四，联号中的工业资本远远少于商贸业资本。联号企业大都属于百货、药号、贸易、餐饮等门类，真正从事机器制造的很少，而且大都系中小型企业。

其五，与粤西及广西联系密切。如广西梧州公栈桂皮厂由粤商陈汉池等创办于 1921 年，在广东禄步、香港、澳门都设有分支机构。[48]

（二）联号的经营管理

其一，企业性质多样。笔者统计了 45 家联号（除 2 家不明性质外），有股份有限公司 15 家，家族制 12 家，独资 10 家，合伙制 4 家，合资无限公司和市营各 1 家。实际上在发展过程中，企业性质也会有所转变。如马玉山糖果饼干公司创办于 1911 年，由马玉山、冯筠隆、唐溢川等经理，总公司设在菲律宾，资本额 20 万港元。后总公司改设香港，分公司遍及于澳门、广州、上海、北京及菲律宾，并由独资发展为股份有限公司。[49]此外，除了广州市立银行属官办外，其余都是私营企业。

其二，组织机构设置灵活。经销范围广、机构分散，受各地不同的政治、经济环境的影响，企业管理变得日益复杂，很难用一种统一的模式来进行管理，故有些联号建立了地区性的自主管理的分支机构，实行分权式管理。为了更有利于提高适应力和竞争力，联号在统分结合的原则下，给予了各分支行号相当的经营管理自主权，允许其拥有相对完整和独立的组织结构。如广州民元电机织布厂由莫德明、石道周创办于 1927 年，至抗战前有香港、澳门、东莞石龙三联号。该厂组织以股东会为最高机构，下设经理、协理及司理。⑤

其三，家族世代经营。如朱广兰企业由朱氏家族世代经营，各总分支机构均由朱家近亲子侄分别掌握。朱心泉负责管理广州老店，朱松乔主持香港总店，朱戟门经营新加坡分店，朱小晋掌管澳门朱昌记工厂。⑤梁财信医馆在佛山发迹后，民初梁氏家族由集中而走向分散，梁财信之孙梁晓峰首先迁至广州开诊，另一孙梁蓝田随后也到广州挂牌，曾孙梁寿南更到香港去发展。以后广州共有 6 间梁财信医馆，佛山有 2 间，香港和顺德各有 2 间，澳门、江门及韶关等地亦有。梁氏家族各铺号互相竞争，抢夺市场，但由于各自发展方向不同，故利害冲突不甚尖锐。如梁晓峰和梁蓝田都到广州发展，曾口头约定分别在城内西关和双门底设馆，协议互不超越范围。⑤

其四，保持诚信和特色。如陈星海经营广州英记茶庄很有特色，始终坚持货真价实，以诚取信顾客。在经营方针上，以适应当时的大众消费力为主，在薄利多销的同时，也注意经营高档茶叶，实行高中档并举。他很注重商品的宣传和包装装潢，除在报刊上登载广告外，还在包装纸上印刷彩色的武夷山茶区风景，并选用罐装锡盒，以提高包装质量。在分店的装修上，他别出心裁，把港澳分店装修得与总店一模一样，使顾客在市内繁华的地段上，随时都可看见英记茶庄，久而久之留下深刻的印象。⑤

其五，精工制作，创立优质品牌。如朱广兰企业对凡是自行加工制造的商品都精选原料，烟丝大部分是用广东鹤山和新会所产上等烟叶调制而成，自制茶叶大部分是用鹤山的高山名茶，生油选用上好的花生仁反复精制；自制以外，选办的酒从来不加掺杂，原装出售。选办的绸、布、成衣以及其他比较讲究的杂货，也大都是上货。这样做的目的，是在力求巩固"名牌货"的信誉。⑤全新线衫厂为粤、港、澳、新加坡联号，规模甚为宏大，原料绝大部分采自英国，出品极为优良，远销国内外市场，曾获广州市社会局、广州展览会、香港中华厂商联合会及新加坡中华总商会等社团奖状。⑤

（三）联号的历史作用

其一，推动澳门社会经济的发展。澳门与外地华商联号经营这一较为普遍的现象，十分有利于澳门的稳定和繁荣。如粤港澳地区是我国餐旅饮食比较发达之地，建立了不少联号。民国初年，港澳茶楼林立，而引导时尚潮流的，主要是来自广州同业的联号。广州朱广兰号在澳门所设的联号朱昌记，是一间规模相当大的制烟工厂，大量生产外销熟烟，并置有彩色印刷机，自印商标包装和广告。另又附设木箱厂、铁罐厂、酒厂等辅助厂和产品门市部，成为当地华人工商业之巨擘。⑯陈兰芳是著名的"爆竹大王"，在香港拥有大型企业广万隆公司，独家设厂制造。后又在澳门、佛山、广州及东莞等地增设分支厂店，产品远销于海内外，主要供应华侨华人之需。⑰

林子丰于 1926 年创办香港四维公司，专营越南鸿基白煤，设分公司于澳门及华南各埠，以供国内各地需求。他在民国时期近 30 年间，所营之煤业、米业、船务、银行、钢铁等业务（生意），"莫不鸿才展布，策划周详，对于国计民生，贡献实多"。热心社会慈善赈济及教育福利、乡梓公益事业之举，尤以战时尽力拥护抗战救亡，劝募国债，赈济灾黎，成绩斐然，迭得中枢嘉奖，蒋介石亲题"忠义为怀"四字馈赠。香港沦陷后，敌欲迫其出任伪职，乃举家隐避澳门，保持清白，正气昭然。旋在澳门出任培正、培道二校校长，澳侨临时大学校长，嘉惠战时学子。⑱

其二，合理安排海内外市场。联号之间相互依托，鉴于港澳和内地在市场、关税及政府政策等方面有很大的差异，故在经营上有明确的对内对外分工合作，一般讲内地方面主要负责国内市场的产销，澳门方面则分担联系海外的业务。如陈李济药行因合理的内外分工，既解决了市场的竞销问题，又避免了产品进出口关税的麻烦。⑲

其三，建立联通海内外的营销网络。建立范围广大的营销网络，是华商经营的一大习性。澳门的海内外华商联号充分利用内外市场的各种要素，取长补短，编织起非常广泛、密集的营销网络。如民初陈李济进入产销的"黄金时代"，所有分行和支店，形成一个跨省跨国的经济网。⑳

联号在营销网络的铺设过程中，将直接在各地设厂、设分行与寻求代理等多种营销方式结合起来，全方位地展开。以制造业为主的联号除设法在外地直接设厂作为生产基地外，同时也在一些重要地区设立营销分行号。如香港全新线衫厂产品远销南洋一带，在广州设有分厂，产品供应内地市场，并在澳门和新加坡设立分行以直接负责该方面货物的接应推销。香港福安鞋厂主事生产，在上海、广州、澳门设立支店，分别供应当地市场之需求。㉑

其四，连接海内外的华商资本。由于籍贯、方言、习俗及历史等诸多方面的因素，粤商有不少人兼有港澳商人、华侨商人的身份，在海内外从事经济活动，早期他们的身份是难以分割的。在广泛联络祖国与海外侨胞方面，澳门联号扮演了重要的角色，既沟通了国内与海外的华人市场，又融合了海内外华资的力量，在近代民族经济史上占有独特的地位。

———————————

①②⑤莫世祥等编译《近代拱北海关报告汇编（1887～1946）》，澳门：澳门基金会，1998，第126页；第95～96页；第383、385、388页。

③赵利峰：《尴尬图存：澳门博彩业的建立、兴起与发展（1847～1911）》，广州：广东人民出版社，2010，第236页。

④汪敬虞：《中国现代化黎明期西方科技的民间引进》，北京：《中国经济史研究》2002年第1期。

⑥广州市政协文史资料委员会等编《广州文史》第61辑，广州：广东人民出版社，2003，第62页。

⑦㉗㊶㊤朱克礼：《朱广兰企业的兴衰》，《广州文史资料（选辑）》第21辑，广州：广东人民出版社，1980。

⑧《何东》，吴醒濂编《香港华人名人史略》，香港：五洲书局，1937。

⑨广州市地方志编纂委员会办公室等编译《近代广州口岸经济社会概况——粤海关报告汇集》，广州：暨南大学出版社，1995，第193页。

⑩⑮林铭：《陈星海先生事业成功的片断》，广东中山：《中山文史》第13辑，1987。

⑪梁荣主编《论广东150年》，广州：广东人民出版社，1990，第37页。

⑫陈文麟：《土洋颜料的商业经营》，《广州工商经济史料》第2辑，广州：广东人民出版社，1989。

⑬何文翔：《香港家族史》，香港：明报出版社，1992，第182～183页。

⑭李旭昭、冯焯南：《郭得胜先生的创业概况》，广东中山：《中山文史》第13辑，1987。

⑯普济药行广告，香港：《星岛日报》1940年3月16日。

⑰潘人和药号、欧家全药行、上海雷天一制药厂广告，香港：《星岛日报》1940年2月4日、12月5日和1941年9月21日。

⑱陈李济药行广告，香港《星岛日报》1941年6月22日。

⑲唐拾义父子大药厂和宏兴药房广告，香港：《星岛日报》1940年11月7日、11月25日。

⑳何蔼生：《澳门商业调查录》，香港：《星岛日报》1940年1月18日。在1941年12月之前，澳门市面上流通的货币以港币为主（无论一般交易，市民储蓄，均以其居多），其他还有澳门币（由大西洋银行发行，数量并不多）、广东银毫（只具辅助性质）等。

㉑《何贤生平》，广东中山：《中山文史》第19辑，1990，第12~13、16页。

㉒曹淳亮主编《香港大辞典》，广州：广州出版社，1994，第671页。

㉓现代国际经济界有一名词叫"联号企业"（即Associated Enterprises），在我国一般称联合企业。

㉔参见张晓辉《中国近代华资联号企业释义》，广州：《广东社会科学》2007年第6期。

㉕中国人民银行总行金融研究所金融历史研究室编《近代中国的金融市场》，北京：中国金融出版社，1989，第149页；骆超平等主编《广东地方名人录》，广州：广东新闻出版社，1948，第223页。

㉖㊽黄滨：《近代粤港客商与广西城镇经济发育》，北京：中国社会科学出版社，2005，第11、108页。

㉘《广州四酒家同启》，香港：《香港华字日报》1925年4月11日。

㉙《空前大运动》，香港：《香港华字日报》1927年5月17日。

㉚《商号分类》，《香港华侨工商业年鉴》，香港：协群公司，1939，第71~72页。

㉛㊷㊺㊿甄人、谭绍鹏主编《广州著名老字号》，广州：广州文化出版社，1989，第35页；第54~55页；第166页；第38页。

㉜《银行货币》，《中行月刊》第6卷第6期，1933年6月，第89页。

㉝《福安鞋厂》，王楚莹编《香港工厂调查》，香港：南侨新闻企业公司，1947。

㉞《调查·广万隆炮竹厂》，《香港工商日报》1934年4月24日。

㉟《黄卓卿》，吴醒濂：《香港华人名人史略》，香港：五洲书局，1937，第69页。

㊱55《全新线衫厂》，王楚莹编《香港工厂调查》，香港：南侨新闻企业公司，1947。

㊲多宝蚊香公司广告，香港：《香港工商日报》1934年6月3日。

㊳先施公司广告，香港：《香港华字日报》1900年5月19日。

㊴先施公司编《先施公司二十五周纪念册》，香港：商务印书馆，1925年承印。

㊵上海社会科学院经济研究所等编著《上海对外贸易（1840－1949）》下册，上海：上海社会科学院出版社，1989，第82~83页。

㊶潘高寿广告，香港：《星岛日报》1939年4月29日、10月12日及1940年12月2日。

㊸上海医药公司等编《近代上海西药行业史》，上海：上海社会科学院出版社，1988，第84页。

㊹《大众行制药厂》，王楚莹编《香港工厂调查》，香港：南侨新闻企业公司，1947。

㊻谦利行广告，汇丰银行编《百年商业》，香港：光明文化事业公司，1941。

㊼广州市工商业联合会等编《广州工商经济史料》第2辑，第127页。

㊾马玉山糖果饼干公司广告，香港：《香港华字日报》1913年7月1日，广州：《广

州民国日报》1925 年 4 月 1 日。

㊿《民元电机织布厂》，王楚莹编《香港工厂调查》，香港：南侨新闻企业公司，1947。

52梁理平：《跌打医生梁财信家族的兴替》，广州：广东省政协文史资料委员会存未刊稿。

53陈子邦：《经营有方的广州英记茶庄》，广州：《广东工商》1986 年第 1 期。

54广东省政协学习和文史资料委员会编《广东文史资料存稿选编》第 4 卷，广州：广东人民出版社，2005，第 763 页。

57《陈兰芳》，吴醒濂编《香港华人名人史略》。

58《香港四维公司》，王楚莹编《香港工厂调查》，香港：南侨新闻企业公司，1947。

59《本港华资工厂之调查·陈李济药厂》，香港：《香港工商日报》1934 年 6 月 9 日。

61《全新线衫厂》、《福安鞋厂》，王楚莹编《香港工厂调查》，香港：南侨新闻企业公司，1947。

作者简介：张晓辉，暨南大学历史系教授、博士生导师。

［责任编辑：刘泽生］

（本文原刊 2013 年第 3 期）

主持人语

刘泽生

明清以降，澳门在世界的大舞台上一直就处于风云转变的旋涡与东西文化的交汇之中。西方殖民主义者的东来，使处于中国南疆一隅的澳门登上了世界历史的大舞台——独特而优越的地理位置使澳门成了西方殖民主义者觊觎的目标。大约在嘉靖三十三年（1554），葡萄牙人借口曝晒水浸货物而进入澳门，而后通过逐步占领的手段谋取在澳定居。在此前后，西方列强纷纷卷入对澳门的侵犯，包括荷兰、西班牙、英国等殖民主义国家。就连中美之间的第一个不平等条约——《望厦条约》，也是 1844 年在澳门附近的望厦村签订的。小小的澳门经历了列强前所未有的掠夺与东西文化的冲突。鸦片战争开启了中国近代历史的大幕。世界海洋贸易的发展与中葡双方的利益博弈，东西文化的交汇与冲突，改写了澳门的近代历史，影响了中国的近代化进程。在 16 世纪至 19 世纪的数百年间，澳门也曾经是远东地区最繁华的贸易中转港之一，在中国的近代化历史进程中扮演了一个颇为独特而又重要的角色。

在中国学术史上，可能很少有像澳门这样一个狭小的地方而又能引起学界如此高度的关注——从历史到现实，从学术到政治，从文化到经济，从境内到境外——这也许是少有的特例。本专栏四篇文章所发生的背景，就都集中在 16 ~ 19 世纪的这一时期。包括董少新的《明清鼎革之际的澳门》、江滢河的《奥斯坦德公司对华贸易初探》、赵利峰的《1840 年澳门版〈意拾喻言〉成书与出版问题丛考》及张中鹏的《16 ~ 19 世纪葡萄牙王室远东贸易特权的演变》，正好是横跨这数百年的历史中若干涉及世界海洋贸易与东西文化交汇的重大事件。董文有一段挺精彩的概括，澳门开埠以后，曾先后经历了明清鼎革、清初迁海、以鸦片战争为开端的 19 世纪下半叶中西冲突与不平等条约的签订、清王朝灭亡及民国的建立、抗日战争、国内战争及共和国的建立、葡萄牙康乃馨革命等一系列中外重大政治、军事事件。但令人称奇的是，澳门渡过了每一次动荡和危机，得以延续和保存了四个半世纪。澳门能够渡过历次的动荡和危机，每一次都有其具体的历史背景和原因，均值得治澳门史者深入考察和研究。

这还只是从文章的选题方面的考察。促使编者对此更感兴趣的还有另一个原因——在本刊上一期的《港澳研究》专栏主持人语中，笔者提出了当前值得学界关注的三点"题外话"，尤其是研究队伍老龄化的问题，认为如何培养、扶持新人，为"澳门学"的可持续发展未雨绸缪，是一个学科发展的战略性问题，有必要引起各界的重视。也许是杞人忧天吧。《港澳研究》专栏开办以来，受到境内外学人的极大关注，近期编辑部收到的稿件中，年轻学者就占了很大的比例。也许纯属巧合，本组专栏文章的四位作者，即属于 70、80 后的年轻人，这是最值得欣慰的事。

张爱玲说，"你年轻吗？活着活着就老了。"

是的，岁月不饶人，写着写着就老了。与笔者同一时代的学者，大都已是步入耳顺之年——这是终已逝去的青春。虽说是老歌不老，再回首恍然如梦。历史的舞台终归是为年轻人搭建的。后生可爱，后生可畏。其实这四位"新人"也不新了。如董少新者，虽是 75 后，但已是复旦大学文史研究院副院长、颇具知名度的教授了。诚如本专栏开办时所言，我们将用 2—3 期的篇幅集中展示澳门史研究成果，到本期已刊发了 10 篇澳门史论文，至此暂告一段落。我们将继续关注澳门历史的研究，欢迎海内外学界朋友不吝赐稿。本刊还将以不同形式，在合适的版块与合适的时机，继续刊发澳门史研究的佳作，尤其乐意为年轻学者提供更大的学术舞台。

明清鼎革之际的澳门[*]

董少新

[提 要] 17世纪中叶中国所发生的明清鼎革，对澳门造成严重影响，贸易萎缩，社会动荡不安，更为严重的是，曾大力支持南明政权的澳门，在清军占领广州后，面临着被攻取的危险。本文在前人研究的基础上，重新系统梳理葡文、中文和荷兰文相关文献，通过阐述澳门与南明政权之关系、澳门投诚清朝之过程等问题，呈现澳门渡过明清鼎革危机的过程，并归纳其背后的历史原因。

[关键词] 明清鼎革　澳门　贸易　耶稣会　荷兰

澳门开埠以后，曾先后经历了明清鼎革、清初迁海、以鸦片战争为开端的19世纪下半叶中西冲突与不平等条约的签订、清王朝灭亡及民国的建立、抗日战争、国内战争及共和国的建立、葡萄牙康乃馨革命等一系列中外重大政治、军事事件，但令人称奇的是，澳门渡过了每一次动荡和危机，得以延续和保存了四个半世纪。

澳门能够渡过历次的动荡和危机，每一次都有其具体的历史背景和原因，均值得治澳门史者深入考察和研究。[①]本文则在前人相关研究成果的基础上，专门阐述澳门如何在明清鼎革之际的战乱、政治压力和社会动荡中，得以延续和保存下来。

* 本文系"广州大典与广州历史文化研究"资助专项（项目号2013 GZZ05）的阶段性成果。

一 明清鼎革之际澳门所面临的贸易与社会困境

自万历四十六年（后金天命三年，1618 年）努尔哈赤发布"七大恨"讨明檄文并发动"抚清之战"，至康熙元年（永历十六年，1662 年）南明永历皇帝被杀、郑成功病逝，中国经历了辽东战事、农民战争、明朝灭亡、清军入关、清军南下横扫中原、南明覆灭等一系列战争，清朝最终确立起对中国的牢固统治，这 40 余年的历史时期，我们称为明清鼎革时期。受到明清战争和其他内外因素的影响，澳门陷入了一段空前的困难时期。

首先是贸易的凋零。澳门因中外贸易而出现，亦赖中外贸易而存在。16 世纪后期至 17 世纪初，是澳门贸易的黄金时代，这主要得益于澳门—长崎、澳门—马尼拉、澳门—麻六甲—果阿—里斯本、澳门—望加锡—帝汶等贸易线路的开辟和繁荣。澳门成为正在形成的国际贸易网络中的重要一环，是当时远东最重要的国际转运港口和贸易中心。[②]

但在明清鼎革时期，澳门贸易受到明朝和日本的对外政策、葡萄牙在远东与荷兰和西班牙竞争与冲突，以及明清战争的严重冲击，陷入萧条。1631 年，明政府颁布法令，禁止澳门葡人至广州贸易，严重削弱了澳门葡商在中外贸易中所享有的特殊地位。1639 年，日本德川幕府颁布法令，禁止葡萄牙船只至日本贸易，澳门从此彻底失去了曾为他们带来巨额财富的澳门—长崎航线。1641 年，荷兰东印度公司从葡萄牙人手中夺取了麻六甲，葡人由此丧失了对澳门—果阿航线的控制权。1644 年前后，由于四年前葡萄牙摆脱西班牙独立而导致澳门与马尼拉关系恶化，最终澳门商船被拒绝前往马尼拉贸易，澳门再失一条重要的贸易线路。此后，澳门葡人主要依靠澳门—望加锡—帝汶和澳门—印度支那半岛等以往并非主流的贸易航线，以及风险剧增的澳门—麻六甲—果阿航线，艰难维持生计。[③]

更为雪上加霜的是，当明清战争的战火迅速蔓延到江南和岭南以后，不仅破坏了贸易商品产地的生产，而且也严重影响了进口商品的内地消费市场。巴达维亚的一份报告写道："澳门由于连年战争，处境恶劣。"1646 年 6 月，两艘从印度驶往澳门的双桅船的船长对麻六甲的官员称，他们此行"只是装回在澳门余下的炮兵，那里因为战争连绵，贸易萧条"。[④]

上述两种境况，西班牙多明我会士帕莱福（Juan de Palafox y Mendoza，1600 - 1659）的著作中有较为详细的描述：

澳门拥有巨大财富而知名，从前它确实富有，但因为中国的战争以及产生的灾难，它现在已大不如前。……近八年来，贸易几乎终止；因为战争，他们得不到中国的商品。同时在葡萄牙和西班牙之间出现分歧后，葡人再不能自由到菲律宾去。日本皇帝也在他的领土上严禁与基督徒的贸易。于是澳门到处遭到损失；他们和其他地方的交易获利微不足道。……据认为这座大城难以长久生存。⑤

完全依赖贸易生存的澳门城，在贸易接连遭遇打击并由此陷入严重困境的时期，的确难以为继。而澳门所面临的困境还不仅限于贸易方面，受常年战争的影响，社会生活也陷入极度的混乱。

清军南下，接连与南明在江南、福建、湖广和岭南展开多年激战，百姓生产、生活遭受冲击。战乱对澳门社会造成严重影响，首先表现在大量难民涌入狭小的澳门城中。1642 年，澳门约有 600 名已婚葡籍男人，500 多名土生葡人，5000 个奴仆，以及约 20000 华人。⑥至 1644 年，澳门人口增至40000 人，一年后又增至 44000 人，⑦这一数字是开埠以后至 18 世纪末有记录的澳门人口的峰值。人口的陡增主要源自内地逃来的难民，尤其是 1647年广州被清军攻陷后，更大规模的难民逃至澳门，具体数目没有统计。

澳门的生活物资全凭内地供给，但战乱使供给无法得到保障。贫穷、拥挤的澳门，不久便爆发了饥荒和疫情。据耶稣会士嘉尔定（António Francisco Cardim，1596～1659）说，1648 年澳门街头不断发现倒卧的病人，圣保禄学院开放食堂，为饥饿穷人提供食品，有时学院大门排起长龙，超过500 人，这一年澳门死了 5000 人。⑧1650 年 1 月中旬，有两艘澳门小船驶往果阿运载的货物少得可怜，这主要是广州一带连年战祸的结果。船上的人告诉麻六甲总督说，澳门有 4000 多人饿死，根本弄不到丝绸。⑨1650 年 11月，清军再度围攻广州，并采取残酷的屠城行动；内地爆发瘟疫，很快蔓延至澳门，导致大批人死亡，有说死亡人数高达 7000 人，且大多数为华人。⑩

多年贸易几近停滞，经济滑坡，也导致澳门社会不稳定。1647 年年底，或 1648 年年初，因薪水被总督和市政厅拖欠，澳门卫戍士兵暴动，杀死了总督杜琛（Diogo Coutinho Docem），⑪这是澳门历史上唯一一次葡人杀害总督的事件。1648 年，葡印总督任命卡斯特罗（Braz de Castro）为澳门总督，但鉴于澳门的贸易完全瘫痪和社会形势恶劣，卡斯特罗拒绝赴任。⑫

面对如此困境，澳门葡人做出了多方面努力予以应对。例如向日本派出使节，期望重新恢复对日贸易，但以失败而告终；[13] 1645 年与荷兰签订停战协定，以确保葡船安全穿过麻六甲海峡，但仍需向荷兰人缴纳昂贵的过路费，且停战协定结束（1652）后，澳门葡人重新面临荷兰东印度公司武力的威胁。[14] 而澳门所需要面对的最重要的问题，是如何谨慎而灵活地处理好与南明和清朝的关系，以最大限度保障葡人在澳门的权益和地位。

二　澳门与南明之关系

葡萄牙在东方占领的诸多商业和军事据点中，澳门的政治地位比较特殊。它不像果阿或麻六甲那样，被葡国完全占领，而只是拥有居留权（寓居），主权则仍为中国所有。这一主权不仅体现在澳门葡人需要每年向中国政府交纳地租，也体现在中国政府对澳门的行政管理和军事控制。由于澳门地域空间狭小，仅有莲花茎一途与陆地连接，且设有关闸和前山寨把控，因此中国政府对澳门葡人的管理和掌控甚易，只要断绝生活必需品的供应，即可逼得澳门葡人就范。因此，葡人在澳门必须表现得足够恭顺，与中国官方保持良好的关系。葡人深知，这是使澳门持续存在的根本所在，甚至在经常被迫缴纳大量额外的赋税和贿赂时，也只能忍气吞声。

万历末年，后金崛起后尽管在抚清之战、萨尔浒之战中重创明军，但包括来华耶稣会士和澳门葡人在内，没有人会相信势单力薄的满洲部族能够实现"蛇吞象"的壮举。因此，自天启初至崇祯末，澳门葡人和耶稣会士为着各自利益，积极响应明廷的召唤，多次向大明输送西洋火器和铳师，协助组建和训练炮兵部队，期望以此获取明朝的青睐，进而获得更大的贸易和传教权利。[15]

崇祯十七年（1644），李自成攻入北京，崇祯皇帝自缢身亡，大明王朝寿终正寝。不久吴三桂引清军入关，年仅六岁的爱新觉罗·福临称帝，年号顺治，定都北京。清廷重用归降明将，挥师南下，展开大规模征服行动。五月，福王朱由崧在南京称帝，次年改元弘光，不久被清军攻灭。1645 年闰六月，唐王朱聿键在福州称帝，年号隆武，二年（1646）八月被清军捕杀。十月，桂王朱由榔在广州称帝，次年改元永历，继续抗清。

南明诸朝，国库空虚，内耗严重。他们极希望继续通过耶稣会士从澳门获得援助。澳门葡萄牙人似乎成为南明诸朝的一根救命稻草。而在汤若望（Johann Adam Schall von Bell）已在北京效力于清廷的情况下，耶稣会并未放弃协助南明抵抗清朝的努力，他们预判南明能够稳住对南方数省的控制，甚至有机会将鞑靼人逐出中原；若能实现此目标，则教会可获得南明充分信任，从而打开在南明控制区域的传教之门。故此，在南明存在的近二十年时间中，与耶稣会的关系甚密。毕方济（Francisco Sambiasi）、何大化（António de Gouvea）、瞿纱微（Andreas Wolfgang Koffler）、卜弥格（Michel Boym）等耶稣会士均曾积极为南明诸朝效力。[16]

截至永历朝前期，澳门葡人与耶稣会有着类似的看法，亦希望通过援明抗清，为澳门赢得更多的贸易特权和利益。1646 年 3 月澳门葡人阿泽维多（Jorge Pinto d'Azevedo）呈给葡萄牙国王的一份报告中，认为"中国国王同澳门人可拧成一股绳，齐心协力。澳门人帮助国王保国，国王则让澳门人继续待在澳门，这样吾王陛下便可保存上述在华的贸易，保存澳城所在的香山县岛的地租和对它的治权"，并建议向南明遣使，并配备 400 人援军。[17]

不过阿泽维多所提的建议并未被及时采纳，倒是耶稣会士先行一步，成为南明与澳门葡商和教会的联络人。1645 年年初，毕方济向弘光帝呈《为远臣久切祝圣之忱谨修方物之贡并陈一得仰佐中兴盛治事》疏，提出四点建议："一曰明历法以昭大统，一曰辨矿脉以裕军需，一曰通西商以官海利，一曰购西铳以资战守。"其中详论后两条曰：

> 广东澳商受廛贸易，纳税已经百年，久为忠顺赤子。偶因牙侩争端，阻遏上省贸易，然公禁私行，利归于奸民者什之九，归于府库者什之一。宜许其炤旧上省，在于何地栖止，往来有稽，多寡有验，则岁可益数万金钱，以充国用。……西铳之所以可用者，以其铜铁皆百炼，纯粹无滓，特为精工。

毕方济自荐担任使节，前往澳门，"部取习铳数人，以传炼药点放之术"，"必取明习天文西士数人，会同钦天监测算"，"臣即奉命驰澳，矿书必译详明，铳师必访精妙，星速入都，不敢少缓。"次日即获圣旨："海禁初开，毕方济著刘若金带往海上，商议澳舶事宜。"[18]弘光帝并颁《圣谕欧罗巴陪臣毕方济》曰："诚于事天，端于修身。信义素孚，识解通达。弘光岁次乙酉春王吉旦立（正月初一，1645 年 1 月 28 日）"。[19]

1645 年 3 月末，毕方济在得到耶稣会许可后，作为弘光帝使节率队前往澳门，随身携带弘光帝宣布开放海禁、允许葡商自由贸易之诏令，曰：

今朕命尔为使臣，赴广东向澳门城的商人宣开放海禁诏令。……朕之官员应为朕着想，善待番商，中外一体，勿滋事，戒突乱。此诏书下达之时尚未缴纳之关税，特赦免缴。尔等忠诚，中华受益，朕当另行开恩，尔等定不会失望。㉑

毕方济一行经南昌、南雄抵达广州，在那里停留一个月后，经香山入澳门。㉑毕方济在澳门各界盛大的欢迎仪式中来到澳门，给澳门带来了经南明皇帝批准的贸易利益："准这一年内入澳门口的商船货物，得免缴纳入口税，此数很大，达 1200 谢拉芬（xerafins）；毕神父又另得一谕，赐葡人得享很大自由，可到广州去营商。又为许多供给澳门粮食的埠口，皆得免税。最后又得皇恩，在广州城内敕建一天主堂"。㉒

毕方济在澳门逗留一个月后，突然从省城传来南京政权覆灭、唐王在福州称帝的消息，广州官员奉旨命毕方济尽快赴福州觐见隆武皇帝。毕方济于 1645 年 12 月 24 日抵达福州，并在"圣西尔维斯特日"（S. Silvestre，即 12 月 31 日）觐见隆武帝。㉓唐王朱聿键是弘光元年闰六月廿七日（1645 年 8 月 18 日）在郑鸿逵、郑芝龙、张肯堂和黄道周等人的支持下称帝的，七月初一日（8 月 21 日）改年号为隆武。唐王早年在开封、凤阳便与毕方济多有往还，交情不浅，称帝不久即多次致函毕方济，授予其官衔，望其襄助。其中第四函的西班牙文译本则保存于一份传教士的报告中，㉔该报告被陈纶绪译为英文、详加注释，现依据陈氏英译本译为中文如下：

自五月初与汝南京一别，余历经五月和六月之旅，到达福州。（闰六月）初七日余被推为监国，廿七日称帝。余本欲居重山环绕之泉州城。今梁吾友，汝识余已二十余载。众人对余信任有加，将江山社稷托付于我。余誓恢复故土，继承祖业，拯救子民。余内心苦若黄连，然将勤勉治国，为民谋福，舍此而不为。壮丽河山已成贼穴。余甚欲重掌江山如故。吾友，余告汝：余虽军饷匮乏，然余不日将御驾亲征。吾之老友，请谓余如何可做得更好？余已召汝三次。此番致书于汝，余决意命汝为武将，汝云何如？余欲封汝为侯爵，汝意下如何？自汝与余相别后，Leguen（少新按：此词是否为"Iquan 一官"即郑芝龙的误写？待考）对余之友谊半心半意。余深知，汝将能给予余以慰藉。吾友，请仔细考虑吾之建议。书于本朝元年第一个月份第四日。㉕

此函中许多内容有待进一步考证，如泉州，陈纶绪认为是厦门；闰六月初七日或为唐王抵达福州之日，而非监国之日，等等。值得注意的是，此信签署时间为"En el primer año del gouierno, en la primera Luna, à los quatro dias"，一般认为，这是阴历的西文表述，可直译为"隆武元年正月初四日"，[㉖]即 1645 年 1 月 31 日，但这绝无可能，因为此时尚为弘光元年，而据信中内容判断，此信显然写于唐王称帝以后。因此，这个时间或许有两种可能，一为隆武二年正月初四日（1646 年 2 月 19 日），[㉗]一为隆武元年七月初四日（1645 年 8 月 24 日），即改元隆武后的第一个月。据《1645 年耶稣会中国副省年报》，毕方济已于 1645 年 12 月 31 日觐见隆武帝，故我推测隆武帝此函写于 1645 年 8 月 24 日，按照时间推估，毕方济在澳门所接到的隆武诏书，很可能就是这一函。

毕方济抵达福州后，即上《修齐治平颂》（隆武元年十一月）、一份出使澳门报告和唐王称帝前曾写给毕方济的书札集，[㉘]隆武帝则于十一月十八日（1646 年 1 月 4 日）回赠《御制诗》，回顾两人近 20 年的友谊。[㉙]在此期间，毕方济还赠皇后一个日本制文具箱；拜见了平虏侯郑芝龙，芝龙则以诗赠方济；方济与奉教太监庞天寿亦多有往还，商讨教务与军务。[㉚]

毕方济觐见隆武帝时，与帝及文武官员相谈至深夜。隆武帝当场对众臣宣布，将颁旨任命方济为钦差再次赴澳，以谋求澳门方面的军事援助。数月后，隆武帝离开福州、御驾亲征，并正式下诏，命毕方济出使澳门，于是方济告别皇后及诸官员，启程赴澳。[㉛]因隆武帝于二年三月至延平，[㉜]故推测方济于 1646 年 4 月间启程。约略同时，隆武帝亦命庞天寿前往广东，中文文献云天寿此行为敕封朱由榔为桂王事，[㉝]而有西文文献云其与方济同赴澳门。[㉞]

毕方济使团行至广州时，收到隆武帝被害的消息。不久，桂王朱由榔在丁魁楚、何腾蛟、瞿式耜等人辅佐下就任监国，次年改元永历。在庞天寿的建议下，朱由榔仍以隆武所授之权授诸毕方济。毕方济或于 1646 年 11～12 月抵达澳门，受到澳门葡人的欢迎与支持。不久，一支由 300 名葡兵组成的军队，由 25 岁的澳门奉教华人尼古拉斯·费雷拉（Nicolas Ferreira）率领，随毕方济前往桂林勤王，约于 1647 年年初抵达，被安置于奉教副总兵焦琏（Lucas，? ～1651）部下。时李成栋率清军进攻桂林，焦琏利用西洋火器大败清军，赢得桂林保卫战，在西文文献中则尤其强调了费雷拉所率葡兵及西洋火器所发挥的作用。[㉟]

永历朝与天主教关系甚密，不仅先后有多名耶稣会士及瞿式耜、焦琏、庞天寿等奉教重臣的辅佐，而且其生母、嫡母、皇后、公主和太子亦于永历二年领洗入教。㉛其中太子慈炫的领洗颇具戏剧性，起初永历帝及皇后在太子入教问题上意见不一致，未久太子患重病，瞿纱微对永历说，只有洗礼入教，方能救太子一命。于是瞿纱微便当着永历帝的面为太子洗礼，洗名当定（Constantine），太子的病情随即有所好转。㉜永历帝大喜，遂命庞天寿赴澳门，向耶稣会赠礼答谢，并希望澳门的神父能代为向上帝祈祷，以保佑永历抗清大业成功、恢复大明江山。庞天寿一行于 1648 年 10 月 17 日抵达澳门，会见了耶稣会巡按使马雅（Sebastião de Maya，1599～1664）、中国副省会长曾德昭（Álvaro de Semedo，1588～1658）等教界要人，转递永历帝的诏书和礼品，并在三巴寺举行了盛大的弥撒。庞天寿返回时，澳门葡人赠送了 100 支火枪，并遣葡兵及澳门本地士兵多人随同前往肇庆助战。㉝但此次援助力度已大不如前。

1648 年圣诞节过后，瞿纱微奉永历帝之命抵达澳门，带来了永历帝颁发给耶稣会巡按使、澳门总督和嗳嚟哆的诏书，该诏书被耶稣会士译为葡文，收录在一份 1648 年的报告中，20 世纪 30 年代被博克塞（C. R. Boxer）公布，㉞现译为中文如下：

> 朕——中国的皇帝——谕汝等，朕始终敬畏天理和祖宗之法，许久以来朕赞赏并敬重耶稣天教。在过去数月间，朕命瞿纱微神父修历，所修之历已颁行，朕对此甚满意。当下朕朝思暮想，如何能够光复朕之江山社稷。因朕有澳门臣民，忠义两全，擅用火器，此在以往历次为皇帝效力中已有展现，朕对其由衷欣赏，甚感宽慰。现朕命瞿纱微神父亲自前往澳门，以征询尔等对此大业之建议，看看尔等通过何等方式能够帮助朕。尔等或可输送人铜炮及弹药，或可派遣士兵，凡此均可展现尔等之努力，所援火器或士兵，可用于朕之贴身护卫，及朕之征服战争。请尔等对此仔细考量，做出决定。朕将对尔等忠义之举深怀感激与敬重。钦此。

这是澳门葡人展现忠诚与基督教徒品性的时机，但是澳门处境十分困难，因为战争导致无法从中国内地获得粮食，正爆发饥荒，已死亡 5000 多人；且已派往中国 300 士兵，澳门为其提供了武器和军需，并命两名富有经验的将领统率这支部队，配备了两支短筒火枪及所有

其他装备。⁴⁰

这份文献的第一段为永历帝的诏书，第二段或为澳门议事会的商讨结果。从其表述上分析，澳门以处境困难且先前已派遣援兵、所费不少为由，没有响应永历帝的招募。⁴¹而更主要的原因，恐怕是澳门葡人经过对明清战局的分析，重新审慎处理与南明和清朝的关系。

三　澳门向清朝投诚

1647 年 1 月，李成栋、佟养甲率清军攻占并洗劫了广州。⁴²澳门葡人此前一直支持南明抗清，因此这时他们十分惧怕清军攻打澳门以报复他们。若清兵攻打澳门，以澳门的防御工事，根本无法抵挡，因此希望干脆打开城门，迎接总督入内。但当时佟养甲和李成栋不仅无意攻取澳门，而且希望继续与澳门葡人开展贸易，甚至给澳门颁布一份正式的法令，宣布有关商业贸易之事一切照旧，同时为做到这一点，他们允许葡人自由、安全地到广州去洽谈生意，并允许鞑靼人向澳门贩运各种商货。⁴³但根据中文文献，两广总督佟养甲虽于顺治四年五月初三日（1647 年 6 月 5 日）上"提请准许濠镜澳人通商贸易以阜财用本"，⁴⁴但经礼部议覆："应仍照故明崇祯十三年禁其入省之例，止令商人载货下澳贸易可也。上从之。"⁴⁵

永历二年（1648）四月，李成栋反清归明，使广东全境再次成为永历朝控制的范围。同年，清廷决定启用孔有德、耿仲明、尚可喜三王统兵南下。次年五月，封孔有德为定南王、耿仲明为靖南王、尚可喜为平南王，令率大军往剿两广。顺治七年（1650）十一月，孔有德部攻陷桂林，瞿式耜死难；尚可喜、耿继茂则于十月下旬对广州发动总攻，十一月初陷广州，并进行了持续十余日的大屠杀，十余万人惨死于清军屠刀之下。⁴⁶清军围困广州时，南明政权试图与葡人结盟，而顺治帝为了稳住葡人，"免除了澳门虽微不足道却令人心烦的年金"。⁴⁷

面对中国形势的巨变，澳门葡人迅速改弦易辙，从先前支持南明政权，转而向清朝政府表示归顺。这一转变首先体现在澳门对永历帝使节卜弥格的态度上。1650 年 11 月初，永历帝命波兰耶稣会士卜弥格出使欧洲，希望获得欧洲教会和世俗政权对南明的支持。⁴⁸11 月 25 日，卜弥格率团抵达澳门。澳门方面鉴于当时局势，对于是否批准卜弥格出使欧洲产生分歧。新任总督佩雷拉（D. João de Sousa Pereira）反对卜弥格之行，他致函耶稣会巡按使马雅，说明其不许卜弥格神父继续旅行之政治理由，因此事足使满人怒而攻击葡人。但马雅和曾德昭等均支持卜弥格出使，并威胁说，若澳门总督或其他人反对此行，将来必受驱逐出教之罚。最后，总督不得已批准卜弥格于 1651 年 1 月 1 日搭乘葡船前往果阿。卜弥格一行于 5 月抵达果阿，但果阿方面反对其经由海路继续前行，里斯本又下达了新的指令，"叫葡萄牙去澳门的船回避一切使中国新的统治者感到不快的事"。卜弥格交涉了六个月无果，不得不放弃海路改由陆路返回欧洲。⑨

卜弥格离开澳门三天后，澳门便接到来自广州的清朝官方通谕：

> 本王已征服南方诸省，特谕香山县濠镜澳夷嗖嚟哆诸官周知，以遵帝命。大清皇帝已确立对整个中国之统治，远藩之民亦来臣服。尔等闻此，不必担忧恐惧，前来输诚，帝将视其为子民，不分中外，一视同仁。尔等澳夷受前朝恩惠，然前朝已被征服多年，尔等无望绩受故朝恩典，故此，本王传此谕令，为所有尔等澳门商民福祉，速来省城，因本王欲亲自召见尔等，以示怀柔远人，并与远近诸藩及尔等保持旧谊。⑩

葡文本指出此谕为"广东王"（El Rei de Cantão）所发，此人可能为平南王尚可喜或继承靖南王号的耿继茂，因有葡文文献提到当时广州有两个王，即指尚可喜和后来赴福建的耿继茂。⑪此谕表明，清军在攻陷广州后，清政府迅速向澳门葡人释放善意，希望能够先礼后兵解决澳门问题；而尚可喜和耿继茂对广州口岸贸易一开始就十分重视，希望尽快恢复贸易，获得利润和赋税。据 1651 年 1 月 24 日澳门写给葡印总督马兹（Dom Phelippe Maz）的一封汇报函，该王爷还将其官服、官帽随此谕一同送到澳门，以示亲临，亦足见其重视程度。⑫

澳门葡人收到此谕后，立即做出回应，据澳门致葡印总督马兹函云：

> 奉此谕，鉴于广东官府急召本澳官员往省城面见，将满足本澳所请，因此，本澳将带给他一些礼品，以求其赐予恩典。为此，在澳门议事会建立一个委员会，包括兵头、理事会、判事官、总督和助理人员，大家一致同意，尽快选派本澳具有权威、富有经验者前往广州。经该委员会推选，巴巴罗（Diogo Vas Babaro）、佩雷拉（Manuel Pereira）神父和特

谢拉（Pedro Roiz Teixeira）三人欣然同意接受此项任务。[53]

据 1651 年 12 月 2 日澳门总督佩雷拉致葡印总督马兹函，巴巴罗等三人此次广州之行非常成功，其云：

> 在前往果阿的 Diogo do Amaral 号船出航后，出使广州的市议员巴巴罗、特谢拉和佩雷拉神父返回澳门，广东诸王（os Reis de Cantão）对他们此次拜访非常满意，给予他们很多荣誉和关照，例如在其出席的晚宴上，赐予他们坐席，这在中国是很大的荣誉，因为以前见（明朝的）海道和官员都要下跪，……但我们的天土为本澳利益和更大的荣耀，将前朝政府更换掉，……广东诸王为我们提供了一些大房子，作为我们的商馆，并在门上张贴布告，禁止任何人骚扰葡人，否则死罪，只有购买商货者方可追入商馆。他们赐予澳门很多恩惠和特权，例如免除每年 600 两地租银。[54]

顺治七年腊月十九日（1651 年 2 月 8 日），澳门葡人将一份"投诚状"交给香山参将代为转详，"惟祈加意柔远，同仁一视，俾咪嚟哆等得以安生乐业，共用太平"。八年正月初七日前，澳门咪嚟哆又向香山提调澳官吴斌臣等呈词一张，内称："哆籍在西洋，梯山帆海，观光上国，侨居濠镜澳，贸易输饷，百有余年。兹际清朝闿泽，举澳叟童，莫不欢声动地。"闰二月十三日，广东巡抚李栖凤向顺治帝呈《题报澳门夷目呈文投诚祈请同仁一视等情本》，曰：

> 西洋彝人讬处粤之香山濠镜澳，往来贸易，输饷养兵，考之故籍，实百余年于此矣。迄今省会既平，诸郡归附，洋彝相率投诚，此固诸人之恭顺，实由我皇上德教覃敷，遐迩咸服，以故洋人莫不畏威怀德，愿为太平之民也。
>
> 朱批：这远人归顺，知道了。该部知道。[55]

至此，在清军攻陷广州城后仅三个月，澳门葡人便完成了向清朝投诚的所有程序，并获得清政府的接纳与嘉许。在新王朝的统治下，葡人保住了以往拥有的地位和权利。清朝重兵拿下广州后，并未因澳门曾援助明朝而对其进行军事打击报复，而是采取招降之策，一方面因为澳门已有投诚之意，不必劳师即可纳入控制范围，清朝可集中兵力追击永历朝残余势力以及治理已征服地区；另一方面，清朝特别是广东政府亦对澳门葡人有所需求，希望葡人能够在澳门继续经营中外贸易，以征收税负、充实财政；而免除的地租银，也于 1653 年开始重新征收。⑩

对于澳门葡人而言，谁统治中国并不重要，重要的是要与统治者保持良好的关系，以获得居留权和贸易权；他们并无向中国朝廷尽忠的职责，之所以援助南明，也全为实际利益的考虑。就政治认同而言，澳门葡人所认同的一直是葡萄牙王室，即使与耶稣会存在分歧，澳门也会从实际利益和效忠葡萄牙王室的角度出发，尽量避免与中国的统治者产生矛盾。例如，卜弥格一行从欧洲返回，于 1658 年年初抵达暹罗大城府时，即收到澳门议事会的信，让其迟一点返回中国，或者在返回时不要走澳门，以免影响到葡萄牙在这一地区的商贸利益。⑰

1651 ~ 1652 年，为了进一步加强与清朝政府的关系，澳门葡人积极协助清朝剿灭了当时活跃于珠江流域的盗匪"红旗帮"（ladrão da bandeira ver-melha），清朝政府对其表现甚为满意。从 1654 年开始，澳门贸易终于度过明清战争的动荡期，逐渐得到恢复。⑱

但这时，澳门再次面临荷兰人新的威胁与挑战。澳门得以盛极一时，除了葡人控制了有利的贸易航线、经营中外贸易外，还有一点甚为重要，即澳门葡人从明朝政府获得的广州口岸对外贸易独占权。进入 17 世纪以后，尽管荷兰东印度公司以及英国东印度公司、西班牙商业势力都对葡人的这一独占权发起一系列冲击，但均以失败告终。澳门投诚清朝后，清政府延续旧例，仍给予葡人经营广州口岸对外贸易之独占权，但不久后，荷兰东印度公司亦积极与广东地方政府和北京朝廷联系，希望获得与葡人一样的贸易权，这无疑将严重威胁到澳门葡人的利益；澳门需要做的，是通过一切可能的手段，让荷兰的计划破产，以进一步巩固葡人在中外贸易中的权益。

1653 年 1 月末，在经过了一番谨慎而周密的调查后，荷兰东印度公司派商务员施合德尔（Frederick Schedel）率使团抵达广州，携重礼拜见尚可喜和耿继茂两位藩王及督抚、海道等官员。尽管不断受到葡萄牙人的诋毁乃至诬蔑，荷兰人还是于 2 月 10 日从藩王那里获得自由贸易的许可，并获准在广州设立固定商馆。不过，在 3 月中旬，钦差大臣李栖凤自北京来到广州，建议耿继茂令荷兰人率船全部离开广州，因为未经上报擅自准许外国人往来贸易，将有可能受到朝廷的怪罪。即便如此，荷兰人可谓不虚此行，一方面，藩王建议荷兰人组建正式的使团前往北京觐见皇帝；另一方面，荷兰人此行在广州贸易获利 20751.45 两白银；还获得了很多商业情报，其中包括澳门的水陆形势，他们发现当时澳门的势力薄弱，认为夺取澳门将极为有利于公司。⑤

二藩优待荷使、准其贸易的行为，遭到李栖凤、巡按广东监察御史杨旬瑛等官员的反对。荷兰使团离开广州后，李栖凤上《题报荷兰船只来粤要求贸易恐与住澳葡人发生矛盾须从长计议本》，杨旬瑛上《题报荷兰船泊虎门与住澳葡人夙称仇隙请敕部确议应否允许通贡互市本》。李栖凤《题本》内称：

> 若荷兰一国，则典籍所不载者，况其人皆红须碧眼，鸷悍异常，其舡上所载铜铳，尤极精利，此即所谓红毛彝也。前代每遇其来，皆严饬海将厉兵防之，向不通贡贸易，而又素与澳彝为难，彼此互争，动辄称戈构斗。封疆之患，在所当防，市贡之说，实未可轻许，以阶厉也。……
>
> 顺治十年三月初三日题，五月初七日奉圣旨：荷兰通贡，从来无例，况又借名贸易，岂可轻易开端。事干地方，着从长确议具奏。⑥

杨旬瑛《题本》内称：

> 海外诸彝，红毛贪狡鸷悍，历来不奉朝贡。……第据彝目启呈，止以贸易为言，并未具有笺表，且与香山澳彝夙称仇隙，若辈见利则争，是其天性，但迫处此，势必彼此构斗，恐非禁戢所可止。兹两藩以圣朝不宝异物为意，宣布谕还，复会同抚臣礼待而防范之，业各具疏奏报外，臣愚鳃鳃过计，以为彝性无常，无论贸易二字不宜开端，即许之入贡，恐其来朝不可以年数定，其船只不可以限数稽，浸至阳假入贡之名，频肆贸易之扰，有不容不防微杜渐者。……
>
> 顺治十年三月初九日题，五月二十一日奉圣旨：奏内荷兰历来不奉朝贡，贸易二字不宜开端，说的是。着遵前旨行。⑥

广州二藩王从获利的角度，主张荷兰人前来贸易，并希望葡、荷能够"言归于好"，各自经营中外贸易；但李栖凤、杨旬瑛等官员似乎更倾向于一如旧制，仍让葡人独占贸易权。荷人此番交涉，未能达到预期目标，清朝以荷兰不在贡国之列为由，拒绝其来粤贸易。而这一结果亦须部分地归于葡人的运作和对荷人的诬陷。[62]据 1655 年 1 月澳门总督佩雷拉致葡印总督函称，中国皇帝将荷兰人逐出广州、阻止其贸易，这使得澳门葡人甚为欢欣。[63]

1655 年 7 月，荷兰东印度公司驻巴达维亚官方任命候叶尔（Pieter von Goyer）和凯塞尔（Jacob von Keyser）率团正式出使清朝，绕过澳门抵达广州后，受到广州二王的款待。次年 3 月，使团前往北京。他们希望每五年出使北京一次，并获得每年在中国沿海港口贸易的许可。但几经交涉，皇帝敕谕荷人："若期频数，猥烦多人，朕皆不忍。着八年一次来朝，员役不过百人，止今二十人到京。所携货物，在馆交易，不得于广东海上，私自货卖。"[64]此结果与荷人的预期相去甚远，令其大失所望。

荷使此次的失败，一个重要的原因是汤若望等在京耶稣会士从中作梗。[65]在面对新教国家荷兰的势力时，澳门葡人和来华耶稣会士完全站在同一战线上。而据卫思韩的分析，当时清廷知道荷兰与郑成功政权有贸易关系，若答应荷使之请求，开放清廷与荷兰之贸易，则无法实现清朝对郑氏政权的经济封锁。[66]

荷兰此次出使，可谓以失败告终，但他们此后一直没放弃与清朝建立贸易关系的努力，不仅多次遣使来朝，且与清军联合围剿占据台湾的郑氏政权。荷兰东印度公司此后也多次趁澳门贸易尚未完全恢复的机会，企图以武力占领澳门，[67]但均因故未能实施或成功。直到 1662 年，荷、葡两国签署合约，结束两国之敌对状态，澳门终于摆脱了荷兰东印度公司的长期威胁。但就在这个时候，清廷颁布"迁海令"，澳门因此陷入另一场危机之中。

四　结语

本文先后阐述了明清鼎革之际澳门所面临的困境、澳门对南明的援助和澳门向清朝的投诚，呈现出澳门度过明清鼎革困难时期的经过。澳门得以渡过此一难关，归纳起来，有以下几个原因：

第一，葡人居澳最主要的目的是贸易，他们有居留权而对澳门无主权，他们对中国王朝亦无政治认同。为了获得贸易权利和在澳门的居留权，葡人必须与澳门主权的所有者中国政府保持良好的关系，而不必理会中国的统治者是谁。从这个角度而言，澳门葡人对南明诸朝的援助，并非政治效忠的行为，而只是因为当时南明仍保有对包括澳门在内的南方诸省的控制权，而一旦南明失去了对广东的控制，居澳葡人便立即倒向清朝。

第二，如明朝一样，清朝亦需要葡人居留澳门，开展中外贸易，以获得域外商品，并抽取利税。明清政府允许葡人居住澳门贸易，是基于两个条件：首先，中国需要葡人经营中外贸易，其次，居澳葡人完全可以被政府掌控，不至于对中国构成威胁。清军攻陷广州后，以其军事实力，若要攻取澳门，应不会太难，但清朝并无此意，相反希望招抚葡人，只要他们能表归顺之意，即允许其继续留在澳门经营中外贸易。清政府也认识到，居澳葡人对清朝统治完全不足以构成威胁。但清朝对荷兰则更为警惕，尤其是当时荷兰与郑氏政权关系密切，因此拒绝了荷兰通商的请求。

第三，澳门葡人与耶稣会关系甚密，有着共同的利益。澳门得以度过明清鼎革之际的危机，亦有赖于来华耶稣会士的鼎力相助。澳门对南明的援助，即是通过毕方济、瞿纱微等耶稣会士，尽管在南明后期，澳门与耶稣会在是否继续向其援助的问题上有分歧，但考虑到当时汤若望已在北京通过效力清朝而站稳脚跟，则耶稣会对南明的支持，也只是一个权宜之计。而当澳门面临荷兰东印度公司新的威胁时，汤若望等在京耶稣会士施巧计为澳门化解危机，显示出来华耶稣会士与澳门葡人一致的立场。

---

①此类主题已有学者关注，例如，关于抗日战争时期的澳门，参见金国平、吴志良《抗战时期澳门未沦陷之谜》，收入《镜海飘渺》，澳门：澳门成人教育学会，2001，第148～188页。

②③④⑭参见张廷茂《明清时期澳门海上贸易史》，澳门：澳亚周刊出版有限公司，2004，第77～131、132～150、153～169、151、153～156页。

⑤［西班牙］帕莱福：《鞑靼征服中国史》，何高济译，北京：中华书局，2008，第102～103页。

⑥⑦⑧⑤⑥③Manuel Teixeira, Macau no Séc. XVII. Direcção dos Serviços de Educação e Cultura, 1981, p. 76; pp. 79, 81; p. 87; p. 93; p. 95.

⑨转引自吴志良、汤开建、金国平主编《澳门编年史》第二卷，广州：广东人民出版社，2009，第541页。

⑩Manuel Teixeira, Macau no Séc. XVII, p. 91；〔葡〕徐萨斯（Montalto de Jesus）：《历史上的澳门》，澳门：澳门基金会，2000，第 77 页。

⑪C. R. Boxer, *Fidalgos in the Far East, 1550 - 1770, Fact and Fancy in the History of Macao.* The Hague：Martinus Nijhoff, 1948, pp. 153 - 154.

⑫㊼〔葡〕徐萨斯：《历史上的澳门》，第 77、84 页。

⑬1640 年，澳门议事会派 4 名很有名望的公民组成调解使团前往日本，但在抵达长崎后，使节及随员被处死，只有 12 名船员保住性命；1646 年锡克拉（Gonçalo de Sequeira）奉葡印总督之命出使日本，亦无功而返。参见徐萨斯《历史上的澳门》，第 67 ~ 69 页。

⑮关于明末招募葡兵、引进西洋火炮事，参见董少新、黄一农《崇祯年间招募葡兵新考》，《历史研究》2009 年第 5 期，第 65 ~ 86 页。

⑯关于天主教与南明的关系，参见黄一农《两头蛇：明末清初的第一代天主教徒》（修订版），新竹：清华大学出版社，2008，第 311 ~ 385 页。

⑰若尔热·德·阿泽维多：《呈吾主吾王唐·若昂四世陛下进言书》，1646 年 3 月，澳门。此文献藏阿儒达图书馆，C6d. 54 ~ XI ~ 21。译文引自金国平《西力东渐：中葡早期接触追昔》，澳门基金会，2000，第 145 ~ 146 页。

⑱钟鸣旦等编《徐家汇藏书楼明清天主教文献》第二册，台北：辅仁大学神学院，1996，第 913 ~ 918 页。关于毕方济此奏折，参见汤开建、王婧《关于明末义大利耶稣会士毕方济奏折的几个问题》，《中国史研究》2008 年第 1 期，第 139 ~ 163 页。

⑲罗马耶稣会档案馆（ARSI），Jap. Sin. 161, f 316av。

⑳葡萄牙阿儒达图书馆藏 Jesuítas na ásia, Cód. 49 ~ V ~ 13, fls. 381v ~ 382. 此处采用了金国平、吴志良二先生的译文，见《澳门编年史》第二卷，第 521 页。

㉑《1645 年耶稣会中国副省年报》中附录了一份文献，题为《毕方济神父的广东之行及其返回福京》(*Viagem que fez o Padre Sambiasi a Quam Tum c volta à Corte FôKim*) 但未记载毕方济抵达澳门的具体日期。参见 António de Gouveia, *Cartas Ânuas da China*：(*1636, 1643 a 1649*), ed., introdução e notas de Horácio P. de Araújo. Macau：IPOR；Lisboa：Biblioteca Nacional, 1998, pp. 270 - 274.

㉒裴化行：《明末耶稣会士一封信（1645 年 12 月 2 日）考释》，载《国立北平图书馆馆刊》第 6 卷第 5 号，856 页。转引自汤开建、王婧《关于明末义大利耶稣会士毕方济奏折的几个问题》，《中国史研究》2008 年第 1 期，第 159 ~ 160 页。

㉓António de Gouveia, *Cartas Ânuas da Chin*：(*1636, 1643 a 1649*), pp. 274 - 276, 278.

㉔该文献题为 *Suma del Estado del Imperio de la China, y Christiandad dèl, por las noticias que dàn los Padres de la Compañia de Jesus, que residen en aquel Reyno, hasta el año de 1649.*

㉕㉞㉗Albert Chan, S. J. , 'A European Document on the Fall of the Ming Dynasty (1644 ~ 1649)', in *Monumenta Serica* (35, 1981 ~ 1983), pp. 88 – 89; p. 95, note 38; pp. 104 – 105.

㉖冯承钧便如此翻译，参见费赖之《在华耶稣会士列传及书目》，冯承钧译，北京：中华书局，1995，第 146 页。

㉗汤开建、王婧持此说，见汤开建、王婧《关于明末义大利耶稣会士毕方济奏折的几个问题》，《中国史研究》2008 年第 1 期，第 160 页。

㉘António de Gouveia, *Cartas Ânuas da China*：(1636, 1643 a 1649), p. 279. 毕方济《修齐治平颂》抄本，见钟鸣旦、杜鼎克、蒙曦编《法国国家图书馆明清天主教文献》第十六册，台北利氏学社，2009，第 457 ~ 466 页。

㉙隆武帝《御制诗》抄本，见钟鸣旦、杜鼎克、蒙曦编《法国国家图书馆明清天主教文献》第十六册，第 445 ~ 450 页。

㉚António de Gouvela, *Cartas Ânuas da China*：(1636, 1643 a 1649), p. 280. 郑芝龙赠毕方济诗《平虏侯赋》抄本，见钟鸣旦、杜鼎克、蒙曦编《法国国家图书馆明清天主教文献》第十六册，第 452 ~ 456 页。关于隆武帝与福州天主教之关系，参见拙文《何大化与明清鼎革之际的福州天主教》，《文化杂志》2010 年秋季刊，第 151 ~ 160 页。关于庞天寿的政治立场与信仰问题，参见拙文《明末奉教太监庞天寿考》，上海：《复旦学报》2010 年第 1 期。

㉛António de Gouveia, *Cartas Ânuas da China*：(1636, 1643 a 1649), pp. 282 – 283.

㉜徐鼒：《小腆纪年附考》，北京：中华书局，1957，第 467 页。

㉝温睿临：《南疆逸史》卷三纪略第三，上海：中华书局，1959，第 19 页。

㉟Albert Chart, S. J. , 'A European Document on the Fall of the Ming Dynasty (1644 – 1649)', pp. 96 – 97, note 41; 黄一农：《两头蛇：明末清初的第一代天主教徒》，第 332 ~ 340 页；拙文《明末奉教太监庞天寿考》，《复旦学报》2010 年第 1 期，第 38 页。

㊱相关研究甚多，可参见黄一农《两头蛇：明末清初的第一代天主教徒》，第 311 ~ 385 页。

㊳Albert Chan, S. J. , "A European Document on the Fall of the Ming Dynasty (1644 – 1649)," pp. 106 – 108. 金国平：《庞天寿率团访澳记》，《中西文化研究》2004 年第 1 期，第 62 ~ 66 页；拙文《明末奉教太监庞天寿考》，《复旦学报》2010 年第 1 期，第 42 页；沙不烈：《卜弥格传》，冯承钧译《西域南海史地考证译丛》第三卷，北京：商务印书馆，1999，第 65 ~ 69 页。

㊴此葡文文献题名为 *Relação da Conversão a nossa Sancta Fé da Rainha, & Principe da China, & de outras pessoas da casa Real, que se baptizarão o anno de 1648*（《1648 年中国皇后、太子及其他皇室成员皈依圣教记》），参见 C. R. Boxer, *A Cidade de Macau e a Queda da Dinastia Ming* (1644 – 1652), *Relações e Documentos Contemporaneos Reproduzidos, Anotados e Comentados*. Macau：Escola Tipográfica do Orfanato, 1938.

⑩C. R. Boxer, *A Cidade de Macau e a Queda da Dinastia Ming* (*1644 - 1652*), pp. 15 - 16. “已派往中国300士兵”云云，即指此前费雷拉等随毕方济至桂林勤王事。

㊶新编《澳门编年史》中，认为瞿安德1648年两次出使澳门，或误，见吴志良、汤开建、金国平主编《澳门编年史》第二卷，第537～538页。沙不烈原有此误，已被伯希和纠正，参见伯希和《卜弥格传补正》，冯承钧译：《西域南海史地考证译丛》第三卷，第188～191页。

㊷具体细节，西文文献有较多的描述，如帕莱福《鞑靼征服中国史》，第76～88页。

㊸帕莱福：《鞑靼征服中国史》，第76～88页。

㊹(55)(60)(61)中国第一历史档案馆、澳门基金会、暨南大学古籍研究所合编《明清时期澳门问题档案文献汇编》第一册，北京：人民出版社，1999，第22～23、23～24、30、32页。

㊺《清世祖实录》卷33，顺治四年八月丁丑（1647年9月7日），北京：中华书局，2008。

㊻参见顾诚《南明史》，北京：中国青年出版社，1997，第597～609页；街匡国：《鞑靼战纪》，何高济译，北京：中华书局，2008，第386～387页。

㊽关于卜弥格出使欧洲，已有很多研究，可参考黄一农《两头蛇：明末清初的第一代天主教徒》，第347～385页；爱德华·卡伊丹斯基：《中国的使臣卜弥格》，张振辉译，郑州：大象出版社，2001，第90～179页；沙不烈：《卜弥格传》、伯希和《卜弥格传补正》，收入冯承钧译：《西域南海史地考证译丛》第三卷，第1～250页。

㊾卡伊丹斯基：《中国的使臣卜弥格》，第105～113页；沙不烈：《卜弥格传》，第83页；伯希和：《卜弥格传补正》，第206页。

㊿“Cópia da chapa que El Rei de Cantão mandou à Cidade aos quatro de Janeiro de 1651,” in C. R. Boxer, *A Cidade de Macau e a Queda da Dinastia Ming* (*1644 - 1652*), p. 22.

(51)C. R. Boxer, *A Cidade de Macau e a Queda da Dinastia Ming* (*1644 - 1652*), p. 23.

(52)“Em Carta da Cidade de Machao Escrita ao Vrey Dom Phelippe Maz em 24 Jan.° de 1651,” in C. R. Boxer, *A Cidade de Macau e a Queda da Dinastia Ming* (*1644 - 1652*), p. 21.

(53)“Em Carta da Cidade de Machao Escrita ao Vrey Dom Phelippe Maz em 24 Jan.° de 1651,” in C. R. Boxer, *A Cidade de Macau e a Queda da Dinastia Ming* (*1644 - 1652*), pp. 21 - 22.

(54)“Em Carta de Joao de Sousa Pereira Capitão Geral da Cidade de Machao, escrita ao Vrey Dom Phelippe Maz a 2 de Dez.° de 1651,” in C. R. Boxer, *A Cidade de Macau e a Queda da Dinastia Ming* (*1644 - 1652*), pp. 22 - 23.

(57)卡伊丹斯基：《中国的使臣卜弥格》，第130页。

(58)George Bryan Souza, *The Survival of Empire*: *Portuguese Trade and Society in China and the South China Sea*，*1630 - 1754*，Cambridge University Press，1986，pp. 199 - 200.

㉙程绍刚译注《荷兰人在福尔摩沙：1624 ~ 1662》，台北：联经出版事业公司，2000，第 370 ~ 377 页。荷使离开广州返回台湾时，带回尚可喜、耿继茂致荷兰台湾总督函，其中建议遣使赴北京之文曰："执事若晓新朝德意，其转达吧主，遵三年或二年一朝之制，任土修贡，则夹板船无过三只，自洋入境，即预行咨报，以便引入广省，渐达京师，永著为例可也。"并有葡、荷两国修好之建议，文曰："所说捕道倪素，兴尔构隙，此直刁逞于明季耳。项已归心，隶为属国，便当宣谕，言归于好。"此函见于《明清史料》丙编第四册，转引自包乐史、庄国土《〈荷使初访中国记〉研究》，厦门大学出版社，1989，第 34 页。引文中"捕道倪素"，即指"Portuguese 葡萄牙人"，但此一译词在中文文献中甚罕见。

㉚㉞程绍刚译注《荷兰人在福尔摩沙：1624 ~ 1662》，第 371 ~ 374 页；第 499 ~ 500、525 ~ 527 页。

㉝《清实录》顺治朝，卷 103。引自包乐史、庄国土《〈荷使初访中国记〉研究》，第 40 页。

㉟㊱魏特：《汤若望传》，杨丙辰译，台北：商务印书馆，1960，第 353 ~ 359 页。

㊲John E. Wills，Jr.，*Embassies and Illusions*：*Dutch and Portuguese Envoys to K'anag ~ hsi*，*1666 - 1687*. published by the Council on East Asian Studies，Harvard University，1984，p. 43.

作者简介：董少新，复旦大学文史研究院副院长、教授，博士。

[责任编辑：刘泽生]

（本文原刊 2013 年第 4 期）

奥斯坦德公司对华贸易初探[*]

江滢河

[提　要] 18世纪初，随着政治局势平稳，中国东南沿海对外贸易重新进入正轨，但澳门并没有恢复昔日的繁荣，反而失去中西贸易中心的地位，欧洲诸国纷纷以广州为中心开展对华贸易，逐渐形成了中西贸易史上重要的"广州贸易体制"。以南部尼德兰奥斯坦德为中心成立的"皇家特许奥斯坦德贸易公司"获得哈布斯堡王朝授予的贸易特许状，于1722年开始对华贸易，并通过茶叶贸易繁荣一时，成为英、荷等国对华贸易的重要竞争对手。1732年，哈布斯堡王朝为了政治利益解散奥斯坦德公司，使之成为欧洲最短命的东印度贸易公司。奥斯坦德公司对华贸易的兴衰历程，既反映了18世纪初欧洲势力海洋霸权的激烈争夺，又呈现出广州贸易体制形成初期的历史面貌。

[关键词] 奥斯坦德公司　广州贸易体制　澳门

17世纪末18世纪初，世界贸易局势发生了重大变化，英国海上殖民势力已经远远超过了葡萄牙和荷兰，成为东方水域首屈一指的海上霸权。繁荣了一个多世纪的香料贸易逐渐失去其重要性，茶叶贸易取而代之，对华贸易成为欧亚贸易的主体。在时势巨变中，欧洲诸海上强国一方面纷纷打

---

* 本文系"教育部人文社会科学研究项目基金"资助项目"清代广州洋舶志"（项目号09YJA7
70063）的阶段性成果。

着海洋自由的旗号扩张势力，组织贸易垄断公司开展对华贸易，另一方面则不遗余力地打击其他商业势力，力图保持自身优势。随着满清局势的稳定，清政府在沿海设立海关，对外贸易逐渐进入正轨。由于澳葡阻挠，澳门失去了中西贸易中心的地位，随着其他西洋船舶在广州开展季节性的对华贸易，到18世纪中叶满清政府确立了以广州为中心的贸易体制。

1722年12月，神圣罗马帝国哈布斯堡王朝查理六世（Charles VI）颁发贸易特许状，授予以南部尼德兰奥斯坦德为中心成立的"皇家特许奥斯坦德贸易公司"（Ostend General India Company，简称GIC，又称奥斯坦德公司）垄断该国东方贸易30年。十年后奥斯坦德公司解散，成为欧洲政治与外交斗争的牺牲品，是欧洲历史上最短命的亚洲贸易公司。昙花一现的奥斯坦德公司的历史，深刻体现出18世纪全球贸易的发展变局，它的兴衰和经验也为后起的欧洲贸易势力提供了借鉴和资源，其历史内容值得追溯。

一　奥斯坦德公司的兴衰

近代以来，欧洲南部尼德兰诸地以工商业发达著称。大航海时代，此地工商业发展需要向海外寻求更大市场。1714年西班牙王位继承战之后，西属尼德兰转到哈布斯堡王朝治下，神圣罗马帝国终于"获得了向海洋推进的绝佳机会"。[①]同年哈布斯堡王朝授权给安特卫普、根特和奥斯坦德等地商人前往东印度贸易的特许权。商人们集资成立了东印度贸易公司，于1715年派出了两艘商船前往亚洲，获利巨大，这激发了商人远航的热情，也吸引了不少英国私商前来参与其中。1718年公司从英国租用了船只"奥根亲王号"（Prinz Eugen）前往广州，这是第一艘在广州停靠并悬挂双头鹰旗帜的商船。该船爱尔兰籍船长托宾（James Tobin）还向粤海关监督转交了查理六世给中国皇帝的亲笔信，请求中国皇帝颁布谕旨保护哈布斯堡皇帝名下的船只和臣民的安全。[②]之后，来自英、荷、法等国的商人和银行家组成不同的财团，从奥斯坦德派遣船舶前往远东贸易。据统计1718～1721年，至少有15艘商船离开奥斯坦德前往东方，其中1721年的6艘中有3艘前往中国，盈利状况非常可观。[③]

1722年12月查理六世接受派驻奥属尼德兰总督奥根（Eugen v. Savogen）亲王的建议，由安特卫普和根特等地商人，在奥斯坦德组成"皇家特许奥斯坦德贸易公司"（GIC），授予公司三十年东方贸易的垄断权，此期间好望角两侧，包括东、西印度和非洲沿岸在内的一切商业活动都由公司垄断，规定所有进出口商品只能在奥斯坦德和布鲁日两地交易。奥斯坦德位于南部尼德兰，政治上与西班牙联系密切，与西属美洲殖民地有着便利的商业联系，此地被英、荷、法等包围，经由英吉利海峡和北海海域可与欧洲其他地区联系，地理位置和贸易条件非常优越，很多欧洲商业机构均在此设立基地，使之成为欧洲大陆经济的核心地带和资本主义商业中心。1661 年敦克尔克成为法国属地之后，奥斯坦德就成了南部尼德兰唯一出海口。

该公司总注册资本有 6 百万盾，共 6000 股，每股 1000 盾，1723 年 8 月 11 日公司公开发行股票，两天之内发行的 5500 股被抢购一空，股东主要来自南部尼德兰诸城市，还有一些来自英国的银行家和商人。剩余 500 股专门留给了政府官员，其中奥根亲王买下 60 股。股价四天后飙涨了 12%，两年后股价更是大幅攀升，几乎达到发行时的两倍。[④]这些情况表明奥斯坦德公司也体现出国家权力与资本共生的特点，国家赋予了公司一定的权利，公司则以国家债权人的身份与政府机构紧密结合。皇帝赋予公司在海外领地与君主签订贸易合同的权利，签约内容事后应呈报皇帝。公司享有在印度获得殖民地和港口的权利，并有权向殖民地征税及收受各种贡品，但不得损害皇帝对殖民地的主权，不允许公司任意出售殖民地或将之交换其他不动产等行为。[⑤]作为享有垄断权的回报，公司有义务每年向皇帝上缴 6% 的收益，并向皇帝及其后任奉献一座头戴金皇冠的狮子以为敬礼。[⑥]不过，奥斯坦德公司与英国东印度公司等分属两种不同类型的企业，即"西欧型"和"德－奥型"，[⑦]根本差异在于商业精神，英国东印度公司是财政主义的，国家提供贸易优惠是为了获得征税权，奥斯坦德公司是官僚主义的，国家行政权力的指导和干预非常明显，掌握领导权，号召有产者购买股票，帮助公司募集资本，制定明确规则。此外为了弥补本身资金的不足，公司允许外国人参股，不过外国人没有股东大会的投票权。这是与英、荷等国的东印度公司不同的地方，这些公司垄断本国的亚洲贸易，公司之外的本国商人无法染指，更不用说外国人了。奥斯坦德公司初期，外国资金则是非常重要的补充。这种做法在一定程度上模糊了奥斯坦德公司资本的民族国家特色，凸显其国际性贸易公司的特点，也显示出该公司在海贸传统和航海经验方面的先天不足。正是这种资金来源多样化，参股人员背景复杂的情况，有时为他国干涉提供了口实，在大国霸权和贸易垄断的时代加剧了奥斯坦德公司与英、荷等国的贸易摩擦和人事纠纷。

18 世纪初欧洲主要国家都不同程度地卷进了西班牙王位继承战，战争结束后签订的《乌特勒支和约》"确立了英国在欧洲的霸权"⑧，使之成为全球范围内最重要的殖民势力。奥斯坦德公司开展对华贸易的年代，正是欧洲势力调整、欧亚贸易的结构和方式都发生显著变化的时代。荷兰对印度洋香料贸易的垄断也逐渐失去，"随着世界性的贸易的发展，香料贸易变得越来越不重要，荷兰人的精力在东方的滥用，其结果是 17 世纪下半叶国势的中落"。⑨取而代之的是 18 世纪初逐渐兴起的茶叶贸易，茶叶贸易给欧亚贸易结构带来革命性的变化，使欧亚贸易获得了新生，⑩航海大国的竞争舞台逐渐东移，中国贸易成为欧洲国家最重要的目标。

18 世纪初随着饮茶之风日渐在英国盛行，英国逐渐成为主要的茶叶消费国，茶叶成为英国东印度公司重要进口货物。1703 年英国东印度公司派遣两艘船都是前往广州贸易，公司的购买指令包括"生丝 22 吨"，茶叶"松萝、大珠茶、武夷"等多种，共计 117 吨。⑪之后，采购茶叶成为英国东印度公司广州贸易船舶的重要任务，1713 年英国东印度公司派遣"忠诚极乐号"（Loyal Blisse）到广州贸易，投资购入茶叶 179200 磅，生丝 30000磅。1714 年"赫斯特号"（Hester）回航时购买茶叶 125000 磅，生丝 13300磅，1715 年"达特茅斯号"（Dartmouth）计划茶叶和生丝各占一半，价值10000 英镑。⑫1717 年贸易季度茶叶已经开始代替丝绸成为英国东印度公司主要采购商品，给前往广州贸易大班的训令称："每船装载茶叶要尽船的密装能量"。⑬欧洲其他东印度公司的茶叶贸易也有很大发展，而且很大部分最终都走私到英国，这使英国东印度公司非常恼火，不得不对其他国家保持高度警惕。

得力于欧洲茶叶价格上涨，奥斯坦德公司成立后茶叶贸易定为对华贸易的大宗。1723 年两艘奥斯坦德船舶到广州贸易，资金"约 100000 镑"，而同年的到达广州的四艘英国东印度公司船舶资金共计 129974 镑，引起了广州的市场竞争和价格提高⑭。当年英国船舶运回茶叶共计 6900 担，奥斯坦德船舶运回茶叶约 5100 担，⑮可见奥斯坦德公司茶叶贸易的规模十分可观，势头丝毫不让英国东印度公司。英国东印度公司倍感威胁，遂千方百计企图遏制其贸易，1730 ~ 1731 贸易年度英国东印度公司董事部给当年派遣到广州贸易的船舶的指令是：垄断今年广州所有的绿茶。如果有可能，阻止奥斯坦德人、法国人及荷兰人取得任何绿茶。⑯

英、荷、法等殖民势力为了争夺海上贸易的权益，采取了各种手段打击和压制新的贸易势力，它们视奥斯坦德公司为心头刺，拒绝承认哈布斯堡王朝有权在南尼德兰建立东印度公司。以英国为例，英国东印度公司认为国家不应容忍奥斯坦德公司，必须将之"扼杀在摇篮中"。[17]早在 1714 年，侨居奥斯坦德的爱尔兰人汤玛斯·雷伊（Thomas Ray）邀请外国人在奥斯坦德投资东印度贸易对抗英国东印度公司，[18]就让英国人十分恼火。1716 年英国东印度公司向国王乔治一世申诉，要求反对来自奥斯坦德的"维多利亚号"这样的"闯入者"。[19]同年英国通过法案，禁止英国人在他国旗帜下从事印度贸易，1721 年再次重申法案。[20]奥斯坦德公司成立后，英国人认为"其整个机制都是与英国敌对的"，于 1723 年 5 月发布第三个法案"禁止英国国民鼓励或者投资于任何奥属尼德兰的东印度公司"，违反者将被没收所得并处三倍罚金。[21]1726 年 1 月 26 日英国国王称奥西联盟"正在威胁着我的国民，使其失去贸易中最有价值的那几个分支"，尤其是"对贸易和对新教信仰来说，摧毁奥斯坦德公司应该是一项国家任务"。[22]此外，荷兰和法国也先后发布类似禁令，禁止本国国民参与奥斯坦德公司，英、荷、法在商业利益的一致，对奥斯坦德公司态度十分明确，他们在从欧亚航线上处处设防围截破坏奥斯坦德船舶。发展海上贸易是南部尼德兰地区的商业要求和国民愿望，地处内陆的哈布斯堡王朝对这一地区并没有太多情感，王朝的同盟者们对维持奥斯坦德公司也没有兴趣。1716 年查理六世唯一的儿子去世，为了把王位传给其女儿玛丽亚·特莱莎（Maria Theresa），并杜绝日后邻近各国的异议，他于 1723 年颁布《国事遗诏》，修改帝国典章使女性能够继承王位。查理六世放弃在欧洲的领地及其海外殖民地，以换取英、法、荷等国的同意。这些国家后来都同意了诏书内容，但要求查理六世做出更大退让，即放弃东印度贸易，解散奥斯坦德公司。出于政治和经济的双重压力，1727 年 5 月 31 日双方签署《巴黎和约》，查理六世把奥斯坦德公司的贸易特许权年限减至 7 年，这既没有满足英、法、荷的要求，又使奥斯坦德商业势力受到打击。1731 年查理六世与英国国王乔治二世最终签署《维也纳条约》，为换取英、荷等支持其继承法，维护神圣罗马帝国的尊严，条约宣布解散公司，承诺今后不再在尼德兰设立任何形式的贸易公司。

在日益激烈的全球化海洋竞争中，奥斯坦德公司成为外交牺牲品，繁荣的对华贸易昙花一现。但作为 18 世纪初期欧洲对华贸易上升时期的重要参与者，公司的存在让英、荷等贸易强权感到威胁，它解散后释放出来的航海力量为后来欧洲新兴的东印度公司提供了卓越的航海贸易人才和丰富的经验教训。

二 奥斯坦德公司的船舶管理

奥斯坦德公司成立之后，由于受到海洋强权的敌视，不得不采取多种应变手段，在船舶航行管理上下功夫，以确保在复杂的国际风云和贸易形势中航行顺利贸易成功。

奥斯坦德本身不是理想的港口，本地船坞规模小，无法建造大型船舶，公司成立前，在此地从事对华贸易的商人以英国、荷兰私商居多，他们的船舶大多为200吨到250吨载重的小船。公司成立后，从阿姆斯特丹和伦敦等地购买了不少船舶，多为大型三桅纵帆船，船上有良好的武器装备。但由于英、荷等国坚决禁止本国商人与该公司合作，奥斯坦德公司在购船问题上很快陷入困难，煞费周折。公司曾企图另辟蹊径，从汉堡订购船舶，也曾力图在本地船坞自行建造，但事与愿违，汉堡造船造价远远高过英国和荷兰，而本地船坞的造价不仅高得离谱，且质量堪忧，船体太沉无法航行，公司造船方面费用高企，不得不说是公司运作先天不足的表现。

从船上人员配备来说，早期在奥斯坦德从事对华贸易的商人既有南尼德兰本地商人，也有英、荷等国私商。船上工作人员也体现出明显的异国因素，早期有经验的英国船长最受欢迎。公司成立后情况发生一些改变，在公司派往广州的21艘次船上，只有4名外国船长，其余船长都在奥斯坦德出生，不过这些本地船长早年大多在私商贸易船上工作，积累了对华贸易的经验。水手情况而言，公司成立前外国水手比例出较突出，有资料显示私商船舶上41.4%的水手来自国外，[23]公司成立后情况变得有些不同，由于英、荷等国均禁止本国水手为其服务，奥斯坦德船舶上的水手主要来自奥属尼德兰，其中三分之二生活在奥斯坦德。不过船舶上仍有相当数量的外籍水手，例如旅居奥斯坦德的爱尔兰人汤玛斯·雷伊装备的船舶倾向于雇请爱尔兰人，爱尔兰水手比例相当高。[24]此外奥斯坦德与邻近的港口敦克尔克关系不错，该地将军不反对法国水手去奥斯坦德船舶应聘，船舶上的法国水手的比例也比较高，公司法国水手中80%来自敦克尔克。[25]为了防止英、荷等国以搜寻本国水手为由扰乱贸易，奥斯坦德船舶想办法让外国水手悄悄地在荷兰纽波特（Nieuwport）或者法国加莱（Calais）上船，或者在船员名册上造假。

奥斯坦德船舶对华贸易的航行从奥斯坦德港开始，在航线的选择上充分吸收了荷兰和英国东印度公司经验，使用荷兰、英国和法国的航行指南和航海图，公司董事会从伦敦和阿姆斯特丹订购了所需地图和航海设备。1720 年"斯坦德·根特号"（Stadt Gendt）船长手里拿着英国和荷兰的航海图出航。1723 年，公司还从英格兰订购了东印度航海指南和航海图，以及世界地图和大不列颠沿海岸航行指南。此外，奥斯坦德公司代理人路易士·伯纳特（Louis Bernaert）购买了荷兰地理学家亨德里克·唐歇（Hendrick Doncher）绘制的航海图。

不过，奥斯坦德公司仍从自身条件和需求出发，安排船舶的具体航行线路和日程，以应对多变的贸易和政治环境。每年 1、2 月间船舶从奥斯坦德港启程，一出发就受到奥斯坦德港口条件的限制，重要障碍是海岸和运河被泥沙淤塞，进出港口的航道上有好几个沙洲，为此当地政府花费了巨额费用，但收效甚微。大船很难顺利进出港口，必须等到一定高度的潮汐才能冒着搁浅的危险驶出港口。船舶载货回航时这个问题尤其突出，吃水超过 19 英尺的大船必须把货物卸下一部分，等吃水降到 15 英尺至 16 英尺才能前进。船舶离港后还得停泊在奥斯坦德水道上，等待合适的风驶进英吉利海峡。船舶通过英吉利海峡后，沿着英格兰沿海行驶，到利泽德角附近再往南航行，三个星期之后可抵达马德拉群岛或者加纳利群岛。之后大多数船舶会选择继续向南航行，直到在佛德角群岛停靠。当时荷兰东印度公司禁止奥斯坦德船舶停靠好望角，迫使船舶航行到好望角纬度后，只能随洋流往西航行到巴西沿岸，或者航行到好望角以南的地方，在特里斯坦·达库尼亚群岛（Tristan da Cunha）附近转向东绕过好望角驶入印度洋。1718 年，由麦维勒（G. de la Merveille）船长率领的"卡洛斯号"（Keyser Carolus）在遇到困难不能航行的情况下企图停靠好望角，遭到荷兰人驱逐，被迫悬挂法国旗帜在南非萨尔达尼亚湾（Saldanha Bay）停靠，几个星期后再驶进台伯湾（Table Bay），希望获得其他外国船只的援助，也没有成功，最终不得不冒着渗漏危险继续航行。[20] 船舶进入印度洋之后，按照惯例会在圣保罗群岛和阿姆斯特丹群岛停留，之后往东航行，利用西风和洋流驶到达巽他海峡，从此处向北进入南中国海。

18 世纪上半叶欧洲船舶在南中国海的航行受季风控制，每年 6 月至 9 月西南季风将船从西刮到东，把船带到广州，1 月至 5 月东北季风又把船刮回家，卫思韩将这种现象称为"季风的铁律"（iron logic of the monsoon），[21] 这种铁律决定了 18 世纪上半期西洋船舶广州贸易的基本节奏。夏秋之际奥斯坦德船舶抵达珠江口，经由澳门进入黄埔港，停留四五个月从事贸易活动。等到船舶完成贸易，通过行商获得粤海关颁发的船牌，时间也到了第二年1月中国农历新年前后，正是西洋船舶回航的季节。奥斯坦德船舶驶出珠江水道往南，直接航向巽他海峡，之后向南穿过赤道，往西南方向航行直抵厄加勒斯角（Cape Agulhas），绕过好望角进入大西洋。进入大西洋后，为了避开英、荷两国势力，奥斯坦德船舶会绕开圣赫勒拿岛，在有海龟和野生马齿苋供应的阿森松岛（Ascension Island）停靠，有些船舶还会选择驶向巴西沿岸，还有一些船舶试图直接从亚洲回航，中间不停靠任何地方，但困难重重谈何容易，1721年"斯塔德·根特号"（Stadt Gendt）最初准备直接回国，但经过6个月航行后半数船员都病倒了，船舶不得不停靠英国法尔茅斯（Falmouth）港招募船员补充人手，方能完成航行。㉘回到欧洲之前，奥斯坦德船舶通常会在葡属亚述尔群岛（Arquipelago Dos Acores）等地打探消息，掌握欧洲政局新动向。1727年一则英国和西班牙可能开战的消息使得四艘公司船舶在西班牙西北的拉科鲁尼亚（La Coruna）停留了两个多月。㉙奥斯坦德船舶最后通常是穿过英吉利海峡，也有船舶处于安全考虑走绕过苏格兰北部的航线，最终抵达奥斯坦德。

奥斯坦德船舶广州贸易的航行时间平均581天，大约19个月，其中366天航行，148天在广州，67天沿途停靠。㉚与英、荷等东印度公司船舶相比，奥斯坦德船舶航行时间明显要短，这在某种程度上使奥斯坦德公司克服了先天不足，还抢占先机，在贸易上获利。出现这种情况的原因有多种：其一，奥斯坦德公司规定船舶当年必须回航，不在广州过冬。其二，在东来的航行中，奥斯坦德船舶既不在西班牙卡迪斯装载白银，也无法在好望角停留，减少了在海上航行中的停留时间。其三，奥斯坦德公司的亚洲贸易明确分为印度和中国两个分支，对华贸易船舶直航广州，不会转道停靠印度港口。其四，从奥斯坦德出发东来的船舶，从船舶出发开始就受到英荷等国的敌视围剿，沿途危机四伏，船舶停靠点越少越好、行程越短越好。

18世纪20年代欧洲茶叶贸易急剧扩展，竞争日趋激烈，"商船则互相竞争，商船是分批到来的，所以茶叶价格逐渐上升，第一船和最后一船之间的差价经常超过50%"㉛。谁先到广州，谁就能与行商取得好的贸易协定，谁先回到欧洲，谁就能抢占先机卖得最高的价格，奥斯坦德公司把劣势变成优势，有效降低了成本，在对华贸易中收益甚高，1725年公司股本递增了8%，1726年来自股份分红的收益达25%，而同时英国东印度公司的业绩却大大退步，以致有公司股东惊说："奥斯坦德人可以为所欲为地削弱大英帝国的财力和辉煌。"^③而荷兰东印度公司一反以往小销售大盈利的做法，薄利多销，甚至以倾销价在欧洲市场出售茶叶，以期对抗奥斯坦德公司的茶叶贸易。

三　奥斯坦德公司的广州商务

奥斯坦德公司开展对华贸易的时代，正是清朝海外贸易逐渐走向正规的时代。由于广州口岸贸易传统深厚，贸易环境其他港口无法超越，奥斯坦德船舶以广州为其对华贸易最终目的地。围绕着广州的外贸管理，满清政府逐渐形成了一整套夷务管理制度，与此相关的行商组织也逐渐形成并成熟。

1. 选择广州

康熙年间，清朝平定南方海疆之后，在东南沿海建立了江、浙、闽、粤四个海关，开启正常的海外贸易。当时西洋船舶来华贸易可以选择到四海关所在地，得力于明清之际荷兰和英国在福建的贸易开拓，厦门是沿海最早与欧洲国家贸易的港口。1684 年至 1699 年共有 9 艘欧洲船进入厦门，而同期只有 1 艘船到澳门。^③直到 17 世纪末英国人还比较排斥到广州贸易，部分是由于葡萄牙人阻挠其他西洋船舶进入珠江水道进行贸易。满清王朝曾计划让澳门成为中西贸易中心，澳葡却为了维护其在澳的垄断权而百般阻挠，声称："澳门原设与西洋人居住，从无别类外国洋船入内混泊"，^③造成澳门在中西贸易中的地位大大下降。更主要原因则是满清政府在南方的统治还不稳固，广州贸易前景并不明朗。在选择最理想港口的问题上，英国东印度公司煞费周折，每年的年度报告中的陈述都有可能引起公司的决策变化。

1689 年一艘英国船舶来到澳门，据说粤海关监督亲自关照了它的贸易。"当年在厦门的英国大班就建议船舶转向定海或者广州做生意。1698 年粤海关对欧洲船舶的丈量税减少到亚洲船舶的标准，对欧洲船舶很有利。第二年（1699），英国船舶"麦士里菲尔德号"（Macclesfield）来广州贸易，受到粤海关欢迎，海关监督亲自下澳，率领商牙、差役人等丈量船舶，减少其原定课税四分之三，中国商人洪顺官去见英国大班罗伯特·道格拉斯（Robert Douglas），愿以最高价收买其货物，以最低价卖出货物，使英国人对广州的贸易信心大增。之后广州海洋贸易大盛^③，进入"一个新的阶段，一种较高级发展的制度"^③。之后英国每年都会派遣船舶到广州贸易。1703

年在舟山的英国东印度公司委员会指出广州的贸易条件要优于厦门和定海。到 18 世纪最初的十年，广州黄埔港的优势逐渐显现出来，以其"待遇较好，办事较快和价格最便宜"㊳，成为最受欧洲船舶欢迎的港口，广州贸易地位逐渐稳固。

随着西洋船舶在广州季节性的贸易活动，到 18 世纪 30 年代，广州逐渐形成了一整套夷务管理体制，在这种体制下，粤海关负责征收关税，十三行负责同外商贸易并管理约束外商，黄埔是各国来华商船的停泊所，澳门逐渐演变成来华贸易的外商居留地。澳门、黄埔、十三行与粤海关共同组成了清代夷务管理体制的四个重要环节，其相关历史内容，也构成了目前广州贸易体制研究的题中应有之义。

广州口岸的对外贸易由粤海关管理，其主要职责是征税并对之进行监督。西洋船舶来广州贸易，上缴税收主要包括"船钞"和"货税"。根据粤海关则例，外洋番船进口，自官礼银起，至书吏、家人、通事、头役止，规礼、火足、开舱、押船、丈量、贴写、小包等名色各三十条；此外，放关出口，书吏人等验舱、放关、领牌、押船、贴写、小包等名色各三十八条。开关初期，"船钞"和"货税"报出归公，各口索取的礼银陋规统统落入私人腰包。在外国人看来粤海关索税颇多，对外洋贸易限制也多，弊窦丛生。广州口岸贸易最初关税是 3%，后在正税之外再有 4% 的附加税，其后再增至 6%，不断增加的税费自然遭到西方商人强烈反对。不过即使如此，与当时欧洲各国通行的关税率比较，广州的关税仍然是很低的，尤其是茶叶税率特别低。㊴

雍正二年（1724），受到粤海关和地方政府的压迫，行商们纷纷酝酿返回厦门另组公行。"（雍正元年，1723）秀官、寇卢（Cowlo）及另外几位商人从厦门到此。按照习俗，我们去迎接他们的到来，他们告诉我们说，秀官和寇卢已在厦门建了一间大行馆，以便往彼处居住，因为他们不能再忍受此处官员之勒索，并希望英国人能到彼处，他们说不仅是商人，而且所有官员都十分希望这样，并保证我们会得到很好的待遇。"㊵广州贸易一时不振。雍正三年（1725），杨文乾任广东巡抚，兼属粤海关监督，他上任后采取措施规范对外贸易，首先从洋货行中选出六家任行头，专责为外洋船担保，行商必须为外国船只承担责任，既要担保西洋人在广州的行为，又要负责西洋船按例纳税，使行商制度进一步规范化，成为后来保商制度的滥觞。1726 年，奥斯坦德公司大班贺威尔（Robert Hewer）在给公司的报告中称："我们请 Cudgin&Suqua 做我们的保商，在广州这是非常必须的，一旦贸易、水手或其他方面产生任何争端，保商会对我们所有的行为负责，他们也会为此随时做好准备接受传唤。"㊶

雍正四年（1726），杨文乾把名目繁多的礼银陋规全部归公，与"船钞""货税"一起并入例册，称为"规礼"，定额为番银 1950 两，统一上缴海关监督衙门，之后再行分派，其中 1089 两作为关税收入，516 两分派给守关的绿营军，125 两转给粮道衙门，剩下的作为通事的报酬及其他费用。㊷对西洋商人来说，敲诈勒索变成了统一的"规礼"，经济负担并没有减轻。1726 年贸易季节，西方商人抵达黄埔后听到传闻，称进口白银也得加 10%的税，群情激奋，酝酿抗税。奥斯坦德大班贺威尔也参与其中，他找到与之有贸易来往的陈寿官和陈芳官，秘密询问他们是否愿意回到厦门做生意，规避将要增加的税收。陈寿官和陈芳官还没有来得及做出反应，广东当局就收到风声，威胁陈寿官等如果把生意转移至厦门，将会受到鞭罚并株连家人。㊸陈寿官和陈芳官只得打消离开广州的念头。西洋大班的抗税行动并没有奏效，雍正六年（1728 年）粤海关当局最终下令把货物的进出口附加税，由原来的 6% 提高到 10%，适用于外船所带之银元，此即著名的"缴送"，上缴 10% 肯定成为西方人最痛恨的事情。

以上可见，奥斯坦德公司开展对华贸易的时代，澳门已经不再是中西贸易的中心，成为广州贸易体制的一个分支。广州夷务管理和税收制度在不断调整变化，中外商人也在不断适应的过程中。进入 18 世纪 30 年代，尽管西洋大班们仍然不停抱怨粤海关的限制措施和高额征税，但广州口岸贸易程式的逐渐规范化也是有目共睹，西洋商人们年复一年地回到广州贸易，可见其对广州贸易体制和方式已颇具信心了，表明在并非广州一口通商的时代，"与中国沿海其他城市比起来，广州行商和官员在沟通和管理贸易方面的专业程度，以及广州其他方面的优势，使 18 世纪初的广州已经成为了外贸中心"。㊹

2. 与奥斯坦德公司贸易的早期行商

粤海关成立伊始，便招揽愿意充当行商的商人从事对外贸易，这些人被称为"外洋行商人"，俗称十三行商人，他们既专责与西洋国家贸易，负责西洋船按例纳税和贸易事宜，又必须为外洋船担保，保证西洋人在广州的行为，起到贸易和外交的双重职能。最初各项制度仍不完善，对十三行商人的规定比较模糊，限制不严格。不少从事对外贸易的早期行商来自福建，他们大都长袖善舞，内外兼顾，来往于沿海港口和东南亚之间做生意。"在1730年之前，广州的大部分商人都来自福建，每年有一半时间在广州，一半时间在福建。随着贸易的发展，他们逐渐在广州定居下来。"⑤到18世纪30年代，北方港口吸引力逐渐减少，大部分西洋船选择广州作为贸易目的地，行商们不得不把重心转到广州来。

按照粤海关规定，奥斯坦德船舶到达广州后，大班必须在广州城外十三行商馆区租用行商物业作为商馆，奥斯坦德商馆被称为"帝国行"，与其他国家的商馆并排在珠江边，位于"宝顺行"和"瑞行"之间。"帝国行"是广州较早建立起来的西洋商馆，经过几年的经营颇具规模，到奥斯坦德公司解散后，商馆仍然保留着原名。

奥斯坦德公司存在的短短时间里，与当时广州重要的行商均发生了贸易往来，这些行商包括陈寿官（Tan Suqua）、陈芳观、黎开观、陈魁官、叶氏、张氏和梁氏行商及其家族，尽管奥斯坦德公司在当时广州的外贸中不占最重要的份额，但他们与行商贸易的生意经，清晰地反映出广州早期行商的贸易状况、管理体制和运作方式，以及奥斯坦德公司对华贸易的特点。

陈寿官，中文名又称为陈廷凤，是早期行商中的领军人物。他1716年开始与英国东印度公司做生意，当年与奥斯坦德船舶有贸易往来。英国人认为他是当时最值得信任和尊敬的商人，商业水平很高且提供的商品质量很高。1721~1722年贸易季节，长袖善舞的陈寿官与英、葡、西、法，以及穆斯林和亚美尼亚商人进行了广泛交易，也承接了奥斯坦德船舶的业务，巨额货物经由他手运销西方。⑥1726年，他为三艘奥斯坦德船舶提供了超过90000两货物，数量非常很可观。⑦

1725年1月，奥斯坦德船舶资金短缺，公司大班以2%的月息向陈寿官借贷了1460两白银。1725年年底奥斯坦德船舶再次来广州贸易，公司大班却以缺少资金为由不还欠款。1726年公司大班贺威尔再抵广州时，陈寿官下最后通牒要求付清款项，贺威尔狡辩说贷款利息太高，外国人不能按照中国人的利率支付欠款。但陈寿官有借款合同在手，贺威尔无从抵赖。直到船舶起航前贺威尔都不打算支付欠款，反而要求降低利率，坚持只支付不超过5%到6%的年利息。双方僵持一段时间后，最终陈寿官拿到了主要欠款和利息，但贺威尔占尽便宜，仅仅支付了20个月的2%的月利息，少给4个月的利息。

根据广州夷务管理规定，广州外贸采取物物交换的换货方式进行。中外商人之间出现银钱借贷是正常贸易中的常事，但却为清朝官府所禁止。由于特殊的政治经济环境，外商经常居于债权人的地位，行商向外商的借款被称为"商欠"。反过来，外商向行商借款的情况也时有发生，19世纪初甚至出现过美国商人欠款赖账，广州行商追债追到美国形成跨国诉讼的例子。⑧奥斯坦德大班贺威尔之所以置契约精神于不顾，拖延抵赖，应该说是利用了清朝官府的禁令。广州行商不得与外商有银钱借贷关系，一旦发生银钱借贷，行商常常立于危险的境地，别无选择，只能满足外国商人的需要。陈寿官"非法"贷款给外国人，遇到困难后无法向政府求助，反而唯恐官府发觉，成为勒索借口，不敢报官控追。如果他不能私下与西方人解决问题，就别无他途了。反过来行商借款不还，外商可以到广州地方官告状，尽管借贷"非法"，但出于"事涉外夷，关系国体"的面子考虑，地方官会为外商讨回欠款，体现出满清官府抑商政策和虚骄自大的思想。这种对行商来说非常不公平的银钱借贷关系可以说贯穿整个广州贸易时期，涉及官、洋、夷三方，成为19世纪行商破产的最主要原因，学者称为行商制度的"慢性毒药"，⑨实质上是资本主义商业资本和中国封建商业资本之间的较量，对中西贸易产生了巨大影响。

陈芳观，来自福建，也是广州贸易发展的开创者之一，与澳门葡萄牙人和巴达维亚荷兰人都有贸易往来，商号名盈顺隆。1723年，陈芳观开始与奥斯坦德公司做生意，1726年贺威尔挑唆陈芳观和陈寿官移居厦门之事，可见其与奥斯坦德公司渊源颇深。

黎开观，来自泉州，中文名字是黎光华，1726～1734年主要在丰顺行做生意，以出售高质量丝绸著称，"黎开观是个诚实、乐于助人和擅长丝绸贸易的商人，对颜色有极强的辨识能力。"⑩1727年1月11日奥斯坦德公司记录称其卖给公司1000匹丝绸。当年7月另一艘奥斯坦德公司船舶来广州后，也与黎开观签订了买卖合同。1732年第一艘瑞典船来华贸易时，大班坎贝尔根据当年服务奥斯坦德公司的经验，就计划直接找黎开观购买丝绸，⑪之后双方多次贸易，成为重要的贸易伙伴。

陈魁官，又称陈快官，来自厦门，18世纪20年代初充当行商，行号义丰行。1724年陈魁官与奥斯坦德公司进行交易，提供了两船18%的货物，贸易额超过85000两白银。从1724年到1732年，陈魁官平均提供给奥斯坦德船舶的货物约占该船货物总量的16%，是奥斯坦德公司在华的重要贸易伙伴。⑫

Cudgin，目前所知最早的叶姓行商，中文名不详，行号端和行。1721～1722 年英国东印度公司记载称陈寿官和 Cudgin 过去两年跟奥斯坦德公司做生意，英国人也希望跟他们做生意。1724 年 Cudgin 为奥斯坦德公司提供了价值 135000 两的货物，占奥斯坦德公司当年出口货物的 29%，1726 年 Cudgin 为三艘奥斯坦德船舶提供了价值超过 100 万两的货物，占当年奥斯坦德公司所有货物的 87%，可见 Cudgin 是个非常富有的行商，也反映出奥斯坦德公司对华贸易规模十分巨大。Cudgin 拥有多家商馆，1727 年把其中一间出租给了奥斯坦德公司。㊳

张族官，早期从事茶叶、丝绸、大黄等贸易，尤以瓷器贸易为主。1724～1732 年，他曾经向 10 艘奥斯坦德船舶提供商品，数量不大，占这些船舶货物的 4% 不到。1724 年张族官资金短缺，曾向两名奥斯坦德商人借钱，每人借了 4069.2 两，当年年底张族官按照契约支付了 2% 的月利息。张族官是个儒雅的商人，与贸易对手保持着良好的关系，每年船舶抵达和启航时，他都去迎接和送行，作为小行商，这也是他获得贸易伙伴的重要方式。1724 年他去黄埔拜访奥斯坦德船时，船舶为其鸣 7 炮致敬。1727～1730 年，他与奥斯坦德公司的贸易从 17000 两上升到 35000 两，增长明显，尤其是 35000 两是当年提供给奥斯坦德船舶"阿波罗号"（Apollo）的货物，占船上总货物 45%，㊴当时"阿波罗号"面临英国人的围堵，贸易处于艰难之中。这也可以看出张族官不轻易放弃任何贸易机会。

与这些行商的贸易，显示奥斯坦德公司在广州，既积极跟大行商来往，也与一些专营丝绸或瓷器的中小行商有良好的贸易关系，可谓左右逢源，这或许也是奥斯坦德船舶能够贸易成功的秘诀之所在吧。

3. "太阳神号"与广州口岸的国际争端

18 世纪 30 年代广州已成为国际贸易中心城市，欧洲局势变化和海洋霸权争夺演化出的一幕幕国际争端，清晰地在广州呈现出来。随着茶叶贸易日益重要，英国东印度公司为了维持垄断地位，对贸易限制愈益严格，在严格限制公司人员私人贸易的同时，对其他公司的竞争更是谨慎小心，防备和攻击都不遗余力。

从奥斯坦德开出的船舶，最早参与者有很多英国商人和英国船员，他们的船舶悬挂了帝国旗帜，从此规避英国东印度公司垄断权。这让英国政府因国库受损而恼怒，英国东印度公司则承受商业上的巨大损失。他们把奥斯坦德船舶视为"闯入者"，对之采取严密的防范措施。1718 年英国发布禁令，禁止英国国民接受奥斯坦德公司招聘，甚至禁止英国人在奥地利旗下资助远东航行，还命令英国船在大西洋和印度洋碰到奥斯坦德船舶时必须即时强行登船检查是否有英国水手。1720 年英国东印度公司派遣船舶前往广州贸易时给大班的指令是"令航行得最快的船加速前进，希望它能够赶在奥斯坦德船舶之前到达广州。我们指令该船抵埠后，该船大班立即将应购入的全部茶叶购买或签订合同，甚至购买足供其余三艘船的数量，这个数量你们会易于计算的，因为命令你们的投资额是一样的，……我们如此大量的定货，奥斯坦德人对茶叶就会失望，如果他们是这样的，我们一定重视这一件对公司有非常贡献的事情，……我们不惜任何代价要使这些闯入者在他们的船运上缺乏茶叶"。"……假如你们将可获得的茶叶全部买下，使奥斯坦德人一点也得不到，或最低限度得不到大量的，我们愿意放宽这些命令，准许你们买入甚至不是这样好的，但不要购买真正的劣货。"⑤1721 年贸易季度这种部署仍然继续，"我们不惜用任何代价，一定要使那些闯入者航运不利"。此外公司禁止大班"与奥斯坦德人有任何来往"。⑥同年，奥斯坦德船舶"格拉夫·冯·拉莱茵号"（Graaf van Lalaing）被英国战舰强行拖至印度苏拉特，船上多名英国人被带走。1722 年贸易季度英国给开往广州的四艘船的训令更加严格，在国会通过的一项法令授权下，公司指令英国船舶拿捕凡"国王陛下属民接受外国委任或旗帜前往或贸易于东印度"的任何人员。⑦1723 年奥斯坦德公司正式成立后，英国人对该公司的动向了解得非常清楚，继续千方百计地企图遏制他们的贸易。

在强大的外交和政治压力下，查理六世最终取消了奥斯坦德公司的贸易垄断权，这明显违背了有着强大商业传统和海上贸易能力的南部尼德兰商人的意愿。在紧张的局势下，奥斯坦德船舶不得不暂停航行，但它们仍采取变通的方式出现在亚洲。1728 年两艘奥斯坦德船舶"谢瓦·马林号"（Cheval-Marin）和"海王星号"（Neptune）获得了波兰王国的航行许可证，分别从根特和布鲁塞尔出发前来亚洲，最终一艘被截获，另一艘被封堵，贸易没有成功。1729 年公司再次派遣 4 艘船前往亚洲水域贸易，仍然悬挂外国旗帜秘密航行，船舶还在西班牙卡迪斯等地进行了外国水手招募，其中一艘船 Seepeert 号上，52 名船员有 48 名有外国国籍。

悬挂适当的旗帜在旅途中规避险境是当时很多西方船的做法，被称为"带着面具的贸易"。英国东印度公司并没有掉以轻心，对"带着面具"的奥斯坦德船舶仍然明察秋毫，坚决给予围剿打击。1730～1731 贸易年度，英国东印度公司记载称一艘悬挂普鲁士旗帜的商船"阿波罗号"（Apollo）抵达广州，载重 400 吨，炮 28 门，船上共有船员水手 100 人。[58] 这是一艘奥斯坦德公司秘密派遣的商船，它在来广州途中就已经遭到沉重打击。在西班牙卡迪斯港，西班牙当局就已经迫使船上的 15 名西班牙水手离开了船舶。船舶抵达广州后立刻引起英国人的警觉，他们很快确定此船为奥斯坦德公司派遣，无权悬挂普鲁士旗帜。他们进一步发现该船的大班和船上 23 名船员竟然是英国人，这严重违背了英国东印度公司禁令。根据公司禁令广州的英国人觉得必须对"阿波罗号"采取措施，但考虑到当时船舶仍在中国水域，英国人不能做出干涉该船的任何举动，以免激怒中国，他们决定事先做好充分准备，等该船一旦离开黄埔即予捕获。不过，由于英国东印度公司要处理自己的贸易事务，为了按期完成本身的贸易任务，他们最终并没有执着于追捕奥斯坦德船。不过在身份已经暴露的情况下，船上的 23 名英国水手最终还是决定离开船只，以确保"阿波罗号"能够装载货物安然离开中国。

"阿波罗号"的遭遇反映出奥斯坦德公司最后的困境，面临政治外交的复杂局势，即使贸易逐渐繁荣增长，也无法挽回公司颓废解散的命运。在广州黄埔港上演的这一幕也让我们看到，西方海上强权的激烈争斗也在这个遥远东方的繁荣商港掀起了波澜，正是通过这样的历史联系，广州成为了名副其实的世界贸易中心。

结　论

在 18 世纪全球化海洋贸易兴起的时代，老牌航海帝国葡萄牙和西班牙已经让位给了英国，澳门也成为中国沿海广州贸易体制的组成部分。奥斯坦德公司力图从"欧洲半边缘国家"跻身于"世界经济体中心地区的一部分"的努力，[59] 由于英国等干涉最终以失败告终。

奥斯坦德公司是早期开展对华贸易的公司之一，它面对困境尽量降低运输成本，部署船舶尽可能缩短航行时间，自身贸易曾经短暂繁荣，但先天不足的政治因素、资本性质和海洋特色，使它在与海洋强权的较量中败下阵来。不过奥斯坦德公司解散后释放出来的商业资本和航海力量，很快在北欧找到了出路，促成了 1731 年丹麦亚洲公司和 1732 年瑞典东印度公司的创建，英国东印度公司秘书长曾指出："那些称自己是瑞典东印度公司经理人的先生们大多都是奥属尼德兰居民的代理人或者居住在瑞典的外国人，"⑩如瑞典首航中国的"弗里德里克国王号"（Fredericus Rex Sueciae）大班坎贝尔，就是一位早年在奥斯坦德公司效力的"识途老马"，⑪他的经验对瑞典对华贸易的开端发挥了重要作用。

---

①④⑤⑥⑦徐建：《"往东方去"：16—18 世纪德意志与东方贸易》，北京：社会科学文献出版社，2013，第 111 页，117 页，116 页，116 页，108 页。

②Bernd Eberstein, Hamburg-Kanton 1731: Der Beginn des Hamburger Chinahandels. Mitteilungen der Hamburger Sinologischen Gesellschaft, Nr. 13, 2000, S. 12. 转引自徐建《"往东方去"：16—18 世纪德意志与东方贸易》，第 113 页。

③⑰⑱⑲⑳㉑㉒㉜Gerald B. Hertz, "England and the Ostend Company," *The English Historical Review*, 22 (1907), pp. 257, 266, 265, 257, 265, 265, 267 - 268, 267.

⑧肯尼士·摩根：《牛津英国通史》，北京：商务印书馆，1993，第 337 页。

⑨霍尔：《东南亚史》上册，中山大学东南亚历史研究所译，北京：商务印书馆，1982，第 382 页。

⑩㉝㉟㊿Weng Eang Cheong, *Hong Merchant of Canton: Chinese Merchants in Sino-Western Trade, 1684 - 1798*. Copenhagen: NIAS-Curzon Press, 1997, pp. 28, 28, 28, 115.

⑪⑫⑬⑭⑮⑯㉛㊱㊲㊳㊴㊵㊽㊻㊼㊾马士：《东印度公司对华贸易编年史》第一卷，中国海关史研究中心组译，广州：中山大学出版社，1991，第 134 页，146 页，156 页，175 页，176 页，197 页，172～173 页，92 页，99 页，133 页，104 页，174 页，160 页，163 页，168～169 页，198 页。

㉓㉔㉕㉖㉘㉙㉚Jaap R. Bruijn and Femme S. Gaastra, ed., *Ship, Sailors and Spices, East India Companies and their Shipping in the 16th, 17th, and 18th Centuries*. Amsterdam: Neha, 1993, pp. 144, 145, 146, 154, 156, 156, 156.

㉗John E. Wills, Jr., "The South China Sea is not a Mediterranean: Implications for the History of Chinese Foreign Relations"，载汤熙勇主编《中国海洋发展史论文集》，第 10 辑，台北：中研院，2008。转引自范岱克《18 世纪广州的新航线与中国政府海上贸易的失控》，载刘新城主编《全球史评论》第三辑，北京：中国社会科学出版社，2010，第 298～323 页。

㉞《朱批谕旨》，雍正年间刻本，鄂弥达奏折上，页七十五。

㊶㊹Paul van Dyke, *The Canton Trade: Life and Enterprise on the China Coast, 1700 - 1845*. Hong Kong: Hong Kong University Press, 2005, pp. 12, 19.

㊷至乾隆二十四年（1759），经过新柱、朝铨、李侍尧等奏准，此项规礼等名目一概删除，合并核算，于则例中统改刊"归公银"字样（参阅《史料旬刊》第五期，第一五九至一六一页，乾隆二十四年《新柱等奏各关口规礼名色请删改载于则例内折》）。

㊸㊺㊻㊼(52)(53)(54)Paul A. Van Dyke, *Merchants of Canton and Macao, Politics and Strategies in 18th Century Chinese Trade*. Hong Kong University Press, 2011, pp. 81 - 82, 80, 80, 83, 169, 182, 199.

㊽参见章文钦《清代前期广州中西贸易中的商欠问题》，载氏著《广东十三行与早期中西关系》，广州：广东经济出版社，2009，第255页。

㊾详情参阅章文钦《清代前期广州中西贸易中的商欠问题》，载氏著《广东十三行与早期中西关系》。

(51)Colin Campell, *A Passage to China*. Gothenberg. 1994, Preface, p. 100.

(59)沃勒斯坦：《现代世界体系》第2卷，吕丹等译，北京：高等教育出版社，1998，第238页。

(60)Holden Furber, *Empire of Trade in the Orient 1600 - 1800*. Minneapolis, 1976, p. 222.

(61)参见拙文《科林·坎贝尔日记初探——早期瑞典对华贸易研究》，载《学术研究》2011年第6期。

作者简介：江滢河，中山大学历史系副教授，中山大学广州口岸史重点研究基地常务副主任，博士。

［责任编辑：刘泽生］

（本文原刊2013年第4期）

1840年澳门版《意拾喻言》成书与出版问题丛考

赵利峰

[提　要] 在《伊索寓言》传华的过程中，1840 年在澳门出版的《意拾喻言》起到了承前启后的关键作用。文中详细考述了《意拾喻言》一书成书与出版的诸多细节，包括《意拾喻言》的出版时间，《意拾喻言》所选底本、编著方法，与其前身《意拾秘传》的承继关系，以及《意拾秘传》在广州的刊行过程、1839 年遭到广东官方查禁缘由始末。借此，进一步认识《意拾喻言》在汉学领域的重要价值及其在中西文化交流中的重要历史意义。

[关键词] 澳门　罗伯聃　伊索寓言　意拾喻言　意拾秘传　广州周报

澳门是明清时期中西文化交流中最重要的一座桥头堡。世界上最古老的寓言集《伊索寓言》，最早便是从澳门这个孔道，由明末来华的耶稣会士利玛窦等人传入中国的。据说利玛窦入华北上时，随身携带的书籍中就有《伊索寓言》。①其后，利玛窦所著的《畸人十篇》和庞迪我的《七克》中，都曾引用过《伊索寓言》，以为传教证道之用。1625 年，比利时耶稣会士金尼阁口授、中国天主教徒张赓笔传的《况义》在西安刊刻，这是第一种《伊索寓言》的汉译本，其中正编收录寓言 22 则，补编为 16 则。

1840 年，由 Sloth（Robert Thom，即罗伯聃）和他的中文教师 Mun

Mooy Seen-Shang（蒙昧先生）合作完成的《意拾喻言》在澳门的《广州周报》报社（The Canton Press Office）出版，《意拾喻言》是《伊索寓言》继《况义》之后的第二种汉译本，也是第一种中英文对照本，共收录寓言 82 则。

1903 年，严培南、严璩（严复之子）口译，林纾笔述的《伊索寓言》，由上海商务印书馆出版印行，此版本共收录寓言 298 则，这是当时收录数量最为完整的一部《伊索寓言》汉译本。

脍炙人口的《伊索寓言》最终在中国变得耳熟能详，家喻户晓，可以说主要得益于这三次汉译。在《伊索寓言》传华的过程中，前两次都与澳门有着密切的关系，其中尤以在澳门出版的《意拾喻言》最为关键。虽然学界对《伊索寓言》传华的相关研究论著数量已有不少，但是，有关《意拾喻言》成书出版的来龙去脉等具体情况，迄今仍有一些模糊不清的地方，本文就此作一考述，以求正于方家。

一　1840 年 6 月 16 日在澳门出版的《意拾喻言》

《意拾喻言》系由《广州周报》报社于 1840 年在澳门出版。《广州周报》1835 年创刊于广州，受颠地洋行（Dent&Co.）的资助，出版人和主编先是 W. H. Franklyn，后为 Edmund Moller，是当时在华的三种英文报刊之一。②1839 年 6 月初，因钦差大臣林则徐广东禁烟，中英关系日趋紧张，《广州周报》被迫迁往澳门。③之所以将《意拾喻言》称为 1840 年澳门版《伊索寓言》，缘由即在于此。

《意拾喻言》出版后，1840 年 6 月 20 日的《广州周报》在“English News”栏中登载了一篇新闻对此书作了简要介绍。这篇文章的大致内容稍后即被收入林则徐所组织编译的《澳门新闻纸》中，书名被译为《依湿杂记》，这是《意拾喻言》一书在中文史料中出现的最早记载：“《依湿杂记》原系士罗所译转之嘆咭唎字，今在本礼拜内印出为中国字，可为学中国字嘆咭唎人所用。所差者乃因为此次系初试，以中国人之木板，会合嘆咭唎活字版，而同印在一篇纸上，所以不见得甚好，然在后来再陆续细心印之。”《广州周报》在报道中还全文引述了该书的英文序言：“数百年前，在我等国中初用嘆咭唎言语之时，有一和尚将嘆咭唎同讷体那言语同印在一篇纸上，而我等现作出之杂说，亦仿其法。此书中之言语，皆系中国人之言语文字，少用虚字浮文。……于一千八百三十七、三十八两年当此书初出之时，中国人甚赞美之，后又入之官府手内，官府因见其中所说之事，多有刺他们之恶规矩，遂出令禁止之。"④

同一时期的《中国丛报》对《伊索寓言》的这个汉译本也作了较为详细的报道。据该报第九卷第四期（1840 年 8 月）介绍，"Esop's Fables" 于 1840 年由《广州周报》报社印刷出版，中文撰者是 Mun Mooy seenshang（蒙昧先生），他的学生 Sloth（懒惰生）⑤负责编译工作。书中附有意译和直译两种英文形式。报道随后还揭示了"懒惰生"的真实身份："'Solth'，一个不太适用于我们这位不知疲倦的编者的古怪名称，通过出版以现在这种形式（笔者注：即中英文对照）编排的 'Esop's Fables'，又给我们提供了一个向侨居中国的外国人推荐学习中文的机会。汤姆先生（Mr. Thom），正如我们大多数读者所知道的，是一位英国商人，来华已有五六个年头，一直在广州怡和洋行（Messrs. Jardine，Matheson&Co.）从事商业活动。"其间，在雇主渣甸（Jardine）、马地臣（Matheson）等人的资助下，坚持不懈地学习中文。汤姆先生把他的这部作品称为"在一个长时期的中文学习后所收获的第一批成果"。⑥

汤姆全名 Robert Thom（中文名为罗伯聃），⑦据其在中文叙言中称，编译此书的缘由是"盖吾大英及诸外国欲习汉文者，苦于不得其门而入，即如先儒马礼逊所作《华英字典》，固属最要之书，然亦仅通字义而已；至于词章句读，并无可考之书"。有鉴于此，罗伯聃才编译了这样一种中英文对照的 "Esop's Fables"，"俾学者预先知其情节，然后持此细心玩索，渐次可通"。他还希望学习者能将此书"长置案头，不时玩习"，并深信通过阅读这种以中英文对照形式编排的故事，学习者一定会学有所得，"未有不浩然而自得者"，"诚为汉道之梯航"。可见，这本中英文对照的读物撰著的初衷，就是帮助有志于学习中文的外国人以这种新颖的方式掌握中文，从而达到能读懂中文，甚或能"执笔成文"。⑧

《中国丛报》还介绍了《意拾喻言》的编排版式和内容梗概，"该书正文共 104 页：每页分三列——汉语居中，右侧是其官话和广东话的两种拼音文本，左侧为其英文译本，有直译和意译两种形式。这部集古希腊寓言家、蒙昧先生和其门人懒惰生三人智慧的作品，精选寓言 81 则（实为 82 则）⑨，既有趣又能予人教益，因此有助于学习中文者掌握这门语言"。⑩该书收录的伊索寓言故事，据罗伯聃在书中的英文序言中说，是他在不同的时候先用中国官话口述给他的中文老师"蒙昧先生"，再由这位"蒙昧先生"用当时使用的"杂录体"书写出来的。⑪

在前述 1840 年 6 月 20 日的《广州周报》中，除了《意拾喻言》在本周内出版的消息外，同时还登载有该书的售书广告："待售：《广州周报》报社，《意拾喻言》，中文，附有意译和直译两种英文形式，'Sloth' 著，每册售价 2 元。"而在《意拾喻言》出版的前一周，6 月 13 日的《广州周报》也登有一则售书广告，内容如下：《意拾喻言》，中文版，附有意译和直译两种英文形式，"Sloth" 著，将于下周二在《广州周报》报社出版，四开本，售价 2 元。⑫据此，可推断出《意拾喻言》的出版日期为 1840 年 6 月 16 日星期二。

《意拾喻言》的印数多少，并没有很详细的材料说明，但从《广州周报》长期登载的广告来看，应当有一定的数量。《广州周报》一直断断续续地刊有《意拾喻言》的售书广告，直至该报停刊的前一周（《广州周报》1844 年 3 月 30 日总第 443 期发布停刊声明），即倒数第二期第 442 号。⑬《意拾喻言》一书，流传甚广。据搜寻检索，英美等国的图书馆皆有该版本收藏，本文所用的为谷歌数字化版本，现藏瑞士沃州州立图书馆（Lausanne，洛桑），封面上有 1843 年罗伯聃哥哥 Davis Thom 的赠与签名。

在《意拾喻言》的封面上写有英文"由博学的蒙昧先生用中文撰写，再经他的门生懒惰生编成现在的形式（附有意译的和逐字直译的译文）"字样；除了"意拾喻言"四个汉字之外，还有一个成语（Chinese Classic Saying）"孤掌难鸣"，一句谚语（Chinese Proverb）"五湖四海皆兄弟，人生何处不相逢"。《意拾喻言》是一本四开本（29cm）的横排书，由献辞（1页）；勘误（1页）；英文序言、英中文化交流的历史情况（3页）；绪论（19页）；评论用罗马字母拼写汉字的方式（6页）；英文目录（2页）；叙与介绍伊索生平的意拾喻言小引（3页，中英文对照）；参考及说明（1页）；正文（104页，包括注释1页）组成。其中在"绪论"部分，罗伯聃介绍了汉字的"六书"、字体、中文文体以及汉语文章中所使用的虚字。曾任第二任香港总督（1844~1848年）的德庇时（John Francis Davis），也是著名的汉学家，称这一部分对汉语学习极其有帮助，其中传达了许多关于汉字和汉语语法方面的知识。⑭当时法国著名汉学家儒莲（Stanislas Julien）也给予了高度评价，并说在欧洲学习中国语言的任何人，都应该人手一本。⑮

二 《意拾喻言》所选底本及其编著方法

《意拾喻言》所选底本，罗伯聃在英文序言中并没有交代参考了何种版

377

本，只是说所选内容来自《伊索寓言》。据《中国丛报》的报道称，《意拾喻言》是依据 1692 年罗杰爵士（Sir Roger L' Estrange）的《伊索寓言》版本编选的。[16]罗杰爵士所编著的《伊索寓言》是英文版的经典之作，文辞优美，篇幅凝练，总共收录寓言 500 则，曾经先后多次重版，影响深远，距罗伯聃时间最近的是 1738 年版本。

通过阅读该书，并与《意拾喻言》比对，可见两书中所选寓言的顺序大致相同，内容长短大体相当，文中的情节安排也比较类似。比如罗杰爵士所编著的《伊索寓言》第 1 篇 "A Cock and a Diamond" 与《意拾喻言》的第二篇 "鸡公珍珠"（The Cock and the Precious-stone），内容情节完全一致，只不过根据语境作了稍微调整，将钻石换成了宝石，并译为中国人喜好且熟知的珍珠。第 3 篇 "A Wolf and a Lamb" 与《意拾喻言》的第一篇 "豺烹羊"（The Wolf and the Lamb），第 5 篇 "A Lion and a Bear" 与《意拾喻言》的第三篇 "狮熊争食"（The Lion and the Bear contending for the spoil），第 6 篇 "A Dog and a Shadow" 与《意拾喻言》的第五篇 "犬影"，第 8 篇 "A Countryman and a Snake" 与《意拾喻言》的第九篇 "农夫救蛇"（The Countryman and the Snake），第 9 篇 "A Woff and a Crane" 与《意拾喻言》的第七篇 "豺求白隺（鹤）"（The Wolf and the Stork），等等，亦是如此。

罗伯聃在择取罗杰爵士著述的过程中，并非原文照录，而是根据中国的文化情境，对寓言编排的前后顺序作了更动，一些不便于中国人理解的寓言则被删除舍弃。如其中第 247 篇 "Hen and Golden Eggs"（母鸡和金蛋），被编排至《意拾喻言》中靠前的第四篇，并改为 "鹅生金蛋"（The Goose that laid the Golden Eggs）。这则寓言，罗伯聃自言曾用来与中国官员辩论，并将后者驳斥得哑口无言。第 2 篇 "A Cat and a Cock" 讲述的是关于猫找借口吃公鸡的故事，情节有点类此 "狼和小羊"，而远没有后者生动。加之，在中西文化中，猫的善恶意象大不相同，因此并未收入《意拾喻言》之中。

至于《意拾喻言》编著体例与形式，罗伯聃说他是仿照英国人学习拉丁文的一种版本，即 "有一和尚将嘆咕喇同讷体那言语同印在一篇纸上"，进而采用中英文对照这一形式，以用来学习汉语。据此推测，1732 年英国拉丁文教师科拉克（H. Clarke）的将拉丁语和英文合璧，以便初学者学习拉丁文的《伊索寓言》版本，极有可能就是他的参考借鉴的范本。该书收录寓言 202 则，正文左边为拉丁文，右边是英文的逐字对译。[17]科拉克的这本书先后多次重版，是当时英国人学习拉丁文的入门常用书。另外，科拉克可能是同样参考了罗杰爵士所编著的《伊索寓言》，在寓言内容方面，与《意拾喻言》也有诸多近似之处。比如科拉克编选的《伊索寓言》中的第一篇寓言是"公鸡和宝石"，第二篇为"犬影"，第三篇为"豺求白鹤"，第四篇为"农夫救蛇"。罗伯聃精通拉丁语，对这一版本的体例与形式应当有所认知，甚或相当熟悉。

综合上述各种情况来看，《意拾喻言》文本内容主要来自罗杰爵士的《伊索寓言》，采用的体例形式则是科拉克（H. Clarke）的拉丁语和英文合璧的《伊索寓言》。在《意拾喻言》底本和编撰体例确定后，首先由罗伯聃用汉语官话口述，经蒙昧先生按文意用杂录体二次创作，并使之中国化。接着，罗伯聃将中文重新译回英文，并且采取意译和逐字对应的直译两种方式；同时，又依据马礼逊的《华英字典》等书，用罗马拼音分别标注出中文的南方官话和粤语的读音。

《意拾喻言》文辞浅近，通俗易懂。编译文本时使用了一种简单易懂（simple）的文体，即作为"文字之末（Lowest and easiest style）"的"杂录"。据罗伯聃介绍说，他的中文教师蒙昧先生将中文文体分成两大类：文字（即书面语）和言语（即口语）。文字类包括古文和时文。其中古文又有经书和古诗之分，时文则被分成六个子类：文章、诗赋、谕契、书札、传志和杂录。杂录为"时文之末"，是最浅白也是最低等的书面文体，常用于小说家言和笔记志怪之类的题材，归入此类的都是些无聊的小说和拙劣的故事，罗伯聃谦称《意拾喻言》也仅属于这一类。不过，罗伯聃认为，如果掌握了这种文体，学习者将能轻松地理解各种不同类型的小说和现在的大众小说；他还说这种文体或可作为通往更高文学殿堂的台阶。[18]

《意拾喻言》译文极其中国化，俗话说到什么山上唱什么歌，可谓别开生面。例如第一篇《豺烹羊》开篇即言，"盘古初，鸟兽皆能言"；把《狮熊争食》这则寓言说成是据《山海经》记载；把《狼受犬骗》和《鹰猫猪同居》的发生地点分别设定在"罗浮山"和"摩星岭"。[19]文末的道德箴言，则多使用一些成语典故或习语俗谚，言简意赅，贴切传神。如"欲加之罪，何患无辞"（第一篇）、"螳螂捕蝉，不知黄雀在后"（第十七篇）、"小不忍则乱大谋"（第二十二篇）、"何以为宝，合用则贵"（第二篇）、"过桥抽板，得命思财"（第七篇）、"宁食开眉粥，莫食愁眉饭"（第八篇）等等。

"杂录"文体的使用，使得《意拾喻言》能够雅俗共赏；而《意拾喻言》的中国化，又拉近了中国人与它的距离。外国人发现"中国人酷爱讲故事和听故事，而且他们的故事种类繁多，既有写下来的也有口头流传下来的"，⑳文中所有故事皆短小精悍，生动活泼，寓意深刻，富有哲理，用当时一位中国人的话来说："从头到尾都引人发笑，有些故事具有劝谕或告诫的作用，有些则具有讥讽的寓意，非常适合闲暇时阅读。"㉑因此，"当此书初出之时，中国人甚赞美之"。㉒英国汉学家翟理思（Herbert Allen Giles）在其 1901 年所著的《中国文学史》中说，已经出版的诸多旨在向中国人提供的欧洲名著翻译文本，皆因低劣的文风而遭到中国人的排斥。而《意拾喻言》是唯一成功的例子。㉓

三　《意拾喻言》的前身是《意拾秘传》

据罗伯聃所作的英文序言和前述《广州周报》的报道，在 1840 年出版的《意拾喻言》之前，罗伯聃与蒙昧先生合作的译作已于 1837～1838 年在广州出版过一次。

看过该版本的日本学者内田庆市称，这一版本的中文名并没有被译为《意拾喻言》，而是名之为《意拾秘传》（现收藏在大英博物馆，该馆据此编写的书目音译为"E-shih-pe chuen"）。㉔在道光戊戌年（1838 年）九月号《东西洋考每月统计传》的"新闻"栏里，刊登有一则广州府的消息，内称："省城某人氏，文风甚盛，为翰墨诗书之名儒，将希腊国古贤人之比喻，翻语译华言，已撰二卷，正撰者称为意拾秘，周贞定王年间兴也。聪明英敏过人，风流灵巧，名声扬及四海。异王风闻，召之常侍左右，快论微言国政人物，如此甚邀之恩。只恐直言触耳，故择比喻，致力劝世，弃愚迁智成人也。"这则新闻中提到的"意拾秘"，显然就是"Esop"的中译名。文中对蒙昧先生揄扬有加，称其为名儒，还说到该书已经撰写了两卷，与罗伯聃所言相合。而"意拾秘"与内田庆市所见的《意拾秘传》，刚好能对号入座。这则新闻接着又说，"因读者未看其喻，余取其最要者而言之"，㉕后选录刊载了《豺烹羊》、《狮熊争食》、《狼受犬骗》和《鹰猫猪同居》四则寓言，经与《意拾喻言》校对勘比，几乎一字不差。

另外，《意拾秘传》在英国剑桥大学图书馆亦有藏本，其音译为"I-shih-pi chuan"。㉖荷兰莱顿大学汉学院图书馆则藏有《意拾秘传》的第三卷。㉗

内田庆市在《谈〈遐迩贯珍〉中的伊索寓言》一文中，曾对大英图书馆所藏的《意拾秘传》的书志等情况作了详细的介绍。该书封面的标题为

"意拾秘传"，共分为 4 卷，12cm×21cm，竖写，线装本。其中的卷一（没有标出）缺英文目录，正文 4 页，每页 9 行，每行 22 字。卷二（从卷二开始，封面上都标有卷数）有英文目录，正文 9 页，每页 9 行，每行 22 字，最后的一页写有"道光戊戌（1838 年）蒲月（即农历五月）吉旦莺吟罗伯聃述"。卷三有英文目录，正文 12 页（无第 1 张），每页 9 行，每行 20 字，最后写有"莺吟罗伯聃"。卷四有英文目录，正文 11 页，每页 9 行，每行 20 字。另外，卷一、二和卷三、四所使用的铅字不同。

对于卷二和卷三卷末出现的"莺吟罗伯聃"，内田庆市的解释是，罗伯聃是利用"莺吟"的谐音来影射"英国人（英人）"。此外，卷四的英文目录后附有手写的"罗伯聃自叙"一页和"意拾秘传小引"一页。在自叙中，《意拾喻言》中的《华英字典》在《意拾秘传》中被改为《汉洋字典》；《意拾喻言》署名"知名不具"，而《意拾秘传》则署"罗伯聃自叙"。

《意拾秘传》收集了 77 则寓言，比《意拾喻言》少了 5 则。即在《意拾喻言》中，增加了"狮蚊比艺"（第十一篇）、"眇鹿失计"（第三十二篇）、"鸟悟靠鱼"（第五十八篇）、"老蠏训子"（第八十篇）、"真神见像"（第八十一篇）5 则寓言。此外，《意拾秘传》和《意拾喻言》中寓言的中文和英文标题也有一些不同之处，如第三卷的最后一则题名"车夫"改为"车夫求佛"（第五十六篇）；[28]文中语句上也有改动，如《豺烹羊》一则中就出现了四处不同，其中的"安能获罪"改成"安能得罪大王"，等等。[29]上述不同，显然是有不断修订、润色加工的意思在里面，以使译文更加晓畅易懂。

根据上文所述的寓言条目和内容来看，1840 年在澳门出版的《意拾喻言》，可以认为是广州版《意拾秘传》的增订本。不过，两书的用意大相径庭，《意拾秘传》全文皆是中文，明显是给中国人看的，并非如其后的《意拾喻言》，目的是供外国人学习中文之用。

四 《意拾秘传》的出版时间

《意拾秘传》于 1837～1838 年在广州陆续出版，罗伯聃在《意拾喻言》的英文序言中交代得非常明确。[30]按理说，著者自言的出版时间应当不是问题，但实际上并非如此。

关于《意拾秘传》的出版时间，长期以来一直是个难解的谜。由于《意拾秘传》当年是分卷出版的，这就增加了考证其出版时间的难度。据

1838 年 10 月的《中国丛报》报道，《意拾秘传》为小的八开本，已经出版有 3 卷，第 1 卷 7 页，第 2 卷 17 页，第 3 卷 23 页，其中第 3 卷收录了 24 则寓言。各卷出版的时间间隔大约是一个月。[31] 内田庆市依据这则报导和《东西洋考每月统记传》对《意拾秘传》的介绍，推算出第 1 卷到第 3 卷可能在 1838 年 8 月到 10 月期间发行，或者是 7 月到 9 月之间，第 4 卷则是在 10 月以后发行。[32] 对罗伯聃自己所说的 1837 年就已经开始出版的说法，他也无能为力，无法解决。

不过，让人感到高兴的是，《意拾秘传》所有四卷的出版，在《广州周报》里都有或长或短的报道。虽然报道中并没有记载每卷的具体出版日期，而仅仅用了一些模糊的表述，如"几天前""刚刚""最近"等，但这并不妨碍我们依此推断《意拾秘传》的大致出版时间。《广州周报》作为一份每周星期六出版的报刊，其所报道的事件一般应是在本周内刚刚发生的，所以根据报道《意拾秘传》的《广州周报》发行日期，可以得出《意拾秘传》第一卷至第四卷的大致出版时间：

卷一，收录寓言 9 则，1838 年 6 月 10 日至 16 日之间出版。[33]

卷二，收录寓言 21 则，1838 年 7 月 15 日至 21 日之间出版。[34]

卷三，收录寓言 24 则，1838 年 9 月 30 日至 10 月 6 日之间出版。[35]

卷四，收录寓言 22 则，1839 年 1 月 27 日至 2 月 2 日之间出版。[36]

另外，在《广州周报》中一篇谈及西人学习中文的文章的注释里，还发现了关于《意拾秘传》的一句话："参见《意拾秘传》，共四卷，1838～1839 年广州出版"。[37] 总而言之，《意拾秘传》确于 1838～1839 年出版，毋庸置疑。根据《广州周报》的报道，可见罗伯聃的自述显然有误。编著者本人在时隔不到两年的时间里就出现了如此大的记忆偏差，着实令人费解。或许，这里罗伯聃所说的时间，是与他的中文老师蒙昧先生计划汉译《伊索寓言》开始尝试的时间。

罗伯聃和蒙昧先生合作撰写的《意拾秘传》，随出随刊，分卷梓行，如果不是广东官方的查禁，或许可能还会有第五卷，甚至第六卷，亦未可知。从后来增订的《意拾喻言》来看，完全是有这个可能的。岂料，广东官方的查禁以及其后中英矛盾加剧的缘故，生生打断了罗伯聃和他的老师蒙昧先生的合作进程，蒙昧先生被迫与罗伯聃分开了。《意拾喻言》封面的识语"孤掌难鸣"和"五洲四海皆兄弟，人生何处不相逢"，[38] 极像失去臂助的罗伯聃和蒙昧先生话别时的语气，也让人感到不无遗憾。最终，罗伯聃只得就蒙昧先生润色加工的 82 则编著成《意拾喻言》面世。

五 《意拾秘传》在 1839 年遭到广东官方查禁

《意拾喻言》是外国人学习汉语的启蒙教材，而真正给中国人看的则是其前身《意拾秘传》。然而，就在中国的影响力而言，《意拾秘传》远不如《意拾喻言》，最主要的原因是前者遭到广东官方的查禁。目前，关于《意拾秘传》在 1838~1839 年发行情况的了解也仅限于"此书初出时，中国人争购之。因其中多有讥刺官府之陋规，遂为官府禁止"。至于为何禁止？则不甚了了。

《意拾秘传》当年出版时，备受中国人的欢迎，罗伯聃在《意拾喻言》的英文序中已有提及。《广州周报》在报道《意拾秘传》每卷出版的情形时，也曾说道它是如何地受到中国人的喜爱。如刚刚出版问世时，《广州周报》介绍说："读过第一卷的中国人都对其赞美有加。"[39]第二卷出版后又说："第一卷在中国人中获得了极大的成功。……我们认为，这些受欢迎的寓言故事将很快为中国的年轻人所熟知，正如它们为我们国家的学生所熟知一样。"[40]第三卷出版后，"中国人争相阅读，并受到他们的称赞"。[41]第四卷出版后，"如同前三卷一样，最后一卷也备受中国人赞美，人人争相阅读"。[42]这些记载无一不在证明《意拾秘传》从第一卷至第四卷的出版都是极其成功的，在中国人中赢得了大量的读者。不仅平民百姓爱读，那些高高在上的官员们也爱读，"我们确实听说它已经流入官府衙门，而且使那里的居住者感到很高兴"。[43]

按理说，如此好书，揄扬唯恐不及，何来查禁呢？据罗伯聃所云："直到那些官员们因看到他们的一些恶行被如此毫无顾忌地评说而大为光火，下令将其查禁。"[44]作为译员的罗伯聃还提到，在与中国官员发生分歧争执的时候，他不止一次利用其中的故事与之辩论。比如曾经利用《鹅生金蛋》这则寓言使一群坚持说英国意欲挑起与中国的争端的官员哑口无言。[45]或许就是这样的一些交涉辩论，让清政府的官员们产生了丰富的联想。的确，在一个新的地方，言辞辛辣锐利的《伊索寓言》很容易成为政治斗争的武器。在英国人看来，这一说法是可信的："一个中国高官在读过《意拾秘传》之后，认为这显然是针对他们的。于是，《意拾秘传》就被列入了中国的禁书目录之中。"[46]德庇时在《中国杂记》一书中谈道《意拾喻言》时，也提到被禁的一些情况。他说："可以想见，这部寓言集，对中央帝国的人们来说是如此新奇，大大地投合了他们的喜好。然而，官员们由于做贼心虚，在《豺烹羊》以及其他一些类似的寓言里，看到了与他们对待百姓的行径有令人不快的相似处，于是变得充满了敌意。我们的第一场战争（指第一次鸦片战争）刚刚开始，迫害和禁止英国人成为官府的主要公干，罗伯聃先生的书也遭到强烈的指责，但他还是冒着风险成功地完成了这部书。"⑫可以想见，在中英冲突日益加剧的时候，具有中英交涉谈判的译员和大鸦片商雇员身份的罗伯聃，不免被清政府的官员们所怀疑，他的著述是在为英国政府或鸦片商人张目代言。

俗话说，出门问禁，入乡随俗。自乾隆二十四年（1759）洪任辉事件之后，清政府相继出台有专门管理外国人的《防范外夷规条》《防范夷人章程》等规定，鸦片战争前在广州生活的外国人，皆是理所应当遵守的。这些章程中规定有禁止中国人教授西人汉语，更不要说用中文出版书籍之类的了。英国伦敦会传教士麦都思（Walter Henry Medhurst）在 1838 年撰著出版的《中国现状与展望》一书中，这样写道："现如今学习中国语言，要是由当地人帮助的话，那是违法的。如果外国人不用别人帮助，自己能够学会，政府也不管这些；但是如果得知有当地人竟敢帮助夷人掌握中华上国的语言的话，最轻的罪名也是里通外国的汉奸，更不要说其他了。""在中国，开展传教活动还有一个困难，就是当局严禁外国人用当地语言文字印制书籍。在广州，英文书籍的出版是自由的，所以这里有两份报纸和一份杂志，既无干预，也无骚扰。外国人互相腐蚀是可以的，只要他们喜欢就行，但是不允许用堕落的东西来毒害本地人的心灵。广东地方当局严禁外国人用中国文字印制出版书籍，这并不仅仅针对宗教书籍，其他任何书籍也是一样。"⑬

此外，在 1839 年 2 月 2 日《广州周报》中，关于《意拾秘传》有这样一段记载："译者把《意拾秘传》第二、第三和第四卷的一些小册子委托给我们，并请我们发给那些还没有这些小册子的先生们（gentlemen not yet pro-vided with any）。因此，希望获得这些小册子的团体，请派人前往我们的报社领取，它们将在那里免费发给大家。"⑭据此，我们知道《意拾秘传》有一部分在广州是免费发送的。《意拾秘传》全文皆是中文，这些小册子的发送对象，显然是中国人。在中英矛盾即将爆发的背景之下，难免会让多疑的广东地方政府认为此举别有所图。

总之，英国人罗伯聃和蒙昧先生的所作所为是违法的，尽管现在看来不合情理，但在鸦片战争爆发前的 1839 年，充满敌意的广东地方当局显然无法容忍，这也许就是《意拾秘传》最终被查禁的真正原因。遭到查禁的《意拾秘传》鲜有流传，据笔者所知，现在存世的大概只有三本，分别收藏于大英博物馆、剑桥大学图书馆，以及荷兰莱顿大学汉学院图书馆所藏的只有第三卷的残本。还有一点让人感到好奇的是，有关《意拾秘传》被查禁的史实，在中文史料中竟然没有丝毫记载，以至于这一中西文化交流史中的重大事件，我们现在只能通过外文史料获得一些模模糊糊的认识。

结语　承前启后的澳门版《意拾喻言》意义重大

《意拾秘传》遭到清广东地方政府查禁，流传不广，鲜为人知；而《意拾喻言》作为一本外国人学习汉语的书籍，中国人关注的也不多。魏源等人所记的《依湿杂说》，竟然连原书都没有见过。咸丰八年（1858）十二月，曾任广东巡抚的郭嵩焘在其日记里曾有提及 "近出有《依湿杂说》《英华通话》，皆审定夷音之书也，"⑩亦不知其所以然。

虽说中国士人对《意拾喻言》知之甚少，但《意拾喻言》对于来华的外国人来说，意义重大。为学习当地语言，方便传教，1843 年，《意拾喻言》由伦敦会传教士台约尔（Samuel Dyer）和斯特耐（John Stonach）转译为漳州和潮州方言版本，1856 年，由美南浸信会的卡巴尼斯（A. B. Cabaniss）转译为上海话版本。⑪在香港，它还成为在华西人学习汉语的教材，仅仅在 1891～1914 年，就在香港重印了六次。那么，《意拾喻言》的重要性，难道仅仅体现在汉学这一领域？答案当然是否定的。

1853 年 8 月创刊于香港，由麦都思主编的中文期刊《遐迩贯珍》，从第一期开始，每期收录 "喻言一则"，均是取自《意拾喻言》。至 1856 年，上海的教会医院 "施医院"，删去《意拾喻言》中《愚夫求财》《老人悔死》《蛤求北帝》《车夫求佛》《愚夫痴爱》《人狮论理》《驴不自量》《鳅鲈皆亡》《真神见像》等九则，改换书名，并删去原来的英文及标音对照，重印七十三则本的《伊娑菩喻言》。这个版本除文字之外，于《鹅生金蛋》《日风相赌》《报恩鼠》等八则寓言的旁边，附有笔触相当细腻的插画，这是目前所见最早有插画的《伊索寓言》汉译本。⑫《伊娑菩喻言》的内容完全来自《意拾喻言》（包括叙中的文字），只是将 "意拾" 变为 "伊娑菩" 而已。

改头换面的新版《意拾喻言》，和前述的《意拾秘传》一样，完全是面向中国人士。据内田庆市的研究,《伊娑菩喻言》先后曾在香港(英华书院和文裕堂)和上海(大概在墨海书馆或仁济医院)出版过,后又传到日本。③《意拾喻言》几经辗转,通过这一曲折方式,化身千万,流传日广,由此而渐渐深入人心,为中国人所熟知。

总而言之,承前启后的 1840 年澳门版《意拾喻言》,在《伊索寓言》二次传华过程中,功勋卓著,可谓立下了汗马功劳,其意义之重大,是不言而喻的。

(本文的完成得到暨南大学文学院吴平老师的大力协助,谨此致谢)

---

①裴化行:《利玛窦评传》(上),管震湖译,北京:商务印书馆,1993,第 214 页。

②另外两种为《广州纪录报》(Canton Register,英商马地臣等人于 1827 年在广州创办)和《中国丛报》(Chinese Repository,美国传教士裨治文于 1832 年在广州创办)。参考 Prank H. H. King, Prescott Clarke, *A Research Guide to China-coast Newspnpers 1822 – 1911*. Harvard University Press, 1965, pp. 46 – 47, p. 42.

③《广州周报》在广州刊行至 1839 年 6 月 1 日(总第 195 号),之后迁往澳门,1839 年 7 月 6 日在澳门恢复出版(总第 196 号)。报社地址起初设在澳门的 "Pe do Monte"(葡语意为山脚下,疑是指澳门主教山脚下的英国东印度公司旧址,即澳门十六柱)。

④《林则徐全集》第十册《译编卷》,福州:海峡文艺出版社,2002,第 5062~5063 页;英文原文参见 *The Canton Press*, Vol. 5, No. 38, Macao, Saturday, June 20th 1840.

⑤学界一般将 Mun Mooy seenshang 和他的学生 Sloth 译为"蒙昧先生"和"懒惰生"。参见戈实权《清代中译〈伊索寓言〉史话》,载《中外文学因缘——戈实权比较文学论文集》,北京出版社,1992,第 437 页。

⑥*The Chinese Repository*, Vol. 9, No. 4, Aug. 1840, p. 201.

⑦Robert Thom, 1807 年在英国的格拉斯哥(Glasgow)出生,于 1834 年来华。罗伯聃极具语言天分,除中文外,对拉丁文、希腊文、法文、西班牙文亦颇为精通。其著述除了《意拾喻言 Esop's Fables》外,还有《*Wang Keaou Lwan Pin Neen Chang Han or The lasting resentment of Miss Keaon Lwan; a Chinese tale*(王娇鸾百年长恨)》、《*Chinese and English Vocabulary*(华英通用杂话)》、《*The Chinese Speaker*(正音撮要)》等。鸦片战争爆发后,罗伯聃以翻译身份随英军在广东、厦门、舟山、镇海和澳门等地活动。1844 年,被任命为首任英国驻宁波领事。1846 年 9 月在任地逝世,终年 39 岁。关于罗伯聃的生平,详见 *The Chinese Repository*, Vol. 16, No. 5, May 1847, pp. 242 – 245. Davld

Thom，*Dialogues on universal salvation*，*and topics connected therewith*. London：H. K. Lewis，1847，pp. vi – xxx.

⑧《意拾喻言》中文"叙"。*Esop's fables*（意拾喻言），written in Chinese by the learned Mun Mooy SeenShang，and compiled in their present form（with a free and a literal translation）by Sloth，Canton Press Office，1840.

⑨《意拾喻言》实际共收录寓言 82 则，第 31 这个号码被重复使用。参见《意拾喻言》英文目录。

⑩*The ChineseRepository*，Vol 9，No. 4，Aug. 1 840，p. 201.

⑪*The Chinese Repository*，Vol. 9，No. 4，Aug. 1 840，p. 203；《意拾喻言》的"Preface"部分。

⑫*The Canton Press*，Vol. 5，No. 38，Macao，Saturday，June 13th 1840，No. 245.

⑬*The Canton Press*，Vol. 9，No. 13，Macao，Saturday，March 30th 1844，No. 443.

⑭John Francis Davis，*Chinese Miscellanies*：*A Collection of Essays and Notes*. London：J. Murray，1865，p. 60.

⑮*The Monthly magazine*，*or*，*British register*，Vol. VI. London：Printed for Richard Phillips，1841，p. 505.

⑯*The Chinese Repository*，Vol. 7，No. 6，Oct. 1838，p. 335. Sir Roger L' Estrange 的《伊索寓言》为经典之作，曾经多次重版，距罗伯聘时间最近的版本是 1738 年。Roger L' Estrange，*Fables of Aesop and Other Eminent Mythologists*；*with Morals and Reflections*，The 8th ed. Corrected. London：Printed for A. Bettesworth，C. Hitch，G. Strahan，R. Gosling，R. Ware，J. Osborn，S. Birt，B. Motte，C. Bathurst，D. Browne，and J. Hodges，1738.

⑰*Fabulae Aesopi selectae*：*or*，*Select fables of Aesop*：*with an English translation more literal than any yet extent*：*designed for the readier instruction of beginners in the Latin tongue*. Translated by H. Clarke（teacher of Lain），Publisher：Fielding Lucas Jr.，1817. 该书初版时间为 1732 年，重版过多次。

⑱参见《意拾喻言》的"Introduction"和"Preface"部分。

⑲罗浮山在广东惠州，是著名的道教名山，被称为"岭南第一山"。摩星岭在广州白云山，是白云山最高峰，被称为"天南第一峰"。用这两个地名，无疑会令当地读者更觉亲近。

⑳㉑*The Chinese Repository*，Vol. VII，No. 6，Oct. 1838，p. 334，p. 335.

㉒参见《意拾喻言》的英文序言，"Preface"。

㉓Herbert Allen Giles：*A History of Chinese Literature*. New York：Grove Press，1923，p. 429.

㉔内田庆市：《谈〈遐迩贯珍〉中的伊索寓言》，载《遐迩贯珍——附解题索引》，上海辞书出版社，2005，第 74 页。

㉕爱汉者等编，黄时鉴整理《东西洋考每月统计传》，北京：中华书局，1997，第422页。

㉖另在 James Ludovic Lindsay Crawford, *Bibliotheca Lindesian*: *Catalogue of Chinese Books and Manuscripts* 中的《意拾秘传》标识为："*I-shi-pi ch'uan*, *Aesop's fables*, Translated into Chinese by Lo-pai Tan［i. e. Robert Thorn］. 4 Chüan. 238x140mm. 1838." BiblioBazaar, LLC, 2009. p. 29.

㉗据台湾师范大学国文学系颜瑞芳教授称："（他）在荷兰莱顿大学（Leiden University）汉学院图书馆看到一册《意拾秘传·卷三》二十四则，书末署名'莺吟罗伯聃'，未著出版时地，译文与《意拾喻言》完全相同。"颜瑞芳编著《清代伊索寓言汉译三种》，台北：五南图书出版股份有限公司，2011，"导论"，第4页。

㉘参见颜瑞芳编著《清代伊索寓言汉译三种》，插图八，荷兰莱顿大学汉学院图书馆藏《意拾秘传》卷三尾页。

㉙主要参考内田庆市《谈〈遐迩贯珍〉中的伊索寓言》，载《遐迩贯珍——附解题索引》，第75～76页。

㉚有关《意拾秘传》在1837～1838年出版的记载最早出现在《意拾喻言》的"Preface"中，该序由罗伯聃于1840年5月15日写于澳门。

㉛*The Chinese Repository*, Vol. 7, No. 6, Oct. 1838, p. 335.

㉜参见内田庆市《谈〈遐迩贯珍〉中的伊索寓言》，载《遐迩贯珍——附解题索引》，第73页。

㉝*The Canton Press*, Vol. 3, No. 41, Canton, Saturday, June 16th 1838, No. 145. 该则新闻在对《意拾秘传》进行报道时，总计列出了9则寓言的标题，较之内田所见之原书少了1则，即按序号排列的第2则《鸡公珍珠》，疑为漏写。

㉞㊵*The Canton Press*, Vol. 3, No. 46, Canton, Saturday, July 21st 1838, No. 150.

㉟㊶*The Canton Press*, Vol. 4, No. 5, Canton, Saturday, October 6th 1838, No. 161.

㊱㊷㊸㊾*The Canton Press*, Vol. 4, No. 22, Canton, Saturday, February 2nd 1839, No. 178.

㊲原文为"*See Aesop's fables* Translated into Chinese, in four parts, published in Canton in 1838 and 1839,"*The Canton Press*, Vol. 4, No. 52, Canton, Saturday, September 28th 1839, No. 208.

㊳见《意拾喻言》封面。

㊴*The Canton Press*, Vol. 3, No. 41, Canton, Saturday, June 16th 1838, No. 145.

㊹《意拾喻言》，"Preface"。

㊺*The Chinese Repository*, Vol. 9, No. 4, Aug. 1840, p. 204。

㊻Joseph Jacobs, *The fables of Aesop*: *as first printed by William Caxton in 1484*, *with those of Avian*, *Alfonso and Poggio*. Publisher：D. Nutt, 1889. p. 218.

㊼John Francis Davis, *Chinese Miscellanies*: *A Collection of Essays and Notes.* London: John Murray, 1865, p. 60.

㊽Walter Henry Medhurst, *China*: *Its State and Prospects*, *with Especial Reference to the Spread of Gospel.* London: John Snow, 1838, pp. 288 – 290.

㊿郭嵩焘：《郭嵩焘日记》第一卷，长沙：湖南人民出版社，1981，第 209 页。

○51S. Dyer; J. Stomach, *Esop's fables*, *as translated into Chinese by R. Thorn esqr.*, *rendered into the colloquial of the dialects spoken in the Department of Chiang-chiu*, *in the province of Hokkien and in the Department of Tie-chiu*, *in the province of Canton. Part first Hok-kien.* Singapore: Mission Press, 1843, p. 40; Robert Thom, *Yisuopu yu yan*（伊娑菩喻言）*translated into the Shanghai dialect by A. B. Cabaniss.* Shanghai, 1856, p. 163. 这两种版本，仅是将《意拾喻言》中的粤语拼音内容换成了漳州、潮州方言以及上海话而已。又据澳大利亚国家图书馆藏的 1856 年上海话版本，采用的是中式的雕版印刷，线装，有鱼尾、栏线之类，封面上有手写的《伊娑菩喻言》字样。该书内文极为古怪，不知为何种文字，或许是一种注音方式，用以与《伊娑菩喻言》中的汉字对照阅读。

○52颜瑞芳编著《清代伊索寓言汉译三种》，"导论"，第 6 页。

○53内田庆市：《"西学东渐"与近代日中欧语言文化交流——以伊索寓言的译介为例》，载香港中国语文学会《词库建设通讯》1999 年 7 月总第 20 期。

作者简介：赵利峰，暨南大学文学院港澳历史文化研究中心副教授，博士。

［责任编辑：刘泽生］

（本文原刊 2013 年第 4 期）

16~19世纪葡萄牙王室远东
贸易特权的演变

张中鹏

[提　要] 15世纪末，根据《陶德西利亚斯条约》，葡萄牙王室获得了非洲以东至远东地区的征服权，并享有在此区域的海上贸易特权。随着东西方交流的扩大与深入，尤其荷、英、法列强的东来，葡国在远东贸易特权的经营方式也随之发生变化，经历了从垄断经营到特许经营，再到自由贸易的演变过程。这一过程，既反映葡国由强到衰的变化，也体现了世界贸易从垄断经营到自由贸易的进步。

[关键词] 葡国王室　特许经营权　海上贸易

地理大发现初期，葡萄牙曾是欧洲两大海上强国之一。葡萄牙根据《陶德西利亚斯条约》（Tratdo de Tordesillas），与西班牙分割世界势力范围，获得了非洲以东至远东地区的传教与贸易特权。随着世界格局及葡萄牙国内形势的变化，葡国远东贸易特权的经营方式不断得以调整。而这一经营方式的几番蜕变，既影响了葡萄牙在远东地区贸易规模的升降起伏，也从一个侧面折射出葡国国力由强转衰以及世界贸易由垄断经营逐步走向自由化的趋势。既往国内澳门史研究注重探讨明清王朝对外政策在澳门经济变动中的决定性作用，对于葡萄牙内部政策变迁尤其是涉及远东贸易权的分配与整合方面则缺乏深入研究，本文拟对此予以专门分析，敬请方家指正。

一　葡国王室在远东贸易特权的渊源

15 世纪后期，葡萄牙与西班牙成为欧洲两大海上强国，双方竞争日趋激烈。为了平衡两国关系，避免恶性竞争，1494 年 6 月 7 日，教宗亚历山大六世（Alexandre Ⅵ）与葡、西两国在陶德西利亚斯（Tordesillas）达成协定，规定在佛德角群岛（Cape Verde Islands）西面 370 里格处，从南极到北极，划出一条直线，这条线以东所有已发现的和将来发现的一切地方属于葡萄牙；该线以西，则属于西班牙。两国代表还保证，不向规定区域之外派人从事发现、贸易或征服活动，史称《陶德西利亚斯条约》。此协定于同年 7 月 2 日由西班牙国王批准，9 月 5 日由葡萄牙国王批准。教宗亚历山大六世划定的这一分界线，即著名的"教宗子午线"。[①]依照协定，葡萄牙王国拥有非洲以东至远东地区的征服权，可以在这一区域行使垄断性海上贸易与保教权。

根据葡西两国协定的精神，1520 年葡国王室颁布了"印度敕令"，宣布对远东地区海上贸易实施王室垄断经营。为有效实施这一法令，葡国王室采取三个步骤：首先，在印度半岛建立军事要塞与商站，筹组殖民地政府，代表王室统辖远东地区；其次，将麻六甲置于葡萄牙统治之下，加强其作为东南亚香料和药品贸易中心的作用；再次，在苏门答腊北部建立一个葡萄牙军事势力范围，并在该地区主要的胡椒港口帕塞姆（Pacem）兴建一座炮台和商站；在中国南方沿海建立商站和炮台。[②]同时，为了规范远东贸易秩序，确保王室贸易权益，葡国王室实行加比丹·莫尔制度，即由葡国王室组织贸易船队、筹集资金，委派可信赖的贵族出任船队首领，又称加比丹·莫尔（Capitão-mor）。[③]他不仅代表王室行使航线贸易垄断权，身兼贸易总监、船队司令及外交代表等多项使命，而且还以国王或葡属印度总督的名义，在沿途各港口出任临时性的最高行政长官，处理各种事务，故又被称为"海上巡抚"或"移动总督"。[④]

二　从垄断经营到特许经营

早在"印度敕令"颁布之前，葡国商人和冒险家们就已经在远东地区进行贸易活动。葡国王室对远东贸易实行垄断性经营后，掌握贸易船队首领的任命权，获得任命的加比丹·莫尔携带葡国王室的指令，对在远东地区居住的葡萄牙人执法。事实上，面对大量的个体葡商，执法效果有限。

在这种体制下，王室垄断贸易面临很大的挑战，主要来自两个方面：一是对在征服远东地区过程中立有战功的贵族，他们需要一定的安抚；二是大量活跃在这一地区的葡商，不服从管束，分薄了王室的利润。在这种情形下，加比丹·莫尔制度的具体形式必须进行改革。1540 年代之后，葡国王室逐步停止了由王室充当商人角色的垄断贸易，开始将贸易垄断权以特许经营的方式赏赐、租用给某位贵族或对王室有军功者。《城市和堡垒手册》称："我认为在印度各地的航线中它们（果阿—麻六甲—澳门—日本航线）是最好的，最有利可图的，因此它们都是被给予十分有名望的、服现役的、功勋卓著的贵族。"⑤葡萄牙历史学家徐萨斯（Montalto de Jesus）说："葡萄牙国王为自己保留了东方贸易中最大的特权，他给予有功的大臣的最大实惠就是准许他们用一两艘大帆船运来东方商品，卖给里斯本的商人，以获巨大的利润。"⑥获得特许经营者需要自己组织船队、筹措资金进行经营。

　　这是葡国王室对贸易垄断权的第一次变革。葡国王室将垄断权以特许的方式授予某个组织与个人，获得特许经营者，除维持王室一定的利润外，还肩负着维护远东贸易秩序的责任。据文献记载，这种赏赐可追溯到 1543 年，当时印度总督马尔蒂姆·阿丰索·德·索萨（Martim Affonso de Sousa）首次"命令热罗尼莫·戈麦斯（Jeronimo Gomez）以一艘优良船只装运胡椒，并给予他众所期盼的前往中国的加比丹·莫尔的巨大权力，命令他前往中国"。⑦

　　由于初期对加比丹·莫尔的赏赐程序及其许可权尚未规范，主要表现为：一是葡国国王、印度总督、麻六甲总督均有任命加比丹·莫尔的权力，常常出现多名加比丹·莫尔同时进驻某个港口；二是各被任命的加比丹·莫尔的许可权不清，当在某一港口相遇时，无法确定由谁执行管辖权。因此，在相当长一段时期里曾造成远东贸易的混乱局面。如 1552～1555 年，索萨（Leonel de Sousa）在中国东南沿海时，同时有其他两名加比丹·莫尔，即安东尼奥·佩雷拉（António Pereira）和法兰西斯科·马什卡雷尼什（Francisco Mascarenhas）在这一带活动。而索萨乃葡王所任命，后两者则是印度总督所委任。所谓县官不如现管，索萨在其书信中公开表达其在航海过程中受到不公平的待遇。在商业利益的诱惑与驱动下，"肩负特别使命的船队首领与私人性质的商船船长鱼龙混杂，各行其是，从而导致贸易与外交事务的混乱"。⑧

为平衡葡国王室与海外总督的利益关系，16 世纪 60 年代，他们对加比丹·莫尔的职权范围与时限进行了规范。首先是对贸易海域进行区分，据曾滞留印度的意大利商人弗雷德里·切萨雷（Cesare Frederici）称："每年有两艘国王的大帆船（galeão）从麻六甲出发，其中一艘为装运丁香而前往摩洛加群岛，另一艘为装运肉豆蔻而去班达。这两艘大帆船载运的货物都是为了国王。除了船员和士兵的货物，不得为任何私人运送货物。因此，这些船海并非是为了商人。当然，商人们并没有前往那些群岛或在返航时载运货物的余地。而且，（麻六甲）加比丹不允许将商人送往这两个地方的任何一处。……葡萄牙国王特许其贵族的航海如下：由中国至日本，由日本至中国，再由中国至印度，那是将精美纺织品以及各种班普斯特织物运往望加锡、摩洛加和巽他的航海。"⑨

其次，对加比丹·莫尔职责与许可权进行规范。如 1563 年 3 月 7 日，葡王塞巴斯蒂安赐予若昂·德·门多萨（João de Mendoça）一次中日航线加比丹·莫尔的权利，其敕书规定：第一，加比丹·莫尔的管辖权包括"任何葡萄牙船只或在上述港口居住或逗留的葡萄牙人悉听其辖制，澳门港、中国港口或任何通日本的港口亦在此例"，使加比丹·莫尔成为各港口的最高行政长官，是名副其实的"移动总督"。第二，这一特许委任是一次性的，"下一航行停泊于此时则不再作为加比丹·莫尔"。第三，被委任者必须在指定的年份里，自费装备船只完成航海权力，但同时规定，"如果上述门多萨需要某些航行的东西、现金及任何库存物，朕将命令副王与总督尽量提供一切。所提供物品将按照朕财政院价格计算。他必须为一切借贷具保，保证回航后立即归还。若遇到海难，上帝保佑不要发生，他的保人必须支付一切借贷的价值"，印度总督以及王室财政官"不得为难他"。同时特别命令麻六甲的首领，如果门多萨航行到该地，应给予"必要的援助、保护和准备"。⑩

最后，为更好地实施加比丹·莫尔制度，葡国王室同时在远东实行名为卡尔达斯（cartaz）贸易许可证制度，规定所有在远东贸易的船只必须持有通行许可证，无证者将受到逮捕船员、没收船只与货物的处罚。持证者在交纳贸易税以及为保证港口安全交易的警备税后，可停靠葡萄牙领属各港口进行贸易，然后通过土著代理人或自行购买印度及被带到印度的各地物产，运往亚洲各地和欧洲市场赢利。⑪

这次规范修正了政出多门的混乱局面，强化了葡国王室对远东贸易监管，保障了王室在远东各地的有效管治，同时也平衡了各方的利益。在这些制度的保障下，16世纪中后期，果阿—澳门—日本航线成为葡萄牙在远东获利最丰的贸易线。1584年耶稣会士弗郎西斯科·卡布拉尔（Francisco Cabral）致西葡联合国王菲力浦二世函称：日本航线的收益如下：第一，每年陛下可使你王国中一贵族获得7或8万克鲁扎多的收入；第二，以此航行每年可支付一贵族10年或15年的服务报酬。本地人每年可有2、3或4千克鲁扎多的收入，在葡属印度亦可有同等收入。[12]正由于此，在亚洲的一些葡萄牙上层贵族都想尽办法让国王授予这一航线的特许经营权。

三 特许经营权的变革：从赏赐到招标

自16世纪70年代，西班牙人占据马尼拉，并建立殖民政府，西班牙人在远东的贸易活动日趋活跃，即使西、葡合并后，对西班牙人的种种禁令也没有起到多大的作用。随后荷兰、英国等国商人东来，加剧远东海上贸易的竞争，使葡萄牙的远东贸易秩序受到较大冲击，掌握特许经营者也因此蒙受损失。故而，早在16世纪80年代，一些拥有特许权的人为逃避激烈的竞争，将自己的特许权私自拍卖出售，1580年，果阿—澳门—长崎特许权航线拍卖价为2万克鲁扎多，而实际纯利润为3.5万克鲁扎多；麻六甲至澳门特许权航线拍卖价为0.55万克鲁扎多，而实际纯利润为1万克鲁扎多。[13]1614年葡印总督唐·热罗尼莫·德·阿塞韦多（D. Jerónimo de Azévedo）为了解决他们面临的商品流通严重不足的困境，拍卖了属于他的六条航线，其中果阿—澳门—日本航线最为有利可图，分别被葡商维森特·罗德里格斯（Vicente Rodrigues）、卡瓦略（Jerónimo de Macedo de Carvalho）及斐迪南·克龙（Finandi Clo）3人各1条船投得，罗德里格斯投得价格为16016色勒芬，而卡瓦略及克龙则各以16000色勒芬投得。[14]

面对新的贸易形势，1629年11月16日，根据王室敕令的原则，葡印政府财政委员会制定了新的航行条例，对澳门至马尼拉、澳门至日本的航线的经营权采用竞标出售的制度。即将这两条航线一起捆绑竞标出售，期限可以是1年，也可以是3年。1629年11月28日，通过竞标，葡萄牙财政部以306000色勒芬的价格向卡瓦略（Rob dc Carvalho）出售了澳门至马尼拉和澳门至日本的3年航海贸易权。其契约的内容主要有：

第一，获得3年内澳门—马尼拉和澳门—日本航行资格的人，至少要分别投入9艘船和13艘船进行马尼拉和日本的航行。

第二，每次航行必须为王国从日本运回 1200 担铜。

第三，必须向果阿政府金库预付 50000 色勒芬现金，担保人必须承担完全责任。

第四，必须向原来航行资格持有者支付 30000 帕塔卡的赔偿金。

第五，商船登记簿和账册须呈送会计长。

第六，竞投中标者以被指派人身份或者以其继承人身份确立对航海贸易的垄断，在合同期内，没有卡瓦略的允许，任何人不得向日本和马尼拉派遣船只。[⑮]

然而，由于原来赖以为生的日本航线，至 1630 年代遇到了前所未有的困难，王室特许经营权除了受到日本、荷兰、西班牙的挑战外，澳门葡商为生存所迫，对王室的特许经营权也时常不尊重，竞投中标者因此损失惨重。1631 年，葡商洛博（António Lopo）获得国王特许进行澳门与望加锡、梭罗及帝汶之间的贸易，也遭遇同样的困境。居澳葡商认为让洛博独自经营这一航线有损他们的利益，因此，他们并不理会国王训令，自由地前往这一地区进行贸易，而且不向王室纳税，使得洛博所获的国王特许权徒有虚名。[⑯]

四　特许经营的组织化

由于个体经营特许权无法有效确保市场有序发展，1640 年 11 月，葡西王国改变了其远东贸易管理体系，即在王室的主导下，由澳门议事会负责租用船只，组成航运公司，进行海上贸易。每个商人将自己的货物装上船，支付商定的运输费用，而船主必须带回销售全部货物后换取的白银，不得收取任何附加费用，然后，议事会根据交付货物的记录向商人支付白银。[⑰]

葡萄牙复国后，面临内外交困、财政匮乏的困境，在远东的处境也相当艰难，日本贸易航线被迫中断，荷兰人于 1641 年、1660 年分别占领麻六甲、望加锡，附属西班牙的马尼拉也虎视眈眈，葡国王室所能控制的远东航线相当有限，只剩下澳门至索洛、帝汶等东南亚地区港口相对稳定。入清以后，清政府实施严厉的禁海迁界政策，加剧居澳葡人的危机。为缓解澳门葡人的困境，葡国王室进行了一系列的改革。首先是改善与西班牙的关系，1668 年，彼得罗（D. Pedro）摄政王子与西班牙签订和约，并颁布特许状，恢复澳门与菲律宾之间的贸易。[⑱]其次是修订贸易准则，不再以控制航线为唯一的途径，而是寻找可以垄断性经营的商品，在 17、18 世纪，其专营商品主要是帝汶的檀香木与南亚的鸦片，王室财政从专营商品的销售收入中抽成。[19]再次，改革专营的方式。为增强与英、荷等国商人的竞争力，葡国王室曾组织了由王室控制的贸易公司，但收效不彰。后来，葡国王室通过授权于某机构来具体经营远东的贸易特权，当时在澳门成立一个委员会，任命值得信赖的人当委员，例如利马（Jerónimo de Abreu Lima）、白垒拉（Bento Pereira de Faria）和特谢拉（Pedro Roiz Teixeira）。这一委员会可全权决定组织属于王室的船只或由私人租赁船只航行及决定随船人员的薪金，澳门总督或官员不得介入。[20]这个委员会的性质，就是想通过公司形式的机构代理王室来管理远东贸易，使得王室的特权不至于完全丧失。而这一机构的实际控制者是澳门议事会。

从 1689 年起，在葡属印度政府的许可下，澳门议事会开始组织澳门至巴达维亚、帝汶和索洛的航线，专营檀香木等，每年组织两、三艘船从澳门直接或通过巴达维亚前往帝汶。对于获得专营权的船主，当时规定其提供一条大船并享有该船 1/3 的舱位，其余 2/3 舱位分别由私商和澳门的机构使用，其中包括澳门总督、仁慈堂所代表的寡妇和孤儿。[21]

为平衡居澳葡商的利益，不让某些特定船东垄断专营权，1709 年 12 月 30 日，葡王若奥五世颁布法令，完善澳门与索洛、帝汶的贸易经营权的管理，确保贸易在葡国王室控制之下有序进行，他们制定了密封抽签分配制度，即由澳门议事会组织，将居澳葡籍船主都登记在密封的名单袋中，然后以抽签排序的方式决定每年出航者，议事会授予相关船主专营许可证。如果获得授权的船主之商船当年无法出航，就按顺序打开下一个密封袋，将经营权交给相应的船主，而前者可于次年主张恢复所耽误的航运权。[22]这一制度使每位船主都有机会经营这条澳门生命之线。新制度同样规定，商船舱位不应由议员和富商垄断，无论是穷人、寡妇、孤儿，只要想凑钱做贸易生意，就应分给他们相应的舱位。每年议事会都会按照实际情况分配商船的舱位。中文史料对此也有印证，《澳门记略》记载："资微者附之，或数十主同一舶。每岁一出，出则数十百家之命系焉。"[23]据澳门历史档案馆所保存的一份档案显示，在 18 世纪下半叶，澳门共有船东 39 名，有 184 名小业主与之建立了固定的商业航运关系。[24]

五　葡国远东贸易特许经营权的终结

进入 18 世纪中叶以后，英国、荷兰等国商人凭借雄厚的资本、灵活的公司管理模式，逐渐主导远东的贸易格局，居澳葡人的生存受到前所未有的挑战，原来清政府所给予贸易优惠的 25 艘额船，日渐减少，1750 年张甄陶撰《澳门图说》时，仅剩下 10 艘。㉕1753 年，D. Rodrigo dc Castro 向葡印总督报告，澳门只剩 5 艘额船。㉖1755 年 11 月 5 日，议事会致信葡国王室称：澳门现在已无商品可言，原因有二：一是大量的船只停泊在亚洲的各个港口；二是东印度公司的船只被批准在印度贸易，允许装载商品的船只自由出入澳门。㉗换言之，葡国在远东的贸易特权已经名存实亡。

面对这一严峻的贸易形势，葡国王室并没有改变传统思维以适应新形势，而是极力保护仅存的一点点优势，多次下令对澳门的贸易进行种种限制。一是继续垄断获利最高的鸦片贸易，不许英、荷等国商人染指。1764年 7 月的法令规定，在澳门，不得以任何目的向来到本港口或岛屿的外国商船购买鸦片，也不许将任何外国人的鸦片卸货存于澳门，违禁者没收全部货物，将一半奖励告发人，一半归于议事会。㉘二是严格控制外国人在澳门居留，果阿政府于 1773 年 5 月、1776 年 5 月颁布同样的法令："不要再同意任何外国人在澳门居留"。㉙但这些法令遭到居澳葡人的消极抵抗，时任澳门总督的吉马良斯（D. Alexandre da Silva Pedrosa Guimarães）认为澳门葡商并没有充足的资金去贩运足够的鸦片来满足中国市场需求，因此主张允许外国商人租用葡萄牙船只将鸦片及其他一切想要运载的货物运到澳门。㉚

澳门议事会以灵活的手段对付葡国王室的鸦片垄断经营法令，不仅同意外国人入居澳门，而且允许他们租用居澳葡商的贸易额船，享受清朝的关税优惠，使得相关法令形同虚设。㉛1802 年 4 月 12 日，葡国王室不得不正视现实，修改法令，授予居澳葡人进口鸦片专利权。㉜新法令允许英国东印度公司在澳门贮存与销售鸦片，但附设条件，即英国公司必须聘用居澳葡商为代理人，负责向政府反映销售情况，并从销售中抽取佣金与课取相应关税。于是，英商租用澳门额船将大量鸦片运入澳门廉价倾销。据荷兰方面的报告，澳门议事会向每箱 140 磅的鸦片征收 16 两白银（合 22 元）的过境费。㉝澳门土生商人阿美达（Januário Agostinho de Almeida）、巴罗斯（Manuel Barros）和巴莱托（Bartolomeu Barreto）先后成为英商在澳门的鸦片销售代理。㉞故时人称："澳门为洋商聚集之所，洋楼屯储烟土，久成弊薮。"㉟

葡国在远东的贸易特权成为其他列强谋取暴利的手段，它在远东的地位也日渐遭受削弱。在这种情况下，为了复兴葡国在远东的贸易，1811 年 2月 4 日，葡国王室大幅修订其在远东的贸易政策，其敕令称："朕决定，通过广泛的特许来允许朕之臣民从事同在葡属印度沿海、中国各港口、好望角的我国及外国的海湾、河流、岛屿、港口及葡萄牙、巴西、亚速尔、马德拉、佛得角、西非沿海港口及其周围属于本王室的岛屿的自由贸易航行。取消一切多年来阻碍贸易繁荣的限制。"① 为增强与英、法、荷商人的竞争力，葡国王室对居住在远东地区的葡商开放所有的港口。

香港开埠后，澳门的生存环境变得更为恶劣。为配合葡萄牙的对华政策，澳葡政府单方面宣布澳门为自由港。1844 年 11 月 2 日，澳门议事公局发布公告，从即日起，澳门港允许所有外国商船依照港口章程和海关税法进驻。27 日，议事公局再次发布公告，所有进入澳门港的船只除按港口章程缴纳商品税外，必须交纳每吨 5 钱白银的停泊费。② 至此，葡国王室在远东的贸易特权终结。

自 15 世纪末获取远东贸易垄断权后，葡萄牙王室远东贸易政策经历了由王室垄断到特许经营，再到自由贸易的演变。这一历史过程，一方面折射出葡国国力由强转衰的趋势，另一方面也反映了世界贸易从国家垄断到自由贸易体制的转变与进步。葡国王室虽然试图通过颁布系列法令，以维系其远东贸易特权，终究无法阻挡自由贸易之潮流，不得不顺应历史发展的趋势，以开明政策和开放姿态迎合时代的发展。

---

① 雅依梅·科尔特桑：《葡萄牙的发现》第 4 卷，中国对外翻译出版公司译，澳门：纪念葡萄牙发现事业澳门地区委员会，1998，第 974 ~ 975 页。

② 奥利维拉：《葡中接触五百年》，杨立民、王燕平译，澳门：东方基金会，1999，第 29 ~ 30 页。

③ Capitão-mor 在中文史料中常简译为"加必丹""甲比丹""加必丹末""加毗丹"等。

④ 金国平：《Capitão—mor 释义与加必丹末释疑》，载金国平：《中葡关系史地考证》，澳门：澳门基金会，2000，第 344 ~ 345 页。

⑤⑬⑭ 桑贾伊·苏布拉马尼亚姆：《葡萄牙帝国在亚洲：1500 - 1700 政治和经济史》，何吉贤译，澳门：纪念葡萄牙发现事业澳门地区委员会，1993，第 145、147、148 ~ 149 页。

⑥ 徐萨斯：《历史上的澳门》，黄鸿钊、李保平译，澳门：澳门基金会，2000，第 40 页。

⑦ 冈本良知：《16 世纪日欧交通史研究》修订版，日本：六甲书房，1974，第 277 页。

⑧⑨咸印平：《加比丹·莫尔制度与早期澳门的若干问题》，澳门：《文化杂志》第51 期，2004。

⑩利瓦拉：《葡萄牙——东方档案》（Archivo Portuguez-Oriental），第 5 分册第 2 部分第 464 号档，转引自金国平编译《西方澳门史料选萃（15—16 世纪）》，广州：广东人民出版社，2005，第 243～244 页。

⑪木夏一雄：《木夏一雄著作集》（6），日本：汲古书院，1993，第 126～127 页。

⑫金国平：《耶稣会对华传教政策演变基因初探》，载金国平《西力东渐：中葡早期接触追昔》，澳门：澳门基金会，2000，第 120～157 页。

⑮Documentos Remetidos da India ou Livros das Moncoes, Vol. 38, pp. 349 - 355, 转引自吴志良、汤开建、金国平主编《澳门编年史》第 1 卷，广州：广东人民出版社，2009，第 422 页。

⑯莱萨：《澳门人口：一个混合社会的起源和发展》，范维信译，澳门：《文化杂志》第 20 期，1994。

⑰梅斯吉达拉：《十七世纪后期澳门经济中的印尼市场》，澳门：《文化杂志》第 20 期，1994。

⑱⑲⑳㉑㊱吴志良、金国平、汤开建主编《澳门史新编》第 2 册，澳门：澳门基金会，2008，第 439、438、438、604～605、621 页。

㉒吴志良、汤开建、金国平主编《澳门编年史》第 2 卷，第 758 页。

㉓印光任、张汝霖：《澳门记略》下卷《澳番篇》，赵春晨校注，澳门：澳门文化司署，1992。

㉔㉞李长森：《明清时期澳门土生族群的形成发展与变迁》，北京：中华书局，2007，第 338、350 页。

㉕张甄陶：《澳门图说》，小方壶斋舆地丛钞本。

㉖文德泉：《十八世纪的澳门》，澳门：澳门官印局，1980。

㉗㉙㉚吴志良、汤开建、金国平主编《澳门编年史》第 3 卷，第 1003 页；第 1070、1079 页；第 1079 页。

㉘Manuel Múrias, *Instrução para o Bispo de Pequime Outros Documentos para a història de Macau.* Instituto Cultural de Macau, 1988, p. 269.

㉛陈文源：《清中叶澳门贸易额船问题》，北京：《中国经济史研究》2003 年第 3 期。

㉜马士：《东印度公司对华贸易编年史》第 3 卷，区宗华译，广州：中山大学出版社，1991，第 320 页。

㉝Paul A. Van Dyke, *The Canton Trade：Life and Enterprise on the China Coast, 1700 - 1845.* Hong Kong Univeristy Press, 2005, p. 126.

㉟《清宣宗道光实录》卷 326，道光十九年九月丁酉条。

㊲张海鹏主编《中葡关系史资料集》上卷，成都：四川人民出版社，1999，第1045页。

作者简介：张中鹏，澳门大学澳门研究中心博士后研究员。

[责任编辑：刘泽生]

（本文原刊2013年第4期）

旅 游 博 彩

论旅游业与博彩业的产业关联

王五一

[提　要] 旅游业与博彩业的战后大发展，是在同一个经济动因和机理的推动下实现的，经济学的"成长的输出基地"理论和"工厂—餐馆二分"理论揭示了这一原理。两个产业不但平行发展，而且互相促进。然而，随着世界博彩业无节制的发展，博彩业对旅游业的促进作用会历史性地递减。另外，事实上并不是所有的博彩业彩种对旅游业都有促进作用。

[关键词] 旅游业　博彩业　产业关联

人类的各种生产和经营活动，按照其不同的技术性质被划分成了一个个"产业"（industry）。旅游业与博彩业，是其中的两个。

产业之间多多少少存在着相互联系和相互影响，即所谓产业关联（industrial linkage）。市场经济条件下的产业关联，至少可以归纳为三类：（1）投入产出关联。如面粉厂与面包房之间的关联，这是一种因供求依存关系而相互影响的关联。（2）产品替代关联。如大饼摊与馒头摊之间的关联，这是一种因产品的可替代性而形成的竞争性关联。（3）市场共鸣关联。如豆浆摊与油条摊之间的关联，这是一种因产品在市场上的互补效应而产生的互相促进关联。旅游业与博彩业的关系属第三种，"豆浆—油条"关联。

战后的技术爆炸，为人类的经济生活制造了一个重要的事实：地球变"小"了。富人和闲人出门旅行的欲望以及实践此类欲望的可行性都因此而提高；同时，喜欢赌博而家门口没有赌场的人士，到他国或他地去一试身手更为容易。地球的"变小"推动着旅游业与博彩业这两个新兴产业同步快速地发展。

随着地球的变小，博彩业的国（区）际外部性（international externality）越来越高，"设赌地"与"客源地"的概念在实践中日趋分裂，"赌客"与"游客"的概念在理论上日趋重合，赌场越来越像一种旅游设施，成为赚外国（地）人钱的工具；而旅游业也把吸引以赌博为目的的游客纳入了自己的新的产业发展战略。于是，旅游与博彩，这两个原本在经营性质上并无太大关系的产业门类，在世界技术爆炸的推动力下，建立起了新的产业关联。

一　两个产业的经济特征

旅游业，可以从狭义和广义两个层次下定义。从狭义上说，旅游业专指那些从事接客送客的旅行社和导游业；而从广义上说，旅游业则应当包括向游客提供各类服务的各个相关产业。有中国学者如此定义："旅游业就是以旅游资源为凭借，以旅游设施为基础，通过提供旅游服务来满足旅游消费者各种需要的综合性行业。"①就是说，旅游业是利用旅游目的地的地理、文化、政治、法律、经济及其他资源条件，吸引非本地居民来本地花钱消费的一组产业的统称。能够参与这个功能角色中的产业非常之多，从广义上甚至可以说，一个旅游目的地的所有行业都会对该地的旅游条件和环境施加一定的影响。

"旅游"与"家"是相反相成的一对范畴。在本市的公园里野餐不是旅游，旅游者必须是外出离家远行；迁徙不是旅游，因为这已不是人的旅游而是家的旅游；四海为家的游方之士也不能算是游客，因为他没有家。旅游必须是以"家"为基地的短期离家远游。"短期""远离""家"，是旅游的三要素。强调这三要素，目的是为了满足宏观经济学的这样一种理论需要：旅游是一种区际（国际、省际、州际、城际等）贸易，是游客与旅游服务提供者之间的一种服务买卖交易，是旅游目的地的服务输出（export）和游客客源国（地、城）的服务输入（import）。离开了"家"的概念，服务贸易的概念便不成立。而旅游业作为一个产业，其生命力便源于它的"输出性"，经济学的"成长的输出基地"理论（export base theory of growth）阐释了这个道理。该理论认为，一国、一地或一城经济的成长能力，与该地经济中的商品和服务输出能力有着密切联系。一地的产品或服务输出越多，它能够赚来的"新钱"（new money）就越多，它的经济就越有活力，经济成长就越快。③经济学中的"工厂—餐馆二分"理论（The Factory-Restaurant Dichotomy）从另一个角度支持了"成长的输出基地"理论。它强调了这样的观点：可以把任何一个特定经济区域（一个国家、一个地区、一个城市）的产业分为两类，一类是外向型的，如一家工厂，其产品在外地销售，可以给这个地区带来"新钱"；另一类是内向型的，面向本地居民，如一家只服务本地居民的餐馆，只能赚本地人的钱，因而不会给本地带来实在的财富。④旅游业恰恰就是这样一种具有极强的"输出性""工厂性"而专赚"新钱"的产业。

旅游产业是赚钱的，旅游活动是花钱的。花钱的方式有多种，按游客到访的目的来划分，可以分为诸如观光（sightseeing）、消闲（amusement）、会展（MICE）、视察（look-see）及商务旅游（business trip），等等。一地之旅游业的发展战略，可以在吸引其中任何一类"游客"上做出努力。还有一种特殊的"游客"——赌客。博彩业正是从这个意义上与旅游业产生了关系。

博彩业经营的技术内容比旅游业要复杂得多，但它的经济学定义则比旅游业简单得多。博彩业是经营赌博活动的产业；⑤或者更明确一点说，博彩业是从赌客对赌中居间抽头而谋利的商业部门。对有些人而言，赌博是一种乐趣——这个事实派生出了有关博彩业与旅游业产业关联的基本道理：由于是一种乐趣，所以是一种需求；由于是一种需求，为满足此一需求而建立的产业便是一种服务业；由于是服务业，便有可能同时为游客服务。

赌博游戏花样繁多，故而博彩业内部包含许多分支，或曰不同的"彩种"，大大小小有上百种。这些彩种有一定的文化性或民族性，但并不明显。也就是说，世界上各个国家、各个民族，其合法博彩业所经营的游戏种类基本相似。表1将目前世界博彩业流行的各个分支或彩种归纳为八种，并分别用两种分类法对其进一步分类。

一种分类法是根据赌博游戏的来源，将之分为"人工设局"与"派生赌局"两大类。所谓人工设局，是指专为赌博目的而设的游戏——没有赌博，世界上就不会有这些东西。所谓派生赌局，则是指博彩公司在现实生活中寻找到的、原本与赌博并无关系的事件，将之开作赌局。最典型的是体育比赛，其他如一场战争的胜负、一次大选的结果、日本皇妃肚子里的孩子是男是女等，都可以成为赌商设局赚钱的资源。人工设局与派生赌局相比，有一个明显的区别：二者成本不同。前者，为了开一个赌局，赌商需要自己花钱买老虎机、赌台或兴建狗场；而后者，赌商只需要一台电脑就可以开盘敛注做生意。

表1　博彩业的基本分类

人工设局						派生赌局	
赌台 Table game	赌机 Slot machine	宾果 Bingo	基诺 Keno	彩票 Lottery	动物赛跑 Race track	体育博彩 Spots booking	其他派生赌局 Live events
随机事件赌局						非随机事件赌局	

　　另一种分类法是根据其数理特征，将这八种博彩游戏分为"随机事件赌局"与"非随机事件赌局"两大类。所谓"随机事件赌局"，是指赌局之结果的可能性可以用概率论的数学工具精确计算出来；从赌商的角度而言，也就是纯粹靠概率优势赚钱的赌局。所谓"非随机事件赌局"，是指赌博的结果不受概率论的数学规律支配，其结果之可能性不是概率性的，而是知识性或/和信息性的赌局，如动物赛跑中哪只狗得第一的可能性，两个球队比赛中哪个队会赢的可能性，美国大选中奥巴马当选的可能性，等等。这一类事件虽仍符合"结果系不确定"⑥的赌博定义，但却不是随机事件。

　　对博彩业内部进行的上述彩种分类，目的不仅在于使读者对博彩业的技术特征有所了解，就本文所关心的话题而言，更重要的是，不同彩种与旅游业有着不同的产业关联度。

二　两个产业的相互促进

　　博彩业与旅游业之间密切而又特殊的关系，可以简单地概括为"相互促进"。在一个既有的旅游目的地增添博彩元素，会为这里的旅游业锦上添花，带来更多的游客——2006年以后的新加坡政府即如是认为。在一个既有的博彩目的地增加其他吃喝玩乐的旅游设施，会为这个地区带来更多的赌客（或留住一些不如此就会走掉的赌客）——1980年代后的拉斯维加斯就是这么做的。有一种赌客是因为"到此一游"而顺便进入赌场"开开眼界"，澳门回归后多数参加"港澳游"的内地游客便属此类；也有一种游客是为了赌博而"到此一游"，绝大多数澳门贵宾赌客当属此类。"为游而赌、为赌而游"，反映了两个产业的相互促进关系。旅游业与博彩业的相互融合、相互支持、相互促进的关系，在澳门表现得最清楚，因此，在澳门官方文献、学术著述乃至媒体口径中，旅游业与博彩业往往被看作一个产业。例如，澳门特别行政区行政长官何厚铧在 2001 年施政报告中宣布澳门的新产业政策时称："以旅游博彩业为龙头、以服务业为主体，其他行业协调发展。"

博彩业对旅游业的促进作用，可以一般性地概括为两点：（1）博彩业可以为旅游业招徕更多的游客；（2）博彩业可以从游客的腰包中掏出更多的钱。澳门回归后博彩业与旅游业同步发展的历史事实，有力地证明了博彩业在旅游业发展中的火车头角色。澳门回归祖国的 1999 年，来澳游客为744.4 万人次，到 2010 年已达到 2496.5 万人次，11 年间增长了 2.35 倍。而同期博彩收入则由 1999 年的 120 亿澳门元增加到 2010 年的 1895.88 亿澳门元，增长了 14.8 倍。

博彩业不但能促进一地既有旅游业的发展，而且可以为一个原本没有或基本没有旅游业的"旅游荒地"创造出旅游业。拉斯维加斯旅游业的开发，便循着这个逻辑：赌场的开设引来了赌客；围绕着赌场周围，其他旅游设施逐渐建立，进而形成以赌场为中心的旅游区、以博彩业为中心的旅游业。自 1990 年代起，美国开始建立的一些印第安人赌场，基本上都设在旅游荒地上，目前这些旅游荒地在博彩业的基础上，已经成长出大大小小的"旅游绿洲"。博彩业可以充当旅游业的种子。

旅游业对博彩业的促进作用，也可以归结为两点。

（1）为发展旅游业而增设博彩业。博彩业是一个政策依赖性极强的产业，它的存亡盛衰，主要的不是取决于一地的市场条件，而是政府的政策法规。在"大地球"时代，各国（地）政府基本上都奉行禁赌政策。原因很简单，如果本地的赌场只是本地人来赌，则必然是哪里开赌哪里受害。而地球的变小以及与之相联系的旅游业的大发展，改变了博彩业的传统逻辑，自己开赌而让他人来扔钱的新逻辑逐渐形成。为旅游业"增砖添瓦"，是多数国家和地区实现赌业合法化的原始动机。

（2）一地博彩业的规模与其旅游业的规模密切相关。根据"工厂—餐馆二分"理论，博彩业在一地经济中，一般应当具有双重的产业角色：既具"工厂性"，也有"餐馆性"。因为它的"产品"既可以"出口"，也可以为本地居民服务。它在多大程度上是"工厂"，多大程度上是"餐馆"，便取决于设赌地的旅游业规模。一地旅游业的发达程度，决定着一地博彩业的赌客中游客与本地客的比重，从而决定博彩业的整体客源规模。外地赌客的比重越高，其"工厂性"越强，"餐馆性"越低。世界赌博爆炸三十年的历史，特别是澳门与拉斯维加斯的史实，证明了这样一个重要结论：一地博彩业的规模，主要取决于它的游客流量而不是居民存量。[⑦]

三　两个产业的平行发展

鉴于上述经济学道理，战后各国家或地区，无论大小穷富，都开始注重发展旅游业，致使按游客人头统计的世界旅游业产业规模，以年均4%以上的速度增长。"到90年代中期，旅游业已成为世界上最大的产业。"[⑧]根据世界旅游组织（UNWTO）统计，2010年的世界国（区）际游客总数按到达目的地统计为9.4亿人次，旅游服务国（区）际出口额9190亿美元。[⑨]

在旅游业的世界大发展以及国际旅游竞争日益加剧的过程中，博彩业所具有的独特的旅游价值，受到越来越多的国家或地区的重视。当人们把赚外人的钱、游客的钱作为重要的经济目标和发展战略时，博彩业在这一点上所具有的特殊功效，便当然地受到关注。于是，推动旅游业大发展的经济动因，同样推动了博彩业的大发展。一场赌博合法化的浪潮于1970年代萌生，1980年代成势，1990年代达到高潮。到21世纪初，博彩业已经成为年GDP达600亿美元的大产业。[⑩]目前，几乎世界上所有国家和地区都有了不同形式的合法博彩业。从各国（地）普遍禁赌，到如今实现博彩全球化，只用了不到100年时间。较之旅游业的发展，博彩业的发展速度甚至更为迅猛，故有"赌博爆炸"一说。[⑪]

过去二十年是亚洲博彩产业的大发展时期，其中发展最快的当然是澳门，其次当属东南亚的越南、柬埔寨等国。目前，柬埔寨的大小赌场约有32间，主要位于柬泰边境的波贝城和柬越边境的巴维城。博彩业之面向游客、"以邻为壑"的特征，在柬埔寨表现得最为明晰。虽然越南目前已开张营业的赌场只有四五家，但其正在建设的、即将开工建设的或已有建设计划的，也有四五家。至少在东南亚地区，越南将很快成为博彩大国。目前，在亚洲可以称作博彩大国或地区的有：澳门、韩国、菲律宾、柬埔寨以及哈萨克斯坦等。亚洲至今尚未有合法赌场业的只剩下中国大陆、日本、泰国以及中国台湾、中国香港。这些尚未开放赌场业的国家和地区中的多数，也或多或少地存在不同形式的合法博彩业，而台湾的赌场业正蓄势待发。中国大陆虽无赌场业，但有两只国营彩票，2009年销售总额达到1324.79亿元人民币，按50%的返奖率算，其收入额达到662.395亿元，[⑫]相当于澳门博彩业同期收入的 70% 左右。日本没有赌场业，但有遍布全国的一万三千多间弹珠机（pachinko）馆，其年收入总额达 300 亿美元，相当于澳门博彩业收入的两倍。

2010 年亚洲博彩业发展大潮中的三件大事，尤为引人注目。第一，立场一贯、旗帜鲜明的反赌国家新加坡，[13]有两间大型豪华赌场（"圣淘沙名胜世界"和"金沙综合度假村"）先后正式开张，且效益不菲。第二，在新加坡圣淘沙赌场于 2010 年春节开业后的第九天，台湾观光局于 2 月 23 日开标了国际度假村发展规划方案的设计项目；3 月 2 日，博彩管理专法草案的委外研究开标。台湾方面表示，相关法令建制工作已紧锣密鼓进行，希望在经济回春之际，顺势推动博彩事业。可以预见，2012 年澎湖的再次公投或将获得通过，到时台湾赌场业将正式开张。第三，菲律宾要在原有 18 家赌场的产业基础上，再对赌场业进行大幅度的"更新改造"。菲律宾国营的"娱乐和博彩公司"（PAGCOR）最近宣布了将在马尼拉建造一个新的赌场和娱乐胜地的计划，拟于 2014 年开张。除此之外，还要在菲律宾其他地区打造更多的综合赌场和娱乐胜地，包括巴拉望岛和菲律宾第二大城市宿务。[14]菲律宾的战略目的非常清楚：与澳门和新加坡竞争，以打造另一个亚洲博彩与娱乐中心。

作为一个不可阻挡的历史趋势，世界博彩业的大发展正与旅游业的发展潮流汇集，成为世界经济发展的重要引擎。

四　永恒的旅游业，历史的博彩业

一方面，旅游业是一个有着较强资源约束性的产业，不同国家（地区）的旅游资源条件表现出很大的差异。简单说来就是，有的地方好玩，有的地方不是那么好玩；有的地方容易去，有的地方不是那么容易去。另一方面，旅游业又是一个"进入壁垒"较小的产业。从绝对意义上讲，任何地方对于从未去过的人来说，都有一定的旅游吸引力。曼哈顿金融区对于一些游客有吸引力，孟买的贫民窟对于某些游客也有吸引力，因而世界上任何地方都具有一定的旅游业发展潜力。一地旅游业的发展，并不会妨碍另一地旅游业的发展。旅游业是一个有着永恒发展价值和发展潜力的产业。

与旅游业相比，博彩业是一个既没有任何资源约束，也没有任何进入壁垒的产业。或者说，博彩业的进入壁垒完全是各国（地）自己设置的、纯主观的。撇开道德、政治上的顾忌，任何地方都有可能发展博彩业。我们今天所看到的博彩业的旅游价值，是基于它的稀缺性，而这种稀缺性是人为设置的。从纯经济逻辑上讲，博彩业是一个有可能最终泛滥成灾的产业。当这一天来临时，博彩业的旅游业价值、博彩业对旅游业的促进作用，将会荡然无存。如果一出门就有赌场，谁还会"为赌而游"？

因此，博彩业对于旅游业的"种子效应"也是有条件的，这个条件就是世界上大量"博彩荒地"的存在。当赌业在世界上大多数地区尚属非法时，当赌场因此而对于游客来说仍觉稀罕、值得一游时，在一个旅游荒地兴建赌场确实可能产生"种子效应"。然而，当世界各个角落都有赌场时，在世界上的多数居民一出门就可入赌场的情况下，博彩业的旅游种子效应会逐渐弱化甚至最终归于消失。

近年来，中国大陆一些学术界、商界乃至政界人士对"博彩业的旅游奇效"表现出越来越大的关注，相关动议在不同载体上以各种形式时有出现。在对博彩业的认识上，人们的思想似乎越来越解放。但需要警惕的是这样一种可能性：等到彻底完成"思想解放"并着手落实自己的思想解放成果时，那个被解放的思想本身可能已经过时。

博彩业的旅游价值具有时效性与历史性。

另外，即使在现有的历史条件下，笼统地认为博彩业具有旅游价值也不科学。从微观上将博彩业内部各个彩种进行细分，将会发现，并不是所有的博彩业彩种都有旅游价值。

2010年年初，中国国务院发布了《关于推进海南国际旅游岛建设发展的若干意见》，其中提到"将在海南试办一些国际通行的旅游体育娱乐项目，探索发展竞猜型体育彩票和大型国际赛事即开彩票"。这意味着在"国际旅游岛"的概念下，海南获得了一项听起来非常慷慨的政策支持。海南本来就是旅游重地而不是旅游荒地，因此中央给予它这项政策，并不是要用博彩业作当地旅游业的种子，而是要为旅游业锦上添花。这一思路并无多大问题，关键之处在于，由于对博彩业中各个彩种的知识细节缺乏了解，"体育彩票"——这块中央决策者给予海南的"政策肥肉"，最终很可能成为一块"食之无味，弃之可惜"的"政策鸡肋"。

为说明这个道理，现将表1所列的八种博彩游戏进一步整理归纳，把赌台、赌机两种统归为"赌场"游戏，把宾果、基诺这两种坐在台下画小纸的游戏归为一种，剔除"其他派生赌局"，形成五类赌博游戏，然后对其旅游价值逐一进行分析。

1. 赌场的旅游价值最高

赌场游戏，主要包括老虎机和赌台两大类。就吸引游客和创造收益两大功能而言，较之博彩业的其他彩种，赌场有四大优势。第一，离游客最近。赌场一般都开在大酒店内，开在游客成堆的地方，在面向游客（tourist oriented）上有当然的地利之便。第二，游戏种类最多。赌场是集中的综合娱乐场，其中包括了博彩业的主要彩种。澳门合法经营的 37 个彩种中，有 33 个集中在赌场里。彩种集中，选择多，对游客吸引力就大。第三，游戏最简单易学。赌场游戏不但种类最多，而且与其他任何非赌场游戏相比，更简单易学，从而对于人地生疏、短暂停留的游客来说，有着较大的吸引力。第四，游戏速度最快。赌场中即使是速度最慢的游戏，也比任何非赌场的博彩游戏快。经验表明，速度越快的游戏越"好玩"，越容易上瘾，参与者就越多。澳门博彩业的发展经验有力地证明了这一点。目前世界上流行的各种博彩游戏在澳门都可以看到，然而所有这些非赌场游戏加起来，其营业额还不到澳门整个博彩业的百分之一。游客们都集中到了赌场里。

2. 宾果与基诺的旅游价值低于赌场而高于其他彩种[15]

这种"画小纸"的游戏，[16]下注额小（相应的，赌客劣势也高），游戏速度相对较慢，社会危害较小，在一个法域还没有拿到开设正式赌场的政策之前，这两类游戏便成为在开赌政策上打擦边球的一项较为理想的妥协性选择。从旅游价值的角度看，这种游戏有一个优势：一间屋一个独立的场所，无须（也无法[17]）外接大荧幕、外设投注点，因而不会祸及坊间；它可以专门开设在大酒店内，仅向游客开放，从而有着很好的旅游"纯度"。当然，无论从引客还是从赌商经营效益上看，它的旅游价值都无法与赌场相比。

3. 动物赛跑的旅游价值并不大

动物赛跑，听起来很有意思，也很好玩，似乎应当有很好的引客功能，其实不然。首先，马场狗场不可能开在大酒店内，游客要去看马看狗，需要打听寻找，这是影响其引客效应的不利因素，不似赌场或宾果屋、基诺屋，游客足不出酒店就可以悠闲地娱乐。其次，赌客看马买注要跑上跑下，比较麻烦，加之游戏速度慢，一轮下来至少需要半小时，使游戏的吸引力大打折扣。再次，狗场马场要实现商业上的可行性，仅靠主场的赌客显然不够，它必须在场外设立下注点，这就必然使其经营向坊间蔓延，从而降低此一彩种的旅游成分。最后，玩狗玩马，是赌博游戏中最有技术、最有可能产生"职业赌客"（professional gambler）的游戏，这就决定了它是天然面向本地居民的（locals oriented），因为只有在本地居民中久而久之才能形成这样的"专家"队伍。

4. 体育博彩的旅游价值微乎其微

如果将赛狗赛马也看作一种体育比赛，那么动物赛跑似乎应当和体育博彩归为同一类博彩游戏。然而，二者事实上有着重要区别：动物赛跑有"主场"，这个主场或多或少对游客有吸引力，而体育博彩没有主场。动物赛跑是专为赌博而设的，其赛场本身就是赌场，客人去狗场马场，既是看客，也是赌客。而体育博彩所依傍的体育比赛本身与赌博并无关系，赌球公司只是傍着体育比赛的结果而辟出另一种生意。到体育比赛现场去的只是看客，而不是赌客。从理论上说，动物赛跑可以外接大荧幕、外设投注点，也可以不接不设（人类还未发明大荧幕的时候，就有了马场狗场），而体育博彩从一开始就是依赖于视屏技术（包括电视技术）而产生的。而大荧幕天然是面向本地居民的，很难想像有游客会为某地的大荧幕所吸引而选择"到彼一游"。[15]另外，一轮赌马赌狗差不多需要半小时，而一轮体育博彩则往往需要几天甚至几个星期。从这个意义上讲，体育博彩的乐趣较之动物赛跑更小。

5. 彩票毫无旅游价值

彩票，是道德上、法律上可接受度（acceptability）最高的彩种，因而是当今世界上最为普及的彩种。迄今所见的各地彩票销售点，都设在街头巷尾，面向本地居民。要买彩票，家门口就有。几乎没有人为了买彩票而到一个地方去旅游。

综合以上分析，可以得出如下印象：这五类彩种的旅游价值逐级递减，其中有的博彩种类则毫无旅游价值。确切地说，"博彩业可以带动旅游业"的命题是有条件的，即博彩业中的某些彩种可以带动旅游业。赌场，Casino，是博彩业中可以带动旅游业发展的最有力的彩种。在不具备开设赌场的法律环境和政策条件的情况下，在"上博彩"以"带旅游"方面可以打擦边球的最理想彩种，是宾果和基诺。如果明白这一道理，海南省所应争取的是开宾果和基诺的政策。一旦获得许可，它可以进而将政策资源以这样的逻辑下达给当地旅游业：规定每家四星级以上的酒店可以开设一间宾果屋或/和一间基诺屋；客人凭酒店房卡进入"小赌场"，从而把博彩业牢牢地封闭在它的旅游用途上，保持百分之百的旅游纯度。从中央决策者的角度而言，这一彩种较之体育彩票听起来更温和，可接受度也更高。

海南目前所获取的"竞猜型体育彩票和大型国际赛事即开彩票"政策，简单说来，其实就是可以在大酒店里设立体育博彩的大荧幕和投注点。这恐怕不会产生太大的旅游价值。设想一下，有多少游客在海南游玩时会花时间精力去研究学习酒店里的大荧幕，并买上几张一周后才开赛的足球比赛彩票？另一方面，仅靠大酒店里的几个投注点，恐怕很难保证这项生意在商业上的可行性。其结果很可能是大荧幕越拉越多，投注点越建越广，不断渗入坊间，使得在"国际旅游岛"概念下所得到的政策优惠，最终成为海南省一般居民所享有的一项"政策特权"，从而使得它的旅游价值最终仅仅成为其巨大的坊间社会成本的一个副产品。

结　语

自由主义主流经济学反对产业政策，认为产业的发展应当听由市场自发力量的驱动，而无须政府产业政策的干预。然而，就本文所讨论的这两个产业而言，其技术特征决定了它们的发展离不开政府的产业政策与产业战略的干预和支持。没有政府的道路交通、环境美化、公共服务乃至签证政策等支持，完全靠自发的市场力量，不可能为一个国家或地区开发出良好的旅游业。而博彩业则更是百分之百的政策依赖型产业。发展博彩业，政府不仅需要有"开门揖盗"的勇气，更需要一系列有关这个产业的知识。宏观上，政府需要了解世界博彩业的大势。二十年前他人所创造的"博彩奇迹"，二十年后到此地则未必成功。随着世界博彩业的爆炸式发展，博彩业的旅游价值呈现出边际递减效应。微观上，政府需要认识到这样一个重要的事实：我们所看到的世界上那些"博彩奇迹"，其实基本上都是"赌场奇迹"。如果基于道德、社会和政治等方面的顾忌而没有勇气搞赌场，代之以另一个妥协性、擦边球性的彩种，那么它能否创造奇迹，或者能在多大程度上创造奇迹，便需要"具体情况具体分析"了，因为并不是所有的博彩彩种都有旅游价值。最重要的是，博彩业是一个需要特殊监管的行业。这不仅是因为博彩业容易藏污纳垢，更因为它在经营性质上就存在一些天然需要政府来堵塞的漏洞。当我们决定要上某一个彩种或者面对两个彩种而不知如何抉择时，就应将是否能够监管该彩种作为重要的考虑因素之一。例如，画小纸的游戏，需要监管者查验的基本上只是台上那一筒"乒乓球"（或电子叫号机），除此之外，它的漏洞很少，这种游戏在监管上的最大优势就是"白纸黑字"。而若要搞一套体育博彩的软件系统、大荧幕系统、敛注兑奖系统等，监管起来则要困难得多。

---

①蔡敏华等主编《旅游学概论》，北京：人民邮电出版社，2006，第100页。

②世界旅游组织（UNWTO）在统计旅游业"产值"时，即采用服务出口额的口径。

③J. Riedel, *Strategies of Economic Development*. In Grilli and Salvatore, 1994, pp. 51 - 52.

④Grinols EL., *Testimony and Prepared Statement*. In US House, 1994, p. 9.

⑤"博彩"是根据"赌博"的概念来定义的，所谓博彩就是赌博，两个词同义，可以说后者是本名，前者是美称。

⑥澳门16/2001号法律中对幸运博彩的定义是："结果系不确定，而博彩者纯粹或主要是靠运气之博彩。"

⑦1941年，拉斯维加斯金光大道上的第一间赌场 El Rancho 开张，其老板 Thomas Hull 先生是一名旅馆商。当时，包括拉斯维加斯在内的整个克拉克县人口不过两万人。Hull 先生在这样一个荒凉的地方开赌场，似乎有点傻。然而事实是，不仅他的这间赌场取得了商业上的成功，而且启动了拉斯维加斯开发的因果链，进而带动克拉克县的人口以两年翻一番的速度增长。故事背后的故事是，两年前的1939年夏，Hull 先生驾车途经拉斯维加斯城南的91号高速公路上时发生爆胎。在等待维修人员时，他被这条公路上巨大的车流量所吸引，敏感地意识到了车流量背后隐含的商机。于是，一个雄心勃勃的建设计划逐渐形成。无疑，Hull 先生明白：决定赌场业命运的最关键因素，是"游客流量"而不是"居民存量"。这个故事暗示了博彩业与旅游业的关系。本文要从亚洲视野来看澳门博彩业的发展，要从更广阔的视野来认识和理解局部区域的博彩业，恰是基于对博彩与旅游两个产业间特殊关系的理解。参见 Kilby, Jim, and Anthony Lucas, *Casino Operations Management* (2nd Edition). New Jersey: John Wiley, 2005, p. 5.

⑧陈福义、吴永江主编《世界旅游地理》，长沙：湖南大学出版社，2005，第1页。

⑨UNWTO World Tourism Barometer, Volume 9, No. 1, February 2011.

⑩Terri C. Walker Consulting Inc., *The 2005 Casino and Gaming Market Research Handbook*, 8th Edition, 2005, p. 1.

⑪R. Goodman, The Luck Business: The Devastating Consequences and Broken Promises of America's Gambling Explosion. New York: Free Press, 1995.

⑫见"中彩网"（http://www.zhcw.com/）。

⑬新加坡独立之父李光耀曾经明确宣布："要在新加坡开赌场，除非从我的尸体上跨过。"

⑭《打造下一个亚洲博彩中心 菲拟建赌场向星澳下战书》，澳门：《澳门日报》2010年8月12日。

⑮这两种游戏在澳门其实都有。澳门的宾果游戏称为"泵波拿",基诺称为"中式彩票"。由于玩者较少,这两种游戏基本不赚钱甚至连年亏损。

⑯技术上,这两种"画小纸"的游戏既可以在赌场内经营,从而成为 Casino 概念下的一个亚彩种,也可以单独辟一场所经营,从而被看作独立于赌场游戏之外、与 Casino 并列的单独彩种。实践中以单独经营者居多。

⑰这里说宾果与基诺"无法"外接大荧幕外设投注点,不是从技术意义上,而是从商业意义上说的。外设一个宾果或基诺屋投注点的经营成本,会大于新开一个屋。

⑱当然在此之前的体育比赛现场,观众间也存在私下打赌下注现象,但那一如民间自发聚赌,并不是合法博彩业下的企业行为。

作者简介:王五一,澳门理工学院教授,博士。

［责任编辑:刘泽生］

(本文原刊 2011 年第 4 期)

中国内地彩票业规制：
问题与重构

金世斌

[提　要] 中国内地彩票业经历了冲破禁区启动发展、清理整顿稳步发展、创新产品加快发展三个阶段，以及民政部—中募委、中国人民银行—民政部—国家体委、财政部—民政部—国家体育总局三种不同的规制体制。当前，内地彩票业在政府规制方面表现出彩票立法缺失、规制机构定位模糊、发行机构政企政事不分、彩票资金管理有待规范、责任博彩意识淡薄等问题。重构彩票业规制体系，应建立相对独立的规制机构、可竞争的市场进入退出机制以及超脱而专业的公益金管理部门，加快彩票管理体制改革，推进彩票立法。

[关键词] 公益彩票　责任博彩　分配正义　规制重构

经过 20 多年的探索和发展，中国内地彩票业从无到有，品种从少到多，年销量从 1987 年的 1000 万元到 2007 年的 1000 亿元，再到 2010 年的 1600 亿元，发展十分迅猛。在繁荣景象的背后，彩票管理体制的弊端日益凸显。厘清内地彩票市场和规制体系中存在的问题，有针对性地提出解决思路和方案，促进彩票业健康发展，其重要性不言而喻。

一　内地彩票业的发展历程

从市场经营和制度演化的角度来看，内地彩票业大致经历了三个发展阶段。

（一）1980 年代中期～1993 年：冲破禁区启动发展

20 世纪 80 年代中后期，人们的思想仍处于禁锢状态，认为彩票中奖属于不劳而获，与强调按劳分配格格不入。由于面临思想解放、厘清政策界线的问题，加上缺乏经营和管理经验，彩票业基本上处于无序的自发状态。这一时期，主要有三个重大事件：一是 1984 年 10 月，北京国际马拉松比赛主办单位发行了"发展体育奖·1984 年北京国际马拉松赛"奖券。这是中华人民共和国成立以来有记录的第一次彩票发行。二是 1987 年 6 月，中国社会福利有奖募捐委员会（简称中募委）在北京成立，成为第一个全国性专业彩票发行机构。一个月后，福利彩票开始上市销售。三是 1991 年 12 月，国务院出台关于加强彩票市场管理的通知，首次明确发行彩票的批准权在国务院，只允许省级政府和中央部门为举办社会福利、体育事业以及国务院特批的其他活动发行彩票。这一时期，彩票品种非常单一，只有传统型、即开型印制彩票，发行活动"一事一议"。由于缺乏主管部门，全国彩票发行没有留下全面的统计，只有民政部门的资料相对完整（表 1）。

表 1 1987～1993 年中国内地（福利）彩票销量统计

单位：亿元

年份	传统型	即开型	合计	增长率
1987	0.17		0.17	
1988	1.44	2.31	3.75	2063.1%
1989	0.43	3.41	3.84	1.8%
1990	0.43	6.04	6.47	68.9%
1991	0.57	7.17	7.74	19.6%
1992	0.62	13.14	13.76	77.7%
1993	0.38	18.05	18.43	34.0%

资料来源：根据《中国彩票年鉴（2006）》整理。

（二）1994～1999 年：清理整顿稳步发展

20 世纪 90 年代初，国务院开始对彩票市场清理整顿，彩票发行进入稳定状态，由此形成了部门性的彩票发行和管理体制。在这期间，有两个标志性事件：一是 1994 年 3 月，国务院批准国家体委发行体育彩票，打破了福利彩票的独家垄断地位，形成了民政、体育两个部门分别发行福利彩票和体育彩票,所筹公益金分别用于各自职责范围内社会公益事业的两家垄断格局。二是同年5月,国务院重申发行彩票的批准权在国务院,并首次明确中国人民银行是国务院主管彩票的机关。这一时期,彩票品种有所变化。1995年,随着乐透型彩票的发行,传统型彩票退出市场;即开型彩票则一枝独秀,占据市场主体地位。但彩票发行实行严格的额度管理,不得擅自突破。

表2 1994～1999年中国内地彩票销量统计

单位:亿元

年份	福利彩票				体育彩票			总计	增长率
	传统型	即开型	乐透型	小计	即开型	乐透型	小计		
1994	0.28	17.70		17.98				17.98	-2.4%
1995	0.15	54.61	2.54	57.30	10.00		10.00	67.30	274.3%
1996		57.62	7.13	64.75	12.00		12.00	76.75	14.0%
1997		27.70	8.68	36.38	12.48	2.52	15.00	51.38	-33.1%
1998		49.26	13.94	63.20	18.96	6.04	25.00	88.20	71.7%
1999		82.92	21.52	104.44	21.34	19.02	40.36	144.80	64.2%

资料来源:根据《中国彩票年鉴(2006)》整理

(三)2000年至今:创新产品加快发展

世纪之交,三件大事标志着内地彩票业开始由部门彩票向国家彩票转变:一是2000年1月,经国务院同意,财政部接替中国人民银行管理彩票工作。二是2001年10月,国务院再次发出规范彩票管理的通知,明确了财政部、民政部和国家体育总局彩票监管的不同职责,调整了彩票资金结构,提高了公益金的分配比例并扩大了使用范围。三是2002年3月,财政部颁布彩票发行与销售管理暂行规定,形成了较为完整的彩票管理体系,从制度上统一了彩票市场。

从市场管理来看,2000年4月取消实物兑奖,2005年又取消彩票发行额度控制,彩票消费需求得以充分释放。从游戏品种来看,2000年前一直以(有纸)即开票玩法为主,此后电脑彩票日渐成为主流,品种不断丰富。(1)竞猜型彩票。先后发行的有足球彩票、篮球彩票、竞彩足球游戏和竞彩篮球游戏。2010年,竞猜型彩票共销售147.36亿元。(2)数字型彩票。包括体彩的"七星彩"、福彩的"东方6+1"等一般性数字游戏,体彩的准赔率型数字彩票"排列三"和"排列五",以及福彩的3D游戏等固定设奖数字型小盘游戏。[①]（3）视频彩票。2003 年中福在线在广州试点销售，成为视频彩票的开端。经过完善游戏、调整设奖和全面推广，2006 年销量猛冲至 132.63 亿元，后因质疑声不断而停售部分游戏。[②]2009 年，改版的中福在线重新登陆。2010 年销售 93.21 亿元。（4）高频彩票。2003 年，重庆福彩推出"时时彩"，成为高频彩票的试点。2007 年 4 月，国家体彩中心在黑龙江、安徽和四川 3 省试点"快乐扑克"。2009 年 8 月，财政部对快速开奖游戏的品种、玩法和返奖率进行调整，"时时彩"扩大至 17 个省份，成为上市地区最多的高频彩票；体彩"11 选 5""运动生肖"等在吉林、安徽、湖北、四川等不同地区上市。

表 3　2000～2010 年中国内地彩票销量统计

单位：亿元

年份	福利彩票			体育彩票				总计	增长率（%）
	（网点）即开型	乐透型	小计	（网点）即开型	乐透型	竞猜型	小计		
2000	39.30	50.58	89.88	17.50	73.64		91.14	181.02	25.0
2001	19.65	119.92	139.57	9.35	126.60	13.34	149.29	288.86	59.6
2002	20.13	147.86	167.99	10.69	136.41	70.63	217.73	385.72	33.5
2003	33.59	166.47	200.06	6.87	115.36	79.11	201.34	401.40	4.1
2004	7.93	218.45	226.38	4.38	101.45	48.39	154.22	380.60	-5.2
2005	9.01	402.19	411.20	0.39	263.08	39.19	302.66	713.86	87.6
2006	59.12	436.56	495.68		267.56	56.07	323.63	819.31	14.8
2007	167.71	463.88	631.59	1.52	325.68	57.93	385.14	1016.73	24.1
2008	97.98	505.99	603.98	102.86	299.41	53.87	456.15	1060.13	4.3
2009	109.09	646.97	756.06	151.95	350.81	65.97	568.73	1324.79	25.0
2010	237.77	730.25	968.02	164.38	382.72	147.36	694.46	1662.48	25.5

资料来源：根据《中国彩票年鉴（2009）》及财政部网站公布的资料整理。

（四）彩票对社会公益事业的贡献

福利彩票公益金主要通过项目资助方式支持全国福利事业和公益事业的发展，所资助的项目分为非设施类与设施类两大类别。在非设施类福利项目方面，主要有残疾孤儿手术康复明天计划、夕阳红图书室援建计划等。2006～2010 年执行的重点设施类福利项目有霞光计划、社区服务设施建设项目、蓝天计划和流浪未成年人救助保护体系建设规划等。其中全国城乡福利类收养单位数量、床位数、收养人员数量、福利机构容纳能力都有较大幅度的增长。非设施类项目总体受益对象日渐扩大，设施类资助不断增加。③福利服务功能已由单纯住养到养、治、教、康复等多种功能相互结合的方向发展，老年人、残疾人和孤儿的照顾项目不断得到增加和拓展。

体育彩票公益金主要用于支持奥运争光计划、全民健身计划和其他社会公益事业。国家体育总局每年拿出本级所留用体彩公益金的40%用于奥运争光计划，支持青少年运动员培养、专业运动员训练、综合性体育场馆建设以及各种大型体育赛事的举办。在支持群众体育方面，截至2009年，仅国家体育总局本级拨付的体育彩票公益金就在全国建设了11万条全民健身路径，在老少边穷和西部地区实施了"雪炭工程"和"民康工程"，还在全国建设了100多个示范性的全民健身活动中心。而由国家和地方体育部门共同建设的各类全民健身设施，仅农村就建成10万多个，在建的有2万余个。④此外，体育彩票公益金还广泛用于包括社会保障基金、青少年学生校外活动场所建设和维护、红十字会人道主义救助事业、残疾人事业、城镇和农村医疗救助基金、教育助学、法律援助、抗震救灾、中国艺术节、小天使医疗基金等多项社会公益事业。

二　内地彩票业的规制体系

（一）规制体制

与彩票市场发展阶段相对应，20多年来内地彩票业规制体制也经历了三种模式。

1. 民政部—中募委监管。在1993年前的启动发展阶段，彩票业规制体制呈现以下特点：第一，发行主体多元化。既有某些公益组织，也有地方政府，还有民政部门的彩票发行系统。大多数发行活动是临时性的，没有形成统一的彩票市场。第二，发行主体与公益金使用主体重合。彩票发行多由使用公益金的组织或部门承担，国务院对彩票公益金筹集、分配、使用基本上没有干预。第三，没有专门的政府主管部门，也没有系统的彩票规制政策体系，国务院虽两次发出通知，但大多是原则性要求，基本上是按特例处理部门或地方上报的有关请示。第四，民政部作为福利彩票主管部门，实际上承担着彩票规制和制度建设的职能，同时民政部又赋予了彩票发行机构中募委一部分管理职能，对彩票规制体制的形成起着实质性的推动作用。

2. 中国人民银行—民政部—国家体委监管。1994 年 5 月，中国人民银行开始管理彩票市场，5 年发布了 3 个通知，⑤ 主要针对一些地区的违规行为以及集中销售群体性事件，带有明显的"救火"性质，制度建设相对滞后，监管工作始终处于被动应付局面。相反，民政部、国家体委则制定了多项规章制度，对彩票管理各环节规定得相当具体。就彩票监管而言，这一时期的福利彩票、体育彩票仍是完全割裂的两大体系。彩票监管职能由名义上的监管机构中国人民银行和实际主管机关民政部、国家体委共同分担，而在实际操作中，福利彩票发行中心和体育彩票管理中心分别承担了部分由民政部、国家体委承担的管理职能。

3. 财政部—民政部—国家体育总局监管。⑥2000 年，财政部接手彩票管理工作后，一方面加强制度建设，前移规制关口；另一方面，加强执法和财务专项检查，通报了几十起违规行为，逐步确立了监管权威。但由于民政部和国家体育总局仍然掌握重要的彩票管理职能，形成了财政部—民政部—国家体育总局"三驾马车"共同推动的格局。这一时期的特点是：（1）财政部门成为主管彩票业的政府职能部门，是彩票性质从金融工具转向国民收入再分配的一个重要工具。（2）公益金分配政策的改革，使福利彩票和体育彩票从部门彩票向国家彩票迈出了实质性的一步，公益金的社会性得到更充分的体现。（3）彩票市场统一进程取得重大进展，结束了两个彩票机构分别实行不同管理制度的历史。（4）2009 年内地第一部彩票法规《彩票管理条例》颁布实施，从法规层面肯定和固化了现有的彩票规制体制。

（二）发行机制

1. 福利彩票发行与销售体制的演变。1987 年 5 月，民政部批复成立中国社会福利有奖募捐券发行中心，属企业化管理的事业单位，具体承担福利彩票发行工作。此后该中心三次更名，机构属性也不断变化：中国社会福利奖券发行中心（1989 年 12 月，企业）、中国福利彩票发行中心（1995 年 1 月，民政部直属的自收自支事业单位，实行企业化管理）、中国福利彩票发行管理中心（2001 年 7 月，民政部直属事业单位，负责全国福利彩票发行与销售业务）。福利彩票系统在省、地级市、县均设有发行机构。

2. 体育彩票发行与销售体制的演变。1994 年前，体育彩票发行活动属于"一事一议"，没有常设发行机构。1994 年 3 月起，体育彩票工作由国家体委统一管理，下设体育彩票管理中心负责实施。1998 年 3 月，该中心更名为国家体育总局体育彩票管理中心。体育彩票系统在省级和地级均设有管理机构，形成了比较完善的销售网络。

3. 彩票销售方式的演变。1995 年前，内地只发行事先印制好的传统型和即开型彩票，主要采用批发零售的现场销售方式。这种临时性的"沿街摆摊"与国家彩票的形象差距很大，后来随着实物设奖又产生了"大奖组"销售方式。起初"大奖组"只是简单地将几个小奖组合并，集中较多奖品从而吸引公众购买；此后规模不断扩大，奖组从几万元逐渐增加到几千万元，场面从数千人增加到十多万人。2004 年西安"宝马案"、贵阳爆炸案相继发生后，这种人海战术式的集中销售方式正式退出历史舞台。1995 年以后，电脑销售方式逐渐取代现场销售方式，彩票的销售、兑奖、资料传输和资金结算全面引入电脑技术和网络通信技术，开奖采用电视直播，提高了彩票发行的安全性、可靠性和透明度。到 2008 年年底，全国彩票销售终端机数量已超过 21 万台。

（三）分配机制

1. 彩票收入分配制度。基于规制体制，在很长一段时间内，内地福利彩票和体育彩票的资金分配制度分别在各自系统内演化。福利彩票资金分配比例曾多次调整，体育彩票资金分配比例则相对稳定（见表4）。按照国务院的规定，自 2002 年 1 月 1 日起，彩票发行资金构成比例调整为：返奖不得低于50%，发行经费不得高于15%，公益金不得低于35%。此规定一直沿用至今。

2. 彩票公益金分配制度。2001 年前，内地彩票公益金是"谁发行谁使用"，即福利彩票公益金全部归民政部门使用，体育彩票公益金全部归体育部门使用。2002 年，国家对彩票公益金分配体制进行重大改革：分别按 80亿元彩票发行额确定民政、体育部门彩票公益金分配基数，然后分配用于 2008 年北京奥运会、青少年校外活动场所建设和维护等专项公益金，剩余部分再按 2∶8 的比例在民政、体育与社会保障基金之间分配，20% 归民政、体育部门使用，80% 用于补充社保基金。关于公益金纵向分配比例，2005 年前基本上是一年一议，变化较大。2006 年起作出调整：彩票公益金在中央与地方之间按 50∶50 的比例分配；中央集中的彩票公益金，在社会保障基金、专项公益金、民政部和国家体育总局之间，按 60%、30%、5% 和 5% 的比例分配；地方留成的彩票公益金，将福利彩票和体育彩票分开核算，坚持按彩票发行宗旨使用，由省级财政部门会商民政、体育部门研究确定分配比例。

表4   中国内地彩票资金分配政策调整情况简表

彩票类别	年份	奖金（%）	发行费（%）	公益金（%）
福利彩票	1987	35	15	50
福利彩票	1988	40	15	45
福利彩票	1989	45	15	40
福利彩票	1990	55	15	30
福利彩票	1994	50	20	30
福利彩票	2002	50	15	35
体育彩票	1994	45	25	30
体育彩票	1996	50	20	30
体育彩票	2002	50	15	35

三   内地彩票业发展面临的问题

（一）私彩及其危害

私彩如同毒瘤，一直干扰着公益彩票的健康发展。与城乡二元社会结构相似，在农村，不法分子主要利用"熟人"从事地下六合彩非法经营；在城市，主要利用互联网从事非法网络赌球。

1. 地下六合彩。地下六合彩以高回报、易操作的形式迎合了人们一夜暴富的心理，1999年不到半年时间，席卷整个广东。2000年开始向周边省市扩散，短短几年内泛滥成灾。目前除青海、西藏外，其他地区都不同程度地存在地下六合彩活动。这种非法活动造成大量资金流失。

2. 非法网络博彩。网络赌博1995年进入内地，2000年开始活跃，其中最盛行的是网络赌球。2002年足球世界杯期间，仅广州一地赌球投注额已逾50亿元人民币，广东全省投注额估计超过100亿元，甚至可能达到200亿元。[7]目前，地下赌球已经蔓延至全国20多个省份。既有境外赌博网站在内地开赌，也有境内自建的赌博网站。

私彩的危害。一是扰乱彩票市场秩序。早在2004年，据保守估计海南公、私彩的销售比例是2∶8，甚至有人认为是1∶10。[8]广东地下赌球的投注额是足球彩票销量的10倍以上。在某些重灾区，公彩曾一度被私彩挤得无法立足。二是威胁国家金融安全。如深圳"6·22"特大网络赌博案，参赌人员5万余人，每年流往境外赌资20亿元；2010年3月，常州破获一起境内外相互勾结、涉案赌资高达约30亿元人民币的特大网络赌博案。[9]三是社会治安恶化，影响稳定。近年来，因逃避法律制裁、庄家操纵和黑恶势力控制私彩而引发的各种刑事案件大量增加。例如，北京"太阳城"特大网络赌博案，查获涉案人员 120 余人，涉赌人员分布 21 个省市，仅 2010 年上半年，北京有 5.2 万人次登录参赌，涉赌金额高达 21 亿余元。⑩此外，庄家还通过各种手段收买、贿赂执法人员，给国家带来较大的经济损失并造成恶劣的政治影响。

（二）规制体系尚存在的问题

1. 彩票立法缺失，政府规制无法可依。内地彩票市场至今尚未建立完备的法律制度体系，这不仅不利于彩票市场的制度化和规范化管理，而且会大大制约彩票市场的健康发展。自 1993 年起，国务院多次将《彩票管理条例》纳入立法计划，但由于相关部门意见不统一，立法工作进展十分缓慢。直到 2009 年 5 月，《彩票管理条例》才讨论通过，但从内容上看，仍存在诸多缺憾，如对现行不合理的规制模式、公益金分配政策未作调整，彩票信息公开规定过于笼统，彩民权益保护和问题彩民救助没有得到体现。⑪内地彩票业法制建设还需要走一段相当长的路程。

2. 规制机构定位不明，规制手段乏力。一是政府规制力量薄弱，彩票管理比较粗放，致使游戏品种繁杂，曾先后出现过足球彩票"朝令夕改"、篮球彩票"四不像"、中福在线"西游夺彩"突然取消等现象，影响了彩票游戏的安全性和公信力。二是政府规制手段滞后，缺乏专门的技术标准和相应的销售监控系统，难以有效控制彩票游戏的刺激性，从而规避市场风险，保证资料和资金安全。三是政府对彩票信息和广告监管力度不够。一方面，彩民通常难以获得彩票政策和管理制度、游戏中奖概率、警醒过度参与的提示语以及彩票销量、公益金和发行费使用情况等信息；另一方面，大量非法宣传资料遍布市场，各种令人怦然心动的诱惑性宣传充斥报刊。

3. 发行机构政企政事不分，市场主体缺位。一是严格的市场进入虽然较为成功地实现了某些规制目标，同时也导致了彩业市场化进程缓慢。在位企业没有任何退出市场的竞争压力，提高彩票发行效益和公信力的动力不足。二是以行政部门来划分彩票市场，导致彩票运营政企不分、政事不分，彩票市场的错位、越位、缺位问题以及"内部人"控制现象比较突出。三是彩票资源配置主要通过行政手段来实现，市场发展主要依赖乐透型游戏支撑，竞猜型、即开型游戏没有达到应有的规模，市场发展的基础还不稳固。

4. 彩票资金管理还不尽规范。一是尚未制定全面的彩票资金管理办法和相应的资金结算体系，彩票资金的安全性受到严重影响。二是教育、环保、农业、文化、扶贫等部门不断向国务院要求发行专门为本部门筹集资金的专项性彩票，给国家统一彩票管理和规范彩票市场运营形成较大压力，彩票公益金分配仍面临较大矛盾。三是彩票发行费"收支两条线"管理不尽彻底，彩票机构财务、会计、统计等制度亟需完善，彩票机构财务管理和财政部门的监督比较粗放，影响了彩票机构财务管理的安全和效率。

5. 责任博彩意识淡薄，彩民权利保护亟待加强。政府主管部门既是彩票管理者，又是彩票经营者，垄断利益与行政权力相结合，在信息完全不对称的情况下，彩民权益受伤害的可能性大增。近年来，先后发生了彩票发行（销售）机构输错彩票号码、私自更换开奖设备、延迟直播开奖时间、"误播"开奖节目、不公告更改后的派送活动信息、"限赔政策"使奖金缩水，以及扬州"彩世塔案"、西安"宝马案"、邯郸农行盗窃案、"和值14"风波等重大彩票案（事）件。

四 内地彩票业规制体系的重构

（一）相对独立的规制机构

根据世界各地彩票规制机构的独立性程度和性质不同，可以将彩票规制体制分为不同类型，其中以美国为代表的完全独立的区域垄断彩票市场、以英国为代表的竞争性彩票市场、以法国为代表的全国垄断彩票市场最为典型。在过渡期内，相对独立于行政机关的彩票规制机构是适合内地实际的制度安排。一方面，隶属于某一行政部门、完全不独立的彩票规制机构显然难以适应内地彩票市场发展对规制职能的要求。即使把目前由民政部和国家体育总局事实上掌握的规制权归于财政部彩票处，彩票处的级别和规模限制也使它难以很好地履行规制职责。因此，规制机构完全不独立的模式不应成为内地彩票规制机构改革的方向和目标。另一方面，规制机构完全独立的美国模式也不应成为我们的选择。虽然内地的法制环境正日益改善，政府行为也日趋规范，但实现独立规制机构有效作用的人文与制度环境还需要相当长的时间。因此，相对独立的彩票规制机构是内地彩票业规制体制设计的目标模式。[12]具体地说，设立一个直属于国务院的专门彩票规制机构——彩票监督管理委员会，规制各类彩票的发行与经营。[13]该机构仍隶属于行政系统，其独立性虽然仍不完全，但不再从属于政府某个部门，从而能够较少地受其他部门的羁绊。同时还可以逐渐通过《彩票法》来保证其规制的相对独立性和有效性，避免规制失范行为的发生。

（二）可竞争的市场进入退出机制

世界各地彩票的发行和管理大致有三种主要模式：一是政府相关部门的直属办事机构或国营企业直接经营，以法国、西班牙最具代表性；二是政府指定或授权一个或多个企业承包经营，如澳大利亚、美国、德国的一些州以及土耳其、奥地利等国较为典型；三是政府面向社会通过公开竞标方式发照经营，如英国、意大利和南非等国。由于彩票市场的特殊性，不同彩票游戏之间的间接竞争是确保市场竞争绩效的恰当方式。内地彩票发行与销售体制的目标模式应是建立在彩票间接竞争基础上的发行与销售体制，市场细分、间接竞争、特许竞标应成为彩票发行机制重构的关键词。彩票市场划分除考虑游戏品种的差异性外，还应考虑不同品种的市场份额和竞争力，以便形成两三个大体相当的间接竞争市场。[14]根据彩票的不同特点进行市场划分，只是实现市场间接竞争的前提条件。要使间接竞争得以实现，需要规制部门通过彩票经营许可证（牌照）的方式来控制进入每个市场的企业数量。如果一个市场只允许一家企业进入，每家企业经营不同类型的彩票，就形成了三寡头间接竞争的彩票发行体制。这一发行体制也符合彩票市场的产业组织特征。每个彩票发行企业可以自己建立彩票销售网站，也可以根据市场需求状况授权其他企业或个人销售彩票，并规范彩票代销商、零售商的行为。在任何一个地点，可能会同时建有三个彩票销售点，也可能在同一个销售点销售不同类型的彩票，但由于经营品种有差异，不会形成直接竞争。对于彩票牌照的经营期限，需要综合市场的增长速度、发行成本和市场技术进步特点来加以综合考虑。经营期限太长不利于推动彩票技术进步与成本下降，期限太短不利于彩票发行企业的成本分摊和稳定经营。根据国外彩票经营特许竞标的经验，牌照经营期限一般以7～10年为宜。

（三）超脱而专业的公益金管理部门

总体而言，世界各地彩票公益金有三种管理模式：财政管理模式，如法国、韩国等；专项基金管理模式，如英国、日本、瑞士、巴西、澳大利亚等；混合管理模式，如比利时、丹麦等。内地彩票公益金管理应在坚持国家彩票监督管理委员会统一领导的前提下，依托财政系统建立相对独立的彩票公益金管理机构。因为，财政部门是主管国民经济收入分配的职能部门，在公益金分配和使用中处于中立地位，有利于保持公益金的公正性。同时，财政部门从中央至乡镇都有比较完善的管理机构，便于收集有关彩票公益金投放使用的资料和信息，有利于对公益金实行比较严格的跟踪监督，成本也相对较低。在坚持财政管理模式的前提下，应对彩票公益金实行专项预算管理。⑮需要强调的是，彩票公益金毕竟不同于一般预算资金，应在财政部门内建立独立的彩票公益金管理机构——彩票公益金管理中心，把彩票公益金作为与其他部门预算相平行的独立预算进行专项管理。这样做的好处有：一是可以增强公益金分配和使用的透明度；二是有利于彩票规制机构和财政部门加强监督，防止公益金被挪用或滥用；三是可以对公益金的筹集、分配、使用等有关信息实行集中管理，便于社会监督和公告。此外，应改革目前的彩票公益金使用领域，将公益金用于社会福利、体育、教育、慈善（包括残疾人、红十字和慈善事业）等社会边际效益更高的方面，取消公益金补充社保基金的政策。该分配原则由国家法律法规予以确定，然后由公益金受益部门提出一定时期内的使用方案和预算，根据各部门的方案和预算，由国家彩票监督管理委员会牵头会同相关职能部门以及公益金受益部门协商确定具体分配比例，该比例每三至四年重新调整一次。⑯

五　内地彩票法律制度体系的建构

良好政府规制的鲜明特征就是依法规制。为了促进内地彩票业健康发展，必须依法规范相关彩票活动，使其完全纳入法治轨道。

（一）内地彩票立法的历程

内地彩票发行 20 多年，一直在无法可依的状态下摸索前进。据不完全统计，截至 2007 年年底，共有 120 多部管理彩票市场的行政规章，分别出自国务院、财政部、民政部、国家体育总局和地方政府部门，多是"头痛医头、脚痛医脚"的公告或通知等。⑰1993 年，民政部向国务院报送了《彩票管理暂行条例（送审稿）》，由于第二年发行了体育彩票，并且确定了中国人民银行为彩票业务主管部门，所以送审稿自然失效。1995 年，中国人民银行向国务院报送了重新起草的《彩票管理暂行条例（送审稿）》，次年国务院答复认为制定彩票管理条例的条件尚不成熟。2003 年，财政部向国务院报送了《彩票管理条例（送审稿）》，拟建立统一的发行体制，但有关部门存在严重意见分歧。2005 年，由中央编办牵头，财政部、民政部、国家体育总局、国务院法制办参加，对送审稿中的彩票管理体制问题进行协调，仍未取得共识。⑱2006 年，财政部按照温家宝总理关于加快彩票立法进度的重要批示，本着"尊重现实、着眼未来、规范运行、强化监管、确保出台"的指导思想，对送审稿作修改后重新上报国务院。2007 年上半年，国务院法制办对送审稿再次广泛征求意见，会同有关部门共同修改，形成了彩票管理条例（草案）。同年 12 月，国务院办公厅约请中央编办、国家发展与改革委员会、公安部、民政部、财政部、国务院法制办等部门就彩票立法中存在的争议问题进行协调，并将结果报国务院审批同意。此后，国务院法制办会同财政部、民政部等部门形成了新的条例（草案），并于2008 年 3 月 15 ~ 28 日向社会公开征求意见。在此基础上，国务院法制办会同有关部门对草案作了修改。2009 年 4 月 22 日，国务院第 58 次常务会议审议并原则通过《彩票管理条例（草案）》。同年 7 月 1 日起，《彩票管理条例》（以下简称《条例》）正式施行。《条例》的颁布实施，填补了彩票管理方面的法律真空，为彩票事业的健康发展奠定了制度基础。

（二）《彩票管理条例》的主要内容

关于管理体制，《条例》规定：国务院特许发行福利彩票、体育彩票。未经国务院特许，禁止发行其他彩票。禁止在中华人民共和国境内发行、销售境外彩票。并以现行彩票管理体制为基础，分别规定了财政、民政、体育行政以及其他有关部门在彩票市场监督管理、彩票发行和销售管理以及维护彩票市场秩序等方面的职责。关于发行和销售管理，一是明确了彩票发行机构、彩票销售机构的设立和职责；二是严格规定彩票品种的开设、内容变更和停止审批程序，审批彩票品种应当实行事前评审制度，并通过专家评审会、听证会等方式听取社会意见；三是规定了确保彩票发行、销售安全的措施；四是规定了彩票零售行为，主要对零售协议、零售场所、销售禁止行为等作了规定。关于开奖和兑奖管理，《条例》从开奖规则程序、销售资料安全、开奖设备安全、开奖公告、开奖监督等诸多方面作出了严格规范，并规定兑奖期限为开奖后 60 个自然日，对中奖者个人信息予以保密，以制度保障开奖兑奖的安全、公开、公正。关于彩票资金管理，《条例》明确规定了彩票资金的构成和归集，彩票奖金、彩票发行费的使用以及公益金的分配和使用等管理规范。此外，就不同主体的彩票违法犯罪行为，有针对性地规定了法律责任。与 2002 年财政部制定的《彩票发行与销售管理暂行规定》相对照，《条例》的主要变化是：明确了彩票代销关系；新玩法应听取社会意见；发行额度取消；未明确规定奖金封顶；未涉及网络售彩；明确提出理性购彩；兑奖期限延长至 60 天；中奖者信息应予以严格保密；明确执法和违法责任。

（三）内地彩票立法的特点与缺憾

回顾内地彩票的立法历程，大致有以下四个特点：一是立法滞后。先发行后立法，与其他一些国家先立法后发行的做法相比较，呈现明显的立法滞后。二是彩票发行体制先天不足，给立法增加了难度。福利彩票与体育彩票分别发行的体制，造成不必要的竞争，形成利益多元化，额外增加了发行成本。三是缺乏专业化的管理体制，不适应专业化的管理需要。人民银行管理彩票，属于金融部门管理非金融事务；财政部门管理彩票，属于财政部门管理非财政事务。四是立法机制乏力。目前立法中对分歧意见以协调为主，缺乏高效的决策机制，导致立法进程缓慢。[19]

尽管内地的彩票立法已迈出可喜的一步，但《条例》仍存在值得商榷和改进之处。第一，《条例》最大的空白点在于没有提出一个合理的监管模式。内地彩票业始终未能解决规制不力的问题，其中"三元规制"体制是最大的羁绊，造成监管、主管不分。在体制没有理顺的前提下，立法将会强化既有的部门利益。第二，对于彩票公益金用于补充社会保障基金的正当性、有关彩票公益金"部门化"的质疑、公益金项目的事前论证与事后评估、公益金使用的监督等问题，均无明确说法。第三，彩民保护救助制度阙如。《条例》虽提到了"保护彩票参与者的合法权益"，但到底有哪些权益、如何保护却未提及。第四，彩票信息的公开性和透明度不够。《条例》严格规定"对彩票中奖者个人信息予以保密"，这无疑为"大奖作弊"留下了想象空间，将直接影响到彩票的公信力。此外，彩民参与和监督彩票开奖过程未能成为法定程序。[20]

（四）彩票法律体系的构建

1. 关于彩票立法程序

从《中华人民共和国行政法规制定程序条例》不难发现，行政法规的制定从立项、起草到审查、发布全部过程基本上都是在国务院内部完成的。这个程序最大的特点是强调国务院各主管部门之间在法规制定中的协调性，而其最大的疏漏在于将行政立法的实际控制权交给了一个或几个有关行政主管机构。根据国务院 2001 年《关于进一步规范彩票管理的通知》，《彩票管理条例》由财政部会同民政部、国家体育总局等部门起草。在缺乏一个独立的、高于被规制对象的、中立的法案制定者的前提下，很难想像在这种利益格局下出台的《彩票管理条例》能有多少令人耳目一新的内容，公共政策所追求的公益最大化最后必然让位于部门间权力平衡与政治稳定的追求。

2. 彩票立法时机

按照立法程序的中立性，立法者不得偏袒任何局部利益或遏止部分利益。如果不从体制上先解决国家彩票的"部门化"、彩票规制机构的"有头无腿"以及彩票公益金的"非公益化"等问题，立法就有可能强化既有的部门利益，使现有不尽合理的规制体制、分配机制合法化。对此，财政部、国务院法制办深有感触："彩票立法的核心问题和基本前提是彩票管理体制改革，由于有关部门对改革现行彩票管理体制意见不统一，致使彩票立法工作停滞不前。"[20]基于这种现实，必须先通过彩票规制体制改革切实解决彩票市场存在的上述问题，然后再制定《彩票法》。

3. 关于彩票立法的几个具体问题

（1）中奖者信息是否应该公开？不可否认，公布中奖者信息确有可能招致他人觊觎，但这是所有财富的共同特征，而不单单是彩票。此外，个人收入并非合法就是隐私，而应看是否涉及公众利益和知情权。彩民对其所付出的资金去向（尤其是大奖的归属）拥有知情权，不能简单地以个人隐私权来对抗公众知情权。目前较通行的做法是：中奖者必须公布姓名和所居住城市等信息，公民有权到政府部门查询相关资料。鉴于内地实情，可采取严格保密措施有限度地公开。

（2）网络非法博彩如何有效监管？网络博彩的法律属性比较复杂，各国之间、一个国家的不同区域之间都有不同规定。网络无国界，利益有竞争。内地彩票立法应明确金融机构的监管责任，加强账款勾对，强化金融信贷管理；明确大型门户网站、搜索引擎的监管责任以及对赌博信息的过滤措施；禁止境内居民向境外赌博网站账户支付赌资；禁止国内金融机构到境外赌场开设营业网点及设置自动提款机，等等。

（3）外资能不能进入中国彩票市场？《条例》"禁止在中华人民共和国境内发行、销售境外彩票"，但并未明确外资能否进入内地彩票市场。2010年10月，财政部发布的《互联网销售彩票管理暂行办法》规定，彩票发行机构可以与单位合作或者授权彩票销售机构开展互联网销售彩票业务，也可以委托单位开展互联网代理销售彩票业务，但能否委托给境外机构或境内的外资（合资）企业，却没有明确。外资（合资）企业能否参与内地彩票发行特许经营竞标，能否在内地合建网站开展网络彩票业务等，对此在彩票立法中应有明确规定。

（4）如何对规制者进行规制？这既是保证规制机构行为公正性、防止规制不当的重要条件，又是克服或避免规制过度问题的基本途径。一是完善彩票立法的听证程序。《条例》公开征求意见是一个良好的开端，体现了立法的民主精神。这不仅要成为政府的自觉行为，更要成为"法定程序"。二是建立制度化的立法审查机制。切实加强人民代表大会及其常委会对规制机构的规制行为特别是政策制定行为的监督。三是注重发挥社会舆论的监督作用，呼唤公民的自我管理意识，加大对行政违规和行政违法行为的责任追究与惩罚力度，从制度上保证规制机构的公正性。四是禁止规制机构收取任何形式的管理费用，防止规制机构与彩票发行企业之间串谋。

（5）如何与高位阶法律相衔接？从建构彩票法律制度的角度而言，规范彩票业的立法在整体上应该是由一系列相关的法律文件形成的体系。《条例》作为行政法规，不能界定彩票相关犯罪，所包含的强制性和制裁性条款也较少。目前内地唯一直接涉及彩票犯罪的是 2005 年"两高"司法解释。面对疯狂的网络博彩和地下私彩，制定更高位阶的《彩票法》刻不容缓。在与其他法律相衔接方面，特别要处理好与民法、经济法、劳动法、行政法和刑法的关系，可考虑增设"非法筹办彩票罪""非法出售彩票罪""非法发行彩票罪"等新罪名。此外，还要从应对"世界赌博爆炸"、维护中国金融安全和经济利益的高度，统筹谋划中国博彩业的发展规划，适时制定一个更为宽泛、更有实践价值的"博彩法"，不仅包括彩票，而且包括对一切博彩业的规范。②

①2008 年 5 月 3 日，"排列三"开出"999"，因"限赔"引起彩民不满，自次日起"排列三"改限赔管理为限号管理，使得"排列三"和 3D 趋于统一，但"排列三"的销量却因此受到较大冲击。

②2006 年中福在线的销量占当年福彩总销售量的 1/4 强。它的迅猛发展引起了社会广泛关注，质疑其是"老虎机"、国家在开赌。自 2008 年 2 月 6 日起，争议较大的 3 种游戏停止销售，每人每天投注总额也限定在 200 元以内。

③社宣:《福利彩票发行二十一年成就辉煌》,北京:《中国社会报》2008 年 11 月 28 日。

④金海燕:《体彩筹集公益金超 1200 亿》,北京:《中国体彩报》2011 年 4 月 23 日。

⑤即 1995 年 12 月《关于加强彩票市场管理的紧急通知》、1996 年 4 月《关于进一步加强彩票市场管理的通知》和 1999 年 1 月《关于加强彩票市场管理的通知》。

⑥1998 年 3 月国务院机构改革,将原国家体育运动委员会改组为国家体育总局。

⑦王君、刘飞振、肖子亮、邹居禄、周毅、韩会君:《广东地下赌球的危害、原因及对策》,广州:《体育学刊》2005 年第 4 期。

⑧吴仕博:《海南私彩为何狂潮迭起》,海口:《证券导报》2004 年 9 月 6 日。

⑨严佳一、张斌:《常州破赌博大案赌资高达 30 亿》,南京:《扬子晚报》2010 年 9 月 10 日。

⑩郝涛:《太阳城特大网络赌博案告破》,北京:《北京晨报》2010 年 6 月 24 日。

⑪杜晓、周芬棉:《博彩业"第一大法"遭质疑,彩票管理条例草案存缺憾》,北京:《检察日报》2008 年 4 月 11 日。

⑫张占斌:《博彩业与政府选择》,北京:中国商业出版社,2001;朱彤、周耀东、许力攀:《我国彩票市场结构与政府监管体制改革研究》,北京:中国商业出版社,2005;张建伟:《中国彩票业治理创新:规制重构》,沈阳:《东北大学学报(社会科学版)》2006 年第 3 期。

⑬⑭参见朱彤、周耀东、许力攀《我国彩票市场结构与政府监管体制改革研究》。

⑮如根据预算编制的程序,由公益金受益部门提出需要安排的具体项目和需求,经彩票公益金管理机构审核并报同级财政部门审批后下达执行;项目执行终了,公益金使用部门向财政部门上报项目决算,最后由财政部门统一向社会公告公益金使用情况,接受社会公众和彩票规制机构的监督。

⑯因公益金总量有限,一些项目的实施一年内难以完成,若年年商讨分配比例比较繁琐,也不利于发挥公益金的规模效益。若按照经济社会发展计划五年调整一次时间嫌长,因彩票公益金收入并非常数,增长或下跌的波动幅度难以预料,需要根据社会公益事业需求变化和彩业发展情况适时作出调整。

⑰张建明、杨晖:《内地彩票市场法律规制研究》,深圳:《特区经济》2009 年第 2 期。

⑱⑲丁锋、王薛红:《彩票管理条例释义及实用指南》,北京:中国法制出版社,2009。

⑳杜晓、周芬棉:《博彩业"第一大法"遭质疑,彩票管理条例草案存缺憾》,北京:《检察日报》2008 年 4 月 11 日;叶娟:《〈彩票管理条例〉全透视》,南宁:《南国早报》2008 年 3 月 28 日。

㉑中国彩票年鉴编辑委员会:《中国彩票年鉴》,北京:中国财政经济出版社,2006,

第 11 页。

㉒王五一：《世界赌博爆炸与中国经济利益》，北京：经济科学出版社，2005。

作者简介：金世斌，江苏省人民政府研究室经济发展研究中心主任、副研究员，博士。

[责任编辑：陈志雄]

（本文原刊 2011 年第 4 期）

引入赌场博彩的经济与社会效应：
文献综述与评价[*]

〔美〕Alan Mallach（撰）　刘爽（译）

[提　要] 赌场对一个社区或地域的经济活动和经济增长有着广泛而重要的影响，并直接关系到当地的公共财政收入。赌场也会产生社会成本，如增长的犯罪、破产以及问题赌博或病态赌博，这些问题接下来又为社会带来可衡量的经济成本。对于这些影响的大小以及它们所带来的社会和经济成本，目前尚未达成一致意见。迄今为止，宾夕法尼亚州的经验表明，引入赌场博彩会带来正的经济和财政效益。然而，还不清楚赌场所在社区所实现的收益是否足以抵消其本地成本。短期的收益在长期是否能够持续，仍需观察。

[关键词] 赌场　博彩　经济影响　社会影响　成本

前　言

　　直到 1975 年，赌场在美国还只是内华达州才有的新鲜事物。就像《教父》系列电影所展示的那样，那里呈现出一幅囊括了娱乐、罪恶与腐败的混合景象。如今，赌场博彩已为美国大部分地区所接受。2008 年，美国赌场共接待 5460 万人次（美国博彩协会，American Gambling Association，2009），28

---

[*] 本文观点仅系作者个人见解，不代表布鲁金斯学会、费城联储或联邦储备系统的立场。

个州的 233 个印第安部落开设了赌场，创造了近 260 亿美元的博彩毛收入（美国印第安人博彩协会，National Indian Gaming Association，2009），20 个州的 445 间商业运营赌场和 44 家马场赌场（坐落在马场的赌场）创造了另外 390 亿美元的博彩收入（美国博彩协会，2009）。大致相当于 2008 年平均每个美国家庭在赌场花费赌资 600 美元。

尽管美国的博彩设施迅速扩张，大量居民频繁光顾，美国人对赌场的态度仍是矛盾的。赌场博彩需在严厉的监管下运行以尽可能减轻其危害，而这些监管有时会采取某些荒谬的形式。比如，一些州要求把赌场设在固定于水中但从不驶离岸边的"河船"上。这类监管要求通常也会在每个城市或地区造成赌场垄断或供不应求的局面，对赌场的经济影响有着重大意义。

造成这种反常状态的原因——道德上不赞成，但在一个特别的监管体系下予以法律上的准许——很大程度上源于相信赌场博彩是促进经济发展的一种有力工具，如创造就业、经济重建以及增加公共财政收入。新泽西州大西洋城、密西西比州蒂尼卡（Tunica）等地引入赌场博彩（Rivenbark 和 Rounsaville，1996）以及 1988 年制定的印第安博彩监管法案（Indian Gaming Regulatory Act）已明确反映了这一点。如同该法案"前言"所称，设立赌场的主要目的是："为印第安部落将经营博彩作为促进部落经济发展、自给自足并强化部落管理的手段提供一个法律基础。"因此，如果不是出于预期中的经济利益，许多社区不会同意赌博合法化。所以，确定这些利益是否存在，如果存在，其影响又有多大，是非常重要的。

本文的目的是对有关在一个社区或地域引入赌场博彩所带来的潜在经济影响的大量文献进行回顾与评述，以期对宾夕法尼亚州特别是费城新设赌场的潜在影响提供一些思考。本文主要关注的是引入赌场博彩的经济影响。

一 赌场博彩与经济发展

本节首先归纳出一个尝试理解赌场博彩对当地经济发展潜在影响的概念框架，接下来回顾了文献中的实证研究发现，最后讨论了赌场博彩对公共财政收入的影响。

（一）评估赌场博彩经济影响的概念性框架

一个广泛用于衡量某地旅游业和游客活动经济影响的经典多元模型，可用来评估赌场博彩的经济影响（Gazel，1998；Hall 和 Page，1999）。在这个模型中，赌场访客的消费创造出赌场收入，赌场用这些收入通过其创造的工作机会、购买的产品与服务，及对所在社区的利润再投资，对一个社区的经济活动施以主要的直接影响。这些流入社区的资金，又在接受者随后的消费中产生进一步影响。赌场吸引的外地游客的非赌场消费（如在当地商店购物或餐馆用餐）所带来的直接和间接收入，会在不同程度上被当地开设赌场及游客到访所负担的成本抵消。

由于经销商的多样化，这些直接和间接影响都会或多或少流出该地区。比如一家赌场从外地的供应商处采购，或雇用了一名外地员工，而该员工将从该赌场赚得的收入到外地消费，这就是所谓的"漏损"（leakage）现象。漏损的结果是，一个拥有适度劳动力和经济基础的地区可能会损失一家大型赌场很大一部分影响，除非当地赌场的开销和雇用能够为公共或部落监管所管制。比如，尽管纯商业的考虑可能会促使赌场从该地区以外雇用劳动力，而部落监管当局可要求一个美国本土赌场雇用部落族人。

因此，赌场的影响将受两个因素制约。一是社区的性质与地理位置，以及其经济和劳动力基础在多大程度上可使赌场的经济影响留存于当地。二是如何定义"当地"这个概念。地区越大，绝对的经济影响就可能越大；地区越小，其影响就可能只是整个经济活动的一部分。

另一个需要考虑的是，经济的正面影响会在不同程度上被赌场对当地其他经济活动的负面影响所抵消。比如，设在赌场里的新餐馆可能会抢走其他餐馆的生意，或当地居民可能会把原本用于其他用途的资金拿来赌博。这被称为"转移"或"替代"，即与赌场相关的消费转移或替代了其他形式的消费（Gazel 等，2001）。如果消费者倾向于在所花时间和金钱方面设定一个相对固定的娱乐预算，那么赌场消费就会对其他娱乐休闲活动产生替代（Baade 和 Sanderson，1997）。尽管如此，赌场对当地居民在本地已有餐馆和娱乐设施上的替代作用会在某种程度上被实证分析中的夺回效应（recapture effect）所抵消（Rose，1999）。

简单来讲，一家赌场对当地经济带来的净收益可定义为：

$$[(赌场消费 + 非本地游客的消费) - (漏损 + 替代)] \times 乘数[1]$$

这个公式没有考虑赌场所涉及的成本，比如额外的基础设施维护或公共安全的开销；也没有考虑赌场社会效应的经济影响，例如犯罪或与问题赌博相关的损失。公式也没有考虑在一个地区设立赌场的机会成本，比如阻碍了其他商业活动进驻，[2]或者为特定的地点放弃了其他发展机会。后面将会讨论，这些在费城都是有可能的。

（二）影响赌场经济效应的因素

基于一系列关键因素，上面的模型引出了有关赌场实际经济影响如何变化的一些基本推论。

（1）赌场在多大程度上是赌客或外地游客的目的地。分析指出，"满足当地市场的赌场一般不会通过其赌客的消费从外部为该地经济带来资金。事实上，这些赌场可能没有净的附加经济效益。光顾的本地居民可能只是用赌资替代了用于其他产品与服务的资金"（Brome，2006）。作者也指出："如果一家赌场能吸引那些会去外州赌博的赌客，那它就能产生正的净经济效益。"因此该因素所导致的经济影响的增加，主要取决于有多少消费从游客的原居地转移到赌场所在地。

（2）有两个密切联系的因素需要考虑：第一，赌场所在地能提供赌场所需的足够劳动力、产品和服务吗？第二，该地能提供附加活动以留住非本地游客的消费吗？研究方法的选择对于衡量这些影响特别是间接影响尤其重要。即选择什么去衡量，以及在同一地区哪些影响是赌场而非其他活动或设施带来的。一份2002年关于底特律赌场的研究估计，外地赌客在该市非赌场相关商业上的全部花费达1.04亿美元。而那些声称其旅行的首要目的是访问赌场的外地游客在非赌场上的花费仅有2300万美元（Moufakkir和Holecek，2002）。显然，如果赌场是一个地区仅有的主要旅游目的地，这两个数字可能差距不大，但在像底特律或费城之类的城市，当赌场仅是多个目的地的其中之一时，这一差距就非常重要了。③

（3）当地赌场活动的本质和各赌场自身的特性都会影响它们的经济效应。这至少包括两个因素。一是规模，赌场活动的规模在某一特定地区可产生潜在的聚集效应（agglomeration effects）。④如果一家赌场大到足以容纳齐全的就餐、住宿及购物设施，就能降低附加设施的增长并增加替代效应（Newburger，Sands和Wackes，2009）。二是设施的性质。尽管文献中没有研究，但很多证据表明，赌桌游戏的赌客特征、行为及其对经济的影响都与角子机赌客不同。

综上所述，赌场的实际经济影响广泛依赖于其所在社区的特性、社区在地区经济中的地位、赌场的特色以及这些变量间的相互作用，要全面概括赌场的经济影响是不可能的。

（三）赌场影响经济发展的证据

赌场对经济发展的影响可用很多方法来衡量，包括该社区或地区经济活动的总水平；关键指标如就业水平、福利名册的变化；经济利益在居民中的分配。赌场对经济发展可能有进一步影响的是那些正进行经济恢复的贫困地区，这也是准许在大西洋城等地发放赌牌的一个直接原因。此外，该领域数据的缺乏反映出政策制定者缺乏透明性。他们很少对经济恢复或重建的目标或策略给出一个明晰的框架，而这些可能对衡量与评估经济影响更加敏感。

Thompson，Gazel 和 Rickman（1995）尝试用 Gazel 的多因子模型来量化威斯康辛州印第安赌场发展的经济影响。他们发现，大约有 14 亿美元的正面经济影响被 11 亿美元左右的负面经济影响所抵消。这个负面影响反映出该州居民的相关赌场花费与外州居民在没有赌场时在该州已经花费的支出之间的替代效应，以及与这些支出相关的乘数。较高比例的抵消调整说明大部分（80%）调查对象是该州本地居民而非外州居民。之后作者试图量化因本地居民问题赌博而造成的社会成本的经济影响。他们用高、中、低三个标准来估计社会成本，其中高、低标准间的估计相差近 3 亿美元。最终结论是，赌场在州范围内的整体经济影响接近于零，即用中档标准估计的社会成本可与收益互相抵消。

三位作者也按地区对成本和收益进行了分解，以赌场周围 35 英里为半径把赌场邻近地区和其他地区区别开来。他们发现，赌场所在地从赌场获得了重大的经济效益，说明赌场承担了一个重要的经济转移者的角色，每年大约有 2 亿~3 亿美元从该州的其他地区转移到赌场邻近地区。这一发现对于州立政策有着重要意义。其他类似研究也发现引入赌场有巨大收益。Chhabra（2007）发现，赌场在整个爱荷华州内的经济效益有 14.26 亿美元，抵消掉 4.49 亿美元的成本后，净收益为 9.77 亿美元。然而，该研究对于"替代"的定义比上述 Thompson 等人的定义要窄得多。对密苏里州的研究发现，14.47 亿美元的收益扣除 6.88 亿美元的成本后，净收益为 7.59 亿美元（Leven，Phares 和 Louishomme，1998）。但该研究未对评估社会成本的经济影响进行任何分解。

研究表明，来自本地（或州内）和非本地居民赌客的贡献存在较大差别，这可以粗略衡量与赌场有关的转移或替代效应的大小。在上述威斯康辛州的发现之外，Gazel，Rickman 和 Brunner（1995）发现伊利诺伊州赌船的赌客中有 84% 是该州居民，而 Leven 和 Phares（1998）发现密苏里州赌场的替代率为 75%。有报道说底特律赌场的赌客中有 80% 来自底特律大都会地区（Yerak，2003），而大西洋城和拉斯维加斯仅有不到 15% 的赌客来自当地（Gazel，Rickman 和 Brunner，1995）。有论者称："（赌场）对当地社区有着负面影响，除非有 50% 的赌客来自其他州。"尽管这一观点有其道理，但这样的经验法则并非在所有地区都适用。

对赌场在就业及相关指标问题上的影响，学者也有研究。Grinols（1995）研究了伊利诺伊州五个地区在赌场设立前后的就业与失业情况，发现二者在其中四个地区没有显著变化，只有马萨克县（Massac County）例外，它坐落于州的边界，与人口数量很大的肯塔基州帕杜卡（Paducah）毗邻，在赌场开设前只有极少量的劳动力。另一项关于六个县的研究比较了真实的家庭就业率与没有赌场情况下的就业增长预期。该研究在三个县（都是相对独立的乡村地区，其中两个在密西西比州，一个在伊利诺伊州）发现了显著的正影响，但在另两个更大的城镇中未发现赌场与就业增长有显著关系（Garrett，2004）。这就产生了一个问题，两者之间没有关系究竟是赌场的影响只占当地经济的一小部分，还是现存经济活动的替代在城市地区比较高？

有关印第安赌场就业影响的研究显示出更加一致的正面影响（Evans 和 Topoleski，2002；Reagan 和 Gitter，2007）。考虑到赌场进驻前那些地区的极度贫困与失业率，特别是印第安赌场与非部落赌场相比可为部落成员获取更多利益，有正面影响是合理的。此外，印第安赌场可能将更多的赌场收益重新投资到部落中，而非印第安赌场在多数情况下会把利润输出到赌场以外地区。

芝加哥大学全国民意研究中心（NORC）调查了 100 个地区，其中 40 个位于 1980 年之后开设的赌场方圆 50 英里之内，发现赌场开业与失业率降低 1% 之间有联系。该研究还发现，在福利水平、失业救济及其他转移支付方面有显著降低。然而，在赌场相关地区未发现整体人均收入的提高，说明从转移支付到就业人员收入的转移所引发的收入增长，被由赌场引发的当地就业人口基数变化导致的平均工资下降所抵消（NORC，1999）。

美国审计总署（GAO，2000）公布的大西洋城的数据显示出一幅混合的画面。尽管该市自引入赌场以来经历了一个短暂的戏剧性繁荣（Hamer，1982），但长期的影响仍然很不明朗。1977～1997 年，该市赌场工作的遽增使得私营机构就业总数从 2.1 万人增长到 6.2 万人，而同期非赌场工作的数量实际上是下降了。2007 年大西洋城非赌场工作的就业数量，只比 1976 年就业量的 3/4 稍多一点（Newburger，Sands 和 Wackes，2009）。这 20 年间，该市的福利申请与州或国家水平相比有明显下降，而失业率则没有明显的趋势。如图 1 所示，1977 年至 1987 年大西洋城的失业率有显著下降，1989 年至 1992 年急剧上升，之后又以更加平缓的速度再次下降。自 2000 年起，该市的失业率尽管比开设赌场之前的水平要低，但与州和全国相比则保持在一个相对较高的水平（Newburger，Sands 和 Wackes，2009）。近年来，该市赌场工作的数量开始缓慢下降，到 2008 年年底已降至 1997 年高峰时期的 75% 以下。

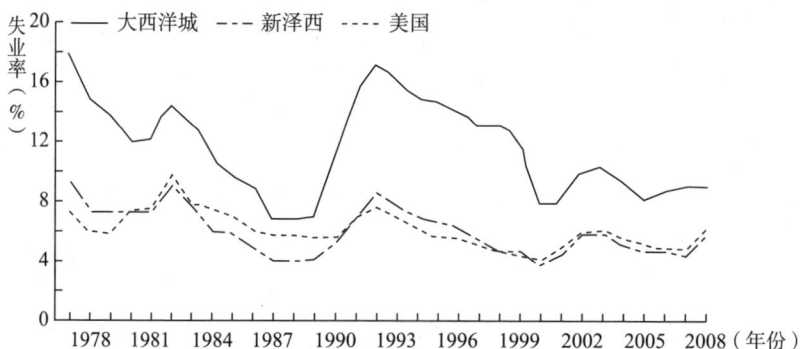

图 1 美国新泽西州和大西洋城失业率趋势（1977～2008）

资料来源：Newburger，Sands 和 Wackes（2009）

然而，解释这些发现并不容易。工作数量短期内的显著升高，特别是在一个劳动力市场萎靡不振的地区，可引发当地和地区劳动力行为的复杂变化。更多的工作需求可导致更多当地居民参与就业或潜在求职者的迁入，而求职者数量的增多会抵消工作数量的增加，使得失业率没有显著变化。类似的，把赌场实际工作数量的增长和对没有赌场情况下该地区就业增长情况的预测进行比较也会造成误导，除非有其他影响就业增长的因素被考虑进来。Garrett（2004）发现，爱荷华州利县（Lee County）在开设赌场后实际工作的增长，要显著低于未开赌场的工作增长预测数。这可能是当地经济一些不相关的变化的结果，而不是赌场带来的负面就业影响。

由此可见，很难归纳概括赌场的经济影响。赌场无疑创造了大量直接和间接的工作，但由此引发的更大经济影响将由当地独特的特征所驱动。即便如此，当地与地区经济之间无法预测的高度相互作用也可能使结果更具有投机性。此外，由于毗邻地区之间的竞争，在不同州或城区开业的赌场之间的相互影响也使得问题更加复杂。

（四）赌场对公共财政收入的影响

对很多政策制定者来说，无论在当地还是州层面上，赌场对就业率或其他一般经济指标的影响可能不及它们创造财政收入的能力重要。在很多案例中，促使赌博合法化都是出于增加州政府财政税收的强烈愿望。尽管各州之间有很大差别，赌场无疑为州政府和当地提供了大量税金。

一个州博彩行业所缴纳的赌场特别税包括毛收入税、赌场再投资发展税、奢侈品税、停车税、酒店税、互连累进吃角子老虎机税（multi-casino progressive slots tax）等。2006～2008年，大西洋城赌场分别向新泽西州政府缴纳了6.00亿、5.70亿和5.18亿美元的赌场特别税。除此之外，赌场还缴纳一般适用的税金，如公司所得税、销售税以及市政和县政府的财产税，2001年新泽西州这些税种约有1.6亿美元。大西洋城80%的市政与教育税由赌场负担。

据新泽西州赌场协会（New Jersey Casino Association）统计，把所有税种都考虑在内，赌场为州政府贡献了约11亿美元的税金。从一州财政收入的角度看，这是一个显著的净收益。赌场税收在扣除抵扣和社会成本之后，为印第安那州2005财政年度带来7.17亿至7.40亿美元的财政净收益（Policy Analytics，2006）。该研究将潜在的成本定义在州范围以内，仅包括社会成本的财政影响及赌场监管的直接成本，但未解决其他抵扣与转移影响的问题。

然而，整个公共财政的状况要比上面讨论的复杂得多。一系列不同的考虑都会使赌场整体公共利益的问题难以得出结论。为说明这一点，可将一家赌场对净财政收入的影响定义如下：

$$[（赌场税收+乘数税收）-收入转移]-公共成本=净财政收入$$

收入替代。由于赌场取代了其他经济活动，它们也取代了本将由那个活动所缴纳的税收。有证据表明，赌场税收取代了其他形式的博彩，特别是彩票行业的税收。Elliott和Navin（2002）比较了赌场和彩票收入，结论是一个州每挣1美元的赌场收入将损失0.83美元的彩票收入。其他研究显示出较低但仍然大量的彩票收入的减少，包括从0.56美元到1美元（Fink和Rork，2003）和0.26美元到1美元（Semanchik，2006）。值得讨论的是，与彩票站相比，赌场是更加劳动力密集型的行业，因此为相同的收入创造出更多的工作。如果目标是为了催生出一个特定的地理区域，则赌场更可能在那里引发间接经济影响，在赌场每投注 1 美元所产生的附加收益可能比在彩票上产生的要多。反过来，在彩票上每花 1 美元可能比花在赌场上产生更多直接的州税收。

收入替代可导致许多其他的抵消，包括被赌场替代的非博彩企业原本的税收和赌客削减其他开支如餐饮和服装而失去的销售税收入。密苏里州赌场近一半的总收入被赌客在该州非赌场产品与服务上的削减所抵消（Anderson，2005，引用 Leven 和 Phares，1998），赌客在爱荷华州赌场的消费有 30% 是对其他非赌场娱乐活动的替代（Chhabra，2007）。因此，Mason 和 Stranahan（1996）指出，当赌场税的税率比一般销售税和特种销售税的税率低时，州财政税收不可能显著增加。

赌场供不应求的影响。在一个赌场垄断或供不应求的地区，赌税收入被其他来源税收的减少所抵消的影响被潜在地降低了。普遍的情况是，对赌场数量的限制降低了竞争，使得赌场经营者能在正常收益率以外赚取超额利润和更高的收益率，州政府从而得以对这些收入课税。由于多数赌场在一个半垄断的监管框架下运营，这可能引发与"寻租"行为有关的潜在成本。与此有关的是州政府监管方案的高成本。Grinols 和 Omorov（1996）指出，1994 年伊利诺伊州在监管上花了 6500 万美元，而新泽西州花了 5900 万美元或每个成人花费 7.59 美元。与赌场的整体收入规模相比，这可能不算什么，但仍不可小觑。官方资料显示，2008 年新泽西两家代理机构为执行该州赌场控制监管所收取的直接花费达到 7100 万美元（新泽西赌场监管委员会，New Jersey Casino Control Commission，2009）。

多数州对赌场的征税方案比一般税收政策要严厉得多（Rose，1999）。2008 年，赌场为其 325.4 亿美元的直接博彩收入缴纳了 56.6 亿美元的博彩特别税，税率超过 17%（美国博彩协会，2009），这通常在企业所得税、销售税及其他税种之外征收。密苏里州征收赌场调整总收入（AGR）的 21%，[⑤]其中的 90% 进入州政府财政；印第安那州则以 AGR 的 15% 开始累进，赌收超过 1.5 亿美元时税率可达 AGR 的 35%（Anderson，2005）。科罗拉多州的税率从 20% 开始累进，而伊利诺伊州的税率从 15% 到 50%。宾州的税收政策最为激进，征收赌场毛收入（与 AGR 类似）的 55%。相反，聚集了全美超过 60% 的商业赌场（非印第安赌场）的内华达州为赌场提供了一个更加开放竞争的环境，其博彩特别税是全国有合法赌场的所有州中最低的。

乘数效应。在替代一些经济活动的同时，赌场也通过其乘数效应创造了额外的经济活动。这可能导致对正的财政收入的抵消，但在很多研究中尚未被纳入分析。这种消费在多大程度上抵消了替代消费，因上述有关经济影响因素的不同而有广泛差异。

成本。相对收入而言，对成本的追踪并不容易。尽管为一家赌场修建一条新的高速公路可能相对容易识别，当新泽西州花费约 2.2 亿美元公共基金在大西洋城修建一个通往大西洋城高速公路的入口以连结赌场群时，在现存路面上评估因通向赌场的额外交通阻塞所需要的附加维修成本就变得更加复杂。虽然对犯罪或问题赌博相关的社会成本已有详细研究，与赌场有关的持续的社会服务成本也是产生充足的服务和基础需求的一个主要工具，这一点很少被提及。

管辖权内的分配不公。由于从州政府角度而言，允许赌场博彩合法化的一个重要动机就是增加财政收入，很多州的赌场税制在州和本地层面对财政收入与成本的分配并不一致。州政府获得了税收的大部分，而县和市政当局则可能要负担更大一部分成本。例如，密苏里州在州和当地政府间的赌场税收分成为 9∶1，对成本的分摊可能并非如此。宾州只把州政府收取的赌场税的 7.2% 返还当地政府，远低于该州赛马业 12% 的返还份额。在新泽西州，州政府收取所有赌场特别税，大西洋城市政府直接来自赌场的财政收入仅包括赌场缴纳的财产税及一个中等水平的（并非针对赌场的）旅馆税。[6]只有在密歇根州的底特律，市政府才得以保留一半以上的博彩税收。

税收归宿。一个更重要的考虑是赌场税收在居民中如何分配，以及税收收入从非博彩企业到赌场的转移将如何影响整个税收分配。需要了解的是，赌博税并不为社会创造新的福利，而只是从赌客那里通过赌场把资源转移到整个社会，或进入特定目的的专用资金。因此税收归宿是有关税收如何收取和怎样花费的关系式，即所谓的"平衡预算归宿"。尽管这可能不会直接影响所征税金的数量或从州政府财政角度看的税收净收益，但它仍有重要的公共政策含义。研究发现，赌税征收的影响是累退的，即对低收入、较低教育水平及美籍非洲裔人士的个人与家庭的负担相对较高。这已在拉斯维加斯和大西洋城（Borg，Mason 和 Shapiro，1991）、密西西比州（Rivenbark，1998）和爱荷华州（Rolling，2002）得到证实。累退税不仅会产生社会公平问题，而且会为低收入家庭带来沉重负担，影响社会福利，并抵消公共机构的成本。[⑦]

运用预算平衡归宿的法则，只要一个税种征收的税金被用于某些用途使得低收入家庭获益超过对其征税所带来的不利，则总体上它仍有一个累进的影响。但现实中，这往往很难估计。即便赌税被规定用于某类特定的开支（如公共教育或财产税减免）也是如此。除内华达外，很少有州只把这些收入归入州政府的普通基金当中（Anderson，2005）。

社会成本的财政含义。最后，如同下面将进一步讨论的，准确估算与赌场有关的社会成本的财政影响仍然存在问题。如前所述，Thompson，Gazel 和 Rickman 发现，由于处理方法的不同，威斯康辛州赌场对财政的影响可能从重大的财政收益到同等大小的重大财政损失。

简而言之，在典型的州赌场税制下对赌场博彩征收的高税率说明，州政府的税收收入可能超过了其他税源被替代所造成的损失，从而为州政府带来显著的财政收益。然而，不管在州层面还是赌场所在地层面，该结论都没有对赌场赌博的相关成本、相关社会问题的经济影响以及赌场税收累退本质的潜在含义进行全面考虑。

二　赌场社会成本的经济含义

（一）社会成本的定义

通常认为，赌场会产生社会成本，如增长的犯罪、破产以及问题赌博或病态赌博，这些问题接下来又会带来可衡量的经济成本。这些成本可被与赌场有关的经济活动或税收收入增加所带来的收益全部或部分抵消。从经济学的角度看，由于"社会成本"很难精确定义，同时也很难判断这些成本中哪些是由于赌场而不是社会中其他因素作用的结果，评估由赌场赌博导致的社会成本的财政影响会比估计整体经济或税收影响更加麻烦。

由问题赌博或赌博引发的其他社会不良行为有三种不同的成本：（1）因个人的某一行为所负担的成本；（2）由那个人的家庭和朋友所负担的成本；（3）由社会所负担的成本。如果一名赌客知晓且理智地作出某种行为并为之承担该行为的全部成本，那就不存在与该行为相关的社会成本。第二和第三类成本都是外部因素，但那些只影响个人的家庭与朋友的外部因素可能不在可估计的经济成本范围内。如果问题赌博增加了赌客家庭的痛苦，那么这一成本与警察逮捕罪犯所花费的时间成本同样真实，但却可能无法量化。

最后，很难直接断定任何给定的成本到底有多少可明确归因于赌场。研究指出，"仅靠观察赌博与这些问题的联系并不能说明赌博引发了它们。如果没有赌博，一个有行为失调倾向的人可能会证明他的失调是来自其他同样糟糕的情形"（Walker 和 Barnett，1999）。在精神疾病术语中，如果病态赌博是一个主要的行为失调，则可以合理地判定与该种失调有关的成本来自赌场。如果它是一个间接的行为失调，那这个判断就不确定了（Hayward，2004）。

Rose（1999）引用的至少两项研究发现，在明尼苏达州和南达科他州，引入赌场博彩之后，病态赌博并未显著增加（Emerson 等，1994；Volberg 和 Stuefen，1994）。Jacques 和 Ladouceur（2006）将加拿大魁北克省赫尔市（Hull）赌场开业后 800 名居民在四年当中的赌博行为，与没有赌场的魁北克市居民的行为进行对比，得出了同样的结论。尽管国家赌博影响研究委员会（NGISC）的研究人员发现，周围 50 英里范围内有赌场与问题赌博和病态赌博显著高发有联系（Gerstein 等，1999），但并未在赌场开业与问题赌博增加之间给出直接的关系。一项 2002 年的分析总结说，"看起来赌博导致了社会问题，甚至可能是这些社会问题的原因之一。但目前的科学研究尚不能得出这一结论"（Shaffer 和 Korn，2002）。

（二）衡量社会成本

与赌博相关的社会成本包括生产力成本；健康与心理咨询成本；犯罪相关的警察、司法和审判成本；监管成本；研究与教育成本；福利以及预防成本（Collins 和 Lapsley，2003）。目前研究得最多的是问题赌博的成本。据估计，每名赌客每年的成本从 560 美元到 5.2 万美元不等（生产力委员会，Productivity Commission，1999）。[8]另一项研究认为，每位病态赌徒每年的成本在 15000～33500 美元，相当于美国成年居民每人每年 214～778 美元（Grinols 和 Omorov，1996）。相反，NGISC 的一项研究认为，每位问题赌徒的成本是每年 560 美元再加上 3580 美元的终生成本。对于病态赌徒，这个数字介于 1050～7250 美元（Gerstein 等，1999）。尽管特定地区的条件或各州政策选择不同，上述研究发现中的偏差更可能是由于研究方法的差别。由于缺乏一种广泛认可的确定社会成本经济影响的方法，很难看出这一研究对于政策制定的真实价值。

另一个获得特别关注的社会成本是犯罪，包括：（1）由病态赌徒施行的犯罪；（2）由于赌场的存在或邻近而引发的街头或其他犯罪；（3）破产或与赌场有关的有组织犯罪的增加。由于第一类多在与病态赌徒相关的成本框架内考虑，第三类相对难以量化，并希望能够通过严格的监管有效缓解，[9]第二类成本已成为单独研究的主题。在大西洋城及临近地区（Friedman，Hakim 和 Weinblatt，1989）、威斯康辛州开设印第安赌场的各县（Gazel，Rickman 和 Thompson，2001）均发现犯罪率显著增长。一项全国调查指出，犯罪率在赌场开业后的头五年稳定增长，赌场所在县 8.6% 的财产犯罪和 12.6% 的暴力犯罪是由于赌场的存在而引起的（Grinols 和 Mustard，2006）。

这些研究在概念和方法上均受到批评。方法上最大的问题是，上述研究均以所研究城市或县的居民人口为基数来估算犯罪率，而没有考虑伴随赌场开业所增加的大量游客（Walker，2008）。[10]然而，是否考虑游客数量取决于衡量哪种犯罪成本。如果是犯罪的发生，即任何个人被犯罪行为所侵犯的可能性，那它显然是相关的。如果是管辖权内公共机构处理犯罪的成本，那它可能就不太相关。因此，即便犯罪发生率下降（如果游客数量的增加超过犯罪数量的增加），社会成本也会上升（Miller 和 Schwartz，1998）。由于游客的增长，即使犯罪发生率没有变化，一个给定地域内犯罪数量增长也会使犯罪发生的频率和应对犯罪的社会及经济影响增加。一份研究运用一个城市土地价值的模型（an urban land value model）发现，在大西洋城赌场周围地区所引发的犯罪，导致邻近赌场的物业的土地价值要明显低于模型预测的结果（Buck 等，1991）。

想有效估计犯罪的成本，还必须确定在哪一级政府层面上发生了哪一种成本，并确定这些成本在政府之间转移的影响。譬如在大西洋城，雇用警察的成本由当地财产税来负担，审判的成本则由州政府承担，刑事的成本按情况在县和州政府之间分配。此类分析使按管辖权确定成本与收入是否匹配，并明确管辖权间的哪些不公可在何种程度上由权限内部的转移来解决成为可能。

许多研究也发现，赌场所在地与该地区破产案件的数量之间有显著关联。这是以管辖范围或临近地区（比如半径 50 英里以内）来衡量的（Barron，Staten 和 Wilshusen，2002）。Garrett 和 Nichols（2007）考察了拉斯维加斯、大西洋城和密西西比州，发现只有密西西比州的赌场通过影响游客原居地的破产数量向外"输出"破产效应。作者认为，这可能是那些赌场所吸引的外州游客的收入更低所致。而在福利经济学的框架内看，破产的成本并不算是社会成本。

赌场以何种形态影响一个城市或地区的整体生活质量很难估计，并且是高度主观的。一个特定趋势的累积效果，如犯罪率的增长，会对一个社区或地区的社会及经济活力带来重大后果。相反，很多病态赌博的成本将在赌客的原居地而不是赌场所在地发生。就算在赌场所在地，社会成本如何影响不同的社区成员也有广泛差别。一个居民会发现赌场附加的娱乐价值超过与之有关的交通堵塞或犯罪行为的增加，而另一人可能不这么认为。定义一个更大的社会和经济的环境来评估赌场的影响可能很困难，但很有价值。

三　研究宾州、费城和大西洋城赌场赌博的意义

尽管衡量赌场的经济影响难度很大，但仍然有可能从已有研究中归纳出一些通用的思想并应用到宾州和费城的新兴博彩产业及大西洋城的成熟产业当中；同时，从赌场所在地独特的地理位置、人口统计学特征和经济特征出发，也可以探究赌场对当地潜在的经济影响以及赌场与周边更广阔地区的空间关系，并得出某些结论。

如果一个地区拥有能满足赌场需求的大量失业人口或失业工人，[⑪]使赌场可以为当地提供大部分的就业机会并吸引更多的外地游客，那么当地就可能从赌场获得重大的经济收益。本地的劳动力（假设他们不因收入的增加而离开该地区[⑫]）将使赌场的乘数效应最大化，而来自外地的赌客会使当地的替代效应最小化。相反，如果劳动力来自外部，而很大一部分游客来自本地，则漏损和替代效应都会增加，当地经济发展的影响就可能趋缓并被成本的影响所超过。

赌场员工及游客的原居地可为衡量经济影响提供一个有关成本与收益的地理分布。当把地理因素考虑进去之后，赌场的成本与收益可能倾向于互相抵消。但在一个更小的地区，收益会显著超过成本。威斯康辛州的研究（Thompson 等，1995）发现，赌场的本地化收益代表了资源从州的其他地方向赌场所在地的转移。因此，州政府常常为那些经济非常落后的地区（如大西洋城、印第安那州的加里市和底特律）创造一个赌场垄断专营的局面，以便以赌场作为促进该地区经济恢复的工具。然而，以此作为一个没有抵消成本的经济发展策略向公众推介，是一种误导。

沿着这一思路，我们再来展望宾州新兴博彩市场的前景。2004年，宾州立法机构批准在州内修建14座赌场，但仅限于角子机和其他电子赌博机（Electronic Gambling Devices，EGDs）。到本文写作时为止，已有9家赌场投入运营；最新的一家于2009年年末在匹兹堡开业。费城计划开设2家，另外3家将设于该州其他地区。这些赌场有些是独立的，有些因依附于马场而被称为"马场赌场（racino）"。但依照宾州法律，从它们所提供的赌博设施来看，这两者之间并无区别。这些赌场已为该州和赛马业创造了巨大的收入。Kocerka、Lementowski和Shiu（2005）指出，3.8万个运营中的EGDs的总收入将达到41亿美元，2008～2009财政年度，不到2.2万个EGDs亦带来36亿美元的总收入。[13]州政府博彩基金为财产税减免贡献了可观的12.28亿美元。一旦所有14家赌场都投入运营，假设每台EGD的总收入保持基本相同，这个数字将会翻番。[14]即使所有的赌场消费替代了在宾州的其他消费（由于很多赌场位于或接近州边界，这一点不太可能），由于这些赌场被征收超高的税率，这些收入也可能足以超过因替代效应所失去的收入。

基于宾州博彩税制累进的特性，州政府可征得大量赌税。由于该税收的一大部分用于当地财产税的减免和支持该州赛马业，尚不确定州政府的相关成本能否被完全覆盖。更为复杂的是，赌场所在社区可期待获得何种经济收益。两项关于费城快活大赌场（Foxwoods Casino）的研究得出相反的结论：一项预测它会成为主要的财政来源之一，另一项则认为它会为社区带来重大净损失（Econsult，2006；Murphy，2007）。受该赌场委托的Econsult的研究仅在注释中提及转移消费，未提到社会成本的经济影响，并把可能由市政当局承担的成本最小化。Murphy低估了费城赌场吸引外地游客的程度，但使用较高的价值计算社会成本的经济影响，并指出为德拉瓦河（Delaware River）河畔的两家赌场开发河边地区存在重大机会成本。由于这两项研究是基于支持或反对该赌场的不同立场，采用何种参数、如何衡量成本与收益，都会导致结果大相径庭。

在费城，本地经济的影响可能会很大。尽管费城赌场的很大一部分赌客可能是费城居民，他们中的很多人现在会将原本花在大西洋城的钱花费在本地。同样，赌场越靠近城市地区的主要家庭聚集地，包括住在河对岸新泽西州一侧的居民，[15]他们就越可能将其赌博消费从大西洋城转到费城。因此，尽管在费城的赌场消费会替代一些非赌场消费，它可能从大西洋城和费城周边地区替代来更多的消费。然而，在该市过夜的旅客的赌博消费可能会替代其在该市的很大一部分其他消费。同样，一些市郊游客可能选择到赌场一日游，而不是去听摇滚音乐会或看棒球比赛。如果赌场增加赌桌游戏，可能会吸引更多的过夜旅客，进而增加在该市其他地方的辅助消费。[16]

赌场对城市财政的影响并不确定。在 2009 年 6 月开业的 8 家赌场中，每家的年总收入约为 3 亿美元。假设费城的两家赌场每年各有 3.6 亿美元收入（现存的多数赌场都已到 3000 台 EGDs 的法律限额），该市从中得到 4% 的社区收入约 2880 万美元（＄360m×2×0.04），[17] 再加上财产税、公司特许税以及薪俸税，Econsult 估计，在快活大赌场完成其二期工程之后，总计有 1500 万美元的税收收入。目前尚无法确定这些收入是否能覆盖该市的成本。

就业前景也不明朗。尽管修建赌场将创造大量建筑工作机会，当地其他发展的机会成本仍需考虑。另外，没有赌场对非赌场商业活动替代效应的透彻分析，就不能确定赌场创造的工作是否会被别处失去的工作所抵消。由于很多赌场工作是低技能、低报酬的服务类职位（Newburger，Sands 和 Wackes，2009），所以当地总体工作数量增加的结果可能是城市居民平均工资的下降。

宾州其他地方的情况可能有所不同。伯利恒镇（Bethlehem）和波科诺山（Mt. Pocono）的赌场可能吸引了相当一部分来自新泽西州及纽约都市地区的游客。这将很大程度上替代在大西洋城赌场的消费，并为这些地方带来经济净收益。相反，在远一点的地方开设新的赌场可能会导致宾州东北部居民赌博的增多，并伴随着对当地商业活动的更多替代和社区社会成本的增加。

最后，大西洋城的前景至少在短期内并不乐观。甚至在宾州开设赌场和最近的经济萧条之前，其赌收和访客数量就已自高峰水平滑落（Newburger，Sands 和 Wackes，2009）。2009 年 1 ~ 9 月的赌收与上年同期相比下跌了 14%，该市的 11 家赌场有 4 家破产，第 5 家即将被债主接管（Creswell，2009）。尽管有新的大西洋城会展中心和 The Walk 特卖场之类的努力，该市还未能建立起一个与其接待能力相称的长期稳定的游客基础。宾州增加的赌桌游戏只会对大西洋城不利。行业分析员 Stutz（2010）指出："大西洋城的地产将处于更大的压力之下，因为赌桌游戏是他们用于抵御的最后底线。现在大西洋城可能会失去来自纽约地区的更多顾客。"

很多商业顾问和赌场经营者相信，大西洋城需要围绕一个以百佳赌场（Borgata Casino）为代表的高端商业模型对自身进行彻底改造。即便这一策略是合理的，在当前投资资金短缺的经济形势下，该计划付诸实行需要很多年。唯一在建的百佳风格的瑞维赌场（Revel Casino）由于资金短缺而暂停，其他建议项目也已推迟（Creswell 2009；Kosman 2010）。在缺乏主要资金输入的情况下，大西洋城赌场的经济状况可能进一步恶化，使恢复赌博业的行动变得更加困难。

宾州赌场合法化的主要目的是为州政府增加新的财政来源，其次是为该州处于困境的赛马业提供财务支持。尽管判断这一情况能否长期持续尚嫌太早，但这一努力到目前为止是成功的。如果进一步的目标是促进经济增长和振兴该州落后地区，那么是否可行还不能太早下结论。

---

①出于说明的需要，公式已经简化，因为可能会有多个乘数，而仅非一个，反映出公式左边不同的元素。

②从实证上很难量化此问题的重要性，而且很少有研究将这样的机会成本考虑进去。一间主要从事公司地点选择的企业主管曾说"赌场是一个消除器"，很多公司视其为选址的一个负面因素。参见 http://aroundfortwayne.info/blog/? p = 3697，浏览日期：2009 年 4 月 16 日。

③Moufakkir 和 Holecek 认为，基于"这些游客可能由于赌博而延长逗留时间，因此，他们的经济影响至少与那些专程为赌博而来的游客相同"，据此估算出较大的影响数字是合理的（其推论将倾向于支持赌场博彩）。其他人可能认为这一方法过于粗泛，因此进行狭义的讨论，从而估低其影响。

④聚集效应或聚集经济，指大量工厂或工人在单一地区聚集，从而产生规模经济和网络效应所带来的收益。

⑤调整后的总收入，通常用总收入减去支付赌客的奖金来计算。

⑥大西洋城确实从向赌场征收的州政府税中获得不同程度的收益。奢侈品税起初计划用于该市的各类新建项目，后来改为向大西洋城会展中心提供现金支持。按照规定，大西洋城可以使用赌场向博彩业再投资发展局（Casino Reinvestment Development Authority）提供的资金中的一部分，这些资金已被用于该市的一系列项目，包括房屋开发和兴建购物广场。然而，这些资源都没有为城市的运营预算或基础设施维护提供支持。

⑦尽管 Anderson（2005）指出，在一个专营环境中，政府向赌场经营者赚取的专营租金征税，但该税收的影响可能并非累退的。

⑧澳大利亚生产力委员会（The Australian Productivity Commission）是澳大利亚政府在经济、社会和环境等问题上的独立研究和顾问机构。该委员会 1999 年的报告《澳大利亚博彩业》（Australia's Gambling Industries）是迄今为止最为翔实和全面进行的有关赌

博合法化的研究。

⑨然而，用于预防赌博行业内的腐败和有组织犯罪渗透的监管架构的成本可能会相当可观。

⑩Walker 指出："要说明游客在犯罪率上的影响，用 CR 代表居民实施的犯罪，CV 代表游客实施的犯罪。再用 PR 代表居民人口，PV 代表访客的数量。施行的犯罪总量等于 CR + CV，处于危险中的人口总数为 PR + PV。则犯罪率 = （CR + CV）／（PR + PV）。显然，如果我们对吸引了很多游客的单个县的犯罪率感兴趣，那么在分子（CV）和分母（PV）中都包含游客数量就很关键。"

⑪这并不总是直接的。一个城市可能有大量失业者和满足赌场要求的（或能够训练为满足要求的）未充分就业的工人，但这些人可能无法通过严格的犯罪审查。Murphy（2007）指出，费城赌场取代该市其他零售与服务设施的程度导致工作数量的减少，而这对市中心低收入地区和美籍非洲裔工人的影响更大。

⑫大西洋城很多居民在受雇于该市赌场后从城里搬到郊区。这在费城可能不太常见，一是费城的住房和街区选择更多，二是市中心以外的居住成本相对较高，这使得中等收入的城内居民迁至郊区更加困难。

⑬包括在财政年度最后两个月才开业的伯利恒金沙娱乐度假村（sands Casino Resort Bethlehem）的 3000 台。

⑭假设每个赌场的 EGDs 数量限制在赌场所能允许拥有的 3000 台。由于赌博控制委员会（The Gaming Control Board）允许全部或部分赌场额外增设 2000 台，这一数字会进一步上升。一家赌场目前已获批。

⑮新泽西州柏灵顿（Burlington）、卡姆登（Camden）和格洛斯特（Gloucester）县人口最密集的地区距离费城都比到大西洋城要近。

⑯授权宾州赌场增加赌桌游戏的参议院 711 号提案被宾州立法机构采用，并由 Rendell 州长于 2010 年 1 月初签署。宾州的第一台赌桌已于同年 7 月投入使用。

⑰Econsult 的研究假设，快活大赌场的二期工程发展计划会给它带来 5000 台 EGDs，并为所在社区带来两千万美元的收益。

作者简介：Alan Mallach，美国布鲁金斯学会（The Brookings Institution）都会政策项目非常驻高级研究员，费城联邦储备银行（The Federal Reserve Bank of Philadelphia）访问学者。

译者简介：刘爽，澳门理工学院博彩教学暨研究中心讲师，博士。

[责任编辑：陈志雄]

（本文原刊 2011 年第 4 期）

澳门博彩业的发展与监管法制化

王长斌

[提　要] 监管法制化是澳门博彩业发展的重要保障，也是提升澳门博彩业竞争力的重要方面。澳门政府应当使用规范的法律形式，努力填补博彩法律的空白，及时做好法律的修订和废除工作。在执法方面，政府应增强主动性，并为博彩经营者提供足够的救济途径；同时，创立解决博彩纠纷的机制，重拳打击赌场犯罪，为游客创造一个干净的环境。澳门现行的博彩法律和管理制度已经实施十年，未来十年是检讨现行法律以及加强博彩法制建设的关键时期。

[关键词] 博彩立法　博彩执法　博彩监管　博彩纠纷解决

澳门博彩业十多年来的高速发展，除了得益于中国内地经济的迅速崛起之外，在很大程度上得益于其在东亚地区的垄断地位。但是，任何垄断都孕育了摧毁自身垄断地位的种子，澳门博彩业概莫能外。首先，澳门博彩业的巨大成功必然激发周边地区开赌的欲望。其次，从防御的角度，为了抵消澳门博彩业对其带来的负面影响，周边地区也有开放博彩的冲动。澳门博彩业顾客的生力军是周边地区的游客，游客到澳门参与博彩活动，对于周边地区而言，结果必然是资金净流出而博彩业的负面效果净流入。所以，近几年来不断传出日本、台湾、香港甚至海南开赌的消息。新加坡开赌已使澳门颇受惊吓，如果近在咫尺的东亚其他地区开赌，对澳门博彩业造成的冲击可想而知。而从世界博彩业的发展趋势来看，未来几年里，东亚一些地区开赌或将不可避免。①

面对其他地区的竞争，澳门特区政府需要未雨绸缪，预先加固博彩业这棵大树。为此，政府不仅应当着眼于产品创新，增加澳门的独特性（或称不可替代性）和吸引力，而且应当着眼于制度创新，增加投资者和游客对澳门的信心。而制度创新的关键之一，是博彩监管的进一步法制化。本文拟对澳门博彩监管法制化的必要性、重要性以及法制化建设的重点内容略作探讨。

一 博彩监管法制化建设与澳门博彩业竞争力的提升

无可否认，澳门特区政府和社会对于博彩业未来可能遭受的冲击一直心存忧虑，但政府开出的药方多集中于经济方面，例如近年来一直强调"经济适度多元化"，对于法制建设方面则重视不够。而一个地区的法制建设水平，对于博彩投资者而言至关重要。

法制（或者法治）是与人治相对立的概念。加强博彩监管法制化建设，实际上是为政府管理博彩业制定清晰的规则，政府必须按照已经制定并公布的规则办事。所以，加强法制建设有助于消除政府或官员的恣意，增强政策的稳定性，从而增加博彩经营的可预测性，降低博彩经营的风险与成本，这是加强博彩法制建设的关键理由之一。能够降低风险与成本，才会对博彩经营者有切实的吸引力，使澳门在未来的竞争中占据有利地位。

博彩监管的法制化水平对于外来投资者尤其重要。外来投资者来自异质的文化环境，在当地缺乏必要的人脉关系，对于当地政府的行事方式也缺乏了解。所以，他们更倾向投资于法制水平较高的地方，以尽可能降低不理性的政府行为或个别有权势的政府官员行为对他们的影响。外来投资者对于法制水平的重视，在澳门博彩业的实践中已有切实反映。永利澳门于2001年获得澳门赌牌后，迟迟未履行投资承诺，理由之一就是澳门没有博彩信贷法。直到2004年澳门政府通过《娱乐场博彩或投注信贷法律制度》（第5/2004号法律）之后，永利才动工兴建其第一座娱乐场。②尽管永利迟迟不履行投资承诺存在多方面的原因，但其坚持先立法、再投资的态度，从外来投资者的角度看，不能说没有几分道理。任何没有见诸法律的政府承诺，对于外来投资者而言，总是疑信参半的。

当然，并不是有了法制就有一切。影响投资者的因素是多方面的。如果法制水平高，而其他条件并不具备，也不会对投资者产生太大的吸引力。但是，在其他条件基本相同或相差不大的情况下，法制水平就成为具有相当决定性的因素。美国的特拉华州的例子颇具代表性。特拉华在美国是一个小州，与其他州相比，并无政治、经济等资源优势，但 20 世纪以来，特拉华州一直以公司注册的圣地而著称。目前，接近 100 万个企业实体以特拉华州为法定注册地，而且超过 50% 的美国公众持股公司以及 63% 的福布斯500 强企业都是在该州注册的。③为什么这些企业选择在特拉华州注册？人们普遍认为，该州的公司法体系起到了关键性的作用。首先，特拉华州公司法的先进性和灵活性在美国是受到公认的。其次，特拉华州的法院体系，尤其是公司法庭做了杰出的工作，法官们专长于公司法律，能够快速有效、公平合理地处理相关公司法律案件。一个美国律师认为，特拉华州公司法庭"悠久的历史和传统，以及大量优秀法官形成的人力资本，是其他司法区域不可移植的优势"。④

与其他地区相比，澳门显然无任何资源等"硬件"方面的优势，所以找到这种"不可移植"的"软件"优势对于澳门博彩的长期发展至关重要，其中加强博彩监管法制建设是非常值得重视的环节。

二 博彩监管法制化建设的重点：博彩公司角度

澳门博彩监管的法制化，从博彩公司方面来看，至少应当体现在以下几个方面：首先，政府的监管应当有法可依。换言之，政府监管的内容和方式，都应当有法律依据，不宜存在大量法律空白。如果法律过时或出现了其他不适当的情况，应该能够得到及时的补充、修订或废除。其次，政府的监管应当依照法律的规定，不能有法不依。最后，作为管理对象的博彩企业，如果认为受到政府不公平或不适当的对待，应该有机会和渠道反映自己的诉求。

（一）博彩的法律渊源

澳门回归祖国之后，关于娱乐场幸运博彩业，⑤澳门的法律⑥渊源有以下几种：（1）由立法会通过、行政长官颁布的法律。迄今为止共三项，分别是《娱乐场幸运博彩经营法律制度》（第 16/2001 号法律）、《娱乐场博彩或投注信贷法律制度》（第 5/2004 号法律）以及《预防及遏止清洗黑钱犯罪》（第 2/2006 号法律）。（2）行政法规。行政法规由行政长官征询行政会意见之后颁布，目前同样是三项，分别是《规范娱乐场幸运博彩经营批给的公开竞投、批给合同，以及参与竞投公司和承批公司的适当资格及财力要件》（第 26/2001 号行政法规）⑦、《从事娱乐场幸运博彩中介业务的资格及规则》（第 6/2002 号行政法规）、《博彩中介人佣金税项之部分豁免》（第 10/2002 号行政法规）。⑧ 三项行政法规均属执行第 16/2001 号法律的补充性行政法规。⑨（3）行政命令。行政命令由行政长官依职权发布。迄今为止行政长官共发布了 15 项行政命令，内容全部是有关批准相关博彩公司设立兑换柜台的。（4）行政长官批示。行政长官依职权发布，目前共 20 项，其中 9 项是有关赌牌竞投或批准的，9 项是豁免博彩公司所得补充税的，1 项是延长某博彩公司兑换柜台开业期限的。（5）经济财政司司长依职权发布的批示。共 19 项，1 项是授予赌牌竞投委员会许可权的，1 项是核准博彩中介人准照式样的，17 项是规定各种幸运博彩方式的。⑩ 五种法律渊源并不具有同等的效力，大体上，从第（1）到第（5）项，位阶和效力是递减的。法律居于最上方，行政法规次之，行政命令和行政长官的批示再次，最后是经济财政司司长的批示。

在上述五种法律渊源中，比较清晰的是处于两端的规范，即立法会通过的法律和经济财政司司长的批示。法律规定全局性的、对博彩业有重要意义的或与刑事法律相关的内容，所以应当由立法会讨论通过。而经济财政司司长的批示基本上是关于幸运博彩的"标准"（standards）的。因为这些"标准"属于纯粹技术性质，并不涉及博彩公司或其他机构的利益问题，也不设定奖惩，所以没有必要采取位阶较高的法律形式，由经济财政司司长颁布是妥当的。

存在问题的是行政法规、行政命令和行政长官批示。三者之间的区别不甚明确，容易引起混乱。例如，对于博彩中介人佣金税项的豁免，是用行政法规的形式规定的，而博彩公司所得补充税的豁免，却用行政长官批示的形式规定。二者既然同为税收豁免问题，理应用同一种形式规范方为妥当。而且，对于税项的征收或豁免涉及公民财产权，所以应当用位阶较高、规范性较强的形式。换言之，在税项豁免问题上，行政法规优于行政命令和行政长官批示。行政法规是特区法律承认的法律形式之一，⑪ 具有较高的法律效力，而行政长官批示的效力较弱。

采用何种形式颁布法律规范，并不纯粹是形式问题，而是涉及所公布的法律规范的稳定性。通常，从程序上而言，制定位阶高的法律规范比位阶低的法律规范程序更复杂。例如，在澳门，法律要经过法案的提出、辩论、立法会议员投票表决等阶段，而改变、废除这些规范同样需要经过这些程序，所以法律一旦制定，要改变它并不容易。制定行政法规也要经过一定的程序，按照有关法律的规定，行政长官在征询行政会意见后，才能颁布行政法规。[12]行政命令和行政长官批示则无须经过这些程序，所以更容易修改和废除。因此，为了增加法律规范的稳定性和可预测性，行政长官发布具有规范性效力的文件，宜采用行政法规的形式；对于不具规范性效力的具体事项，可考虑采用行政命令或行政长官批示的形式。

（二）法律的修改、补充与实施性细则

正常情况下，为执行法律的原则性规定而通过的行政法规和行政规章的数目应当远远多于法律的数目。一般而言，法律的内容较为原则。所以，为了落实法律的规定，相关行政机构需要制定大量执行性的规范（在澳门，具体表现为行政法规、行政命令或行政长官批示）。但从上述五种法律渊源的数量统计中不难发现，法律的数目是三项，行政法规的数目也是三项。行政命令和行政长官的批示虽然数量较多，但多数内容与执行上述三项博彩法律无涉。[13]因此可以看出，澳门博彩法律规范的组成存在结构性问题。澳门政府只在21世纪初期，为了配合赌权开放而制定了一些细则性规定（包括三项行政法规），且主要内容是赌牌竞投。当赌牌竞投尘埃落定后，政府基本上没有再制定细则性规定。同时，对于已经制定并实施的三项法律，也没有进行任何修改或补充。换言之，除了制定博彩信贷法和反洗钱法之外，澳门的博彩法制建设，至少在立法方面，是停滞的。这种停滞现象是否因为澳门的博彩法律已经尽善尽美，没有必要补充与完善？显非如此。具体考察第16/2001号法律的规定，就会发现还有大量工作要做。以下试举数例。

澳门的博彩公司最初获批在澳门经营博彩业时，都属非上市公司。甚至在澳门政府与各博彩公司签订的博彩经营批给合同中，澳门政府还特别要求各"承批公司或承批公司属控股股东的公司，不得在证券交易所上市；但经政府许可者除外"。因此，澳门政府加诸各博彩公司的义务，都是在给定对方是非上市公司的基础上设计的。而目前澳门六家博彩公司均属上市公司。上市公司与非上市公司，在许多方面（如股份的移转等）有重大不同，以监管非上市公司的方法监管上市公司，必然有许多不到位之处。例如，如果属于非上市公司，持有公司出资额5%的股东在转让股份时，公司有义务及时通知政府。但如果属于上市公司，通过证券交易所自由买卖转让的股份则不在此限。[14]所以，对于上市公司通过证券交易所进行的股份移

转而言，澳门政府并无监管，这就出现了漏洞。因此，澳门政府应当考虑针对上市公司，设计新的监管方式或内容。

再如，与角子机有关的博彩市场份额，无论是现在还是将来，都是澳门发展中场市场的重要组成部分。但对于角子机的设计、检测、赔率以及对角子机制造机构和检测机构的规管等，澳门的法律规范尚付诸阙如。

又如，第 16/2001 号法律禁止未满 18 周岁的人进入赌场，但对此禁令却未采取任何执行措施，以至于未满 18 周岁之人不费吹灰之力就可进入赌场。其实执行这项禁令并不困难，因为澳门的赌场与非赌场区域是完全隔离的，在进入赌场之前查验证件应当是容易做到的事情。[15]另外，第 16/2001 号法律只规定了禁止未满 18 周岁的人进入赌场，却没有明确规定未成年人中奖后如何处理。2007 年 2 月香港未成年少女中奖案发生后，有关当局表示会尽快修改法律，[16]但时至今日法律仍未通过。

从上述例证可以看出，随着市场环境和监管环境的变化，澳门博彩监管法制建设必须跟上时代发展的步伐，及时修改、补充以及制定新的法律规范，以保障澳门博彩业的健康发展。

（三）博彩法律的执行

法律的执行，包含两种具体形式。一种是被动执行：法律怎么规定，执法部门就怎么执行。如果没有案件发生，执法部门不能画蛇添足。另一种是主动执行：执法部门需要采取措施执行法律的规定。主动执行的目的，是保护相关人的利益，排除潜在的危险，而不是滋事扰民。

就博彩法律来看，执法部门无论在被动执行还是在主动执行方面，都有进一步提高的空间。

1. 第 16/2001 号法律第二十一条第三款规定："禁止承批公司之间或属于有关集团之公司之间以任何方式商定之、能对承批公司之间之竞争造成阻碍、限制或破坏之协议或行为。"但是，2009 年以来，澳门六间博彩公司却多次召开会议，协商控制博彩中介人的佣金水平。[17]这明显属于上述条文规定的限制竞争行为，但政府不仅没有启动执法程序，却明确表示支持该种协商行为。[18]实际上，如果政府经过对澳门博彩市场的评估，认为博彩公司的协商行为有利于或无损于博彩市场的发展，则应该循合法途径予以支持。第 16/2001 号法律已经提供了这样一个合法途径。该法第二十一条第五款规定："第三款及第四款所禁止之协议、决定、行为或事实均为无效，但透过行政长官批示明确宣示具说明理由之情况者除外。"所以，相关执法部门应该敦促博彩公司向政府提出申请并说明正当理由，然后获得行政长官的批示。只有这样做才是严格执行法律的态度。政府没有依循合法途径，即有损于法律的严肃性和权威性。

2.《娱乐场博彩或投注信贷法律制度》（第 5/2004 号法律）规定，博彩中介人可以作为博彩信贷实体向赌客提供借贷，但其前提条件是博彩中介人必须与相关博彩公司签订合同，并经政府批准。[19]但是，2009 年 4 月 8 日，澳门博彩监察协调局向香港高等法院发出一份证词，表示该局未曾批准过博彩中介人与博彩公司签订的从事信贷的合同，也没有批准过博彩中介人或管理公司与博彩公司签订的有代理权委任合同或有代理权代办商合同。[20]如果这一说法无误，则意味着，截至 2009 年 4 月 8 日，澳门博彩中介人所从事的博彩信贷并不符合第 5/2004 号法律的规定。面对这一状况，相关部门无疑应当采取措施，促使博彩中介人尽快完成法律规定的各项条件，以保护博彩中介人的合法利益。因为，按照澳门法律的规定，如果博彩中介人没有完成法律规定的程序，则无法构成"法定债务"之渊源，从而丧失了通过司法途径追讨赌债的基础，这将对博彩中介人借贷产生不小的负面影响。[21]

（四）博彩公司的救济途径

在政府与博彩公司的监管与被监管关系中，博彩公司属于较弱势的一方，政府有多种法律手段监管或处罚博彩公司。为防止政府执法中的随意性，必须赋予博彩公司适当的救济途径，使其意见能够得到表达。可以从两方面着手：其一，政府的任何处罚行为都必须依照一定的程序，这个程序应当容许博彩公司有表达自己意见的机会。但是，第 16/2001 号法律只规定了政府惩罚博彩公司的权力和手段，却没有规定行使这些权力的程序，更没有规定博彩公司的权利。[22]其二，在行政程序穷尽之后，博彩公司应该有适当的渠道寻求司法救济。在这方面，澳门法律并没有设定障碍，博彩公司可以自由地寻求司法救济。但是，由于澳门司法机关的资源比较缺乏，司法效率并不高。这一点当然不独对博彩公司为然，对于整个澳门社会都是亟待解决的问题。另外，尽管澳门博彩的历史悠久，但鲜有案件到达司法机构者，所以法官关于博彩法律以及有关博彩的其他知识，未见得如特拉华法官之于公司法那样精准、娴熟，这也是澳门需要加以改善的地方。

三 博彩法制化建设的重点：游客或赌客角度

如果说加强博彩法制建设有利于吸引博彩公司的投资，从而增加博彩产品的供给，那么加强博彩法制建设同样有利于吸引游客前来澳门，从而增加博彩产品的需求。这对于吸引一般游客从而发展中场博彩尤其重要。贵宾参与博彩活动可以通过博彩中介人了解、适应市场环境，而一般游客更多地需要从公开渠道了解、适应市场环境，所以他们更重视博彩市场上的法制环境。一个安全、规则、透明度高的市场总是对游客产生吸引力；反之，一个违规、暗箱操作的市场会令游客望而却步。从一般游客的角度来看，澳门应从以下几个方面加强法制建设：

（一） 推广三语立法，培育一个友善的法制环境

一般游客在决定是否参与博彩活动之前，总是希望多了解一些澳门博彩法律的信息。但是，澳门的博彩法律一般仅有中文版本或葡文版本，有些甚至没有中文版本。例如，目前澳门赌场合法的博彩方式共有 34 种，其中关于角子机的规章暂付阙如，关于花旗骰、十二号码、十一支或十二张牌博彩、十三张扑克、五张牌扑克等 5 种博彩的规章只有葡文版。[23]葡文虽然是澳门的正式语言之一，但亚洲地区（澳门顾客的主要来源地）通晓葡文的游客可以说寥寥无几；东南亚以及其他地区的游客，懂中文的也比较少；而英语属于世界较通用的语种。因此，从方便游客、吸引游客的角度出发，澳门的博彩法律应该三语化。游客在充分了解游戏规则以及自己权利和义务的基础上参与博彩活动，有利于避免某些误解和争执，也有利于澳门树立正面形象。

（二） 积极打击赌场内犯罪，打造一个干净的博彩场所

赌场内针对赌客的犯罪，例如盗窃顾客的筹码、借高利贷给顾客等，对于澳门博彩的形象有很大的负面影响。每一个游客都是活广告，游客将一次好的经历传递给其他人，可能引来更多的游客；而将一次坏的经历传递给其他人，就会阻止更多的游客前来澳门并参与博彩活动。所以，一个赌客成为赌场内犯罪的牺牲品后，会影响更多潜在的游客或赌客，甚至损及澳门博彩的整体形象。因此，澳门政府应当从长远出发，重拳打击相关的赌场内犯罪活动（如目前较为严重的"扒仔"现象[24]），为赌客创造适宜的博彩环境。

（三） 认真解决赌客与赌场纠纷，创设公平的解决机制

赌场与赌客之间的纠纷在所难免，但澳门尚未设立一个规范性的解决纠纷的机制。在解决纠纷的时候缺乏规范，容易打击赌客对澳门博彩以及澳门政府的信心。2007 年香港人在星际酒店玩老虎机，荧屏显示赢得 4000 万巨奖而最终裁定其不获派彩案，即凸显出澳门在解决纠纷方面存在的问题。[25]此事的处理存在诸多不规范之处，以至于事主直截了当地表示对赌场

和澳门政府信心不大。如果此事发生在美国内华达州，赌场和政府必须根据法定程序处理此事。首先，赌场方面必须马上封存老虎机，在内华达博彩控制理事会（Gaming Control Board）完成调查之前，不允许任何人动此台老虎机。同时，赌场应当立即召集目击者，获得他们关于此事的书面陈述。在可能的情况下，要对该机器和游戏拍照。赌场还必须立即通知理事会。[26] 其次，理事会将派员进行调查，并在 30 日之内发出裁决书。[27] 在接到裁决书的 20 日内，如果当事人不服，可以要求理事会听证，重新评估该裁决。理事会或者负责听证的官员将确定听证日期和地点，并至少提前 20 日通知赌场和顾客。[28] 听证会必须符合正当程序的要求，包括传召及询问证人的权利，提出证据的权利以及提出反证的权利等。[29] 听证会之后，负责听证的官员必须向理事会报告，就调查员的决定提出维持、修正或推翻的建议。理事会然后作出决定。在理事会的决定送达各相关当事人之后 7 日内，"败诉"一方还可以申请重新听证，但理事会只有在特殊情况下才会给予重新听证的机会。[30] 对于理事会的最终决定，当事人如果不服，还可以要求法院进行司法审查。[31]

美国内华达州的这套体系，有几个突出的特点值得澳门借鉴。第一，纠纷发生后迅速保存证据。在上述案例中，赌场工作人员不是先保存证据，而是先要求开机检查，当然会引起顾客的疑虑。第二，纠纷发生后迅速通知相关政府管理机构。这是因为，双方当事人往往各持己见，所以一个有权威的部门迅速介入是非常必要的。而在上述案例中，赌场与顾客争执了两个小时还没有通知相关政府部门。第三，美国的程序给予当事人多次要求重新评估或听证的机会，在最大程度上保护赌客的权利。第四，美国程序的重点放在博彩管理部门，这是因为博彩管理部门熟悉博彩业的情况，可以给出快速、专业性强的意见。笔者认为，澳门应当在博彩监察协调局设立一个专门处理赌客与赌场纠纷的机构，由熟悉博彩业的专业人员和法律工作者组成，并以先进国家的相关程序为蓝本，创设一套严谨、规范的处理纠纷程序，最大限度地保护赌客和赌场权益。

四 未来十年：澳门加强博彩法制建设的关键时期

对澳门而言，加强博彩法制建设已刻不容缓，而未来十年是关键时期。

第一，澳门现行博彩管理体制已经完成阶段性历史任务，2020 年之后，应当因应亚洲博彩市场的发展形势，实行新的管理体制。这就意味着支持目前管理体制的一整套法律制度需要作出改变。

目前，澳门将赌牌数目限制为六个。这种限制赌牌数目的做法，主要是出于澳门博彩市场稳定性的考虑。2001 年之前，澳门的博彩市场由一间公司垄断。此后政府决定开放博彩市场。如果一下子从完全垄断转变为完全自由竞争，可能会出现不易管理甚至失控的状况，所以当时政府限制赌牌数量的考虑是有道理的。经过十年的发展之后，政府已经积累了管理多个博彩企业的经验，进一步开放博彩市场在管理上应当不会出现太大的问题。此外，限制赌牌的数目，对于澳门博彩市场的发展已经显示出不少弊端。在目前的体制下，有实力同时也有投资意愿的公司，因为赌牌的限制，无法进入澳门博彩市场。这会产生两方面的负面影响。一是不利于澳门的发展，应该进入澳门的资金却被拒之门外；二是这些资金面临东亚市场的巨大诱惑，如果不能进入澳门，他们就会转而游说其他地区开赌，从而增加澳门市场的竞争压力。另外一个弊端是，目前的体制把某些澳门博彩公司培养成了"二掌柜"，因为有些较小的资本会寻求与这些博彩公司合作，从而实际上进入澳门博彩市场。结果是，澳门政府不仅难以控制赌场数量，而且丧失了原本应当由政府征收的牌照费。②

澳门六间博彩企业与政府签订的博彩合同将陆续于 2020 年和 2022 年到期。③尽管正在澳门市场经营的博彩企业具有先发优势，但对于能否取得新赌牌，毕竟存在一定程度的不确定性。所以，在博彩合同接近到期的时候（例如 2017 年前后，即距博彩合同到期日 3～5 年），如果新的体制不明朗，六间博企的继续投资意愿很有可能会降低。所以，最好在这个日期之前，政府能够明确博彩合同到期后的赌牌授予体制。这也有利于有意愿进入澳门博彩市场的公司做好充分的准备工作。而为了实现体制转换而进行的法律修改、完善及准备，应该早于这个时间开始。也就是说，从现在起，关于博彩法律的研究、修改等工作，即可提上议事日程。

第二，如前所述，未来十年内东亚其他某个或某几个地区开赌的可能性非常大。如果其他地区开赌，不仅澳门六间博企存在把资金投在澳门还是投在新开赌地区的选择，而且原来有意投入澳门博彩市场的其他企业也需要进行评估，为自己的资金寻找合适的投资地点。因此，澳门政府应立即着手加强博彩法制建设，以增加澳门在投资者心目中的分量，从而增加投资者投资澳门或继续投资澳门的信心。在未来十年内，国际资本在澳门的投资越多，就越容易使澳门保持先发优势，就越不容易为其他地区赶上或超越。因此，未来十年内，澳门政府应当在各方面促进博彩业的发展，尤其应当在薄弱环节——法制建设上下功夫。

---

① 对于亚洲博彩业的竞争态势，王五一教授作了详细的分析。参见王五一《亚洲"赌博爆炸"与澳门的博彩业》，澳门：《澳门研究》2010 年第 4 期。

② 参见钟珩、吴荇《澳门博彩业：本地虎大战过江龙》，海口：《新世纪周刊》2006 年第 28 期。

③ 参见美国特拉华州州务卿办公室网站：http://corp. delaware. gov。

④ Lewis S. Black，*Why Corporations Choose Delaware*？美国特拉华州州务卿办公室网站资料：http://corp. delaware. gov/whycorporations_web. pdf。

⑤ 为论题集中起见，本文的研究限于娱乐场幸运博彩业，不涉及赛马、赛狗、即发彩票、体育彩票、中式彩票等其他博彩形式。

⑥ 在澳门，法律有广义、狭义之分，广义的法律泛指由政府通过或认可的具有约束力的规范，狭义的法律仅指立法会通过、并由行政长官颁布的法律。本文在指称后者的时候，在容易引起误解的地方，冠以"立法会通过的"字样，以示区别。

⑦ 后经第 34/2001 号行政法规、第 4/2002 号行政法规修订。

⑧ 后经第 23/2005 号行政法规修订。

⑨ 根据澳门《关于订定内部规范的法律制度》（第 13/2009 号法律）的规定，行政法规分为两种，一种是独立行政法规，一般涉及立法会尚未制定法律的领域；另一种是补充性行政法规，就具体执行相关法律订定的事宜作出规定。

⑩ 有些批示后来被新的批示修订，本统计并不包含新的批示。

⑪ 详见《关于订定内部规范的法律制度》（第 13/2009 号法律）。

⑫ 《法规的公布与格式》（第 3/1999 号法律）第十三条。

⑬ 15 项行政命令完全是为了解决兑换柜台的设立问题。20 项行政长官批示中有 9 项是关于赌牌竞投的，可以算作为执行第 16/2001 号法律而制定，其他是豁免博彩中介人的佣金税，与执行法律关系也不大。

⑭ 见《澳门特别行政区娱乐场幸运博彩或其他方式的博彩经营批给合同》第十八条。

⑮ 新加坡以及世界其他不少赌场都采取了这项措施。

⑯ 见香港：《苹果日报》2007 年 2 月 24 日；澳门：《澳门日报》2007 年 2 月 25 日。

⑰ 见澳门：《澳门日报》2009 年 2 月 24 日、5 月 19 日。

⑱ 见澳门：《澳门日报》2009 年 2 月 24 日。

⑲ 见该法第三条及第八条。

⑳ Wynn resorts （Macau） S. A. vs. Mong Henry，HCA 192/2009，The High Court of Hong Kong SAR，Court of First Instance.

㉑参见澳门《民法典》第 1171 条以及第 5/2004 号法律第四条。

㉒参见该法第四十三至第四十八条。

㉓参见博彩监察协调局网站：http://www.dicj.gov.mo/web/cn/rules/index.html。

㉔参见鲍勃："'扒仔'扰市，急待整治"，澳门：《九鼎》2010 年 10 月。所谓"扒仔"，是一批游荡在赌场的人，表面上是在帮助赌客，实际上干一些偷取赌客筹码、引诱赌客超经济实力参与赌博等犯罪活动。当赌客输光身上的钱之后，他们就借钱给赌客，并从中收取高额佣金。如果最终赌客无法偿还借款，他们就会限制赌客自由，直至威逼赌客家人拿钱赎人。博彩公司往往对"扒仔"现象睁一只眼闭一只眼，因为"扒仔"聚集，可以哄抬赌场气氛，并使赌客多输钱给赌场。但"扒仔"现象对澳门博彩业整体形象的严重危害不言而喻。

㉕2007 年 9 月 1 日，来自香港的田小姐在星际酒店将澳门币五元投入老虎机后，荧幕显示她中了 4000 万元。当她把消息告诉一位赌场职员时，该职员却声称机器可能出现故障，需要检查。接着，赌场多名经理陆续来到，要求打开机器检查，而事主担心开机后会失去所有证据，双方因此僵持不下。事主之后打电话报警，要求在警方人员到场做证的情况下开机检查。经过两个多小时的交涉，赌场才答应将事件交由澳门博彩监察协调局作出仲裁。澳门博彩监察局接获投诉后，即时接触局方驻赌场的值班督察，并听取赌场公司及老虎机制造商的意见，赌场也暂停同款老虎机的运作。澳门博彩监察局最后公布的调查结果是：田小姐不获派彩。其理由是：尽管事主当日将硬币投入老虎机后，荧幕出现机器故障和获得高分之数字，但所涉老虎机最高中奖上限为 4.5 万澳门元，荧幕上出现高分数字属不合理。

㉖如果争议值不足 500 美元，赌场必须告知赌客有要求理事会进行调查的权力；如果达到或超过 500 美元，赌场必须立即通知理事会。参见 Nev. Rev. Stat. § 463.362。

㉗Nev. Rev. Stat. § 463.362 (2).

㉘NGC Reg. 7A. 030.

㉙参见 NGC Reg. 7A.

㉚NGC Reg. 7A. 1 80 (2) (a) – (b).

㉛Nev. Rev. Stat. § 463.3662 (1).

㉜参见王长斌《澳门博彩批给制度之反思》，澳门：《澳门理工学报》2011 年第 2 期。

㉝参见澳门博彩监察协调局网站之"承批合同"。

作者简介：王长斌，澳门理工学院博彩教学暨研究中心副教授，博士。

[责任编辑：刘泽生]

（本文原刊 2012 年第 1 期）

唐诗中的博彩描述探究

赖存理

[提　要] 唐诗中博彩描述颇多，内容几乎囊括了当时流行的各类博彩，如斗鸡、樗蒲、双陆、钱戏、投壶及弹棋等，其作者有著名诗人李白、杜甫、白居易等。但不同时期唐诗中的博彩描述各有特色，其变迁过程反映出唐代博彩以及娱乐风气的跌宕起伏，折射出当时的社会兴衰。唐诗中的博彩描述，揭示了作者的知与行，或儒家理想与现实生活之间的内在深刻矛盾。参与并描述博彩，已成为唐代许多诗人及士大夫调节心境和意绪、追求心灵安适与生活享受的一种娱乐方式。

[关键词] 唐诗　博彩描述　探究

　　唐代是我国诗歌创作丰富多彩、百花齐放的特殊时期，也是博戏流行的重要时期。因此，唐诗也就成为我国历史上博彩描述颇多，也较为集中的时期。对于唐诗中的博彩描述，《中国古代赌博习俗》及《中国风俗通史·隋唐五代卷》等论著虽有涉及，但尚少有人专题论述。[①]本文以《全唐诗》为研究对象，对唐诗中的博彩描述进行分析和探究。

一　唐诗中描述的博彩类型

　　初唐政治清明，社会安定，经济上对外开放，文化上兼容并蓄，带来了诗歌、音乐等文艺创作的繁荣，休闲娱乐业也引人注目。中唐以后，社会风气趋于侈靡，京城又浸染胡俗，政府管制宽容松弛，使文人士大夫乐于纵恣，不再全力以赴地追求科举中榜，光宗耀祖，而是走向生活，走向享受，不受拘束地追求快乐与放纵以及自由与浪漫。于是，豪饮吟诗、纵博狎妓、挟剑浪游成为某些文人自我标榜的时髦，博戏也就备受青睐，成为其浪漫生活的重要娱乐方式，从而形成唐代文人士大夫热衷博戏颇多的特殊社会现象。上自天子，下及庶民，不以为讳。武则天就常常在宫中聚赌，并自制九胜博局，令文武百官分朋为戏。开元晚期，唐玄宗"在位岁久，渐肆奢欲，怠于政事"，②沉溺于声乐享受，喜好各种赌博，常与杨贵妃玩双陆；权臣杨国忠原系无赖，因善赌而被玄宗拔擢宠幸，平步青云。王公大臣迷于赌博，以至废庆吊、忘餐寝，有通宵而战者，有破产而输者。全民性的斗鸡更是风靡一时。尽管《唐律疏义》禁止赌博，并有明确条文对赌博按盗窃罪处罚，但实际作用极其有限，在现存史料中未见有人因赌而受法律处置。③正是在这样的背景之下，以现实生活为题材的唐诗，也就出现了不少描述博彩的诗句。这成为中国诗歌史中较为独特的现象，为研究唐代乃至中国博彩史提供了特殊而丰富的文学素材。

清康熙年间编撰的《全唐诗》共"得诗四万八千九百余首，凡二千二百余人"。④据不完全统计，其中除大量边塞诗、山水田园诗、咏史诗等之外，还有约90首描述博彩的诗，涉及约43位作者，其中李白12首、崔灏和花蕊夫人各6首，白居易5首，韩愈4首，孟浩然、岑参、王建、杜牧、曹唐、徐贲各3首，刘禹锡、杜甫、苏颋、王维、李颀、孙元晏、郑谷、贯休、张籍各2首，温庭筠、李商隐、高适、韦庄、吴象之、于鹄、李益、张祜、冯衮、孟郊、韦应物、郑嵎、韩偓、韩滉、赵抟等均为1首。这些博彩描述涉及"斗鸡"博彩的最多，约20余首，联句15联，共50余处；涉及的其他博彩还有"樗蒲""双陆""簸钱""弹棋""投壶""五木""斗草"等。可见，博彩描述在唐诗中的总量虽然并不突出，却从一个侧面反映出唐代的社会生活尤其是博彩状况。

唐诗中的博彩描述，几乎包括了当时流行的各类博彩。

1. 斗鸡。这在唐诗博彩描述中最多，不仅反映出唐代风行斗鸡习俗，而且还与初唐及盛唐时期人们崇尚习武从军，大多具有边塞杀敌、开拓疆土的英雄气概密切相关。比如，"马上抱鸡三市斗，袖中携剑五陵游"（于鹄：《公子行》）；"日日斗鸡都市里，赢得宝刀重刻字"（张籍：《少年行》）；"花间陌上春将晚，走马斗鸡犹未返"（崔灏：《代闺人答轻薄少年》）；"路逢斗鸡者，冠盖何辉赫。鼻息干虹蜺，行人皆怵惕""斗鸡金宫里，蹴踘瑶台边""我昔斗鸡徒，连延五陵豪"（李白：《古风》）；"问尔何功德，多承明主恩。斗鸡平乐馆，射雉上林园"（王维：《寓言二首》）；"斗鸡寒食下，走马射堂前"（孟浩然：《上巳洛中寄王九迥》）；"选俊感收毛，受恩惭始隗。英心甘斗死，义肉耻庖宰"（孟郊：《斗鸡联句》）。这些诗从不同角度描述斗鸡博彩，反映出当时人们的斗鸡热忱与盛况。其中，比较特殊的是晚唐诗人韩偓的《观斗鸡偶作》："何曾解报稻粱恩，金距花冠气过云。白日枭鸣无意问，唯将芥羽害同群。"其在诗中借题发挥，貌似谴责斗鸡，实则抨击当时奸臣残害忠臣良将的社会时弊。晚唐画家贯休也曾写诗表示对斗鸡走狗的轻薄少年之不满："谁家少年，马蹄蹋蹋。斗鸡走狗夜不归，一掷赌却如花妾。"（《杂曲歌辞·轻薄篇二首之一》）诗中描述少年痴迷于斗鸡走狗，一掷之际把如花貌美的妻妾都赌输了，说明斗鸡的祸害极大。可见，盛唐时人们借斗鸡表现出来的英雄气概，到晚唐时已逐渐消失，而转变为对斗鸡的不满与厌恶。

2. 樗蒲。这是由六博演变而来的一种掷彩行棋博戏，流行于魏晋南北朝，是唐代盛行的赌博游戏之一，有的人赌注下得很大。盛唐时著名边塞诗人岑参就有诗句："知君开馆常爱客，樗蒲百金每一掷。平生有钱将与人，江上故园空四壁。"（《送费子归武昌》）此诗即为"一掷百金"成语的出处。唐朝宫廷也热衷于樗蒲。天宝四年（745），有人向唐玄宗推荐杨国忠"善樗蒲"，玄宗不仅迅速召见他，而且当即赐杨国忠以随门下省官员出入禁中的特殊恩宠，颇为看重。⑤可见其迷恋樗蒲的狂热程度。天宝十四年（755），岑参路过玉门关，参加了玉门关将军的盛宴，侍酒美女的樗蒲游戏，给他留下了深刻印象："野草绣窠紫罗襦，红牙镂马对樗蒲。玉盘纤手撒作卢，众中夸道不曾输。"（《玉门关盖将军歌》）唐玄宗喜樗蒲，杨贵妃兄妹与诸王经常陪同玄宗在华清池游乐，每到夜晚，就以樗蒲遣兴。"上皇宽容易承事，十家三国争光辉。绕床呼卢恣樗蒲，张灯达昼相谩欺。"（郑嵎：《津阳门诗》）由于时俗风气的影响，许多人不事正业，沉溺于樗蒲赌博，有些甚至倾家荡产，出卖妻儿。如武则天时权臣来俊臣的父亲来操与蔡本交好，二人均是赌徒。有一次，来操赢蔡本数十万，蔡本无力偿还赌债，就将自己的妻子冯氏折价输给了来操。据说冯氏在此前就有了身孕，到来家后，生了来俊臣。⑥这个故事反映了当时社会上樗蒲成风的事实。到了晚唐时期，诗人李群玉和郑谷都曾描述了人们玩樗蒲博戏的情景。"少将风月怨平湖，见尽扶桑水到枯。相约杏花坛上去，画栏红紫斗樗蒲。"（李群玉：《湘妃庙》）"能消永日是樗蒲，坑堑由来似宦途。两掷未终楼槛内，座中何惜为呼卢。"（郑谷：《永日有怀》）这说明樗蒲一直到晚唐还是有人痴迷。

3. 双陆。又称"握槊"、"长行"或波罗塞戏，是当时流行的博戏和较量智力的游戏，尤其为达官贵人、士大夫所喜爱。他们闲暇之余，常以此消遣。⑦唐太宗时，丹阳公主嫌驸马薛万彻才智平庸，数日不与之同席。太宗闻知，"置酒召对握槊，赌所佩刀，佯为不胜，解刀以佩之"。公主喜，与驸马同载而归。武则天时，狄仁杰与张昌宗对双陆，武后点筹，"昌宗心惧神沮，气势索莫，累局败北"，狄氏赢得了南海郡上贡的集翠裘。⑧中宗时，韦后与武三思对双陆，中宗为之点筹。玄宗也常和臣僚对局双陆。这一游戏不仅为统治者所喜爱，还广泛流行于社会各阶层。《唐国史补》云："王公大人，颇或耽玩，至有废庆吊、忘寝休、辍饮食者。及博徒是强名争胜谓之撩零，假借分画谓之囊家，囊家什一而取谓之乞头，有通宵而战者，有破产而输者。"⑨刘禹锡有一篇谈双陆的文章，题目就叫《观博》。可见，在当时的观念之中，博与双陆已经成为同义词，从帝王将相、文人士大夫到普通商人市民都喜爱此道。唐太宗就是一个双陆高手；武则天赌双陆更是到了如痴如醉的地步，以至于几次梦见自己赌双陆不胜，还把宰相狄仁杰叫来详梦；号称良相的狄仁杰显然也善于玩双陆，还婉转地以双陆无子则败的道理来劝武则天善待自己的儿子。⑩喜欢新造名物制度的武则天还对双陆进行改造，取名"九胜局"，命令文武大臣分朋大赌为戏。上有所好，下必甚焉。在宫廷风气的倡导下，双陆在唐代盛极一时，不仅是常见的赌博手段，也是人们日常消闲娱乐的主要方式之一。唐人的诗文常常涉及双陆。如韩愈《示儿诗》云："酒食罢无为，棋槊以相娱。"此处"棋"指的是围棋，槊即握槊，也就是双陆，二者同为唐代人们消遣的主要手段。又温庭筠词《南歌子》云："井底点灯深烛伊，共郎长行莫围棋。玲珑骰子安红豆，入骨相思知不知。"可见，从普及程度来看，双陆更胜过围棋。此外，随着中日文化交流的日益频繁，双陆也在此时东渡进入扶桑之国，并长期流传。⑪

4. 钱戏。其曾在唐代宫廷以及社会上流行，又称摊钱、掷钱、打钱、簸钱，是猜一枚或数枚钱币相叠时其正反面图案以赌输赢的博戏，最为简单易行。关于"掷金钱"，《开元天宝遗事》载：每到春天，内宫嫔妃便三五成群，以掷金钱为戏来排孤解闷。关于"簸钱"，王建《宫词》云："春来睡困不梳头，懒逐君王苑北游。暂向玉花阶上坐，簸钱赢得三两筹。"也有"白打钱"，如"寒食内人长白打，库中先散与金钱"（王建：《宫词一百首》）。韦庄诗中也描述："内宫初赐清明火，上相闲分白打钱"（《长安清明》）。甚至人们在旅途中也经常进行摊钱赌博，以寻求娱乐和刺激。杜甫的诗中就有生动描述："蜀麻吴盐自古通，万斛之舟行若风。长年三老长歌里，白昼摊钱高浪中。"（《夔州歌十绝句》）诗中形象地描绘了人们在风浪中行船时，仍然摊钱为乐的情景，富有诗情画意。

5. 其他博彩。唐诗中描述的其他博彩类型，还有"投壶""弹棋""五木""斗草"等。如"弹棋玉指两参差，背局临虚斗着危""分朋闲坐赌樱桃，收却投壶玉腕劳"（王建：《宫词一百首》）；"丹房玉女心惝甚，贪看投壶不肯归""北斗西风吹白榆，穆公相笑夜投壶。花前玉女来相问，赌得青龙许赎无"（曹唐：《小游仙诗九十八首》）；"五木思一掷，如绳系穷猿"（李白：《赠别从甥高五》）；"十五嫁王昌，盈盈入画堂。……闲来斗百草，度日不成妆"（崔灏：《王家少妇》）；"崔侯善弹棋，巧妙尽于此。蓝田美玉清如砥，白黑相分十二子。回飙转指速飞电，拂四取五旋风花。坐中齐声称绝艺，仙人六博何能继"（李颀：《弹棋歌》）；"为赌金钱争路数，专忧女伴恠来迟。樗蒲冷淡学投壶，箭倚腰身约画图。尽对君王称妙手，一人来射一人输"（花蕊夫人：《宫词》）；"昨夜双钩败，今朝百草输。关西狂小吏，惟喝绕床卢"（李商隐：《代应二首》）。

上述唐诗中的博彩描述说明，唐代的博彩多种多样，但在性质上仍然属于娱乐性博彩，还没有发展为赌场商业性博彩；其范围主要为斗物类（斗鸡为主）和博戏类（主要为博棋类和钱戏类），还没有出现赛马和彩票类博彩。

二 不同时期唐诗中博彩描述的特色

唐诗中的博彩描述有作者和诗作数量较多，语言精练，形象生动，内容丰富多彩，涉及人物、地点和项目较多等特色，然而其在各个时期却有着不同风格。

1. 初唐时期（618～712年），唐诗中少有博彩描述。当时战争尚未完全结束，经济刚开始恢复，社会还不太安定，统治者重新确立了儒家思想的统治地位，制定法律严禁赌博。《唐律疏议·杂律》中的"博戏赌财物"条规定："诸博戏赌财物者，各杖一百。赃重者，各依己分，准盗论。"即博彩要受到杖刑的惩罚，严重的还要作为盗窃罪论处。然而，因承袭南北朝玄学兴起的魏晋遗风，唐代许多士大夫仍以放荡不羁、追求享乐为荣。如初唐四杰之一的骆宾王就"落魄无行，好与博徒游"。[12]杰出诗人陈子昂也"尚气决，弋博自如"。[13]但鉴于当时背景，他们并未在诗中描述博彩。因此，初唐时期的诗作中少有博彩描述。这说明当时经济尚未发展，官府管制较严，博彩尚未盛行。

2. 盛唐时期（712～762年），唐诗中的博彩描述较多，闪烁着青春、自由和欢乐。其时国家趋于统一，经济发展较快，社会生活趋于安定和谐和丰富多彩，人们开始追求享乐和奢靡，文化上也充满了宽容精神，于是博彩开始蔓延。同时，唐诗也走向繁荣，众多的诗人在浪漫的氛围中自由地创作。其时诗歌题材丰富，风格各异，有人歌颂自然，有人向往边塞，有人高歌英雄主义，有人发出失意的叹息，也有人饮酒赋诗，享受欢乐，并描述现实生活中流行的博彩。当时在诗篇中描述博彩的诗人，较为著名的有崔灏、李白、孟浩然、岑参、高适、杜甫、于鹄、吴象之等。如："秦川寒食盛繁华，游子春来不见家。斗鸡下杜尘初合，走马章台日半斜"（崔灏：《渭城少年行》）；"击筑饮美酒，剑歌易水湄。……因击鲁勾践，争博勿相欺"（李白：《少年行二首》）；"君不见淮南少年游侠客，白日球猎夜拥掷。呼卢百万终不惜，报仇千里如咫尺"（李白：《少年行》）；"有时六博快壮心，绕床三匝呼一掷"（李白：《猛虎行》）；"沉吟此事泪满衣，黄金买醉未能归。连呼五白行六博，分曹赌酒酬驰辉"（李白：《梁园吟》）；"六博争雄好彩来，金盘一掷万人开。丈夫赌命报天子，当斩胡头衣锦回"（李白：《送外甥郑灌从军》）；"王湛床头见周易，长康传里好丹青。鹖冠葛屦无名位，博弈赋诗聊遣意"（李颀：《同张员外谭酬答之作》）；"烟火临寒食，笙歌达曙钟。喧喧斗鸡道，行乐羡朋从"（孟浩然：《李少府与杨九再来》）；"邯郸城南游侠子，自矜生长邯郸里。千场纵博家仍富，几度报仇身不死"（高适：《邯郸少年行》）；"今夕何夕岁云徂，更长烛明不可孤。咸阳客舍一事无，相与博塞为欢娱。冯陵大叫呼五白，袒跣不肯成枭卢。英雄有时亦如此，邂逅岂即非良图。君莫笑，刘毅从来布衣愿，家无儋石输百万！"（杜甫：《今夕行》）；"承恩借猎小平津，使气常游中贵人。一掷千金浑是胆，家无四壁不知贫"（吴象之：《少年行》）。他们在诗中描述博彩，反映出当时年轻士人蔑视世俗和不满现实的发泄，"更深刻地反映着那整个一代初露头角的知识分子的情感、要求和向往：他们要求突破传统的

约束和羁勒；他们渴望建功立业，猎取功名富贵，进入上层社会；他们抱
负满怀，纵情欢乐，傲岸不驯，恣意反抗。而所有这些，又恰恰只有当他
们这个阶级在走上坡路，整个社会处于欣欣向荣并无束缚的历史时期中才
可能存在。"其时诗人对博彩的描述，虽无思辨力量和深沉感情，但却是
他们享受生活、游戏人生时的心音，或是在大漠苦寒、刀弓戎马生涯中对
生活的欢快追求和解除压力的发泄，"是对有血有肉的人间现实的肯定和
感受，憧憬和执着。一种丰满的、具有青春活力的热情和想像，……即使
是享乐、颓丧、忧郁、悲伤，也仍然闪烁着青春、自由和欢乐"。⑭这些博
彩描述具有盛唐时期诗人所特有的欢乐热情和英雄气概，是当时对外开疆
拓土，艰辛征战，而国内相对安定和繁荣，追求自由和享乐的情景在人们
现实生活中的缩影。诗人们竟然把乏味之博戏描述得富有诗情画意，饱含
浪漫气息，反映出其时人们在开拓奋斗的进程中，也自由、浪漫而诗意地
博戏行乐。

3. 中唐时期（762～827 年），唐诗中的博彩描述更加通俗、流畅，立意
新奇，构思精巧，但也染上了一层薄薄的孤冷、伤感和忧郁。安史之乱后，
唐代社会并未立即走下坡路。就在藩镇割据、兵祸未断、国家不再强盛而显
得脆弱的情况下，由于新的生产关系的扩展改进，生产力进一步发展，整个
社会仍然繁荣昌盛。刘晏理财使江南富庶直抵关中，杨炎改税使国库收入大
有增益。大批地主知识分子经由科举制度而进入官吏队伍，使社会的上层风
尚因之趋向奢华、安闲和享乐。"长安风俗，自贞元侈于游宴，其后或侈于书
法图画，或侈于博弈，或侈于卜祝，或侈于服饰。"⑮浅斟低唱、车马宴游取代
了兵车弓刀的边塞生涯，连衣服时尚也由天宝时的窄袖紧身变为宽袖长袍。
人数众多的书生进士带着他们所擅长的华美文辞、聪敏机对，已日益沉浸在
繁华都市的声色歌乐、舞文弄墨之中。他们已没有对边塞军功的向往，而只
有饮酒应酬赋辞的较量；没有怀才不遇的纵声怒吼，而只有风流绮靡的华丽
舒适。其对于博彩的描述，显得更加通俗流畅，立意新奇，构思精巧，但也
因缺乏对理想的渴望而追求享受，染上了一层薄薄的孤冷、伤感和忧郁。比
如："玉笼金琐养黄口，探雏取卵伴王孙。分曹六博快一掷，迎欢先意笑语
喧"（李益：《杂曲歌辞·汉宫少年行》）；"研文较幽玄，呼博骋雄快。今君
轺方驰，伊我羽已铩"（韩愈：《雨中寄孟刑部几道联句》）；"中堂高且新，
四时登牢蔬。……酒食罢无为，棋槊以相娱"（韩愈：《示儿》）；"长安新技
出宫掖，喧喧初遍王侯宅。玉盘滴沥黄金钱，……终朝一掷知胜负。庙堂巾

筍非余慕，钱刀儿女徒纷纷"（柳宗元：《龟背戏》）；"水底远山云似雪，桥边平岸草如烟。白家惟有杯觞兴，欲把骰盆打少年"（刘禹锡：《和牛相公游南庄醉后寓言戏赠乐天兼见示》）；"朝从博徒饮，暮有倡楼期。平封还酒债，堆金选蛾眉。声色狗马外，其余一无知"（白居易：《悲哉行》）；"就花枝，移酒海，今朝不醉明朝悔。且算欢娱逐日来，任他容鬓随年改。醉翻衫袖抛小令，笑掷骰盘呼大采"（白居易：《就花枝》）；"酒盏省陪波卷白，骰盘思共彩呼卢"（白居易：《酬微之夸镜湖》）；"何处春深好，春深博弈家。一先争破眼，六聚斗成花。鼓应投壶马，兵冲象戏车。弹棋局上事，最妙是长斜"（白居易：《和春深二十首》）。可见，其博彩描述风格中已没有盛唐时雄豪刚健的英雄气概，而是更贴近现实生活中因孤冷而及时行乐博戏的多彩多姿。它说明其时人们已由浪漫而诗意地博戏行乐，转为伤感、忧郁地博戏互娱了。

4. 晚唐时期（827～859年），唐诗中的博彩描述趋向多元，显示沉郁和冷峻，并开始出现对博彩的道德谴责和抨击。此时唐朝国势趋向衰弱，但城市中长期形成的奢靡风气并未消失。上流社会仍然沉溺于享乐，官府管制松弛使博彩风气更为滋长，但其负面效果也开始凸显。文人士大夫有的随波逐流，纵情享受博彩和娱乐；有的则以诗作对其进行抨击。如："谁家唱水调，明月满扬州。秋风放萤苑，春草斗鸡台"（杜牧：《扬州三首》）；"骰子逡巡裹手拈，无因得见玉纤纤"（张祜：《妓席与杜牧之同咏》）；"八尺台盘照面新，千金一掷斗精神。合是赌时须赌取，不妨回首乞闲人"（冯衮：《掷卢作》）；"博簿集成时辈骂，谗书编就薄徒憎"（徐夤：《寄两浙罗书记》）；"赌将金带惊寰海，留得耕衣诫子孙。百万人甘一掷输，玄穹惟与道相符"（徐夤：《宋二首》）；"白日既能赌博，通宵必醉尊罍。强说天堂难到，又言地狱长开"（韩淲：《判僧云晏五人聚赌喧诤语》）。在对博彩进行道德谴责和抨击的诗作中，晚唐诗人赵抟的《废长行》最为著名。"紫牙镂合方如斗，二十四星衔月口。贵人迷此华筵中，运木手交如阵斗。不算劳神运枯木，且废为官恤惇独。门前有吏嚇孤穷，欲诉门深抱冤哭。耳厌人催坐衙早，才闻此戏身先到。理人似爱长行心，天下安平多草草。何当化局为明镜，挂在高堂辨邪正。何当化子作笔锋，常在手中行法令。莫令终日迷如此，不治生民负天子。"其描绘了当时官吏们终日沉迷于"长行"赌博而不理政务的现象，猛烈抨击沉溺于博戏的官吏们是"不务恤民"，要当局"莫令终日迷如此，不治生民负天子"。这些说明，晚唐时期人们已开始走向沉郁和冷峻地博戏娱乐，且增加了对其负面效果的独立思考，开始具有批判性。

各个时期唐诗中的博彩描述显示，时代背景及其造成的当事者精神状态相异，即使描述博彩的诗情画意特色相同，但其参与者之心境和意绪也会大相异趣，从而使博彩显示出不同特点和风格。其变迁过程反映出唐代博彩以及娱乐风气的跌宕起伏，折射出当时的社会兴衰。

三　唐诗中博彩描述所揭示的诗人内心矛盾

盛唐著名诗人崔灏，是喜欢樗蒲饮酒的放浪形骸之辈，其在诗中描述博彩可以理解。然而，边塞诗人高适、岑参、苏颋，浪漫主义诗人李白，山水田园派诗人王维和孟浩然，关心民间疾苦的诗圣杜甫，积极为民请命的诗人白居易，古文运动倡导者、提倡"文以载道"的韩愈、柳宗元，著名诗人陈子昂、张籍、孟郊、李颀、杜牧、刘禹锡以及花间词派鼻祖、性喜讥刺权贵的温庭筠等众多尊崇儒家思想的诗人都不仅参与博彩，还在诗中描述博彩，这似乎令人费解。"杜甫、韩愈等唐代著名诗人的名篇诗章，为后期传统文艺起着定规立矩的引导作用。他们要求在比较通俗和具有规范的诗歌形式中，表达出富有现实内容的社会理想和政治伦理主张。这种以儒家思想作为艺术基础的美学观念不只是杜甫、韩愈等人，而是这一时期诗人们的共同倾向。"然而，唐诗中的博彩描述，却揭示了其中许多著名诗人还有好博戏，追求刺激和生活享乐的一面。笔者认为，这种悖论反映出他们内心中的一种深刻矛盾。"作为世俗地主知识分子，这些卫道士们提倡儒学，企望'天王圣明'，皇权巩固，同时自己也做官得志，'兼济天下'。但是事实上，现实总不是那么理想，生活经常是事与愿违。皇帝并不那么英明，仕途也不那么顺利，天下也不那么太平。他们所热心追求的理想和信念，他们所生活和奔走的前途，不过是官场、利禄、宦海沉浮、上下倾轧。所以，就在他们强调'文以载道'的同时，便自觉不自觉地形成和走向与此恰好相反的另一个倾向，即所谓'独善其身'，退出或躲避这种争夺倾轧。结果就成了既关心政治、热衷仕途而又不感兴趣或不得不退出和躲避这样一种矛盾双重性。"⑯其时，在宫廷以及民间流行的博戏，也就成为他们这种内心矛盾性之精神发泄的一种娱乐手段。这恐怕也就是李白、杜甫、韩愈、白居易等著名诗人既在诗歌中明确表达儒家理想和政治抱负，却又在现实生活中主动积极参与并描述博彩、聊以自慰的深层原因。

唐代众多诗人的博彩描述，既非"文以载道"，也非"为民请命"，而纯粹是为自身摆脱精神忧郁的娱乐或精神发泄而作，是其内心中追求刺激和享乐之人性化赌博冲动的一种自然流露。大概只有在博彩时，他们才会感觉到自己并非是为他人而工作，而是自由地为自己娱乐而作，是在欢快地享受生活，可以尽情地忘记官场、仕途、人生等外部世界的险恶和艰辛。如韩愈曾主张复古，维护孔孟之道，强调仁义道德。然而，在实际生活中他却贪名位、好资财、耽声色、佞权贵、喜博彩。其好友张籍对此颇为不满，曾写信批评他爱好"为博塞之戏与之竞财"。从这件事可以看出张籍为人的朴直真率，但也说明韩愈还是喜欢赌博游戏，很会享受生活娱乐。其实，韩愈倒是很真实地表现了从盛唐实行科举制度后开始大批涌现的世俗地主知识分子（以进士集团为代表）的两面性。一方面，他们善于高谈阔论国家大事和仁义道德，往往以复古和卫道士自居；另一方面，又喜欢钱财，享受娱乐，很善于"生活"，在实际生活中很务实，并不遵循和拘泥于道德。他们虽然标榜儒家观念，自己却沉浸在各种生活享受和爱好之中，或享乐；或消闲；或沉溺于声色；或放纵于田园；或酗酒；或赌博，更多的时候是相互交织在一起。这样，就构成了自中唐以来中国封建知识分子或传统文化内在的矛盾，或者说虚伪的特色。

唐诗中的博彩描述，正是揭示了其作者这种知与行，或儒家理想与现实生活之间的内在深刻矛盾。实际上，中唐以后唐诗的"审美趣味和艺术主题已完全不同于盛唐，而是沿着中唐这一条线，走进更为细腻的官能感受和情感色彩的追求中。爱情诗、山水画成了人们心爱的主题和吟咏描绘的体裁。这些知识分子尽管仍然大做皇皇政论，仍然满怀壮志要治国平天下，但他们审美的真正兴趣已完全脱离这些了。……与盛唐的边塞诗比，这一点便十分清楚：时代精神已不在马上，而在闺房；不在世间，而在心境。……心灵的安适享受占据首位。不是对人世的征服进取，而是从人世的逃遁退避；不是人物或人格，更不是人的活动、事业，而是人的心情意绪成了艺术和美学的主题。……战国秦汉的艺术，表现的是人对世界的铺陈和征服；魏晋六朝的艺术，突出的是人的风神和思辨；盛唐是人的意气和功业；那么，这里（中唐）呈现的则是人的心境和意绪。"因此，同样是唐诗中的博彩描述："盛唐以其对事功的向往而有广阔的眼界和博大的气势；中唐是退缩和萧瑟，晚唐则以其对日常生活的兴致而显示出当时诗人们的心境和意绪。"⑰可以说，参与并描述博彩，已成为唐代许多诗人及士大夫调节心境和意绪、追求心灵安适与生活享受的一种娱乐方式了。

①罗新本、许蓉生：《中国古代赌博习俗》，西安：陕西人民出版社，2002；吴玉贵：《中国风俗通史·隋唐五代卷》，上海：上海文艺出版社，2001。

②⑤《资治通鉴》卷二百十五，北京：中华书局，1956，第6869页。

③⑪罗新本、许蓉生：《中国古代赌博习俗》，第9~10页；第43~44页。

④爱新觉罗·玄烨：《〈全唐诗〉序》，（清）彭定求原编，中华书局编辑部点校《全唐诗》，北京：中华书局，1960。

⑥《太平广记》卷二六八"酷吏"。参见吴玉贵《中国风俗通史·隋唐五代卷》，第803~804页。

⑦关于握槊的棋型和下棋的方法、步骤，今已失传。目前唯一可供研究的文献是唐代邢宁的《握槊赋》和刘禹锡的《观博》。从两篇文赋的内容来看，握槊的用具有棋局、棋子和骰子。棋局是方形的，中间相对有两个圆形图案，可能代表着行棋中的某一站。棋子共有30枚，分黄黑两色，各15枚。骰子两枚，骨制。骰子的形状既不同于以前五面体的"琼"，也不同于后世六面体方形的骰子，而是舭棱形。这种骰子是从琼向现代通行骰子的过渡形式。握槊的玩法大体是：将棋局放在屋庑下，主客相让，分出先后。将骰子掷出，视其数值的多少而依"棋道"行棋。最后大约以占据对方棋道争胜负。

⑧薛用弱：《集异记》卷二，《文渊阁四库全书》第1042册，台北：商务印书馆，1984，第579~580页。

⑨⑮李肇：《唐国史补》卷下，《文渊阁四库全书》第1035册，台北：商务印书馆，1984，第447~448页。

⑩《新唐书·狄仁杰传》，《二十四史全译》，上海：汉语大词典出版社，2004，第2850页。

⑫《旧唐书·文苑传》，《二十四史全译》，第4303页。

⑬《新唐书·陈子昂传》，《二十四史全译》，第2771页。

⑭⑯⑰李泽厚：《美学三书》，天津：天津社会科学院出版社，2003，第121~122页；第139页；第142页。

作者简介：赖存理，浙江省商业经济研究所研究员。

[责任编辑：刘泽生]

（本文原刊2012年第1期）

基于奥地利经济学派视觉的
旅游发展战略

曾忠禄　张冬梅

[提　要]　今天的旅游市场是一个激烈竞争、急剧变化的市场。在这样的市场里，传统的、静态的思维模式已不能适应形势的需要。奥地利学派的经济理论为我国旅游产业的发展提供了新的思维模式，为旅游产业制定发展战略提供了新的视角。根据奥地利学派的理论，市场始终处于变化过程中。在快速变化的市场里，不存在一劳永逸的持久的竞争优势，仅仅依靠独特的垄断性旅游资源不能保证长期成功。持久的竞争优势来自持续的企业家发现。奥地利学派提出的"市场过程"和"企业家发现"理论，对我国旅游企业和有关政府部门抛弃静态的思维模式并采用动态的思维模式，以及抛弃一劳永逸的资源观并采用持续的创新观，从而保证旅游产业的持久竞争力，具有重要的指导意义。

[关键词]　旅游市场　发展战略　市场过程　企业家发现　奥地利学派

审视我国现有的旅游文献，可以发现，有关旅游发展战略研究的指导理论，基本上是基于新古典主义经济学的静态的思维模式，具体表现为分析方法主要是静态的分析方法，对竞争优势的来源则强调垄断优势。比如旅游文献中的旅游资源分析或旅游目的地分析，大多使用 SWOT 分析，其次为"比较优势分析""波特的钻石模型分析",所有这些分析都是静态的分析。[1]竞争优势的来源则强调旅游资源的"垄断性、独特性、不可移动性和不可复制性"等。[2]在过去环境变化比较缓慢的情况下,静态的思维模式没有太大问题。通过静态的分析方法所了解的内外部环境,相当长时间内都会保持不变。根据这种分析所做的决策,譬如战略规划,如果分析得准确,很多年都仍然适用。但静态的思维模式和与此对应的分析方法不能反映迅速变化的内、外部环境,看不到现在和未来的差别。仅仅根据静态的分析做决策,或许能够带来短期的成功,但不能保证长远的持续发展。这就是为什么我国众多的主题公园,虽然在开始时都非常成功,但短短几年之后就进入衰退期甚至关闭的原因。[3]这也是许多过去非常受游客欢迎的旅游目的地随着时间的推移而失去竞争力的原因。[4]因此,我国的旅游决策迫切需要抛弃旧的静态的思维模式,采用新的动态思维模式。奥地利经济学派的理论为我们提供了一种新的思维选择。奥地利经济学派的"市场过程"理论和"企业家发现"理论,对我们更客观地认识环境,更准确地把握竞争优势的来源,保证我国的旅游产业更健康地发展具有重要意义。

一 奥地利学派的基本思想[5]

奥地利学派的名字来自该学派早期的创建人和拥护者,他们主要是奥地利人,如门格尔(Carl Menger)、庞巴维克(Eugen von Böhm-Bawerk)、米塞斯(Ludwig von Mises)等。20世纪著名的奥地利学派经济学家还有赫兹利特(H. Hazlitt)、罗斯巴德(M. Rothbard)、熊彼得(J. Schumpeter)和诺贝尔奖得主哈耶克(F. Hayek)等。尽管后来的奥地利学派的拥护者可能来自世界其他地方,但都被称为奥地利学派,他们的著作被称为奥地利经济学。奥地利学派在我国受到很多学者的重视,一些著名学者如张维迎、周其仁等最近都用奥地利学派的周期理论来讨论金融危机问题。[6]

奥地利学派不同于传统的经济学(新古典经济学)。传统的经济学视市场为静态的,始终处于均衡状态。奥地利学派抛弃了静态的理论观,提出了一个"市场过程"的动态理论观;传统经济学的产业组织理论认为企业的利润主要来自垄断,而奥地利学派认为"企业家发现"和持续创新才是长期的利润来源。[7]

(一)市场过程

奥地利学派认为,市场是一个持续的、不断变化的过程,它没有追求静态的终点，也没有必须遵循的唯一途径，永远处于失衡状态之中。这种特征由市场竞争的性质决定。竞争是创造性毁灭的过程，不是一种静态的均衡状态。熊彼得指出，资本主义经济中充斥着打破现有均衡的各种冲击力量，因此永远也不会处于停滞状态。市场机制就是在不均衡中获取利润。新古典经济学的"完全竞争"是一个已经达到均衡的市场，这种市场已没有竞争的机会。经济问题只有因为变化才出现。如果事情保持不变，或者按人们期望的那样发展，就没有需要决策的新问题。因此，均衡市场的描述不符合商业现实。商业领域的经济问题主要是适应环境快速变化的问题。⑧

推动市场过程的主要角色是企业家。受获取超常利润欲望所推动的企业家是不断变化（失衡）市场发现的推动者。企业家因为获得新资讯而不断改变计划，"不断扰乱着市场"。结果是无止无休的知识流使市场处于永恒的运动中。知识不断地变化，市场也不断地变化。知识状态的持续变化导致新的失衡，并带来新的利润机会。当竞争过程消灭了一个机会时，知识流的变化产生其他的机会。因此，始终存在由于不断变化的来源产生的利润机会。

机会不断出现，也转瞬即逝。这种机会被视为持续出现的"战略窗口"的过程。D. Abell 指出，市场变化的影响常常如此深远，公司持续有效的竞争能力受到挑战。只有在有限的时间里，（战略窗口）市场的关键需求和在该市场竞争公司的特定能力才刚好匹配。企业的投资活动需要同战略窗口开启时间一致。⑨虽然市场变化不断带来新机会，但新发现带来的超常利润也是短暂的，因为竞争对手会对能带来超常回报的战略加以模仿。因此，企业家不能依靠一次发现就停下来吃老本，必须不断进行新的发现。⑩

（二）企业家发现

传统经济学仅仅把经济问题视为一个分配有限资源的技术问题，即最优化和最大化的问题。按传统经济学的观点，企业能得到什么资源都已经非常清楚，提出的目标都已经存在，唯一剩下的问题就是进行正确的选择。而奥地利学派认为，核心的经济问题不是将已知的、客观的、约束条件已非常清楚的函数最大化的问题。经济问题出现时，其目标和手段都无数多，并互相冲突，对它们的认识不是给定的，有多少可能性和选择也并不完全清楚。⑪很多资讯在企业家创新或发现之前并不存在，因此也不可能被人知道。事前根据期望的成本和效益作分配决定是不可能的。在这种情况下，人们的主要精力不应放在分配现有的手段来实现选择的目标上，不是在已经清楚界定的可能性中做理性决定的行动，而是在发现新的手段和提出新的目标上。[12]

传统经济学的产业组织理论认为，企业利润的来源在于产业的垄断性，企业应该建立进入障碍来获得垄断优势。这种观点反映在贝恩和波特的理论中。[13]譬如波特有关应对竞争力量的战略、战略集团、移动障碍的理论都把关注的重点放在建立进入障碍上。奥地利学派则认为，利润不是来自垄断力量，而是来自企业家的发现和创新。按奥地利学派的定义，每一个改变现实、追求某种目标的人都可被视为企业家。按照 J. H. De Soto 对"企业家"一词来源的考证，西班牙语、法语和英语的"企业家"一词都来自拉丁语的动词 "in-prehendo-endiensum"，其含义包括"发现、看见、思考、实现、抓住等"。[14]由此可以看出，企业家意味着追求和行动，对机会的警觉是企业家的重要标志。[15]企业家能看到其他人看不到的利润机会。通过对利润机会的警觉，他们重新界定手段与目的的关系框架。

企业家发现最重要的是新资讯的发现。新资讯涉及的内容可能各种各样——新的资源、新的技术知识、新的生产方法、新的销售管道、新的产品、新发现的需求和偏好等。所有这些资讯本质上都具有实用价值。[16]新资讯的发现包括对新资讯的解读。P. Cilliers 指出，存在于我们眼前的事实，其含义并没有"写在其脸上"，而是来自观察者的主观理解。因此，它们具有主观特征，只有实际行动的人才知道；它们常常是与特定的地方和时间联系在一起的实践知识。新资讯永远地产生"市场扰乱"，并迫使市场游戏的玩家改变他们的计划和调整他们的活动，以适应新的环境。[17]

企业家发现能克服资源的制约。对经济的制约不是由外部世界的客观现象或物质因素（如石油储量）造成，而是由人类的创新知识造成。譬如能够使内燃机的功效提高一倍的汽化机的发明，其创造的经济效果同将所有的石油储量翻番的效果是一样的。[18]

根据以上阐述的奥地利学派的理论，我们可以得出两个结论：（1）市场始终处于不断变化的过程中，企业不能依靠现有的优势获取长期的利润；（2）应对不断变化市场的唯一武器是企业家发现，即不断地创新。

二　奥地利学派的适用性

今天的市场具有超竞争的特征。在传统的竞争环境下，企业的竞争优势一旦建立，可能维持几十年不变。但随着互联网的兴起，通讯、交通技术的迅速进步和经济全球化，企业的经营环境变得越来越动荡。新的竞争对手不断涌现，新的经营方式不断产生。一些富有进取性、灵活性和创新性的竞争对手，可以比较容易、迅速地破坏领先企业的优势进入市场。过去那种长期稳定、可持久保持竞争优势的环境已经不复存在。这种环境被R. D'aveni 称为"超竞争环境"（Hyper-competition）。[⑲] 在超竞争环境里，企业的竞争优势只能保持较短的时间，只是暂时的竞争优势；任何安于当前商业环境下竞争优势的做法，实际上是在削弱组织自身的竞争能力。

超竞争环境中企业的竞争活动有三个特征：一是由于公司之间频繁和激烈的行动往往打破现有市场的竞争和绩效之间的关系，竞争优势是短暂的；二是公司需要采取一系列的行动来持续地创造竞争优势；三是从长期看，有更多竞争活动的公司理论上比没有这么多竞争活动的竞争对手有更高的绩效。

以上描写的超竞争环境也体现在我国的旅游市场上。在我国的旅游市场，一方面是参与竞争的旅游目的地不断增加，可替代的旅游产品不断涌现，旅游产业供给能力远远超过了客源市场的开发速度和增长速度，整个产业供给能力过剩，市场出现"过度竞争"的现象。[⑳] 另一方面，游客越来越注重体验。体验经济时代的游客比过去任何时候都更加追求新鲜、刺激和变化。[㉑] 因此，今天的旅游市场是不断变化的市场。

由于奥地利学派的"市场过程"理论和"企业家发现"理论比传统的经济学理论更能准确地反映不断变化的市场状况，因此对当前的旅游企业更具指导意义。譬如用上述理论看我国主题公园的发展，比较容易解释为什么一些初期成功的主题公园快速衰落，而另外一些则持久成功的原因。竞争环境快速变化，游客喜新厌旧，很多主题公园没有通过"企业家发现"来应对这些变化，没有及时根据游客口味和偏好的变化调整自己的设施和服务，结果很快就衰落了，如长沙的世界之窗、广州的世界大观和东方乐园等。相反，持久成功的主题公园大都通过不断创新和变化吸引与留住游客。迪士尼乐园为了保持对游客的新鲜感，每年要淘汰 1/3 的硬件设备，新建 1/3 的新概念项目。深圳华侨城从 1989 年的锦绣中华、1991 年的中华民俗文化村、1994 年的世界之窗、1998 年的欢乐谷、2002 年的欢乐谷二期到 2005年的欢乐谷三期，不断发展和深化快乐主题，从而保持了对游客的吸引力。[㉒]

三　基于奥地利经济学派视觉的旅游发展战略

用奥地利学派的上述观点来审视我国的旅游发展战略，有必要从以下几方面加以改变。

（一）建立动态的思维模式

基于市场过程的观点，旅游企业与政府旅游部门需要抛弃静态的思维模式，从动态的、变化的观点看旅游市场和旅游资源。做旅游产品规划时，立足点应基于"旅游市场不断变化，游客的偏好不断变化"的认识。因此，不能指望依靠现有的旅游资源或竞争战略永远保持竞争优势，而要考虑随时根据新的情况不断创新，包括重新组合现有的资源、创造新的资源、发现新的客源市场、调整竞争战略、采用新的营销手段等。

（二）完善 SWOT 分析方法

既然现存的一切不是给定不变，那么我们对旅游市场的认识就永远没有终结，永远有通过重新认识市场发现新的市场机会的可能性。因此，制定旅游发展战略不能停留在静态的 SWOT 分析上。SWOT 分析是一种简单易行且被广泛使用的分析工具，在做旅游分析时仍然有价值。但由于它是静态的分析，因此其描述的内外部环境都仅仅反映现存的环境状态，不能反映快速变化的世界。为此，需要在做传统的 SWOT 分析时增加对环境变化以及持续创新的规划，将战略思考与规划变成持续的工作。

（三）不能过分强调旅游资源的"垄断性、独特性、不可移动性和不可复制性"

一些作者在分析旅游资源时过分强调旅游资源的"垄断性、独特性、不可移动性和不可复制性"，这是不恰当的。按照企业家发现的观点，再好的旅游资源，都存在被复制、被替代或被绕开的可能性；单纯依靠旅游资源的垄断性来获得长远的竞争优势是不现实的。业界应把更多的关注放在"企业家发现"上，即强调人的创造性上。自然的资源与人的创造性相比较，后者更重要。以美国三个著名的旅游目的地为例。亚利桑那州的大峡谷是世界最有名的自然奇观之一，长 446 公里，最宽的地方达 29 公里。该资源是世界上独一无二的，有非常强的"垄断性、独特性、不可移动性和不可复制性"。但该峡谷每年吸引的游客仅 500 多万人。而位于佛罗里达州的奥兰多市，陆地面积仅 242.2 平方公里，1965 年以前仅仅是一个种植柑橘的县，没有自然旅游资源。但 1965 年迪士尼的进驻以及其他主题公园的跟进，使奥兰多市成为美国最吸引游客的目的地，2009 年吸引的游客高达 4800 万，在福布斯 2010 年评出的美国最受欢迎的旅游城市位居榜首。另外一个城市拉斯维加斯，过去仅是一片沙漠，如今成为世界最著名的旅游胜地之一，2009 年吸引游客达 3600 多万人。拉斯维加斯的成功不完全靠赌场，2009 年赌场收入仅占赌场酒店收入的 46%。拉斯维加斯的成功靠的是其不断的创新，包括各具特色的主题建筑、世界一流的表演、美食，以及将娱乐和工作结合在一起会展（表 1）。

表 1　2009 年美国游客最多的 10 个城市^㉓

目的地	游客人数（万人）	目的地	游客人数（万人）
奥兰多（佛罗里达）	4800	拉斯维加斯（内华达）	3635
纽约	4700	亚特兰大（乔治亚）	3540
芝加哥（伊利诺伊）	4580	休斯顿（德州）	3106
安纳海姆（加州）	4270	费城（宾夕法尼亚）	3032
迈阿密（佛罗里达）	3810	圣地亚哥（加州）	2960

（四）旅游市场需要持续创新

按照体验经济的理论，"今天驱动游客旅游的一个主要动因是对新事物、持续新鲜感的追求，以及不断产生的永不满足的欲望"；"消费者已从过去的吃苦耐劳和勤俭节约转变为通过消费对新鲜、刺激和变化的追求"。[㉔]旅游景点和旅游产品要保持对游客的吸引力，必须要满足游客的这些追求，因而旅游目的地需要持续创新（企业家发现）。旅游目的地的创新主要包括旅游景区（点）创新、旅游产品创新、形象创新、市场创新、配套设施创新、营销手段创新、服务创新、管理体制创新等。创新不一定总是突破性创新，可以是渐进性创新，但创新速度一定要跟上游客偏好变化的速度。

（五）注重新资讯的发现

根据企业家发现理论，企业家发现最核心的部分是发现新资讯。因为企业能否真正获得利润，取决于是否拥有卓越的资讯。资源流向最能有效利用资讯的企业，没有这么有效率的企业会被赶出市场。既然市场是不断变化的（市场过程），企业就需要随时收集市场资讯，把握市场变化趋势，发现其中的机会和威胁。发现新资讯的方法之一是建立"环境扫描"系统。比如以主题公园闻名的美国迪士尼（娱乐）公司就是不断地通过环境扫描来了解环境的变化。迪士尼公司的环境扫描包括内部和外部扫描。外部的环境扫描集中在三个层次：竞争对手、产业和宏观环境。其中宏观环境扫描的重点集中在六个方面：政治、经济、社会文化、技术、法律和环境。迪士尼公司认为市场讯息是其最基本的四大资源之一，而获取资讯的市场

研究能力和产业分析能力是其最主要的三大能力之一。㉕

（六）建立动态的能力

基于市场过程理论，任何创新很快就会被模仿或过时，通过一时的战略行动获得持久竞争优势的机会已非常少，因此旅游企业更需要建立利用迅速出现和消失的机会（战略窗口）的灵活能力。譬如主题公园的景观非常容易失去新鲜感，旅游企业因此需要不断推出新的景观，或者策划独特的活动或事件来让游客保持新鲜感，或者不断开发新的客源来保持公园的客流量。要有效地进行这些工作，企业需要灵活的策划能力和组织能力。同时，市场可能发生根本性的变化，企业需要具备迅速转变方向的能力。这一切都意味着企业需要"动态的能力"。"动态的能力"指"企业针对快速变化的环境，整合、建设和重新定位内外部能力的能力"，包括"及时的反应能力、快速和灵活的产品创新能力和有效的协调内外部能力的能力"。㉖这就是说，旅游企业的竞争，不仅仅是利用现有资源的能力竞争，更重要的是在更新和发展现有资源与组织能力的能力上竞争；仅仅拥有很强的资源和组织能力是不够的，还需要拥有更新这些资源和组织能力的机制与惯例。

四 结语

今天的旅游市场是一个急剧变化、激烈竞争的市场。在这样的市场里，静态的思维模式已不能适应形势。奥地利学派的"市场过程"理论和"企业家发现"理论为我国旅游产业的发展提供了新的思维模式，为解决旅游产业面临的问题提供了新的视角。根据奥地利学派的理论，市场始终处于变化过程中，在快速变化的市场里，不存在一劳永逸的持久竞争优势，仅仅依靠独特的垄断性旅游资源不能保证长期成功。持久的竞争优势来自持续的企业家发现。为适应变化的市场，我国的旅游企业和有关政府部门需要抛弃静态的思维模式，采用动态的思维模式；需要建立动态的能力，不断创新获得成功。

本文的创新之处在于将奥地利经济学派的理论引入了旅游管理领域，弥补了我国现有旅游发展理论的缺乏，有助于改变我国在该领域长期存在的静态思维模式。该理论也为我国旅游领域的创新战略提供了理论基础，将旅游产业的创新提升到新的高度。该理论对指导旅游目的地规划、旅游产品设计以及旅游教育课程安排，都具有重要意义。但本文也存在一定的局限性。首先，奥地利经济学派的理论对旅游发展的指导意义，虽然从逻辑上推导具有可靠性，但任何理论从提出到成熟都需要大量的实证研究检验，本研究尚缺乏实证的检验；其次，基于该理论所提出的战略仅是一般化的战略，由于不同的旅游目的地和旅游产品面对的环境千差万别，环境的复杂性和变化速度也各有不同，因此同一战略在不同的地区应有不同的差异。限于篇幅，本文尚未涉及这些差异问题。

---

①黎宏宝：《从比较优势到竞争优势的战略转变——关于我国旅游业国际竞争力的思考》，哈尔滨：《北方经贸》2003年第11期；龙江智：《旅游竞争力评价范式：反思与启示》，上海：《旅游科学》2010年第2期。

②成伟光、李志刚、简王华：《论旅游产业核心竞争力》，西安：《人文地理》2005年第1期；陈腾、杨开忠：《区域旅游战略规划研究》，武汉：《科技进步与对策》2003年第12期。

③沈望舒：《中国主题公园沉浮论》，北京：《城市问题》2009年第10期；张广瑞、魏小安、刘德谦：《2001—2003年中国旅游发展：分析与预测》，北京：社会科学文献出版社，2002。

④龙江智：《旅游竞争力评价范式：反思与启示》，上海：《旅游科学》2010年第2期；韦瑾：《关于旅游地形象重新定位和形象传播的探讨——以桂林为例》，成都：《西南民族大学学报》2004年第1期；保继刚、张骁鸣：《传统旅游目的地再发展研究——肇庆案例》，广州：《热带地理》2006年第2期。

⑤奥地利学派在我国学术界还是相对较新的经济学理论。根据作者对中国期刊全文资料库的查询，从1994年以来，讨论该学派的论文总共仅70篇。其中大部分是2005年以后。而2008年至2011年发表的就有42篇。显示该理论开始在我国受到重视。

⑥张进铭、张明勇：《奥地利学派的经济周期理论》，北京：《国外社会科学》2010年第2期。

⑦G. E. O'Driscoll, M. J. Rizzo, *The Economics of Time and Ignorance*. Oxford：Basil Blackwell, 1985.

⑧J. A. Schumpeter, *Capitalism, Socialism, and Democracy*. New York：Harper, 1950.

⑨D. E. Abell, "Strategic Windows," *Journal of Marketing*, 1978, 42 (3), pp. 21 – 26.

⑩刘志铭：《动态竞争与产业组织从熊彼特到现代奥地利学派》，长春：《当代经济研究》2005年第7期。

⑪⑭⑱J. H. De Soto, *The Austrian School：Market Order and Entrepreneurial Creativity*. Cheltenham：Edward Elgarm, 2008.

⑫J. H. De Soto, *The Austrian School：Market Order and Entrepreneurial Creativity*. Cheltenham：Edward Elgarm, 2008；D. D. Lakićević, "Book Review：The Austrian School by Jesus

Huerta de Soto," *Panoeconomicus*, 2010, 57 (1), pp. 119 – 122.

⑬M. E. Porter, "The Structure within Industries and Companies' Performance," *Review of Economics and Statistics*, 1979 ⑥: 214 – 227.

⑮I. M. Kirzner, *Competition and Entrepreneurship*. Chicago: University of Chicago Press, 1973.

⑯D. D. Lakićević, "Book Review: The Austrian Schoolby Jesus Huerta de Soto," *Pano-economicus*, 2010, 57 (1), pp. 119 – 122.

⑰P. Cilliers, "Knowledge, Complexity and Understanding," *Emergence*, 2000, 2 (4), pp. 7 – 13.

⑲R. A. D'Aveni, J. M. Canger, J. J. Doyle, "Coping withHypercompetition: Utilizing the New 7S's Framework," *The Academy of Management Executive*, 1995, 9 (3), pp. 45 – 60.

⑳赵红：《我国旅游产业过度竞争状况实证分析》，济南：《山东财政学院学报》2003 年第 4 期；陈志永：《我国旅游市场过度竞争研究现状述评》，桂林：《桂林旅游高等专科学校学报》2004 年第 5 期。

㉑㉔R. S. Oropesa, "Consumer Possessions, Consumer Passions, and Subjective Well-being," *Sociological Forum*, 1995, 10 (2), pp. 215 – 244; R. W. Belk, G. Ger, S. Askegaard, "Metaphors of Consumer Desire," *Advances in Consumer Research*, 1996, 23, pp. 368 – 373.

㉒李沐纯：《体验经济与主题公园的产品创新》，北京：《商场现代化》2005 年第 11 期。

㉓资料来源：http://www. forbes. com/2010/04/28/tourism-new-york-lifestyle-travel-las-vegas-cties. html。

㉕见迪士尼 2005 年 9 月 8 日的演示，www. smarketing. org/read/DisneylandScandinavia. pdf。

㉖D. J. Teece, G. Pisano, A. Shuen, "Dynamic Capabilities and Strategic Management," *Strategic Management Journal*, 1997, 18 (7), pp. 509 – 533.

作者简介：曾忠禄，澳门理工学院教授、博士生导师；张冬梅，广东药学院医药商学院副教授，博士。

[责任编辑：刘泽生]

（本文原刊 2012 年第 2 期）

博彩行为的博弈理论研究范式

张红峰

[提　要] 博彩行为是一种超越理性人假设的目的性行为，其行为主体的自由选择同时受到他人行为的影响。在动态的"关系"思维下，博彩与博弈是一个可以通约的概念。纵观博彩的宏观与微观研究，博弈分析中的行动主体、策略选择以及均衡结果能够成为一类分析问题的理论研究范式。通过均衡的分析，基于合作理性所生成的博彩制度应是博弈内生规则和外生规则的有机结合。

[关键词] 博彩行为　博弈理论　研究范式

博彩是人们对赌博的一种雅称，通常指针对一个事件与不确定的结果，以有价值的东西作为注码来赌输赢的游戏，属于人类的一种娱乐方式。广义的博彩带有明显的理性成分，因为它需要对一个事物发展变化的过程和结果进行分析判断，作出推测，由此做出一定的选择。从理论意义上而言，博彩并非学科范畴，因为它既没有固有的理论体系来体现学科意识的发展过程，也缺乏相应的方法论来阐述学科知识的生产方式。如果围绕博彩划上一个边界，会发现其内涵完全被一些主流学科所占据。所以，对于博彩的关注，并非是要建立一个完善的知识体系，而是要针对博彩的特殊性做出必要的回答。

从目前来看，有关博彩方面的研究大致可以分为三类：其一是宏观研究，主要是将博彩看作一种产业，即博彩业作为产业链中的一环，它的发展演进过程、与其他产业的关系、在社会中产生的各种影响和经济效应，以及发展中所面临的机遇和挑战等；其二是与博彩相关的中观研究，如娱乐业的酒店管理、博彩旅游业发展、人力资源管理，以及博彩的历史、技术培训等；其三是微观研究，主要深入到博彩参与群体的行为动机、态度、意向、心理机制等方面。从以上大致的分类来看，无论是宏观、中观还是微观的研究，常常将视野定位在静态的思维框架下，却鲜有对"关系"范畴的把握。然而，博彩作为一个特殊的、别具特色的名词，有着鲜明的行为特征，行为主体的互动与选择也是社会科学研究不可忽视的重要一环。

一　博彩行为

传统理论认为，在个体偏好理性的假设下，主体解决问题是以完全理性和同质性两个假设为基础的。但是，博彩行为恰恰与此相反，主体往往表现为有限理性，博彩行为也是非同质的（微观行为中既有消费行为，也有投资行为）。[①]所以，对于这一行为的分析也变得较为复杂。

（一）目的性行为

值得注意的是，无论人们如何描述博彩行为的人性假设，都会将理性、有限理性、非理性规约到目的性行为之中。每一个人都拥有偏好、追求目标、尽可能少费力或通过努力达到一种预期、减少尴尬、使视野开阔、尽可能舒适、从众或者独处等行为目标。如果我们放开思路，这样的目标还会有很多。并且，这些目的要么与其他人及其行为直接相关，要么受到那些同时也在追求自身目的的其他人构成的环境的限制。可能这种依赖于其他人的行为模型在博彩范围内并未受到重视，然而它却普遍地存在着。

在社会科学研究中，行为从来都与动机紧密相连。处理案情需要发现犯罪人的动机，一个人面带笑容进入娱乐场时总是在想着点什么，某一政府对于博彩的限制肯定是基于某种考虑。总之，行为就是为了达到目的。当然，我们通常会认为我们的行为是在追求或近或远的目标时有意识的行动或适应性行动，是在所获得的信息范围内和如何克服所处环境的限制以达到自己理解的目标所进行的行为。实际上，这种思维建立在"代理问题解决"的基础之上。即我们知道一个人正在试图解决问题，并且我们认为他确实能解决问题，而且我们也能解决，那我们在谈论这个话题或者亲身去解决问题时，也会按照这一理解方式进行。这也是微观经济学中大多数理论的基础所在。

博彩行为值得研究之处，除了上面偏重于理性的因素之外，还包括了"寻求目标"的无意识行为。正如大自然中的水会寻找自身的水平一样，也会有人坐在老虎机前面漫不经心地操纵着手柄。而对另一些人而言，其博彩行为过程还会产生对自己成功可能性的估计远高于其客观可能性的一种不合理的期望——"控制幻觉"。[②]成瘾性的博彩者经常表现出控制幻觉，因为他们容易将自己的行为与前面好的结果联系起来，认为可以通过提高自己的博彩技术和能力而获得更多赢的机会。[③]总之，博彩主体极易陶醉于自己对寻求目标或解决问题的想像中，他们有时会沉浸在或经历一些与他们的目标背道而驰的潜意识过程；还常常会在实现了他们想要的结果以后将成功的秘诀完全归于己身。

至为关键的是，我们很难评价以上所描述的行为，也不知道评价以后意义何在。目前可以做到的是，我们并不能仅仅考虑单个行为主体（可以指由多数人组成的一类人）在限制性环境下的行为问题，还需要对多个行为主体互动以后的状况加以描述，因为这会得到许多有意思的结果。

（二）自由行为

两百年前，亚当·斯密描绘了一只看不见的手，这只手的力量非常神奇，它可以控制生活、经营和消费方式的各种不同选择。养猪专业户不用知道有多少人等着吃猪肉，养牛场也不会操心喝牛奶的人群有多么庞大，某人进入超市就会发现自己心仪的物品摆在了货架上面，而这一切皆有赖于虚无且具有魔力的市场。在这里谈论市场，并非缅怀斯密对于自由市场的巨大贡献，而是从中可以感悟到，一个不受约束的自由市场通常是个体之间相互作用的一种有效方式。

如果我们能够对市场发生兴趣，那么同样应该关注博彩中与"市场"相关的情境。所有博彩中的行为活动受到他人行为的影响，也关心他人的行为，小到人与人之间出牌时直接的面对，大到国家或政府之间有关博彩策略的考虑，这些行为都是一种自由的行为。虽然每一个行为主体都似乎要"猜透"别人的心思，但信息的不对称使自由行为变得更加充分。如果说每一个博彩行为主体的自由选择凭借什么，一些类似文化或者先前的经历可能会起到明显的作用。如，具有"几近中大奖"经历的彩票购买者，其博彩消费行为更频繁，单次购买金额更高，选号时间更长，彩票开支占月收入的比重更高，表现出"沉没成本效应"。[④]曾有赌客在谈到自身经历的时候，认为从进入赌场的那一刻起，就像着魔一样疯狂投注，赢钱和输钱的事实与自己有关，而心理上已经没有太多反应，只是沉迷在这种感受中。尽管很多研究具体而微，不太关注集体的结果，但对于一个日益兴旺的博彩市场而言，自由行为正是整体繁荣的根源所在，行为者自己的决策通常都是从他们自身的利益出发的，并且只受到整体模式中各种复杂因素的影响。认识到这一点，才能更好地了解行为者互动过程中产生的整体结果，并且在考虑到一些确定因素后，对博彩业的发展与管理提出相应的对策。

二　博弈与博彩

如果将事物和行为的性质模糊化，并置于动态的"关系"思维框架下时，博彩和博弈是一个可以通约的概念。俗话说："人生就是一场赌博。"这里的赌博（博彩）完全可以换成博弈。只是博彩在定义行为的同时，也说明了行为的性质，人们常常将之与娱乐场、赛马（狗）场、彩票等同起来。而博弈意义宽泛，只要存在非单一主体的选择，就会有博弈。此外，博弈有自己相应的话语系统、研究方法、符号模型、陈述方式，并已逐渐发展为行为科学中的一种思维方式和理论框架。用概念化的语言进行描述则是指行为主体在相互制约、相互影响的依存关系中，在一定的规则下，理性地选择自己的策略，尽可能地提高利益所得，从而达到相应均衡的过程。

从词源来看，博弈与博彩更是联系密切。博弈论译自英文 game theory，从字面上看可以直译为"游戏理论"，而游戏本身就包含了博彩赌胜。细细观察可以发现游戏有以下一些特征：（1）都有一定规则约束下的得益，在规定游戏的参加者可以做什么、不可以做什么、按什么次序做的时候，已经将参与者的得益固定下来，并且得益可能是零和的，也可能是常和的。（2）策略的选择至关重要，游戏者对不同策略的选择会导致不同的结果，这一点在多人牌局的比赛中体现得尤为明显。策略的选择同时具有相互依存性，有的时候一个差的策略选择未必导致坏的结果，原因是对手选择了比你还差的策略。（3）每一个游戏都必然会有一个结果，或者说策略选择上的固定搭配，这也是基于相互依存策略选择下的必然结果。这样的特征并不只是存在于一般性的游戏中，许多宏观的博彩行为也具有这样的特征（如不同博彩公司之间）。

卢梭曾经在《论人与人之间不平等的起因和基础》中描述过博弈的内容："如果一群猎人出发去猎一头鹿，他们完全可以意识到，为了成功，他们必须都要忠实地坚守自己的位置；然而如果一只野兔碰巧经过他们中的一人附近，毫无疑问他会毫不迟疑地追逐它，一旦他获得了自己的猎物，他就不太关心他的同伴是否错失了他们的目标。"⑤

如果我们细细品味一下这样一个博弈过程，就可以发现隐藏的一句话（假设仅有两个猎人）：如果一个猎人能够耐心地等待，那么另一个猎人最好的办法则是跟着他一起耐心地等待鹿的到来；而当其中一个猎人扑向了兔子，另外一个猎人也会认为抓到兔子更为合适。博彩活动和生活一样，也普遍存在具有策略依存性的选择问题，行为主体无法回避这样一个博弈的选择过程。

严格来看，博弈论作为一种理论并不属于经济学范畴，而是应用数学的一个分支，并且博弈论在晚近的发展中，已经越来越体现出其在社会科学领域中的生命力。如果说在跨学科或者围绕问题意识的研究中，我们需要寻找一种语言作为前提，那么博弈论就是这样一种普遍的使用平台或理论工具。

在博彩研究中，运用博弈论的语言，每一个博彩行动者被赋予一套可行的策略集，有一个关于博弈规则的信息集和组合而成的支付结构。对于参与者的每一个选择策略的组合，博弈同时指定了博彩行动者个体支付（得益）的分配。如果博弈中每一个数据都是精确指定的，并且假设行动者试图最大化偏好函数，包括他们个人的支付（得益）、选择的策略，那么就可以预测他们的行为。以上的一些强制性假设似乎削弱了博弈应用时的可靠性，毕竟在博彩研究中，还会面对一些不确定状况的人的情形，人的情感、道德、冒险性、对于公平的关注、具有特质性的人群似乎是上述假设的障碍。然而，当我们放宽视野时就可以发现，即使是经济学家也在试图增进博弈论在行为科学中的价值。首先，博弈的理性假设已经通过"偏好""效用"等词语的修正拓展了原先"精于计算"的假设范畴；其次，博彩的目的性行为本身就已经涵盖了所有与理性相关的范围，而且当前博弈论的研究已经能够对有限理性行为做出相应的解答；最后，当我们将重点放在通过一些数学变量在模型中的推演从而发现存在的问题以及一些变化的趋势时，这样的研究本身就具有非凡的意义。

依据博彩行动主体（博弈方）数量的变化可以将博弈分为"单人博弈"、"双人博弈"和"多人博弈"。单人博弈也是最优化的问题，在不确定的状态下，单人博弈可以称作"几率博弈"。这是一名局中人与自然的博弈，局中人不能完全控制结果，还部分依赖于自然的选择，自然在此充当了第二名局中人。如一个博彩者选择高赌注或者低赌注往往依赖于心情的好坏。在这里，自然所控制的就是心情好坏的概率。一般来说，两人、多人博弈的动态阶段博弈可以转化成多个、多层次的单人博弈进行分析，因此单人博弈是博弈分析的基础。[⑥]而两人博弈和多人博弈则指的是策略依存的双方或者多方进行决策的问题，所以也统称为"策略"博弈。博彩行为主体在策略博弈中都部分地控制着结果，他们彼此之间相互依赖，这一类博弈在博彩行为中最具普遍性。

在博弈论中谈到的非合作博弈很大程度上也是在描述着策略博弈的情形，当然非合作博弈重点还在于不存在有约束力的协议。而合作博弈则探讨如何通过有效的合作方式使得博弈方的利益分配均衡的问题。两类博弈在未来的发展中有走向融合的趋势，非合作博弈无论如何探讨行为主体的策略选择，也会涉及解决怎样走向合作的问题。二者的融合将会更加有利于完善博弈论在博彩研究中的应用。

三　博彩行为的博弈分析框架

在博彩研究中，我们常常自觉或者不自觉地陷入静态、结构性的思维框架，从而忽略了个体、群体、实体之间的互动关系。博弈理论则是一套基于科学逻辑，研究人类互动行为的有效方法，它关注在给定其他博彩主体的策略选择下，找出博彩参与者的最适反应（best response）。作为理论工具，博弈论有着一套完整的概念体系，经过提炼，可以概括为：行为主体、策略选择、利益支付以及均衡，所有的概念同时构建了博弈的话语系统和分析框架。

（一）博彩主体、策略分析

在博彩不同层次问题的研究中，博彩行为的主体也有所不同。宏观研究中的博彩行为主体可以是不同的国家和地区，社会（与博彩相关的人群）和政府，或者是不同的博彩公司等；中观层次所涉及的行为大多只是与博彩相关，并不能作为一类主要研究范畴；而微观层次所研究的博彩行为主体是直接的各类博彩参与者，从某种角度看，这类行为主体所采取的策略才是真正的"博弈"。但从研究的角度而言，无须过于关注这些直接参与人一般性的"心理斗争"，而且也没有太大的意义。如对参与老虎机游戏的博彩者的行为判断是显而易见的，除非是观察他（她）有无病态赌客的特征，关注此类群体对于博彩收入的贡献，等等。所以，微观层次的博彩行为更多需要研究参与者的单人非确定情形的博弈问题，有些看似简单的理解也会从数学最优化的概率求解中获得某种启发。

应该说，宏观博彩研究中所涉及的行为主体最能够成为博弈规范研究中的主体范围，其中博弈的类型也可以通过非合作博弈、合作博弈的方式展现出来。博彩行为主体之间的利益关系既可能包括冲突的范畴，彼此之间是无法调和的；也可能存在一致的范畴，更多地还是不同主体在同一问题域中各有利益，冲突和一致并存。而存在于博彩游戏中的微观研究，行为主体主要涉及围绕着概率的问题进行抉择。如果我们将目的性行为中的理性成分重新纳入视野，就会看到达成理性也同样需要概率统计的知识，并且这些研究与每一个行为者所拥有的目标密切相关。如行为主体是应该将钱存在银行，还是干脆去赌城博一把？这就需要决策了。或许有人认为这个问题不值得研究。如果确实只是随心所欲的选择，我们就只需要关注这种行为在心理学上的意义，而一旦某人想要获得赢的机会，就势必要对概率有所了解，然后再评估自己的目标和各种后果，在即时满足和未来展望之间做出取舍。

当博彩主体在达成目标的时候，必须考虑到其他主体为了获取利益所采取的策略，我们称为利益主体之间的博弈。在博彩研究的博弈分析中，有两个值得关注的概念：行动和战略。行动指的是参与人在博弈的某个时点的决策变量；而战略是参与人在给定信息集的情况下的行动规则，它规定参与人在什么时候选择什么行动。[⑦]而当利益主体在行动上没有先后之分时（也就是静态博弈），战略和行动是相同的。为了避免概念上的混淆，文中统称为策略。

当博彩主体之间进行利益互动的时候，即前文所说的双人或多人博弈，要能够清晰地甄别它们的策略选择是怎样的。一般而言，策略是与问题紧密相关的，离开了问题的策略也会变得没有任何意义。如一个国家或地区应不应该开赌就是一个非常现实的问题，许多学者也致力于研究开赌或禁赌的合理性与可能性。如果从博弈论的角度，这样的问题必然会涉及某个国家或地区采取开赌或禁赌的策略，通过支付矩阵的形式将不同策略的利益支付表示出来，据此研究不同国家或地区的最优策略选择以及改进的建议。

博彩主体在抉择时必须考虑到另一主体的利益所在，所以局中人尽管有多种策略可以择取，但并不是每一种策略在特定的状态下都能够出现，因为在考虑到对方选择的策略以后，总是选择能够使自己得益最高的策略。如果跨出这个策略目标范围，在没有考虑到其他主体利益的时候，这个结论也许并不适用。可是主体之间一旦产生实实在在的互动，那么我们就能够敏锐地发现，有些策略组合可能是不存在的。为什么出现这种情形呢？因为双方在选择的同时就已经确立了一个纯策略均衡。

（二）均衡分析

个体的偏好选择不一定能够带来集体的理性，这是博弈分析中遇到的一种典型情况，因为这样的问题发生往往是在非合作博弈之下主体之间达到的均衡状态形成的。而均衡只是主体互动产生的结果之一，是将那些没有稳定下来的因素稳定下来之后所出现的状态。1950 年，约翰·纳什提出了被后人以他的名字命名的"纳什均衡"的概念，所指的就是一种策略组合，使得每个参与方的策略是对其他参与方策略的最优反应。⑧

与一般均衡理论不同的是，博弈中的均衡有其特定的含义。一般均衡理论中的均衡不太强调相互之间的一种作用，仅仅从双方最优化行为的角度得出一组结果。而博弈均衡则是在考虑到彼此影响的因素以后所有行动主体的最优策略组合。在博彩研究中，我们也需要考虑类似的均衡现象。如私彩和地下赌博泛滥的现象，就是政府与好赌之徒在信息不对称的情况下形成的一种均衡。而博彩参与者进入娱乐场开赌以后，有时所进入的那种骑虎难下的状态也是一种均衡，因为从概率而言赌场肯定是赢的，而有些博彩者又总是不甘示弱。

关于均衡或纳什均衡问题，比较典型的例子是"囚徒困境"。这个例子也恰恰能够反映出集体的非理性特征，其中的囚徒采取符合个体理性的策略选择却没有得到所期望的境遇。如果我们将传统的双人"囚徒困境"博弈稍作拓展，就可以在博彩情境中给出一个标准的多人囚徒困境的博弈模式：（1）有 n 个博彩行为主体，每一个都有相同的二元选择和相同的收益；（2）无论他者如何选择，每个主体都有一个偏好的选择，并且这个偏好的选择也是其他主体偏好的选择；（3）无论主体的选择是什么，周围选择不受偏好决策的人越多，他就越能获得效用改进；（4）对于某个比 1 大的数字 p，如果大于等于 p 的主体选择了不受偏好的决策，而剩下的人选择了受偏好的决策，那么那些选择了不受偏好决策的主体将比全部主体都选择受偏好的决策时获得的效用更大（反之，结论不成立）。由此可以看出，p 是达到另一种均衡的可行性联盟的最小规模，这也是从主体的非合作性走向合作的有效途径。澳门作为一个微型经济体，在考察其博彩产业发展形势的时候，所有驻澳博彩公司的产业发展就可以构成这样一个多元博弈模型，而其中所涉及的策略选择以及偏好选择下的均衡状态，也会给澳门产业适度多元发展的政策以某种启示。

这里谈到的"均衡分析"可能也有很多缺陷，包括在均衡分析中因为忽视了调整过程而过于简化，或者可能由于忽视了那些决定均衡的参数的变化而夸大了均衡存在的可能性。但对于任何形式的博弈过程，均衡分析是一个必不可少的环节，也是发现博彩研究中各种问题的必要手段。

通过结合博彩宏观、微观行为的解读，可以发现，博弈分析中的行动主体、策略选择以及均衡结果能够成为一种分析问题的理论研究范式。当"纳什均衡"发生的时候，我们所关心的是，这一结果在博彩实践中究竟具有什么样的意义，是否引发出一些"问题"式的思考。于是，沿着博弈的理论分析范式，所有的"关系"都能够得到较为清晰的解读，并且也为博弈论如何扎根于博彩研究之中提供了有力的依据。

四　博彩制度与合作理性

在博弈囚徒困境中，我们关注的焦点是如何能够将陷入"困境"的"纳什均衡"进行"帕累托改进"，这也是我们解决博彩研究中各种问题的一种期望。这里蕴含着一些比较有意思的问题：究竟如何定义制度？制度的建立怎样才算是合理的？围绕博彩产业、博彩问题所形成的制度是否真正起到了它们应有的作用？

根据博弈论的分析，青木昌彦曾经提出了一种制度定义的分类方式：博弈规则以及博弈过程中参与人的均衡策略。这两种分类方式不仅仅代表着两种不同流派的理论观点，而且阐释了博弈的机理和解决问题的方式。其实按照青木昌彦的意见，任何一种博弈理论中指代的制度都可以定义为博弈内生规则和博弈外生规则，"博弈规则是由参与人的策略互动而内生的，它存在于参与人的意识中，并且是可以自我实施的，制度就是博弈规则的共有信念的自我维系系统"。[⑨]内生规则的制度道明了为什么博弈会稳定在纳什均衡点上，任何违背纳什均衡的协议、合同都是不可信的。实际上，围绕博彩问题产生的内生规则，是由有限理性和具有反思能力的个体构成的社会长期经验的产物，它们代表了重复参与博弈的当事人自我维系的基本预期。

制度是保证博彩正常运行的轨道，它所产生的是一种约束力和规范力。内生规则体现出顺应自然的倾向，而外生规则是针对博弈所要达到的期望均衡所做的改进。博彩参与主体在非合作的自由状态下所产生的"困境"需要通过联盟的形式走向合作理性，而任何联盟内部的利益分配和权衡势必要超出原有的利益支付。这种基于合作理性的帕累托改进最终形成了博弈的外生规则。从博弈论的角度而言，博彩制度的生成是研究博彩行为互动的最终目标，然而制度化并不是静态的条文、规章，它一定是根据博弈均衡结果在自我维系和帕累托改进中形成的完整思考——即在博弈论视野下内生规则和外生规则的有机结合。

---

①A. Tversky & D. Kahneman, "Rational Choice and the Framing of Decisions," *Journal of Business*, 1986, 59 (4).

②陈雪玲等：《控制幻觉的研究方法、形成机制和影响因素》，北京：《心理科学进展》2010 年第 5 期。

③H. Dannewitz & J. Weatherly, "Investigating the Illusion of Control in Mildly Depressed and Non-depressed Individuals During Video-poker Play," *Journal of Psychology*, 2007, 141 (3).

④曾忠禄、翟群、游旭群：《国内彩票购买者的有限理性行为研究》，上海：《心理科学》2009 年第 5 期。

⑤卢梭：《论人与人之间不平等的起因和基础》，李平温译，北京：商务印书馆，2007，第 88 页。

⑥谢识予：《经济博弈论》，上海：复旦大学出版社，2002，第 21 页。

⑦张维迎：《博弈论与信息经济学》，上海：上海人民出版社，2004，第 27~29 页。

⑧〔美〕朱·弗登伯格、〔法〕让·梯若尔：《博弈论》，黄涛等译，北京：中国人民大学出版社，2002，第 10 页。

⑨〔日〕青木昌彦：《比较制度分析》，周黎安译，上海：上海远东出版社，2001，第 11 页。

参考文献

[1]〔美〕赫伯特·金迪斯、萨缪·鲍尔斯等：《走向统一的社会科学：来自桑塔费学派的看法》，浙江大学跨学科社会科学研究中心译，上海：上海人民出版社，2005。

［2］H. Jang, B. Lee, "Measuring underlying meanings of gambling from the perspective of enduring involvement," *Journal of Travel Research*, 2000, 38 (3).

［3］〔美〕哈乐德·L. 瓦格尔：《旅游经济学》，宋瑞译，北京：中信出版社，2003。

［4］Melissa S. Emond & Marmurek, H. C. Harvey, "Gambling Related Cognitions Mediate the Association Between Thinking Style and Problem Gambling Severity," *Journal of Gambling Studies*, 2010, 26 (2).

［5］〔英〕安东尼·凯利：《决策中的博弈》，李志斌、殷献民译，北京：北京大学出版社，2007。

［6］〔美〕托马斯·C. 谢林：《微观动机与宏观行为》，谢静、邓子梁、李天有译，北京：中国人民大学出版社，2005。

［7］王薛红：《博彩业发展与中国政府政策选择》，北京：中国财政经济出版社，2008。

作者简介：张红峰，澳门理工学院副教授、博士。

〔责任编辑：刘泽生〕

（本文原刊 2012 年第 2 期）

基于投注者行为的博彩信息
传播与规范

刘　爽

[提　要] 近年来，澳门博彩毛收入迅猛增长，因博彩而引发的问题也日益增多。国内外文献指出，投注者在赌博时存在各种认知偏差，例如对赌场优势认识不足，不了解赌博的概率及随机性，存在赌徒谬误、过度自信、控制幻觉、后见偏差等心理反应，并受到可得性偏差、框架依赖等行为偏差的影响。然而，鲜有文献提及博彩经营者与监管者所应承担的责任，即通过设定规则控制博彩信息特别是广告类信息的发布，降低行为偏差发生的程度及频率，进而减轻博彩对社会的负面影响。本文从行为学的角度，分析了可得性偏差与框架依赖对赌客行为的影响，提出监管者需从博彩信息的发布内容、覆盖时间和受众范围等方面进行规定与限制，进而完善相关法律规范。

[关键词] 博彩信息　博彩广告　行为偏差　可得性偏差　框架依赖

一　导言

随着科技的发展，人类获取信息的方式由传统的纸质媒介扩展到广播、电视等有声媒介。计算机和网络技术的发展使人类进入信息时代。丰富的信息使人们得以更为深入地了解世界，同时也对人类保存、管理、筛选和应用信息的方式及速度产生了更高要求。对人类行为的研究发现，人们以事件进入脑海的容易程度来判断该事件发生的频率或概率，重大的、反复发生的事件及重复出现的信息往往会得到更多的关注。[①]由于信息既包括真实的、有益决策的信息，也包括虚假的、误导性的信息（被称为信息噪音），对信息的分析与辨别能力就显得尤为重要。

自 2002 年赌权开放以来，澳门博彩业繁荣发展，赌收节节攀升。2011 年，幸运博彩业毛收入为 2678.67 亿澳门元（约合 334.83 亿美元），仅略低于同期美国全国的商业赌场毛收入 356.4 亿美元。随着博彩行业的日益壮大，与博彩相关的信息也日渐丰富。广播、电视、报纸经常报道相关博企及博彩产业的各类新闻，各类行业杂志、学术杂志、民间及政府刊物也常刊登博彩业的有关文章，相关的广告信息通过各种渠道占据人们的视野。据澳门广告协会会长胡锦汉介绍，由于博企间竞争激烈，保守估计各博企目前投放的广告量较赌权开放前已增多十倍。[②]

在博彩信息充斥、博彩业收入飞速增长的环境下，博彩业所带来的负面效应也日益凸显。如何引导公众健康、理性地看待和参与博彩活动，构建一个负责任的博彩产业，成为社会各界关心的内容。目前学界、业界对于"负责任博彩"尚无统一的定义。一般认为，负责任博彩是指在允许博彩业存在的前提下，尽量减轻博彩活动，主要是博彩活动所引发的问题赌博所带来的危害。[③]Blaszczynski 等人提出，负责任博彩应以预防和治疗相结合为目标，即减少新的问题赌博案例的发生和降低问题赌博的普及程度。[④]后续研究还提出，在讨论和制定博彩政策时，应将博彩业对潜在博彩者及周边社区的影响也考虑进去，博彩行业，包括股东、博企、第三方服务供应商及相关员工应接受监管，遵守行业规范，并在个人、经济和社会效益方面发挥作用。[⑤]

笔者认为，一个负责任的博彩产业至少应包括三方面的责任：一是赌客对自身博彩行为及后果负责。心理成熟、健康的赌客应对博彩活动的特征有基本了解，有能力控制博彩投入并确保自身生活不受影响。二是博彩业经营者及相关服务提供商一方面要对其利益相关者负责，比如保证公平、合法地为公众提供博彩娱乐活动，保护股东权益，遵守监管机构规章并合法纳税，为雇员提供安全的工作环境等；另一方面要对消费者（即赌客）及其周围的人群负责，恰当宣传博彩信息，增强民众对博彩行为的认知，及时帮助问题赌客以减少相关社会问题的产生。三是政府作为博彩业监管机构，必须负起监管者和执法者的责任，制定并完善博彩法律法规，并切实做好违规处罚措施。本文通过分析投注者心理与赌客在赌博活动中的认知与行为偏差，研究博彩信息传播对赌客（包括潜在赌客）行为的影响，并对澳门博彩信息发布的规范与监管提出建议。

二 常见的赌博心理与认知偏差

传统经济学假设人是完全理性的，人的一切行为都以利益最大化为目标。而行为经济学认为，人的理性是有限的。由于人脑处理信息的能力有限，人们无法完全掌握处理各类信息的知识与技术。在时间较短或信息不充分的情况下，人们所作的很多决策并非是完全理性的。Kahneman 和 Tver-sky 认为，除了利益之外，决策者个体的心理特征、自身偏好、价值观念等多种因素均会影响他们的行为。[⑥]如果不了解彩票的基本特征，彩民在处理与彩票相关的信息时会出现认知偏差，从而引发非理性的购彩行为。比如，由于不清楚彩票的中奖概率，很多彩民把赢钱作为购买彩票的主要目的。[⑦]而即便知道"十赌九输"的道理甚至清楚赌桌游戏的原理，进赌场赌博的人依然络绎不绝。这一方面是由于赌博满足了人们的一些心理需求，比如赢钱时的心理满足感、成就感，工作或生活压力大时能够暂时转移注意力，舒缓情绪；另一方面则来自赌客对自我以及博彩活动的认知偏差，比如认为自己拥有特别的技巧或运气，能够在赌场上持续获胜。

习惯性赌徒通常认为，只要坚持去赌，长期下来总会赢钱。[⑧]的确，赌博活动有输有赢，但认为坚持赌博必有回报则是一种误解。由于庄家抽头及赌场优势的存在，从长期来看赌客更多的是输钱，而不是赢钱。之所以产生赢钱的误解，是因为他们对概率和随机性事件的理解有偏差。首先，大多数赌客不清楚博彩游戏的赢钱概率。研究发现，只有约 1/3 的受访彩民知道英国国家彩票的头奖概率接近 1400 万分之一。[⑨]广州的彩票购买者中，只有约 23% 的受访者知道彩票中大奖的概率小于 100 万分之一，其余购彩者不知道或高估中奖概率。[⑩]

其次，多数赌客不了解博彩游戏的本质，也不理解赌场优势。[⑪]赌博本质上是一种机会游戏，这种游戏在规则设定时就是有利于赌场的。赌博又是一种零和博弈。从长期来看，赌场一定稳赚，才有足够收入用于支付员工工资、场地和水电费用等各种开支；而有人赢钱只是单个事件的结果，赌客从整体来看一定是输钱的。然而，由于"证实性偏差"（Confirmation Bias）等认知偏差的存在，赌客即便了解赢钱的概率或者知晓赌场优势，也会选择性地无视或忽略他们不愿相信的事实（比如赢钱只是小概率事件），而选择相信他们愿意相信的事实（比如周围又有人赢大钱，那么我也会赢大钱，或者相信只要坚持赌下去，赢钱的好运就会再次降临）。

第三，当时间短、缺乏足够的信息而又必须做出决策时，人们往往会运用某些快速判断的法则（Heuristics or Rules of Thumb）来做出近似而非精确的估计。很多情况下，这种快速判断法是有效的。但在博彩游戏中，事情可能并非如此。比如，人们倾向于以一个事件与总样本的相似程度来判断该事件发生的概率。与总样本的相似度越高，则认为该事件越可能来自该样本群。这被称为代表性法则（Representativeness Heuristic）。[12]在澳门赌场最受欢迎的百家乐游戏中，很多赌客投注时都会参考前面赌局的结果，力图使"庄""闲"出现的次数大致相仿而令结果看起来更像随机事件。类似地，在彩票投注过程中，人们更倾向于选择一组看似"随机"的号码，而避免出现连续的号码或前次大奖出现过的号码，因为这些数字被"认为"缺乏随机性。这些行为都源于对随机性和独立事件的不了解，从而造成对代表性法则的误用。

由于对博彩活动的误解和快速判断法则的应用，赌客在博彩活动中经常出现赌徒谬误（The Gambler's Fallacy）、过度自信（Over-confidence）、控制幻觉（Illusion of Control）、羊群效应（Herding Effect）等认知偏差。赌徒谬误是指，如果一件事刚发生不久，人们会认为其短期内再次发生的可能性将会降低。比如押大小时，如果前面几局都开"大"，赌客会认为下次开"小"的可能性更高；百家乐游戏连续开"闲"，下一局押"庄"的人就会增多。而过度自信或控制幻觉是指，赌徒中普遍存在一种对获胜的可能过分乐观的心理。很多人相信，自己拥有异于他人的好运气或赌博技巧。相对于不赌博或偶尔赌博的人士，习惯性赌徒更容易产生过度自信的心理。羊群效应也称从众心理，即个体倾向于与群体的看法或行为保持一致。比如，赌客多喜欢去人气旺的赌场，认为大家都去的地方必定容易赢钱。赌厅里，人们也喜欢"扎堆"在同一张赌台上，特别是当某张赌台有人连续赢钱的时候，会有更多的人跟到那张赌台，以求沾到好"手气"。[13]

三 "可得性偏差"与"框架依赖"对赌客行为的影响

由以上分析可见，人的有限理性以及对博彩活动的误解使得人们在赌博活动中产生行为偏差。其中，"可得性偏差"和"框架依赖"在很大程度上影响了人们对博彩信息的处理，进而影响其后续博彩行为。

（一）可得性法则（Availability Heuristic）

可得性法则是指决策者通过事件进入其脑海的容易程度来估计其发生概率的行为。事件越容易被回忆起来，其再次发生的可能性就被估计得越高。那些重大的、不常发生的或有特色的事件往往给人留下较为深刻的印象，因而其再次发生的可能性也容易被高估。[⑭]比如，若最近刚有航班失事及重大人员伤亡的消息，则短期内人们会尽量避免出行、搭乘其他交通工具，或选择其他航空公司的航班。这主要是因为航班失事的灾难性后果和媒体的广泛报道，会给人留下真实而深刻的记忆，进而高估飞机再次失事的可能性并产生恐惧心理。但此刻的人们不会想到，飞机实际是世界上最安全的交通工具，每年因车祸丧生的人数比飞机失事丧生的人数要多得多。

由于人脑收集和处理信息的能力有限，对赌客及一般大众而言，中大奖或赢大钱的新闻总是比输钱或病态赌徒的报道更能吸引人的注意，因为这更符合人们以小博大、迅速致富的心理期待。即便不是自己赢钱，看到同伴甚至赌桌上素不相识的人赢钱，也会进一步强化"总会赢钱"这一观念在其脑海中的印象，无视自己或他人不断输钱的事实而继续落注。而媒体为吸引读者的注意力，也热衷于密集报道中奖新闻、赢钱轶事，使得民众对赢钱的印象更加深刻，从而大大高估彩票中奖的概率或在赌博中获胜的容易程度。此外，澳门随处可见的博彩广告和宣传单张上频繁出现"轻松赢大奖""轻松赚百万"的字样，都会在一定程度上增强受众对于中大奖的期待，提高他们对赌博赢钱的可能性及容易程度的估计。

（二）框架依赖（Framing Dependence）

框架依赖是指人们对事物的认知与判断会受到表达方式的影响。本质上相同的问题，若采用不同的表达方式，会使人产生不同的偏好，进而做出不同甚至截然相反的判断与决策。[⑮]为验证框架依赖的作用，Kahneman 与 Tversky 设计了如下一组实验。假设美国即将爆发一种罕见的疾病，可能导致 600 人死亡。目前有两种治疗方案，A 和 B，其各自的治疗效果如下表所述。

表 1　以"得救"为描述主题

方案	描述内容	选择比例（N = 152）
A	将有 200 人得救	72%
B	有 1/3 的可能性 600 人全部得救，而有 2/3 的可能性是无人得救	28%

表 2   以"死去"为描述主题

方案	描述内容	选择比例（N = 155）
A	将有 400 人死去	22%
B	有 1/3 的可能性无人死去，而有 2/3 的可能性是 600 人全都死去	78%

可以看到，当实验者采取表 1 的方式来描述治疗效果时，152 个被试者中有 72% 选择了方案 A，28% 选择了方案 B。当治疗效果以表 2 的方式来描述时，155 个被试者的选择发生了逆转，只有 22% 的人选择方案 A，78% 的人选择了方案 B。这组实验说明，尽管两个方案治疗结果的期望值完全相同，但由于采用了不同的表述方法，人们的偏好出现截然相反的结果。当以"得救"为描述主题时，人们宁可看到确定的少数人得救（表 1 中的方案 A），也不愿意看到有较大可能的无人得救（表 1 中的方案 B）；当以"死去"为描述主题时，人们宁可选择治疗结果不确定、但有较小可能全部人都获救的方案（表 2 中的方案 B），也不愿意看到确定的大多数人死去（表 2 中的方案 A）。

下面的例子清晰地体现了人们在面对"输""赢"时的不同偏好，说明人们对于不同结果的偏好取决于该事件是如何被描述的。如表 3 所示，A、B 两组方案分别以（1）、（2）两种方式进行表述，每组方案下两种表述的期望回报完全相同（A 方案下两种表述的期望回报为赢 5 元，B 方案下为输 5 元）。研究发现，在面对以"赢"为主题的 A 方案时，人们显现出风险偏好的倾向，更愿意以千分之一的机会赢取 5000 元；而在面对以"输"为主题的 B 方案时，人们则表现出风险厌恶的特征，宁愿痛快地付出 5 元钱，也不愿有千分之一的机会损失 5000 元。

表 3   以"输""赢"为描述主题

方案	描述内容	风险类型
A	（1）1/1000 的机会赢 $ 5000；（2）确定赢 $ 5	正面描述：赢　风险偏好
B	（1）1/1000 的机会输 $ 5000；（2）确定输 $ 5	负面描述：输　风险厌恶

赌博是一种以低成本博取高回报的概率游戏。博彩运营商出于吸引顾客、增加投注额的考虑，倾向于使用正面的词汇描述博彩行为，以"赢"或"中奖"之类的字眼博取民众注意力。而博彩参与者出于赢钱的希望，也愿意看到正面的、符合期待的心理暗示，而把"输""损失"等反面词语

看作晦气和不吉利的暗示。Kahneman 和 Tversky 指出，人们看待输赢的价值并不一定与事件发生的概率直接相连，其对事件概率的估计很大程度上受到事件表达方式的影响。[16]相对于确定的、小金额的损失，人们更偏好不确定的、大金额的收益；反之，人们厌恶不确定的、大金额的损失，但对确定的、小金额的收益毫不在意。正因有着大额奖金的诱惑，众多彩民才不顾中奖概率极低的事实而频繁购买彩票。媒体报道的中奖信息也进一步强化了彩民中大奖的期望，使其将注意力更多集中在中奖上，而不是他们已为此付出的时间与金钱上。因此，当赌客的着眼点在"赢钱"而非娱乐时，他们就会忽略自己已为之投入的时间、金钱以及输多赢少的事实，变得更加偏好风险，即便有血本无归的可能也要继续投入。

（三）相关各方的责任

由此可见，博彩信息的传播可对人们的博彩行为产生重要影响。对博彩运营商而言，首要目的是扩大赌收，增加赢利，广告与促销是其促进收入增长的有力工具。而媒体出于吸引读者注意力和扩大发行量的考虑，也愿意迎合读者需求，报道各类中奖故事。因此，这些机构均可能主动或被动地"应用"可得性法则，在传播博彩信息的过程中，强化公众对赢钱和中奖的错误认知。从对公众负责的角度来讲，政府监管机构亦应考虑到赌客决策行为的特点，制定切实可行的规范，规定并引导有关信息的传播内容、传播途径及覆盖群体；博彩服务提供商须切实执行有关信息规范，努力避免误导性信息的传播与扩散；而媒体也应保持必要的职业操守，在真实报道的基础上，减少夸张渲染，增强理性分析与评论，将社会关注的焦点引向平和、理性的分析与判断。

四　借鉴英国经验，完善博彩信息监管体制

（一）英国博彩信息监管概述

英国的博彩活动形式多样，包括宾果游戏、赌场、体育博彩（如赛马、赛狗、足球）、彩票、刮刮卡、电玩游戏、角子机及网络赌博等。目前，英国对博彩活动的监管主要由英国文化、媒体和体育部（Department for Culture, Media and Sport）通过独立的非政府机构——博彩委员会（Gambling Commission）及地方当局进行，监管依据是英国国会 2005 年通过并执行的《博彩法》（The Gaming Act 2005）。[17]而点差交易赌博（Spread Betting）和国家彩票（National Lottery）则分别由英国金融服务局（Financial Services Authority）和国家彩票委员会（National Lottery Commission）单独监管。

英国《博彩法》有两个内容值得注意。一是第四部分对未成年人[18]的保护条款。法案指出，任何人邀请、促使或允许儿童及少年参与博彩活动[19]均属违法。而任何向儿童或少年发送宣传博彩的文件，或以鼓励博彩的信息吸引儿童或少年注意的行为，均被视为"邀请"未成年人进行赌博而判定违法。同样，邀请、促使或允许儿童及少年参与任何商业性的、公开发行的彩票活动[20]均属违法。向儿童或少年发放印有彩票广告的文件或授以能引起其注意的信息以鼓励其购彩也属违法。违反本部分任何条款者，将被处以不超过 51 周的监禁或不超过 5000 英镑（某些情况下不超过 1000 英镑）[21]的罚款，或两者并罚。二是第十六部分与广告有关的内容。法案指出，文化、媒体和体育部部长可以就博彩广告的控制进行监管，包括博彩广告的形式、内容（如要求广告内包含某些特定措辞）、投放时间以及投放地点等。同时，亦应考虑保护儿童及少年免受博彩广告伤害或利用。

除博彩法律、法规外，通用的信息传播法规也有专门针对博彩广告的规定。《英国非广播广告、促销和直销准则》（The UK Code of Non-broadcast Advertising, Sales Promotion and Direct Marketing, The CAP Code）（12th Edition, 2010）和《英国广播广告准则》（The UK Code of Broadcast Advertising, The BCAP Code）（1st Edition, 2010）均指出，博彩产品的市场传播必须具备社会责任，特别是要保护 18 岁以下的儿童、少年及其他弱势成人（Vulnerable Adults）免受博彩宣传与促销的危害或利用。例如，博彩营销不得描述或鼓励不具备社会责任的博彩行为，或可能导致财务、社交或情感伤害的博彩行为。博彩营销不得暗示赌博可帮助逃避个人问题、可解决财务问题或就业问题，并特别强调不可利用受众有关赌博或运气的文化信仰或传统进行赌博营销。该两项准则也均对误导性广告及保护儿童作出详细规定。电视、广播服务提供的广告则由 2003 年《通信法》（Communications Act）的有关规定进行管理。

（二）澳门博彩信息监管情况

在澳门，规范大众传播行为的法律主要有《出版法》《视听广播法》《广告活动法》等。《出版法》（第 7/90/M 号法律）强调出版业的思想表达自由，保障新闻从业者及公众的资讯权。至于所表达资讯的内容是否公正合理，则由其他法律进行规定。例如，《视听广播法》（第 8/89/M 号法律）第四十八条规定："广播机构在广播资讯时，应遵守不偏及真确价值观，自我约束虚假的或未经证实的消息之播放，或将之作新闻性质处理而可能歪曲事实或引致公众错误认识。"而第五十六条指出，"凡透过取巧潜意识或掩饰方式引致公众产生错误意念，或在不理解所传播信息性质下而受影响之广告传播"，应被禁止。具体而言，凡"具有隐瞒、间接或蓄意性质者""以接收者之恐惧、无知或迷信为基础者""可能对消费者引致损害者""可能引致对宣传之物品或服务质素有错误意念者"均在禁止之列。该法律第五十七条亦明确规定，幸运博彩之广告受到有条件限制，不得以赌博作为广告信息的主要目标，但官方机构赞助之赌博除外。《广告活动法》（第7/89/M号法律）第七条指出，凡"通过技巧，潜意识或掩饰方法而错误引导或影响广告对象，使他们不能了解被传送信息的性质的所有广告"均被禁止，并特别禁止"有隐藏，间接或欺诈性质者""利用广告对象的恐惧，无知或迷信者"以及"可对所推销的物品或服务的品质作错误引导者"之广告。第八条还特别规定，放债活动及以博彩活动作为广告的主要信息者不可做广告宣传，但"放债活动及与博彩有关的活动可在电话簿黄页分类、商业年鉴及其他同类性质刊物内作宣传广告"。

出于对新闻自由的保护，媒体有自由传播博彩资讯的权力。但在传播此类资讯时，广播、电视媒体亦应遵守《视听广播法》的规定，以公众、真实、确切的价值观为引导，避免播放可能歪曲事实或引发公众错误认识的新闻资讯。其他平面出版媒体、网络媒体从职业道德的角度，亦应恪尽新闻行业操守，避免在新闻中报道夸大、片面的内容，以免使社会公众产生博彩可赚大钱或通过赌博很容易致富的观念。对于上述其他内容，且不论官方机构赞助的赌博活动与非官方赞助的赌博活动相比，是否应有例外的权力，允许以幸运博彩作为广告信息的主要目标（参见《视听广播法》第五十七条）；也不论在电话簿黄页、商业年鉴及同类性质的刊物内准许出现博彩广告是否合理，且上述同类性质刊物到底是怎样的同类性质也未作明确说明。但除上述大众传播方面的法律之外，澳门在博彩方面的各项法律及规章[22]对于博彩广告及博彩相关信息的传播内容、传播方式、受众人群等均未作任何规范。

至于博彩企业发布的广告信息，则需区别对待。企业形象类的广告，如仅宣传企业名称或推广公益事业，是符合广告法要求的。而销售类广告，如含有鼓励博彩的内容，则应予以适当限制。比如广告图像中出现骰子、轮盘等赌博用具，广告文案中含有中大奖的具体金额，或"轻松"中大奖等诱导性词语，均涉嫌违反上述《广告活动法》第七、八条内容。近年来由于博企间竞争激烈，各种形式的广告与促销手段也愈演愈烈。报章杂志、各类户外媒体、公交车、出租车及旅游巴上均可见各种形式的宣传广告，旅游巴停泊处及出入境口岸大厅外亦随处可见举着博企牌子招揽赌客的宣传员。在他们向路人发放的宣传单张上，大多是各类销售广告，以免费筹码、大额奖金等形式吸引赌客投注，其中"幸运"拿百万、"轻松"赢大奖等字眼比比皆是。由此可见，澳门目前的博彩广告大多是游走于法律边缘甚至已跨过法律边界。由于此类销售广告、传单出现于全体大众所到之处，包括儿童及未成年人也会受到渲染。因此，澳门应借鉴英国经验，限制博彩类广告出现的地界，禁止广告上出现吸引儿童注意的信息（如卡通形象及数字），禁止向儿童及少年发放博彩广告传单，在保护儿童及未成年人方面尽到更多社会责任。

（三）几点启示

由上述分析可知，博彩信息会对大众的博彩认知产生重要影响。如何从社会责任的角度，减轻博彩信息的负面影响，则需要社会各界包括博企在内的多方努力。

第一，调查博彩广告及相关信息对于公众博彩行为的影响。比如，进赌场赌博的人中有多大比例是受到广告的影响，或具体因广告提供的免费筹码、对广告宣称可中大奖的期待等才参与博彩的。澳门大学一项研究指出，多数受访青年表示初次赌博与朋友有关，未见媒体讯息对其赌博行为有重要影响。[②]但该项调查针对澳门青年，研究对象从小生活于博彩业环境当中，对博彩讯息早已司空见惯，不会过于敏感。而对游客，特别是占访澳旅客超过50%的内地游客来讲，由于幸运博彩及互相博彩在内地均属非法，来澳门的一个主要动因就是想去赌场见识一下，因此对于博彩广告及相关信息会更加敏感。此外，澳门赌权开放后经过十年发展，博企间竞争日益激烈，各种广告促销手段也逐渐创新与丰富，五六年前的调查可能已与现时状况不相符合。因此，重新调查博彩资讯对居民及游客的影响是很有必要的。

第二，政府机构及各类社会团体可通过系列讲座、宣传单张、宣传周等活动，向社会公众普及与博彩有关的概率及行为学知识，提高公众对博彩行为的正确认识。同时，博彩企业亦应向员工提供负责任博彩培训，培养员工对博彩行业的客观、理性认知。由此，才可从购买与销售两个环节均加强对博彩活动、博彩行为的理解与认知。

第三，修订并完善广告法及相关博彩法律、法规。对于有销售性质的广告及博彩信息，应对其发布的内容、形式、措辞、对象、时间及地点等予以明确规定与限制。应清晰界定"博彩活动"的内容，规定不可于博彩广告上出现的内容、措辞及图案，约束视听媒体上博彩广告的播放时段（出于保护儿童及未成年人的考虑），同时完善新兴的网络及电讯广告的监管机制。

第四，对于违反法律规定，对公众产生误导的博彩信息及广告内容，应予以撤销、处罚等措施。同时加大对违规操作的处罚力度，起到防微杜渐的作用。

---

①A. Tversky and D. Kahneman, "Availability: A Heuristic for Judging Frequency and Probability," *Cognitive Psychology*, 5 (1), 1973, pp. 207 – 233.

②《监管有漏洞，博彩广告过界》，澳门：《澳门日报》2012 年 5 月 8 日。

③Department of Justice (2010), *Gambling and Racing: Responsible Gambling*, http://www. justice. vic. gov. au/, Access date: July 16, 2012.

④A. Blaszczynski, R. Ladouceur and H. J. Shaffer, "A Science-Based Framework for Responsible Gambling: The Reno Model," *Journal of Gambling Studies*, 20 (4), 2004, pp. 301 – 317.

⑤Allen Consulting Group Pty Ltd., *What is Responsible Gambling*? prepared for The Responsible Gambling Advocacy Centre (RGAC), a non-profit body funded by the Victorian Government, Australia, 2010; J. Gregory, *Conceptualising Consumer Engagement*, Working Paper for the Australian Institute of Health Policy Studies, Melbourne, 2007.

⑥⑯D. Kahneman and A. Tversky, "Prospect Theory: An Analysis of Decision under Risk," *Econometrica*, 47 (2), 1979, pp. 263 – 291.

⑦⑩曾忠禄、翟群、游旭群：《国内彩票购买者的有限理性行为研究》，上海：《心理科学》2009 年第 5 期。

⑧M. B. Walker, *The Psychology of Gambling*. Oxford: Pergamon Press, 1992.

⑨P. Rogers and P. Webley, *It Could Be Us! A Cognitive & Social Psychological Analysis of Individual & Syndicate Based National Lottery Play in the UK*, unpublished manuscript, 1998.

⑪赌场优势是指在设计赌桌游戏时，游戏规则倾向于有利于赌场，使得赌场与赌客的博弈当中，从长期来看，赌场获胜的概率略高于 50%，而赌客获胜的概率略低于 50%。二者之间的差额即形成赌场的毛利润。

⑫D. Kahneman，P. Slovic and A. Tversky，*Judgment under Uncertainty*：*Heuristics and Biases*. NY：CUP，1982.

⑬参见 C. T. Clotfelter and P. J. Cook，"The Gamblers Fallacy in Lottery Play，" *Management Science*，39（B12），1993，pp. 1521 – 1525 及附注 9。

⑭参见附注 1 及 P. Rogers，"The Cognitive Psychologyof Lottery Gambling：A Theoretical Review，" *Journal of Gambling Studies*，14（2），1998，pp. 111 – 133.

⑮参见附注 6 及 A. Tversky and D. Kahneman，"The Framing of Decisions and the Psychology of Choice，" *Science*，211，1981，pp. 453 – 458.

⑰如无特别说明，以下所称《博彩法》均指 2005 年《博彩法》。

⑱法案所述的未成年人是指 16 岁以下的儿童及 16 ~ 17 岁的年轻人。

⑲此处的博彩活动不包括私人或非商业性的赌博、私人或非商业性的体育博彩、彩票以及未获执照的家庭性质的有奖游戏等。

⑳此处所指的彩票不包括附带的非商业化彩票、私人彩票以及国家彩票。附带的非商业彩票由《附带非商业彩票法规》（Incidental Non-Commercial Lotteries Regulations 2007）监管，小型社区彩票由《小型社区彩票（非商业社区注册）法规》（small Society Lotteries［Registration of Non-Commercial Societies］Regulations 2007）监管，国家彩票则由《国家彩票法》（National Lottery Act 1993）进行监管。

㉑罚款标准（The Standard scale of Fines）由英国 1982 年《刑事审判法》（Criminal Justice Act 1982）设定，共分 5 级，罚款标准分别为 200 英镑、500 英镑、1000 英镑、2500 英镑和 5000 英镑。

㉒包括幸运博彩之《娱乐场幸运博彩经营法律制度》（第 16/2001 号法律）及后续修正，互相博彩之《赛马暨互相博彩规章》（第 163/90/M 号训令）、《赛马"互联网投注"规章》（第 63/2003 号经济财政司司长批示）、《赛狗、电算机及现金彩票规则》（第 7611 号训令）、《赛狗"互联网投注"规章》（第 64/2003 号经济财政司司长批示）等及后续修正，彩票之《白鸽票法定规章》（第 8/2004 号行政命令）、《"体育博彩——足球彩票"规章》（第 138/98/M 号训令）、《"体育彩票——篮球博彩"规章》（第 20/2005 号行政命令）及后续修正。

㉓冯家超等：《澳门青年问题赌博之形成研究》，澳门：澳门大学博彩研究所，2007 年 12 月 7 日。

作者简介：刘爽，澳门理工学院博彩教学暨研究中心讲师、博士。

［责任编辑：陈志雄］

（本文原刊 2012 年第 4 期）

美国镀金时代之赛车运动发展初探

张 准

[提 要] 美国的赛车运动与汽车工业几乎同时起源于镀金时代并得以迅速发展。本文通过文献研究，对镀金时代美国赛车运动的萌芽和发展、发展的原因以及赛车运动的积极意义等问题进行了分析。镀金时代的美国，赛车运动对汽车工业的发展具有重要的推动作用，二者之间形成了相互促进的良性循环，在体育、文化、经济等方面均具有明显的积极意义，值得我们借鉴。

[关键词] 美国 镀金时代 赛车运动

"镀金时代"（The Gilded Age）通常指南北战争以后到 20 世纪初的那一段时期，它是美国经济高速增长、国家崛起的关键时期，[①]也是美利坚民族勇于创新、敢于冒险、崇拜英雄、追求速度、喜欢刺激的个性形成与发展的关键时期。[②]美利坚民族这种近乎与生俱来的天性，反映在体育上，就是他们不仅喜好体育运动，而且喜好强对抗、高风险、高刺激的体育运动，尤其喜好自我创造、特立独行的体育运动，如美式橄榄球、棒球、纳斯卡赛车等。美国的赛车运动便萌芽于镀金时代，并且迅速发展壮大，在体育、文化、经济等方面具有明显的积极意义。

一　镀金时代美国赛车运动的萌芽和发展

（一）汽车的发明与赛车运动

"更高、更快、更强"既是体育的极致追求，也是人类的永恒向往。正是源于人类对速度的孜孜以求，以内燃机为动力的现代意义上的汽车问世不过 10 年，现代赛车运动便随之产生并迅速传遍大西洋两岸，备受追捧。1886 年，德国人戈特利布·戴姆勒（Gottlieb Daimler）和卡尔·奔驰（Carl Benz）几乎同时发明了世界上第一辆四轮内燃机汽车。③1887 年、1888 年，法国举办了两次蒸汽汽车比赛。1893 年，世界上第一个汽车牌照和驾驶证在法国颁发。1894 年，法国举行了巴黎—里昂汽车赛；次年又举行了赛程全长超过 1000 公里的巴黎—波尔多往返公路汽车赛。④

（二）美国赛车运动的萌芽

现代汽车与赛车运动在美国的出现稍晚于欧洲。1892 年，杜里埃兄弟（Charles E. Duryea & J. Frank Duryea）制造出美国第一辆汽油汽车，次年 9 月 21 日进行了其首次行驶。⑤1895 年 11 月 28 日（感恩节），《芝加哥先驱报》（*The Chicago Times Herald*）赞助了美国首次赛车比赛，冠军奖金高达 2000 美元。⑥不同于当时欧洲个人英雄主义式的车赛，所有报名参赛的车辆都必须经过一系列的测试，以便为生产出比马车更实用的机械车辆搜集技术资料。赛程从伊利诺伊州的芝加哥至埃文斯顿，全长约 87 公里，实际参赛的有 4 辆汽油汽车和两辆电动汽车，而最终能跑完全程的只有弗兰克·杜里埃的汽车和一辆新型的德国奔驰牌汽车，杜里埃以 7 小时 53 分的成绩夺冠。⑦此后，别克、利兰、福特等新的发明家和赛车手如雨后春笋般不断涌现，汽车比赛次第举行。次年，为避免沙尘对赛车手视线的影响，在美国的普罗维登斯，车赛改为在封闭的赛场和路道上进行，是为世界上首次场地赛车。

（三）亨利·福特与美国赛车运动的迅速发展

对汽车工业而言，赛车运动既是生动形象的广告宣传，又是检验车辆性能的最佳途径。不仅汽车生产商热衷于举办车赛，早期的汽车发明家更不惮身体力行亲自参赛，企望夺冠而一举成名。美国汽车大王亨利·福特（Henry Ford）便是在赛车场上起家。

1901 年夏，福特制造出自己的首辆 25 马力赛车，时速达上百公里，性能堪与欧洲 50 马力以上的赛车媲美。同年，他驾驶该车参加底特律年度汽车大赛，在汽油汽车 10 英里赛中以 13 分 23.8 秒的成绩夺冠。1902 年，福特又研制出著名的"999"型赛车。赛车运行时，引擎喷射出长长的火舌，令人过目难忘。同年10月，从未参加过汽车比赛的青年巴尼·欧罗菲（Barney Onofre）驾驶该车在罗德岛汽车大赛中以5分28秒的创纪录成绩跑完了5英里的赛程，领先第二名半英里之多。6周后，巴尼又将全国纪录提高到每英里1分1.2秒，成为风靡一时的赛车英雄。[8]1903年，底特律的富商亚历山大·麦肯森（Alexander Mackenson）与福特合作，成立了福特汽车公司，福特出任副总裁兼总经理，主管制造，迈出了走向"汽车大王"的第一步。巴尼曾对福特说："你以造车出名，我以驾车出名，但我觉得还是你更伟大。"[9]巴尼与福特堪称镀金时代美国赛车运动与汽车工业鱼水交融的一个缩影。

（四）赛车运动向西部发展

镀金时代，美国的西部开发向纵深发展。在地广人稀的西部地区，汽车如鱼得水。以始于1909年的印第安纳波里斯车赛为标志，赛车运动也开始向西部进军。以当地廉价易得的木材为原料，西部迅速建起众多1英里或2英里长的椭圆形赛道。赛事经营商青睐此种赛道，因为观众须购票入场。观众也很满意，因为可以看到整个赛道中的比赛进程。与此同时，此种设计使得比赛中惊险的超车镜头比比皆是，比赛结果更多地取决于车手的胆量和技术，而非赛车性能。整个比赛过程简单刺激、紧张危险，正投美国人之所好。各种民间自发组织的规模不等的赛车活动不断涌现。到20世纪40年代，全美各地大大小小的私人车赛基本上统一到一个联盟之下，即NASCAR（National Association for Stock Car Auto Racing，美国国家赛车联合会），一个超越所有车手、车队所有者和赞助商之上的管理机构。完全不同于走精英路线的F1赛车，这种被戏称为"乡巴佬的赛车运动"的纳斯卡赛车至今仍是美国车迷的最爱和美国赛车运动的缩影。[10]目前，纳斯卡赛车已成为全美现场观众人数最多、电视观众人数第二的运动项目。NASCAR每年得到大约25亿美元的赞助金，组织2000多场比赛，场均（到场）观众10万人，每次人均消费200~300美元；NASCAR特许商品年销售额约为20亿美元；2007年生效的NASCAR电视转播协定，为期8年，价值44亿8000万美元。[11]

除此以外，走精英路线的冠军方程式系列赛（CHAMP CAR）也于1909年诞生于西部俄勒冈州的波特兰，并延续、发展至今。目前，其影响力虽逊色于F1大奖赛，但历史之悠久堪称世界之冠，同时也是唯一在4种不同赛道（标准赛道、街道赛道、椭圆形赛道、机场赛道）进行的世界顶级赛车项目。[12]

二　美国赛车运动迅速发展的原因

镀金时代美国赛车运动迅速发展，既有根深蒂固的文化因素，又是当时经济、技术条件发展的结果。

（一）工业化是赛车运动产生和发展的前提

镀金时代是美国社会全面实现工业化的时期，而工业化是赛车运动产生和发展的前提。首先，汽车的发明是多种现代工艺技术的结晶，是工业化发展到成熟阶段的结果和标志；而赛车更代表了一国汽车工业发展的最高水平。其次，工业化为包括赛车运动在内的体育休闲活动的产生和发展提供了必要的前提条件：更高的人均收入和更多的闲暇时间。"竞技运动随着大工业的产生发展而逐渐成熟起来，当国家的人口由分散的乡村集中到城市，社会为人们提供越来越多的物质、能量、信息、闲暇时间的时候，竞技运动迅速进入了人们的社会生活。"[13]镀金时代，美国经济高速发展：1859～1914年，美国制造业产值增加了18倍，[14]同期人均国民收入则从296美元增至589美元。[15]产业工人平均工资（按当年价格计算），1860年为297美元，1890年为427美元，1914年为580美元，如今看来甚为菲薄，但到19世纪后期已高于欧洲各国水平。以1886年"五一"大罢工为起点的八小时工作日运动兴起后，工人的劳动时间缓慢下降。1890～1915年，产业工人周平均劳动时间从58.4小时降至53.5小时。[16]换言之，到第一次世界大战前，美国社会总体上实现了每周6天、每天9小时这样一种现代社会可以接受的工作制度，从而为体育休闲活动真正走进广大美国人的生活创造了条件。19世纪80年代，体育休闲在美国成为一种独立的社会现象，十余年后赛车运动便应运而生。

（二）以竞争为核心的社会行为和价值观念是赛车运动的文化背景

体育社会学认为，体育是社会的缩影，又折射着社会的方方面面。竞技运动作为社会文化活动的重要内容，必然要受到社会主流价值观念和精神的影响，并对之施加反作用。现代竞技运动是高度发达的市场经济的产物。"市场经济的核心是自由竞争，要求与之相适应的竞争行为和竞争观念成为社会的主流。这种行为特征和价值观念反映到人们的业余文化生活中，便刺激了现代竞技运动的蓬勃发展。"[17]镀金时代，随着美国经济的快速发展，竞技运动不仅快速兴起，而且逐步取得了世界范围内的优势地位并延续至今。公平竞争、优胜劣汰是一切竞技运动的不二法则，而在赛车运动中更是体现得激情四射、酣畅淋漓，无怪乎美国社会上下至今乐此不疲。

与此同时，"社会达尔文主义极其适合'镀金时代'美国企业家的脾性"。[18]社会达尔文主义将生物界的"物竞天择、适者生存"搬到人类社会，声称企业之间你死我活的竞争、赢家通吃胜者全拿的游戏规则和由此导致的贫富分化等社会现实都是"生存竞争"的体现，是人类无法干预的自然现象，正好适用于统治阶层减轻大众不满情绪、缓和社会矛盾的需要，从而被当时的美国主流文化广泛推崇。现今美国社会的四大运动——棒球、橄榄球、篮球、赛车都兴起于社会达尔文主义泛滥成灾的镀金时代，充分体现了社会价值观念与竞技运动的密不可分。[19]

（三）得天独厚的经济和技术条件

汽车工业的发展壮大是赛车运动普及和发展的前提。美国发展汽车技术和汽车工业的条件得天独厚：一方面，钢铁、石油工业实力雄厚且原材料资源丰富；另一方面，地广人稀的国情特别是西部开发（亦称"西进运动"）为汽车工业提供了广阔的市场前景，内燃机和汽车制造技术迅速转化为生产力。1903年成立的福特汽车公司率先运用部件标准化原理进行大批量生产，美国汽车工业自此一日千里。到1914年，美国汽车年产量已达57.3万辆。[20]1900年，美国登记的汽车总数不过8000辆，到1913年已超过100万辆，短短十余年间汽车保有量增长了100倍以上。[21]

三　赛车运动促进汽车工业的发展

赛车运动从诞生之日起就与汽车工业有着不可分割的血肉联系。一方面，汽车工业是赛车运动的基础，其发达程度在相当意义上决定着一国赛车运动的普及程度和实力水平。当今的赛车强国美国、西班牙、意大利、法国、日本等，无不是汽车工业大国。而另一方面，赛车运动对汽车工业的发展有巨大促进作用。

（一）促进汽车工业提高技术、改善性能

本田汽车的创始人本田宗一郎说过："赛车是汽车的活动实验室。"较之其他竞技运动，赛车运动的一大特点就是对汽车技术的高度依赖性，因而赛车运动的发展史就是汽车技术的进步史。回顾百年来的汽车工业发展史，其技术进步中相当大的部分来自赛车场，"高性能轮胎、铝合金轮圈和引擎体、碟式刹车、渍缩式方向盘、中置引擎、多气门引擎、涡轮增压系统、可变正时气门、计算机控制燃油喷射系统、引擎计算机侦测系统、电

子点火系统、电子式半自动变速箱、防滑差速器、悬挂系统、车身轻量化结构、车身防撞钢架、车身复合式材料、车身空气动力学……"㉒这些在当今汽车工业中广泛应用的技术成果，都是首先在赛车场上经历了最直接、最残酷的检验。21世纪初，德国有2000多名，美国约有1万名，日本约有2万名专业人员直接从事赛车的研究、设计和制造工作。㉓

镀金时代的美国，赛车爱好者为了赢得比赛而致力于技术研发。当新技术在赛车场上取得成功后，很快便会被生产商应用到量产车型上。福特汽车公司创立时，福特便是以自己的赛车专利、设备和图纸作为出资而占有公司25%的股份，公司最早的产品——福特A型车也是以福特的赛车为蓝本。该车在公司成立的第一年就售出1100辆，是公司得以顺利起步的关键。㉔

（二）塑造汽车品牌，宣传企业形象

赛车运动是汽车生产厂商的最佳广告宣传手段之一。目前，F1大奖赛与奥运会、世界杯足球赛并列为世界三大体育赛事；而F1大奖赛每年18站比赛收视观众人数总和更为三者之最。赛车场上你追我赶、激烈争夺的过程，也是各大汽车生产厂商塑造汽车品牌、宣传企业形象的过程。"赛车运动实质上就是对赛车的极限性和破坏性的使用过程，从而使得这项运动无可置疑地成为检验汽车整体质量和性能的最残酷也是最客观的手段。在赛车场上风驰电掣的赛车就是汽车生产厂商面向公众的橱窗，现身说法、活灵活现地展示着自己的技术水平、产品质量。"㉕汽车工业中，几乎所有的成功企业都生产赛车并积极参与赛车运动，有的更是在赛车运动中起家。

镀金时代的美国，"汽车大王"福特设计并亲自驾驶赛车在比赛中夺冠，迈出了走向"汽车帝国"的第一步。本田起初不过是日本的一个默默无名的小企业，1955年开始涉足赛车领域，1965年首次夺得F1大奖赛墨西哥站冠军，此后便迅速发展起来，如今已成为世界名牌，在世界汽车赛场和市场占有一席之地。意大利的法拉利最初只是参与赛车运动，后来才从事商业化的汽车生产。自1950年设立F1大奖赛以来，法拉利是唯一一支每年都参赛的车队。从某种意义上说，F1是法拉利最好的广告，而法拉利就是F1的代名词！此外，奔驰、宝马、三菱等汽车巨头在参与赛车运动方面，无不是倾情投入，不甘人后。

（三）普及汽车文化、拉动汽车消费

F1大奖赛风靡欧亚，在美国却不太受到追捧，其重要原因在于美国赛车文化更趋于平民化。美国赛车俱乐部官员约翰·皮索普（John Bishop）批评F1："我们比赛的是运动员的技术，而不是靠机器人和电脑决一胜负。我希望F1大赛恢复其古典式的赛车精神。"㉖在美国，赛车更像一项"平民运动"，美国人民为之狂热的纳斯卡系列赛则是"平民运动"的代表。"与其早上7点去看一个德国人驾驶一辆价值1000万美元的赛车毫无悬念地赢得比赛，还不如下午3点去看看电视里谁能驾驶一部和我家一样的道奇赢得纳斯卡的胜利。"㉗这是不折不扣的美国式思维：在遵守游戏规则的条件下，任何人都有机会获得成功。这就是"美国梦"，美国文化的精髓与魅力所在。

文化的力量是无穷的。赛车运动以潜移默化的方式，推动千千万万的观众特别是青年人成为汽车的消费者或潜在消费者。以美国为例，纳斯卡赛车就是根据各大汽车厂商在市面上销售的车型改装而成。车迷观看比赛后，随时可以冲进遍布北美各地的汽车销售店，购买与冠军赛车最为相似的车型。赛车运动对汽车消费的拉动作用在跑车和吉普车市场上体现得尤为明显。据调查，在选择购买吉普车的车主中，八成以上是赛车迷。㉘

镀金时代的美国，赛车运动对汽车工业的发展具有重要的推动作用，二者之间形成了相互促进的良性循环。赛车运动不仅倡导争分夺秒、顽强拼搏的竞争精神，而且有助于普及汽车文化、拉动汽车消费。赛车运动在中国起步较晚，但发展迅速，2004年F1大奖赛中国站首度在上海进行。愚以为，在中国这样一个人口众多的发展中国家，较之于以F1为代表的"贵族赛车"，美国式的"平民赛车"不仅更容易被社会尤其是青年人士所接受，而且对于普及汽车文化、拉动汽车消费、发展汽车工业，也将有更大的积极作用。

---

①对于"镀金时代"的具体时间起讫，学界尚无明确定论，其起点一般都认可为南北战争以后，而终点有的认为是19世纪末期，有的认为是到第一次世界大战之前，有的认为到20世纪20年代。笔者将"镀金时代"定义为美国经济发展和国家崛起的关键时期，故持第二种观点，参见张准《中美两国经济崛起之比较——镀金时代的美国与改革开放30年来的中国》，太原：《生产力研究》2009年第22期。

②参见H. S. 康马杰的《美国精神》、丹尼尔·布林斯廷的《美国人——南北战争以来的经历》以及霍华德·津恩的《美国人民的历史》等。

③对于汽车的发明者，目前学界存在争议。卡尔·奔驰在1885年研制出世界上第一辆马车式三轮汽车并于1886年1月29日获得单缸三轮汽车的专利权，有人将这一天

视为汽车的诞生日，但也有人认为三轮汽车还不能算作真正的现代汽车。参见陈美华《汽车帝国风云录》，广州：广州出版社，1996，第13页。

④叶菁萌：《赛车运动与汽车工业发展》，北京：《城市车辆》1996年第3期。

⑤⑦加尔文·D. 林顿：《美国两百年人事记》，谢延光等译，上海：上海译文出版社，1984，第252页；第259页。

⑥同年美国产业工人年收入仅532美元（按1914年不变价格计算），参见H. N. 沙伊贝等《近百年美国经济史》，彭松建等译，北京：中国社会科学出版社，1983，第144页。

⑧⑨郑贯成：《巨人百传丛书——福特》，沈阳：辽海出版社，1998，第24页；第26页。

⑩杨光：《乡巴佬的赛车运动，NASCAR的起源和发展》，北京：《中国体育科技》1996年第8期。

⑪楼栋：《世界上来钱最快的车赛纳斯卡为什么在经济危机两年后挨了重重一击》，杭州：《都市快报》2010年8月16日。

⑫金涛：《CHAMP美国冠军方程式系列赛，堪与F1比肩的方程式赛车》，北京：《汽车与运动》2007年第2期。

⑬⑲卢元镇：《中国体育社会学评说》，北京：北京体育大学出版社，2003，第222页；第200页。

⑭H. U. 福克纳：《美国经济史》下卷，王琨译，北京：商务印书馆，1964，第38页。

⑮由于同期美国人口增长了200%以上（从不到3100万人到接近1亿人），人均收入的增长要慢些，参见中国科学院经济研究所世界经济研究室《主要资本主义国家经济统计集》，北京：世界知识出版社，1962，第6、12页。

⑯吉伯特·C. 非特、吉姆·R. 里斯：《美国经济史》，司徒淳等译，沈阳：辽宁人民出版社，1981，第484页。亦可参见张准《美国经济崛起关键阶段的产业工人状况简析》，太原：《生产力研究》2011年第1期。

⑰张新萍：《美国精神与竞技运动文化关系的阐述》，北京：《体育文化导刊》2004年第12期。

⑱罗凤礼：《美国历史上的社会达尔文主义思潮》，北京：《世界历史》1986年第4期。

⑳余志森：《美国通史》第4卷，北京：人民出版社，2002，第11页。

㉑本·巴鲁克·塞里格曼：《美国企业史》，复旦大学资本主义国家经济研究所译，上海：上海人民出版社，1975，第363页。

㉒黎志云：《赛车汽车技术发展的重要动力》，北京：《汽车与社会》2000年第11期。

㉓张煜、刘金华：《魅力无限的赛车运动》，天津：《汽车运用》2004 年第 4 期。

㉔此处的福特 A 型车非 1927 年推出的福特 A 型车，有的文献称前者为 A 型车（1903～1904 年），后者为 B 型车（1927 年）。参见《巨人百传丛书——福特》，第 27～29 页。

㉕㉘陈永革、邱俊斌：《汽车运动与社会发展》，上海：《上海综合经济》2003 年第 12 期。

㉖郭颜：《F1 大赛能否在美再现辉煌？——美国赛车业巨头访谈录》，北京：《交通世界》1997 年第 3 期。

㉗舒非：《"6·19 美国罢赛事件"一周年调查》，长沙：《全体育》2006 年第 8 期。

参考文献

［1］谢帕德·B. 克拉夫、希欧多尔·F. 马伯格：《美国文化的经济基础》，仲子等译，北京：三联书店，1989。

［2］丁则民编著《美国通史》第 3 卷，北京：人民出版社，2002。

［3］张友伦、林静芬、白凤兰：《美国工业革命》，天津：天津人民出版社，1981。

［4］许国林：《从镀金时代到现代美国——美国近现代转型期社会经济史研究》，北京：线装书局，1997。

［5］Allen Krout John & S. Rice Arnold, *United States since 1865*. New York：Barnes & Noble Books, 1977.

［6］Harold G. Vatter, *The Drive to Industrial Maturity*, *the U. S. Economy*, *1860 - 1914*. New York：Greenwood Press, 1975.

作者简介：张准，四川师范大学经济与管理学院讲师、博士。

［责任编辑：陈志雄］

（本文原刊 2012 年第 4 期）

中国彩票业的规管：保护脆弱群体角度

王长斌

[提　要] 中国彩票业的规管，是以维护彩票的公正性为核心的，而在保护青少年等脆弱群体方面着力甚少。近年来，彩票，尤其是视频彩票，对脆弱群体的负面影响日益显露出来。中国应当从彩票市场结构、彩票供给、彩票广告、彩票产品以及彩票消费者等诸方面加强规管，实现对脆弱群体的保护。

[关键词] 未成年人赌博　低收入人士赌博　问题赌徒　彩票监管　自愿禁足

　　当今世界，各法域对于彩票的主流态度是：允许其存在，但采取各种方式进行规管。之所以允许其存在，是因为彩票能给政府带来巨额的经济利益。之所以需要对彩票进行规管，主要原因有二。第一，保护顾客不受欺骗。就彩票本身的特点而言，发行及销售彩票的公司或人员容易在彩票的返奖率以及奖项等方面造假，而顾客不容易察觉，这客观上需要政府的介入。第二，减少彩票对脆弱群体的影响。尽管彩票发行和销售机构往往强调彩票的公益性质，但不可否认，彩票是赌博的一种形式，其对青少年、低收入人士以及容易上瘾的脆弱群体影响甚大，由此产生不少社会问题。

中国对彩票业的规管，是以保护顾客不受欺骗为中心的，而对脆弱群体的关注甚少。但是，随着彩票销售规模的不断扩大，尤其是视频彩票[①]在中国的诞生和发展，彩票对脆弱群体的负面影响越来越多地显露出来，需要引起政府以及整个社会的重视。本文即从保护脆弱群体角度探讨中国应当如何对彩票进行规管。

一 彩票规管的实践及理论基础

从保护脆弱群体的角度，各法域对彩票的规管一般体现在以下几个方面。

（一）对彩票实行垄断经营

就传统彩票而言，多数法域不允许私人经营，而是采取国家或地方政府垄断的形式。例如，迄今为止，在美国 50 个州中，已有 43 个州发行和销售彩票。所有这些州的彩票都是由州政府拥有并垄断经营的，尽管它们实际上会将一些业务外包给私人公司。[②]欧洲的情况大体也是这样。只有英国的体制稍微特殊一点。英国把国家彩票委托给一个私人公司经营，这个私人公司享有垄断地位，其唯一的业务只能是国家彩票。[③]

从上述法域的经验看，无论公营还是私营，其共同的特点是垄断经营。之所以实行垄断经营，主要原因有三。第一，彩票业是与钱打交道的行业，容易滋生洗钱等犯罪问题。采取垄断经营方式，方便政府管理以及控制犯罪。第二，排除竞争，保证政府享有垄断利润，并将此利润用于社会福利、教育等良善的事业。第三，由于性质使然，赌博并不是一个值得鼓励的行业。在一个自由竞争的市场上，彩票经销商必然使用各种促销手段吸引消费者，而彩票的垄断经营至少在理论上可以减少促销手段的使用，从而减少对人们参与赌博活动的刺激。

（二）对彩票供给的规管

对彩票供给的规管，主要体现在对彩票场所、彩票活动类型的规管等方面。

对于传统彩票销售点的数量，各法域除了有一些原则性的要求外，一般不作硬性限制。但是对于视频彩票，则有不少法域限制电子彩票终端机的数量。例如，美国南卡罗莱纳州规定，每一个视频彩票营业地点不得安装超过 5 台电子博彩终端机。[④]这是因为，传统彩票被认为是各种博彩游戏中较"软性"的一种博彩形式，而电子博彩终端机提供的博彩产品速度较快，互动性较强，参与者更加容易上瘾，被认为是博彩游戏中较"硬性"的一种博彩形式。限制电子彩票终端机的数量，是限制人们参赌的一种措施。

同样道理，有些国家规定，如果一个地点经营"软性"的彩票，则不得同时经营"硬性"的博彩游戏。英国法律规定，在提供赛马、赛狗、宾果（bingo）博彩的地点，不得销售彩票，以避免原本只想参加"软性"赌博的人被诱惑参与"硬性"赌博。[5]

（三）对彩票广告等促销手段的规管

多数法域承认，人们对于彩票等博彩行为有一种自然存在的需求，所以政府可以提供适度的博彩游戏，以满足这些需求，并以此在一定程度上打击地下赌博行为。但是，赌博毕竟是有害的，所以不能允许博彩企业运用广告等促销手段刺激并扩大这些需求。在这种理论指导下，德国禁止彩票广告，甚至把发布彩票广告视为一种刑事犯罪行为。[6]1968年英国彩票合法化之后，同样遵守这一理论，直到2005年英国议会通过新的博彩法为止。[7]美国联邦法律在相当长的时间内禁止赌博广告。[8]

但是，就当今世界的趋势而言，对彩票广告的限制已经趋于宽松。除了少数法域仍然禁止博彩广告外，多数法域已经不再采取严厉禁止的态度，这主要是因为政府越来越依赖于博彩收入，实际上是经济利益压倒了对社会成本的关注。尽管如此，不少法域对彩票广告仍然采取一定的规管措施，这些措施可能通过政府的法律法规表现出来，也可能通过博彩行业的自我规管措施表现出来。英国《1993年国家彩票法》（The National Lottery etc. Act 1993）、《2005年博彩法》（The Gambling Act 2005，针对除国家彩票之外的其他博彩形式）赋予相关政府部门规管博彩广告的权力，从而为政府介入广告规制留下了伏笔。除了法律的规定之外，英国广告协会也进行自我规管，其制定的"广告守则"专就赌博、彩票广告的内容等方面作了具体的规定。[9]北美州和省彩票协会（The North American Association of State and Provincial Lotteries，NASPL）于1999年制定了"广告指南"（NASPL Advertising Guidelines），就彩票广告的内容、语调、博彩资讯公开、对象等作了规定。

（四）对彩票产品的规管

从保护脆弱群体的角度，对彩票产品的规管主要是对开奖的频率、彩票的种类等进行规管。一般而言，政府对于传统彩票一般是允许的，因为这些彩票总体上频率较慢，参与者较不容易上瘾。而对于新兴的视频彩票，则持否定态度的比较多。1993年，英国彩票监管部门明令禁止视频彩票。[10]

在美国，视频彩票只有在少数几个州才是合法的，绝大多数州不允许视频彩票营业。这主要是因为视频彩票机与传统彩票的区别的确很大。传统彩票一般每隔一段时间才开一次奖，而视频彩票则在短时间内可以数次开奖，而且视频彩票的游戏被设计得较有趣味性和互动性，增加了对人们的吸引力。在美国和加拿大，许多视频彩票机安装在酒吧以及小商店里面，顾客一边玩博彩游戏，一边享受其他服务，大大增加了沉迷成瘾的机会。

（五）对彩票消费者的规管

对彩票消费者的规管，包括对彩票消费者年龄、收入、精神状态等方面的规管。

对于彩票消费者的最低年龄进行限制，是为了防止青少年过早地介入赌博行为。研究表明，在青少年时期即参与赌博活动的人，成为终生问题赌徒的危险，比成年时期才开始参与赌博活动的人比率高得多。[11]所以，绝大多数法域禁止向未成年人出售彩票以及向未成年人兑奖。

对彩票消费者的最低收入进行规管，是因为低收入者往往更容易参与到赌博活动中，而且赌博失利对低收入家庭的负面影响更大。杜克大学的一项研究表明，在美国，1998年排在前列的5%的彩票消费者（他们每年3870美元以上用于购买彩票）所购买的彩票金额占彩票销售总额的54%，10%的彩票消费者（他们每年2593美元以上用于购买彩票）所购买的彩票金额占彩票销售总额的68%，20%的彩票消费者（他们每年1619美元以上用于购买彩票）所购买的彩票金额占彩票销售总额的82%。排在前列的彩票消费者多为非洲裔美国人、穷人以及受较少教育的人。[12]这说明，越是处在社会底层的人越容易将微薄的收入用来购买彩票，而一般情况下，花在彩票上的钱越多，他们的生活品质就越差。但是，由于限制彩票消费者的收入牵扯到歧视等敏感问题，所以政府一般不直接在法律中规管彩票消费者的最低收入，而是以间接方式限制低收入者参与赌博活动。例如，新加坡法律规定，本地人进赌场的，要缴纳入场费，数额为每次100新加坡元，或者每年2000新加坡元。[13]

除了上述两个方面之外，有些法域也对参赌者的精神状态进行了限制。例如澳门法律规定，精神不正常者不得进入赌场，醉酒者不得进入赌场。[14]

二　中国彩票法律在保护脆弱群体方面存在明显不足

中国的彩票法律，最主要的是2009年国务院发布的《彩票管理条例》，其次是财政部、民政部、国家体育总局于 2012 年发布的《彩票管理条例》实施细则，再次是相关部门发布的有关彩票的规范性文件，最后，还有中国福利彩票发行机构以及体育彩票发行机构制定的一些具有自我管理性质的管理办法。本部分的考察与讨论主要依据上述法规、规章和规范性文件。

（一） 中国彩票的市场结构

中国传统彩票市场由福利彩票和体育彩票组成，其发行和组织销售工作分别由国务院民政部门、体育行政部门设立的福利彩票发行机构、体育彩票发行机构负责，因此，中国传统彩票市场属于双寡头结构。

中国彩票发行与销售的历史告诉我们，双寡头之间的竞争是激烈的。这是因为，福利彩票和体育彩票虽然叫法不同，但游戏规则、销售方式与购买对象基本上是相同的。这就是说，产品以及顾客的同质性都比较强。再加上各自的发行、销售机构有独立的利益，所以二者之间的竞争是不可避免的。除此之外，由于相互竞争的彩票的面值、返奖率是相同的（意味着顾客购买两种彩票的价格相同），所以两个寡头无法像销售一般商品那样展开价格竞争，这导致彩票销售竞争的主要方式是广告宣传。广告宣传，较之价格竞争而言，更容易刺激、引诱新顾客加入购彩队伍，对于脆弱群体的影响尤其大。

视频彩票只有福利彩票发行部门所属的"中福在线"经营，所以基本上属于垄断的市场。但是，处于相邻地区的中福在线销售厅之间仍然可能存在一定的竞争。这是因为，如果销售厅属于不同的行政机构管理，则不同的行政机构之间就存在不同的经济利益（销售量越大，所得的发行费越高），这是行政机构支持销售厅进行竞争的诱因。此外，曾经有一段时间，有些地方的中福在线销售厅实际上承包给私人经营，则这些承包的销售厅更有动力与其他销售厅竞争。为竞争所采取的手段必然刺激人们对彩票消费的需求。

（二） 对彩票供给的规管

对于彩票销售场所，中国彩票管理法规的规管是比较原则的。《彩票管理条例实施细则》第 24 条规定，彩票销售场所的设置应当遵循以下三项原则：统筹规划，合理布局；公开公正，规范透明；从优选择，兼顾公益。无论对于彩票销售场所的数量，还是彩票销售场所的地点，都没有提出明确具体的要求。[15]这就为彩票销售场所的无序设立开了方便之门。实践中经常可以发现在超市、商场摆放彩票投注机等现象。

对于同一个彩票销售场所可以销售的彩票种类,《中福在线即开型彩票销售管理暂行办法》第5条规定:"销售厅是以销售中福在线即开型彩票为主,同时可以销售其他福利彩票的场所。"这与其他法域不允许"硬性"赌博游戏与"软性"赌博游戏在同一地点销售的规定恰恰相反。

(三) 对彩票广告、宣传和其他促销手段的规管

在彩票的广告、宣传方面,《彩票管理条例》只是规定,彩票发行机构、销售机构、代销者不得进行虚假性、误导性宣传,不得以诋毁同业者等手段进行不正当竞争。这与广告法、反不正当竞争法等法律对一般商品或服务的规定并无不同。从这一意义上讲,中国对彩票的广告和宣传并没有任何特殊的、针对性的规定。相反,有些彩票销售场所的宣传手段本身可能具有误导性。例如,《中福在线即开型彩票销售厅管理暂行规定》要求销售厅的环境建设应当突出福利彩票的公益性质,应在显著位置张贴中国福利彩票"扶老、助残、救孤、济困"发行宗旨、"公平、公开、公正"发行原则。这很可能使彩票购买者降低对彩票赌性的认识,以及降低彩票购买者参赌的内疚感,引诱他们更多地参与购彩活动。

(四) 对彩票产品的规管

中国的彩票法律法规,除了对彩票类型进行了列举之外,并未明确界定彩票的范围,或明确禁止某些彩票品种,而是采取了相当灵活的方式,将开设、变更、停止彩票种类的权力,完全留给了相关行政部门。《彩票管理条例》规定,彩票发行机构申请开设、变更、停止彩票品种,应当经国务院民政部门或者国务院体育行政部门审核同意,并向国务院财政部门提交申请材料,由国务院财政部门最后作出决定。换言之,相关彩票行政管理部门可以根据具体情况确定彩票发行和销售的品种。这给将来开设速度快、效益好但容易使人上瘾的彩票品种埋下隐忧。这是因为,民政部门和体育行政部门实际上是彩票的发行和销售部门,它们基于自身利益的考虑,容易将更多的注意力放在彩票收入的增加上面。财政部门虽然肩负监管的重任,但在性质上,财政部门是为国家理财的,所以同样比较注重彩票的收益,而非彩票的社会影响。所以,在缺乏明确法律规定的情况下,这些部门很可能牺牲社会利益,为发行容易上瘾的彩票品种开绿灯。

关于奖金,中国采取对彩票的单注奖金封顶制度(一般为500万元)或固定奖金制度,但在某些彩票品种中,最高奖可以超过500万元(例如体彩的"超级大乐透")。如果中奖者有多注彩票中最高奖,其获得的总奖金有可能数以亿计，这对人们是很大的刺激。

中国有些体育彩票的游戏规则对投注额进行了规管。例如，《全国联网电脑体育彩票超级大乐透游戏规则》第 9 条规定："购买者可对其选定的结果进行多倍投注，投注倍数范围为 2～99 倍。单张彩票基本投注的最大投注金额不超过 20000 元，基本投注加追加投注的最大投注金额不超过 30000 元。"这种限制单张彩票投注而不是购彩者总体投注金额的制度，主要目的是降低彩票发行机构的风险，而不是出于保护脆弱群体的考虑，所以对于减少对脆弱群体的影响并无帮助。

按照中福在线的投注规则，中福在线游戏的单注投注额上限为 2 元，每张投注卡每日的最高充值限额为 200 元。但是，由于投注卡并非记名，所以投注者可以通过多买投注卡的方法规避这项规则。实践中，规避规则的状况极其普遍，反映了中福在线制度的漏洞以及规则执行的不力。

（五）对彩票购买者的规管

《彩票管理条例》第 18 条规定，彩票发行机构、销售机构、代销者不得向未成年人销售彩票。对于彩票购买者的精神状况、收入水平等其他方面未作具体规定。

综上所述，中国彩票法律制度中，只有极少数措施是从保护脆弱群体角度出发的。即使对于这少数的措施，彩票监管机构的执行也是不够的。

三　加强彩票规管的对策建议

随着彩票销售规模的日益扩大以及彩票品种的花样翻新，彩票对脆弱群体的影响日益显现。相关部门不应当继续放任彩票负面影响的存在了。首先，放纵这些负面影响的存在，与彩票的公益性质相悖。其次，沉迷于赌博的人对个体家庭影响甚大，亦危及社区的安全与稳定。最后，如果放任负面影响泛滥，势必破坏彩票的整体形象，造成社会大众对彩票的反感与反对，从而妨碍彩票业的继续发展。相关部门应当负起责任，改变长期以来只追求彩票收入的倾向，真正从保护脆弱群体角度加强对彩票发行和销售的规管。

（一）改变彩票市场结构，减少彩票市场的竞争性

就一般商品或服务而言，竞争的市场结构对消费者群体是有利的，因为竞争可以迫使供应商降低价格，或提供更加优质的产品或服务。但彩票是个特殊的市场，极少数人购买彩票固然可能获利，但大多数人购买彩票的结果是血本无归。同时，彩票不仅不创造任何社会财富，而且会使购彩者产生上瘾等健康问题，也不利于培养积极向上的社会风气，不利于家庭和社会的和谐安宁。所以，政府发展彩票应当有节制，既在一定程度上满足社会的购彩需求，同时又不刺激、引诱人们参加购彩活动。为此，建议政府将传统彩票市场上的两个供应商合并成一个具有垄断性质的国家彩票公司，这样在一定程度上减少竞争手段的使用，从而减少人们接触彩票的机会和刺激、引诱。

（二）谨慎发展并严格规管容易致人上瘾的彩票

研究表明，在各种赌博形式中，对脆弱群体影响较大的，莫过于具有互动性的网络赌博、赌场赌博以及电子赌博机。传统彩票的赌性较小，因此危害也较小。[16] 所以，现阶段，相关政府部门应当把规管的重点放在控制网络赌博和视频彩票机上。

《彩票管理条例实施细则》发布之后，中国的网络售彩已被叫停。但在既得利益者的压力之下，将来仍有可能重开。相关政府部门应当对此有一个明确的态度：或者宣布完全禁止网络售彩，促使目前的网络彩票经销商早日改弦更张；或者抓紧制定各种规管措施，在一定条件下重新开放，避免陷入重开—出问题—叫停—重开的轮回。

当前问题比较大的是中福在线即开型彩票销售厅，亦即视频彩票销售厅。视频彩票与老虎机极为类似，是参与者容易上瘾的赌博形式之一，政府应当采取切实措施对其进行规管。首先，限制中福在线销售厅在一定行政区划内的数量，并明确规定销售厅远离学校。其次，限制每个销售厅内视频彩票机的数量。第三，限制每个人的日投注额和月投注额，这通过对视频彩票机或投注卡进行程序设定即可完成。投注卡应当实行实名制，一个投注者只能申请一张卡。在此基础上，也可以考虑将每张卡的最高投注额与购买者的收入挂钩。第四，销售厅内不得供应含有酒精的饮料，醉酒者不得进入销售厅。最后，销售厅内不得销售传统彩票，避免传统彩票的购买者受到视频彩票的不当吸引。

（三）制定彩票广告和宣传准则

《彩票管理条例》禁止彩票发行机构、销售机构、代销者进行虚假性、误导性宣传。但在实际生活中，虚假性、误导性彩票宣传所在多有，其中一个原因，是对何为"虚假性、误导性"彩票宣传缺乏清晰的界定，妨碍了社会大众和基层执法部门对此类广告宣传的举报和监督。中国彩票监管部门应当尽快制定彩票广告和宣传准则，弥补这一漏洞。除此之外，还应针对彩票广告和宣传的其他内容、发布形式、时间和对象等方面作出具体的、具有执行性和操作性的规定。在这方面，国外不少法域有成熟的经验可资借鉴。

（四）针对视频彩票销售厅，引入自愿禁足制度

为了减少赌博对社会的负面影响，不少法域实行自愿禁足制度。其核心内容是：由本人或家属向彩票销售机构或监管部门提交申请，自愿要求禁止该人参与购彩活动；彩票监管部门以及彩票销售公司一旦发现该人出现在彩票销售或活动场所，必须拒绝其进入，或强行将其驱逐出去；如果彩票监管部门或彩票销售公司不遵守这一规定，则需要承担法律责任。在中国，视频彩票是赌性较高的一种赌博形式，参与者容易上瘾，应当考虑引入自愿禁足制度。经营视频彩票的中福在线有自己独立的封闭性的销售场所，所以有条件实行这一制度。如果将这一制度与视频彩票投注卡实名制结合起来，对脆弱群体的保护更加有力。

彩票在新中国虽然已经有二十多年的发展历史，但中国对彩票的规管却比较缓慢与落后。尤其是，相关监管部门对彩票的负面社会影响认识不足，导致现有的彩票法律制度比较缺乏这些方面的规定，需要相关政府部门的重视与改进，保证彩票走健康发展之路。

---

① 彩票可以区分为传统彩票和视频彩票。传统彩票是指即开型彩票（例如福彩的"刮刮乐"，体彩的"顶呱刮"）、乐透型彩票（例如福彩的双色球、体彩的"超级大乐透"）、数字型彩票（例如福彩的"3D"、体彩的"七星彩"）、竞猜型彩票（例如足彩的胜负彩和进球彩）。视频彩票是指在博彩公司经营的电子终端机或电子游戏机上下注、兑奖，既有近似于纸质彩票的"刮刮乐"，也有通过玩电子游戏之后才决定是否中奖的视频扑克，中国福彩中心经营的"中福在线"即属这种彩票形式。

② Chris Sieroty, *Revenue from Gambling*, *Lottery Rises in U. S. in '10*. Las Vegas Business Press, 2011.

③ Section 5 of the National Lottery etc. Act 1993; and David Miers, *Regulating Commercial Gambling*: *Past*, *Present*, *and Future*. Oxford: Oxford University Press, 2004, p. 401. 在英国，除了国家彩票外，还有一些地方性的或规模较小的彩票，这些彩票并非垄断经营，但法律对这些彩票的发行规模和奖金有限制，所以无法形成对国家彩票的竞争。

④ Chapter 3 of National Gambling Impact Study Commission Final Report 1999.

⑤Paragraph 5 of the National Lottery Regulations 1994.

⑥Paragraph 287 （2） of the Penal Code.

⑦Peter Collins, *Gambling and the Public Interest.* Westport: Praeger Publishers, 2003 p. 79; Julia Hornle, p. 71.

⑧I. Nelson Rose, *Gambling and the Law.* Hollywood: Gambling Times, 1986, chapter 5.

⑨See The UK Code of Non-broadcast Advertising, Sales Promotion and Direct Marketing （CAP Code） and The UK Code of Broadcast Advertising （BCAP Code）.

⑩Department of National Heritage, *Directions to the Director General of the National Lottery under Section 11 of the National Lottery etc Act 1993*, reprinted in OFLOT （1995）, 2. 4.

⑪Chapter 4 of National Gambling Impact Study Commission Final Report 1999.

⑫Charles T Clotfelter et al., *State Lotteries at the Turn of the Century*, 1999, pp. 12 – 13.

⑬Section 116 of the Casino Control Act.

⑭澳门《娱乐场幸运博彩经营法律制度》（第 16/2001 号法律）第 24 条。

⑮财政部等有关部委曾发出《关于制止彩票入侵校园有关问题的意见》（财综〔2006〕153 号），要求"中小学校周围 200 米内不得设立彩票投注站点，600 米内不得设立彩票专营场所"。但该文件已于 2011 年被宣布废止，见《财政部关于公布废止和失效的财政规章和规范性文件目录（第十一批）的决定》（财政部令第 62 号）。

⑯Per Binde, *What are the most harmful forms of gambling? Analyzing problem gambling prevalence surveys*, CEFOS Working Paper 12, 2011, ISSN: 1653 – 3859.

作者简介：王长斌，澳门理工学院博彩教学暨研究中心副教授，博士。

［责任编辑：陈志雄］

（本文原刊 2013 年第 3 期）

论中国内地经济政策的变化及对
澳门博彩业的影响

张红峰

[提　要] 澳门回归之后，伴随着自由行的开放，越来越多的内地游客涌入澳门，澳门博彩业获得了飞速的发展。2008 年次贷危机爆发，欧美经济遭受打击，中国内地为稳定经济，推出了"四万亿"的经济刺激政策，在极其充裕的资金流作用下率先摆脱次贷阴影。而澳门博彩业也受惠于此，2009年起每年均录得双位数增长。如今世界经济又再次面临危机，欧债危机频临"爆煲"，美国经济增长乏力，种种情况或许比 2008 年更为严重。而中国内地经济结构的矛盾更加突出，内忧外困的中小企业也面临更加严峻的生存环境。中国内地的经济政策变化必将严重影响澳门博彩业的发展，这既是无法改变的现实，也可以视为澳门自身产业政策调整的机遇。在可见的外部阴影中或许才真正具备产业多元化调整的动力。

[关键词] 内地经济政策　澳门博彩业　变化　影响

一　内地经济政策变化对澳门博彩业的影响

澳门博彩业长期以来都是澳门经济的主要支柱，而自澳门回归以来，尤其是 2003 年自由行开放之后，澳门博彩业的发展也在很大程度上受到中国内地经济形势的影响。据澳门特别行政区政府统计暨普查局数据显示：2002年内地前往澳门旅游人数为 424 万人次，占澳门总入境游客人数的 36.7%；

而 2012 年前往澳门旅游的内地游客人数上升到 1690 万多人次，占澳门总入境游客人数的 60.2%。显然，内地成为澳门游客来源最大的地区。并且一直以来，来自内地的游客尤其是自由行的游客都非常青睐赌场。2006 年的一项调查表明，自由行游客选择到澳门首先是因为"赌场"（47%）和"购物"（47%），其次才是"观光"（37%）。①虽然因为各种原因难以获取准确的数字，但是据新濠国际主席兼行政总裁何猷龙透露，目前澳门赌场客源 93% 来自中国内地。这也意味着澳门博彩业与中国内地经济发展之间有着密切关系，一旦中国内地经济政策发生变化，也必然会对澳门博彩业造成影响。

回归之初，赌权开放为澳门博彩业引入竞争机制，使得其市场容量不断扩大。而 2003 年之后随着自由行开放，越来越多的内地游客涌入澳门，更使澳门博彩业获得了飞速的发展。这一阶段澳门博彩业的收益高低其实在很大程度上取决于中国内地经济发展过程中的流动性变化。大规模的流动性释放拉动了中国经济的快速增长，但同时也催生了无数资产泡沫，尤以房地产泡沫最为严重。而中国内地的经济政策也在"保增长""抗通胀""调结构"之间进行着艰难的选择。

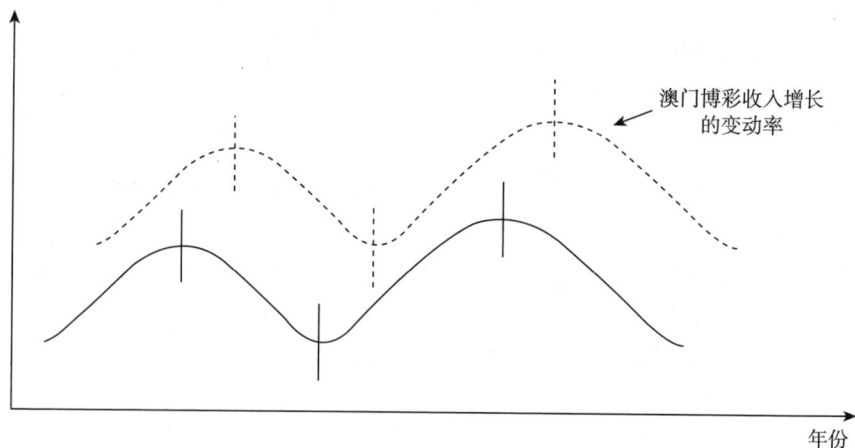

图 1　澳门博彩收入增长变动率的"自动调温效应"

应该说，流动性的变化对澳门博彩业的影响具有一定的滞后性，见图 1。如同自动调温器一样，加热器加热需要一定的时间，当自动调温器的温度升高到一定温度后，就会根据指令（类似于政策）自动断电，但是房间的温度还会继续升高；当调温器本身温度降低到一定水平，又会自动开始加热，而房间的温度依然会朝向低于这个设定温度的方向前进。如果系统能够完成达到设定标准的任务，那么受影响的客体将会产生一个循环过程。[②]根据这个理论，我们可以将受到内地经济政策影响的澳门博彩业发展大致分为四个阶段。第一阶段为增长期，时间上大致是 2007 年年初之前，中国宏观经济处于快速增长阶段，货币供应量稳步增长，平均增速为 21%。而此时的澳门幸运博彩及贵宾厅收入变动率也一路走高，如图 2 中所示的2005 ~ 2006 年、2006 ~ 2007 年这两个节点，这种影响一直延续到 2007 年底和 2008 年年初。第二阶段为增速回落期，时间从 2007 年年初开始，中国内地货币政策由稳健转为适度从紧。中央政府开始采用加息、紧缩贷款等严厉的金融手段压抑急速膨胀的投资和消费的预期。随着信贷政策的收紧，货币供应量增速放缓，由 2007 年 10 月的 22% 下降至 2009 年 1 月的6.7%。[③]政府的用意正是要抑制房地产泡沫，抓紧时间调整产业结构，平息民间的怨言。而与此同时，澳门幸运博彩及贵宾厅收入变动率也从高点降到最低，如图 2 所示的 2007 ~ 2008 年、2008 ~ 2009 年这两个节点，整个2009 年的博彩收入相比 2008 年提高甚微。但是由于次贷危机爆发，欧美经济遭受打击，拖累了中国的出口，为稳定经济保增长，2009 年中国内地又推出了"四万亿"的经济刺激政策。此时进入了第三阶段即快速反弹期。央行货币政策再次放松，货币供应量增速开始加快。政府通过大规模的流动性释放保住了经济增长的数量，但与此同时资产泡沫也越来越严重，通货膨胀高企。同时澳门博彩业却幸运地受惠于此，内地无数煤老板、炒房客等富豪来到澳门挥金如土，幸运博彩及贵宾厅收入变动率也达致最高点，并一直延续到 2010 年年底和 2011 年年初，如图 2 中所示的 2009 ~ 2010 年这个节点。第四阶段为回落期，时间从 2010 年开始，为加紧对抗通货膨胀，中国内地再次收紧货币政策。而澳门幸运博彩及贵宾厅收入变动率也由此一路下滑，2012 年相比 2011 年的贵宾厅收入增长率仅为 7.51%，降到历史最低点。总体而言，图 2 中的幸运博彩收入变动率以及贵宾厅收入变动率的曲线呈现出"高中低所伏，低中高所依"的现象，并且随着内地经济政策的变化，贵宾厅所受到的影响比整体幸运博彩受到的影响尤甚。所以，在内地经济政策不断出现调整的一些关键时期，澳门博彩业也同样面临着严峻的选择。

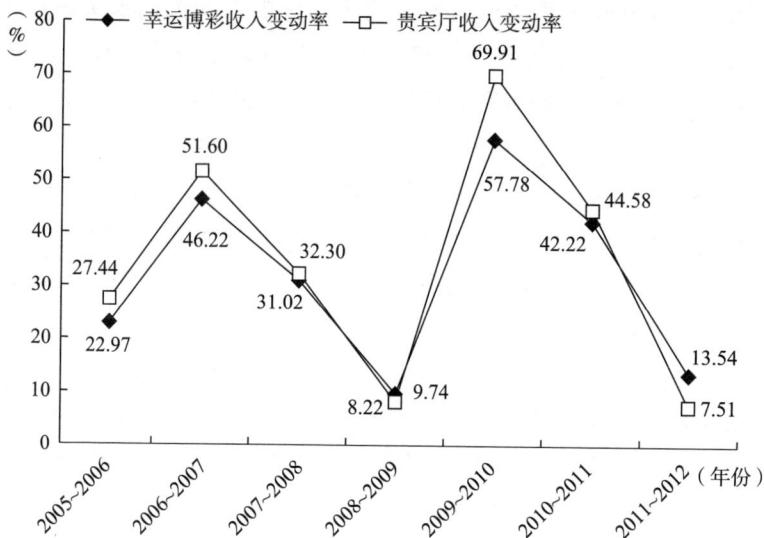

图2　2005年以来澳门幸运博彩收入与贵宾厅收入变动率趋势图

资料来源：博彩监察协调局网站，http://www.dicj.gov.mo/。

二　中国内地经济政策的变化趋势分析

如今世界经济又再次面临危机，欧债危机频临"爆煲"，美国经济增长乏力，种种情况或许比2008年更为严重。或许有人会憧憬中国内地再次"放水"，但笔者认为，此可能性较低。中国政府会出招救经济，但类似2009年的那场货币盛宴已不可期。此前中国内地经济政策的大起大落加剧了经济本身面临的困难，而今政策的选择也陷入了左右为难、进退维谷的艰难境地。

中国内地经济政策选择面临的第一重困境是保增长与调结构的矛盾。从理论上讲，在一个完全的市场经济体制中，只要有完善的市场与充分的竞争，市场本身就会促成经济发展过程中的优胜劣汰，而经济发展的过程就会同时成为产业结构升级换代的进程。然而在当前的中国，拉动经济的三架马车中"出口不利""消费过低"，经济的增长主要靠政府投资拉动。"唯GDP论"更使地方政府为追求政绩而产生难以遏制的投资冲动。在缺乏新的经济增长点与产业群的背景下，大规模投资拉动就必然导致重复建设与产能过剩。根据工信部部长李毅中在接受中央电视台记者采访时提供的数据，2009年，中国内地用全世界46%的钢材、48%的水泥、45%的能源创造了不到8%的经济总量，如果把重复建设与产能过剩的因素剔除，那么这种经济的有效增长可能不足 5%，这样的经济增长模式将是无论如何也无法延续的。④而政府直接投资拉动经济也带来了一连串严重后遗症。其中之一是中国的债务危机阴影频现。2011 年信贷评级机构穆迪曾表示中国地方债负担可能比官方估计的数据高，使中国银行业面临的坏债风险比预计的更大。彭博社 2012 年 19 日报道，已经有 11 个省级政府平台正在延期支付 301 亿元的利息。以往地方政府用于投资的资金主要来源于土地财政、税收、银行贷款等方式，而现在却面临着全面匮乏的境地。银行为自身利益日趋谨慎；卖地的收入由于高房价的常年透支，空间已经越来越小，例如北京等地的卖地收入已呈现出明显的下降趋势；大幅提高税收更不现实。在这种情况下不得不放行地方债，但一旦放开如何能够确保地方债不失控就变成一个新的问题。不仅地方政府，中央级的投资项目同样负债累累。2009 年国家 4 万亿元投资中，有 1.2 万亿元流入铁路，尽管投资巨大，仍然满足不了庞大的资金需求，中国铁路负债已高达 2 万亿元，如果不继续融资，相关建设将半途而废，如果继续追加投资，负债势必会进一步增加。⑤在政府直接投资拉动经济的过程中，不断出现的决策失误、盲目的重复建设和无度的挥霍贪腐正吞噬着整个社会的财富，既使社会的经济成本不断攀升，也造成了一些情况下政府与民众之间的对立情绪。而政府直接投资拉动经济的另一严重后遗症是地方政府注重提高基础设施建设以及房地产投资，导致社会资源大量地配置到了一些特定的部门。而当投资足够大的时候，势必对消费造成挤压。前述政府投资资金来源中的税费收入直接或间接地压缩了普通民众的收入，而增发货币及债券也极大稀释了民众的财富，不仅导致消费在经济增长中所占比重逐步下降，还导致整个经济结构走向畸形。而在中国经济转型中扮演重要角色的民营企业，在这几年也因此遇到了前所未有的困境，融资困难、成本上升、税赋沉重，大量中小企业倒闭。在此情况之下，中国内地的产业结构调整也变得艰难。

　　中国内地经济政策选择面临的第二重困境是保增长与抗通胀的矛盾。收紧货币就难保增长，而放松货币就难扼通胀。2009 年保增长目标的实现付出了巨大的代价：整个市场的流动性泛滥达到了空前的程度。在中国多种投资渠道受阻的情况下，大部分资金都涌入房地产市场，例如北京 2009 年的 GDP 增长中有 62% 来源于房地产市场。房地产市场全面启动的恶果就是房价的暴涨，其上涨幅度与价格高度都已经超越了整个社会的承受能力与购买能力。大批勤劳努力的中国百姓从存款族变成了贷款族。他们买房可能付出的是几代人的积蓄，而产生的多数是十几年到几十年的贷款。大量房贷的发放，增加了货币的供应，而这些增加的供应逐步通过房地产业及和房地产相关的建材、钢铁、运输等相关产业扩散出去，带来了全社会范围的通胀。而更多的百姓为了对抗通胀，不得不购买房产保值，如此形成了恶性循环。实体经济空心化现象严重的根源也在于此。高房价已经扼住了中国经济的喉咙，不但遏制了中国经济由投资拉动向消费拉动转变的进程，而且还使普通百姓尤其是年轻一代失去了发展的基础与动力。

综上所述，笔者认为中国政府已经很难通过类似 2009 年"放水"的方法来提振经济，否则中国经济将陷入恶性循环的陷阱。在中共十八大上，新一届领导人已经确定，经济体制改革也将势在必行。笔者认为可以从以下几个方面入手，真正使中国经济回到健康发展的轨道上来。首先是政府职能的转换。政府应该明确自己的定位：乃是公共产品、公共服务和公共福利的提供者，而不是经济中的一个主导者。只有使政府职能回归本位，市场的调节机制才能真正发挥出来。其次要打破行业性的垄断，将民间资金与市场体制引入垄断行业。使民营企业得到与国有企业相同的平等待遇，为企业建立公平、法制、诚信的市场环境。第三要进行税收制度改革。通过合理地减税减轻实体经济负担，还利于民；通过增加资本利得税扩大政府财政收入，缩小贫富差距。

中国经济并不缺乏内在引擎，13 亿人口所产生的巨大市场是世界上任何其他国家都梦寐以求的。2012 年十一长假的事实就在眼前：高速公路免费政策使路桥公司损失了 200 亿元，但换来的却是中国居民消费的强劲增长。据商务部监测数据显示，从 9 月 30 日至 10 月 7 日 8 天，全国重点监测零售和餐饮企业销售额 8006 亿元，比 2011 年国庆黄金周期间增长 15% 左右。[6]上海、天津、青岛、辽宁、吉林重点餐饮企业营业收入同比分别增长 29.0%、25.4%、22.3%、18.6%、15.5%。而全国假日办的数据显示，纳入监测的 119 个直报景区连续多天接待游客人次同比增长超过 20%，收入增长则超过 30%。[7]假日消费再次表明，中国消费的中流砥柱是城市的中产收入阶层，他们拥有一辆私家车、集几个月的工资可以拥有一两件大众奢侈品，他们的消费在休假期间集中释放，他们需要全方位的服务。这才是未来中国经济的发展方向，保护、壮大中国的中产收入阶层就是保护中国经济的未来。[8]

三　内地经济政策未来趋势影响下的澳门博彩业发展

自澳门博彩经营权的开放、内地自由行政策的实施以及 CEPA 协定的签署，澳门经济呈现快速发展的趋势，标志着亚洲金融危机以后澳门"经济的回归"。但是，博彩经营"一业独大"的趋势也愈加明显。从根本上看，澳门博彩业发展的基础既非本土的自然资源也非内生的资源，而是一种特殊的制度安排。当一个经济体中龙头产业的发展与本土内生的经济因素没有联系，则缺乏植根性的产业"一业独大"必然衍生出以下问题，即"一业独大"不仅会导致一系列矛盾的产生，更致命的是，这个龙头产业的发展会压抑本土、内生的经济发展动力的形成。⑨

表1　2005 年以来赴澳门旅游的中国内地旅客情况

年份	2005	2006	2007	2008	2009	2010	2011	2012
内地旅客人次	10462966	11985617	14866391	11613171	10989533	13229058	16162747	16902499
内地旅客占总数比例（%）	55.92	54.48	55.07	50.64	50.5	53.0	57.7	60.2
与上年相比变动率（%）	9.79	14.55	24.09	−21.88	−5.37	20.4	22.2	4.6

资料来源：澳门统计暨普查局网站，http://www.dsec.gov.mo/。

而中国内地的经济政策变化又将严重影响澳门博彩业的发展，这既是无法改变的现实，也可以视为澳门自身产业政策调整的机遇。在可见的外部阴影中或许才真正具备产业多元化调整的动力。在未来内地经济政策变化的影响下，澳门产业适度多元的策略选择可以从四个方面进行分析。

首先，博彩产业自身的"转型化"的发展。从表1中可以看出，中国内地赴澳门旅游的旅客人次占来澳总人数的比例一直很高，2012 年达到 60.2%，绝对人数近年来也处于增长趋势；而图3中呈现的博彩项目总收入也是节节攀高，但是内地旅客来澳人数的变动率以及图2中贵宾厅收入的变动率一直处在循环浮动的状态下。这充分表明，来澳门人员的动机和行为结构已经随着内地经济政策的改变产生了变化。所以，对澳门博彩业而言，想要获得健康及长远的发展也必须着眼于此，要将注意力放在内地不断增长壮大的中产阶层身上。贵宾厅收入可能会有所减少，但中场收入会逐步提高。此外，要培养博彩中的休闲娱乐观念，减少投机取胜的动机，逐步建立博彩休闲方面的娱乐指引，吸引更多内地游客多次往返澳门，将澳门打造成集博彩、购物、观光、休闲于一体的度假天堂。

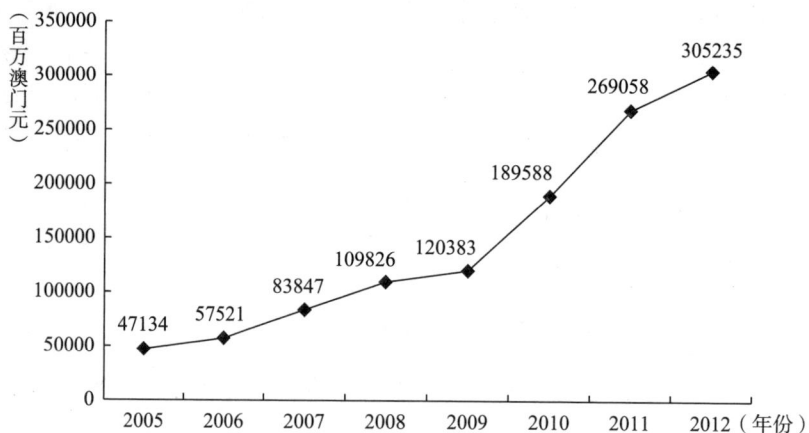

图 3　2005 年以来澳门博彩项目总收入趋势图
资料来源：博彩监察协调局网站，http://www.dicj.gov.mo/。

其次，澳门产业结构优化的路径，应该是在比较优势基础上做大做强优势产业链的延伸，新兴产业是博彩优势产业的补充和发展，产业结构优化的方向要走"垂直式"的路线。如从博彩业推进综合旅游业、会议展览业，进而航空运输及物流业。博彩经营权的开放已经为产业多元迈出了第一步。在中央政府将澳门定位为"世界旅游休闲中心"的前提下，在澳门特区政府带领民众努力实现经济适度多元化的进程中，本澳的博彩企业近年也开始多元经营的积极尝试。永利、威尼斯人、新濠天地、银河综合度假城等大型娱乐场都将博彩同美食、购物、演艺、休闲等巧妙地结合起来，对游客产生了独特的吸引力。而今后澳门博彩业还要力求同旅游、会展、影视、动漫、演艺、主题公园、竞技体育、文化创意等产业有机地结合起来，顺应当代博彩业的最新潮流。既有中国内地庞大游客量的支撑，又有自身不断的变革尝试，相信澳门博彩业在未来仍有不断发展的潜力。

第三，产业的适度多元只是意味着不能盲目，澳门的微型经济体也无法承受过多的干扰和经济产业发展的成本负荷，但是澳门经济发展的另外一个优势，是其区位优势和枢纽优势。澳门作为国际上著名的"自由港"已存在很长时间，特区政府也提出在澳门建立"三个商贸服务平台"的构想，所以经济产业在一定范围内也可以"横向式"发展。如澳门的离岸服务业或中介性商贸服务业就具有广阔的发展前景。虽然目前中国内地的对外贸易因美国经济停滞、欧债危机等原因正遭受寒冬，但是如果中国内地经济政策能着力扶持民营企业、中小企业，使他们减轻负担，真正发挥中小企业灵活快速的反应能力，完全可以开辟出更多新的市场。尤其是在中南美市场，澳门与葡语系国家的密切联系正大有用武之地。

第四，如前所述，要考虑到博彩业非植根于本土自然和内生资源的特征，为了保证围绕博彩带动的一系列产业链条不至于"一荣俱荣""一损俱损"，还要孕育和扶植澳门根植于本土资源之上的"根基式"产业发展。澳门在制度上比内地更灵活，但文化传统一脉相承，甚至有些方面比内地保存得更加完整。澳门不光有世界文化遗产，还有由欧陆文化与中国传统文化相结合衍生出的独特的澳门文化，加以发掘会有很大发展潜力。此外，从文化的历史性来看，博彩的规范化管理已经在澳门存在很长时间。绝大多数人将博彩视作澳门的象征，虽然博彩产生的不良影响应为人们所摒弃，但作为一种"共享价值"的博彩文化，却可以保存、发扬出去。如在餐饮业中，可以着力推广具有幸运博彩游戏名字，且配合以诸多形态的各种菜式；还可以制作一些卓具博彩特征的修饰挂件等。这些都能衬托出博彩作为休闲娱乐的文化特色，也正需要通过独特文化所产生的吸引力，使澳门在与周边国家或地区的博彩业竞争中独树一帜。

在产业创造财富的价值链条不断升级以及竞争的压力下，本土人力资本和科技活动将随之提升，这也会带动澳门整体的繁荣、稳定、快速发展。

---

① 张军：《"自由行"政策对澳门经济的影响》，澳门：《行政》2007年第3期。

② 托马斯·C. 谢林：《微观动机与宏观行为》，谢静、邓子梁、李天有译，北京：中国人民大学出版社，2005。

③ 中国人民银行：《中国货币执行报告（二〇〇九年第一季度）》，http://www.pbc.gov.cn/。

④ 韩志国：《宏观政策要走出三大困境》，北京：《人民日报》（海外版）2010年9月1日。

⑤ 郎咸平：《中国经济到了最危险的边缘》，北京：东方出版社，2012，第7页。

⑥ 中华人民共和国商务部网站，http://www.mofcom.gov.cn/。

⑦ 《"双节"消费逆势"井喷"》，北京：《国际金融报》2012年10月8日。

⑧ 叶檀：《中国经济有救了？》，http://yt.caogen.com/。

⑨《扩张博彩与适度多元＝澳门新经济模式》，澳门：《澳门日报》2008 年 12 月 7 日。

作者简介：张红峰，澳门理工学院副教授，博士。

［责任编辑：陈志雄］

（本文原刊 2013 年第 3 期）

基于适应性理论的博彩产业增长趋势分析[*]

曾忠禄

[提 要] "适应性"一词来自生物学，指生物为适应环境的变化而调整自己行为的特征。在博彩产业，适应性指赌客对博彩游戏的兴趣随着时间的推移而下降的趋势。居民的适应性会导致一个地方居民的参赌比重下降，问题赌客比重下降，以及博彩产业的增长放缓乃至停止。澳门的博彩产业经过 27 年的高速增长，至今仍保持较高的速度增长，主要因素是源源不断的新游客注入。由于内地居民中到过澳门的比重仍比较低，因此短期内，澳门博彩产业仍有继续发展的潜力，但长期看，游客的适应性最终会使澳门的博彩业进入低增长阶段。

[关键词] 澳门 博彩产业 增长 适应性

一 引言

"适应性"一词来自生物学，指生物为适应环境的变化而调整自己行为的特征。生物的适应性有助于生物个体的生存和繁衍。生物学的适应性理论早已被社会普遍接受。适者生存的自然规律已没有任何人怀疑。

该理论被引入了公共卫生领域，指人们面对有害环境时的应变能力和

* 本文系澳门特别行政区政府经济局工商业发展基金资助项目。

抵抗能力。比如，当一种新的流感病毒出现时，人们对它的抵抗力非常低，很容易被感染，但随着人们接触的增加，人体能产生免疫功能，从而增加对病毒的抵抗力。在公共卫生领域，适应性理论成为指导流行病预防、毒品上瘾、酗酒等决策的重要理论。

该理论被引入博彩产业是近年的事。过去 10 多年来，由于博彩产业的快速发展，问题赌博、病态赌博日益增加，赌博被视为新的公共卫生问题。适应性理论被作为接触理论（exposure hypothesis）的补充，也被用于研究博彩产业的发展对当地居民的长期影响。博彩业的适应性指赌客接触博彩游戏之后的应变能力和调整他们行为的能力。根据该理论，当人们第一次接触赌博时，博彩游戏的新奇性导致很高的参与率以及病态赌徒的比率。然而，随着时间的推移，人们的新鲜感会逐渐消失，对游戏的认识会不断加深，于是赌博的参与率和问题赌徒比率会下降。[①]正如 Shaffer，LaBrie，LaPlante 所指出的那样，社会适应会使赌客逐渐认识到，他们赢钱的机会长期来说是负的。这是统计概率最终决定的结果。作为回应，赌客会调整他们的赌博金额乃至赌博的行为（比如放弃赌博）。那些不能调整的最后在流行性调查中被确认为问题赌徒。[②]

根据该理论，影响人们对赌博的适应性因素除了新鲜感而外，还包括：1）随着人们对赌博的负面影响的认识增加，他们对赌博的认受性会降低；2）因为赌博的严重后果（破产、自杀），一些病态赌徒从赌博人群中消失了；3）政府和企业采取的预防措施和提供的治疗资源的影响；4）人口年龄增长。[③]

公共卫生研究将适应性理论用于博彩产业的研究，对政府制定博彩产业政策具有十分重要的意义。过去公共卫生对博彩业与问题赌博之间的关系的指导理论主要是接触理论。接触理论认为，博彩产业同问题赌博有着线性关系，博彩业越发展，人们接触的机会越多，产生问题赌徒的机会也越多。但接触理论不能解释为什么内华达州的居民接触赌博的机会是其他州的 8 倍，而其问题赌徒的比重仅比其他州高一至四倍。[④]适应性理论能提供有力的解释。适应性理论有助于更全面地评价一个地方开赌对当地居民的问题赌博的长期影响，填补了接触理论的不足。

公共卫生学提出的适应性理论主要是针对问题赌博的，该理论是否也适用于一般人口的赌博行为？研究该问题对预见博彩产业未来的发展趋势具有十分重要的意义。因为，如果一般人口对赌博游戏同样有适应性，则意味着未来人们对赌博的兴趣会下降，博彩业的增长会受到制约，反之则是另外一种形势。

本研究拟从三个方面来分析一般人口对博彩产业的适应性问题：一是根据不同国家现有的赌客调查或居民参与赌博调查来检验该理论对一般赌客的适应性；二是考查澳大利亚和美国大西洋城博彩产业的长期趋势看适应性是否对产业增长有影响；三是通过对赴澳游客调查的资料分析来检验该理论对澳门的适应性。本研究将利用该理论来预见澳门博彩产业的发展趋势。

二 适应性理论对赌博行为和博彩产业的预测

根据适应性理论的推导，我们可以对居民的博彩行为和博彩产业的发展作如下预测：1) 当一个地方的居民刚接触博彩机会时，他们的参与率会比较高，但随着接触时间的增加，适应性的影响会使他们的参与率逐渐下降。2) 当一个地方的居民刚接触赌博机会时，问题赌博的人占赌博人口的比重会比较高，但随着接触时间的增加，适应性的影响会使问题赌博的比重逐渐下降。3) 一个地区刚开设博彩设施时，该地区博彩收入会以较高的速度增长，但随着时间的推移，适应性的影响会使增长逐步放缓。

下面我们利用不同国家或地区的数据对上述三个预测加以检验，看这些预测是否能够得到支持。

（一）不同地区居民博彩参与率趋势

如果不同地区的居民或游客在长期接触博彩游戏以后，在其他条件不变的情况下，参与博彩人口占总人口的比重或参与博彩的游客占游客总数的比重保持不变或持续增加，则证明适应性理论的预测没有实现；如果在一定时间之后，参与率下降了，则证明该理论的预测实现了。

1. 香港居民的趋势

香港居民参与赌博有悠久的历史。香港最早允许华人参与商业赌博是在 1925 年，当年港英政府允许华人精英阶层参与赛马博彩。但在 2001 年以前，由于缺乏相关的调查，香港居民参与赌博的状况不清楚。

香港最早的居民参赌调查从 2001 年开始，至今已进行了 4 次。4 次的调查结果显示，香港居民参赌的趋势在 2001~2005 年呈上升趋势，从 2005 年以来一直呈下降趋势。2005 年被调查对象过去一年参赌的比重为 80.4%，2008 年该比重下降到 71.3%，2011 年更下降到 62.3%。2001 年到 2005 年的上升可能与 2003 年香港足球赌博合法化有关，新的博彩游戏刺激了居民的参与比重。

2. 澳大利亚居民的趋势

在澳大利亚，除了西澳大利亚州和维多利亚州而外，居民参与赌博的比重普遍呈下降趋势。⑤这种变化趋势以昆士兰州最为典型。该州从 2001 年开始到 2008～2009 财政年度共有 4 次对居民参赌情况的调查。2001 年该州过去 1 年参加过博彩活动的居民比重为 84.9%，2003～2004 财政年度下降到 80.3%，2006～2007 财政年度下降到 75.3%，2008～2009 财政年度更下降到 74.7%。昆士兰州对居民参赌影响最大的是老虎机，从 2003 年以来，该州的老虎机数量增长缓慢，从而使居民的参与率不断下降。

3. 赴澳门游客的证据

赴澳门的香港游客和内地游客也显示出适应性的特征。根据我们 2010 年对 1200 个内地游客和 3000 个香港游客的调查发现，接触澳门赌场年份越长的地区的游客，赴澳后参与赌场赌博的比重越低。香港游客从 1961 年，乃至更早的时间，就一直在参与澳门赌场赌博，因此他们的赌博欲望已大幅降低。1985 年，90% 的香港游客到澳门是为了赌博；⑥而 2010 年的调查发现，100 个被调查的香港游客仅有 27 个参与了澳门赌场赌博。在香港游客之后接触澳门赌场最多的是广东游客。早在 1985 年就有广东游客在澳门赌场豪赌，但由于广东游客对澳门赌场的接触时间不如香港游客长，因此他们的赌博欲望要高一些，每 100 个游客里面有 41 个在赌场参与了赌博。广东之外的内地游客，由于接触澳门赌场的时间还非常短，因此他们的赌博倾向最高，被调查的游客，每 100 人里面就有 61 个参与了赌场赌博。

以上的资料基本支持了适应性理论的假设：当一个地方的居民刚接触博彩机会时，他们的参与率会比较高，但随着接触时间的增加，他们的参与率会逐渐下降。

（二）不同地区的问题赌博趋势

如果一个地方出现博彩机会以后，居民中的问题赌博开始比较高，随后呈下降趋势，则证明适应性理论的预测得到了支持，否则没有得到支持。

1. 香港居民

香港参与赌博的居民中问题赌博的比重在不断下降。2001 年的比重为 0.83%，2003～2004 年下降到 0.55%，2008～2009 年更下降到 0.37%。

2. 澳大利亚居民

Storer，Abbott 和 Stubbs 对澳大利亚和新西兰的 34 个调查进行分析发现，老虎机每增加 1 台，问题赌博就增加 0.8 个。⑦在老虎机数量不变的情况下，问题赌博的比重每年下降 0.09%。澳大利亚除西澳大利亚州和维多利亚州外，所有各州病态赌博人口占赌博人口的比重都呈下降趋势。[⑧]同样以昆士兰州为例，2001 年该州病态赌博人口占赌博人口的比重为 0.83%，随后三次调查都逐年下降。2008～2009 财政年度，该比重仅为 0.37%。

3. 内华达州居民

Volberg 在内华达州的研究发现：在内华达州居住 10 年以上的居民的赌博问题比居住时间不到 10 年的居民要低得多。[⑨]Volberg 也发现，内华达州青少年参与赌博的年龄并不比其他州的青年更早，参与的比重反而比其他州更低。青少年出现严重赌博问题的情况也比其他地方的青少年要少得多。[⑩]这显示，内华达州的居民因为长期接触博彩业而对博彩业产生了适应能力。

4. 世界趋势

Williams，Volberg & Stevens 利用不同国家从 1975 年到 2012 年对问题赌博调查的 212 篇报告研究发现，世界问题赌博人口占赌博人口的比重过去多年以来都处于下降趋势。美国、加拿大和澳大利亚问题赌博的比重在 20 世纪 80 年代末 90 年代初是上升的，但在 20 世纪 90 年代末 21 世纪初达到顶峰之后便先后开始下降。美国和加拿大在 20 世纪 90 年代末开始下降，澳大利亚和其他国家在 21 世纪初开始下降。目前世界各国总体的赌博参与率和病态赌博的比重都仅相当于博彩快速扩张之前的 20 世纪 80 年代末的水准。[⑪]图 1 是世界总体、澳大利亚、加拿大和美国的趋势。为更好地显示趋势，资料经 5 年平滑平均处理。

预测 2 得到了支持：当一个地方的居民刚接触赌博机会时，问题赌博的人占赌博人口的比重会比较高，但随着接触时间的增加，问题赌博的比重会逐渐下降。

（三）博彩产业增长趋势

居民参与博彩活动的比重、问题赌博的比重与博彩产业的增长有着直接的关系，居民参与博彩活动的比重越高，问题赌博的比重越高，博彩业的增长就应该越高，反之就应该越低。因此，博彩产业的增长趋势能进一步检验适应性理论的预测能力。

1. 澳大利亚的趋势

澳大利亚最早的赌场始于 1973 年，这一年 Hobart 的 Wrest Point Hotel 开设了澳大利亚第一家赌场。从 1984～1985 财政年度以来的统计资料看，1984～1985 年度，澳大利亚居民的博彩投注总额很低。从 1984～1985 财政年度到

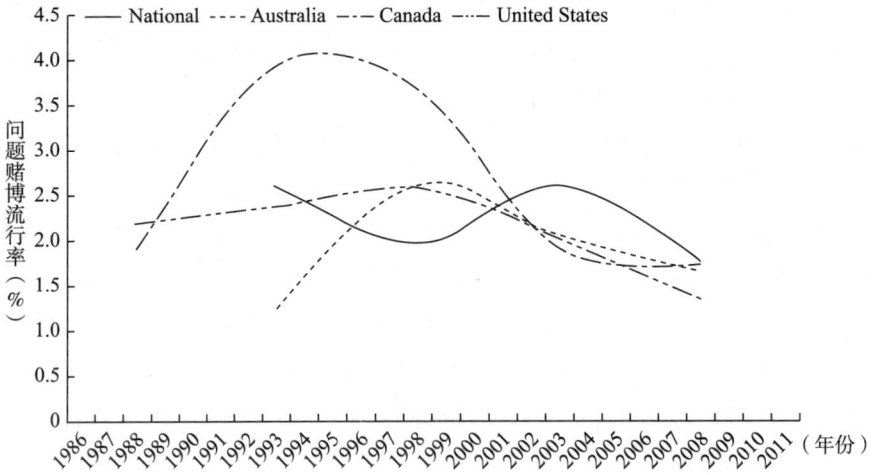

图 1　标准化的问题赌博流行率变化趋势（5 年平滑平均）

资料来源：Williams，Volberg & Stevens，The Population Prevalence of Problem Gambling：Methodological Influences，Standardized Rates，Jurisdictional Differences，and Worldwide Trends，2012.

1997～1998 财政年度，澳大利亚的赌博投注额保持高速增长的趋势。这段时间的增长动力来自不断有新的州建设新的赌场，从而使很多原来不容易接触赌场的居民能够比较方便地参与赌博。但 1997～1998 年度以后，由于没有新的地区开设新的赌场，澳大利亚的赌场投注的增长就一直呈下降趋势（图 2）。

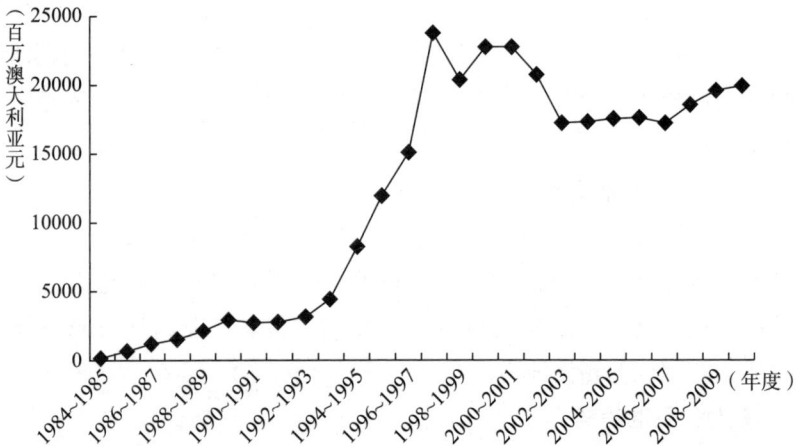

图 2　澳大利亚赌场博彩投注额（1984～1985 年度至 2009～2010 年度）

资料来源：Australian Gambling Statistics，28th Edition，The State of Queensland（Queensland Treasury and Trade），2012

2. 大西洋城的趋势

大西洋城是美国仅次于拉斯维加斯的赌城。大西洋城与拉斯维加斯不同，拉斯维加斯的国际游客约占游客总数的 17%，而大西洋城的国际游客非常少。1998 年的调查发现：大西洋城的游客 98% 是美国居民，92% 来自临近大西洋城各州，其中新泽西州的游客占 31%。因此大西洋城比拉斯维加斯更能显示一个地方的居民对博彩产业的适应性。大西洋城于 1978 年开始开设第一家赌场，1979 年另有三家开业，截至 2009 年共有 11 家赌场。第一家赌场刚开业，当年便录得 1.3 亿美元的收入；第二年更录得 3.3 亿美元的收入，增长幅度高达 143%。随后几年博彩收入的增长逐渐放缓，1985 年增长幅度下降到 10% 以下。从 1985 年到 2006 年，年均复合增长仅为 4.6%。2007 年以后至今一直是负增长。游客的适应性效应非常明显（表 1）。

表 1　1979～1993 年大西洋城博彩收入增长趋势

年份	1979	1980	1981	1982	1983	1984	1985	1986
百分比（%）	142.8	97.5	71.1	35.8	18.6	10.2	9.6	6.7
年份	1987	1988	1989	1990	1991	1992	1993	
百分比（%）	9.4	9.6	2.6	5.2	1.4	7.5	2.7	

资料来源：曾忠禄：《全球赌场扫描——现状与趋势》，北京：中国经济出版社，2010 年，第 172 页

预测 3 得到了支持：一个地区刚开设博彩设施时，该地区博彩收入会以较高的速度增长，但增长随后会逐步放缓。

以上三个预测都得到了支持，证明适应性理论对博彩产业的发展具有预测能力。

三　澳门博彩产业长期增长之谜

澳门开设赌场已有 166 年的历史。如果从 1961 年赌场正式合法化以来，也有 50 多年的历史。但 1985 年以前没有澳门博彩收入的统计数据，因此无法对 1985 年的博彩增长趋势加以分析。1985 年以来，澳门的博彩收入一直保持高速增长。1985 年澳门的博彩收入仅 2.26 亿美元，2011 年该数字达到了 334.8 亿美元，是 1985 年的 148 倍多。27 年年均复合增长率为 23%，是世界上最高的长期增长水准。

如果按适应性理论的预测，澳门的博彩产业早应该进入低增长阶段。

为什么澳门的博彩产业经过 27 年仍在高速增长？难道适应性理论不适应澳门？经对赴澳游客的资料分析发现，过去 27 年澳门博彩产业没有放缓的原因是新游客源源不断地注入。新游客对博彩游戏有很高的新鲜感，赌博兴趣非常高，从而推动澳门博彩收入持续增长。

最早支持澳门博彩产业持续增长的是香港游客，香港游客的推动力逐渐减弱之后，源源不断注入的是广东游客，而目前的新游客主要是广东之外的其他省市的内地游客。

1. 香港游客

澳门在 1847 年便有了合法的赌场。但从 1847 年到 1949 年，由于受战争的影响，以及香港和广东变化的禁赌政策等因素的影响，澳门的赌客来源不稳定，变化比较大。[12]1949 年以后，澳门对香港游客的依赖加大。能得到的最早的连贯的游客资料从 1961 年开始。从 1961 年到 1995 年，澳门 70% 以上的游客来自香港，其中 1963 年到 1992 年香港游客的比重每年都保持在 80% 以上。如果我们把葡萄牙通过正式立法将澳门定为博彩区的 1961 年视为澳门正式规管的赌场开始的时期，那么可以说从正式规管的赌场诞生到 2003 年，香港游客都是支持澳门博彩产业的主力军。内地游客在早期的贡献非常小。最早的内地游客记录从 1985 年开始。从 1985 年到 1990 年，内地每年赴澳的游客总数都没有超过 1 万人，占澳门游客的比重都在 1% 以下。1985 年仅为 0.15%，1990 年更降到 0.04%。

但从 1992 年以后，内地游客迅速增长，香港游客的比重逐渐下降。1999 年澳门回归时，香港游客占赴澳游客的比重下降到 54%，内地游客占到了 22%。到 2011 年，香港游客的比重仅为 27%，内地游客的比重上升到 58%。到 2012 年前 11 个月，香港游客的比重进一步下降，仅为 25%，而内地游客则上升到 60%。

香港游客占赴澳游客的比重不断下降，但香港游客的绝对数量是否有变化？从绝对数量看，香港游客从 1985 年到 1991 年呈上升趋势。但从 1992 年开始，香港游客的增长就停止了，并进入下降趋势。1992 年赴澳的香港游客有 616 万人次，1999 年下降到 423 万人次。2005 年虽然回升到 562 万人次，也没有达到 1992 年的水准。香港游客绝对数量的下降趋势一直到 2006 年才有所改变。2006 年由于澳门大型新赌场落成，澳门重新恢复了对香港游客的吸引力，香港游客的数量才重新开始增长。[13]

2. 广东游客

在香港游客停止增长或增长缓慢的时候，是内地游客的迅速增长推动了澳门博彩产业的持续增长。2003年，内地赴澳游客的数量首次超过香港，成为澳门最大的游客群体。而内地游客中广东游客是最重要的部分。内地于2003年开始对港澳实行自由行政策，部分地区的内地居民可以以个人身份到港澳旅游。在自由行开始的2003年到2011年，内地自由行游客主要是广东游客。2005年内地赴澳的自由行游客有80%来自广东。但广东游客的比重在逐年下降，广东以外内地其他省市的游客逐年增加。2010年7~12月，广东游客占内地游客的比重为53%，2011年该比重下降到51%。而到2012年前11个月，广东游客的比重更下降到48%。

目前澳门的内地游客正逐渐由广东以外的内地其他省市的游客占主导。这些省市的游客市场潜力巨大。广东常住人口为1.04亿人。广东以外的其他省市的常住人口超过12亿人，其中绝大部分都没有到过澳门。只要其中很小部分到澳门旅游，对澳门都是巨大的数字。因此在未来相当长一段时间内，内地赴澳游客的数量还有很大的增长潜力。

四 澳门博彩产业未来增长趋势

纵观世界博彩产业的发展趋势，从20世纪70年代到20世纪末，世界各国居民参与赌博的人口比重呈上升趋势，20世纪80年代末到整个20世纪90年代呈快速上升趋势。这段时间的快速上升与老虎机和赌场在不同地区增加有关。但从1999年以来，随着新的地方开设赌场和增加老虎机，居民参与赌博的比重开始下降，显示适应性效应在发生作用，居民对博彩游戏的兴趣在减退。[⑭]澳门的博彩收入虽然目前仍处于增长阶段，但我们可以肯定，适应性效应对澳门的游客同样适用。这意味着随着时间的推移，游客的赌博热情会逐渐下降，澳门的博彩产业会从目前的高增长阶段进入低增长阶段。但与世界其他地方不同的是，澳门的游客主要来自内地。内地没有合法的赌场。内地人口众多，目前到过澳门的居民仅占内地人口非常小的比重。没有到过澳门的内地居民仍然对澳门的赌场充满新奇感，对博彩游戏仍有很高的热情。因此短期内适应性效应还不会对澳门博彩产业增长产生大的影响。但长期内，适应性效应也会对澳门的博彩业造成影响。

影响游客适应性的因素还包括博彩产业的创新和周边地区赌场的发展。

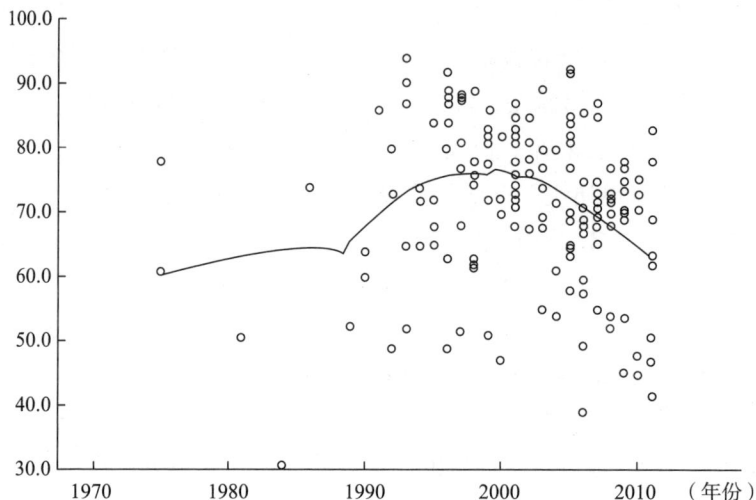

图 3　过去 1 年赌博参与率变化趋势（所有地区）

资料来源：Williams, Volberg & Stevens, The Population Prevalence of Problem Gambling: Methodological Influences, Standardized Rates, Jurisdictional Differences, and Worldwide Trends, 2012.

如果澳门的博彩产业在博彩游戏方面或行销方式方面能不断有重大创新，就能继续保持游客新鲜感，从而使他们的适应性被推迟。另外，周边地区开设的赌场也会对赴澳游客的适应性产生影响。如果周边地区不断有大型的高档博彩设施投入营运，则会加快赴澳游客对澳门博彩设施的适应性，从而使澳门的博彩产业加快进入成熟阶段。

---

①本文的问题赌徒也包括病态赌徒。

②Shaffer, LaBrie and LaPlante, "Laying the Foundation for Quantifying Regional Exposure to Social Phenomena: Considering the Case of Legalized Gambling as a Public Health Toxin," *Psychology of Addictive Behaviors*, 2004, Vol. 18, No. 1, pp. 40 – 48.

③⑤⑧⑪⑭R. J. Williams, R. A. Volberg & R. M. G. Stevens, *The Population Prevalence of Problem Gambling: Methodological Influences, Standardized Rates, Jurisdictional Differences, and Worldwide Trends*, 2012, http://hdl. handle. net/10133/3068.

④⑨R. A. Volberg: *Gambling and Problem Gamblingin Nevada, Report to the Nevada Department of Human Resources*, 2002.

⑥⑫刘品良:《澳门博彩业纵览》，香港：三联书店（香港）有限公司，2002，第119页；第 1 章及第 2 章。

⑦John Storer，Max Abbott & Judith Stubbs，"Accessor adaptation? A metaanalys is of surveys of problem gambling prevalence in Australia and New Zealand with respect to concentration of electronic gaming machines," *International Gambling Studies*，vol. 9，No. 3，pp. 225 – 244.

⑩R. A. Volberg：*Gambling and Problem Gambling Among Adolescents in Nevada*，Report to the Nevada Department of Human Resources，2002.

⑬2006 年、2007 年香港游客的统计资料包括了在澳门打工、每天进出澳门的香港居民，故游客数量有一定的高估。2008 年以后的数据已有剔除。

作者简介：曾忠禄，澳门理工学院博彩教学暨研究中心教授、博士生导师。

［责任编辑：陈志雄］

（本文原刊 2013 年第 4 期）

我国旅游产业结构优化的
国际经验借鉴[*]

刘德艳

[提　要] 为了达成把我国建设成世界旅游强国的目标，当前亟须对我国的旅游产业结构进行优化。在这一过程中，就需要借鉴一定的国际经验，并结合我国旅游业发展的具体情况。本文运用文献综述和调查研究的方法，总结分析了五个世界旅游强国、四个新兴经济体"金砖国家"、两个著名旅游城市和两家成功旅游企业的旅游产业结构优化的亮点和措施后，得出了这些国际经验对我国旅游产业结构优化的启示。

[关键词] 旅游产业结构　优化　国际经验

旅游产业结构是旅游产业与其他产业之间以及旅游产业内部围绕游客旅游活动，直接向其提供产品和服务的各行业、各成分、各环节之间的技术经济联系和比例关系。具体包括旅游产业与其他部门的外部部门结构、内部行业结构、旅游产品结构、旅游市场结构、旅游空间结构、旅游组织结构、旅游技术结构、旅游投资结构和旅游人力资源结构等。旅游产业结构的优化就是对处在不同发展阶段的旅游产业结构进行调整，实现旅游产

　* 本文系国家社会科学基金重点项目"全面提升旅游业发展质量的基本理论、关键问题及对策研究"（项目号 10AZD028）及上海市教育委员会高水平特色项目"旅游资源与文化创新基地"资助项目的阶段性成果。

业自身的静态协调与动态均衡，以及与其他产业之间的相互协调，以实现旅游业各生产要素的优化配置，获得旅游产业最佳效益。

依据国务院提出的"转变发展方式，提升发展质量，力争到 2020 年我国旅游产业规模、质量、效益基本达到世界旅游强国水平"、将旅游业培育成国民经济的支柱性产业与人民群众更加满意的现代服务业的目标，[①]我国旅游产业的结构调整优化将是一项重要工作。本文根据对中国旅游业发展情况的调研，通过中外文献整理、调查研究和案例分析，对世界旅游强国、新兴经济体国家、著名旅游城市和成功旅游企业的旅游结构优化的经验进行研究，总结与分析国内外已有的研究成果，为全面优化我国旅游产业结构提供经验借鉴。

一 世界旅游强国旅游产业结构优化的经验

本文重点选取了四类旅游业发达或者发展较快的国家、城市和企业。第一类是五个旅游业发达国家：英国、德国、法国、美国和日本。选取依据主要是根据世界旅游市场的排名。第二类是四个新兴经济体国家：印度、巴西、俄罗斯和南非。选取依据是因为中国与这四个国家同为"金砖国家"。第三类是两座著名旅游城市中国香港和新加坡。选取依据是在世界旅游城市排名中始终靠前，且由于历史、地理等原因对我国的旅游发展较具借鉴意义。第四类是两家成功的大型旅游企业：美国运通公司和日本旅游株式会社 JTB 集团。选取依据是这两家公司屹立百年不倒，是全球 500 强企业中仅有的两家旅行社。对于选取四类国家、城市、企业的旅游产业结构优化的经验研究，是基于其旅游结构优化的亮点和一些具体措施来展开的。

1. 英国旅游产业结构优化的亮点及措施——奥运推广与文化振兴

（1）奥运推广旅游战略的特点：大规模、大手笔。英国旅游业在相当长时期内被称为"英国经济中被忽视的巨人"，无论是政府层面还是公众层面，旅游业对于经济发展的重要性经常被低估了。[②]2012 年 2 月 9 日，英国启动了历史上规模最大的旅游推广活动"伟大英国"。（2）文化振兴旅游战略的手段：首先是善于文化振兴。创意产业最初就是英国提出来的。为振兴经济，1997 年英国首相布莱尔最早提议成立了创意产业特别工作小组，并一直在创意产业上极尽努力和投资。其次是善于对文化因素进行开发和利用。既包括英国数量众多的博物馆文化，又包括游客感兴趣的王室文化和各类艺术节等特色文化。（3）奥运推广文化振兴的旅游战略针对目标市场覆盖面广，方案完善，资金到位。

2. 德国旅游产业结构优化的亮点及措施——会展业拉升与标准化推行

（1）借助会展业拉升旅游业发展。德国素以"世界会展王国"的称号闻名于世，除了地缘优势是其会展业经久不衰的一个重要因素外，会展经济的增长还得益于政府的主动和倾力打造，使德国高居欧洲会展目的地榜首，遥遥领先于其他欧盟国家。正是这些纷至沓来的各类会展活动的参与者拉升了德国旅游业的发展。（2）利用标准化的推行促进旅游业发展。德国的标准化不仅帮助了德国的商业发展，同时也开拓了全球市场。③德国旅游业标准化的组织设置较早，管理完善，其旅游业标准化工作处于欧洲领先水平，标准化工作效果显著。

3. 法国旅游产业结构优化的亮点及措施——产品更新与结构性转型

（1）法国旅游产品从传统旅游到乡村旅游的开发。1955年，法国政府鉴于当时农村大量具有传统风格的民居空置、损坏，启动了以繁荣农村小镇、克服农村空心化现象的"农村家庭式接待服务微型企业"计划。此后，法国的乡村旅游发展迅速，其主要项目是美食品尝、休闲和住宿。法国乡村旅游极具特色：一是原真性与独特性。二是严格的乡村旅游管理条例。三是以本地"所有的农业开发者、乡村居民"为主。四是政府对于开展乡村旅游的支持。五是行业协会在乡村旅游中的作用必不可少。（2）旅游要素结构性升级。一是旅馆业改造：实施新的星级分类标准。二是旅行社业改造：对现行的旅行社职能改造以加强其在欧洲范围内的竞争力。三是对中小型旅游企业提供财政贷款援助。四是制定签证等相关改革方案和措施。五是将旅游发展战略推进数字时代。

4. 美国旅游产业结构优化的亮点及措施——网络化管理与技术创新

（1）旅途租车服务的网络化管理与技术创新开始较早，酒店结账高峰时段的网络化管理与技术创新十分便利。2011年 Karl R. Smerecnik 和 Peter A. Andersen 对美国49家中型、大型酒店和滑雪度假中心进行电子测试并得出结论：一定程度的创新实施可以引领酒店和度假中心持续发展。（2）旅行代理与分销组织（旅行社）的网络化管理与技术创新持续进行。旅游公司的网络化管理与技术创新已进入发展高峰。如今，互联网正在美国旅游业中发生重要影响并且为旅游企业基础信息建设的基石。④美国无论是旅行代理业还是酒店业及相关服务业充分显示出的高科技优势与强大竞争力，加快了旅游业追赶自"9·11"恐怖袭击后因实行严厉的签证政策而使旅游业遭遇"失去的十年"的步伐。

5. 日本旅游产业结构优化的亮点及措施——观光立国国家战略贯穿始终

（1）日本战后旅游产业政策变迁。第一阶段是 1945 年至 1954 年：旅游业起步，制定了一系列与旅游密切相关的基本法律制度。第二阶段是 1955 年至 1964 年：大众旅游的确立时期，1963 年《旅游基本法》实施。第三阶段是 1965 年至 1974 年：日本经济高速发展，出境旅游也开始初步发展。第四阶段是 1975 年至 1986 年：日本的出境旅游有了长足的发展。第五阶段是 1987 年至 1994 年：日本政府提出了"海外旅游倍增计划"。第六阶段是自 1995 年至今：重点是振兴入境旅游业。1996 年提出了欢迎方案 21（访日外国游客倍增计划），1997 年《外国游客招揽法》开始实施，2000 年 5 月出台了新欢迎方案 21（新访日外国游客倍增计划），2003 年日本首相小泉纯一郎在国会施政演说中提出了"观光立国"的战略。⑤（2）日本"观光立国战略"的特点：一是始终将旅游发展视为国家战略的重要组成部分，将旅游作为经济、政治、文化的先导，经济需要就突出经济作用，社会需要就突出社会作用，文化需要就突出文化作用，国际需要就突出国际作用。二是通过立法确保观光立国路线不动摇。为了扩大国内旅游需求，一是将假日制度调整为"双休制＋公共假日＋黄金周"。二是推动企业组织员工旅游，其中一部分费用可以视为培训，进入成本。三是培养孩子。日本学生在国内旅游叫见学旅游，出国旅游叫修学旅游。

从以上世界旅游强国旅游产业结构优化的经验可以看出，这些国家都有着较长的旅游业发展史，而且无论是出境旅游还是入境旅游都排在世界旅游业的前列。随着世界经济的不断起伏，这些国家都从各种角度加大了旅游业的发展力度，其旅游产业结构优化措施中的共同点主要包括不断开发旅游新产品和服务、关注旅游业转型和新业态开发、不断开拓新市场。

二 新兴经济体国家旅游产业结构优化的经验

1. 印度旅游产业结构优化的亮点及措施——优先投资的产业地位与注重机构职能的全面性

（1）优先投资的产业地位。印度在 2002 年订立了国家旅游发展政策，将旅游业作为经济发展的支柱产业，加强政策、财政和技术支持。政府积极出台各类政策，规范旅游业发展环境，对旅游企业提供财政补贴，加大资金投入力度。财政支持包括减免资本收益税、消费支出税、进口税等，减免应税利润、优惠使用土地、资助旅游业职工培训费用，对旅馆所得税实行一定比例的减免等。为拓宽旅游业发展的资金来源渠道，建立公私合作投资模式，为旅游行业吸引更多投资，从而促进旅游基础设施、接待能力的提高。（2）旅游组织和体制结构注重职能的全面性。印度旅游部除了下辖旅游理事会、印度旅游发展公司、国家饭店管理和餐饮技术理事会外，还直接下辖印度旅游管理学院，为旅游业培养专业人才。印度政府在机构职能上高度重视人才培养，在"金砖"国家中独具特色。

2. 巴西旅游产业结构优化的亮点及措施——分权而治与社会参与管理

（1）政府分权而治，即将宏观计划政策制定职能与旅游服务促销职能分离。国家旅游部负责制定巴西旅游发展规划和政策、开发旅游项目、扩大旅游收入、增加就业机会、促进国家社会经济的发展。（2）机构市场化运营。巴西旅游公司的体制为非政府性的市场化社会参与管理模式。这一机制使得巴西国家旅游业的推广模式和手段呈现出市场化、专业化的特点。1995 年，巴西政府把发展旅游列入国家战略发展规划，分权而治及市场化社会参与模式使巴西在全国范围内建立起包括各级政府及公私企业、学术研究机构等非政府组织乃至社区在内的广泛的旅游计划、研究、实施、回馈网络，巴西旅游因此获得较快的发展。

3. 俄罗斯旅游产业结构优化的亮点及措施——健全法制与强化国际合作

（1）健全法制，规范市场。苏联时期旅游机构归国家所有，随着俄罗斯独立后旅游企业私有化，旅游市场全面放开，一度处于混乱状况，严重阻碍了旅游业的健康发展。1996 年 11 月俄联邦议会通过《俄罗斯联邦旅游活动基本法》。2002 年政府批准《2015 年前发展旅游业的构想草案》（补充和修改版）。2007 年《俄罗斯联邦旅游业务基础法》修正案生效，同年国家杜马通过决议，要求整顿旅游市场，严格实行导游证制度。2008 年成立俄罗斯体育、旅游及青年政策部及联邦旅游局。2009 年联邦政府批准了《2009 年俄联邦政府落实反危机纲要》。（2）强化国际合作，提高发展水平。为提高旅游业发展水平和规模，俄罗斯政府积极寻找和参与国际合作，如 2009 年 9 月俄中签署《俄罗斯远东及东西伯利亚地区同中国东北地区合作规划纲要（2009～2018）》，此文件包括两国边境地区若干旅游项目在内的 200 多个项目。2009 年俄罗斯还将 2840 万欧元欧洲结构基金投资于旅游产业发展，9 个大型项目和 8 个小型项目获得资金支持。⑥

4. 南非旅游产业结构优化的亮点及措施——政府与社会非盈利机构分工合作推动

（1）在组织和体制结构上由政府旅游部战略领导，社会非盈利机构细化分工。由政府旅游部实施的战略领导体现在为旅游业有序增长、提高南非旅游知名度创造更好的条件，从而增加就业和商业机会，促使各级政府和旅游部门对南非旅游发挥更重要的作用。旅游业非盈利机构包括南非旅游商业委员会、南非旅游服务协会、旅游企业合作组织。非盈利机构在推进南非旅游业发展中的作用十分重要，是政府部门的细化和延伸。（2）旅游业发展的合作推动，夯实行业基础，拓展发展潜力。一是加强法制规范和旅游规划。二是强化旅游业投资和建设。世界经济论坛 2011 年对各国旅游业的排名显示，南非旅游业竞争力全球排名 66 位，但由于酒店房价等旅游物价水平不高、政府重视基础设施条件改善，故物价竞争力位列 37 位，机场设施位列 43 位，铁路和道路建设分列 47 和 43 位。[⑦]三是确立国家战略应对旅游业发展中的问题。如针对犯罪高发问题，南非制定实施了"国家旅游安全战略"。

从新兴经济体国家旅游产业结构优化的经验可以看出，这四个国家随着经济的加快发展，都将旅游业作为着重发展的产业，提出了明确的旅游业发展战略，都在积极寻求政府对本国旅游业合适的治理方式，这些措施使得"金砖国家"的旅游业近年来都获得了较快的发展，但也同时都面临着较为突出的旅游安全问题、旅游基础设施的增加问题以及旅游法规的完善问题。

三 著名旅游城市和成功旅游企业旅游产业结构优化的经验

1. 香港旅游产业结构优化的亮点及措施——全方位的城市营销与不断更新的规管架构

（1）全方位的城市营销。多年来，香港在会议、奖励旅游及展览等多个板块不遗余力地打造香港的城市品牌。精准的城市品牌定位、全方位的城市营销、丰富的整合营销手段、善于通过事件策划发挥"眼球经济"效应及注重新媒体手段的运用（FACEBOOK + 新浪微博等），逐步巩固了香港在亚洲"最受欢迎旅游目的地"的地位。（2）旅游业规管架构的不断更新。香港特区政府把各界对旅游业运作及规管情况的意见做了归纳，指出了香港旅游业规管架构的改革方向。2012 年成立了旅游监管局规管旅游业运作，希望新的规管制度可以提升香港旅游业的服务质素，以及保持香港旅游业的长远健康发展。

2. 新加坡旅游产业结构优化的亮点及措施——高起点的产业定位与新创意产品的开发

（1）高起点的产业认识与定位。新加坡政府非常重视良好的服务环境和社会风气的营造，创建了良好的旅游大环境，树立了良好的旅游目的国形象。新加坡还超越了发展单一的游览观光要素的观念，着力构筑旅游相关要素的大产业体系，从"大旅游"的产业体系来发展旅游业，创建了国际通商口岸、免税购物中心、美食天堂、国际会议和国际金融中心。（2）新创意产品的开发。多年来，新加坡的旅游产业开发策略一直比较科学和全面。新加坡几乎没有独特的山水风光旅游资源，为了开发旅游吸引物，善于无中生有，点石成金，创办了夜间动物园，每年还举办购物热卖会、文化艺术节、美食节，为期都是一个月。新加坡还超越了传统旅游业景区游览的观念，开发建设了一批丰富的旅游新业态。早在 2008 年金融危机开始之前，新加坡就已经开始重点打造以休闲观光度假为主的圣陶沙度假区和以会展商务为主的金沙滨海城度假区。

3. 美国运通公司旅游产业结构优化的亮点及措施——多元化战略的实施与网络技术的使用

（1）多元化战略的实施。运通公司（American Express）创立于 1850 年，初期主营业务是快递服务，1891 年发明了世界上第一张旅行支票，1915 年正式进入旅行社业。运通公司不断适应外部市场环境的变化，适时调整经营结构，陆续进入新的领域，实施相关多元化战略，是世界上最大的旅游服务、综合性财务、金融投资和网络服务公司，提供签帐卡、信用卡、旅行支票、旅游、财务策划、投资产品、保险及国际银行服务等。（2）网络技术的率先使用。运通公司积极由传统的旅游商向新型 e 旅游商进行转换。1995 年率先开辟了网上业务，成为利用电子商务进行服务的先驱。1996 年又与微软合作，研发了 AEI Travel——美国运通互动旅行（American Express Interactive Travel）的网上预订系统。科技手段使之超越了地理的局限，建立起强大的金融支持及遍布世界的庞大网络。（3）对客户体验、社会责任及环保意识的重视和努力。

4. 日本 JTB 集团旅游产业结构优化的亮点及措施——行业全要素管理与流程细致化管理

（1）从大处着眼的行业全要素管理。日本最大的旅游株式会社 JTB 集团（Japan Tourism Bureau，日文名称为"日本交通公社"）诞生于 1912 年，是日本最大、世界排名第二的跨国旅游集团。JTB 集团不止做传统的旅游业务，其营业收入的结构中还包括航空快递、婚礼项目、旅游纪念品、饭店餐饮、广告印刷、旅行支票、外币兑换业务、货运和物流业务等。如婚礼旅游项目，从策划到实施、新郎新娘和嘉宾的食宿行费用、海外婚礼的场地和婚纱摄影，以及所有衍生出来的行程，都由 JTB 公司策划和提供。（2）从小处着手的流程细致化管理。JTB 集团将旅游产品研发、培训、销售、广告、企划宣传等各个不同的板块一一细化分工，每个部门都专业化负责单一业务。当这些业务都被细化之后，整个链条再串联在这些部门之间，形成一个分工协作模式。JTB 公司目前拥有 149 家企业，不仅在日本旅游市场有着丰富的资源和经验积累，还在全球设有近千个营业网点。"从出发到离开的全过程服务！"这是 JTB 集团对全球游客做出的承诺。（3）旅行社产品制作专业化、商业化的典型模式。在旅游产品研发上，从设计理念到使用机制，JTB 集团是以"准专卖店"的模式发展的，既拥有产品设计者，又拥有完善的零售门店。日本旅游社业内按"综合类、接待类、咨询类"把旅行社分成三个级别，其中最低的咨询类旅行社大都做着旅游招揽的代理工作，他们是大型旅行社不可或缺的商业伙伴，担负着给大型旅行社策划设计产品，以及质量保障和跟踪调查等工作。在产品制作的利益获得上，这类公司从产品获利中抽取一定的比例，这就是旅行社产品制作专业化、商业化的典型模式。

从以上著名旅游城市和成功旅游企业的旅游产业结构优化经验可以看出，中国香港和新加坡旅游产业结构优化的共同点是注重全方位的策划与营销，积极探索旅游新业态的开发，注重旅游规划中对环境的保护。虽然中国香港和新加坡以其共同的英国殖民背景和相似的人文地理特征常常成为人们相提并论的对象，但在旅游管理体制方面，香港当局对经济活动进行"积极的不干预"，只有在非常时期和特殊情况下才会对旅游经济活动给予必要的干预。而新加坡政府对旅游经济活动干预较细。由于受日本文化和游客消费习惯的影响，JTB 公司在营销和渠道建设上，仍然是一家相对保守的传统旅行社。他们在新型渠道建设问题上相对被动，而美国运通则更加重视技术革新，其在线销售的意识远远早于日本 JTB 公司，当然这与多年来美国自由公平、完全市场化的大环境有关，也与美国国民的消费文化和习惯有关。

四　我国旅游产业结构优化现状调查与国际经验借鉴

在以上旅游产业结构优化国际经验的分析基础上，本研究还针对"我国旅游产业结构优化问题"设计了"旅游企业调查问卷"和"游客调查问卷"。两份调查问卷的设计都围绕着我国旅游市场结构、产品结构、组织结构、技术结构、投资结构、人力资源结构六大部分展开。2011 年 10 月至 2012 年 6 月在全国范围内展开了调研，最后共获得 659 份有效的旅游企业调查问卷和 845 份有效的游客调查问卷。根据这些国内调查问卷和深度访谈所得的数据及分析，再结合前文对旅游产业结构优化所做的国际经验分析，可以得出国际经验对我国旅游产业结构优化的借鉴如下。

（一）我国旅游市场结构优化：积极开拓国际市场，努力做好国内市场

在 659 份有效的旅游企业调查问卷中，在关于国际客源市场和国内客源市场的比例上，可以明显看出是以国内市场为主，国际市场为辅（表1）。

表1　被调研单位国内客源市场和国际客源市场的比例

单位类型	国内客源市场比例（%）	国际客源市场比例（%）	出境客源市场比例（%）	入境客源市场比例（%）
饭店	80.72	19.28		
旅行社	82.69	17.31	45.24	35.67
景区	83.31	16.69		
旅游交通	68.93	31.07		
其他	83.88	16.12		
行业加权平均	84.48	15.52		

注：样本中旅行社因业务差异，有些不从事出境旅游业务，有些甚至也不从事入境客接待业务，因此，在旅行社栏里国内游客市场比例与国际游客市场比例两者之和不等于1。

无论是想重振旅游业的旅游强国，还是着力打造旅游业的新兴经济体"金砖国家"，都在开拓国际市场上不遗余力。英国想借助奥运契机重塑旅游业，美国改变了过严的签证政策以吸引国外游客，日本更是自 1945 年开始至今，始终将旅游业的发展与国家战略紧密相连。这些国家还纷纷通过争夺世界重大体育赛事的举办权以吸引更多的国际游客。2010 年举办的世界杯足球赛让南非旅游业品尝了收获的喜悦。巴西即将主办 2014 年世界杯和 2016 年奥运会，俄罗斯是 2014 年冬季奥运会及 2018 年世界杯承办国，各国政府纷纷将此视为树立国家形象、促进旅游业发展的重要契机。同时，在国内旅游市场上，各国通过法律建设、政策扶持、基础设施建设等来提高国内旅游的发展质量。如日本为了扩大国内旅游需求，调整了假日制度，推动企业组织员工旅游并同意将其中一部分费用视为培训进入成本。俄罗

斯政府积极整顿旅游市场。南非加强了法制规范和旅游规划,印度政府则积极出台各类政策规范旅游业发展环境,日本 JTB 公司更是对其产品实施了行业全要素管理与流程细致化管理。目前我国旅游市场发展存在的问题中,比较突出的是国际客源市场增长乏力,出境游客行为文明失范,而国内旅游市场缺少规范、靠打价格战等恶性竞争手段而乱象丛生。要坚持以国内旅游为重点,积极发展入境旅游,需继续加大国际旅游市场的开拓力度,并抓住《旅游法》正式实施的契机,加强法规管理和行业治理,规范国内旅游市场秩序。

(二) 对我国旅游产品结构优化的启示:对旅游产品不断深入挖掘持续创新

在 659 份有效的旅游企业调查问卷中,在关于我国旅游产品问题的调查结果中,可以明显地看出传统的观光类旅游已不再是一枝独大,休闲度假、文化娱乐、主题公园、工农业旅游、旅游商品等新的旅游产品需求开始出现,并呈多元化并存状态 (表2)。

表2　您认为您所在地最需要的旅游投资产品与服务类型

指标	总计	百分比 (%)	总体排序
1. 传统观光类	131	7.5	7
2. 休闲度假类	355	20.4	1
3. 工农业旅游点类	112	6.4	8
4. 酒店 (餐饮住宿、服务设施) 类	199	11.4	4
5. 博物馆类	65	3.7	9
6. 主题公园类	208	11.9	3
7. 旅游客运机构类	61	3.5	10
8. 旅游中介机构 (旅行社) 类	25	1.4	11
9. 旅游教育 (旅游人才培训机构) 类	175	10.1	6
10. 文化娱乐类	211	12.1	2
11. 旅游商品生产 (经营) 类	194	11.1	5
12. 其他	5	0.3	12

注:本题限选三项。其他项填写的内容主要有:会议度假、旅游中心等。排序 1~12 表示选择该答案的频次不断递减。

各国都对旅游产品不断深入挖掘持续创新。法国开拓了极具特色的乡村旅游,英国的"王室文化"也被开发成吸引游客的旅游产品,德国将

"会展产品"与"旅游产品"进行融合，日本设计了完善的见学、修学旅游产品，新加坡开发了新业态圣陶沙度假区和金沙滨海城度假区，他们都将旅游产品的开发做到了不间断地吸引游客眼球的地步。反观目前我国的旅游产品开发，最大的弊病就是旅游产品种类仍然相对单一，旅游产品高度同质化竞争，缺少个性和主题设计。应进一步突破旅游产品结构单纯依赖观光类产品的局面，借鉴法国经验加快乡村旅游的发展，借此也可以逐渐缩小城乡差距、统筹城乡发展以及全面提高旅游业发展质量。同时大力发展商务旅游、医疗健康旅游、体育旅游、工业旅游、邮轮游艇旅游、旅游演艺等新兴旅游产品。未来旅游产品优化中，可以进一步增加体验类和参与类的旅游产品。

（三）对我国旅游组织结构优化的启示：依托本国具体情况实施高效、多样化的管理

在 845 份有效的游客调查问卷中，"我国政府旅游管理部门在旅游公共服务与管理方面存在问题的赞同度"调查中可以看到，旅游公共服务设施不足（"比较赞同"的占 46.4%，"赞同"的占 18.7%，"非常赞同"的占 7.5%）；缺乏对旅游规划及运营的监控（"比较赞同"的占 38.2%，"赞同"的占 25.6%，"非常赞同"的占 12.4%）；服务不及时，公共旅游网站内容更新滞后（"比较赞同"的占 35%，"赞同"的占 25.4%，"非常赞同"的占 7.5%）；关注旅游建设的面子工程，与市场需求不吻合（"比较赞同"的占 26.5%，"赞同"的占 27.9%，"非常赞同"的占 16.2%）、市场秩序管理乏力（"比较赞同"的占 29.3%，"赞同"的占 27.6%，"非常赞同"的占 16.8%）。这些调查数据表明，政府在有效管理旅游业的作用上，游客评价明显不高。同时，根据对我国旅游企业的走访调查结果也显示，受访者普遍反映我国政府与旅游行业协会作用的合理发挥存在问题。政府对旅游企业建设引导不够，致使重复建设，企业经营难，税收偏高。此外，在政策制度及公共服务管理上也存在着质量问题。

各国对旅游组织结构优化都极其重视，希望能构建合理的旅游业治理模式。日本和俄罗斯对旅游发展频频立法的做法令人印象深刻，巴西实施了分权而治和社会参与管理，南非则由政府旅游部战略领导，社会非盈利机构细化分工，香港地区对旅游业规管架构的不断更新等，这些旅游业组织模式都发挥了良好的效果。我国政府应与旅游行业协会共同制定适合地方特点的旅游发展标准和制度，发挥分工协作的引导作用，完善行业管理制度，对全国及各地的旅游进行"美丽中国之旅"的旅游整体形象的联合营销，有效监管旅游市场秩序，对不良运营的旅游企业进行规范与强制执行，同时为旅游企业创造良好的法律、经营、投资、税收环境。

（四）对我国旅游技术结构优化的启示：注重通过技术更新和标准化建设促进旅游业发展

在 845 份有效的游客调查问卷中，"我国旅游业在运用技术方面的重要性和满意程度"的调查中看到，"在旅游业中应用的重要性排序，由高到低排在第一位"的被选频次分别是：规划设计（358 次，占 42.4%）、标准化管理（229 次，占 27.1%）、管理策划（174 次，占 20.6%）、工艺流程（49 次，占 5.8%）。在"认为下列技术（规划、管理、工艺、标准化）运用的重要程度如何"的调查中，认为"比较重要""重要""非常重要"的分别有38.7%、30.2%、7.6%。"对下列技术（规划、管理、工艺、标准化）运用的满意程度"的调查结果显示，"非常不满意、不满意和比较不满意"三项占比分别为 0.4%、3.4% 和 12.8%，而"比较满意、满意和非常满意"的占比分别为 13.1%、1.9% 和 0.2%，选"不清楚"的占比为 17.6%。分析以上数据可以明显地看出，游客对于我国旅游业在运用技术方面的重要性认识较高，但满意程度较低。

在旅游技术结构优化上，很多国家都认识到了技术对于推动旅游产业进步的作用，并大力推广技术在旅游业中的应用。比较突出的是美国的网络化管理与技术创新，以及运通公司的技术运用和注重环保，法国积极将旅游发展战略推进数字时代，日本 JTB 公司的旅行社产品制作的专业化、商业化等。目前对于我国旅游业在运用技术方面的重要性认识还需要进一步提高，标准化覆盖的领域和推行程度还需要加强，旅行社业应强调专业化分工，传统旅游企业要通过技术手段使游客在旅游过程中的各个环节都更顺畅更低碳，积极扩大网上业务的经营范围，在线旅游企业需加强业务覆盖面及提供更安全的技术保障。

（五）对我国旅游投资结构优化的启示：合理引导和加大对旅游业的投资

目前我国旅游投资正在成为热点，旅游投资单体项目不断增多，旅游上市公司正在成为证券市场的重要板块之一。民营资本踊跃，资金主要流向景区、饭店、旅游地产等领域。各国在旅游业投资问题上，都认识到了如果要进一步提高旅游业占 GDP 的比重，使本国的旅游业发展获得跨越式发展，就必须增加和引导旅游业的投资。如法国通过投资使得旅游要素结构性升级，南非也不断强化旅游业投资和建设，印度政府对旅游企业提供财政补贴，加大资金投入力度，新加坡在旅游投资中同时强调保护环境和改造环境。今后要避免我国旅游投资规模增速过快和非理性投资行为，以及引导旅游业投资的领域更加合理。"政府在旅游投资中的作用如何转变，既能使得旅游业发展获得必要的资金投入，又能最大程度地避免投资风险和环境破坏"，是今后我国旅游投资结构优化中需要重点解决的问题。

（六）对我国旅游人力资源结构优化的启示：重视人才培养和行业人力资源管理

通过对政府和企业的深度访谈可以看出，旅游业优质服务的实现与人力资源质量之间存在矛盾。《中国旅游业"十二五"人才发展规划》中也指出：我国旅游业人才发展的总体水平与旅游业发展需要相比还有较大差距。重视旅游业提供的就业机会的增加，以及注重人才储备和培养都是一个国家旅游业健康发展的关键。印度旅游部下属四大机构中专设国家级机构培养专才，俄罗斯严格实行导游证制度，香港地区也是因为导游人员素质和管理的问题而引发政府对旅游业规制的新变化，这些都体现出各国政府对行业人才培养问题的高度关注。目前我国应加紧高层管理人才的培养，提高行业总体受教育程度，重视专业培训，行业员工维持合理的流动率。要在促进校企合作、合理设置旅游从业人员的资质要求和薪酬体系，加大职业培训力度，提升服务人员的劳动价值等问题上吸取有益的国际经验。

（对何健民教授、张文建教授，以及毛润泽、辜应康、王云龙、张帆、田纪鹏等老师在研究中所提供的帮助，谨致以诚挚谢意）

---

① 《国务院关于加快发展旅游业的意见》，国发（2009）41号。

② British Hospitality Association, "British tourism week vital start to Olympic countdown," *Hospitality Matters*, Iss. 45, Mar. 2008, p. 11.

③ Committee of DIN and DKE, *German Standardization Strategy*, Berlin: ERGO Industriewerbung GmbH, 2004, p. 6.

④ Dae-Young Kim, Ounjoung Park, "A study on American meeting planners' attitudes toward and adoption of technology in the workplace," *Tourism & Hospitality Research*, Vol. 9,

No. 3，2009，pp. 209 – 223.

⑤柴亚林、马歆星：《近年来日本旅游产业政策与入境旅游市场分析》，北京：《日本学刊》2007 年第 4 期。

⑥Country Report，Travel and Tourism in Russia，Aug 2012，http://www. euromonitor. com/travel-and-tourism-in-russia/report.

⑦World Economic Forum，Travel & *Tourism Competitiveness Report 2011*，January 12，2012.

作者简介：刘德艳，上海师范大学旅游学院副教授，中国旅游研究院都市旅游研究基地特聘研究员，博士。

［责任编辑：陈志雄］

（本文原刊 2013 年第 4 期）

·2014 年第 2 期·

论博彩业的多元两面性

王五一

[提 要] 博彩业作为一个"新兴"产业，创造了一个新兴学科——"博彩经济学"；博彩经济学面对着诸多需要回答的新问题：如博彩业的产业定性问题、博彩价格问题、博彩市场问题、博彩体制问题等。本文在尝试回答这些问题时，揭示了这个产业所具有的诸多两面性。就产业性质而言，博彩业因其纯粹的"要钱"特征而可以称为虚拟经济，但它所具有的消闲服务业性质又使其可以称为实体经济。就博彩价格而言，赌商以"概率优势"向赌客收费，所以，博彩业有价格，而此一"价格"不具有市场信号收发功能，因此又可以说博彩业没有价格。就博彩业的市场规模而言，博彩市场既有可能被禁绝，又有可能泛滥成灾，因而是一个可大可小的市场。就博彩产业体制而言，这是一个既有市场也有政府的半官半民的体制。
[关键词] 博彩产业 博彩价格 博彩市场 博彩体制

对赌博的学术性理解，可以分为由抽象到具体的两个层面：第一层面，对民间自发聚玩、没有第三者抽头、纯粹的赌博活动的研究；第二层面，对商业化、企业化了的赌场中进行的赌博活动的研究。

关于第一层面，科学的努力一般集中在两个问题上：第一，人们为什么要赌博？这个问题应由心理学和社会学来回答。第二，赌博能赢吗？这个问题需由统计学来回答。

　　当街头、炕头聚赌被"圈进"①合法化了的商业赌场、街头赌棍变成了"娱乐场"顾客以后，对第一层面的研究，即对纯粹的赌博活动的研究仍有着重要的价值，但赌博的性质在此基础上却发生了至少两个方面的重要变化。第一，"久赌必输"的铁律被赌场注入了赌博；②第二，赌博者的动机在"下注赢钱"之外，又多了一层享受赌场环境的"消闲娱乐"的内容。赌场给赌博带来的这两点变化，进而产生出了两个后果：第一，久赌必输的赌场铁律，使得赌博的"投资性"在客观上弱化了、主观上淡化了，不计输赢只求消磨时光的玩客多了起来。第二，赌博的"娱乐性"，从供应和需求两个方面，都强化了。从需求方面说，在乎输赢的顾客减少的同时，在乎赌场"可玩性"的顾客在增加；相应地，从供应方面看，提高赌场建筑、装修、设施的豪华程度，成了博彩企业间竞争的重要手段。③

　　赌场改变了赌博。

　　赌场在给赌博带来了这些革命性变化的同时，也为人类的经济生活创造了一个新的产业：一个以经营赌博、通过吸引顾客来输钱而赚钱的商业门类。同时，赌场也为经济学创造了一个新的研究对象。只是在这个时候，赌博才真正引起经济学的注意，对这个具有独特的企业制度和市场构造的新产业的注意。一个新的经济学分支——博彩经济学应运而生。④这个新学科需要对这个新产业，做出新的理解。

一　亦虚亦实的博彩产业

　　产业门类划分是一项重要的学术工作。在经济学家之前，历史学家和历史哲学家就已经在做这项工作了。人类最早的关于产业门类的观念，并不是横向相涉而是纵向相序的概念，如采集业、游牧业、农业、工业，这四个产业分别就是人类历史沿演的四个时代的名称。历史进入现代，产业门类爆炸式地多样化了，没有哪个单独的产业可以代表这个时代而成为它的名称了。如何划分产业门类，学术性更强了，出现了种种不同的产业划分法，著名的"三次产业"划分法是其中之一。20世纪七十年代布雷顿森林体系崩溃后世界金融业的爆炸式发展，引出了一个新的划分方法："实体经济"与"虚拟经济"。通过为顾客提供实用产品或实用服务而赚钱的，就是实体经济；没有向社会贡献任何实用产品或实用服务，而只是通过钱倒钱、钱炒钱、钱进钱出来赚钱的，就是虚拟经济。显然，金融业属于后者。

　　那么，博彩业呢？

赌场，是一个除了钱进钱出什么其他经营内容都没有的行业，因而逻辑上似乎应当属于虚拟经济，甚至，比一般金融业还"虚拟"。一般金融业，多多少少地都有为实体经济服务的一面——股票市场是为股份公司制度服务的，期货市场是为商品交易服务的，等等。而迄今，经济学家们尚未从"为实体经济服务"方面为博彩业存在的合理性找到任何借口。赌业与实体经济毫无关系。

然而，换一个角度，从以下两个侧面看，与股票市场这种公认的、典型的虚拟经济相比，赌业的虚拟性却又应该有所折扣。

第一，股票交易，无论是在家里的电脑上搏杀还是在股票交易大厅里磨泡，炒家眼睛盯着的，都只是钱，关心的只是钱的往来出进，赔赚盈亏，而不会去在意手上用的那电脑的艺术样式或交易大厅建筑装修的豪华度和桌椅板凳设施的舒适度。而赌场与此有所不同。赌场，无论是楼宇建筑的外部豪华度，还是内部装饰的艺术审美度，赌台赌机的"好玩度"，乃至庄荷人员的服务态度，对于其经营的经济效益都有着重要影响。赌客到赌场来，除了想下注赢钱这一个动机外，还有着其他的在乎、另外的关心，有着享受当下美好环境的意识。在一个股票交易大厅里进行脱衣舞表演，大概不会对这个大厅的经济效益有什么意义，然而放在赌场里就管用。这一点，又使得博彩业与餐馆、戏院、迪士尼有点相似，从而使得它与一般虚拟产业相比，更像实体经济中的服务业。

第二，虚拟经济之"虚"，除了"不干实事儿"之外，还有一个特征：它能吹起泡沫。泡沫的全称叫"价格泡沫"，经济学给它的定义是："当价格的上升仅仅是因为人们断定它们将会升高的时候，投机泡沫就产生了。"⑤金融市场上之所以周期性地刮台风，起海啸，作祟者就是这个东西——泡沫。产生泡沫的原因说复杂很复杂，说简单也很简单，四个字可概括：追涨杀跌。一种产品（不一定是金融产品）的价格涨得越猛，人们对它"还会再涨"的预期就越强烈，买它的人就越多，从而拉得它的价格一涨再涨，直到其超出人类理性的理解力而发生逆转；价格一旦开始转跌，立刻就会启动人们对它"还会再跌"的预期，抛售开始，泡沫爆破。一句话，当市场价格不是按照常规的"贵卖贱买"的供求规律变动，而是反其道而行之的时候，泡沫就来了。而博彩市场不可能产生这样的泡沫，因为在这个市场上交易的，根本就不是那种可以让人买了去、抓在手里、待价而沽、追涨杀跌的产品。这一点有点像酒店业。酒店业的市场不可能产生泡沫，是因为它所经营的酒店房间不可能被人买了去、抓在手里、待价而沽。所有的服务性产业，都具有这样的经济特征。从这层意义上，博彩业也挺像服务业。

原来，人类之所以能容忍这样一个对实体经济毫无服务意义的、比虚拟还虚拟的产业存在，是因为，它存在的合理性根本就不应当到它"对实体经济的服务性"当中去寻找，而应当到它本身的"实体性"中去寻找。它本身就是某种意义上的实体经济，一种服务业。

究竟应当如何给博彩业进行产业定性和归类？它应属金融业还是应属服务业，应属虚拟经济还是应属实体经济？本文不拟探讨这个问题，只要指出博彩业亦金融亦服务、亦虚亦实的两栖产业特性就够了，由此出发，就可以进一步讨论博彩市场的特殊构造了。

二　似有似无的博彩价格

人类在自己的经济活动中所创造的产品，可以分为三大类：实物产品——汽车、水泥、葡萄酒等；服务产品——洗澡、理发、迪士尼等；金融产品——股票、期货、选择权等。从广义上说，任何市场化经营的企业，都是"卖东西"的，所卖的，超不出上述三类产品的范围。要卖东西，首先要为自己的"东西"定价，然后按价收费，从而谋利。博彩业亦应如然。问题是，博彩业所销售的产品是什么？颇难想像。

博彩产品不好找，那就先找它的价格，看看博彩业是怎样收费赚钱的。明白了这一点，也许就能拐着弯地明白它"卖"的是什么"东西"了。博彩企业在经营管理中明确地把自己的经营收入称为"CASINO WIN"——赌场赚的钱是"赢"来的，这是一个重要的启示。

不妨先从服务业的角度，把赌客到赌场去赌博的活动看作像到酒店住宿一样，是在购买一种服务。一个住店的旅客，从酒店前柜台公示的价目表上可以看到某种房间住一夜的标价，从而知道他若在那种房里过一夜该花多少钱。同时，酒店老板从那个价目表上也可以确切地知道，那种房间租一夜出去，他能赚多少钱。明码标价，买者据此付费，卖者据此收费，买者之所付乃卖者之所收——这就是价格在人类经济生活中的基本角色。而博彩业没有这样的标价，没有这样明确的价格概念。不但赌客不知道，荷官不知道，甚至赌场的一般经理人士，也不知道"博彩价格"为何物。赌场中各色人等都知道的，只是游戏的赔率。而赔率不是赌商向赌客收费的数量标准，相反却是赌商向赌客支付的数量标准，是赌商向赢了钱的赌客的赔付标准。从赔率的概念中人们感觉不到赌场是在收钱，而好像是在付钱。

那么，赌客是如何向赌商付费的，赌商是如何向赌客收费的？盆满钵满的博彩收入，是通过什么机制收上来的？商业的哲学很简单：没有销售，就没有收入；没有价格，就没有销售。鉴于博彩业的两栖产业特性，博彩价格可以循着两条路线来寻找。

第一，从金融业的角度，把赌博下注看作是投资活动，寻找：什么是这一投资的回报率。找到了它，应当就找到了博彩的价格，银行业就是把利息率看作是借贷市场上的价格的。

第二，从服务业的角度，把赌博下注活动看作是在享用赌场提供的娱乐服务，寻找：赌场是按什么标准为这种娱乐服务向赌客收费的，或者说，赌客是按什么标准购买这种娱乐服务的？找到了这个东西，就应当是找到了博彩价格。

下面的分析将证明，如果循着"金融业"与"服务业"两条路线分头去找，最终找到的是同一个东西。

服务业收费的标的多种多样：有按人头收费的，如澡堂子——赌场不收门票，故而不能按此法收费；有按服务时间收费的，如洗脚按摩——赌场大厅如自由集市，没人盯着你在里边待了多长时间，故而也不能按此法收费；有按服务种类的技术含量收费的，如理发，单剪有单剪的价，吹烫有吹烫的价——赌场中的游戏种类固然多姿多彩，然而其技术含量却无大异，博彩公司雇一个"百家乐"荷官与雇一个"万家乐"荷官的成本也无大异，故而也不能按此法收费。赌场有什么可行的办法收费呢？只有一个可能的环节，那就是赌客的下注。赌场可以从赌客所下注码中抽一个比例，作为自己的收入。这样一来，赌客玩得越久，赌得越多，缴费就多，赌场的收费就多，赚得就多。如果赌场果真是这样收费，那么，博彩价格的质的概念就算找到了。博彩价格，就是赌客为购买下注权而向商家支付的费用。相应的量的概念就是：博彩商家在概率意义上从一定数量的下注额中按一定的比例所做的抽头。这个比例，以抽头额为分子、以下注额为分母。

问题是，抽头，怎么抽？遍观当今世界博彩业流行的近百种博彩游戏，从未见有任何一种游戏存在着赤裸裸的抽头现象。一轮游戏下来，赌客要么输，要么赢；一天的游戏下来，有的赌客输，有的赌客赢。仅此而已，哪来的抽头呢？让我们以澳门人发明的、在今天的赌场中仍能看到的、最简单的赌台游戏——"番摊"为例，对博彩价格的概念做进一步的分析，从而解开难题：赌场是如何抽头的。

最简单的番摊游戏，全部道具只有两样东西，一堆豆子一个碗。游戏开始，庄家把碗往豆子堆上一扣，平着往边一滑，然后把碗拿开，把这堆被碗扣中的豆子用一根小棍儿四个四个地往边拨。赌客押最后剩几个。当然，最后可能剩的是一个、两个、三个、四个，四种可能性。现在，假定有甲乙丙丁四位赌客，各下注 100 元，甲赌客押最后剩一个豆子、乙赌客押最后剩两个、丙赌客押剩三个、丁赌客押剩四个。显然，每个人赢的可能性都是四分之一，输的可能性都是四分之三。假定最终的结果是剩了两个豆子，这意味着乙赌客赢了，而其他三位赌客输了。输了的三位，各自押的 100 元钱自然被赌场收了去，赌场因此而收到了 300 元。然后，它要赔给那位赢了的乙赌客。赔多少？如果赌场把刚刚从其他三位输钱的赌客那里收来的 300 元钱都赔给乙赌客，则正好，赌场不赔不赚，游戏很"公平"。也就是说，1 赔 3（3 to 1）的赔率，是使游戏在概率上成为"50：50"游戏的赔率，这种赔率在统计学上叫"TRUE ODDS"。然而，此一公平对赌商却又不尽公平，因为这意味着他没钱可赚，成为白伺候人、白搭经营成本的慈善机构。赌商的办法是，不赔三百，只赔二百八，赔率变成"1 赔 2.8"。"该赔"而没赔的这 20 元钱，便是赌场从游戏中的扣除，或曰抽头，赌场的收入就来自它。它就是赌博的"价格"。

原来，赌商是用"少赔"给赢钱的赌客的办法向博彩游戏"抽头"的。

"抽头"来自"少赔"，这并不意味着向赌商付费的仅是赢钱的赌客，更不意味着输钱的赌客是"白玩"。博彩游戏在设计上是向总下注额收费的。在上面的例子中，理论上这 20 元是从 400 元的总下注额中、而并非仅从那"该赔"的 300 元中抽掉的。因此，抽头率是 5%（20/400），而不是 6.67%（20/300）。

在这个假设的"四个赌客、各下注一百、分押四种可能性"的简单明了的例子中，这个 5% 可以一眼看出来。实际上，它可以通过一个一般性的公式来计算：

$$1 \times 75\% - 2.8 \times 25\% = 5\%$$

不管赌客的下注额是多少，都假定它是"一个单位"，则赌客有 75% 的可能性输掉 1 单位，有 25% 可能赢来 2.8 单位，这个概率就使得赌商从中有5%的抽头。有了这个公式，不管赌资数量、下注结构、赌博战略如何变化，5%都颠扑不破。还可以把上面的公式用一般性文字式表达，变成

$$\frac{输钱额 \times 输的可能性 - 赢钱额 \times 赢的可能性}{下注额} = 抽头率$$

这实际上已不仅是番摊游戏之抽头率的计算公式，而是适用于所有赌台游戏的计算公式了。这个"抽头率"，可以从不同的角度给它起好几个名字：它是赌客在游戏中的概率劣势，即"赌客劣势"（players' disadvantage）；也就是赌商在游戏中的概率优势，即"赌商优势"（house advantage）（在博彩价格的诸多名称中，这个名称使用频度最高）；又可以称作"理论赢钱率"（theoretical win percentage）。回到赌博的"金融性"看问题，它也就是赌博下注这种"投资活动"的"预期投资回报率"，只是需要在前面加个负号，变成"-5%"。

一句话，如果说博彩业有"价格"的话，那么，这个一身多名、一头多冠的"率"，就是最有资格被称为博彩价格的东西——赌商正是通过它来收费的，赌客也是按这个比率向赌商付费以购买下注权的。

博彩价格的质的概念是靠经济理论"分析"出来的；博彩价格的量的概念是从博彩游戏的设计数据中"计算"出来的。⑥难怪一般人感觉不到它，不知到哪里去找它。

需要进一步指出的是，这种无法明码标价、只能曲折地计算出来、勉勉强强可以称为价格的"收费率"，只是一种技术价格、人工价格、支付价格。靠着这个"价格"概念，我们可以在理论上解决"顾客如何付费""企业如何收费"的问题，但是却解决不了"市场如何运转"的问题。

微观经济学有一个别名，叫"价格理论"。也就是说，整个微观经济学研究的其实就是一个东西——价格。⑦然而它所研究的价格，不是上述这种仅仅解决"卖家如何收费、买家如何付费"之收付机制的"价格"，而是市场价格，是既决定市场供求也决定于市场供求的价格，是可以指挥着市场去生产什么、如何生产和为谁生产的价格，是作为人类经济活动之轴心的价格。市场价格，就像公路急转弯处的大镜子，它既接收过往车辆的信息，也向过往车辆发出信息，以此自动地"指挥交通"。明白了市场价格的概念，我们便知道，即使发现了上面那个5%之类的东西，知道了赌商如何赚钱、赌客如何付费，严肃的经济学仍然有理由说：博彩业没有价格。

作为市场运转轴心的价格，较之作为企业收付机制的价格，在理论上

要重要得多，然而后者却是前者的基础。市场价格机制，无论多么高深、多么神圣、制造了多少诺贝尔奖得主，有一点是明确的：它只是一种理论，是经济学家作为"旁观者"对经济实践的一种理论归纳。而作为企业经营中之收付机制的价格，却是由经济当事人实实在在地设计创造出来的。电影院的老板之所以决定按"人头兼场次"的定价方式收费，是因为这种收费方法在经营上最可行、最有效。他们在选择收费方式时，不会去考虑所选择的方式是否有利于电影院行业之健全的市场机制的建立，更不会去考虑此一方式是否有利于经济学家做文章。同理，当赌场的老板决定通过在游戏设计上用少赔给赢钱的赌客，从而让自己拥有概率优势的方法向赌客收费时。他只考虑这是博彩业唯一可行的收费方式，至于这种收费方式会给经济学家建立博彩市场价格理论出多大的难题，赌业大亨并不关心。他们只关心自己的博彩企业能不能运转，而不关心博彩市场能不能运转。

博彩业没有市场价格。

没有市场价格，却有市场，并且还是一个竞争烈度非同寻常的市场。博彩业这个特殊的产业，为人类的经济生活制造了一个特殊的市场，一个没有价格竞争的竞争市场。

激烈的自由竞争为什么不能滋生出自由市场价格来呢？博彩市场上这种"有市无价"的状态当如何解释呢？从表面上看，赌商优势（即前面例子中的那个5%）作为一种价格，像其他产品的价格一样，也是一种比率，在技术上它应当也具有随行就市的能力。从供求变动影响价格的角度看问题，当节假日或旅游旺季赌客多的时候，博彩市场的价格应当也可以上涨；当赌场太多竞争激烈的时候，市场价格应当也可以下降。从价格变动影响供求的角度看，博彩价格的下降应当也具有"促销"效果，反之，涨价也应当会把一些"赌不起"的赌客挡在门外。市场机制的原理看上去应当也适用于博彩业，价格信号作为市场指挥棒的角色在博彩市场上也应当是起作用的。那为什么靠着"赌商优势"这个价格，博彩市场的价格机制就转不起来呢？原因有二：

第一，博彩价格（赌商优势）在技术上天然就是个死东西。

灵活的、可变的、可调的价格，是市场机制得以有效运转的基本条件。当市场上的供求力压下来的时候，价格可以灵活地对之作出反应，该调高调高，该调低调低；反之，当价格变动的时候，市场的供求也会灵活地对之作出反应，该抛售抛售，该抢购抢购。要做到这一点，价格在技术上就必须是可调的，而且是可以微调的。就一般商品而言，调价的工作很简单，改写价目表上的数字而已。而博彩价格的调整就不是这么简单了。我们已经知道，博彩价格，即"赌商优势"，不是标出来的，而是算出来的。要改变它，必须从其由以算出的那个根上去改。以上面的"番摊"游戏为例，假定由于市场竞争的激烈，某赌场决定降价，要把番摊游戏的赌商优势由原来的 5% 改为 3%，以与别的赌场争客人。怎么改呢？它需要回过头来改赔率，因为赌场里只有赔率的标价而没有赌商优势的标价，赌商优势只是一个以赔率为自变量的因变量。因而赌场需要列这么一个方程式：

$$1 \times 75\% - 25\% X = 3\%$$

然后，解出这个方程式，得出 X = 2.88。于是知道，要使赌商优势由 5% 降为 3%，就需要使赔率由原来的 1 赔 2.8 提高为 1 赔 2.88。而 1 赔 2.88 的赔率会给荷官在实际操作中带来很大困难，于是，为可操作性起见，应当调整为 1 赔 2.9；而赔率调为 1 赔 2.9 以后赌商优势又会发生什么变化，要回过头去重新算。即使是从这种最简单的游戏中，也可以感觉到博彩业的调价工作之麻烦。

番摊是最简单的博彩游戏，其他博彩游戏的数理内容都比它复杂，有些则大为复杂。有些游戏，其整体设计上的每一个数据都构成一个变量而影响着（赌商优势的）函数值。有些游戏，连赔率也是隐性的，要调整它的赌商优势，需要调整一些非量化的游戏规则，如"21 点"游戏中是否可以加"保险"，是否可以"SPLIT"等。甚至，有些游戏，调整了它其中一个规则以后在最终的概率优劣势上会产生出什么后果，是没有公式可以计算而只能用电脑重新模拟的。例如在百家乐游戏中，如果要把庄家头两张牌的点数总值是 4 而可以继续博牌的条件，由闲家第三张牌的面值的 2 ~ 7 扩大到 2 ~ 8，这会对该游戏的概率结果产生什么影响，就必须再编程序再上机，再模拟上几十万遍，没有别的办法。

须知，决定赌商赚不赚、赔不赔、赚多少、赔多少的终极因素就是这个抽头率即赌商优势，对赌场营销部的经理人士而言，如果在这最终一层上糊涂而在一些中间层次上瞎折腾，是很危险的。因为，博彩价格，与其他一般商品价格相较，还有一点重要的不同：一般商品的价格，无论如何降价，至多降到零（东西不要钱了，随便拿）而已，而博彩价格不但可能是零，还可能是负的。更可怕的是，当它是负的时，经理人士未必知道它已是负的，等到感觉到了事情不对头而图加以矫正时，为时已晚。在赌客握有概率优势的情况下，赌场的生意越火，赔得越惨。⑧

博彩价格没法像一般商品的价格那样随行就市、"朝令夕改"，因为它技术上天然是死的。而这一个东西死住了，整个市场也就死住了。这是博彩市场上有市无价的基本原因。

第二，赌客的价格需求弹性很小。

在自由价格机制意义上，不但博彩价格是死的，而且它的市场主体——顾客也是"死"的。"博彩价格"的概念在赌商的眼中就是模糊的，赌客对它的意识更模糊。很多赌客进赌场之前会先去光顾风水师，就该进哪间赌场、该玩哪种游戏、该选择哪个方位的赌台、该如何下注，乃至是在进赌场之前还是在进赌场之后撒尿等，征求"宝贵意见"，以图能走运赢钱。但极少有赌客在进赌场之前先打听一下哪间赌场的价格"便宜"。在相当一部分赌客眼中，所有的赌场都是一样的价；而在多数赌客眼中，赌博根本就没有便宜不便宜而只有走运不走运，例如百家乐，要么庄赢，要么闲赢，要么和，根本不存在什么价格高低问题。拉斯维加斯的一些赌场确曾推出过一些以降低赌商优势的方法来促销的战略，特别是CRAPS游戏，但效果很小。一个简单的道理是，赌客进赌场是去碰运气的，而不是去贪便宜的。若要贪便宜，赌场根本就不该进。

赌客模糊的价格概念，迟钝的价格敏感度，近乎零的价格需求弹性，市场经济中价格影响需求的规律在博彩市场上消失了。

把以上两个因素综合起来，一方面，价格对于市场供求的反应是死的；另一方面，需求对于价格的反应也是死的。博彩市场的价格一方面无法承接来自供求的作用力而灵活调整，一方面即使其自身可以灵活调整也无法对"价格麻木"的市场施加多少影响；价格，既无法接收信号，也不能发出信号。博彩市场上的"大镜子"是木质的，不反光。结果，使得博彩市场成了一个价格机制意义上的死市场。

从收付机制意义上，不能说博彩业没有价格；然而从市场机制意义上，却又不得不说博彩业没有价格。博彩价格这种似有似无的状况，是博彩业的重要特点。

三 可大可小的博彩市场

在市场机制意义上，博彩业无价格——这个事实为博彩市场带来了一个重要后果：这是一个没有"经济自制力"的市场，一个无法将之交付"看不见的手"去自由支配的市场，一个既可能被禁绝也可能泛滥成灾的市场，一个可大可小的市场。

就一般产业而言，自由竞争与自由价格机制会使其具有一种"自发寻求均衡"的能力。自发寻求均衡价格和均衡产量的能力，这种能力可以称之为"经济自制力"⑨。

让我们以一个具体产业——食糖业为例，阐明经济自制力的含义。在食糖市场上，自由灵活可调的市场价格，指挥着一个个市场主体，消费者与生产者，买者与卖者。价格机制不但决定生产什么，而且还决定生产多少。产量太少，少到供不应求时，食糖的市场价格会上涨，涨得生产商更加有利可图，涨得食糖市场上有更多的投资机会。于是，市场会自动地增加生产追加投资。"增产增资运动"会把食糖的产量增加到它的市场均衡点，把它的市场价格压到市场均衡点。这是自由价格机制在弥补短缺方面的自制力功能。反之，当食糖生产过剩、实际供应量超过理论均衡点时，食糖价格会下降，从而使得其生产商的利润下降乃至亏损。于是，相反方向的"减产减资运动"会启动起来，产业规模自发地受到阻抑而收缩，直到回到均衡点。这是自由价格机制在抑制过剩方面的自制力功能。

一群"局限下取利"的市场主体，一个自由竞争的市场，一个灵活可变、随行就市的价格机制，这几个要素的合力，赋予了一个产业经济自制力。主流经济学所奉行的自由放任主义、所尊崇的"看不见的手"的作用，所依据的就是这一事实。既然市场及其自由价格机制能自发地确定合理的产量水平、自发地实现供求平衡，何烦政府或其他人工手段代劳？

可惜，由于上一节所述之原因——博彩业没有这样的市场价格，或者说，博彩业虽有价格，但此种价格既不能接收市场信号，也发不出市场信号，即使有价格信号，市场主体（赌客、赌商）也接收不到。博彩业因此而无缘享受一般产业可以享受的市场自由，它因此而成为一个没有经济自制力的产业，其规模无规律可循的产业。

更糟糕的是，博彩业不但没有自由价格机制，也没有需求量的概念；或者说，博彩业的市场需求量也是可以大可以小、可能大可能小的。

食糖，既不能不吃，也不能多吃，因此它的需求量应当是一个既定量，或至少可以假定它是个既定量。而赌博，既可以不赌，也可以滥赌；赌博需求，既可以为政府严厉的禁赌政策所完全消灭，也可以为赌场的无节制扩张而泛滥成灾。一个原本不知赌博为何物、因而完全没有赌瘾的人，会被本城市新建的赌场作为"潜在需求量"而开发出来，改造成为赌徒。在这样的"需求"概念下，人们永远也无法知道这个社会有多少持币待赌的赌客和赌资。正如拉斯维加斯博彩业内流行的一句格言，BUILD IT & THEY COME（只要有赌场，不愁没赌客）。博彩市场，是一个由供应决定需求的市场。

世界上没有任何一个产业像博彩业这样，具有如此灵活可变、无从把握的需求量概念；世界上也没有任何一个产业像博彩业这样，具有一个如此毫无"市场性"的僵死的价格体系。死价格加上活需求，博彩业缺乏经济自制力的本性、博彩市场之可大可小的本性，更形鲜明。这就为政府直接控制和管制这个产业，提供了最有说服力的借口——既然"看不见的手"管不了它，那就只好由"看得见的手"来管了。

博彩业一旦沦为政府的"手下户"，其产业规模和市场构造就必然要服从政府的利益。政府出于自身利益的算计，今天可以禁赌，明天可以开赌；今天可以为了自己的管制利益和行政利益而决定把博彩市场做小，明天也可以为了自己的税收利益和国际竞争利益⑩而把市场做大。博彩市场因此而成为可大可小、没有定则的市场。

四　半官半民的博彩体制

政府为了使自己对博彩业的管制理直气壮，更创造了一套有关博彩业的法理观念。此一法理观念的重点，不是强调政府如何有权，而是强调博彩业如何无权。早在1931年，美国内华达高等法院在其判词中就给博彩企业定了性：赌场不是"有用"行业（useful trade），因此，经营赌场或从事与赌场有关的活动，是一种需要通过特殊程序和途径获得的特权。美国联邦法院在其有关判词中也明确宣布："博彩，是州一级保有的、并由州一级进一步赋予他人的，特权；博彩从业者，并不享有一般有用行业与职业的宪法权利。"据此，做赌场的老板（own a casino），做赌场的雇员（work in a casino）和做赌场的顾客（gamble in a casino），都不是人们所天然拥有的宪法权利，而是一个可以随时被州博彩监管当局取缔或剥夺的特权。⑪

美国的"博彩哲学"以及在此哲学基础上形成的"博彩法理"，为全世界博彩法律制度的设计定下了主调：赌权不是天赋的而是官赋的。此一法理主调，又进一步为博彩企业产权制度和博彩市场监管制度的设计定下了主调：博彩体制，半官半民。正如英国著名博彩经济学家彼得·科林斯（Peter Collins）所说："在美国，或任何其他多多少少可以被称为是自由市场经济的国家，没有哪个产业像博彩业这样，其盈亏赔赚几乎完全取决于法律准许什么、要求什么、禁止什么。"⑫博彩业是政策依赖、政府依赖型产业。

博彩业的政府依赖性，最主要地表现在两个方面：企业财产权体制和政府监管体制。世界上没有哪个产业的企业财产权体制，像博彩业这样五花八门。以澳门的"政府所有，企业专营"制为中点，往左是加拿大等国实行的"政府所有、经营承包"制，极而左之者，是许多欧洲国家实行的纯粹的"国有国营"制；往右是美国内华达州为代表的企业私有制。即使是最自由的内华达体制，其自由度也远不能同一般产业相比。实际上，世界上没有任何市场导向的（market oriented）产业承受着像博彩业那样严厉的监管。虽然，世界各国（地）在博彩业监管上宽严有异，但其普世通行者至少包括这么几个方面：严格的博彩企业执照制度，严格的经营者个人资格审查制度，严格的资金往来监督制度，严格的赌场设置地域限制，严格的博彩设施查验制度，严格的赌客进入限制（包括赌客年龄限制和赌客黑名单制度），等等。通过这些监管措施，政府掌握着企业一大半的市场进入和退出权（批执照和吊销执照），一半的人事权（个人资格审查），一小半的经营权（控制资金往来与赌客进入）等。除此之外，政府还控制着整个产业的发展规模和地域布局。这使得世界上任何一个法域的博彩产业体制，即使是拥有最自由的博彩市场的法域，也是一个半官半民的体制。

余　论

在博彩业这一新的研究对象面前，经济学面临一个悖论：博彩业既无法用常规的经济学概念去理解，而又不能不用常规的经济学概念去理解。说"无法"，是说当我们试图用"价格""需求""供应""产品"等常规经济学概念来"下手做功夫"时，无论在逻辑上还是在感觉上，都很难把握这个产业的特征。说"只能"，是说除了自己所熟悉的概念体系，经济学家没有其他理论工具；即使在智慧上可以摆脱常规经济学的思维方式的束缚，开动我们的悟性和直觉去把握这个特殊的研究对象，在表述我们的理解时，仍然也只能用经济学界的共同语言。在博彩业内部有一套经营管理上的术语，如赔率、储留率（hold percentage）、杀数等，但经济学不能直接用这套术语做文章，因为这会使得博彩经济学成为一门上不着天下不着地的学问——上不着天者，没有博彩业专门知识的经济学家看不懂；下不着地者，不懂经济学的博彩业内人士也看不懂。而经济学又不可能为了这个特殊的产业而专门去创造一套上能着天下能着地的术语体系，因为这套新的术语体系本身就会进一步成为一个"阻天隔地"的知识障碍。难题其实来自科学的传统——凡研究要有结论。例如，研究博彩业的产业性质，最终要有个结论：它到底是什么性质的产业。即使，在学术研究的思考阶段，在研究者的思想中已经有了结论，然而却没有现成的辞汇来表述。关于产业门类，经济学提供给经济学家的术语只有两个，要么是虚拟经济，要么是实体经济。而这两个概念，单用哪一个对博彩业都不合适。本文用辩证逻辑的方法，解决了这一表述上的难题——指出博彩业在产业性质上的二重性，指出它是一个亦虚亦实的矛盾统一体。"亦虚亦实"，看上去不像个确凿的结论，然而就表达思想而言，辩证逻辑较之非此即彼的形式逻辑，更为有效。

---

① 赌博者是被"圈进"赌场里去的，这是事实。世界上合法博彩业越是发达的地区，对街头非法聚赌的打击越严厉，政府用刑罚强迫百姓到赌场里、到需要交税的地方、到久赌必输的地方去玩。

② "久赌必输"的原因很简单：赌场中的各种博彩游戏在设计上都使赌商拥有概率上的优势、赌客拥有概率上的劣势。

③ 见拙作《赌场"豪华竞赛"：产业两栖性制造的市场失败》，广州：《国际经贸探索》2008 年第 7 期。

④ 见拙作《博彩经济学》，北京：人民出版社，2011。

⑤ 保罗·A. 萨缪尔森、威廉·D. 诺德豪斯：《经济学》第 16 版，萧琛等译，北京：华夏出版社，1998，第 393 页。

⑥ 见拙作《博彩经济学》，该书进行了建立较为系统的博彩价格理论的首次尝试。

⑦ 加里·贝克尔：《经济理论·序言》，贾拥民译，北京：华夏出版社，2011。

⑧ "An Illinois riverboat reportedly lost ＄200000 in one day with a '2 to 1 Tuesday' promotion in which blackjack naturals paid 2 to 1 （in stead of usual 3 to 2）. A similar promotion with similar results occurred at a Las Vegas Strip casino. Without other compensating rule changes, paying naturals 2 to 1 can increase the player expectation enough to give the player about a 2% advantage over the house. " Robert C. Hannum & Anthony N. Cabbot, *Casino Math*, *2nd Edition*. Published by Institute for the Study of Gambling and Commercial Gaming, 2005, p. 14.

⑨ "经济自制力"是笔者在研究博彩经济中提出来的一个术语。此一术语所反映的

市场机制与供求均衡的思想一点也不新鲜，是微观经济学的常识。笔者之所以在此用一个新术语把"旧思想"复述一遍，目的不在于描述一般产业具有共性的市场原理，而是为了说明博彩市场的特殊性；不在于说明一般产业所具有的经济自制力，而是要指出博彩市场没有经济自制力的事实以及它为什么没有经济自制力。

⑩见拙作《世界赌博爆炸与中国的经济利益》，北京：经济科学出版社，2005。

⑪ "Federal court has ruled that ' gaming is a privilege reserved to and conferred by the state and does not carry with it those rights inherent in useful trades and occupations. ' " J. Kilby, J. Fox and A. F. Lucas, *Casino Operations Management*, *2nd edition*. Wiley, 2005, p. 17.

⑫There is no other industry in the USA or in any other more or less free market economy where the profitability of companies is so overwhelmingly dependent on what the law permits, requires and prohibits. The profitability of a gambling company depends to an enormous extent on what the law says rather than simply on what the public wants. *Introduction to the Study of Gambling and Public Policy*. Peter Collins, UK, 2002.

作者简介：王五一，澳门理工学院教授，博士。

[责任编辑：陈志雄]
（本文原刊 2014 年第 2 期）

大陆高频福彩彩民购彩行为研究

黄利平　　左小德

[提　要] 本文在研究高频福彩彩民行为的基础上，开展对其购彩行为的实地现场问卷调查，通过相关矩阵分析，找出 7 个与购彩金额相关的彩民自身特征及购彩行为，并开展回归分析，验证其相关性，建立回归模型。同时，对调查的高频福彩彩民自身特征与购彩行为进行交叉分析，找出相关的自身特征与购彩行为是否存在明显关系，并提出了新的影响购彩行为的几个因素。

[关键词] 高频福彩彩民　购彩行为　回归模型　交叉分析

引　言

1992 年，民政部门尝试在全国逐步推广"大奖组"的购彩方式，由于涉及的规模大、气氛好、场面大、奖金或奖品丰富，当时十分火爆。中国早期试行的"大奖组"及现时作为主打的乐透式彩票游戏都属于低返奖率、高奖金、低中奖机会、低开奖频率及以基层群众为主的传统低端彩票游戏。2006 年，福彩中心推出了中福在线的即开型无纸化福利彩票，这是中国彩票无纸化及高频化的一个大突破。快开式彩票游戏的开奖频率大概为 15 分钟、10 分钟或 5 分钟一次，中奖机会（中奖率）增加，中奖金额降低。这些转变意味着部分中国彩票游戏正在走向高端市场，已逐步呈现出高返奖率、低中奖金额、高中奖机会及高中奖频率的特征。

由于高频彩票是新市场，公众对其了解不多，甚至专职从事高端彩票的广西乐彩管理层也对此所知有限。因此，经常出现不断调整甚至改变营运策略的情况。对于福彩企业来说，掌握更多高频福彩彩民的特征及其购彩行为十分重要。

J. W. Sawkins 和 V. A. Dickie 曾对英国 1995～1996 年和 1999～2000 年两个阶段的彩民构成进行了研究及分析，他们根据英国政府家庭支出调查的资料，指出彩民的性别、年纪、教育程度、婚姻状况以及职业是对彩民购彩行为影响最大的因素。①

曾忠禄、翟群通过大量问卷调查，也得出广州彩民的一些普遍特征：（1）大部分为年轻或中年男性；（2）大部分拥有中等水平以上的收入和职业高中、技校或以上教育水平；（3）多数彩民在首次购买彩票之后将会持续数年购彩；（4）一般而言，彩民只会花费自己收入的 10% 以下的金额来购买彩票，并且各次购买的数额都较为平均及适中；而在购彩动机方面，多数彩民声称其仅为娱乐而购买彩票，只有极少数彩民是为了赢奖金而购买彩票。②

陈淑妆采用问卷调查、数理统计等方法对广东省体育彩票市场、体彩彩民购彩行为和购彩心理等进行调查研究，并发现：第一，广东省最主要的体彩彩民年龄在 18～45 岁，学历以高中或中专为主，收入以中等为主；第二，大部分彩民的购彩动机较健康及理性，消费心态较成熟，对体育彩票总体上持认可态度。③

胡烈刚运用问卷调查和数理统计等方法对浙江省体彩彩民的购彩行为进行调查研究，得出如下结论：第一，浙江省最主力的体彩彩民年龄为 20～30 岁，学历以高中或中专为主，收入在中等偏下的居多；第二，彩民购彩的主要动机为碰运气；第三，彩民偶尔购彩的人数比例最高；第四，彩民每次花费在人民币 2～10 元，占收入 1% 以下的居多；第五，影响彩民购彩的最主要因素为奖金金额的大小。④

王爱丰等采用调查、个别访谈、数理统计等方法，对南京体彩彩民购彩行为和购彩动机进行了较为详尽的研究与分析，其研究结果包括：第一，南京体彩彩民购买频次以每周 1～2 次居多；第二，彩民每次购彩金额以人民币 20 元或以下为主；第三，彩民购彩时采用电脑随机选号与自选号码的人数没有明显差异；第四，彩民首选的购彩点为设在马路边商店里的销售站；第五，彩民购彩动机以"综合型"动机和物质性动机为主，精神性动机相对较低。⑤

臧云辉等以沈阳市区体彩彩民为主要研究对象，调查结果包括：第一，彩民男性多于女性，年龄以中青年为主；第二，彩民学历以高中、中专居多，主力体彩彩民为社会中的低收入、低保障群体。⑥张亚维教授于 2005 年 7 月带领已接受培训的海南大学经济类专业学生在海口进行调查，发现博彩支出的多少与收入有一定关联，而且这种关联具有分类的特征。⑦

上述研究大多数证明了收入、年龄、性别、文化程度等因素对彩民购彩的影响。本文在上述研究成果的基础上，对高频福彩彩民进行问卷调查，发现了对购彩行为会产生影响的不同因素：开奖频率、单次投注金额、投注方式、无纸化倾向等。文章以购彩金额作为因变量，高频福彩彩民希望的单注金额、月均购买次数、个人月均收入、家庭月均收入、月均投入时间、性别及年龄等 7 个影响因素作为自变量进行回归分析，构建回归模型。同时对特定高频福彩彩民自身特征与购彩行为进行交叉分析，进而对其购彩行为有了更深入的了解。

一 高频福彩彩民的购彩行为现场问卷调查

为了对高频福彩彩民的购彩行为进行深入研究，文章首先采用了实地问卷调查的方法来搜集有关高频福彩彩民购彩行为的原始数据。

（一）问卷设计

为了开展对高频福彩彩民购彩行为的研究，首先开展了定性调查，该调查在 2010 年年底至 2011 年年初以曾参与过中国高频福彩游戏者为对象开展。调查分别以一个四人的座谈会及五个一对一的面谈形式来进行。调查结果显示了一些之前研究中不曾覆盖的购彩动机：（1）开奖频率；（2）中奖率；（3）彩票店内的服务水平；（4）彩票店的交通便利性；（5）游戏品种。而这些调查的结果也反映在问卷的设计上。调查问卷包括五个部分：（1）受访高频福彩彩民自身基本情况；（2）受访高频福彩彩民购彩的基本情况（包括购彩动机）；（3）受访高频福彩彩民对彩票及彩票知识的整体认识和想法；（4）受访高频福彩彩民购买彩票动机的详细分析；（5）受访高频福彩彩民购买彩票时的偏好。

（二）确定样本总容量

根据抽样统计方法，来确定高频彩票调研样本容量，具体依据公式 $n = \dfrac{pqZ_{a/2}^2}{\Delta^2}$，其中 p 为总体的成败，本项目以之前是否买过即开/快开彩票为区分样本的特性。并通过对广州试访 25 份问卷得到 $p=0.8$，置信度为 99%，因此得到样本容量为 $n=424.7$。实际过程中我们将样本总容量定为 500，即做 500 份问卷。

（三） 确定各城市的样本量

由于福彩的规模与地区的人均 GDP 有关，[⑧]因此文章以 GDP 作为分配样本的主要指标，具体参考人均 GDP 和 GDP 的增长率两个指标来确定各城市的样本分配比例，从而确定不同城市应该投入的样本数量：广州 89 份，深圳 47 份，海口 26 份，重庆 28 份，上海 52 份，南宁 32 份，西安 59 份，天津 99 份，沈阳 68 份。

（四） 确定各城市高频福彩销售点的样本量

由于销售网点分散在不同的区，不同区的经济发展水平不同，从而影响福彩的销售量和彩民对高频福彩的认识，所以发放样本的具体方法也是依照各区的人均 GDP 和 GDP 的增长率两个指标的积为权重，来确定各个地区、各个彩票点的样本量。

（五） 问卷基本结构及收回情况

在 500 份问卷中，82% 受访彩民回复有购买过高频福彩，有购买过高频福彩的受访样本总数为 410 份，其中有效样本 409 份。

（六） 调查结果的描述性分析

受访高频福彩彩民自身的基本特征（包括户籍所在地、性别、年龄、受教育程度、收入等分布情况）与之前的研究结果一致，这里不再赘述。本次调研结果也显示了一些之前的研究并未涉及或未深入研究的领域。

1. 受访高频福彩彩民对开奖频率的倾向性结果：5 分钟 1 次占 8.3%；10 分钟 1 次占 23.5%；15 分钟 1 次占 11.5%；20 分钟 1 次占 5.4%；30 分钟 1 次占 8.3%；立即开奖占 43.0%。该结果说明大多数受访高频福彩彩民还是比较倾向于快速开奖，注重购买彩票的刺激性体验。

2. 受访高频福彩彩民于一个月内会购买彩票次数的结果如图 1 所示，在一个月中大多数人购买高频福彩意愿较强，平均每周购买次数在 1~2 次，但是仍然有 14.18% 的人不购买。

3. 对于高频福彩的娱乐性重要与否的结果：不重要占 24.27%；比较不重要占 5.83%；比较重要占 17.15%；一般占 29.02%；有点重要占 23.73%。该结果说明高频福彩的娱乐性并不一定成为高频福彩设计的首要因素。

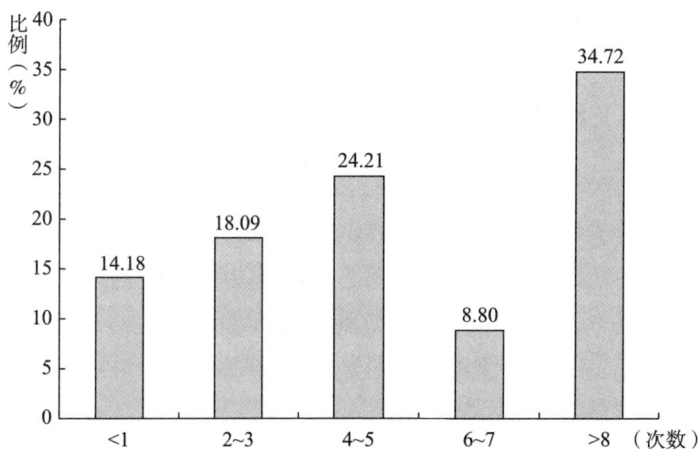

图 1　受访高频福彩彩民一个月内会购买彩票次数

4. 在选择购买单注多少钱的高频福彩方面的结果：2 元以下占 28.0%；3～5 元占 18.0%；6～10 元占 32.0%；11～30 元占 9.0%；31～50 元占 8.0%；51～100 元占 5.0%。该结果说明将近八成受访者愿意支付的单注额低于 10 元，即人们往往倾向于小额投注。

5. 受访者在选择以何种方式购买高频福彩时，调查结果：单式投注占 53.65%；复式投注占 17.18%；倍投占 22.83%；过关投注占 3.56%；其他占 2.79%。该结果说明单式投注的市场受欢迎程度最高。

6. 当被问及购买高频福彩一天内愿意投入的金额时，调查结果：2 元以下占 30.43%；3～5 元占 10.87%；6～10 元占 34.78%；11～30 元占 9.78%；31～50 元占 8.7%；51～100 元占 5.43%。该结果说明超过八成受访者把购买金额控制在 100 元以下，表明彩民的彩票消费还是趋向于理性的，在彩票的购买上有度的考量。

7. 在购买高频福彩时，调查结果：有纸化的占 66.75%；无纸化的占 33.25%，说明有纸化仍是现阶段的主要方式。但也可协调有纸化与无纸化的比例，满足不同的人群，跟上低碳经济的发展步伐。

8. 在玩法咨询方面：偶尔会占 31.54%；一般会占 30.32%；一般不会占 29.58%；从来没有占 8.56%。该调查结果说明有 30.32% 的彩民在购买高频福彩时，会向站内的服务人员咨询各彩票的玩法，而接近 70% 的受访者在购彩时只是偶尔咨询服务人员或者不会咨询相关信息，但是如果有专业技术人员的指导，这些彩民有 65% 左右也会选择向专业人员咨询。因此

581

适当对站内服务人员进行相关培训，让他们基本掌握专业技术，可以吸引更多的人购彩。

二 针对购彩金额与高频福彩彩民自身特征及购彩行为的回归分析

为了进一步了解高频福彩彩民本身基本特征及购彩行为，通过对所有样本数据做相关系数矩阵分析，以购彩金额作为因变量与七个自变量（包括高频福彩彩民希望的单注金额、月均购买次数、个人月均收入、家庭月均收入、月均投入时间、性别及年龄）进行回归分析，并找出自变量对因变量是否存在明显的影响。

（一）初始模型建立

设因变量月均购彩投入为 y，希望的单注金额为 x_1；将彩民月均购彩次数分为月均 1 次以下、2~3 次、4~5 次、6~7 次、8 次以上 5 个层次，引入虚拟变量如下：

$$x_2 = \begin{cases} 1, & \text{月购 2~3 次}, \\ 0, & \text{否则} \end{cases}, \qquad x_3 = \begin{cases} 1, & \text{月购 4~5 次}, \\ 0, & \text{否则} \end{cases},$$

$$x_4 = \begin{cases} 1, & \text{月购 6~7 次}, \\ 0, & \text{否则} \end{cases}, \qquad x_5 = \begin{cases} 1, & \text{月购 8 次以上}, \\ 0, & \text{否则} \end{cases}。$$

设个人月均收入为 x_6，家庭月均收入为真 x_7，将彩民月均投入分为 15 分钟以下、15~60 分钟、1 小时以上 3 个层次，引入虚拟变量如下：

$$x_8 = \begin{cases} 1, & \text{投入时间在 15 分钟以下}, \\ 0, & \text{否则} \end{cases}, \qquad x_9 = \begin{cases} 1, & \text{投入时间在 15~60 分钟}, \\ 0, & \text{否则} \end{cases},$$

$$x_{10} = \begin{cases} 1, & \text{彩民是男性} \\ 0, & \text{彩民是女性} \end{cases}。$$

将年龄分为 20 岁以下、20~40 岁、40 岁以上 3 个层次，引入虚拟变量如下：

$$x_{11} = \begin{cases} 1, & \text{彩民 20 岁以下} \\ 0, & \text{否则} \end{cases}, \qquad x_{12} = \begin{cases} 1, & \text{彩民 20~40 岁} \\ 0, & \text{否则} \end{cases}。$$

得到多元回归模型如下：

$$y = b_0 + b_1 x_1 + b_2 x_2 + b_3 x_3 + b_4 x_4 + b_5 x_5 + b_6 x_6 + b_7 x_7 + b_8 x_8 + b_9 x_9 + b_{10} x_{10} + b_{11} x_{11} + b_{12} x_{12}$$

使用 SPSS13.0 软件对统计数据进行回归得到的初步回归结果：相关系数 R = 0.665；拟合优度（R Square）= 0.442；调整后的拟合系数（Adjusted R Square）= 0.425；因变量预测值的标准误差（std error of the estimate）= 127.3235；模型的显著性检验 F = 26.101；平均值在百分之几的概率上相等的显著性 Sig = 0.0；自由度（能够自由取值的变量个数）df = 12；模型的其他系数结果如表 1 所示。

表 1 系数结果表

Model	Unstandardized Coefficients		Standardized Coefficients	T	Sig.	Collinearity Statistics	
	B	Std. Error	Beta			Tolerance	VIF
Intercept	119.456	28.573		4.181	.000		
单注金额	3.092	.371	.326	8.326	.000	.917	1.090
月均 2~3 次	4.733	23.031	.011	.206	.837	.504	1.983
月均 4~5 次	11.904	21.451	.030	.555	.579	.470	2.130
月均 6~7 次	31.557	28.140	.053	1.121	.263	.624	1.604
月均 8 次以上	77.563	21.936	.220	3.536	.000	.363	2.751
个人收入	.005	.001	.149	3.545	.000	.795	1.257
家庭收入	.002	.001	.106	2.477	.014	.772	1.296
月均 15 分钟	-144.439	17.666	-.411	-8.176	.000	.559	1.790
月均 15~60 分钟	-120.929	16.783	-.334	-7.205	.000	.654	1.528
性别	-19.478	16.624	-.045	-1.172	.242	.948	1.055
20 岁以下	9.569	40.195	.010	.238	.812	.862	1.161
20~40 岁	21.569	15.615	.057	1.381	.168	.818	1.223

考虑到样本数为 409，属于大样本，拟合优度达到 0.4 以上已经能够属于不错的情况了。

自变量总体的 F 值为 26.101，超过 F 分布在 $\alpha = 0.05$，自由度为（12 396）的临界值 2.54，说明模型整体有较强的解释性。

对每个自变量系数做显著性检验，自变量系数服从学生 T 分布，可以看到 x_2、x_3、x_4、x_{10}、x_{11} 的系数 T 值小于 1.96，而且其拒绝原假设的值 p 较大，因此无法拒绝总体回归方程系数 $\beta = 0$ 的原假设，说明以上变量对因变量 y 没有显著的影响。故去除以上变量。

（二）模型修正

根据上述分析结果对模型进行修正，去除上面发现没有明显影响的自变量，即 x_2、x_3、x_4、x_{10}、x_{11}，得到新的模型如下：

$$y = b_0 + b_1 x_1 + b_2 x_2 + b_3 x_3 + b_4 x_4 + b_5 x_5 + b_6 x_6$$

对变量进行重新定义：y 为月均购彩投入，x_1 为希望的单注金额，

$$x_2 = \begin{cases} 1, & \text{月购 8 次以上,} \\ 0, & \text{否则} \end{cases}$$

x_3 为个人月均收入，x_4 为家庭月均收入，

$$x_5 = \begin{cases} 1, & \text{投入时间在 15 分钟以下,} \\ 0, & \text{否则} \end{cases}, \qquad x_6 = \begin{cases} 1, & \text{投入时间 15 ~ 60 分钟,} \\ 0, & \text{否则} \end{cases},$$

使用 SPSS 软件分析结果如下：R = 0.659；R Square = 0.435；Adjusted R Square = 0.426；Std error of the estimate = 127.167；F 检验 = 51.501；显著性 Sig = 0.0；自由度 df = 6，模型的其他系数结果如表 2 所示。

表 2 　去除上面发现没有明显影响的自变量后的回归系数表

Model	Unstandardized Coefficients		Standardized Coefficients	t	Sig.	Collinearity Statistics	
	B	Std. Error	Beta			Tolerance	VIF
Intercept	129.936	15.957		8.143	.000		
单注金额	3.120	.369	.329	8.455	.000	.927	1.079
月均 8 次以上	62.154	14.323	.176	4.340	.000	.850	1.176
个人收入	.005	.001	.143	3.431	.001	.813	1.230
月均收入	.003	.001	.112	2.679	.008	.802	1.247
月均 15 分钟	- 144.276	16.560	- .410	- 8.712	.000	.634	1.577
月均 15 ~ 60 分钟	- 118.172	16.337	- .327	- 7.233	.000	.689	1.451

模型经过调整后，判定系数（R^2）有所降低，为 0.435，调整过的 R^2 为 0.426。此模型整体回归的 F 检验值为 51.501，高于 F 分布，95% 置信水平下，自由度为（6402）的临界值 3.28。这些都说明，模型有较强的解释性。

对各个自变量系数做显著性检验，其 T 值均大于 T 分布 $a/2 = 0.025$，自由度为 407 的临界值 1.96，各个值 p 也接近于 0，故而拒绝总体回归方程各系数 $\beta = 0$ 的原假设，认为以上自变量对因变量有着显著影响。

　　做多重共线性检验显示各系数的 VIF 值（Variance Inflation Factor），最大的是 1.577，小于普遍认为的存在多重共线性的 VIF 值 5，故模型不存在多重共线性。

　　进行残差分析，由于使用截面数据，故直接看残差的直方图和正态概率图，分别如图 2、图 3 所示。由图 2 可知，残差基本符合正态分布，均值为 0，方差为一个常数。

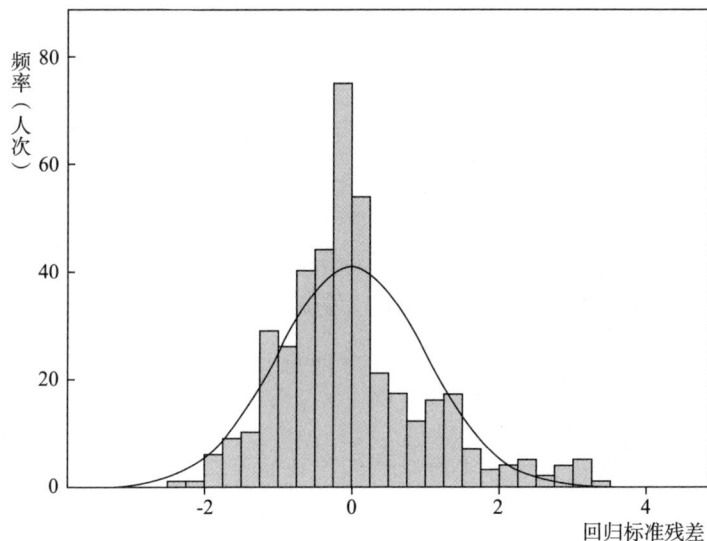

图 2　回归后的标准残差图

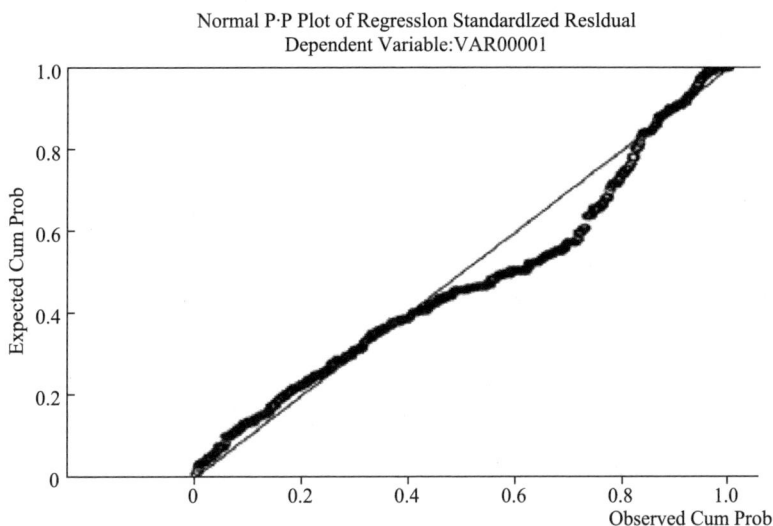

图 3　回归标准化的 P - P 图

（三）回归模型

对模型进行修正后得到的回归模型如下所示：

$$y = 129.936 + 3.120x_1 + 62.154x_2 + 0.005x_3 + 0.03x_4 - 144.276x_5 - 118.172x_6$$

各自变量的含义：x_1 为单注金额，x_3 为个人月均收入，x_4 为家庭月均收入，x_2、x_5、x_6 为虚拟变量，

$$x_2 = \begin{cases} 1, & \text{月购 8 次以上,} \\ 0, & \text{否则} \end{cases},$$

$$x_5 = \begin{cases} 1, & \text{投入时间在 15 分钟以下,} \\ 0, & \text{否则} \end{cases},$$

$$x_6 = \begin{cases} 1, & \text{投入时间在 15～60 分钟,} \\ 0, & \text{否则} \end{cases}$$

三　针对收入、学历程度、年龄、性别等的交叉分析

（一）个人、家庭月均收入对高频福彩单注金额偏好程度的交叉分析

本文通过对受访彩民关于愿意购买单注金额为多少的高频福利彩票的问题与其个人、家庭月均收入的交叉分析，找出不同经济水平的人群对高频福彩单注金额的偏好程度。

由表 3 可知，单注金额首先是在 6～10 元最受高频福彩彩民欢迎；其次是单注金额低于 2 元的种类；再次是在某些低收入人群中，3～5 元的单注金额福彩也受到一定程度的欢迎。所以，如果要设计彩票的单注金额以迎合市场需求，最好的选择是在 6～10 元。最后，简单地比较个人收入或家庭收入与单注金额，明显地发现：当个人收入或家庭收入增加时，单注金额不一定上升。因此，更高的个人收入或家庭收入的高频福彩彩民会出现有关于单注金额的购彩行为变化，但不一定是更高的单注金额。

表 3　个人、家庭月均收入对高频福彩单注金额的偏好程度的交叉分析

		单注金额（元）						汇总
		<2	3～5	6～10	11～30	31～50	51～100	
个人月均收入（元）	<3000	14.43%	7.33%	18.58%	2.69%	4.16%	0.98%	48.17%
	3001～5000	7.33%	6.11%	9.05%	4.16%	0.98%	1.22%	28.85%

		单注金额（元）						汇总
		<2	3~5	6~10	11~30	31~50	51~100	
个人月均收入（元）	5001~10000	4.65%	3.18%	3.42%	0.73%	2.20%	1.22%	15.40%
	10001~20000	0.24%	0.49%	0.73%	0.00%	0.49%	0.73%	2.69%
	>20000	0.49%	0.73%	0.24%	0.98%	0.00%	0.73%	3.18%
	其他	0.49%	0.24%	0.49%	0.00%	0.24%	0.00%	1.47%
汇总		27.63%	18.09%	32.52%	8.56%	8.07%	4.89%	100.00%
家庭月均收入（元）	<3000	6.36%	4.16%	6.85%	2.20%	1.47%	0.49%	21.52%
	3001~5000	7.33%	2.93%	7.09%	1.22%	1.47%	0.49%	20.54%
	5001~10000	8.07%	5.87%	12.71%	2.93%	2.93%	1.22%	33.74%
	10001~20000	3.91%	2.20%	2.20%	1.22%	0.98%	0.73%	11.25%
	>20000	1.71%	2.44%	2.44%	0.73%	0.98%	1.96%	10.27%
	其他	0.24%	0.49%	1.22%	0.24%	0.24%	0.00%	2.44%
汇总		27.63%	18.09%	32.52%	8.56%	8.07%	4.89%	100.00%

（二）学历情况对有纸化或者无纸化的偏好程度的交叉分析

通过对受访彩民的学历情况以及对高频福彩的有纸化或者无纸化的偏好情况做交叉分析，得到数据如表4所示。

表4 学历情况对有纸化或无纸化的偏好程度的交叉分析

	受教育程度					汇总
	初中及以下	高中/中专/技校	大专	大学本科	硕士及以上	
有纸化	10.76%	24.45%	17.85%	11.25%	2.44%	66.75%
无纸化	2.93%	6.60%	13.45%	7.33%	2.93%	33.25%
汇总	13.69%	31.05%	31.30%	18.58%	5.38%	100.00%

从整体而言，更多的人愿意购买有纸化的高赔率福彩。需要注意的是，彩民的学历越高，对高频福彩无纸化的接受程度就越高。在某个程度上，这也说明了学历这个高频福彩自身特征，与对高频福彩无纸化的接受程度的这个高频福彩彩民购彩行为，存在明显正相关的关系。

（三）不同年龄段、不同性别的受访者在一个月内购买高频福彩的交叉分析

由表5中的数据可知：年龄在21~40岁的受访高频福彩彩民在一个月

之内购买高频彩票的次数相对较多，并且这些人中，有 21.27% 的人群每月购彩在 8 次以上，所以可将其作为主要的客户群体，花费更多精力去研究；全部受访者中，购买次数在 8 次以上的为 34.72%，其中 30% 左右为男性，女性占的比例很小，月购买 4~5 次的比例为 24.21%，也是男性居多。最后，简单的比较年龄与购买次数，明显地发现：当高频福彩彩民的年龄增加时，购买次数不一定上升。因此，更高年龄的高频福彩彩民会出现有关于购买次数的购彩行为变化，但不一定是更高的购买次数。其次，年龄在 21~40 岁的受访高频福彩彩民及男性应该是主打高频福彩市场的两大因素。

表 5　不同年龄段、不同性别受访者在一个月内购买高频福彩的次数情况

购彩次数/月	年龄			汇总	性别	
	20 岁以下	21~40 岁	41 岁以上		男	女
少于 1 次	0.49%	12.47%	1.22%	14.18%	10.02%	4.16%
2~3 次	0.49%	14.91%	2.69%	18.09%	14.91%	3.18%
4~5 次	0.98%	17.36%	5.87%	24.21%	19.56%	4.65%
6~7 次	0.49%	6.60%	1.71%	8.80%	6.60%	2.20%
8 次以上	0.49%	21.27%	12.96%	34.72%	30.32%	4.40%
汇总	2.93%	72.62%	24.45%		81.42%	18.58%

（四）不同收入的受访者愿意投入高频福彩的交叉分析

受访高频福彩彩民在一天内愿意在购买高频福彩上所投入的金额，以及他们在一个月内用于购买高频福彩的平均金额与其个人收入之间的比例关系如表 6 所示：

表 6　不同收入的受访者愿意投入高频福彩的金额情况

		个人月收入（元）						汇总
		3000 以下	3001~5000	5001~10000	10001~20000	20001 以上	其他	
预期投入金额/天	10 元以下	22.49%	11.74%	3.18%	0.00%	0.24%	0.73%	38.39%
	11~30 元	12.22%	6.60%	3.67%	0.49%	0.73%	0.24%	23.96%
	31~50 元	7.58%	5.13%	4.16%	0.98%	0.24%	0.00%	18.09%
	51~100 元	3.42%	3.42%	2.93%	0.24%	0.73%	0.00%	10.76%
	101~300 元	1.96%	1.71%	0.98%	0.24%	0.00%	0.00%	4.89%
	300 元以上	0.73%	0.24%	0.49%	0.73%	1.22%	0.49%	3.91%

		个人月收入（元）						汇总
		3000 以下	3001~5000	5001~10000	10001~20000	20001 以上	其他	
投入金额/月	50 元以下	24.45%	8.80%	5.62%	0.24%	0.00%	0.73%	39.85%
	51~100 元	8.07%	5.13%	2.69%	0.24%	0.73%	0.00%	16.87%
	101~150 元	7.33%	4.16%	2.44%	0.98%	0.24%	0.00%	15.16%
	151~300 元	3.42%	6.11%	2.44%	0.00%	0.98%	0.00%	12.96%
	301~500 元	3.42%	2.20%	0.98%	0.00%	0.49%	0.49%	7.58%
	501 元以上	1.71%	2.44%	1.22%	1.22%	0.73%	0.24%	7.58%

由表 6 中的数据可知：每天愿意投入 10 元以下购买高频福彩者占的比例最大，11~30 元以及 31~50 元也各占 20% 左右，可见人们的预期投入一般控制在 50 元之内。而在多数情况下，购买主力为个人收入在 3000 元以下的人群，其次为个人收入在 3000~5000 元的人群；而从 11~30 元以及 31~50 元预期金额投入的情况来看，其主力购买也是月均收入在 3000 元以下的人群；值得注意的是，当每日投入金额超过 100 元时，3000 元月均收入的人群仍然占绝大多数。这也说明，收入较低的人群相较于其他人有更强的通过购买高频福彩一夜致富的动机。可以观察到，每月投入在 150 元以下的高频福彩民主要是个人月均收入在 3000 元以下者；但每月投入在 150~300 元者则主要是个人月均收入在 3000~5000 元的人群，超过月均收入 3000 元以下的比例近一倍；而月均高频福彩投入达到 500 元以上者也主要由月均收入在 3000~5000 元之间的人组成，其次是月均收入 3000 元以下者，但跟高收入人群间的差距并不明显。这也说明低收入群体虽然动机更强，但并不愿意花费更大比例的收入用于购买高频福彩。

综上所述，月收入 3000 元以下及 3000~5000 元的高频福彩彩民可以考虑作为购买高频福彩的主力消费群，但其购买金额并不大，而月收入 5000 元以上的高频福彩彩民作为未来可能出现的突破性增长点，也作为目标消费群。

四　结论

透过九个城市进行的 409 份现场问卷调查、回归分析和交叉分析，可以得出如下结论：

（1）购彩金额作为因变量，与单注金额、个人月均收入及家庭月均收入的 4 个自变量存在明显的关系；而购彩金额与购彩次数、投入时间也存在明显关系，有助于进一步了解高频福彩彩民的购彩行为；购彩金额作为因变量与上述 6 个自变量的回归方程的建立，对于相关研究也起了一定的参考作用。

（2）虽然收入水平与单注金额是不明显的正关系，但不同收入水平的高频福彩彩民类别中的确出现不同的对单注金额的偏好程度。

（3）对无纸化的偏好与高频福彩彩民受教育程度存在正相关的关系，硕士及以上学历人群，认为无纸化高频福彩更适合他们。这个结果为针对学历较高的市场板块进行第一阶段的高频福彩无纸化推广提供了决策支持。

（4）高频福彩主要消费群年龄在 21 ~ 40 岁，他们在一个月之内购买高频彩票的次数相对较多；其次是 41 岁以上的消费群。

---

①J. W. Sawkins, V. A. Dickie, "National Lottery participation and expenditure: preliminary results using a two stage modelling approach," *Applied Economics Letters*, 2002, 9 (B12), pp. 769 – 773.

②曾忠禄、瞿群、游旭群：《国内彩票购买者的有限理性行为研究》，上海：《心理科学》2009 年第 5 期。

③陈淑妆：《广东省体育彩票消费者现状的调查研究》，山西临汾：《山西师大体育学院学报》2007 年第 4 期。

④胡烈刚：《浙江省体育彩票消费者消费行为的调查研究》，北京：《中国体育科技》2005 年第 6 期。

⑤王爱丰等：《南京体育彩民消费行为与动机的研究》，广州：《广州体育学院学报》2004 年第 2 期。

⑥臧云辉、宫海丽：《沈阳市城市居民体育彩票消费者行为特征及影响因素研究》，沈阳：《沈阳体育学院学报》2009 年第 5 期。

⑦张亚维：《博彩行为：一个理论框架及中国实证分析》，北京：经济科学出版社，2006。

⑧黄利平：《中国高频福彩彩民购彩行为及相关企业决策研究》，广州：暨南大学，博士学位论文，2012。

作者简介：黄利平，暨南大学管理学院博士生；左小德，暨南大学管理学院教授、博士生导师。

[责任编辑：陈志雄]

（本文原刊 2014 年第 2 期）

后　记

《澳门理工学报》（人文社会科学版）是澳门理工学院主办的综合性人文社会科学学术理论刊物，1998 年创刊，今年刚好迎来了她创刊二十周年、改版八周年的纪念。在这个特别的时刻，精选改版以来的部分专栏文章结集出版，是一件很有意义的事情。

创刊二十年来，《澳门理工学报》得到海内外学术界和社会各界的精心呵护和鼎力支持，我们一直铭记在心。根据学院理事会的批示，本次丛书共出版六卷，其中包括"名家专论"一卷、"港澳研究"两卷、"总编视角"两卷、"中西文化"一卷。为了此次丛书的编辑出版，各卷文集的原作者给予了积极的配合，认真进行了新的校订工作，确保了文集的学术质量。社会科学文献出版社也给予了充分的合作，出色地完成了相关的编辑出版任务。值此文集即将出版之际，谨向为此付出辛劳的专家学者以及支持、关心丛书出版的各界朋友致以深深的敬意。

本卷是丛书的"港澳研究"（2011～2013）卷。参加本卷具体编辑工作的有《澳门理工学报》编辑部的刘泽生、陈志雄、桑海、陈凤娟、李俏红等；社会科学文献出版社首席编辑徐思彦女士及本书编辑宋荣欣、李期耀做了大量的工作，在此一并致以衷心的感谢。

刘泽生

2018 年 3 月 1 日

图书在版编目（CIP）数据

港澳研究：《澳门理工学报》专栏文萃. 2011～
2013／李向玉，刘泽生主编. -- 北京：社会科学文献
出版社，2018.4
（澳门理工学报丛书）
ISBN 978 - 7 - 5201 - 2399 - 0

Ⅰ. ①港… Ⅱ. ①李… ②刘… Ⅲ. ①区域经济 - 香
港 - 文集②区域经济 - 澳门 - 文集 Ⅳ. ①F127. 658 - 53
②F127. 659 - 53

中国版本图书馆 CIP 数据核字（2018）第 043499 号

澳门理工学报丛书

港澳研究

——《澳门理工学报》专栏文萃(2011～2013)

主　　编／李向玉　刘泽生

出 版 人／谢寿光
项目统筹／宋荣欣
责任编辑／李期耀

出　　版／社会科学文献出版社·近代史编辑室（010）59367256
　　　　　　地址：北京市北三环中路甲 29 号院华龙大厦　邮编：100029
　　　　　　网址：www. ssap. com. cn
发　　行／市场营销中心（010）59367081　59367018
印　　装／三河市东方印刷有限公司

规　　格／开　本：787mm × 1092mm　1/16
　　　　　　印　张：38.5　插　页：0.75　字　数：640 千字
版　　次／2018 年 4 月第 1 版　2018 年 4 月第 1 次印刷
书　　号／ISBN 978 - 7 - 5201 - 2399 - 0
定　　价／168.00 元

本书如有印装质量问题，请与读者服务中心（010 - 59367028）联系